중국과 일본

중국과 일본

1,500년 중일 관계의 역사를 직시하다

에즈라 보걸

김규태 옮김

까치

CHINA AND JAPAN : Facing History

by Ezra F. Vogel

Copyright © 2019 by Ezra F. Vogel

Published by arrangement with Harvard University Press.

All rights reserved.

Korean translation copyright © 2021 Kachi Publishing Co., Ltd.

Arranged through Icarias Agency, Seoul.

역자 김규태(金圭泰)

고려대학교 신문방송학과와 동 대학원을 졸업했으며, 미국 워싱턴 대학교에서 MBA 학위를 취득했다. 옮긴 책으로 『여파 : 경제 위기는 우리 시대의 문화다』, 『대분기』, 『폴 케네디 제국을 설계한 사람들』, 『역사의 연구 : 아놀드 토인비』, 『데이비드 흄 : 경험이 철학이다』, 『한 권으로 읽는 동양철학』, 『힘든 선택들』, 『경건한 지성』, 『창조적 지성』, 『세계 역사 이야기 시리즈』, 『46억년의 생존』, 『워킹푸어』, 『위대한 혁신』, 『인격의 힘』, 『제2차 세계대전』 등이 있다.

편집, 교정_권은희(權恩喜)

중국과 일본 : 1,500년 중일 관계의 역사를 직시하다

저자 / 에즈라 보걸

역자 / 김규태

발행처 / 까치글방

발행인 / 박후영

주소 / 서울시 용산구 서빙고로 67, 파크타워 103동 1003호

전화 / 02 · 735 · 8998, 736 · 7768

팩시밀리 / 02 · 723 · 4591

홈페이지 / www.kachibooks.co.kr

전자우편 / kachibooks@gmail.com

등록번호 / 1−528

등록일 / 1977. 8. 5

초판 1쇄 발행일 / 2021. 4. 30

  2쇄 발행일 / 2021. 9. 15

값 / 뒤표지에 쓰여 있음

ISBN 978−89−7291−737−3 93910

차례

일러두기

- 이 책의 원서에서 저자는 해당 시기의 국명이 아닌, 오늘날 국명인 "China(중국)", "Japan(일본)", "Korea(한국)"를 사용했고, 이에 관해서 "주"에서 그 이유를 밝혔다. 이 책은 저자의 표기를 따랐다. 다만 한국은 대한제국 선포 이전의 시기에 대해서 필요한 경우에 "조선"으로 번역했다.
- 중국 인명은 1911년 신해혁명을 기점으로 이전과 이후를 구분하여 그 이전 인물은 종전의 한자음대로 표기하고, 그 이후 현대 인물은 중국어 원음을 따라 표기하는 것을 원칙으로 했다. 다만 시기가 겹치는 인물은 많이 사용되는 표기를 따랐다. 중국 지명 역시 중국어 원음으로 표기했다.

서문

세계 2대 경제국인 미국과 중국 간의 관계가 세계에서 가장 중요한 관계라면, 아마 두 번째로 중요한 관계는 이제 막 세계 최대 경제국 달성을 목전에 둔 중국과 세 번째로 큰 경제국인 이웃 일본과의 관계라고 보아야 할 것이다. 중국의 최대 무역 상대국은 미국이고, 두 번째로 큰 무역 상대국이 일본이다. 일본의 최대 무역 상대국은 중국이다.

중국과 일본의 관계는 긴장되고 위태로우며 심오하면서도 복잡하다. 일본이 관할하고 있지만 중국이 자국의 영토라고 주장하는 센카쿠 열도/댜오위다오 근방에서 양국의 선박과 항공기들이 주기적으로 대치하고 있고, 위태로운 사건이 일어날 위험성이 높다. 2010년과 2012년에 일어난 사건들 이후 실시한 여론조사에 응답한 중국인들 가운데 일본에 대해서 긍정적인 감정을 표현한 사람은 10퍼센트가 되지 않았고, 일본인들 역시 중국을 향해 긍정적인 감정을 표현한 비율이 10퍼센트에도 미치지 못했다. 최근 수년간 언론의 반일 감정에 자극을 받은 시위자들이 주중 일본 대사관저와 중국 내 일본 상점들에 돌을 던지는 모습에서 증명되었듯이, 중국에서는 일본에 대한 감정이 몹시 격렬하여 중국의 관리들은 반일 시위와 항의에 사람들을 쉽게 동원할 수 있다. 지금은 몇 년 전에 비하면 중국으로 여행을 가는 일본인 관광객의 수가 감소했고, 중국에서 생활하며 일하는 일본 국민들은 때때로 국적을 숨기려고 애쓴다.

중일 관계가 잘못되면 양국 모두의 막대한 군비 지출로 이어질 수 있으며 양국 간의 대내외적 문제들에 대한 협력을 방해하고 심지어 분쟁이 발생할 수도 있다. 반면 중일 관계가 잘 관리되면 국제질서를 유지하고 무역, 건설, 과학 연구, 평화 유지, 자연재해에 대한 대응에서 협력의 틀을 제공하는 지역 조직들을 지원하는 데에 힘을 모을 수 있다.

양국의 지도자들은 관계 향상을 위해서는 상대국이 역사를 올바르게 인식해야 한다고 말해왔다. 역사적 접촉의 기간이라는 면에서는 다른 어떤 나라들도 1,500년에 이르는 중국과 일본 간의 관계와 비교가 되지 않는다. 과거와 관련한 중국과 일본 국민들 사이의 복잡한 감정을 고려하면 역사를 논하지 않고 이들이 균형 잡힌 시각을 얻기란 불가능할 것이다.

일본과 중국의 학자들은 외국인들은 상대가 되지 않을 정도로 그들의 역사에 관해서 깊은 이해를 가지고 있다. 그러나 유감스럽게도 중국과 일본의 학자들이 이견을 조율하기 위해서 모이면 새로운 긴장이 발생하고 중요한 문제들에 대한 합의를 이루지 못한다. 어쩌면 외부인들이 좀더 객관적이고 균형 잡힌 시각으로 역사를 검토하여 그들이 서로를 이해하는 데에 도움을 줄 수도 있을 것이다. 중국에는 "방관자가 사물을 냉정히 바르게 본다(旁观者清)"라는 격언이 있고, 일본인들도 이 표현을 자국의 격언으로 만들었다.

나는 나 자신을 중국과 일본 모두의 친구라고 생각한다. 나는 반세기 넘게 공부해온 양국 모두에 호의적인 방관자로서 이번 연구에 착수했다. 나는 양국 모두가 성공하기를 바란다. 그래서 나는 이 책이 양국이 서로와의 관계를 향상시키는 데에 도움이 되기를 바라며, 양국 관계의 역사에 관해서 최선을 다해 객관적인 이해를 제공하려고 노력했다. 나는 나의 고국을 포함해서 어느 한 나라에 이익이 되도록 진실을 편향되게 제공하는 것이 아니라, 사실들에서 진실을 찾는 것이 나의 임무라고 생각한다.

관련 연구를 이어오는 동안, 나는 중국과 일본에 대한 나의 연구 결과를 두 나라를 이해하고 싶어하는 미국인들과 그외의 서구인들에게 전하는 것이 나의 책임이라고 생각했다. 그러나 이 책을 쓰는 동안에는 서구뿐만 아니라 중국과 일본의 독자들에게 어떻게 다가갈 수 있을지 생각했다. 나는 상대국을 싫어하는 많은 중국인들과 일본인들이 서구인이 쓴 중일 관계에 관한 책에 관심이 없을 것임을 알고 있다. 그 책의 내용이 아무리 정확하더라도 말이다. 그러나 나는 내가 그랬던 것처럼 중국과 일본에서 상대국에 대한 객관적인 이해를 얻고 싶어하는 사람들을 위해서 이 책을 썼다. 나는 양국의 독자들에게 도달할 수 있는 제3자로서의 책임감을 느낀다. 나는 내가 쓴 책 『재팬 애즈 넘버 원(*Japan as Number One*)』의 일본어 번역본이 일본에서 베스트셀러가 되고 『덩샤오핑 평전(*Deng Xiaoping and the Transformation of China*)』의 중국어 번역본이 중국에서 베스트셀러가 되는 특별한 행운을 누렸다. 중국과 일본 모두의 친구로서, 나는 양국이 공통의 이익을 위해서 협력하는 능력을 향상시킬 수 있기를 열렬히 바란다. 그리고 양국의 협력은 세계의 나머지 지역들에도 이익이 될 것이라고 믿는다.

나는 전문 역사학자로서의 훈련을 받은 적이 없다. 그저 지금까지 현대사회의 광범위한 특징들에 초점을 맞추어온 사회학자일 뿐이다. 이 책에서 나는 나의 스승(그리고 나중에는 나의 선배가 된) 탤컷 파슨스 교수의 시각을 따라 역사사회학자로서 글을 썼다. 대표적인 막스 베버 전문가인 파슨스 교수는 사회들을 그것들의 기초적인 정치적, 경제적, 사회적 구조와 기반 가치의 측면에서 분석했다. 국민사회의 역사를 분석하기 위해서 광범위한 사회학적 프레임워크를 이용하는 데에 대한 관심은 내가 아시아 전문가가 되기 전인 대학원생 시절, 파슨스 교수의 가르침과 로버트 벨라, 클리퍼드 기어츠, 찰스 틸리, 제시 피츠, 노먼 벨, 에드워드 티리아키언, 로버트 르빈 등 그를 중심으로 모인 대학원생 그룹 내부의 토론에서 도움을 받을 때로 거슬러올라간다. 우리 모두는 국민사회의 광범위한 구조적 특징들과 가치를 이해하기 위한 노력에 열정적으로 몰두했다.

나는 이 책을 순차적으로 구성하여 중국과 일본 간의 기록된 1,500년 동안의 교류를 다루었다. 이 책 전체에 걸쳐서 나는 가장 중요한 사건들을 이야기하는 것에 더해서 중국과 일본의 더 광범위한 사회적 구조와 관계 구조를 검토하려고 노력했다.

중일 관계의 역사는 광범위한 세력들뿐만 아니라 개인에 의해서도 형성되었다. 인물 정보를 더 많이 구할 수 있는 최근 수백 년에 대해서는 관련된 일부 주요 인물들의 이력을 간략하게 포함시켰다. "주요 인물 전기" 부분에서 이들의 이력을 볼 수 있다. 나의 목적은 무엇이 그들을 움직였는지, 그들이 다른 나라와 어떻게 관계를 맺었는지, 그들이 역사에 어떤 영향을 미쳤는지를 이해하는 것이다.

나는 중국이나 일본의 고대 원본 문서들은 읽지 못한다. 그렇게 광대한 기간에 대한 모든 관련된 원본 문서를 읽는 일은 내게 역부족이며, 아마 어떤 학자나 소규모 학자 집단도 그렇게 하지 못할 것이다. 내가 할 수 있는 일은 현대 중국어와 일본어 문서들을 읽는 것이다. 이 책을 준비하면서 나는 서구, 일본, 중국의 학자들이 쓴 중일 관계의 역사에 관한 저서들을 읽는 데에 몇 년을 보냈다. 역사 전반에 걸쳐 중일 간의 상호작용을 연구해온 중국, 일본, 서구의 헌신적이고 뛰어난 학자들이 쓴 훌륭한 책들이 많이 있다. 또한 많은 저자들과 이야기할 기회도 얻었으며, 이 역사 총람을 쓰겠다는 시도를 가능하게 해준 모든 학자들로부터 큰 도움을 받았다. 이 책의 끝부분에 각 장에 대한 "출처 및 더 읽을 만할 책들"을 정리했다.

이 책에서는 일반 독자들에게 다가가기 위해서 주석의 사용을 최소화했고 음역 또한 단순화했다. 본문에 쓰인 일본어 용어들에 장음 기호를 사용하지 않았지만, 출처를 활용하기를 원하는 학자들을 위해서 "주"에서는 사용했다. 중국어 인명에 대해서는 장제스, 장징궈, 쑨원 등 익숙한 인물들의 이름에 가장 널리 받아들여지는 음역을 사용했다. 중국의 도시들에 대해서는 책 전체에 걸쳐 현대의 지명을 썼는데, 한 가지 예외가 베이징이다. 베이징, "북경"의 경우 수도일 때와 아닐 때를 구분하기 위해서 수도가 아닐 때에는 베이핑이라고 지칭했다. 광저우가 칸톤으로 알려졌던 시기에도 광저우라고 썼고, 무크덴(만주어 명칭)이나 호텐(일본식 명칭), 펑톈 대신에 선양을 썼다. 중국과 일본의 인명은 원래 순서대로 성을 먼저 썼다.

이 책의 두 장은 친구 폴라 해럴, 리처드 딕과 공동 저술했다. 두 사람은 이 작업을 위해서 시간, 전문지식, 의견을 아낌없이 내주었다. 중국과 일본의 자료들을 이용해서 19세기 말과 20세기 초의 중일 관계를 연구해온 해럴은 1894년부터 1895년까지 벌어진 청일전쟁 이후의 중일 간의 교류를 다룬 뛰어난 책들을 저술해왔다. 하버드 대학교에서 박사학위를 받은 딕은 일본에서 40년 넘게 살고 있으며, 뛰어난 학자일 뿐만 아니라 성공한 사업가이기도 하다.

이 책에서 나는 한 나라가 다른 나라를 통해서 깊이 배운 세 번의 시기에 특히 주의를 기울였다. 일본이 중국 문명의 기초들을 배운 600년부터 838년까지와 중국이 일본에게서 배운 1895년부터 1937년까지, 1972년부터 1992년까지가 그 시기들이다. 1895년부터 1937년까지의 다양한 측면들을 다룬 제5장부터 제7장까지를 제외하고는 연대순으로 장들을 배열했다. 이 시기에는 중요한 새로운 국면들—중국의 일본 문물 학습, 일본의 식민주의, 전쟁으로 이어진 정치—이 너무도 다양하게 나타나서 3개로 된 별개의 장에서 다루기로 했다. 나의 목표는 현대 동아시아를 이해하는 것이기 때문에 지난 200년에 관해서는 이전 세기들에 비해 더 자세히 다루었다. 그러나 제1장과 제2장은 600년부터 1862년까지 1,200년이 넘는 세월 동안 양국 간의 관계를 추적한다. 이 초반의 장들에서는 전체적인 개요를 제공하는 한편, 현재의 중일 관계를 이해하는 데에 특히 중요한 문제들에 초점을 맞추려고 노력했다.

제1장

일본 문명에 대한 중국의 기여, 600-838년

593년, 서른아홉의 나이로 야마토 정권의 통치자가 된 스이코 천황은, 중국의 지도자들로 하여금 천황 자신보다 훨씬 더 넓은 지역을 다스릴 수 있게 해준 발달된 중국 문명을 들여와서 자신의 지배권을 더 넓은 지역으로 확장하고자 했다.[1] 스이코 천황이 권력을 쥐기 4년 전인 589년에 중국의 수문제가 수 세기 만에 처음으로 중국의 상당한 지역들을 통일하여 수나라를 세웠다. 문제는 자신이 다스리는 지역들뿐만 아니라 다른 지역과도 평화로운 관계를 유지하기 위해서 외국의 사절단을 만나는 관습을 부활시키고, 오늘날의 한국과 일본에 해당되는 지역에 불교를 전파했다. 야마토 정권은 600년에 중국으로 첫 외교 사절단을 파견한 이후 838년에 마지막 사절단을 보내기 전까지 계속해서 중국을 연구하고 문물을 습득했다. 일본이 중국으로 사신을 보내기 시작한 것은 중국을 배우려고 한 스이코 천황과 훗날 일본에 속하게 될 영토들과의 공식적인 관계 수립을 환영했던 수나라 문제라는 두 리더의 상호보완적 시각과 타이밍이 잘 맞아떨어진 결과였다.

이 시기 동안에 일본은 중국의 글자인 한자를 배웠다. 그 덕분에 관료들이 지리적으로 더 넓은 지역들과도 소통할 수 있었고, 수도의 고위 관료들과 그밖의 지역의 관료들 사이에도 더 일관성 있는 연락이 가능해졌다. 일본은 규칙을 표준화하여 지방 관료들의 의무를 명확히 하고, 더 크고 복잡한 조직을 관리하는 전문화된 행정 관리들을 육성했다. 현 통치자들의 정통성을 뒷받침하기 위해서 이전 통치자들의 역사를 저술하는 방법도 배웠다. 또 불교를 도입하고 자국의 통치자들을 하늘의 질서와 연결시킴으로써 정통성을 강화했다. 대규모 공동체를 체계적으로 설계하는 법과 큰 사찰을 건립하는 법을 배웠을 뿐만 아니라, 유교를 도입하여 신하가 지도자에게 바치는 충성심의 중요성을 강화하고 안정적인 조직 유지를 위해서 예법을 강조했다. 중국의 문화를 연구한 뒤에는 그와 관련된 새로운 예술 기법과 시의 양식을 개발했고, 악기도 수입했다. 물론 일본인들은 중국으로부터 배운 모든 것을 자신들의 필요와 취향에 맞추어 변화시켰다.

중국인들은 자국의 문화를 다른 나라들에게 흔쾌히 가르쳐주었다. 자국의 문화적, 군사적 우월성을 전적으로 확신한 데다가 중국 국경 밖의 이민족들이 중국을 추월할지도 모른다는 두려움이 없었기 때문이다. 실제로 중국은 정치 전략의 일부로, 의식적으로 다른 민족 집단에게 자신들의 문화를 가르쳤다.

스이코 천황이 물려받은 야마토 정권은 본질적으로 여러 씨족들의 연합이었고, 그중 한 씨족이 우두머리가 되는 구조였다. 스이코 천황의 어머니는 통제하기 어려운 30여 개의 씨족을 지배함으로써 야마토 정권을 전체적으로 지휘하려고 했던 소가 씨(氏, 우지) 출신이었다. 각 씨족은 당시의 지배 씨족의 우두머리에게서 성(姓, 가바네)을 부여받아 공식적으로 인정을 받았다.[2] 스이코 천황이 즉위했을 당시는 특히 황족—이론적으로 해의 여신인 아마테라스 오미카미와 지상 최초의 황제 진무 천황의 자손—이 소가 씨족과 주도권을 다투고 있었다. 황제나 여제가 반드시 황족에서 선택된 것만은 아니었기 때문이다. 소가 씨족은 수입과 수출을 담당하여 많은 자금을 확보함에 따라 다른 씨족들에게 영향력을 행사함으로써 권세를 얻게 되었다. 다른 씨족들은 1명 이상의 여성을 황실 남성들에게 아내로 바치고 그들과 친족관계를 이루어 성을 받았다. 4, 5, 6세기에는 궁중의례 관리,

군비 구축 및 보관, 관개 관리, 말 사육 등 야마토 정권을 위해서 특별한 기능을 수행하는 개인들에게도 성을 내렸다. 이들은 자손에게 성을 물려줄 수 있었고, 자손들 역시 그들과 같은 역할을 대대로 수행했다. 특정 책무를 맡은 씨족은 베[部]라고 불렸는데, 칭호에서 알 수 있듯이 이들의 지위는 소가 씨나 황족만큼 높지 않았다. 소가 씨족은 모노노베 씨족의 통제에 특히 어려움을 겪었는데, 모노노베 씨가 군비 구축과 유지 및 관리를 맡고 있어서 무기에 접근할 수 있었기 때문이다.

스이코 천황은 자신의 조카를 섭정으로 임명했다. 사후에 쇼토쿠 태자라고 불린 인물이다.[3] 스이코 천황과 마찬가지로 쇼토쿠 태자는 섭정이 되기 전부터 일찍이 불교에 관심을 가졌다. 스이코 천황과 쇼토쿠 태자는 긴밀하게 협력했고, 중국에서 배워온 문물을 다른 씨족들에 대한 지배력 강화에 성공적으로 활용했다. 또한 쇼토쿠 태자는 중국 수나라 및 한반도의 남서부 지역을 지배했던 백제와의 관계 촉진에 적극적인 역할을 했다.

스이코 천황이 즉위했을 당시는 어느 씨족이든 다른 모든 씨족 전부를 완전히 지배하기는 어려운 상황이었다. 일부 씨족들은 규모가 크고 지리적으로 넓게 흩어져 있었다. 스이코 천황과 소가 씨의 주된 관심사는 베뿐만 아니라 성을 부여받은 다른 씨족들에 대한 지배력을 유지하는 한편, 전체적으로 더욱 효율적인 지배 구조를 마련하기 위해서 중앙집권화된 관직 임용 체계를 고안하는 것이었다.

소가 씨의 권력은 다른 씨족들에 의해서 견제를 받았지만, 대체적으로 스이코 천황과 소가 씨는 전임자들에 비해서 보다 중앙집권화된 지배력을 확보했다. 일본에서 스이코 천황이 지배하던 시기는 아스카(飛鳥) 문화의 개화기라고 불리며, 596년에 아스카 사가 완공되었다.

618년에 중국에서는 수나라가 무너지고 당나라가 들어섰다. 645년이 되면서 소가 씨도 권력을 잃었다. 그러나 소가 씨의 지배하에 수나라와의 협력으로 시작되었던 중국 문화의 습득은 계속되었을 뿐만 아니라, 더 높은 수준에 이르렀다.

중국은 일부 서구 학자들이 "조공 문화"라고 부르는 관계를 발달시켰다. 조공 문화는 중국이 직접 지배하고 통치할 수 있는 영토 밖의 주변국들과 안정적이고 평화로운 관계를 유지하기 위해서 설계되었다. 공식적인 계약 체계는 아니었지만, 중국이 다른 국가 및 다양한 민족 집단과의 관계를 주도하는 데에 이용한 원칙 및 의례 체계였다. 조공국들은 중국에 아예 없거나 희귀한 동물 혹은 식물, 물품을 몇 년마다 바쳤고, 중국은 이에 대한 답례로 조공국에 드문 물건, 아마도 더 가치 있는 물품을 하사했다. 외국 사신들과 이들을 맞이하는 중국의 이러한 의례는 도덕적, 군사적으로 중국 문명의 우월성을 인정한다는 상징이었다. 자국의 황제와 하늘 사이에 특별한 관계가 있다고 주장한 위대한 문명의 중심인 중국은 조공을 바치는 국가에게 봉작(封爵)을 내리고 중국과의 무역권을 주어 그 국가 지배자의 통치가 정통성을 확보하도록 도왔다. 조공체계는 변화하는 경제적, 정치적 상황을 고려할 만큼 융통성 있게 운영되었다. 이 문화는 중국 북쪽과 서쪽 국경선 부근 수천 킬로미터에 걸친 지역에서 살던 소수민족들—퉁구스족, 몽골족, 투르크족, 티베트족—과의 관계에도 효과적으로 적용되어 이 민족들이 중국을 침략할 위험을 줄이는 데에 도움이 되었다. 그러나 한국, 베트남, 특히 일본 같은 더 큰 주변국들은 7세기와 8세기에 중국의 문화를 흡수한 이후 때때로 중국 문명의 우월성을 인정하는 데에 거부감을 드러냈다.

스이코 천황 집권 당시 일본이 중국으로 조공 사절단을 보낸 것은 이례적인 일이었다. 인구 밀도가 더 높은 일본에서 바다 건너로 대규모 사절단을 보내는 것은 육지의 국경을 넘어 소규모 사절을 보내는 것보다 훨씬 더 큰 일이었기 때문이다. 스이코 천황은 즉위 직후부터 선박을 준비하라는 명령을 내리고, 필요한 물품들을 모았으며, 사절단에 참여할 인물들을 선정하여 600년에 중국으로 첫 조공 사절단을 파견할 계획을 세우기 시작했다.

스이코 천황 이전의 접촉과 문물 수입을 위한 기반

일본의 봉분(封墳)들에서 발견된 고고학적 증거들은 야요이 시대(기원전 1000년경으로 추정된다)에 중국의 도자기, 청동 거울, 검, 구슬, 금속 용구들이 한국을 경유하여 일본으로 전파되었음을 보여준다.[4] 예를 들면, 후쿠오카 현에서 발견된 금 도장은 후한 시대인 기원후 57년에 일본 사절에게 하사된 것으로 추정된다. 이 시기에는 농사, 화살촉, 절단에 사용되는 금속 용구들과 석기들뿐만 아니라 쌀농사가 일본에 도입되었다.

7세기 이전의 몇몇 일본 문서들이 발견되기는 했지만, 그 이전에 한국과 일본 사이에서 이루어진 접촉의 성격을 확인할 수 있을 만큼 충분하지는 않다. 전문가들은 712년에 완성된 일본의 역사서 『고사기(古事記)』와 720년에 나온 『일본서기(日本書紀)』에 대하여 712년 직전의 수십 년 동안의 역사를 다룬 부분은 신뢰성이 있지만, 500년 이전의 시기에 대해서는 신뢰할 만한 정보가 거의 없다고 평가한다. 일부 학자들은 『고사기』와 『일본서기』의 저자들이 일본과 백제에서 작성된 6세기의 기록들을 접했지만 후일 그 기록들이 사라졌다고 믿는다.

『고사기』 이전, 문자로 기록된 역사가 부재하던 시대에는 전설이 구전되었다. 그중 가장 유명한 것이 서복 전설이다. 이 전설에 따르면, 진시황(중국을 통일하고 기원전 221-210년에 통치한 군주)이 장생불사의 삶을 가져다줄 영약(靈藥)을 찾아 신비의 섬으로 서복이라는 사람을 보냈다. 서복은 결국 일본에 도착했지만 돌아오지 않았다고 한다. 일본의 여러 지역에 세워진 서복의 조각상들이 이 전설을 기리고 있지만, 안타깝게도 서복이 일본 땅을 밟았음을 뒷받침할 증거는 없다.

중국인들은 일본이 중국으로부터 문자를 도입하기 수 세기 전부터 기록을 남겼는데, 그 수백 년 동안의 기록들에서 일본에 대한 약간의 언급을 발견할 수 있다. 예를 들면 82년에 편찬된 『한서(漢書)』를 보면 일본에 대한 언급이 나온다. 이 책에서는 일본을 자세히 다루지 않았지만 지금의 한국과 일본에 해당되는 지역들에 왜인이 살고 있다고 언급되어 있다.[5]

297년에 완성되었다고 알려진 『위지(魏志)』에는 모든 언어를 통틀어 일본에 관한 최초의 신뢰할 만한 서면 기록이 나타난다. 『위지』와 그것을 분석한 중국과 일본 학자들의 연구는 사에키 아리키요의 저서에 담겨 있으며, 최근 조슈아 포겔의 번역으로 영어권 독자들에게 소개되었다. 이 책에는 규슈 섬의 지명들처럼 충분히 상세한 정보가 담겨 있어서, 규슈와 아마도 일본의 본토인 혼슈를 방문했던 여행객들의 관찰이 이 정보들의 바탕이 되었다고 볼 수 있다. 『위지』에는 히미코 여왕(170-248년경)이 238년에 파견한 사절단이 위나라의 통치자에게 조공을 바치고 친위왜왕(親魏倭王)이라는 칭호를 받은 일, 위나라의 사절단이 여왕에게 하사품을 보낸 일, 그리고 여왕이 위나라에 우호적이었다는 내용이 기술되어 있다. 여왕은 243년에도 사절단을 보냈다.

『위지』에는 왜의 땅에는 가구 수가 1,000에서 7만에 이르는 다양한 규모의 씨족 집단들이 100개에 이른다고 나와 있다. 일본인들이 농사와 어업에 종사했고 곡물 저장고와 시장이 있었다는 언급도 있다. 또한 일본의 통치자가 때로는 남성, 때로는 여성이었다고 기록되어 있다. "일본인들은 도둑질을 하지 않으며 다툼이 적다"라는 구절 등 『위지』는 일본에 대해서 긍정적인 시각을 보여준다. 그리고 하층민들은 더 높은 계층의 사람들에게 복종했다고 나온다.

『위지』가 나온 지 20년도 되지 않아 중국인들이 나라의 혼란을 피해 일본으로 이주했다는 기록들이 남아 있다. 중국의 저명한 일본 사학자들 중 한 명인 왕융 교수에 따르면, 중국에서 일본으로 상당한 규모의 이주가 최소한 두 번은 이루어졌다고 한다. 한 번은 313년 직후에 7,000가구가 이주한 것으로 추정되며, 다른 한 번은 몇십 년 후이다. 왕 교수는 5세기와 6세기에 이보다 더 많은 수의 한국인들이 일본으로 이주했다고 말한다. 이 한국인들 가운데 일부는 한자를 쓸 줄 알았던 반면, 당시 일본에는 한자를 읽고 쓸 줄 아는 사람이 없었다.

3세기에 조성된 일부 일본 지도자들의 묘에서 중국에서 건너온 귀중품들이 발견되었다. 또 나중에 일본 호족 수장들의 고분에서 발굴된 유물들은 4세기와 5세기에 중국의 거울, 검, 구슬이 일본에 전해졌다는 증거를 제시한다. 일본은 478년에 중국으로 사절단을 보냈지만 이들이 무엇을 배워왔는지에 대해서는 거의 정보가 없으며, 그후 수나라가 권력을 잡은 6세기 말까지 공식적으로 접촉한 증거가 없다. 이후 200년 동안은 방대한 문서들이 상당한 사료를 제공한다.

소가 씨족의 스이코가 권력을 쥐기 전의 3세기 동안 일본은 약간의 발전을 이루었는데, 이는 600년에 스이코 천황이 중국의 문물을 배우기 위해서 시작한 노력의 기반이 되었다. 일부 일본인들이 남쪽 섬인 규슈에서 본토인 혼슈의 비옥한 지역인 나라 근방으로 이주하여 논농사의 발달을 도왔다. 이 지역의 다른 사람들은 도자기 만드는 법을 배웠고, 한국에서 일본으로 건너온 청동기와 철기를 사용했다. 6세기에는 말이 도입되어 관리들이 먼 거리를 비교적 빨리 이동할 수 있었다. 일본인들은 아직 문자언어를 숙달하지 못했지만, 일부 씨족들은 야마토 정권 아래의 행정 조직으로 합쳐졌다.

나라 근방의 주민들은 일본의 다른 지역에서 살던 사람들과 마찬가지로 산봉우리, 절벽, 폭포, 거목, 바위 등 경외감을 불러일으키는 자연 지물들에 특별한 표시를 하여 숭배했다. 그 자연 지물들에 깃든 가미[神]에게 경의를 바치는 일본인들의 관습이 여러 초자연적인 힘에 대한 광범위한 경의를 가르치는 종교인 불교를 습득할 수 있는 힘이 되었다. 일부 자료들에는 백제가 이미 538년에 불교의 포교를 위해서 일본으로 사절단을 보내기 시작했다고 기술되어 있다. 일본으로 파견된 백제인들 중에는 불교의 명상, 가지기도(加持祈禱), 건축 전문가들이 포함되어 있었다. 일본에서 스이코 천황은 불교를 도입하고 중국의 문물을 배우는 데에 핵심적인 역할을 했다. 천황의 조카인 쇼토쿠 태자는 불교가 사회 질서를 존중하도록 장려하고 정치 계층에 대한 도전을 억제할 수 있다고 믿었다. 태자는 섭정 자리에 앉자마자 불교의 도입과 확산을 지원했다.

나라 지역의 많은 발전은 한국에서 건너온 이주자들에 의해서 이루어졌다. 일본은 중국과 가장 가까운 지점이라고 해도 800킬로미터 정도 떨어졌으나, 한국은 중국과 매우 인접해 있었다. 따라서 중국과 지리적으로 더 가까운 한국인들은 아직 일본에 전해지지 않았던 중국 문명의 요소들을 도입했다. 규슈는 부산과의 거리가 200킬로미터가 되지 않았으므로 일본인들은 한국인들을 통해서 중국 문화의 요소들을 배우기가 더 수월했다. 당시 한반도는 북쪽의 고구려, 일본과 가장 가까운 관계이던 남서쪽의 백제, 그리고 남동쪽의 신라라는 세 왕국으로 나뉘어 있었다. 이 세 왕국들 사이에서 세력 다툼이 벌어졌고, 일본으로 이주한 한국인들 중 일부는 그 다툼에서 패배한 사람들이라고 여겨진다. 또 일부는 당나라 군사들의 침입 이후 한국에서 달아난 사람들이다. 어떤 학자들은 600년에 중국으로 조공단을 보내기로 결정한 소가 씨족에 한국계의 피가 섞여 있었다고 확신한다. 아무튼 중국 정세에 더 밝은 일본 내의 한국인들이 중국으로 사절단을 보내겠다는 일본의 결정에 한몫을 한 것은 분명하다.

600년 이후 일본이 중국의 문물을 배운 방식

스이코 천황과 쇼토쿠 태자가 집권하던 600년, 일본은 478년 이후 처음으로 중국으로 사절단을 파견했고 얼마 지나지 않은 607년, 608년, 614년에 또다른 사절단들이 그 뒤를 이었다. 607년과 608년에 파견된 사절단에는 장안(현재의 시안)에 남아 불교를 더 공부해서 일본에 전파할 승려 수십 명이 동행했다. 수나라의 멸망 이후 618년에 당나라가 건국되었지만, 일본 승려들은 장안에 머물며 공부를 계속했다. 그 승려들 중 한 명인 민은 632년에 일본으로 돌아갔고, 에온은 639년까지 중국에 머물렀다. 일본으로 돌아온 승려들은 종교적인 역할뿐만 아니라, 지식인이자 일본 정치 지도자들의 조언자로서 폭넓은 역할을 수행했다. 민과 에온은 중국의 문화와 제도의 수많은 측면들에 관한 정보를 제공하여 일본 지도자들의 국가 형성을 도왔다. 618년 이후 지속적으로 장안으로 파견된 사절단은 일본에서는 견당사 (遣唐使)라고 불렸다.

당시 장안은 인구가 100만 명이 넘을 것으로 추정되는 국제도시였고, 중국인뿐 아니라 한국인, 중앙 아시아인, 중동인까지 이곳으로 모여들었다. 장안 근방을 흐르는 황허 강은 일본의 어떤 강보다 더 크고 주변 평야들역시 일본의 어떤 평야보다 더 넓어서 당시 일본의 웬만한 지역보다 많은 인구를 수용하고 대규모의 농업 생산이 가능했다. 따라서 수나라와 당나라는 당시 일본이 알고 있던 것을 훨씬 넘어서는 복잡한 조직을 이루었다.

쇼토쿠 태자는 씨족의 권력을 무너뜨릴 체계를 구축하려고 노력했다. 604년에 태자는 씨족의 서열에 관계없이 관리를 선발하는 제도인 "관위 12계(冠位十二階)"를 제정했다. 그는 가문에 구애받지 않고 개개인으로 관리를 임명한 뒤에 지위를 부여했다. 그리고 중국을 모방하여 개인에게 관을 수여했는데, 이때 관의 색깔과 모양이 지위를 나타냈다. 뿐만 아니라 세금 징수와 공역, 군역 징발에 사용할 수 있는 호적제도를 도입했고, 승려들을 정부 조직에 등용했다.

쇼토쿠 태자는 또한 씨족 체계를 개혁하고 안정을 촉진하고자 헌법 17조를 선포했다. 헌법 17조의 진위에 대해서는 학자들 사이에 의견이 분분하지만, 『일본서기』에 따르면 태자가 604년에 이 법을 공표했다고 한다. 헌법 17조는 현대의 헌법만큼 상세하지는 않지만 중국에서 초기에 배운 것들로부터 도출된 예비 지침들로 구성되었고, 중앙집권 강화와 씨족의 권한 약화를 위한 스이코 천황과 쇼토쿠 태자의 노력이 반영되어 있다. 관리들은 출신에 따라서 직책을 맡는 것이 아니라 천황에 의해서 임명되었다. 또한 이

전까지 씨족 소유이던 토지는 중앙 관리들에 의해서 다른 사람에게 양도될 수 있었고, 씨족과 관계없이 토지 소유가 가능했다. 당시는 아직 유교가 체계적으로 도입되지 않았지만, 이미 한국인들에 의해서 소개된 유교의 윤리 개념과 관리에 대한 존중이 이 헌법에 담겨 있었다. 사람들은 '조화'를 추구해야 하고, 관리들은 통치자의 지시에 따라야 하며, 아이들은 부모의 지시를 따라야 했다. 또 지위가 다른 관리들 사이의 관계를 다스리기 위해서 예의 규율들이 마련되었다(유교를 중점적으로 가르치고 젊은이들을 관리 등용시험에 준비시키도록 설계된 관학은 7세기 말까지 나타나지 않았다).

쇼토쿠 태자는 일본에서 조언자 역할을 할 소수의 중국인들과 한국인들을 확보했다. 한국에서는 백제가 중국의 본을 받아 이미 6개의 정부 부처로 구성된 관료체제를 도입했다. 스이코 천황과 628년에 천황이 사망한 뒤에 즉위한 조메이 천황은 관료구조를 구축하지는 않았다. 하지만 조메이 천황은 중국과 백제를 거울삼아 외국 방문객들을 맞는 의례를 도입했다. 또한 일본은 백제 출신 장인들의 도움을 받아 중앙집권을 상징하는 사원과 절을 짓기 시작했다.

스이코 천황과 쇼토쿠 태자는 일본이 중국으로부터 존중받기를 원했다. 당시 중국 관리들은 중국의 황제만 '천자(天子)'로 불려야 하고, 일본이나 그외에 조공을 감수하는 집단들은 천자만큼 높지 않은 지위인 왕(王)으로 불려야 한다고 믿었다. 607년에 스이코 천황은 국서에 "해 뜨는 곳의 천자가 해 지는 곳의 천자에게"라고 서명하여 사절을 통해서 중국의 양제에게 전했다. 양제는 스이코 천황이 자신을 동등한 지위로 부른 것을 불쾌하게 여겨 신하에게 "야만국의 예의 없는 사람들로부터 온 문서는 앞으로 받지 말라"고 명했다고 전해진다.[6] 그러나 일본 사절단은 자신들의 나라가 적절한 존중을 받아야 한다고 생각해서 왜국이라는 표현 대신 일본어에서 말 그대로 '태양의 근원'을 의미하는 '니혼(日本)'으로 자국을 지칭하기 시작했다.

중국의 우주관과 마찬가지로 일본에서도 황제를 하늘과 연관된 자연 질서의 일부로 보기 시작했다. 일본의 우주관에 정확히 언제 이런 변화가 일어났는지에 대해서는 의견이 엇갈린다. 스이코 천황은 통치 기간 동안 대왕(오오키미)이라고 불렸고, 사후에는 때때로 천황(天皇)이라고 불렸다. 황제를 의미하는 일본어의 첫 글자 덴(天)은 중국의 천자(天子), 즉 황제를 가리키는 글자이다. 일본인들에게 천황이라는 용어는 중국 황제와의 동등성을 나타냈고, 내부적으로는 천황을 모시는 씨족들 위로 천황을 높이는 역할을 했다. 이후 천황 아래의 관리들은 신하가 되었다.

다이카 개신

야마토 정권에 내분이 일어난 뒤인 645년에 소가 씨족이 황족에게 권력을 내주고 황족 출신의 고토쿠 천황이 즉위했다. 고토쿠 천황은 앞선 소가 씨족의 지도자들과 마찬가지로 중앙집권화를 원했는데, 그는 그 무렵 중국에서 돌아온 많은 승려들과 당나라에서 발달한 포괄적인 율령들에 의지할 수 있는 유리한 입장에 있었다. 고토쿠 천황은 권력을 쥐자마자 645년에 다이카(大化) 개신에 착수했다. 소가 씨족이 이룬 변화보다 훨씬 더 큰 변화를 모색한 이 개혁에서는 당나라에서 이루어진 변화를 본떠 씨족의 약화와 중앙행정 통제체제의 확립을 도모했다.

646년 1월 1일에, 고토쿠 천황이 4개조 칙령을 발표했다. 일부 일본학자들은 새로운 행정부의 목표를 제시했다는 점에서 이 칙령의 역할을, 1868년에 메이지 천황이 권력을 쥐었을 때에 발표한 5개조어서문(五個條御誓文)과 비교한다. 첫 번째 조항은 씨족들의 권력과 씨족이 그 구성원들의 운명을 좌우할 수 있는 힘을 없앴다. 두 번째 조항은 씨족이 아니라 각 지역의 지방 행정단위가 중앙의 명령을 받아 지배하는 지방 행정구역으로의 재편성을 꾀하도록 했다. 수도를 네 구역으로 나누고, 지방의 경계를 정해서 중앙의 직접적인 통제하에 있도록 했다. 세 번째 조항은 조세, 공역, 군역의 목적으로 호구 등록을 합리화했다. 네 번째 조항은 부과해야 할 세금과 행정 관리들을 위해서 마련되어야 하는 봉급의 윤곽을 잡았다. 새로운 행정구조는 규슈와 시코쿠뿐만 아니라 본토인 혼슈의 대부분으로까지 확장되었고, 현(당시에는 구니[国]라고 불렸다)들을 다시 군으로 나눈 지방 행정구역 체계가 더욱 명확해졌다. 중국을 본뜬 이 새로운 개혁으로 일본은 씨족의 정부 지배력을 무력화하고 지리적으로 더 광범위한 지역을 아우르는 행정 국가를 확립했다.

기본적으로 씨족의 권력이 사라지기는 했지만, 일본은 세습의 중요성을 중국만큼 없애지는 않았다. 역사가 처음 기록되기 시작했을 때부터 도쿠가와 시대가 끝날 때(1868)까지 일본은 누군가의 계급적 지위를 정하는 중요한 기준으로서 출생을 중국보다 훨씬 더 중시했다. 그리고 관리 선발에서도 중국만큼 시험에 의존하지 않았다. 하지만 일본은 교육을 매우 중시했다. 고토쿠 천황 아래의 새로운 지도부는 소가 씨족이 집권할 때보다 더 많은 젊은 관리들을 중국으로 보내서 공부를 시키는 제도를 마련했다. 고토쿠 천황은 즉위 직후 중국에 두 집단을 보내기로 했다. 121명의 전도유망한 젊은이들로 구성된 한 집단은 배를 타고 북로로 이동한 뒤에 한국을 거쳐 중국으로 향했고, 비슷한 규모의 다른 집단은 남로를 따라 곧바로 대양을 건너 중국으로 가기로 했다. 그런데 남로를 택한 배는 태풍을 만나 배에 탄 사람들이 거의 모두 익사한 반면, 북로로 떠난 사람들은 무사히 목적지에 도착해서 중국의 정부 행정을 공부하고 몇 년 후에 귀국했다.

당나라는 매우 범세계적인 나라였다. 한국인과 일본인에게 그들 나라에서 공부하도록 허가를 내주었을 뿐만 아니라, 717년에 일부 한국인들과 사절단의 일원으로서 당에 도착한 특출한 재능의 일본 관리인 아베노 나카마로는 과거시험에 급제하여 중국의 관리가 되기도 했다. 아베노는 761년부터 767년까지 안남(베트남) 도호부에서 근무한 것을 포함해서 중국의 여러 지역에서 관직을 지냈다. 시인이기도 했던 아베노는 나라에 대한 향수가 깃든 시로 가장 유명하며, 당대 중국 유수의 시인들과도 교분이 있었다. 아베노는 일본으로 돌아가려고 몇 차례 시도했지만 그가 탄 배가 매번 악천후를 만나는 바람에 실패로 돌아갔고, 결국 770년에 중국에서 눈을 감았다.

일본이 당에 패배하면서 얻은 군사적 교훈

661년 이전에 일본인들은 일본 열도 밖의 군대와 맞서 싸운 경험이 없었다. 당나라는 강력한 군사력을 발달시켜 618년에 나라를 통일했고, 7세기 내내 막강한 군사력을 유지했다.

한반도는 중국과 강(압록강) 하나를 사이에 두고 있기 때문에 중국군의 진군에 일본보다 항상 더 취약했고, 따라서 중국으로부터 더 빨리 군사기술들을 배울 수 있었다. 따라서 5세기에는 한국의 군사력이 일본보다 앞서 있었다. 일본은 한반도의 세 왕국들(신라, 고구려, 백제) 가운데 백제와 우호적인 관계를 발달시켰다.

660년에 당나라군이 동맹인 신라군과 함께 백제를 침입하자, 백제는 일본에 원조를 요청했다. 정확한 기록이 부족하고 수치들이 과장되어 있기는 하지만, 일본은 661년에 백제에 5,000명의 군사를 보냈고, 662년에는 그보다 더 많은 병사를, 그리고 663년에는 무려 2만7,000명을 파견한 것으로 추정된다. 하지만 663년에 당과 신라의 통치자들이 더 많은 군사를 투입해서 대규모 전투를 벌여 백제군과 일본군을 섬멸했다. 이 전투에서 일본군은 400척의 배와 1만 명의 병사를 잃었다고 한다. 또 이미 고구려로부터 말 타는 법을 배웠던 일본군은 1,000마리의 말도 잃었다고 전해진다.[7] 일본이 당으로부터 배운 대부분의 문물은 수도인 장안을 평화롭게 방문하여 얻어온 것들이지만, 군사적인 부분들에서는 규모가 더 크고 발달한 중국군과의 전투를 통해서도 배웠다. 『고사기』는 일본의 패배 원인을 중국군이 수적으로 우세하고 무장이 더 잘 되어 있었을 뿐만 아니라 일본군이 대비하지 못한 대규모 보병 공격을 벌였기 때문이라고 설명한다. 이후 일부 일본인들은 만약에 있을 침략에 대비하기 위해서 검과 단검을 몸에 지니고 방패와 활,

화살을 준비하기 시작했다. 한국에서의 전투가 끝난 뒤에 일본인들은 말을 길렀고, 후계자 다툼에서 시작되어 황실 너머로까지 확장된 672년의 내전 동안 대규모 기마 공격을 벌였다. 압도적인 당군에게 패전한 경험을 바탕으로, 670년에는 좀더 강건한 남성들을 입대시키기 위해서 중국과 비슷한 징병제도를 준비하기 시작했다. 이 제도는 701년에 반포된 다이호 율령으로 강화되었다.

701년의 다이호 율령

다이호 율령은 일본의 행정구조를 더욱 중앙집권화했고, 인구 조사를 실시해서 농민들을 징집하거나 건설공사에 동원할 수 있게 했다. 또 유교의 가르침을 널리 전파하여 하급 관리들은 지위가 더 높은 관리들을 존중하고, 아이들은 부모를 존경해야 한다고 강조했다. 다이호 율령은 약 18명의 일본 저자들이 중국에서 온 전문가 1명과 협력하여 기초되었다. 8세기 말에 중국으로부터 목판 인쇄술이 도입되면서 11세기 이후에는 이 율령의 더 광범위한 배포가 가능해졌다.

다이호 율령이 제정될 무렵, 중국 체계에 관한 연구에 큰 진전이 이루어졌다. 일본은 중국으로 보내는 유학생의 수를 줄이고 관리들을 대상으로 한 선진 교육기관을 세웠다. 이 기관은 중국과 마찬가지로 유교에 학습의 초점을 맞추었지만, 수학과 중국 문학도 교육과정에 포함시켰다. 또 이 기관의 모든 학생들이 한자로 글을 쓸 수 있어야 했기 때문에 중국어가 교육의 중심이 되었다. 가장 인기 있는 과정은 중국 문학이었는데, 그중에서도 이해하기 쉬운 언어로 일상생활에 대한 감정들을 표현한 백거이의 시가 학생들 사이에서 특히 인기가 높았다.

일본에서는 가계(家系)를 중시하여 교육기관 출신이 아니거나 시험에 합격하지 않아도 고위 관리가 될 수 있었기 때문에 대부분의 귀족 자제들은 교육기관에 다니지 않았다. 교육기관의 학생들 대부분은 하위 관리, 특히 지방 관리의 자제들이었다. 시험에서 좋은 성적을 거둔 학생은 계급 내에서 다소 높은 지위까지 올라갈 기회가 있었지만, 관위(官位)의 결정에는 여전히 시험보다는 가계가 더 중요한 역할을 했다.

701년에 다이호 율령이, 718년에 요로 율령이 반포되었을 때에 관리들은 토지세 징수를 우려했다. 농촌의 조직화 모델로 일본은 각각 사전(私田)을 보유한 8가구가 1구획의 공전(公田) 주변에 정사각형 형태로 정착하는 중국의 '정전법(井田法)'을 도입했다. 지방정부의 관리들은 수도 근방의 개인 토지 소유자들에게는 세금을 거둘 수 있었지만, 수도에서 멀리 떨어진 땅들에 관한 세금을 징수하는 데에는 어려움을 겪었다. 게다가 고위 관리와 든든한 연줄이 있는 사람들은 세금을 내지 않고도 사유지를 소유할 수 있었고, 불교 승려들도 세금을 내지 않아도 되었다. 이러한 면세 관행과 세금 징수의 어려움은 특히 수도 근처의 소규모 지주들에게 큰 부담이 되었다. 이들은 세금도 내야 했고, 건설공사와 군에 젊은이들도 보내야 했다.

나라 시대, 710-794년

2년간의 건설공사 뒤, 710년 정부가 새로 조성된 수도인 나라에 입성하면서 일본의 도시 개발은 새로운 이정표에 도달했다. 나라는 이전에 나니와, 아스카, 후지와라에 있던 수도들보다 훨씬 큰 도시였다. 새로운 수도는 장안처럼 직사각형으로 설계되었으며 북쪽에 궁이 자리하고 남북으로 대로가, 동서로는 골목들이 뻗어 있었다. 하지만 나라의 행정 중심지는 면적이 4.8킬로미터, 4.3킬로미터에 불과해서 8.2킬로미터, 9.7킬로미터이던 장안과 비교하면 좁았다. 나라 시대 전에는 각 통치자가 자신이 사는 지역에서 다스렸기 때문에 통치권이 바뀔 때마다 수도의 위치 또한 바뀌었다. 수도를 나라로 옮기기 전의 2세기 반 동안 야마토 평야 지역에는 통치자가 23명, 수도가 31개에 이르렀다. 나라는 장안처럼 오랜 기간 수도로 유지될 것이라 기대되었고, 실제로 거의 한 세기 동안 일본의 수도였다.

헤이안 시대의 수도 교토, 794-1185년

794년에 강력한 힘을 가진 간무 천황이 헤이안 시대를 열고 교토를 행정 중심지로 삼았다. 일본의 일부 지도자들은 나라 지역의 신사와 불교 사원이 힘을 키우는 것을 우려하여 불교의 압력으로부터 자유로운 새로운 수도를 원했다.

면적이 5.2킬로미터에 5킬로미터인 교토는 나라보다 넓었고, 1,000년 넘게 수도로 유지되었다. 중국의 도시들은 외부에서 기습 공격을 해오는 기병들을 막기 위해서 성벽으로 둘러싸여 있었지만, 그런 걱정이 없던 교토에는 성벽이 없었다. 헤이안 시대는 비교적 평화로웠지만, 후반 몇십 년 동안은 주변 지역의 혼란으로 일부 도시들이 외부 공격에 대비하기 위한 성을 세웠다. 장안, 나라와 마찬가지로 교토는 북쪽에 정부 건물들이 들어서 있었고, 남북으로 뻗은 대로가 설계되었으며, 교차도로에 번호를 붙였다. 오늘날에도 교토는 과거의 도시설계자들이 장안에서 배운 것들을 바탕으로 794년에 도입한 기본적인 격자구조를 유지하고 있다.

헤이안 시대에는 7세기 후반기처럼 많은 수의 승려들이 중국으로 가지는 않았지만, 일부는 계속 중국을 방문하여 당에 관한 정보를 일본 관리들에게 전했다. 중국으로 파견된 승려들 중에는 804년부터 806년까지 중국에서 지내다가 일본으로 돌아와 진언종을 창시한 구카이(사후에 고보 다이시라고 불렸다), 일본에 천태종을 전파한 사이초(767-822, 사후에 덴교 다이시라고 불렸다) 같은 당대의 뛰어난 지식인도 일부 포함되었다. 838년부터 846년까지 중국에서 생활한 엔닌은 상세한 일기를 남겼다. 에드윈 O. 라이샤워가 영어로 번역한 이 일기는 최근 몇십 년 동안 엔닌의 여행 경로를 되밟아본 사람들에 의해서 사실임이 확인되었다. 엔닌의 일기는 당시 방중 사절단과 중국의 상황에 대한 가장 신뢰성 있고 완벽한 진술이어서 중국의 학자들이 당시 중국의 모습을 고증하는 데에 이용할 정도이다. 엔닌이 귀국할 무렵, 중국은 불교의 활동에 엄격한 제약을 가했고, 이로 인해서 다음 세기 동안에는 일본 승려들이 중국으로 가는 데에 어려움을 겪었다.

언어, 문학, 음악

6세기까지 일본에는 문자언어가 없었고, 7세기 전에는 승려들과 정치 지도자들마저 문맹이었다. 하지만 5세기와 6세기에 한국으로부터 건너온 검과 거울, 동전, 장례용품에 한자가 등장하기 시작했다. 당시 일본에는 여전히 글이 없었고, 당연히 인쇄기도 없었기 때문에, 최초로 중국으로 건너간 승려들의 주된 과제들 중 하나가 불교 경전을 힘들게 필사하여 일본의 승려들이 공부할 수 있도록 가져오는 것이었다. 757년의 한 문서는 당시 일본의 궁정에 1,500여 권의 중국 서적이 소장되어 있었다고 보고한다.

한국과 중국의 다양한 지역에서 일본으로 서적이 전해졌다. 그러나 중국과 한국의 지방들 사이에서 발음의 차이가 있었기 때문에 처음에는 한문과 발음을 대조할 수 있는 표준화된 방법이 없었다. 또 국가 건설, 정통성 증대, 복잡한 행정구조 내에서의 소통, 문화를 풍요롭게 하고 국가를 번영시키기 위한 한시(漢詩) 작성, 종교적 신념 전파 등 한문을 들여온 목적이 다양해서 문체와 내용에도 많은 차이가 났다.

600년 이후 일본이 중앙집권화된 정치구조를 구축하고 소통을 위해서 문서를 사용하기 시작하면서 일본 관리들은 그들이 사용하는 언어를 표준화하기 시작했고, 이후 저작의 수가 빠른 속도로 늘어났다. 불교도들도 사원을 건립하고 더 광범위한 지역에 걸쳐 승려들과 소통하면서 문자언어를 표준화하고자 노력했다.

712년부터 760년에 걸쳐, 3개의 주요 문집이 편찬, 공개되었다. 영구적인 문화적 이정표가 된 712년의 『고사기』, 720년의 『일본서기』, 759년에 완성된 『만엽집(万葉集)』(시가집)이 그것이다. 한자로 쓰인 역사서인 『고사기』와 『일본서기』는 중국 황실의 역사서를 본떠서 편찬되었다. 세 저작 모두 천황에게 정통성을 부여하고, 그의 지배를 받는 사람들에게 공통된 문화를 제공하려는 노력을 보여주었다. 또한 나라 지역을 넘어 천황의 통치를 확장하도록 도왔다. 비록 이 세 저작들이 서로 밀접하게 통합되지는 않았지만, 여러 지역적인 시각을 반영할 만큼 충분히 다양한 자료들을 담고 있다. 이 저작들의 많은 부분은 읽고 쓰기가 보급되기 시작한 7세기 전, 여러 세대에 걸쳐 구전된 것들이다. 편찬자들은 고대의 전설들을 기록하고 이를 새로 쓰인 자료들과 함께 책에 수록하여 오늘날까지 남아 있는 공통 문화의 핵심을 만들어냈다. 8세기 말에 중국에서 목판 인쇄술이 들어와 11세기부터 19세기까지 널리 사용되면서 이 전집들은 더 광범위한 독자들에게 배포될 수 있었다.

그중에서 가장 먼저 나온 『고사기』는 681년에 편찬 지시를 받았고, 수도를 나라로 이전한 지 2년 만에 영속적인 수도의 안정된 문화적 기반을 제공한다는 목표로 발간되었다. 『고사기』는 일본에서 현존하는 가장 오래된 문헌이다. 편찬자들은 편찬 당시 수십 년간의 역사를 기록할 때에 아마도 한국인이 작성했을 신뢰성 높은 문서들에 의존했을 가능성이 높다. 하지만 그 이전 시기들은 분명 신화적인 내용이며, 문서들을 검토하고 고고 유적지를 연구한 전문가들은 『고사기』의 6세기 이전 부분에 대해서는 그 신뢰성에 회의적인 입장이다.

『고사기』의 첫 부분은 천상의 존재가 어떻게 일본 열도를 형성하고, 그 후 기원전 660년에 진무 천황을 내려보내 일본을 건국했는지에 대한 서술이다. 고대 일본을 전문적으로 연구한 학자들은 기원전 660년을 진무 천황이 하늘에서 내려온 해로 선택한 이유가 쇼토쿠 태자가 권력을 잡은 해로부터 21번째 60갑자(甲子) 전, 즉 1,260년 전이기 때문이라고 추측한다.

『고사기』의 일부 기록들은 구전된 전설을 바탕으로 했지만, 『고사기』와 『일본서기』는 그 이전 시기의 일본사에 관해서 현재 이용할 수 있는 가장 좋은 문헌 자료로 남아 있다. 20세기 후반에 분묘에서 발견된 목간(木簡)들이『고사기』의 일부 서술에 신뢰성을 부여했다. 이후 일본의 600년 이전을 연구하는 학자들은 7세기 초 이전의 일본사를 이해하기 위해서 고고학적 증거와『고사기』를 결부시키려고 노력했다. 전설이건, 역사건『고사기』에 담긴 쇼토쿠 태자 관련 기록과 이외의 부분들은 여전히 일본 학생들에게 그들의 역사로서 다루어지고 있고, 일본인들의 역사 인식의 일부로 남아 있다.

중국은 역사가들이 자신의 왕조가 '천명(天命)'을 받았다고 주장하며 각 왕조의 개별적인 역사를 기록한 데에 반해,『고사기』는 일본이 신화적으로 탄생한 이후의 역사를 중단 없이 연속적으로 제시한다. 후계 다툼에 대한 설명도 있는데, 물론 당시에 그 후손들이 아직 일본을 다스리고 있었으므로 승자의 장점을 강조하는 쪽으로 서술이 기울었다. 그러나 각 천황은 이론적으로 일본의 탄생에서부터 이어져온 연속선에서 한 자리씩을 할당받았다.

일본인들은 자국의 문자 체계를 개발한 뒤에 중국을 거울삼아 왕조의 역사를 공식적으로 기록했다. 712년 이후 일어난 사건들에 대한 기록은 그 이전의 역사 기록보다 훨씬 더 상세하고 신뢰성이 높다. 뿐만 아니라 중국을 본떠서 지명사전(『풍토기[風土記]』)을 편찬하여 지방의 발달을 상세히 기록했다.

『일본서기』는 가상의 진무 천황까지 거슬러올라가 모든 천황들에 대해서『고사기』보다 훨씬 더 상세하게 다루었다. 또한 중국과 한국과의 관계에 대한 기록도 실려 있다. 이 책은 황통의 연속성을 강조하면서도 각 천황의 강점과 약점뿐 아니라 중국의 도교 관행으로부터 도입된 우주관과 신학에 대해서도 논한다.

『만엽집』은 265수의 장가(長歌)와 4,200수가 넘는 단가(短歌), 수필, 이야기 등 수 세기에 걸쳐 쓰인 문학작품들을 대거 묶은 책이다.『만엽집』에 수록된 대부분의 시와 수필은 스이코 천황과 쇼토쿠 태자의 집권기 혹은 그 이후에 쓰인 것들이다. 또 중국 저자들이 쓴 시 4편과 짧은 수필 22편도 실려 있다. 두 역사서들과 비교하면 이 문학전집은 훨씬 더 광범위한 인간의 감정을 표현했고, 독자들의 정서적 공감을 불러일으킨 것으로 유명하다. 『만엽집』에는 당대의 지식인뿐 아니라 농민과 노동자의 글도 실려 있다.

중국의 한자가 처음 일본에 도입되면서 일부 글들은 한자로 표기되었다. 시간이 지나면서 한자는 같은 뜻을 가진 일본어의 음과 차츰 연결되었지만, 글자의 배열은 일본어의 문장구조를 따랐고 일본어의 일부 문법적 요소들이 추가되었다. 한자로 일본어를 표기하는 이런 형태(훈독이라고 불린다)가 『고사기』의 편찬에 사용되었고, 이는 표준 일본어가 되었다. 『만엽집』을 편찬하던 무렵에는 일부 저자들이 일본어 음을 그 음과 흡사한 한자로 표기하는 체계인 가나[假名]를 사용하고 있어서 『만엽집』에는 일본어 고유의 많은 표현들이 원래의 일본어 발음대로 담길 수 있었다.

『만엽집』은 관리들이 이용할 수 있도록 다양한 종류의 지식들을 모아놓은 백과사전인 당나라의 『예문유취(藝文類聚)』의 전통을 따랐다. 『고사기』, 『일본서기』처럼 군주에 초점을 맞추고 천황의 통치 궤적을 따라간 저서들은 당시 국가 지도층의 정통성을 뒷받침하는 데에 이용되었다. 그러나 『만엽집』의 편찬자들은 사상을 통일하려고 하지 않았으며, 일상생활에 대한 다양한 관찰과 감정을 단순하고 직접적으로 표현한 많은 시가들을 통해서 일본의 문화를 풍요롭게 했다.

『만엽집』이 편찬된 이후 가나의 사용이 확산되면서 구전을 반영한 일본 문학이 성장할 수 있었다. 여러 제약이 있는 표준 한자를 사용해서는 다양한 표현이 불가능했다. 수 세기 동안 이 두 가지의 매우 다른 문자 체계(간소화한 한자를 기반으로 일본어의 음을 표현하는 음절문자와 중국어에서의 원래 의미를 나타내는 한자의 사용)를 합리화하려는 노력은 이루어지지 않았고, 결국 일본어는 두 체계의 복잡한 혼합 형태로 발달했다.

중국인들과 마찬가지로 일본인들도 붓과 먹을 사용해서 한자를 쓰는 서예를 하나의 예술로 발전시켰다. 이들은 서예의 양식과 학파뿐 아니라 서예가들을 평가하는 체계도 공유했다. 각국의 서예가들은 다른 나라 서예가들의 작품을 오랫동안 알고 있었고, 중국인들은 일본의 가장 저명한 일부 서예가들에게 찬사를 보냈다.

쇼토쿠 태자 시대에 중국으로부터 악기와 궁중음악도 전래되었다. 일본인들이 도입한 악기에는 고토(큰 치터[zither])와 비파(류트의 한 유형)가 포함되었다. 이 악기들, 그리고 이 악기들로 연주하는 음악이 일본에서 계속 인기를 유지하여 지금도 공식 행사들에서 종종 사용된다.

일본은 역사적 보물들을 보존하기 위해서 많은 노력을 기울였다. 일본을 방문한 중국의 전문가들은 중국에서 들여온 기술들을 이용한 일본 고대 유물들의 진가를 인정했는데, 그중 일부는 심지어 중국에서조차 더 이상 볼 수 없는 것들이었다. 예를 들면 황실의 보호를 받던 나라 시 도다이지의 쇼소인 유물창고는 중국의 전문가들로부터 높은 평가를 받았다. 보통 때는 보물들이 대중에게 공개되지 않지만 매년 가을에 일부가 나라 국립박물관에 전시된다. 여기에는 중국 역사상 최고의 작품들 가운데 하나로 평가되는 4세기의 중국 서예, 5현으로 된 8세기의 류트 같은 악기, 불교와 관련된 다양한 보물들이 포함된다.

불교

원래 중국인들은 인도를 방문한 여행자들로부터 불교를 배웠는데, 이는 4세기 초에 중국에서 깊이 뿌리를 내렸다. 이 무렵 중국의 황실은 불교를 받아들였고, 여러 지역에 절이 세워졌다. 또한 승원을 세우고 승려들을 교육시키기 위한 훈련과정도 만들었다. 쇼토쿠 태자가 일본에 불교를 들여오기 시작할 무렵, 중국과 한국에서는 이미 불교가 충분히 발달했기 때문에 일본에서 불교를 공부하러 인도로 가는 사람은 거의 없었다. 일본인들은 중국인으로부터 불교를 배운 한국인들과 중국으로 유학을 다녀온 일본인 승려들에게서 불교를 배웠다. 일본의 불교 신자들에게 중국은 성지였고, 중국의 유명한 승려들은 그들의 스승이었다. 유명한 사찰들이 위치한 중국의 여러 산은 곧 그들의 성지가 되었고, 깨달음을 얻으려는 많은 신자들이 이곳을 찾았다.

불교가 일본에 도입되기 전에 일본인들은 경외심을 불러일으키는 자연현상에 숭배를 표하고 풍작, 자연재해 극복, 장수를 기원하는 의식에 참여했다. 일부 일본인 저자들은 자연의 경이로운 장소들을 방문하는 것을 신도(神道)라고 묘사했고, 그런 장소들을 감상하는 일이 나중에 신도 종교의 일부가 되었다. 하지만 불교가 전파되기 전에 신도 신앙은 복잡한 종교 조직이 아니었고, 심지어 『고사기』에도 언급되지 않았다. 쇼토쿠 태자 시대에 불교가 도입되기 전, 일본에는 국가적인 종교기관이 없었기 때문에 불교에 대한 조직적인 저항도 거의 없었다. 그리하여 일단 일본에 들어온 불교는 빠른 속도로 퍼져나갔다.

불교는 통치자가 하늘과 연관되어 있다고 가르침으로써 중국과 일본의 국가 통치자들에게 정통성을 부여했다. 쇼토쿠 태자는 불교 스승을 두었고, 이후 일본의 다른 통치자들은 자연의 힘을 다루는 데, 특히 농사에 적합한 날씨를 기원하기 위해서 승려들을 초대했다. 당시에는 종교적 역할을 하는 승려와 세속적 역할을 하는 승려가 뚜렷이 구별되었고, 불교 사제들은 자연의 힘을 다스리는 기도를 올려 지위를 향상시킬 수 있었다. 하지만 자연재해를 막지 못하면 지위를 잃게 될 위험 또한 상존했다.

한국과 일본에 도입된 불교 철학은 세계와 하늘의 전체적인 조화에 대한 믿음이 중심을 이루었다. 불교는 깨달음을 얻고 세속적인 욕구를 누르기 위해서 명상을 장려했다. 평화로운 종교인 불교는 국가의 안정 유지를 도울 정신적인 기반뿐 아니라 평화와 통합을 불러올 정치체계의 사회적 기반을 찾던 한국과 일본의 정치 지도자들에게 매력적으로 다가왔다. 예를 들면 불교가 처음 일본에 들어왔을 때는 궁정과 주요 씨족들의 후원으로 확산되었다. 하지만 점차 일반인들 사이에서도 불교가 서서히 인기를 얻었다. 사람들은 적절한 불교 의식을 수행하면 평화로운 환경에서 환생할 수 있다고 믿었다.

한편 일부 정치 지도자들은 대규모 사찰을 세우면 그들의 정권을 하늘이 지켜줄 것이라고 믿었다. 승원은 승려들을 교육시키고 거처를 제공했으며, 승려들은 신자들이 해탈을 구하고 욕망을 누를 수 있도록 해주는 경전을 암송했다. 정치 지도자들이 정적과 파벌에 맞서기 위해서 불교 조직들을 이용하기도 했다. 그러나 토지를 소유한 승원들은 잠재적인 과세 기반을 감소시킬 수 있으므로 지도층에게 어려운 문제를 던졌다. 나라 시대 후반에 일부 지도자들은 불교 권력이 쉽게 통제할 수 없을 정도로 강력해졌음을 깨달았다.

6세기 중반에 한국의 불교 공예가들이 일본으로 건너가 불상 제작과 사찰 건축에 참여하고 일본의 공예가들을 교육하기 시작했다. 일본인들은 한국 불교도들의 도움을 받아 중국과 한국에서 보았던 미술과 건축을 재현할 수 있는 기술을 습득했다.

수나라와 당나라 시대에 중국의 사찰을 방문하는 여행길에 오를 수 있었던 일본의 승려는 소수에 불과했다. 이 승려들은 불교 경전에 대한 배움을 향상시킬 수 있었으므로 이런 방문은 특권으로 간주되었다. 일본에서 온 승려들은 자신들이 머물던 중국의 불교 사원들과 좋은 관계를 맺으면서 중국인 스승들과 함께 공부했다. 일본이 중국의 문물을 배우던 시기 내내 일본 승려들은 중국의 유명 사찰과 사원을 방문하여 불교 교리와 경전에 대한 이해를 높일 수 있는 이 기회를 소중하게 여겼다. 중국의 승려들도 일본을 방문해서 교리를 전파하고, 신자들이 고통을 덜고 불교 낙원에서 환생할 길을 닦도록 돕는 메시지를 전했다. 일본에서 불교가 융성하기 시작하자 다양한 불교 종파들이 인기를 얻었는데, 그중 일부는 중국이나 한국에 본거지를 두고 있었다. 특히 정토종 같은 다양한 불교 종파가 대중의 광범위한 관심을 받았다.

불교는 일본인들이 경외심을 일으키는 자연의 장소들에 전통적으로 표현해왔던 숭배보다 더 포괄적인 신앙 체계를 제시했다. 중국에서 불교가 전래된 뒤, 일본인들은 그들의 신앙과 관행들을 더 종합적인 구조로 체계화하려고 시도했다. 불교가 일본의 전통적 관행들을 대체하지는 않았지만, 그 관행들을 더욱 체계적으로 만드는 원동력이 되었다. 불교가 일본의 국교가 된 나라 시대와 헤이안 시대 초기에도 불교라는 커다란 그늘 아래에 신사들이 계속 존재했다.

중국에서는 845년 이후 한 세기 넘게 사찰들을 강력하게 탄압했다. 사찰들이 세금을 내지 않는다는 것이 그 이유였다. 하지만 일본에서는 그런 반발이 없었다. 승원의 수가 계속 늘어났을 뿐만 아니라 불화, 불상, 절을 포함하여 불교 미술이 크게 발전했다. 중국이 사찰을 탄압한 시기를 제외하면 불교는 일본과 중국의 강한 문화적 연결 고리가 된 국제적인 종교였다. 반면 신도는 일본에 한정적이었다. 후일 일본에 강한 민족주의가 뿌리를 내렸을 때, 지도자들은 자신들의 행위를 정당화하기 위해서 불교보다는 신도에 호소했다.

건축

중국인들은 큰 궁전들을 지은 뒤에 사찰을 세우기 시작했지만, 일본에서는 중국으로부터 들여온 신기술들을 이용한 대형 사찰들이 먼저 세워진 뒤에 큰 궁전들이 들어섰다. 대형 건축물 건설을 위한 일본 건축의 획기적인 발전은 사찰 건축으로부터 시작되었고, 일본의 공예가들은 한국과 중국의 공예가들에게서 배운 것들을 후일 대규모 공공건물들에 적용했다.

학자들은 현재 남아 있는 건축물과 문서들을 주의 깊게 연구하여 사찰 건축에 필요한 기술들이 일본으로 전해진 과정을 재구성했다. 정보가 완벽하지는 않지만 증거들에 따르면, 조공 사절단으로 중국을 찾은 일본 외교관들이 중국과 한국의 숙련된 목수와 예술가들을 데리고 돌아갔다. 아무튼 6세기 초부터 한국의 설계사, 목수, 공예가, 화공들이 일본으로 이주하여 한국과 중국의 사찰 건축기술을 전했다는 증거가 있다. 이들은 일본에서 가정을 꾸리고 후대의 재일 한국인 건축가들에게 건설기술을 전수했고, 이 후손들이 계속해서 사찰 건축에 참여했다.

사찰 건축을 위한 중국의 신기술이 소개되기 전, 일본에서는 주로 기둥과 인방(引枋)으로 된 틀에 초가지붕을 올리는 구조로 사찰을 지었다. 그러나 초가지붕과 땅속에 박아넣은 칠하지 않은 나무기둥은 비교적 빨리 썩는데다, 그런 구조는 더 무거운 지붕을 받치지 못했다. 그러다 결국 한국 목수들이 일본에 소개한 중국의 새로운 공학 기법들 덕분에 건물의 중심 영역에 훨씬 더 넓은 공간을 확보할 수 있게 되었다. 이 새로운 기법을 적용하면 가로로 쌓아올린 나무들과 지붕을 가로지르는 보들을 통해서 기와지붕의 무게가 기둥 외곽을 따라 분산되어 건물 내부에 분할되지 않은 넓은 공간을 마련할 수 있었다. 초가지붕보다 비와 눈에 더 강한 기와지붕 덕분에 건물의 목조 뼈대가 훨씬 더 오래 유지되었다. 또 일본의 건축자들은 땅속에 직접 기둥을 박는 대신 주춧돌에 기둥을 세우는 방법을 중국인들에게서 배웠는데, 이런 기술의 발전 역시 건물의 수명을 크게 연장시켰다.

사찰들은 대부분 거대한 건축물이어서 건립에 많은 인력이 필요했다. 그러나 일본이 큰 사찰을 짓기 시작할 무렵에는 이미 일꾼들을 모집하는 체계가 발달되어 있었으므로 사찰 건축에 필요한 다양한 노동력은 어렵지 않게 구할 수 있었다.

시마 반도에 세워진 신사인 이세 신궁은 전체가 중국에서 불교 건축기술이 도입되기 전에 존재하던, 일본 고유의 설계로 지어졌다는 것이 일반적 시각이었다. 그러나 현재 일본 학자들은 이 신사의 일부 특징들이 중국에서 도입된 것임을 인정한다. 이세 신궁의 내궁은 전통적인 초가지붕과 나무기둥들로 되어 있는데, 구조물의 부식이 빨라 20년마다 다시 지어야 했다. 하지만 최근에 이세 신궁의 특징들을 분석해보니 건축의 몇 가지 측면들이 덴무 천황(673-686) 시대 이전의 일본에는 존재하지 않았던 것으로 나타났다. 690년에 신궁을 재건할 당시는 이미 한국과 중국의 숙련된 기능공들이 일본에 들어오기 시작하던 때였다. 신궁의 건물들은 일직선의 남북 축을 따라 들어서 있는데, 이것은 그 이전에는 일본에 없었던 중국 사찰 건축의 일반적인 특징이다. 문 안에 문을 설치하는 방식도 이세 신궁에 도입되기 전에는 일본에 없던 중국 건축의 특징이다. 일본은 전통을 보존하기 위해서 초가지붕까지 유지하는 옛 양식으로 20년마다 신궁을 계속 재건축하기로 결정했다. 20년마다 이세 신궁의 재건축을 정성 들여 준비하면서 전통 건축기술을 보유한 새로운 세대의 일본 건축가들이 계속 참여할 수 있었고, 원래 중국에서 건너온 일부 전통을 포함해서 옛 전통을 지키겠다는 책임감이 점차 강화되었다.

호류지는 세계에서 가장 오래된 목조 건축물이다. 이 사찰은 목골 구조를 이용해서 지어졌기 때문에 목재가 지탱할 수 있는 하중에 대한 분석이 필요했다. 호류지는 일본이 중국의 문물을 부지런히 배우던 시절인 607년에 쇼토쿠 태자의 지시로 창건되었다. 670년에 소실되었지만 이후 몇십 년에 걸쳐 복원되어 7세기부터 계속 사용되어왔다. 호류지에 속한 불교 단체는 일본에서 가장 오래된 것이다. 건축물의 연대를 분석하는 새로운 연구기법을 적용해보니 711년에 완공된 호류지 5층탑의 심주(心柱)가 594년에 벌채된 편백나무로 판명되었다. 따라서 호류지에 사용된 일부 목재들은 이 사찰이 지어지기 1세기 전에 벌채되어 더 이전에 세워진 건축물들에 처음 사용되었다. 이는 적절한 관리를 받으면, 수명이 매우 길어지는 편백나무 기둥의 강도를 말해준다.

호류지는 현존하는 중국의 어느 사찰보다 훨씬 더 오래되었다. 예를 들면 우타이 산의 포광사는 857년에 세워졌다. 따라서 호류지의 기원을 중국에서 찾기는 불가능하다. 대신 중국과 일본의 학자들은 호류지의 건축물들을 이용하여 그 시기 이전 중국의 건물들을 이해하고자 했다.

735-737년, 일본에 천연두가 퍼지고 뒤이어 심각한 기근이 이어지면서 741년에 천황은 이런 재해로부터 나라를 보호하기 위해서 지방 곳곳에 사찰을 지으라고 지시했다. 743년에는 보호를 더욱 강구하기 위해서 고코모지(나중의 도다이지)를 건립하라고 명했다. 이 절은 전국의 모든 지방 사찰들의 관리 중심지 역할을 했다. 중국과 한국에서 온 수십 명의 목수들이 지방의 건축가들과 건설자들을 지도하여 사찰 건립을 도왔고, 수많은 농민들이 공사에 동원되었다. 공사에는 목공 기술뿐 아니라 선진 야금술도 필요했다.

이전에 일본에서 시도된 어떤 건축물보다 훨씬 더 선진적이던 도다이지는 중국과 한국의 사찰들을 본떴다. 도다이지에는 작은 불상들이 안치되었을 뿐만 아니라 대불전의 높이가 거의 15미터, 무게가 약 500톤이나 되었다. 이 불상은 세계에서 가장 큰 청동상이며, 현재는 존재하지 않는 중국의 더 큰 불상을 본떠서 제작되었다. 도다이지의 대불상은 몇 차례 훼손되고 보수되었지만, 아직도 원래의 형태를 유지하고 있다. 대불상과 사찰의 건립(확장) 규모를 감안하면, 인력, 청동과 이외의 재료, 궁의 재정이 전반적으로 크게 소모되었지만, 일본의 지도자들은 재해를 막고 국가의 위엄을 보여주기 위해서 그 정도의 대가는 충분히 치를 만한 가치가 있다고 생각했다.

중국의 뛰어난 승려 감진이 대불상의 봉헌식에 참석해달라는 천황의 초청을 받아 754년 나라에 도착했다. 수년 전인 742년에 중국을 방문했던 한 일본인이 감진을 찾아가 일본의 승려들을 가르쳐달라고 부탁한 적이 있었다. 감진은 이후 다섯 차례 일본 방문을 시도했지만 매번 날씨 때문에 실패하고 말았다. 그러다 귀국하는 일본인 사절단의 일원으로 배에 올라 여섯 번째 도일 시도만에 마침내 일본에 도착할 수 있었다. 당시 감진은 실명 상태였지만 도다이지의 봉헌식을 주재했다. 그와 함께 일본으로 건너온 목수와 승려들이 도쇼다이지라는 새로운 사찰을 세웠다. 감진과 그가 데려온 젊은 승려들은 이 절에서 교사 역할을 하며 새로운 세대의 일본 승려들을 가르칠 수 있었다. 나중에 제자들은 감진의 등신불(等身佛)을 만들었는데, 턱 아래의 힘줄과 시각에 문제가 있음을 나타내는 감은 눈, 귀에 난 털까지 표현하며 그의 모습을 초상화처럼 상세하게 묘사했다. 이후 등신불은 훼손 되기는 했지만 아직까지 남아 있으며, 동아시아 미술사의 가장 중요한 작품 들 중 하나이자, 중국과 일본이 양국의 공통유산을 강조하고 싶을 때에 문 화적 연결 고리가 되는 작품으로 귀중하게 여겨진다.

통화와 상업경제의 시작

나라 시대 이전의 무덤들에서 중국의 동전들이 발견되었지만, 일본이 중국 을 본떠 화폐를 주조하기 시작한 것은 나라 시대 직전인 708년이었다. 당시 일본의 화폐 주조기술은 중국에 비해 뒤떨어졌는데, 몇십 년 뒤에 일본은 화폐 주조를 포기하고 대신 중국에서 다량의 구리 동전을 수입했다. 8세기 에 일본의 화폐경제는 대부분 나라 근방 지역에 국한되어 있었다. 나라 시 대에 나라에는 쌀과 의약품, 옷감, 간단한 수공예품, 도자기를 파는 시장 두 곳이 있었다. 당시 중국에서는 훨씬 더 넓은 지역들에 걸쳐 화폐경제가 발달했다. 이후 몇 세기 동안 일본에서는 쌀이 주된 교환 수단이었지만, 한 국과 중국에서는 쌀뿐만 아니라 비단도 교환 수단으로 사용되었다.

중국으로부터 수입한 문물이 일본에 남긴 유산

600년부터 838년까지의 기간에 일본이 중국으로부터 받아들인 문물―문 자언어, 불교, 유교, 문학, 음악, 건축, 즉 일본 문화의 기본 구성요소들― 은 19세기와 20세기에 서구 문화가 유입된 후에도 존속되었다. 이 문화 요소들은 중국군의 진격이나 대규모 이주를 통해서 전해진 것이 아니라, 주로 다양한 중국의 문화 요소들을 익히고 일본으로 건너간 소수의 한국인들, 일본을 찾은 그보다 더 적은 수의 중국인들, 그리고 장안에서 유학한 소수의 일본 승려들과 관리들을 통해서 들어왔다. 이 승려와 관리들 중 일부는 수년간 중국에 머무르며 그곳의 문물을 익혔다. 중국이 일본에 미친 영향의 범위를 생각하면 그 광범위한 문물 수입이 이토록 소수의 사람들을 통해서 이루어졌다는 점이 놀랍다.

일본이 중국에 마지막으로 공식 사절단을 보낸 838년 이후, 중국에 대한 적극적인 학습은 차츰 줄어들었다. 중국으로부터 중요한 문화 도입이 이루어진 시기는 일본의 지도자들이 더 광범위한 지역을 아우르는 중앙집권화된 행정구조를 구축할 때였다. 중국으로의 사절단 파견을 중단할 무렵, 일본에서는 수도에서 떨어진 지방이 힘을 얻기 시작했다. 수도를 교토로 옮기고 헤이안 시대가 열리기 2년 전인 792년에 일본은 전국적 징병제를 없애고 지방 관리들이 자체 민병대를 보유하도록 허용했다. 그 무렵 황실의 친지들이 교토에서 상당히 먼 지역들로 흩어져서 자체적인 지방군을 기르기 시작했다.

일본이 중국에서 도입한 문화 요소들은 지방 분권과 함께 일본 본토 전역으로 더욱 광범위하게 확산되었다. 양국이 공유한 문자언어에 대해서 이야기하자면, 20세기에 중국과 일본에서 시행된 언어개혁으로 서로 다른 형태로 한자 약자를 사용하지만, 많은 글자들의 기본 개념은 동일하므로 양국 간에 소통의 기초가 되었다. 오늘날에도 일본인과 중국인은 서로의 문자를 서양인보다 훨씬 더 빨리 배울 수 있고, 서양인은 알아차리지 못하는 뉘앙스를 그들끼리는 서로 이해한다.

유교의 가르침은 양국에서 수 세기에 걸쳐 많은 변화를 겪었지만 경전, 믿음, 관행의 공통된 핵심은 유지되었다. 일본인들은 중국에서 들어온 금언들을 여전히 암송했고, 중국의 현악기들을 연주했으며, 한시들을 일본의 시인 것처럼 낭송했다. 19세기 말, 양국에 대중교육이 확산되기 시작하면서 일본과 중국의 더 많은 젊은이들이 자국 문화에 대해서 표준화된 교육을 받았다. 이제 두 나라에서는 거의 모든 사람들이 글을 읽고 쓸 줄 알게 되었으므로, 이에 따라 전 인구가 서구의 학문뿐 아니라 자국의 전통문화 요소들을 접할 수 있게 되었다.

불교의 인기로 양국의 많은 사람들은 그 신앙과 의례를 공동의 토대로서 공유하게 되었다. 일본에서는 중국에서보다 불교 종파들의 힘이 더 강하지만, 여전히 일본의 종파들은 자신들의 기원을 해당 종파를 들여온 일본 승려들뿐만 아니라 그들이 공부한 중국의 사찰에서도 찾는다. 일본에 불교가 도입된 초기에는 한국을 통해서 많은 접촉이 이루어졌지만, 9세기 이후에는 한국과의 접촉이 줄고 양국의 불교도들이 직접적으로 접촉했다.

민족주의가 강해지면 중국인과 일본인의 역사적 기억의 차이가 적대감을 높이고 표출하기 위한 초점이 될 수 있다. 그러나 두 국가에 존재하는 광범위한 문화적 중첩은 공통된 이해의 기반이 된다. 상대국을 방문한 양국의 여행자들은 현지어에서 그 흔적들을 발견할 때에 서양인들은 느끼지 못하는 친근함을 느낀다. 양국의 불교도들은 국경을 넘어 서로 협력하고 공감하고 도움을 주기 위한 토대가 되는 의례와 믿음, 문화를 공유한다. 일본의 불교도들은 지속적으로 중국의 역사적 성지들을 방문한다. 독실한 신도들은 공통 경전들을 암송할 수 있고 서로 공유하는 사찰과 미술을 즐긴다. 1980년에 중국이 감진의 등신불을 그의 고향 사찰인 대명사로 모셔오자, 일본의 불교도들은 감진이 가르친 일본의 절에 있던 8세기에 만들어진 석등을 보냈다. 감진은 중국과 일본의 지도자들이 양국 국민들 사이의 우호 증진을 바랄 때에 불러낼 수 있는 공통 문화의 상징으로 남아 있다.

제2장

혁신적인 배움을 동반하지 않은 교역, 838-1862년

838년까지 일본의 지도자들은 씨족들 사이의 관계에 의지하던 기존의 정부 구조를 중앙집권화된 행정국가의 형태로 변화시키는 데에 성공했다. 중국에는 여전히 일본이 배울 만한 것들이 있었으므로, 일본의 지도자들은 중국을 방문한 일본인들, 일본을 방문한 중국인들, 중국에서 배운 기술들을 일본에 전파한 한국의 승려와 장인들로부터 계속해서 지식을 얻었다. 그러나 838년 이후 일본인들이 중국으로부터 배운 것들은 그 전에 비해 소소했다. 838년까지 일본은 중국에게서 정부 관료제를 구축하는 방법과 정부 운영의 지침이 될 기본 규칙들을 수립하는 법을 배웠다. 또 정부에게 정통성을 부여하기 위해서 중국의 유교와 불교를 도입했다. 문자언어를 배워서 기록을 남기고 자신들의 통치를 더욱 정당화할 수 있도록 역사를 서술했으며, 넓은 지역에 퍼져 있는 관리들 사이의 소통을 더욱 손쉽게 했다. 일본은 도시를 설계하고, 사찰을 건립하고, 사실적인 초상화를 그리고, 중국의 악기들을 연주하는 법을 배우고, 도자기 만드는 기술을 향상시켰다. 따라서 그 무렵 일본의 지도자들은 일본의 정부 구조와 철학적 토대, 종교, 예술이 전부 중국과 견줄 만하다고 믿었으므로, 더 이상 중국의 지도자를 "일본의 왕"보다 훨씬 높은 "천자(天子)"로 인정해야 하는 공식적인 관계를 받아들일 필요가 없다고 느꼈을 것이다.

그뿐만 아니라 당시 일본에게 중국은 더 이상 매력적인 모델이 아니었다. 755-763년의 안사의 난 이후 당은 쇠퇴하기 시작했다. 838년 즈음의 중국은 위대한 당 왕조가 최고의 위세를 떨치던 때처럼 본보기로 삼을 만한 매력이 없었다. 이때 중국 국경 밖의 많은 집단들이 조공 사절단 파견을 중단했고, 일본의 조공 사절도 838년이 마지막이었다. 907년에 당이 무너지기 직전과 직후의 수십 년간 권력 투쟁이 끊임없이 벌어졌고, 당의 뒤를 이은 왕조들은 중국의 무역 상대국들을 장악하는 데에 필요한 통합과 영향력의 확보에 어려움을 겪었다.

6세기 뒤, 명나라(1368-1644)의 세력이 강해지고 일본의 막부가 약해진 1403년부터 1547년까지 일본은 중국으로 다시 조공을 보내서 그들과 의례적인 종속관계로 돌아가는 데에 동의했다. 명나라의 창시자, 주원장은 중국은 필요한 모든 교역 물품을 보유하고 있다고 확신하고, 일본에게 중국과의 교역을 원하면 조공관계를 재개하라고 요구했다. 당시 일본의 쇼군이던 아시카가 요시미쓰는 중국과의 교역이 일본에게 이익이 되는 것은 물론이고, 중국이 쇼군을 상대로 인정하면 쇼군의 지위도 강화될 것이라고 판단했다. 결국 1403년에 재개된 조공은 일본의 지도자들이 중국과의 종속관계를 포기해도 될 만큼 자국이 충분히 강해졌다고 느낄 때까지 1세기 이상 계속되었다.

838년부터 1862년까지 약 1,000년 동안 중국과 일본의 관계는 무역을 중심으로 돌아갔다.[1] 송나라와 원나라 시대에 조선술이 발달하면서 중국은 더 크고 튼튼한 배들을 건조하기 시작했고, 그에 따라서 교역량이 늘어났다.[2] 그러나 19세기 말과 20세기의 교역 규모에 비하면, 당시 중일 간의 교역량은 여전히 미미했다.

중국과 일본의 지도자들은 전반적으로 양국 간에 평화로운 협력관계를 유지하려고 했다. 그러나 여기에 중요한 예외가 있었는데, 해외 영토들을 정복하고자 했던 야심만만한 두 명의 지도자가 바로 그들이다. 한 사람은

13세기 말에 원나라 군사를 이끌고 일본을 공격한 몽골의 쿠빌라이 칸이고, 다른 한 사람은 16세기 말에 중국 정벌 과정에서 조선을 침략한 일본의 도요토미 히데요시이다. 하지만 두 사람 모두 상대국을 정복하는 데에 실패했다. 두 사건이 있은 이후에 교역이 재개되었고, 관리들은 양국 간에 평화로운 관계를 추진했다.

양국이 서로에 대해서 가진 이미지는 시간이 지나면서 바뀌었다. 조슈아 포겔의 언급처럼, 초기에 중국인들이 느낀 일본인의 이미지는 주로 수나라와 당나라 시대에 중국에 유학했던 일본의 "현명한 승려들"에게서 나왔다. 하지만 명나라 때에 중국인들이 가진 지배적 이미지는 중국의 해안을 약탈한 "피에 굶주린 왜구"에 의해서 형성되었다.

일본에서는 중국의 학식 있는 관리와 승려들에게 품었던 존경심이 중국과 중국인에 대한 이미지를 지배했다. 일본인들은 중국의 거대한 땅덩어리, 풍부한 자원, 장인들이 만든 뛰어난 물건들을 잊은 적이 없었고, 일본 상인들은 중국의 높은 수준의 상업 활동을 본받고자 했다. 하지만 도요토미 히데요시의 군사들이 조선에서 명나라 군과 벌인 일부 전투에서 승리하자, 중국의 군사력이 그렇게 압도적이지 않다고 느낀 일본은 중국에 대한 경외심을 조금씩 거두기 시작했다.

1895년까지 중국인이 일본에 대해서 가진 관심보다 일본인이 중국과 관련된 일들에 기울인 관심이 훨씬 컸다. 일본의 학자들은 계속해서 중국의 저서를 읽었지만, 중국에는 일본 문화에 관심을 가진 사람이 거의 없었다. 19세기 중반에 일본이 중국 이외의 국가들로 눈길을 돌리기 시작하면서, 중국인이 아니라 일본인이 양국 간의 공식 접촉을 재개하는 주도권을 쥐었다.

600년부터 838년까지 중국으로부터 배운 것들로 인해서 일본 문명에 나타난 변화나 1895년 이후 일본으로부터 배운 것들에 의해서 중국에서 일어난 변화와는 대조적으로, 838년부터 1862년까지 약 1,000년 동안 양국 모두는 상대국에게 근본적인 변화를 주지 못했다. 이 긴 세월 동안 중일 관계의 주요 변화를 추적하려면 이 1,000년을 중국과 일본이 조공관계가 아니었던 838년부터 1403년까지, 조공관계였던 1403년부터 1547년까지, 그리고 공식 접촉이 없었던 1547년부터 1862년까지로 나누면 유용하다.

지방 감독관, 상인, 승려, 838-1403년

일본이 중국으로 조공 사절단 파견을 중단했을 무렵, 중국의 주요 경제 중심지는 북서쪽의 웨이허 강 계곡에서 태평양 해안의 양쯔 강 하류 지역으로 옮겨갔다. 이 지역은 관개와 식재(植栽) 기술이 발전하여 논농사의 발달과 확장이 가능했다. 또한 좋은 항구들이 있어서 더욱 빠른 경제발전이 가능했고, 이는 인구 증가로 이어졌다.

일본은 중앙정부가 더 이상 교역을 통제하지 않았기 때문에 상인들이 일본에서 양쯔 강 하류의 항구들—양저우, 항저우, 닝보, 그리고 양쯔 강 남쪽의 태평양 해안에 위치한 푸젠 성과 광저우—로 상품들을 자유롭게 실어나르고, 또한 중국의 수출품들을 싣고 돌아올 수 있었다. 마찬가지로, 중국의 상선들은 일본에서 판매할 상품들을 싣고 갔다가 중국 시장에서 팔 상품들을 싣고 돌아왔다. 당시 일본에서 가장 활발한 국제항은 하카타(현재의 규슈 후쿠오카)였는데, 쇼군이 임명한 지방 관리들이 이곳에 배치되어 해외를 오가는 배들의 출입을 감독했다.

송나라(960-1279) 때에는 중국의 경제가 더 상업화되었고 동전이 교환수단으로 사용되었다. 일본과의 교역에서 관세를 징수하는 것이 이익이 된다는 것을 알게 된 송의 관리들은 조공관계의 지속을 주장하지 않았다. 중일 간의 교역 규모는 점점 커졌고 거래는 비교적 순탄하게 이루어졌다. 중국의 배가 일반적으로 일본의 배보다 튼튼했기 때문에 더 많은 수의 중국 배들이 하카타와 중국의 항구들 사이를 오갔다. 이전에 배들이 작고 부실하던 시절, 일본 상인들은 대개 북로를 택해 규슈에서 한국으로 간 뒤, 한국의 서부 해안을 따라 보하이 만을 거쳐 화북 지방에 도착했다. 하지만 리처드 폰 글란의 설명처럼, 더 큰 배를 타고 더 위험한 남로, 즉 최단 경로를 택해서 하카타와 닝보 사이의 거친 바다를 건너는 경우가 늘어났다.

송나라는 대부분의 통치 기간 동안 북쪽의 요나라(970-1125)와 평화롭게 공존했다. 일본의 교역은 대부분 양쯔 강 하류의 송나라와 이루어졌지만, 요나라와도 약간의 교역을 했다. 오늘날의 중국 북동부 지역 대부분을 차지했던 요나라의 상품들은 한반도를 거쳐 일본으로 전해졌다.

1127년에 북쪽에서 여진족이 쳐들어와 송나라의 수도 카이펑을 점령했고, 송은 남쪽으로 물러나서 항저우에 새로운 수도를 세웠다. 이후 이 왕조는 남송이라고 불렸고, 카이펑이 송의 수도였던 시대는 북송으로 불리게 되었다. 양쯔 강 남쪽 기슭에 있어서 이 지역의 경제 성장을 이용할 수 있는 항저우가 수도가 되면서 1279년에 몽골군에 의해서 항저우가 점령되기 전까지 양쯔 강 삼각주의 항구들과 하카타 사이에 무역이 번창했다.

일본인들은 송나라가 넓은 대륙을 기반으로 대규모 공공사업들을 추진하는 만큼 일본보다 선진화된 경제와 특화된 시장을 갖추고 있으며, 일본이 구매할 만한 매력적인 상품들을 보유하고 있다는 것을 알았다. 해외 교역이 증가하면서 중국 해안 지역의 장인들은 사업을 확장해 자기, 도기, 비단, 면직물을 생산하여 일본과 그밖의 외국 구매자들에게 판매했다.

중국은 한나라가 건국된 기원전 206년 전부터 동전(때로는 청동전이라고 불렸다)을 만들기 시작했고, 북송 시대에는 이를 대량 생산했다. 학자들은 송나라 때에 약 20억 개에 달하는 동전이 유통되었을 것이라고 추정한다.[3] 동전은 세금 징수뿐 아니라 멀리 떨어진 지역들 간의 상업적 거래 수단으로도 사용될 수 있었다. 이 시기에 일본은 자체적인 동전을 제작하기 위해서 노력했지만 동전 주조기술이 중국보다 뒤떨어졌으므로 이를 곧 포기하고 중국의 동전을 사용하기 시작했다. 그러나 더 많은 동전을 손에 넣기를 갈망했던 일본인들은 중국의 동전과 교환할 옷감과 도자기, 그외의 상품들을 기꺼이 수출했다. 때로는 중국의 항구들에서 근무하는 정부의 감독관들이 일본으로 가는 동전의 양을 제한하려고 하기도 했다. 9세기 말에는 일본의 승려 엔닌을 포함한 사람들이 동전의 대안으로 사금을 사용해서 중국 상품들에 대한 값을 지불했다. 쌀과 사금 사이에는 정해진 환율이 있었다. 그러나 10세기가 되면서 구할 수 있는 사금의 양이 줄어들자, 일본인들은 중국 상품에 대한 지불 수단으로 다시 쌀을 이용했다. 그 무렵 중국의 제지기술이 향상됨에 따라 한동안 송나라에서 지폐가 사용되기도 했지만, 몇십 년 뒤에는 지폐 사용을 중단하고 다시 동전을 사용했다.

중국에 조공을 보내지 않았던—따라서 외교관계가 없었던—838년부터 1403년까지 중국과 일본의 중앙정부는 교역에서 중요한 역할을 하지 않았다. 중일 간 교역을 수행하고 규제하는 핵심 참여자는 무역항에서 근무하는 정부의 감독관과 상인, 승려들이었다.

항구 감독관들

조공관계가 끝난 뒤에 중국과 일본의 정부는 더 이상 통상 사절단을 조직하지는 않았지만, 교역과 관련된 규칙들을 정하여 항구 도시들에 사무소를 세운 뒤에 교역을 감독하고 항구에 출입하는 상품들을 검사하여 통관료를 징수했다.

지방 항구의 감독관들은 수입품들 중에서 적절한 몫이 정부에게 가도록 하고, 공급이 부족한 상품은 수출되지 않게 하려고 애썼다. 중국은 일본보다 선박이 많고 더 많은 국가들을 상대로 더 많은 상품을 거래했기 때문에 중국 항구의 감독관들은 어느 정도의 표준화를 시행하고 정해진 통관료를 징수하는 것이 쉬운 편이었다. 반면 일본은 선박이 적어서 표준 통관료를 설정하기가 어려웠으므로 지방 관리들이 독자적으로 통관료를 정할 수 있는 재량이 더 컸다. 그래서 통관료를 두고 항구의 관리들과 상인들 사이에 지속적인 갈등이 빚어졌다. 또한 감독관들은 특정 화물을 받지 않을 권리가 있었다. 하지만 많은 상품에 대한 수요가 높았고, 중국의 항구들로부터 송의 수도까지, 일본의 항구들로부터 교토까지의 거리가 멀었기 때문에 정부가 항구의 감독관들에 대한 엄격한 통제를 유지하기 힘들었다. 결국 지방 항구의 감독관들은 종종 상품들과 통관료 수입의 일부를 가족과 친구들에게 빼돌릴 기회를 얻었다. 부패는 본질적으로 학자들이 판단하기 불가능하지만, 그러한 문제들이 존재했고 이를 위반한 사람은 처벌을 받았음을 보여주는 문서들이 남아 있다.

일부 기간에 중국과 일본의 지방 감독관들은 특정 상품들의 유출을 막기 위해서 배의 입항 횟수와 수출 가능한 상품의 수량을 제한했다. 예를 들면, 구리의 부족과 동전에 대한 높은 수요를 우려한 중국 관리들은 감독관들에게 일본으로 수출되는 동전의 수를 제한하라고 요구했다.

하카타 항의 무역을 감독하는 사무소는 다자이후 근방에 자리한 규슈 본부였다. 7세기에 규슈 본부가 설치되었을 때, 처음부터 교토의 조정은 귀족들 중에서 일부 관리를 임명하여 이곳에서 근무하도록 했다. 중앙에서 무역을 통제하고 조정이 중국에서 건너온 엄선된 상품들을 가장 먼저 구입하기 위해서였다. 현대의 통신 및 운송 시설이 구축되기 전에는 멀리에서 지방 항구의 관리들을 감독하기가 어려웠기 때문에, 이 감독관들은 무역의 관리에서 상당한 독립성을 가졌다.

중국에서 도착한 일부 상품들은 하카타에서 세관을 통과한 뒤, 해외와의 직접 무역이 허가되지 않은 일본의 다른 항구들까지 배로 옮겨졌다. 1469년에 금속세공과 직물로 유명했던 독립적 도시 오사카 외곽에 사카이 항이 개항했다. 하카타에서 세토 내해를 거슬러 사카이로 운항하는 국내선들이 하카타 항에 들어온 외국 상품들을 전달했다. 사카이 항은 오사카, 고베, 교토, 나라 등 번성한 간사이 지역의 부유한 가정들에 수입품들을 입수할 수 있는 기회를 제공했다. 직접적인 해외 무역에 참여할 수 있는 지역은 매우 적었다. 그중 한 항구가 분고 후나이(현재 규슈 북동부 오이타 현의 오이타 시)였고, 상품의 수출입을 감시할 지역 무역 본부가 이곳에 세워졌다.

하카타는 나가사키만큼 서구에 잘 알려지지는 않았지만, 당시 일본에서 유일한 개항장으로서 많은 규정들을 따랐다. 후일 도쿠가와 시대(1603-1868)에 유일한 개항장이던 나가사키도 이 규정들을 채택했다. 예를 들면 하카타의 지방 관리들은 일본에 도착한 외국 선박들과 수출입 되는 상품들에 대해서 교토의 조정에 보고해야 했다. 근방의 다자이후에는 외국 방문객들에게 숙박을 제공하는 영빈관[고로칸]이 있었는데, 이는 지방 관리들이 근처에 배를 정박한 외국인들의 활동을 통제하는 하나의 방법이 되었다. 11세기 중반 이후 영빈관이 더 이상 운영되지 않자, 하카타에 머물러야 했던 중국 상인들은 도쿠가와 시대에 나가사키에 있던 것과 비슷한 '차이나타운'에 모여들었다. 1987년에 고로칸의 잔해 일부가 발견되어 당시 거래된 상품의 종류에 관한 정보를 수집하려는 고고학자들에 의해서 연구가 이루어지고 있다.

971년에 중국 정부가 광저우에 중국의 관문 역할을 수행할 해상무역 관리소[市舶司]를 설립했다. 또한 나중에 양쯔 강 하류 지역이 번영하기 시작하자, 항저우(989)와 닝보(992)에 교역을 감독할 관청을 설치했다. 당시 상인들은 해외 무역에 참여하려면 허가증을 받아야 했는데, 1080년 닝보는 중국 선박들에 한국과 일본으로 항해하도록 허가증을 발행할 수 있는 유일한 도시였다. 항구에 도착하는 모든 배가 검문을 받아야 했고 상품에는 세금이 부과되었다. 실제 세율은 때로는 5퍼센트로 낮다가 때로는 70퍼센트에 이를 정도로 시기에 따라서 많은 차이가 났다. 높은 세율은 때로는 상인들로 하여금 밀수에 의지하고자 하는 욕구를 키우기도 했다. 중국의 항구들에는 일본의 항구들보다 외국 선박들이 훨씬 더 많았기 때문에 중국은 더욱 표준화된 수입품 과세 방식과 시설들을 발달시켰다.

당나라(618-907) 이전에 광저우는 중국에서 해외 무역을 담당하는 가장 중요한 항구였다. 한국과의 무역항이던 산둥 성의 덩저우는 11세기까지 일본과의 무역에도 이용되었다. 광저우는 13세기까지 활기찬 해외 무역항이었으나 푸젠 성의 푸저우와 취안저우가 서서히 중요한 항구가 되었다. 푸젠 성에서 생산된 자기가 당시 일본과 동남 아시아로 가는 핵심 수출품이었기 때문에 푸젠 성 남부와 광둥 성 북동부의 창저우 같은 먼 남쪽 도시에서도 자기 생산량이 증가했다.

중국 항구의 감독관들은 일본과 그외 국가들의 선박이 지정된 항구에서 상품을 내릴 수 있도록 했지만 일본 상인들과 자주 갈등을 빚었다. 이들이 종종 일본의 상품들을 압수했기 때문이다. 1309년에 중국 관리들이 일본에서 가져온 많은 상품을 몰수하자 화가 치민 닝보의 일본 상인들이 중국인들에게 화약 제조용으로 판매할 계획이던 유황으로 불을 질러 사원과 관청을 포함한 많은 건물들을 파괴한 사건도 일어났다. 나중에 화재 현장 근처에 세워진 중국어 표석에는 일본인들에 대한 비난 대신 부당하게 일본인의 재산을 빼앗으려고 했던 중국인들의 부적절한 행동이 기술되었다.

이 시기에는 전반적으로 중국인들의 상품 생산기술이 일본인들보다 앞서 있었다. 샤를로테 폰 페르슈어가 추적한 대로 중국은 자기, 의약품, 향수, 비단을 생산하여 수출한 반면, 일본인들은 사금, 수은, 유황, 직조한 비단, 진주, 도자기를 수출했다. 749년에 일본의 한 광산에서 금이 발견되었고, 이후 다른 금광들이 개발되면서 금은 곧 일본의 가장 중요한 수출품이 되었다. 11세기에는 가용할 수 있는 금의 수량이 부족해졌지만, 13세기와 14세기에 금이 또다시 발견되면서 다시 핵심 수출품이 되었다. 또한 일본은 수공예 기술을 계속 발전시켜 11세기에 종이부채, 검, 철갑, 비단, 약간의 도자기를 수출했다. 1242년에 항저우 근방의 사찰, 경신새[징산쓰]가 화재로 소실되어 중국에 목재가 부족해지자, 일본의 불교도들이 사찰의 보수와 관(棺)의 제작에 쓰일 목재를 보내기도 했다.

상인

상인들은 당연히 수익을 올리고 더 낮은 세관 수수료를 내는 데에 관심이 있었다. 항구 도시의 감독관들은 항구로 들어오는 상품을 검사할 수 있었지만, 수출할 상품을 준비하고 수입품을 유통하는 상인들의 활동을 통제하기는 어려웠다. 당시 화물선이 그다지 크지 않았던 점을 감안하면, 대형 물품은 운송이 어렵고 항해에 많은 비용이 들었기 때문에 상인들에게는 상당한 준비가 필요했다. 때로는 특정 공사에 사용될 목재나 말과 동물들을 배에 실어 보내기도 했지만, 거래되는 상품들은 대개 상자에 보관할 수 있는 더 저렴한 품목들이었다. 이렇게 장거리로 운반되는 상품들은 대부분 소량이었기 때문에, 이것들은 주로 관청과 대규모 농장, 사원, 부유한 엘리트들에게 돌아갔고 일반 농가에서는 구하기 어려웠다.

교토 조정의 관리들과 부유한 일본인들이 중국 상품을 몹시 구입하고 싶어했기 때문에 일본을 방문한 송나라의 상인들은 대개 다양한 지역의 관리들과 좋은 협력관계를 형성했다. 다자이후에서 관리들이 수입품에 세금을 부과한 뒤에 중국인 상인들은 때로는 다른 도시들로 가서 상품을 판매할 수 있었다. 상품들에 대한 수요가 높았으므로 이를 파는 상인들은 대개 상당한 이익을 거두었다.

승려

신앙인인 승려들은 이익에 초점을 맞추는 상인들보다 더 믿을 만한 사람이라고 생각되었고, 중국을 방문한 일본의 승려들은 중국의 승려들과 신뢰관계를 발전시켰다. 조공체제가 끝나면서 중국에 있던 일본 승려들은 종교적인 역할과 당대의 지식인 역할뿐 아니라 정부 관리들이 없을 때에는 양국 간의 무역이 원활히 이루어지도록 돕는 믿을 만한 중개인 역할도 했다.

북송 시대(960-1126)에는 중국을 방문한 일본 승려가 20여 명뿐이었지만, 남송 시대(1126-1279)에는 100명이나 되는 승려들이 주로 중국의 상선을 타고 중국으로 향했다. 이 일본 승려들은 종교적으로는 중국의 사찰에서 공부를 계속하고 유명한 성지들을 찾아가 경의를 표했다. 리이원은 6세기에 조공 사절단 사이에서 승려들이 수행한 역할을 연구했는데, 일본의 승려들은 우타이 산(오늘날의 산시 성)과 톈타이 산(오늘날의 쓰촨 성) 같은 성지들을 순례했을 뿐만 아니라, 유명한 중국인 승려들 아래에서 공부를 계속해서 불교 경전에 대한 지식을 향상시켰다. 경전에 대한 이해가 크게 높아진 뒤에도 일본의 승려들은 여전히 중국인 스승들을 우러러보았다. 이들은 중국의 불교 경전과 일본에서 전시할 예술품들을 들고 귀국하기를 원했다. 일본의 일부 불교도들은 중국의 불교도들이 특정 신체적 질병을 치료하는 법을 배웠다고 믿고, 그 비법을 알아내기 위해서 노력했다.

당시 특히 일본 불교도들은 특정 종파와 일체감을 느꼈다. 중국에서 공부하고 돌아온 일본의 일부 지도적인 승려들은 고국에서 중국의 종파와 연결된 종파를 설립했다. 경전 연구보다 명상과 깨달음의 추구를 강조하는 중국의 유명한 종파인 선불교(禪佛敎)가 8세기에 일본으로 들어와서 빠른 속도로 성장했고, 1185년부터 1333년까지 막부의 근거지였던 가마쿠라에서 매우 인기가 높았다. 일본의 승려인 에이사이(1141-1215)가 일본에 선불교의 한 종파를 들여왔고, 그의 제자인 도겐이 또다른 종파를 소개했다. 강하고 단호한 정신의 함양을 강조하는 선불교는 일본의 지도적인 자리에 있던 무사들로부터 큰 관심을 받았고, 그들 중 일부는 선불교를 이용해서 젊은 군인들을 훈련시켰다.

일본의 승려들은 비종교적인 분야에서는 더욱 광범위한 역할을 수행하여 교토의 조정, 중국 관료들, 일본과 중국의 항구 감독관들과 소통했다. 845년에 중국 정부가 불교를 강력하게 탄압하고 세금을 납부하지 않는 중국의 절들을 없앴지만, 몇십 년이 지나지 않아 탄압이 사라지면서 승려들은 공개적으로 종교 활동을 재개하고 중국의 관료들과 협력할 수 있었다.

북송 시대에는 3명의 일본 승려들이 예전의 조공 사절단처럼 중국의 황제를 알현하고 선물을 바쳤다. 983년에 북송의 제2대 황제인 태종(재위 976-997)은 일본의 승려 초넨을 맞이했고 초넨에게서 일본에 관한 정보가 담긴 일본어 두루마리 두 개를 받았다. 여기에는 진무 천황으로부터 끊이지 않고 이어지는 계보를 나타내기 위해서 일본이 주장하는 64명의 천황 이름도 포함되어 있었다. 태종은 초넨에게 관심을 나타냈고, 이후 2년 동안 지속적인 만남을 가졌다. 중국의 황제와 만난 두 번째 승려는 1004년에 진종이 만난 자쿠쇼이고, 세 번째는 1072년에 신종이 만난 조진이었다.

일본의 승려들은 때때로 중국 정부와 교토에 있는 조정 사이에서 협상을 도울 수 있었다. 교토 조정의 관리들은 대부분 불교도였으므로 승려들과의 관계가 원만했다. 일부 상인들 역시 불교도여서 중국으로의 항해를 준비할 때에 기꺼이 승려들과 협력했다.

광범위한 협상가 역할을 했던 일부 승려들은 일본의 주요 사찰들에서 상당한 행정 경험을 쌓았다. 이 시기 대부분의 기간에 일본의 사찰들은 세금을 면제받았고, 일부 사찰들은 넓은 토지를 차지하기도 했다. 중국을 방문한 승려들은 종종 자신의 사찰을 위해서 돈을 모금하려고 했고, 중국 방문을 통해서 얻은 수입의 일부를 사찰의 수리나 증축에 사용해야 한다고 주장했다. 예를 들면 사절단을 이끌고 중국으로 간 텐류지의 주지는 이 방문에서 얻은 수입을 1345년에 완공된 절을 짓는 데에 사용했다. 항구 근처에 위치한 대규모 사찰들은 멀리 떨어진 작은 사찰들보다 교역에 참여하고 신용을 얻을 기회가 더 많았다. 몇몇 승려들은 이런 기회를 이용해서 부패를 저질렀다고 한다.

일본인들은 중국의 조공체제가 부여하는 종속적 지위는 받아들이려고 하지 않았지만, 중국의 불교와 중국인들의 지적 생활은 여전히 존경했다. 우주와 조화로운 관계를 형성하는 인간 이성의 중요성을 강조하는 새로운 유학의 한 갈래를 창시한 위대한 성리학자 주희(1130-1200)는 일본에서 널리 존경받았고, 일본에 맞추어 조정된 그의 철학은 나중에 도쿠가와 시대의 기저를 이루는 철학이 되었다.

요약하자면, 송나라 시대에 중국은 교역에 개방적이었으며 불교 승려들은 중일 관계가 원활해지고 양국 간의 교역이 용이해지도록 도와주는 역할을 했다.

두 번의 중일 충돌 : 원나라의 규슈 침략, 1274년과 1281년

중국과 일본의 군사가 처음 충돌한 것은 660년대 한국에서였다. 두 번째는 몽골족이 이끄는 원나라 군대가 일본을 공격했을 때로, 중국인과 일본인이 일본에서 전투를 벌인 유일한 경우였다.

몽골족은 한족과 다른 민족이지만, 13세기에 남송을 무찌른 이후 원나라(1271-1368)를 세우고 중국인들의 통치 형태에 따라 중국 땅을 지배했다. 1274년에 몽골족이 이끄는 군대가 일본을 침략하기 몇 해 전에 일본인들은 몽골군이 당시 알려진 전 세계를 정복하겠다는 목표의 일환으로 한반도로 진군해 내려와서 일본을 침략할 준비를 하고 있다는 경고를 받았다. 이미 한반도를 장악한 쿠빌라이 칸은 1266년부터 일본에 원나라의 속국이 될 것을 요구하는 조서를 보냈다. 쿠빌라이 칸은 일본 침략을 위해서 고려에서 대규모로 병선들을 건조하기 시작했다. 한편 일본은 쿠빌라이 칸의 조서에 답하지 않았을 뿐만 아니라, 그가 보낸 사자도 맞기를 거부했다. 쿠빌라이 칸은 일본이 자신의 요구를 거절하지 않기를 기대했지만 자신이 보낸 사자가 일본인들에게 살해당하자 일본 침략계획을 밀고 나갔다.

1274년에 약 2만3,000명으로 추정되는 몽골인과 고려인으로 구성된 일본 원정군이 한국을 출항하여 저장 성에서 온 한족의 부대와 합류했다. 침략자들은 쓰시마 섬과 규슈 연안의 작은 섬들 몇 곳을 점령한 뒤에 하카타 만에 상륙했다. 초반에 몽골군은 외적과 싸운 경험이 없는 일본인들에게 어느 정도 승리를 거두었다. 하지만 태풍이 들이닥쳐 많은 배들이 파괴되는 바람에 이미 상륙한 병사들의 발이 묶였고, 태풍이 지나간 뒤에는 수많은 일본 병력에 압도당했다. 침략군은 배로 후퇴하려고 했지만 또다른 태풍에 휩쓸리면서 남은 병력 대부분을 잃고 한반도로 물러났다.

일본의 관리들은 가미카제(신이 일으키는 바람)가 자신들을 구원했다는 결론을 내렸다. 일본이 하늘의 보호를 받는 특별한 나라라는 이 해석은 후일 일본의 꺾이지 않는 민족주의 정신을 선전하기 위해서 국수주의자들에 의해서 채택되었고, 가미카제라는 용어는 제2차 세계대전에서 비행기를 몰고 태평양의 연합군 군함들로 돌진하는 자살 특공임무를 수행한 일본군 조종사들을 가리키는 데에 사용되었다. 폭풍우가 원정 결과에 실제로 얼마나 심각한 영향을 미쳤는지에 대해서는 역사학자들마다 의견이 다르지만, 태풍은 중국의 병선 몇 척을 파괴하고 일부 몽골 병사들을 좌초시켰다.

일본인들은 몽골족이 두 번째 공격을 계획하고 있음을 알고 이에 대비하여 3미터 높이의 성벽과 몽골군의 상륙 예정 지역을 침수시킬 수로를 포함한 방어시설을 마련했다. 1281년에 4만 명으로 추정되는 여몽 연합군이 고려에서, 그리고 2만여 명의 한족 병력이 저장 성에서 두 번째 침략에 나섰다. 이 침략으로 중국인 선원들이 살던 지역을 포함해서 하카타의 일부가 불탔다. 그러나 두 번째 침략 때는 일본인들이 대규모 수비군을 모은 데다가 첫 번째 공격에서 침략자들이 사용한 전술과 장비를 연구했기 때문에 훨씬 더 대비가 잘 되어 있었다. 일본 병사들은 용감하게 싸웠고, 해안에 도착한 몽골과 고려의 병사들을 거의 몰살시켰다. 일본인들은 숙련된 기술을 가진 일부 중국인 병사들은 살려주고 후일 하카타에 정착시켜서 일본 경제에 이바지하게 했다.

원나라 군사들이 물러간 뒤, 곧바로 중국과 일본 간에 교역이 재개되었다. 몇 년 뒤에 원나라의 몽골족 지도자들이 일본과의 관계 회복을 위한 노력의 일환으로 중국의 선불교 승려들을 사절로 보냈다. 이 승려들은 막부가 위치한 가마쿠라에 머물며 일본 승려들이 중국에서 했던 역할과 마찬가지로 신뢰할 만한 중개인 노릇을 했다.

조공 사절단의 부활, 1403-1547년

명나라의 초대 황제 주원장(재위 1368-1398)은 중국에는 필요한 모든 재화가 있다고 믿었다. 대대로 중국의 지도자들은 논농사에 부과하는 세금을 바탕으로 국가가 탄탄한 소득 기반을 갖추고 있으므로, 굳이 해외 무역을 통해서 더 소득을 올릴 필요성을 느끼지 않았다. 게다가 주원장은 해안 지역의 질서를 유지하기를 원했다. 그는 즉위한 첫해에 외국과의 모든 교역을 금지하고 밀수를 단속하기 위해서 해안을 요새화했다. 주원장은 일본 상인들이 중국과의 교역을 원한다는 것을 알고 있었지만, 일본이 조공체제를 받아들일 경우에만 교역을 허가하고자 했다. 그뿐만 아니라 양국을 오가는 모든 배는 특정 상품들을 운송하기 위해서 '감합(勘合)'이라는 허가증을 받아야 했다. 이것이 없는 배는 해적선으로 간주되었다.

주원장은 즉위 2년째 되는 해인 1369년에 조공체제의 부활을 촉진하고 허가제를 확장하기 위해서 일본과 동남 아시아 국가들에 사절을 보냈다. 주원장은 일본이 중국보다 교역을 더 필요로 하고, 또한 자신은 그 교역을 확고히 통제할 충분한 영향력이 있다고 확신했다. 1371년에 일본은 고다이고 천황의 아들인 가네요시 친왕의 편지를 전할 10명의 승려들을 중국으로 보냈다. 주원장은 가네요시 친왕에게 전하는 선물과 함께 8명의 중국인 승려들로 구성된 답례 사절단을 보냈다. 양측의 협상은 1370년부터 1402년까지 계속되었다. 중국뿐 아니라 일본의 모든 협상 사절단도 승려들이 이끌었다.

이후 몇 년간 협상이 이어졌는데, 일본인들은 조공관계의 재수립을 받아들일 기미를 보이지 않았다. 일본이 중국과의 조공관계 재개에 좀처럼 동의하지 않자, 중국은 1380년에 도착한 일본의 무역 사절단의 배와 상품이 들어오지 못하게 했다. 배에서 짐을 내리려던 일본 상인들 또한 퇴짜를 맞았다. 그 무렵 주원장이, 승상 호유용이 일본인들과 협력하여 자신을 황위에서 끌어내리려고 한다고 의심하면서 상황은 더욱 복잡해졌다. 중국 관리들의 입장은 아주 명확했다. 일본인들이 중국의 우월한 지위를 정식으로 인정하는 조공체제를 받아들이지 않으면 중국과의 교역을 허락하지 않겠다는 것이었다.

1394년에 일본의 태정대신이 된 아시카가 요시미쓰는 가마쿠라 막부(1185-1333)의 전성기 때만큼 아시카가 막부가 광범위한 국민적 지지를 받지 못한다는 것을 잘 알고 있었다. 요시미쓰는 중국과의 교역 재개가 일본에 이익이 될 뿐만 아니라, 일본 내에서 아시카가 막부의 지위를 정당화하는 데에 도움이 되리라고 확신했다. 그는 일본이 중국에 거의 영향력을 행사하지 못한다는 것을 인식하고, 마침내 입장을 굽혀 일본이 중국에 종속되는 속국 관계를 받아들이는 데에 동의했다.

요시미쓰가 중국 천황은 하늘의 아들이고 자신은 사실상 그의 하급자임을 인정할 준비가 되었을 무렵, 주원장이 세상을 떠나고 그의 장손(주원장의 장자의 아들) 주윤문과 그의 숙부이자 주원장의 아들 사이에 권력 다툼이 일어났다. 1403년 요시미쓰는 중국에 300여 명으로 구성된 사절단을 보내서 중국의 속국이라는 지위를 받아들였다. 사절단은 두 통의 다른 편지를 들고 갔는데 하나는 주윤문이 황제가 될 경우, 다른 하나는 주윤문의 숙부가 황제가 될 경우에 전할 편지였다. 일본 사절단의 배가 중국에 도착할 즈음, 결국 주윤문의 숙부가 영락제가 되었고 사절단은 그에 맞는 편지를 전달했다. 1403년에 교역을 포함해서 속국 관계를 재수립하겠다는 합의가 이루어졌다. 명의 지도자들은 일본이 10년마다 두 척의 배를 중국에 보내도록 허가했고, 이 배들에 민간무역 참여를 허락하는 감합을 교부하여 공인해주기로 했다. 요시미쓰의 사절단이 귀국할 때, 영락제는 80명의 중국인들이 그들의 배를 타고 일본으로 가도록 허가했다.

조공관계를 재개한다는 아시카가 요시미쓰의 결정에 일본 천황이나 황실이 찬성했는지에 대해서는 기록이 없다. 일본인 학자들은 황실이 이 결정을 지지하지 않았던 것으로 보아 황실의 일부 인물들이 이 같은 결정에 동의하지 않았을 것이라고 추측한다. 후일 일본인들은 아시카가 요시미쓰의 기개가 부족하여 일본이 열등한 지위를 받아들였던 것이라며 매우 비판적인 입장을 보였다.

1404년부터 1410년 사이에 중국은 조공 사절단의 방중을 허가한 것에 더해서 6척의 다른 배들의 상륙도 허가했다. 이후에는 10년마다 3척의 민간무역선만 상륙을 허가했다. 그러나 일본의 많은 배들이 조공 사절단 사이에 끼어 중국으로 갔다. 일본의 조공 사절단이 베이징에 도착하면 공물들이 먼저 교환되었다. 그런 다음 공물 외에 가져온 상품들이 협상된 가격으로 중국인들에게 팔렸다. 중국 관리들이 모든 상품을 구입하지 않으면, 일본인들은 남은 상품을 중국 시장에서 판매할 수 있었다.

1451년에는 일본 사절단이 9척의 배에 이례적으로 많은 양의 상품을 싣고 중국으로 출항했다. 중국인들은 그 많은 상품을 고가로 파는 데에 어려움을 겪었다. 한번은 서로 대립 중인 오우치 가문과 호소카와 가문이 공동 사절단에 합의를 이루지 못해서 따로 사절단을 보내기도 했다. 일부 일본인 관리들은 조공체제에 따른 중국과의 종속관계에 계속 불만을 품었고, 16세기 중반에는 일본 내의 분쟁으로 사절단을 꾸리는 것이 점점 더 어려워졌다. 일본은 1403년부터 1549년까지 중국에 총 11번의 조공 사절단을 파견하여 공물과 그외에 중국에서 판매할 상품들을 보냈다. 그러던 1549년에 마지막 조공 사절단이 파견되었다.

왜구와 중국에서의 이들의 지속적인 이미지

조공 사절단을 보낸 시기에 명나라는 감합을 발급받아 특별히 허가를 얻은 경우를 제외하고는 민간무역을 금지했다. 따라서 그 체제 밖에서 중국에서 상품을 판매하려던 일본 상인들은 왜구(해적)로 간주되었다. 중국인들이 사용하는 왜구라는 용어에는 밀수업자뿐 아니라 바다에서 배를 약탈하는 무리도 포함되었다. 명은 조공 사절단 파견이 끝난 뒤에는 일본인들이 중국과 교역하는 것을 허가하지 않았다. 따라서 그 당시 중국과 거래하는 일본인은 모두 왜구로 분류되었다. 상품을 밀수하고 중국의 해안을 습격한 사람들 중에는 일본인을 포함하여 한국인, 중국인들도 있었다. 중국인이 아닌 학자들뿐 아니라 중국인 학자들도 왜구의 대다수가 실제로는 중국인이었고, 때때로 한 해적단에 여러 나라 출신들이 포함되었다고 추정한다. 4세기에 이미 왜구들에 대한 중국인들의 보고가 있었지만, 15세기 중반까지는 그 수가 많지 않았다. 그러나 16세기를 지나며 해적 행위는 상당히 확산되었다.

밀무역과 해적 행위가 광범위하게 행해진 데에는 본질적으로 강제 집행이 어려운 무역 금지령을 내린 점, 일본과 중국 양국의 내부적 혼란으로 감시 활동이 힘들어진 점, 그리고 성공한 밀수업자들의 경제적 이익이 컸다는 점 등이 작용했다.

중국의 긴 해안선에는 밀수업자들이 몰래 들어올 수 있는 작은 만이 무수히 많았다. 일본과 중국은 밀수업자들이나 다른 선박을 공격하는 해적들을 소탕할 충분한 인력이 부족했다. 외국의 밀수업자들은 광둥 성, 푸젠 성, 저장 성의 해안 지역, 그리고 양쯔 강 유역의 장쑤 성에서 밀무역의 수익을 나눠 먹기를 원하는 중국인 협력자들을 쉽게 구할 수 있었다. 이를 감시하기 위해서 중국의 관리들이 밀무역에 가담한 해안 근처의 중국인들을 다른 지역으로 이주시켰지만 그들은 또다시 몰래, 그리고 쉽게 되돌아왔다.

밀수업자들에게는 경제적 수익을 얻을 절호의 기회들이 존재했다. 중국에서는 16세기 중반까지 교환과 세금 납부의 수단으로 은에 대한 수요가 높았다. 1530년 일본인들은 은을 발견하여 이와미 은광을 열고 이 귀금속을 다량으로 산출하기 시작했다. 은과 비교하면 금은 일본보다 중국에서 더 저렴했기 때문에 일본의 해상무역 상인들은 중국에서 은을 팔고 금을 사서 일본에서 되팔면 단기간에 수익을 올릴 수 있었다. 중국인 밀수업자들은 비단과 그외의 상품들을 싣고 일본의 항구들로 가서 은으로 바꾸었고, 자신들의 배에서 일할 일본인 선원들을 고용했다. 중국의 해안 지역에서 밀무역이 어려움을 겪자, 일본인 상인들과 중국인 협력자들 중 일부는 구입할 수 없는 것들을 얻기 위해서 무력을 쓰기도 했다.

일본의 해적들은 주로 규슈, 특히 남쪽의 사쓰마 번(藩)과 구마모토 근방의 호소카와 번 출신이었다. 나가사키 근처의 히라도 제도와 쓰시마 섬이 밀무역의 중심지가 되었다. 일본에 도착한 수입품 대부분의 최종 목적지는 사카이 항 근방 도시들과 오사카였다.

중국인은 해적 행위 통제에 어느 정도 진전을 이루었다. 해적 진압에 성공하여 명성을 얻은 두 명의 중국 장수들은 오늘날에도 찬사를 받는다. 바로 젊은 시절에 큰 성공을 거둔 유대유와 척계광이다. 명은 세 황제들이 집권하는 동안(1368-1424) 해적에 대해서 100번의 군사 공격을 한 것으로 추정된다. 그러나 지속적이고 강력한 통솔이 이루어지지 않으면, 병사들은 때로 해적과 싸우기보다 해적에 가담하기도 했다. "왜구" 가운데 일부는 실제로 배와 군사장비에 접근할 수 있는 중국의 군 인사들이었다.

명의 일부 관리들은 밀무역과 해적 행위의 증가를 막기 위해서 무역 규칙들을 자유화할 것을 제안했다. 1567년에 푸젠 성의 지방관이 민간무역을 위한 동남 아시아 항해를 허가할 수 있는 권한을 받았다. 이런 부분적인 자유화는 어쩌면 계속해서 해적 행위에 가담했을지도 모를 중국과 일본 양국의 상인들을 동남 아시아의 항구들로 향하게 했다. 이 상인들은 동남 아시아의 항구들에서 서로 거래를 하고, 또 고국의 항구에서 재판매할 현지 상품들도 구입했다.

명나라의 관리 서광계(1562-1633)는 일본과의 무역 규칙들의 자유화에 우호적인 인물이었다. 서광계는 1604년에 진사에 급제한 뒤, 당시 중국에 머물던 유명한 예수회 선교사 마테오 리치의 가르침을 받고 예수회에 입교

했다. 그는 아마 20세기 전에 기독교로 개종한 가장 유명한 중국인일 것이다. 서광계는 농업과 방위에 대한 깊은 지식을 쌓았고, 두 분야 모두 국력 향상에 매우 중요하다고 생각했다. 예수회 신자가 된 서광계는 다른 나라의 신자들이 수집한 정보들을 접할 수 있었고, 이후 황제의 조언자가 되었다. 서광계는 해안의 너무 많은 지역들에 출몰하는 해적들을 막기는 불가능할 것이라고 주장했다. 그가 생각하기에, 해적이 횡행한 이유는 일본인들이 탐욕스러워서가 아니라 무역이 금지되어 있고, 일본인들로부터 상품을 구매한 중국인들이 상품 대금을 지불하겠다는 합의를 이행하지 않기 때문이었다. 서광계가 제시한 해결책은 일본인들에게 교역을 허락하여 그들이 원하는 비단과 도자기, 의약품을 구할 수 있게 하는 것이었다.

이와 같은 서광계의 주장은 일본인들은 교활하고 피에 굶주린 해적들이며, 이들을 다루는 방법은 강력한 탄압이라고 주장하는 사람들과의 싸움에서 패했다. 중국인, 그리고 때때로 유럽인의 해적 행위는 서광계가 죽은 이후에도 계속 널리 행해졌다.

일본에서는 1587년에 도요토미 히데요시가 규슈의 귀족들에게 자신의 권위를 인정하고 해적을 진압할 것을 강요하면서 해적 행위를 엄중 단속하기 시작했다. 도요토미 히데요시와 그의 후계자인 도쿠가와 이에야스가 해적 행위를 단속하자, 선장들은 다른 나라들의 정착지나 배를 공격하면 일본 당국의 노여움을 사게 될 것임을 인식했다. 1592년에 도요토미 히데요시는 자신의 인장을 찍은 9장의 허가증을 발행하여 무역을 합법화했다. 그리고 1603년에 쇼군이 된 도쿠가와 이에야스는 전임자의 해적 단속 정책과 합법적 무역을 촉진하기 위해서 인장을 사용하는 방법을 계승하며 상인들이 해적 행위에 의지하지 못하도록 했다. 해적들은 인장을 받은 배를 공격하면 일본 관리들에게 적극적인 보복을 당하리라는 것을 알았다. 1635년에 도쿠가와 이에야스의 손자가 일본 시민들의 모든 해외여행을 금지함으로써 해적 행위에 대한 더욱 강력한 통제권을 쥐었다.

해적 행위가 절정에 달했을 무렵, 유럽인들—처음에는 포르투갈인, 이후 스페인인, 네덜란드인, 영국인—이 아시아 무역에서 더 큰 역할을 수행하기 시작했다. 포르투갈인들은 1557년 마카오에 거점을 마련한 때부터 1639년 일본에 의해서 추방될 때까지 일본의 은이 중국의 비단, 금과 교환되는 합법적 루트였다. 이런 거래에서 포르투갈인들이 이익을 거두면서 왜구들의 수익성이 감소했고, 이는 일본 측의 탄압과 함께 해적의 쇠퇴에 기여했다.

1603년 이후 도쿠가와 시대에 일본이 해적을 엄중하게 단속한 데다가 중국이 좀더 개방적인 무역 정책을 펴면서 해적 행위는 눈에 띄게 감소했다. 이후 청나라 때에 중국은 일본과의 좀더 개방적인 교역을 허가했고, 이로 인해서 서광계의 주장대로 해적 행위를 해야 할 필요성이 더욱 줄어들었다.

일본인들의 해적 행위가 마침내 소멸되었지만, 소위 피에 굶주린 교활한 일본 해적에 대한 이야기는 중국 문학에서 계속 인기 있는 소재였다. 아이들에게는 얌전하게 굴지 않으면 왜구가 잡으러 올 것이라고 겁을 주었고, 속임수를 써서 주민들을 약탈하는 왜구에 대한 이야기가 넘쳐났다. 남의 재산을 훔치고, 불을 지르고, 무덤을 도굴하고, 사람을 죽이고, 여자들을 강간하는 일본 해적들을 묘사하는 끔찍한 이야기들이 점점 널리 전해졌다. 이 이야기들은 왜구가 여성들의 몸을 잔인하게 가르고 남성들을 물에 끓였다고 전했다. 이처럼 잔인한 일본인의 이미지는 인기 소설 『수호후전(水滸後傳)』(『수호전』의 속편)에서도 볼 수 있다. 이 소설에서는 결말 즈음에 영웅들이 일본인들에게 복수를 한다. 도요토미 히데요시가 조선을 침략한 직후에 발표된 또다른 소설에서는 도요토미가 사악한 용의 화신으로 묘사되었고 영웅들에 의해서 살해된다. 명의 공식 역사서(『명사[明史]』)의 일부인 「일본전(日本傳)」은 앞에서 이야기한 소설에 비하면 비현실성이 조금은 덜하지만 여기에도 잔인한 일본인들에 대한 묘사가 나온다. 중국인들이 일본인들에 대해서 느끼는 소름 끼치는 이미지는 이런 식으로 중국의 미래 세대들에게 전해졌다.

세 번째 중일 충돌 : 도요토미 히데요시의 조선 침공, 1592-1597년

강력한 지도자가 승리를 거두고 기원전 221년에 진나라의 초대 황제(진시황)가 되면서 중국의 전국시대가 끝난 것처럼, 일본에서도 도요토미 히데요시가 오다 노부나가의 성공을 기반으로 승리를 거두고 1590년에 일본을 통일하면서 전국시대가 종식되었다. 도요토미 히데요시는 세계를 정복하겠다는 야욕을 품었다. 그에게는 전투로 단련된 엄청난 수의 병사들이 있었다. 그리고 그는 새로운 세계를 정복할 때에 따르는 고통에 대해서는 고민하지 않았다. 일부 역사가들은 도요토미 히데요시가 해외 정복을 추진한 한 가지 이유가 병사들을 전쟁에 붙잡아두기 위해서였다고 주장한다. 병사들이 고향으로 돌아가면 남부럽지 않은 생활을 할 돈을 버느라 말썽을 일으키고 통제하기 힘들어질 수 있어서 국내에 혼란이 일어날 것을 우려했기 때문이다. 후일 19세기 말에 청일전쟁(1894-1895)을 준비했던 일본인들과 달리, 도요토미 히데요시는 적이나 전투가 벌어질 지역을 이해하기 위한 자세한 조사에 착수하지 않았다.

자신이 하늘로부터 전쟁의 재능을 부여받았다고 믿은 도요토미 히데요시가 일본 통일에 성공한 것은 1590년이었지만, 그는 1585년경 일본의 몇몇 경쟁자들을 무찌른 뒤부터 이미 중국을 정복하겠다는 뜻을 품었다. 도요토미 히데요시는 조선을 거쳐 중국으로 진격하겠다는 계획을 세웠고, 중국을 쉽게 굴복시킬 수 있다고 믿었다. 중국을 정복한 뒤에는 베이징으로 가서 그곳을 수도로 삼은 다음, 중국을 다스리면서 일본과 밀접한 접촉을 지속할 수 있는 닝보에 정착할 생각이었다. 또 중국을 정복한 후에는 인도와 동남 아시아 국가들까지 정벌할 계획이었다. 도요토미 히데요시는 아들들을 입양하여 자신이 정복할 국가들의 지도자가 될 수 있도록 준비시켰다. 하지만 이렇게 어마어마한 야심을 품었음에도 불구하고 그는 다른 나라들에 대해서, 그리고 그런 야심을 실현하기 위한 노력의 과정에서 마주치게 될 문제들에 대해서는 몹시 무지했다.

도요토미 히데요시는 조선인들에게 중국을 침략하러 가는 길에 방해받지 않고 한반도를 지나갈 수 있게 해줄 것을 명령했다. 그러나 조선이 몇 번이고 단호하게 거부하자, 그는 1590년 8월 조선 침략을 준비하기 시작했다. 그는 노련한 창검병, 총병, 기병들을 소집했을 뿐만 아니라, 봉건 영주인 모든 다이묘들에게 일본 전역에서 보병을 징발할 것을 요구했다. 그리하여 1592년 4월에 도요토미 히데요시는 조선을 거쳐 만주로 진군한 다음 베이징으로 간다는 계획하에 그의 근거지인 나고야에서 16만 명의 병사들을 부산으로 출정시킬 것을 명했다. 그리고 예비병력으로 또다른 12만 명의 병사들을 동원했다.

규슈를 침략한 원나라 군대가 뭍에는 오르지도 못했던 반면, 일본군은 부산에 상륙한 뒤에 신속하게 북쪽으로 이동했다. 조선인들은 일본군에 대한 대비가 제대로 되어 있지 않았고, 기병들과 총과 칼에 대포까지 갖춘 일본군은 부산에서 북쪽으로 440킬로미터 진군하여 수도인 한양을 함락시켰다. 조선군은 도요토미 히데요시의 진격에 효과적으로 저항하지 못했다. 일본군은 지역 주민들을 공포에 떨게 했고, 그런 행동에 자극받은 지방 지도자들이 게릴라 전을 벌인 끝에 결국 일본의 진군 속도를 늦추었다. 일본군은 자신들의 요새와 마을 사이의 좁은 길을 장악했지만, 조선인들은 시골 지역을 장악했다.

일본군은 6주일도 되지 않아 서울에서 평양까지 북진했고 중국으로 넘어갈 준비를 했다. 일본군이 평양을 점령했을 무렵, 명의 황제 만력제가 보낸 군사 수천 명이 압록강을 건너서 조선으로 진입했지만 이내 일본군에게 패했다. 자신의 군대가 패배했다는 소식에 놀란 만력제는 곧 4만3,000여 명을 파병했고, 이들은 압록강을 건너 조선의 북부 지역으로 진입했다. 일본군은 그렇게 많은 수의 명나라 병사들이 들이닥치자 충격을 받았다. 명군은 일본 군들을 평양에서 몰아내는 데에 성공했고, 남쪽으로 퇴각하는 일본군을 뒤쫓았다. 두 나라의 군사들이 서울에서 북쪽으로 16킬로미터 정도 떨어진 계곡에서 격돌했을 때는 일본군이 승리했지만, 서울 근처의 행주산성에서 일본군이 명군을 공격했을 때는 명군에게 패했다. 일본군은 유럽인들에게 서 제조법을 배운 머스킷 총을 사용할 수 있었지만, 명군 역시 포르투갈인 들에게 제조법을 배운 대포 등 우수한 기술을 갖추고 있었다.

당시 조선인들은 조선술에 뛰어났다. 일본의 침략이 있기 전에 조선의 이순신 장군은 조종이 쉽고 강한 화력을 보유한 장갑선인 '거북선'으로 조선 수군을 강화해왔다. 그러다 1592년 5월과 9월 사이에 이순신은 조선의 해안에서 일본 수군과 10번의 전투를 벌였다. 조선의 군함이 일본의 군함 보다 우수했으며, 이순신은 영리하게 일본군을 기습 공격하고 뛰어난 전술을 사용해서 승리를 거두었다. 이순신은 교전 때마다 매번 일본군을 무찔렀다. 이순신이 조선 부근의 해로를 장악하자 일본군은 병력을 증원하고 필요한 물자를 보급하기가 불가능해졌다. 일본은 병사들의 식량 조달을 위해서 조선의 대규모 곡물 저장고들을 약탈했지만 식량 공급은 여전히 매우 빠듯했다.

전쟁 첫해에 전체 일본군의 3분의 1이 전투와 추운 날씨, 굶주림, 질병으로 사망했다고 추정된다.[4] 그해 말 일본군은 방어가 가능한 요새들에 자리를 잡았지만 진군을 하거나 시골 지역을 장악하지는 못했다. 1593년 4월에 중국과 일본은 전쟁이 교착 상태임을 인정하고 휴전에 이르렀다. 일본군은 서울부터 부산 지역의 진지로 군을 철수하는 데에 동의했다. 1593년 5월에 중국 측 협상자들이 휴전 협상을 위해서 나고야로 건너갔다. 일본이 신의 나라라고 믿었던 도요토미 히데요시는 마치 일본이 전쟁에서 승리한 것처럼 뻔뻔스러운 태도를 취하며 조선 땅의 일부를 일본에 이양하고 고위 관리

몇 명을 인질로 보낼 것을 중국에 제안했다. 중국 역시 일본이 중국을 섬기는 속국 관계를 재개하라고 요구했다. 휴전 협상은 2년 넘게 계속되었지만, 결국 양측의 큰 입장차를 좁히지 못했다.

일본군 중 일부는 귀국했지만 다른 병력들은 부산에서 멀지 않은 진지에 주둔했다. 1593년부터 1597년까지 일부 일본 병사들은 식량 공급을 위해서 조선에서 농사를 짓기까지 했다. 일본군은 수비력을 유지했고 공격을 받으면 성공적으로 물리쳤다.

1597년 8월에 도요토미 히데요시는 교착 상태를 끝내고 다시 중국으로 진군하기 위해서 두 번째 침략을 감행했다. 그러나 조선군과 명군은 이전에 비해서 전쟁 대비가 더 잘 되어 있었고, 신속하게 집결하여 일본군의 공격을 막았다. 일본군은 서쪽으로 진군하여 남서부의 전라도로 들어간 뒤에 서울을 향해 북쪽으로 행군했다. 그리고 서울에서 대규모 적군과 맞닥뜨렸다.

조선에서는 영웅 이순신을 시샘한 관료들이 그를 파직했고, 그리하여 이 두 번째 침략에서 초반에는 일본 수군이 조선의 군함들을 물리치면서 일본군은 큰 문제없이 상륙할 수 있었다. 절박해진 조선인들은 이순신 장군을 다시 참전시켰고, 이순신은 많은 해전에서 적의 허를 찌르고 승리를 거두어 일본의 군함들을 격파하고 병력 증원을 차단했다. 1598년 초에 명이 15만여 명의 병력을 지원했다. 이로써 일본군은 육지와 해상 양쪽에서 저지당했다. 전투가 한창이던 1598년 중반에 도요토미 히데요시가 자연사했다. 그의 후계자들은 도요토미처럼 일본인을 두려움에 떨게 하지 못했고, 따라서 그만큼 많은 일본인들이 입대를 강요받지 않아도 되었다. 일본 지도자들은 처음에는 도요토미 히데요시의 죽음을 비밀로 하려고 노력했지만, 그가 살아 있다고 해도 승리할 희망이 없음을 깨닫고 일본군을 철수시키기 시작했다. 많은 수의 명군과 조선군이 운집하여 일본군을 공격했고, 일본군은 후퇴하면서까지 막대한 피해를 입었다. 조선의 위대한 영웅 이순신 장군은 전투 중에 전사했다.

일본, 중국, 한국 모두가 패자였고, 전쟁은 세 나라 모두에게 재앙이었다. 일본은 여러 전투에서 승리를 거두었고 포로로 끌고 온 조선의 장인들 덕을 보기는 했지만, 일본 역시 막대한 피해를 입은 데다가 중국과 한국에 오랜 반일 감정을 심어주었다.

중국도 많은 사상자를 냈지만, 한국의 사상자 수가 훨씬 더 많았다. 한국은 많은 문화재가 파괴되었고, 막대한 경제적 피해를 입었다. 전시의 식량 부족도 극복하기 힘든 문제였다. 하지만 이순신 장군은 전 시대를 통틀어 한국의 가장 위대한 국가적 영웅이 되었다. 서울에는 장군의 동상이 지금도 항일 투쟁의 상징으로 서 있다.

조선군과 명군은 동맹군으로 함께 싸웠지만, 전투가 벌어지는 동안 시골 지역을 약탈하고 조선군에게 거만하게 명령을 내리는 명나라 병사들로 인해서 많은 조선인들이 분개했다. 또한 전투가 끝난 뒤에도 조선을 회담에서 배제한 채 일본과 협상한 명의 지도자들에게도 커다란 분노를 느꼈다.

명은 이번 전투로 인력과 재정, 군사장비를 포함한 자원이 고갈되었고, 이로 인하여 후일 만주족이라고 불린 여진족에게 대항할 능력이 약해졌다. 당시 여진족은 명과 싸워 청을 건국할 준비를 하며 만주의 근거지를 강화하고 있었다.

도쿠가와 시대와 청나라 시대의 지방의 발전

도쿠가와 시대(1603-1868)와 청나라(1644-1911)는 250년이 넘는 세월 동안 비교적 안정을 이룰 수 있었지만 양국 간의 접촉 횟수는 제한적이었다. 도쿠가와 막부가 수립한 체제는 지방의 경제적, 교육적 발달을 강화하는 지방 분권으로 이어졌다. 반면 청나라의 체제는 이 크고 다채로운 나라에서 지방 세력이 왕조에 큰 위협이 되는 것은 막았지만, 지방의 경제 발전을 위축시키는 결과를 가져왔다.

1598년에 도요토미 히데요시가 사망한 이후 일본에서는 다툼이 계속되었다. 도요토미 히데요시는 자신의 어린 아들을 후계자로 지지하도록 섭정의회를 구성했지만, 당시 가장 유력한 섭정이던 도쿠가와 이에야스와 그 동맹자들이 오늘날의 나고야 서쪽에 있는 세키가하라에서 벌어진 대규모 전투에서 도요토미 히데요시의 아들을 지지하는 세력에게 결정적인 승리를 거두었다. 이 전투로 전국시대가 막을 내리고, 1603년에 천황은 마침내 도쿠가와 이에야스를 쇼군으로 임명했다. 도쿠가와 이에야스는 국내에 새로운 질서를 세우고 다른 국가들을 대하는 새로운 방식을 확립해가기 시작했다. 도요토미 히데요시와 달리 도쿠가와는 해외 정복에 대한 야심이 없었다. 그는 먼저 안정된 국내 체제를 구축하는 데에 집중한 뒤, 도요토미 히데요시의 침략에 대한 조선인과 중국인의 분노를 진정시키고 그 국가들과의 관계를 개선하기 위해서 노력했다. 후일 일부 외국인들은 도쿠가와의 정책을 배제(쇄국) 정책이라고 잘못 설명했지만, 사실 도쿠가와 이에야스와 그 후계자들은 명나라를 세운 주원장과 마찬가지로 해외 교역과 다른 나라들과의 관계를 유지는 하되 엄격히 통제하려고 했다.

안정된 체제를 수립하여 국내의 평화를 도모하고자 했던 도쿠가와 이에야스의 노력은 큰 성공을 거두었다. 그는 1605년 아들에게 쇼군의 지위를 물려주었지만, 실제로는 1616년에 세상을 떠날 때까지 실권을 유지하며 모든 정적을 제거하고 새로운 체제를 수립했다. 이에야스의 아들은 1623년에 자신의 아들에게 쇼군 자리를 물려주었다. 자신에게 다른 다이묘들을 제거할 힘이 없다는 것을 알고 있었던 이에야스는 중앙집권화된 봉건체제를 수립하여 270개 다이묘의 가족을 에도(메이지 유신 이후 도쿄로 이름이 바뀌었다)에 인질로 붙들어두었다. 이에야스가 에도에 지은 성은 메이지 유신 이후 황궁이 되었다. 그는 세키가하라 전투에서 맞붙었던 다이묘들(특히 조슈 번과 사쓰마 번)을 제거할 수 없다는 것을 인정했다. 그래서 이들에게 땅을 넉넉히 주어 에도에서 멀리 떨어진 지역에 거주시킴으로써 위험을 낮추었다. 한편 세키가하라의 동지들에게는 에도에서 가까운 땅을 나눠주었고, 도쿠가와 가문의 인척들이 나가사키 같은 주요 지역들을 직접 다스렸다. 당시 나가사키는 주요한 4개의 섬 가운데 국제 무역을 위해서 개방된 유일한 항구였다.

청의 체제와 대조적으로, 에도에 인질들을 붙잡아놓고 다이묘들이 각자의 번을 강화하도록 허용한 일본의 지방 통제체제는 지방의 강력한 발전을 가능하게 했다. 다이묘들은 각자의 번을 장기적으로 발전시키는 데에 전념했고, 따라서 번 내의 모든 사람의 경제적 발전과 교육을 지원했다. 그리하여 일본의 '중앙집권화된 봉건제'—국가가 엄격한 통제를 유지하면서 다이묘가 지역을 강력하게 발전시키도록 허용하는 체제—는 19세기 일본으로 건너오기 시작한 서구인들에 대응하는 탄탄한 경제적, 교육적 기반이 되었다.

도쿠가와 막부와 마찬가지로 만주족도 1644년부터 1911년의 혁명에 이르기까지 지속된, 안정적인 새로운 구조를 확립하는 데에 성공했다. 만주족이 1681년에 삼벌의 난(푸젠 성, 광둥 성, 윈난 성)을 진압하면서 충분한 통일을 이루어 일본의 관료들이 중국의 침략 가능성을 걱정할 정도였다. 청은 수년간 엄격하게 면학(勉學)에 몰두할 수 있는 능력과 유교 경서들에 대한 지식이 뛰어난 인재를 선발하기 위해서 시험을 실시했다. 당시의 관리들은 자신의 고향에서는 근무할 수 없게 되어 있었다. 그래서 지역 주민들과 결탁하여 국가 지도부에 저항할 수 없었고, 한 지역에 깊이 뿌리를 내리지 못하도록 2-3년마다 지역 순환 근무를 했다. 따라서 관리들은 발령받은 지역의 장기적인 발전을 도모하고자 하는 의욕이 별로 없었다. 감독관이 파견되어 지방 관리들이 주민들과 특별한 관계를 형성하지 못하도록 막았고, 관리들은 지역 내의 평화를 유지하는 능력에 따라서 평가되었다. 이런 체제는 유지력은 뛰어났지만 지역의 탄탄한 경제 발전에는 도움이 되지 않았다.

도쿠가와 중국 및 다른 국가들과의 관계

권력을 쥔 도쿠가와 쇼군은 포르투갈의 예수회가 일본에 포교 중이던 기독교, 특히 가톨릭이 사회 질서를 어지럽힌다고 우려했다. 규슈에서 기독교도 농민들의 반란이 일어난 뒤인 1639년에 도쿠가와는 포르투갈, 스페인과의 교역을 금했다. 하지만 네덜란드인들에 대해서는 신교도이기는 해도 통제 문제를 일으킬 가능성이 가장 낮은 유럽의 교역국이라고 확신하여 나가사키 근처에 조성한 인공 섬인 데지마에 거주하게 했고, 네덜란드인들은 이곳에서 교역을 계속할 수 있었다. 따라서 네덜란드 상인들은 서구의 발달된 문명을 접할 수 있는 중요한 창구가 되었다. 일본인들은 네덜란드인들을 통해서 서양의 의약품과 군사기술을 배웠다.

쇼군은 중국과의 무역을 계속하도록 허가했고, 일본 거주자의 해외여행은 금지되었지만 중국인이 나가사키에 거주하는 것은 가능했다. 1689년에는 밀수를 규제하기 위해서 중국인들을 나가사키 내의 특정 지구로 이주하도록 했고, 이곳이 나중에 차이나타운이 되었다. 실제로 나가사키의 중국인 거주자들이 중국과의 교역을 관리했다.

조공관계를 재수립할 가능성과 관련해서 1611년부터 1625년까지 중국과 일본의 관리들 사이에 일련의 서한이 오갔다. 중국인들은 조선 침략에 대한 일본의 사과와 "일본인 해적"을 체포하려는 일본 측의 노력에 만족하지 못했다. 하지만 가장 중요한 사안은 일본이 종속관계를 받아들일지 여부였다. 서한 교환은 일본이 푸젠 성의 지방관에게 보낸 서한으로 시작되었다. 여기에는 도쿠가와나 천황이 아닌 도쿠가와의 외교 정책 자문의 서명이 되어 있었다. 천황이 보낸 서한이 아니었기 때문에 중국인들은 이를 적절한 문서로 인정하지 않았다. 그뿐만 아니라 일본인들은 이 서한에 중국이 아닌 일본의 연호를 사용했다. 중국인들은 이 서한에 신속하게 대응하지 않았지만 1619년에 일본이 모든 해적 행위를 종식시킨다면, 공식적인 관계를 재개하는 방향으로 어느 정도 진전을 이룰 수 있다는 암시를 주었다. 일본에서는 이 제안을 두고 한동안 논의가 벌어졌지만, 1621년에 중국의 황제가 일본의 천황보다 높은 지위임을 인정하는 중국 연호의 사용을 받아들이지 않겠다는 뜻을 분명히 밝혔다. 이렇게 해서 일본은 중국 중심의 세계 질서에 들어가지 않기로 결정했다. 1635년 일본은 나가사키에서만 중국인들의 교역이 가능하도록 제한했다. 중국의 배가 입항하려면 인증서를 받아야 했는데 모든 중국 선박에 인증서를 발급하지는 않았다. 중국이 이 인증제를 받아들이자 일본인들은 중국인들에 대해서 우월감을 느꼈다. 이후 1870년대까지 양국 정부 간에 공식 관계는 없었지만 이런 절차에 따라서 민간무역은 계속될 수 있었다.

도쿠가와는 중국 외의 국가들—조선, 러시아, 류큐 왕국—을 상대하기위해서 각 국가와 지리적으로 가장 가까운 번의 다이묘에게 책임의 많은 부분을 위임했다. 조선과 가장 가까운 섬인 쓰시마 다이묘에게는 조선과의 관계를 관리하는 책임이 주어졌다. 또 일본 북쪽에 있는 에조(홋카이도) 섬의 유일한 다이묘인 마쓰마에 다에묘는 러시아와 에조 섬에 살던 소수민족인 아이누족을 상대하는 책임을 맡았다. 규슈의 남쪽 끝에 위치한 사쓰마 다이묘는 류큐 왕국과의 관계를 관리했다.

타이완과 일본으로 도피한 명의 충신들

만주족이 중국 북부에서 명을 무찌르고 1644년에 청나라를 세운 뒤, 북부에서 남부의 푸젠 성으로 달아난 명의 충신들은 뜻을 같이하는 사람들과 합세하여 수십 년간 저항을 계속했다. 이 명나라 저항군의 지도자는 푸젠 성 취안저우 출신인 정지룽(1604-1661)이었다. 정지룽은 젊은 시절 마카오로 가서 포르투갈어를 배웠다. 그런 뒤에 타이완을 거쳐 나가사키 바로 북쪽의 히라도로 건너갔다. 히라도에 도착했을 당시 그는 스무 살이었다. 정지룡은 사업가이자 해적으로 활약하면서 현지의 일본인들과 많은 인맥을 쌓았고, 히라도에서 일본인 여성 다가와 마쓰와 결혼하여 아들 정성공(콕싱가)을 낳았다. 정지룡은 몇 년 뒤에 푸젠 성으로 돌아갔지만 콕싱가는 어머니와 함께 히라도에 머물다가 일곱 살 때 어머니와 함께 아버지가 있는 푸젠 성으로 갔다.

이 반청복명(反淸復明) 세력의 일부는 중국과 일본 상인들의 관계를 이용해서 만주족을 물리치고 베이징에 명을 다시 일으켜 세우고자 하는 그들의 노력에 일본이 힘을 보태주기를 바랐다. 나가사키로 이주한 중국인들 중에는 정지룡이 다스린 푸젠 성 출신이 많았다. 역사학자 로널드 토비에 따르면, 반청복명 세력이 일본과 처음 접촉해서 지원을 요청한 것은 1645년에 당시 푸젠 성에서 살던 정지룡의 동료 임고를 히라도에 보냈을 때였다. 임고는 정지룡과 마찬가지로 예전부터 히라도에 지인들이 있었는데, 이들이 그를 도와 명나라 지지자들을 지원해줄 것이라고 기대했다.

1645년에 임고는 만주족에 대항하기 위해서 일본의 지원을 요청하는 최지(정지룡의 보좌)의 서한을 가지고 나가사키에 도착했다. 이 요청은 에도로 전해졌고, 몇 주일 동안 진지하게 논의되었다. 중국의 상황에 불확실한 점이 많아 신중을 기했던 일본 관리들은 결국 지원군을 보내지 않고 계속 상황을 살피기로 결정했다. 일본은 여러 사람들을 중국에 파견하여 반청복명 세력이 청을 물리치기 위해서 기울이는 노력에 관한 정보를 수집했다. 또 나가사키의 중국인과 네덜란드인 상인들에게서도 중국과 관련된 정보를 모았다. 사쓰마 번에서는 류큐 제도를 통해서 투쟁에 관한 보고를 받았고 쓰시마 번에서는 조선을 통해서 소식을 들었다.

1645년에 남쪽으로 진격한 만주군은 푸젠 성에서의 대규모 전투를 피하기 위해서 정지룡이 반청 입장을 포기하기를 기대하며 한 가지 제안을 했다. 그가 마음을 바꾸면 베이징의 새 정부의 관직을 주겠다는 제안이었다. 정지룡은 얼마간의 협상 이후 결국 그 제안을 받아들여 베이징으로 갔다.

하지만 아들 콕싱가는 계속 명의 충신으로 남아 아버지 수하에 있던 사람들을 지휘했다. 콕싱가는 아버지와 마찬가지로 나가사키의 일본 당국을 통해서 일본의 지원을 얻으려고 애썼다. 일본이 그런 지원을 제공했는지에 대해서는 기록이 없지만 콕싱가의 범선들이 나가사키에서 운항을 계속했고, 도쿠가와 막부가 수출을 금지한 1621년 이후에도 반청복명 세력은 나가사키를 통해서 약간의 무기를 구할 수 있었다.

일본인들이 반청복명 세력의 정황을 살피기 위해서 이용한 사람들 중에는 선불교의 명승 은원이 있었다. 은원은 푸젠 성의 푸저우 근방 시골 출신으로, 반청복명 세력과의 접촉을 유지했다. 도요토미 히데요시는 권력을 쥐고 있을 당시, 일본에 온 포르투갈의 예수회 선교사들이 개종시킨 기독교인들이 분열을 초래할 가능성이 있음을 우려하여 1587년에 기독교 활동을 금했다. 1640년에 쇼군은 나가사키에 거주하는 모든 중국인들로 하여금 사찰에 등록할 것을 요구했다. 당시 사찰들에는 푸젠 성에서 온 몇몇 승려들이 있었지만 그 많은 등록자들을 응대하기에는 그 수가 부족했다. 그래서 불교 신자들은 은원 스님에게 일본으로 와달라고 호소했다. 은원은 처음에는 망설였지만 네 번의 초청을 받은 뒤에 결국 1654년에 나가사키로 향했다.

일본은 당시 모든 중국인 거주자에게 나가사키에서 살 것을 요구했지만, 은원은 예외로 두었다. 은원은 나가사키에서 1년을 보낸 뒤에 새로운 사찰 건립을 허가받은 교토 근방의 보문사로 옮겨갔다. 1658년에는 쇼군을 알현했는데, 쇼군은 다른 나라의 외교관을 맞이하는 방식으로 은원을 만났다. 쇼군 이에쓰나는 이 기회를 이용해서 반청복명 세력에 관한 정보를 얻을 수 있었다.

콕싱가가 이끄는 저항군은 1659년에 난징을 공격할 정도로 강했지만 결국 패하고 말았다. 청나라는 정지룡에게 아들 콕싱가가 항복하도록 설득하라고 압박했지만, 콕싱가가 이를 거부하자 정지룡을 처형했다. 콕싱가와 2만5,000여 명의 병사들은 타이완 섬으로 달아나 그곳의 지배권을 확립했다.

하지만 이듬해에 콕싱가는 서른일곱의 나이에 말라리아로 세상을 떠났다. 1683년 콕싱가의 후계자들은 결국 청에 항복했고, 청은 타이완을 푸젠 성의 일부로 편입했다.

일본 정부는 콕싱가를 공식적으로 지원하지 않았지만, 일본 문학에서 그는 전설적인 존재이자 칭송받는 영웅이 되었다. 지카마쓰 몬자에몬의 인기 인형극 「콕싱가의 전투」는 1715년부터 1717년까지 도쿠가와의 극장에서 최고의 인기를 끌었고, 일본에서 가장 지속적인 사랑을 받은 연극들 중 한 편이 되었다. 일본인들의 마음속에서 이 연극은 중국의 위대한 문명을 탈취한 외부의 야만족인 만주족을 몽골족과 함께 타타르족과 연결 짓는다. 한쪽 부모가 일본인이고 따라서 일본인들이 생각하기에 순수 중국인 혈통보다 우월한 인물이던 콕싱가의 이야기는 일본의 지도자들이 중국의 만주족 야만인들보다 뛰어나다는 일본 국민들의 일반적인 견해를 강화하는 데에 일조했다.

콕싱가와 반청복명 세력의 일부가 타이완으로 달아난 반면, 청이 점령한 중국에 남기를 거부한 명의 또다른 충신인 사대부 주순수는 일본으로 건너 갔다. 주순수는 명나라 황제에게 충성을 지킨 인물이었기 때문에, 천황에 대한 일본인들의 충성심을 강화하는 논의에서 중요한 역할을 했다. 도쿠가와 시대에는 중국의 지적 전통의 다양한 흐름들이 살아 있었다. 도쿠가와 이에야스의 손자들 중 한 명인 도쿠가와 미쓰쿠니는 중국식으로 편찬한『대일본사(大日本史)』라는 역사서를 구상할 때, 주순수를 이 사업의 핵심 자문으로 두었다. 『대일본사』는 1720년이 되어서야 완성되었으며, 군주에 대한 충성심이 주순수와 그가 이끄는 편찬자들의 사고의 중심을 이루었다. 주순수는 황통의 연속성을 칭송함으로써 천황에게 충성하는 일본인들의 전통을 강화하는 데에 일조했다.

도쿠가와 시대의 일본과 청나라 시대의 중국 간의 교역

17세기 중반에 청은 나가사키와 푸젠 성 사이에서 번성한 무역을 막지 않았고 도쿠가와 정부는 이를 적극적으로 장려했다. 무역이 최고로 번성했던 17세기 중반에는 해마다 거의 40척에 이르는 중국의 범선들이 나가사키를 다녀갔다. 일본인들은 중국의 비단을 좋아했고, 특히 교토의 니시진 방직 공장의 직조공들이 사용할 수 있는 명주실에 대한 수요가 높았다. 방직 공장은 당시 일본의 고위 관료들 사이에서 인기가 높던 비단 제품을 빠른 속도로 생산했다. 또 일본은 중국으로부터 사슴 가죽과 약초도 계속 수입했다. 일본인들은 15세기에 중국인들이 개발한 채굴 절차를 한국인들로부터 배워서 은의 채굴에서 큰 발전을 이루었다. 일부 번들은 새 광산을 열어 명주실과 교환 가능한 은을 생산했다.

막부는 광산들과 은을 제련하는 은화 주조소(긴자)가 내는 세금에서 수입을 얻었기 때문에 이런 무역을 지원했다. 또 쇼군은 나가사키의 관리들에게 비단 수입품의 일부를 먼저 자신의 관리들에게 저가로 판 뒤, 그 나머지를 방적 조합에 더 높은 가격으로 판매하라고 요구했다. 비단으로 얻는 수입은 쇼군의 직접적인 지배 아래에 있던 교토의 견직공들에게도 도움이 되었다.

반청복명 세력과 청나라 사이의 충돌이 최고조에 이르렀던 시기에는 중국과 일본 간의 교역이 둔화되었다. 1663년부터 1673년까지는 해마다 약 36척의 중국 범선이 나가사키에 들어왔지만, 1673년부터 1683년까지는 이 수치가 1년에 25척으로 줄었다.[5] 타이완으로 건너간 반청복명 세력이 1683년에 항복한 뒤에는 교역이 급증했다. 1688년에는 약 117척의 중국 범선이 나가사키를 방문했다. 하지만 그 무렵 일본에서 은의 공급이 거의 고갈되는 바람에 관리들은 은의 유출을 막기 위해서 교역을 통제했다. 그와 동시에 중국인들이 동전을 만들 구리를 원했으므로 일본은 구리의 채굴을 신속하게 늘렸고, 1685년에 구리는 일본의 최대 수출 품목이 되었다. 그 뒤에 일본은 수입에 더 엄격한 제한을 두었으며 수입품의 소비를 통제하는 사치금지법을 통과시켰다.

또 일본은 수입 대체품 개발을 추진했다. 비단의 국내 생산을 촉진하기 위해서 북부의 양잠업을 확대하여 18세기 말에는 교토 니시진의 견직공들에게 필요한 명주실이 모두 일본에서 생산되었다. 일본인들은 중국으로부터 다양한 약초 재배법도 배웠다. 남부 지역, 특히 사쓰마 번과 1609년부터 사쓰마 번이 다스린 류큐 열도의 기후는 사탕수수 재배에 적당했다. 사쓰마 번은 설탕 생산에서 얻은 소득으로 큰 부를 쌓았고, 이는 도쿠가와 시대 말에 강한 군사력을 보유하는 경제적 기반이 되었다.

17세기 말에 일본이 은과 구리의 수출을 통제하고 수입품 대체에 힘쓰면서 중국과 일본과의 교역이 둔화되었다. 18세기 대부분의 기간 동안 나가사키에 정박한 중국 무역선의 수는 1년에 평균 20척 내지 30척에 불과했다. 일본의 수입업자들은 사업을 계속하기 위해서 중국에서 사오는 상품을 다양화하여 책, 붓, 먹, 고품질의 수공예품을 수입하기 시작했다.

1603년에 수립되어 1868년에 막을 내린 도쿠가와 시대에 일본은 명나라든, 청나라든 중국과 외교관계를 맺지 않았다. 1635년 이후 도쿠가와 시대의 지도자들은 일본인의 해외 왕래를 엄격하게 금지했는데, 조난을 당해서 중국으로 떠내려간 어민들조차 고국으로 돌아오는 것을 환영받지 못했다. 그 결과 나가사키에 살던 중국인들과 나가사키를 방문한 중국인들이 양국 사이의 무역을 수행했다.

청에 대한 도쿠가와 시대의 시각 : 민족주의자, 한학자, 상인

나가사키와 중국을 오간 중국인 상인들을 제외하면 청나라 때에도 중국인들은 여전히 일본에 거의 관심이 없었다. 중국에서 사라진 일부 불교 경전과 유교 경서들의 해설서가 일본에서 보존되었고, 이 저서들이 중국에 '재수입'이 되면서 소수의 사람들이 큰 관심을 나타냈지만, 이것이 진본인지 의심하는 사람들도 있었다. 가끔 중국의 지명사전에 일본 관련 정보가 실렸고 때로는 꽤 자세히 서술되었지만, 전반적으로 일본에 관한 책들은 중국인들로부터 별 관심을 끌지 못했다.

중국은 일본의 문화에 관심이 낮았던 반면, 일본은 각계각층의 사람들이 중국의 전통 문화에 깊은 존경심을 가졌고, 여행은 금지되었지만 중국에 관한 학습은 계속되었다. 일본의 학자들은 명이 멸망한 이후 일본으로 도주한 소수의 중국인 학자들에게서 가르침을 받았고, 쇼군은 나가사키에서 얻은 정보를 통해서 중국의 정세를 추적했다. 일본의 불교도들은 나가사키를 통해서 들어오는 중국의 불경들과 일본인 승려들을 가르치기 위해서 건너온 중국인 승려들에게 배움을 계속했고, 예술가들도 나가사키의 중국인 예술가들에게서 배웠다. 도쿠가와 시대 말에는 100여 명의 중국인 예술가와 예술상들이 나가사키에서 살면서 중국의 예술에 대한 일본인들의 수요로 생계를 이어갔다. 수입된 중국의 수공예품들은 계속해서 일본의 장인들에게 영감을 주었다. 일본의 의원들은 중국의 의술을 연구했고, 농업 전문가들도 일본의 농업 생산을 향상시키기 위해서 중국 농업 전문가들의 연구를 학습했다.

도쿠가와 시대에 일본이 중국에서 배운 것들은 나라 시대와 헤이안 시대 때만큼 사회를 변화시키지는 못했다. 하지만 세 부류의 일본인이 계속해서 중국에 깊은 관심을 보였다. 바로 쇼군 아래의 고위 관료들, 번과 에도의 학교에서 중국의 학문을 가르치는 교사들, 그리고 나가사키, 류큐 제도, 쓰시마 번의 상인들이다. 이 세 집단은 후일 메이지 시대(1868–1911)에 일본이 개방되었을 때, 일본과 중국의 관계 형성에 중요한 역할을 했다.

민족주의자 관리들과 학자들

도쿠가와 정부가 일본을 통일하고 나라가 더욱 안정되자, 많은 관리들이 일본의 성공에 큰 자부심을 품기 시작했다. 중국의 문명을 우러러보았던 일부 일본인들은 청을 이끄는 만주족은 야만족이며, 중국 문명이 야만족의 통치 아래에서 악화되고 있고, 야만족의 통치를 받지 않는 일본의 문명은 크게 번영하고 있다고 생각했다.

1660년대에 일본의 관리들은 중국을 더 이상 주고쿠(中國) 같은 명칭으로 부르지 않았다. 이는 중국이 가장 중요한 나라라고 암시하는 명칭이었기 때문이다. 일본인들은 자신들의 나라 역시 세계의 중심이라고 믿었다. 일본은 고유하고 특별한 나라이며 "신의 땅"이라는 그들의 믿음은 가미카제 덕분에 몽골족의 침략을 이겨내면서 더욱 단단해졌다. 자신들의 나라가 어떤 영토도 잃은 적이 없다는 사실은 일부 일본인들에게 일본이 신의 특별한 보호를 받는 나라라는 표시였다.

17세기에 일본의 학자들은 일본 전통의 순수성을 강조하는 "국학(國學)"을 장려하기 시작했다. 이들은 중국의 학문인 한학(漢學)을 일본 학문으로 대체하려고 애썼고, 중국에서 수입한 불교가 아닌 일본의 토착 신앙인 신도를 장려했다. 국학은 한학만큼 명성을 얻지는 못했지만 상당한 수의 지지자들을 끌어들였고, 일부 일본인들은 성리학의 일본판을 내세워서 중국이 아니라 일본이 최고의 유교 전통을 가지고 있다고 주장하기 시작했다.

그러나 수 세기 동안 중국의 그늘에 가려져 있었던 일본인들은 많은 중국인들이 본능적으로 자국 문명의 우월성에 대해서 느끼는 무조건적인 자신감은 따라가지 못했다. 많은 사람들이 일본이 신의 보호를 받는다고 주장하면서도 중국이든, 한국이든, 서구 세력이든 간에 언제든 외세가 공격해올 수 있다는 불안감에 전전긍긍했다. 그러나 일본인들은 조국에 대한 긍지를 역설했고, 이러한 긍지는 메이지 시대에 일본이 근대화에서 중국을 앞서면서 더욱 높아졌다.

소수의 일본인들은 일본이 국경을 넘어 세력을 확장할 수 있는 방법에 대해서 의견을 밝히기도 했다. 이들은 도쿠가와 시대 내내 네덜란드 측 정보원에게서 군사기술과 전략에 관한 자료들을 수집했다. 일본 북동부 센다이 번의 군사전략가 하야시 시헤이(1738-1793)는 일본이 아시아의 지도자가 되는 첫걸음으로 홋카이도와 류큐 열도에 대한 지배를 강화해야 한다고 주장했다. 1791년에 그는 러시아와 중국이 가하는 위협의 심각성을 경고하기 위해서 『해국병담(海國兵談)』을 출간했다. 일본 방위의 시급성에 관심이 많았던 그는 더 나아가 일본이 어떻게 지배세력이 될 수 있을지에 대한 웅대한 계획을 주장했다. 현대 일본의 학자들은 하야시의 주장이 수많은 견해 중의 하나이고 다소 극단주의적이라고 보고 있으며, 분명 당시의 지배적인 견해는 아니었다고 생각한다. 그러나 오늘날 일부 중국인 학자들은 19세기 말에 시작되어 제2차 세계대전 내내 이어진 침략에 대한 원대한 구상의 토대를 일본이 이미 쌓고 있었다는 하나의 표시로서 하야시의 견해에 높은 관심을 보인다.

한학자들과 불교 신자들

일본의 일부 엘리트들은 야만족이 이끄는 중국보다 일본이 우월하다는 자신감이 넘쳤지만 당시 일본에서 주류를 이루던 한학자들과 불교도들은 중국 문화를 보는 견해가 이들과 크게 달랐다.

도쿠가와 시대에 전국의 다이묘들은 사무라이 계층 젊은이들의 교육을 계속 지원했고, 이 교육의 중요한 한 부분이 바로 한학이었다. 도쿠가와 시대에 국학에 대한 관심이 높아졌지만 중국의 학문을 비판하는 학자들도 여전히 중국 고전들로 교육을 받았으며, 중국 고전은 계속해서 일본 학생들에게 주류로 남았다. 도쿠가와 막부의 지도층은 사회 안정에 도움이 되는 충성심을 심어주려고 노력했고, 적절한 정신적 수양을 제공하는 유교 경서들의 학습을 강력하게 권했다. 각 번의 한학자들, 특히 중국 고전에 박식한 학자들이 학교에서 학생들을 가르쳤다.

일본의 하급 교사들은 중국어의 일본어 번역본을 사용한 반면, 유수의 유학자들은 중국어 원문을 완전히 능숙하게 습득했다. 이 학자들은 고대 중국 현자들의 지혜를 높게 평가했고 중국 고전들을 숙달한 일본인 교사들도 존중했다. 각 번의 한학자들은 보통 중국의 고전 양식으로 시 쓰는 법을 배웠고, 한시 작성에 능숙한 사람들은 자신들의 능력에 큰 자부심을 느꼈다. 연구자들은 도쿠가와 시대에 일본어보다 한자로 쓰인 시가 더 많았다고 추정한다. 대부분의 한학자들은 한문을 읽고 쓰는 데에 중점을 두었지만, 유교의 가르침을 정치에 적용한 것으로 유명한 학자 오규 소라이(1666-1728) 같은 일부 일본인들은 중국 구어체까지 구사할 수 있다는 데에 자부심을 느꼈다.

도쿠가와 시대에 글을 읽고 쓸 줄 아는 사람이 늘어나면서 중국 고전에 능통한 일본인의 비율이 전례 없이 늘어났다. 도쿠가와 시대의 마지막 수십 년 동안은 사무라이뿐만 아니라 사무라이가 아닌 많은 사람들도 번의 여러 학교에서 한학을 공부했다. 국학을 지지하는 사람들조차 유교 경서들과 중국 문화를 보존하는 중국과 일본의 학자들에게 존경심을 표했다.

도쿠가와 시대에 일본인들은 나라 밖으로 나갈 수 없었지만 나가사키를 통해서 들어온 중국 서적에 대한 일본의 수요는 계속 존재했다. 일부는 불교 서적이었고 일부는 중국사를 다룬 책들이었다. 그뿐만 아니라 일본 학자들은 나라의 통치에서 법률이 하는 역할에 대한 이해를 심화하기 위해서 중국의 법을 연구했다.

일본의 승려들은 중국의 수준 높은 불교 연구를 존경했다. 모든 가정이 지역 사찰에 등록해야 한다는 1671년의 칙령이 도쿠가와 시대 내내 유효했고, 장례식도 불교식으로 치러졌다. 1654년 나가사키에 온 중국의 승려 은원이 1661년 교토 근처에 만복사를 지은 후에 이곳에서 가르칠 중국인 승려를 다수 채용했고, 일본 승려들은 이들에게 배우기 위해서 이 사찰을 방문했다. 일본의 승려들은 여전히 중국을 자신이 믿는 종교의 본산으로 생각했다.

나가사키의 상인들

나가사키는 포르투갈 선박들이 정박하기 시작한 1571년 전까지는 작은 어촌에 불과했다. 그러다 1641년에 일본의 주요 4개 섬에서 유일하게 국제무역을 위한 항구로 개방되면서 빠르게 범세계적인 항구 도시로 성장했다. 1609년 나가사키의 인구는 약 2만5,000명이었지만, 1969년에는 6만4,000명에 이르렀다.[6] 쇼군이 무역에 더 많은 제약을 가하면서 18세기 말에 인구가 감소하기 시작했지만, 나가사키는 일본의 대외 요충지로 남아 있었다. 나가사키에는 상업 정신이 흘렀고, 쓰시마와 류큐 제도도 마찬가지였다.

나가사키는 일본 밖의 세계에 관한 정보가 모이는 중심지가 되었다. 1644년 이후 나가사키에 도착하는 각 배의 선장은 에도의 쇼군에게 전달될 보고서를 작성해야 했다. 네덜란드가 일본과의 교역이 허락된 유일한 서구 국가였으므로 나가사키는 일본에서 '네덜란드의 학문'을 소개하는 창구가 되었고, 일본인들은 이를 통해서 서구의 발달된 과학과 군사, 의학에 관해서 배울 수 있었다.

그러나 일본의 중국 전문가 오바 오사무의 말처럼, 나가사키의 무역은 사실 중국과의 교역이었다. 당시 일본에서 이루어진 교역의 압도적인 부분을 중국과의 교역이 차지했기 때문이다. 쓰시마와 류큐 제도를 거쳐가는 많은 상품이 중국에서 오거나 중국으로 가는 것들이었다. 나가사키의 관리들이 에도의 쇼군에게 상세한 보고서를 보냈지만, 중국에 관한 정보를 일상적으로 교환하는 최전선은 나가사키였다.

도쿠가와 시대 전에 나가사키에서 사는 중국인은 소수였지만, 다른 항구들의 해외 교역이 폐쇄된 직후인 1618년에는 2,000명이 넘는 중국인들이 이곳에서 살면서 중국과의 교역 관련 일에 종사했다. 다른 항구들에도 소수의 중국인들이 남아, 일부는 나가사키에서 세관을 통과한 상품들의 운반에 종사했고 그외의 사람들은 다양한 일을 했다. 17세기 말에는 나가사키 차이나타운의 주민이 거의 5,000명에 이르렀다.[7] 나가사키에 살던 중국인들은 다양한 방언을 사용했고 고향의 중국인 상인들과 접촉을 유지했다. 1620년대에 주요 집단들—푸젠 성의 푸저우, 장저우 출신과 양쯔 강 삼각주 지역에서 온 집단—이 절을 건립했고, 이곳은 나가사키에 사는 다양한 중국인 집단들이 모이는 장소가 되었다. 1678년 광둥어 사용자들이 나가사키에 도착하면서 이들도 자신들의 절을 지었다. 1757년에 광저우가 개항한 뒤에는 나가사키와 광저우와의 교역이 늘어났다. 1842년에 아편전쟁에서 승리한 영국은 중국의 아모이, 푸저우, 상하이, 닝보, 홍콩 섬의 항구를 강제로 개항했다. 영국과 프랑스는 1860년에 제2의 아편전쟁(애로 호 사건)에서 승리한 뒤 새로운 11개의 조약항(條約港)을 강제로 개항시켜 나가사키의 중국인들에게 더 많은 기회를 제공했다. 도쿠가와 시대가 끝날 무렵, 일본이 은의 유출을 막고 비단과 약초의 국내 생산을 촉진하면서 나가사키를 통한 교역이 감소했다. 하지만 도쿠가와 시대가 끝날 무렵 나가사키의 차이나타운에는 약 1,000명의 중국인들이 살고 있었다.

나가사키의 중국인들은 일본과 중국 간의 교역에 종사했을 뿐만 아니라 동남 아시아의 중국 상인들과의 교역도 촉진했다. 따라서 이들은 일본 관리들이 중국뿐 아니라 동남 아시아의 정세에 관한 정보를 얻는 소식통이 되었다. 마리우스 잰슨의 보고처럼 나가사키에 살던 중국인들은 이 지역의 일본인들과 전반적으로 좋은 관계를 유지했는데, 많은 일본인들이 중국으로부터 수입한 상품들을 일본의 다른 지역에서 판매하는 중개인 역할을 할 기회를 찾고 있었기 때문인 것으로 추측된다.

나가사키를 통해서 활발한 교역이 이루어졌지만 중국과 일본의 정부 관리들 사이에는 2세기 넘게 교류가 없었다. 1862년이 되어서야 중국과 일본의 관리들은 마침내 상하이에서 만남을 가졌다.

제3장

서구의 도전에 대한 대응과 관계 재개,
1839-1882년

제1차 아편전쟁(1839-1842)에서 중국이 영국인들에게 패배하고 1853년에 일본이 페리 제독에게 문호를 개방한 이후에, 아시아는 더 이상 서구 세계와 동떨어져서 존재할 수 없었고 이때부터 세계의 일원이 되는 과정이 시작되었다. 서구 국가들은 중국과 일본의 군사 안보와 경제적 자원들에 직접적인 위협을 가했고 그것들을 착취할 준비가 되어 있었다. 중국과 일본은 서구 국가들의 위협에 효과적으로 대응하기 위해서 더 많은 병사들을 징집해서 훈련시킬 방법을 찾아야 했을 뿐만 아니라, 산업기지와 통신망, 운송망을 구축해야 했다. 또 더 많은 자금 마련을 위한 조세제도, 그러한 노력을 이끌 새로운 전문성을 갖춘 현대식 관료제, 국민들에게 새로운 기술들을 교육시킬 확장된 교육제도, 확고한 이해관계에 대처하고 새로운 정세들을 조정하기 위한 중앙집권화된 강력한 지도체제가 필요했다. 옛 방식을 고수하려는 사람들은 서구인들뿐 아니라 변화를 시도하고자 하는 자국민들에게도 위협을 받았다. 1882년에 중국과 일본이 조선에서 충돌했을 때에 첫 번째 군사 대립에서는 중국이 승리를 거두었다. 하지만 1895년에 일본은 국내의 반대를 극복하고 국가를 근대화시킬 포괄적인 계획을 성공적으로 실시했다. 다음 세기 동안에 일본은 양국 관계에서 더 유리한 위치에 있었다.

서구의 요구에 대한 일본의 이점

일본은 서구의 거대한 도전에 중국보다 더 신속하게 대응할 수 있는 자연적 이점들을 가지고 있었다. 우선 일본은 4개의 작은 섬으로 이루어진 좁은 영토로서 통일된 국민적 반응을 모으기가 더 수월했다. 또한 당시 해상 운송이 가능해서 일본의 모든 지역 간에 통신망과 수송망을 구축하기가 상대적으로 쉬웠다. 반면 중국에서는 1880년대에 최초의 전신선이 가설될 때까지 나라의 한쪽 끝에서 다른 쪽 끝까지 정부의 전달 사항이 전해지는 데에 거의 한 달이 걸렸다. 작은 군도에 사는 일본인들은 오래 전부터 중국인들에 비해 바다 건너로부터의 위협에 더 취약하다고 느껴왔고, 그런 위기감 때문에 더 많은 해외 정보를 입수하기 위해서 열심이었다. 중국의 지도자들은 북쪽으로부터 말을 타고 육로로 적이 침략할 가능성은 오래 전부터 걱정해왔지만, 바다 건너의 세계를 학습하는 데에는 비교적 관심이 덜했다. 메이지 유신이 일어나기도 전인 19세기 초, 에도 시대의 쇼군은 다른 나라들로부터 근대화 방법을 배우기 위해서 해외로 사절단을 보내기 시작했다. 7세기와 8세기에 중국으로 사절단을 파견하여 문물을 배워왔던 것과 마찬가지였다. 자국의 풍요로운 문명에 대한 자신감이 높았던 중국의 지도자들은 다른 나라들로부터 배우는 데에 열의를 보이지 않았다.

일본은 면적이 작고 단일 민족으로 이루어진 국가였으므로 통합이 쉬웠다. 하지만 중국은 인구가 훨씬 더 많은 데다가 다양한 민족 집단들—한족, 몽골족, 만주족, 위구르족, 티베트족, 다른 언어와 문화를 가진 그외의 많은 민족들—로 이루어져 있어서 국가 정책을 통일하고 국내의 화합을 유지하기가 어려웠다. 청의 지도자들은 여러 민족의 거주지 별로 다른 정책을 마련했다. 특정 지역에 뒤늦게 이주한 사람들인 하카인('손님')과 그 후손들은 오래 전부터 그곳에 정착해서 살아온 주민들의 후손들과 다르다는 의식이 있었으므로 반역자가 되기 더 쉬웠다. 19세기에 중국은 엄청난 인구 성장과 심각한 식량 부족에 시달렸다. 식량 부족은 태평천국운동, 염군의 난, 이슬람 교도의 난이 일어나는 데에도 일조했다. 엄청난 피해를 남긴 이 봉기들로 인해서 중국 정부는 서구의 요구에 대응하는 데에 사용할 수 있는 시간과 에너지를 빼앗겼다.

도쿠가와 체제는 청의 체제보다 지방의 경제적, 교육적 발전을 촉진했다. 중국인들은 개인적으로는 과학과 기술에서 뛰어난 성취를 이루었지만, 19세기 중반에 두 국가가 서구에 문을 열기 시작했을 때, 일본의 지방들은 중국보다 평균적으로 더 높은 수준의 교육적, 경제적 기반을 갖추고 있었다.

19세기 말 일본의 전체 남성의 절반이 글을 읽고 쓸 줄 알았던 것으로 추정된다. 이는 중국보다 더 높은 비율이었다. 일본에서는 각 번의 젊은이들이 수도에서 지내다가 나중에 각자의 번으로 돌아가 그곳의 지도자가 되었다. 이들은 공통된 언어와 문화를 공유하고 봉토의 경계선을 넘어 우정을 쌓았다. 소수의 번들은 일본의 최상위 지도자들 사이에 더 광범위한 공통 문화가 형성될 기반을 제공했다. 반면 중국의 젊은이들이 함께 모이는 것은 베이징에서 과거시험을 준비할 때뿐이었다. 따라서 나중에 번의 지도자가 된 일본 젊은이들은 나라가 직면한 문제들에 대해서 비슷한 이해를 발달시킬 수 있었다.

자국의 힘에 훨씬 더 자신감이 강했던 중국의 지도자들은 일본의 지도자들만큼 다른 국가들을 두려워하지 않았으므로, 해외의 새로운 체제와 신기술의 수입을 그만큼 시급하게 느끼지 않았다. 바깥세상에 대한 체계적인 정보 탐색, 그 새로운 정보의 분석, 학습하고 분석한 것들을 바탕으로 기꺼이 변화를 추구하고자 했던 태도가 아마도 일본의 빠른 현대화에 가장 크게 기여했을 것이다. 도쿠가와 시대에 나가사키에 있었던 일본의 비밀 정보 수집소는 해외의 사정에 대한 정보뿐만 아니라 외국인들을 대하는 경험까지 제공했다. 도쿠가와 시대의 일본은 청나라에 비해서 정보 수집에 더 열성적이었고, 국익을 지키기 위해서 그 정보를 분석하는 데에도 훨씬 더 체계적이었다. 나가사키에서 일본인들을 위해서 일한 네덜란드 관리들은 나가사키에 들어오는 모든 선박의 선장을 인터뷰하여 바깥세상에 대한 정보를 얻고, 에도의 막부에 그에 관한 보고서를 쓰도록 요구되었다. 또한 나가사키에 살던 중국인들은 중국의 정세에 관한 일본의 정보 창구 역할을 했고, 서구인들이 일본에 나타나기 시작하자 중국에서 서구인들이 무엇을 하는지 알아내는 통로가 되었다. 규슈와 한국 사이에 위치한 쓰시마 섬은 한국에 관한 소식, 그리고 한국을 통해서 중국에 관한 소식을 접하는 근거지였다. 또 북쪽 섬에 살던 마쓰마에 씨족은 러시아의 소식을, 사쓰마 씨족은 류큐 제도의 소식을 듣는 근거지 역할을 했다.

1844년 중국의 작가 위원이 당시 수집된 서구 국가들에 관한 정보를 모은 책인 『해국도지(海國圖志)』를 완성했다. 이 책에는 서구의 정부 체제에 대한 설명 등 부정확한 부분이 많았지만, 유용한 정보도 상당히 담겨 있다. 『해국도지』에 대한 일본인들의 반응은 서구의 도전에 대한 이들의 우려가 어느 정도였는지를 보여준다. 얼마 지나지 않아 중국인들보다 일본인들이 이 책을 더 많이 읽었다. 1853년 페리 제독이 일본에 도착했을 때에 그와 동행한 미국 장교들은 "쇄국 중"인 일본의 지도자들이 세계 지리와 증기기관 등 서구의 최신 과학 및 산업 발달에 깊은 지식을 보유한 것을 알고 크게 놀랐다.

1853년에 페리 제독이 이끄는 함대가 일본을 강제로 개방시킨 직후, 일본의 지도자들은 세계의 다른 나라들에 어떻게 대처할지에 대해서 나가사키라는 창구로부터 제공되는 정보 이상으로 더 많은 것을 배워야 한다는 점을 깨달았다.

1856년 8월에 초대 주일 미국 총영사인 타운젠드 해리스가 일본에 도착했다. 일본이 해외로 사절단을 보내지 않은 지 몇 세기가 되었지만, 해리스가 도착하고 3개월 후에 막부의 한 관리는 그에게 "우리가 당신들과 같은 배를 만들 날이 곧 올 것입니다. 그러면 우리는 적절한 방법으로 미국을 방문할 수 있습니다"라고 말했다.[1] 1857년에 막부의 고위 관리 홋타 마사요시는 "우호적 동맹관계를 맺고, 모든 지역의 해외 국가들에 배를 보내서 통상을 하고, 최전성기의 외국 국가들을 모방해서 우리의 단점을 고치고, 국력을 증진하는" 정책을 세워야 한다고 썼다.[2] 그러나 중국의 지도자들은 일본만큼 자국의 단점을 수긍하지 않았으며, 서구의 문물을 배우는 데에 열성적이지 않았다.

1860년대의 전환점

1860년대는 중국과 일본의 미래뿐 아니라 양국 간의 관계를 형성한 근본적인 변화가 일어난 시기였다. 이 시기에 중국과 일본 모두 새로운 통치구조를 마련했고, 처음으로 양국 간에 공식 접촉을 재개했다.

1861년 중국에서 동치중흥(同治中興)이 일어나면서 제2차 아편전쟁이 끝나고 태평천국운동이 힘을 잃기 시작하더니 1864년에는 완전히 진압되었다. 이 상황은 새로 즉위한 동치제 정권에게 왕조의 쇠락을 막고 국력을 재건할 수 있는 기회를 주었다. 일본에서는 1868년에 막부가 타도되었고 메이지 유신이 일어나서 일본이 떠안고 있던 문제들에 대처할 수 있는 새로운 지도 구조가 나타났다. 동치중흥의 지도자들은 자국의 문제들과 서구의 도전에 대응할 때의 우선순위에 대해서 메이지 유신의 지도자들과 그 견해가 매우 달랐다.

두 세기 동안 교류가 중단되었던 중국과 일본의 관리들이 1862년에 다시 만났다. 이들은 1860년대 말에 논의를 시작해서 1870년대에 공식 조약을 체결하고 역사상 처음으로 상대국에 상임 대사관을 설치했다.

동치제 아래에서 유교의 부활과 양무운동
1861년에 동치제가 아버지 함풍제의 뒤를 이어 다섯 살의 나이로 즉위했다.

중국의 지도자들은 태평천국운동과 제2차 아편전쟁(1856-1860)으로 크게 흔들린 사회 질서가 회복되기를 간절히 원했다. 서른 살에 사망한 함풍제는 이렇게 참담한 상태에 놓인 나라를 두고 세상을 떠났기 때문에 실패한 황제로 여겨졌지만, 제2차 아편전쟁의 종료와 태평천국군의 패배는 새로운 동치중흥 시대의 지도층에게 나라를 발전시킬 수 있는 기회를 주었다.

동치제는 1875년에 열아홉의 나이로 세상을 떠났고, 따라서 재임 기간 동안 실권을 쥔 적이 없었다. 대신 숙부이자 함풍제의 동생인 공친왕과 어머니인 서태후가 실권을 행사했다. 함풍제의 후궁으로 들어온 서태후는 동치제를 임신하면서 황제의 총애를 받는 후궁이 되었다. 아들 동치제가 세상을 떠나자, 서태후는 실권 유지를 위해서 세 살배기 조카 광서제를 황제로 세웠다.

서태후는 궁중정치의 관리에 능했고 동치제 때뿐만 아니라 광서제 때에도 권력을 장악했다. 공친왕과 많은 지방 관리들은 외세에 대응하려면 신식배와 무기를 포함한 새로운 기량과 기술이 필요하다는 것을 깨달았다. 하지만 여전히 많은 관료들은 국가의 번영에 필수적이라고 생각한 도덕성을 기르는 데에 초점을 맞추었다.

서태후와 많은 고위 관료들은 중국이 안고 있는 문제들의 본질이 진정한 유교 정신을 잃은 데에서 나왔다고 믿었다. 이를 해결하기 위해서는 전통적인 유교 문명의 도덕적 기반을 재건하고 시험제도의 의의를 되살리며 관직을 사고파는 행태를 뿌리 뽑아야 했다. 서태후는 상징을 중요시했다. 따라서 왕조의 강화에 도움이 될 거대한 궁의 건설에 착수했고, 훗날 광서제 시대에 여름 별궁이 파괴되자, 많은 비용이 드는 새로운 거대한 여름 별궁을 지으려고 했다.

1861년에 중국은 양무운동을 추진하여 자국 군대의 훈련, 선박 건조, 자체적인 무기 생산에 초점을 맞추었다. 이홍장(주요 인물 전기 참조), 증국번, 그밖의 인물들이 공친왕의 지원을 받아 무기 공장을 세웠다. 처음에는 외국

노동자들을 고용해서 공장의 건설을 돕게 했다. 상하이에 강남제조총국을 설립하여 1871년에 이미 라이플총을 생산했고, 푸저우, 상하이, 그외의 지역에 해군공창을 세웠다. 1880년대에 중국은 선박을 구입했고 그런 다음 직접 건조했으며, 기술에서 일본보다 앞서 나갔다. 1880년대에 이홍장은 중국의 상인들을 돕기 위해서 중국이 자체적인 항운 업무를 수행하도록 윤선초상국(輪船招商局)을 설립했다. 서태후는 처음에 시끄럽다는 이유로 철도 부설을 연기했지만, 1890년대에 항구 도시들과 동부, 중부의 도시들을 잇는 철도가 건설 중이었다. 중국은 또한 공공시설들도 구축하기 시작했다.

중국은 해외의 발전된 문물을 배우기 위해서 사절단을 파견했지만, 일본이 1871-1873년에 해외에 보낸 이와쿠라 사절단만큼 규모가 크거나 체계적이지는 않았다. 또 일본의 사절단 참가자들은 귀국 후에 새로운 계획의 설계와 시행에서 중요한 역할을 했지만, 중국의 경우는 그렇지 않았다. 하지만 태평천국의 진압을 이끈 뛰어난 정치 및 군사 지도자인 중국번에게 많은 외국인들이 협조했기 때문에 중국인들은 이들과의 인맥을 이용해서 양무운동에 필요한 기술과 군사장비 생산에 유용한 정보를 얻을 수 있었다.

제니 황푸 데이는 이 시기에 중국이 파견한 해외 사절단에 대한 연구에서 사절단에 참여한 중국인들이 광범위한 인맥을 맺었고, 그중 일부는 해외에서 관찰한 과학과 기술을 충분히 이해했다는 결론을 내렸다. 이들은 서구와 중국 문명의 차이를 받아들이기 위해서 개인적으로 많은 노력을 기울였다.

일본의 이와쿠라 사절단이 출발하기 3년 전인 1868년 5월에 중국 대표단인 벌링게임 사절단이 미국에 도착했다. 이 대표단은 영국, 프랑스, 러시아에서 장기간 체류하고 그외의 유럽 국가들을 짧게 방문한 뒤인 1870년 10월에 중국으로 돌아왔다. 대표단의 목적은 서구인들의 외교 수행방식을 배워서 소위 불평등 조약들의 철회를 시도하는 것이었다. 중국인들은 베이징 주재 제2대 미국 공사(사실상 대사)로 7년간 근무하다가 그 얼마 전에 은퇴한 앤슨 벌링게임을 대표단의 단장으로 선정했다. 벌링게임은 중국에서 많은 사람들로부터 존경을 받는 인물이었다. 대표단은 두 명의 중국 고위급 대표를 포함해서 약 30명으로 구성되었다. 벌링게임은 중국을 대신하여 중국 최초의 평등 조약으로 여겨지는 벌링게임-수어드 조약을 협상했다.

1870년 2월에 벌링게임이 순방 도중 폐렴으로 세상을 떠나자, 중국인 대표인 만주족 출신의 지강과 한족 손가곡이 나머지 여정에서 대표단을 이끌었다. 두 사람 모두 우수한 고전 교육을 받고 진사에 급제한 관리들이었다. 대표단은 러시아의 황제를 포함한 국가 수장들, 외교관, 사업가, 선교사, 해외에 살고 있던 중국인들을 만났다. 유럽에서는 산업 현장과 광산, 조선소를 방문했고 증기기관과 전기의 사용을 관찰했다. 당시 지강이 쓴 일기를 보면 여행 중에 본 기계들과 그러한 신기술의 기저를 이루는 과학적 원리들을 제대로 이해했음이 드러난다. 또 대표단은 광범위한 토론에 참여했고, 이들이 쓴 일기에서 알 수 있듯이 통찰력 있는 질문들을 던졌다. 예를 들면 선교사들에게, 그토록 높은 이상을 품고 있고 중국에서 좋은 일들을 한 기독교인들이 왜 캘리포니아의 광산에서 일하는 중국인 노동자들을 괴롭히고 식민지 주민들을 억압하는지에 대해서 물었다. 대표단은 중국으로 돌아온 뒤에 보고서와 회상록을 작성했고, 이때 지강이 쓴 상세한 비공식 일기는 나중에 책으로 출간되었다.

증국번의 장자 증기택을 포함한 일부 중국인 참가자들은 해외에서 본 문물에 긍정적인 입장이었는데, 외국의 관습에 너무 호의적이라는 이유로 보수적인 입장의 관리들과 갈등을 빚기도 했다. 하지만 이홍장을 비롯한 관리들은 이들이 보고한 해외의 선진 문물에 큰 관심을 보이며 그들로 하여금 정치와 경제 문제들을 폭넓게 설명해달라고 독려했다. 서태후는 해외에서 무슨 일이 일어나고 있는지 알기 위해서 직접 일부 참가자들을 만났다. 그러나 철저하게 유교 전통을 교육받은 보수적인 고위 관료들은 근대화 노력을 지지하지 않았고, 대표단 참가자들이 제안한 것들 중 단 하나도 시행하지 않았다. 이와쿠라 사절단이 귀국한 뒤에 일본의 신속한 산업 및 기술 발전을 이끌었던 것과 달리, 결과적으로 벌링게임 사절단의 참가자들은 해외에서 본 것들을 제대로 활용하지 못했다.

일본의 지도자들이 산업과 기반 구조에 투자한 반면, 조선과 중국의 지도자들은 호화로운 새 건축물로 황실의 권위를 과시하여 자국 내에 민족정신을 회복하려고 했다. 1860년대에 조선은 330여 채의 건물과 거의 6,000칸에 이르는 방이 있는 궁의 대대적인 재건에 착수했다. 이와 비슷하게 서태후는 중국 근대 산업의 토대 강화에 사용될 수 있었을 자금으로 석방(石舫)을 포함한 베이징의 여름 별궁, 이화원을 증축하고 개조했다. 실제로 서태후는 해군의 근대화에 배정된 자금으로 이화원 정원에 석방을 다시 지었다.

이홍장 같은 일부 관리들은 새로운 공장, 무기고, 조선소뿐 아니라 중국의 교육체계에 근본적인 변화가 필요하다고 생각했다. 그는 일본과 마찬가지로 중국도 젊은이들을 해외에 유학 보내고, 문화적 영역뿐 아니라 기술 분야에도 관리 임용 시험을 시행해야 한다고 주장했다. 하지만 이런 주장들은 받아들여지지 않았다. 중국은 '자강(自疆)'을 통해서 근대 산업의 기반을 구축하는 데에 어느 정도 진전을 이루었지만, 1885년 이후에는 베이징의 보수적인 관리들이 새로운 산업들에 대한 지원 활동을 둔화시켰다. 중국은 산업을 조성하고 무기를 생산하는 데에 약간의 성공을 거두기는 했으나, 일본처럼 철저한 제도 개혁에는 착수하지 않았다.

유학과 근대화를 장려한 메이지 시대의 지도자들

중국의 제한적인 양무운동과 대조적으로 메이지 시대의 일본은 정치 및 사회 조직, 경제, 교육, 군사를 포함한 전 분야에서 포괄적인 근대화에 착수했다. 1853년에 페리 제독이 나타난 직후 일본 전역에서 서구에 대응할 방법에 관한 논의가 시작되었지만, 1861년 쇼군은 일본이 서구에 맞설 만큼 충분한 군사력을 보유하지 않았다는 결론을 내렸다. 남부의 몇몇 대규모 번—사쓰마, 조슈, 토사—의 의로운 젊은 무사들은 이런 굴욕에 분개하여 1850년대 후반에 협의를 시작했다. 1868년 이 3개 번의 젊은 무사 수백 명이 교토를 출발해 에도에 있는 쇼군의 궁까지 행군했다. 도쿠가와 막부의 지도자들은 전국의 번들로부터 지지를 잃었다는 것을 깨닫고 파괴적인 장기전으로의 돌입을 피하기 위해서 천황에게 권력을 양도하는 데에 동의했다.

1868년 4월 7일, 주요 관리들이 참석한 신도(神道) 행사에서 14개월 전에 즉위한 열네 살의 메이지 천황이 제단으로 나아가 기도를 올리고 공물을 바쳤다. 그런 다음 한 관리가 앞으로는 모든 문제를 공론에 따라 결정하고 전 세계로부터 지식을 구할 것이라고 선포하는 5개조어서문을 천황의 이름으로 낭독했다. 이후 천황의 이름으로 근본적인 변화들이 실시되었고, 1869년에 천황이 교토에서 도쿄로 행차하여 이곳이 공식 수도가 되었다.

반란을 일으킨 무사들은 일본이 살아남기 위해서는 번을 폐지하고 새로운 국가 행정체계 아래에 현(縣)을 설치해야 할 뿐 아니라, 자신들에게 무사라는 특별한 지위를 부여한 공식 계급체계도 철폐해야 한다는 데에 동의했다. 그리하여 1871년에 번이 폐지되고 훨씬 더 중앙집권화된 도쿄의 통제를 받는 현 체제로 바뀌었다. 또 4개의 사회계급—무사, 농민, 노동자, 상인—의 구별이 없어지고, 구(舊) 무사들에게 계급의 상징이던 칼을 차는 행위가 금지되었다. 무사 계급은 처음에는 녹봉을 받았지만 몇 년 후에 현금이나 채권을 일괄 지급받은 뒤에 녹봉이 폐지되었다. 천황의 선언으로 정통성이 확보되어 혁명 없이도 근본적인 변화들이 이루어졌고, 후방의 반발로 일어난 1877년의 세이난 전쟁도 비교적 신속하게 진압되었다. 1869년에 천황은 도쿄에 거주했고, 1877년에는 모든 정부 부처들뿐만 아니라 해외 공사관들도 도쿄에 있었다.

일본인들은 중국보다 훨씬 더 큰 규모로 해외의 문물을 학습하기 시작했고, 해외 견학, 특히 이와쿠라 사절단을 활용해서 메이지 시대의 지도자들 사이에 합의를 이끌어냈다. 쇼군은 1860년에 이미 미국에 사절단을 파견했지만, 새로운 메이지 정부의 지도자들은 1868년에 더 큰 규모의 해외 견학단인 이와쿠라 사절단을 보낼 계획을 세우기 시작했다.

사절단은 이와쿠라 도모미가 이끌었다. 이와쿠라 도모미와 사절단의 부단장들(오쿠보 도시미치, 기도 다카요시, 이토 히로부미)은 일본으로 돌아오면 정부에서 중요한 지도적 역할을 할 것으로 기대되었고, 실제로도 나중에 중요한 지도자로 활약했다. 이들의 순방을 준비하기 위해서 보낸 선발대는 미국과 대부분의 유럽 국가들, 동남 아시아를 방문한 뒤에 중국으로 향했다. 이와쿠라 선발대는 1871년 12월에 일본을 출발하여 15개 국가를 방문하고 1873년 9월에 귀국했다. 사절단은 다양한 국가의 정치 지도자들을 만나고 다른 여러 정부 형태를 학습했을 뿐만 아니라 전문 그룹으로 나뉘어 공장과 광산, 항구, 철도, 연구 센터, 농업 실험장, 대학, 학교, 군 기지, 군수 공장에서 발전된 문물을 공부했다. 그렇게 많은 젊은 관리들을 그렇게 오랜 기간 동안 다른 나라의 문물을 학습시키기 위해서 보낸 사례는 세계 역사상 전무후무하다.

여정의 마지막 목적지는 상하이였다. 사절단이 상하이에 도착한 때는 동치제 시대가 끝나가던 무렵이었다. 사절단이 상하이에 머문 기간은 사흘이 되지 않았으며, 상하이의 최고위 관료 진복훈이 정성 어린 환영연회를 열어주었다. 일본인들은 이미 1862년 센자이마루 호가 상하이에 입항한 이후 이곳을 방문한 적이 있었기 때문에 사절단 역시 이 도시의 모습에 놀라지는 않았다. 하지만 미국과 유럽을 방문하여 산업화가 그들 국가에 불러온 경이를 목격한 뒤였기 때문에 중국의 낙후된 모습에 충격을 받았다. 이 순방의 책임 기록자였던 구메 구니타케는 상하이에서 받은 인상을 이렇게 기록했다. "하수구가 없어서 오줌이 거리를 흐르고 있었다. 그 속에서도 주민들은 전혀 개의치 않는 것처럼 보인다." 일본인들이 과거에 근거해 중국인들의 교양에 환상을 품고 있다고 생각한 그는 "모든 중국인이 문학과 예술에 조예가 깊은 교양 있는 신사"라는 일본인들의 생각을 바로잡기 위해서 애썼다. 그는 "그로 인해서 [일본에서는] 여전히 중국의 어떤 골동품, 서예, 그림, 시나 문학 작품이든 높이 존경하는 관습이 남아 있다. ……청 왕조의 중국은 학문이 정체되어 있다"라고 썼다.

당나라 때는 중국으로부터 배워올 것이 많았지만, 1873년 일본 사절단은 이 나라에서 배울 수 있는 것은 거의 없다고 느꼈다. 많은 참가자들이 중국과 일본, 한국이 서구 제국주의의 진격에 저항하기 위해서 협력할 수 있다는 희망은 계속 키웠지만, 일부는 중국이 근대화에 심각하게 뒤떨어져 있고, 비체계적인 데다가, 서구에 효과적으로 대응할 수 있는 전략이 결핍되어 있으며, 전체적으로 현명한 리더십이 부족한데 그러한 협력이 가능할지에 의문을 품기 시작했다. 하지만 센자이마루 호를 타고 중국을 방문했던 일본 관리들과 마찬가지로 이와쿠라 사절단의 관리들은 빈곤한 모습의 중국인들에게 깊은 연민을 보냈고, 문화를 공유한 사람들에게 느끼는 동질감과 과거의 위대했던 문명에 일어난 일들에 대한 유감, 그리고 중국의 상황이 나아지기를 바라는 희망을 표현했다.

귀국한 뒤에 구메 구니타케는 자신이 쓴 일기를 이와쿠라 사절단 참여자들이 배운 것들을 보고하기 위한 5권의 책으로 엮었다. 이 책은 일본에 도입되어야 하는 변화에 관한 논의를 이끄는 기본 안내서가 되었고, 나중에 이 여행을 통해서 나온 책들은 산업 정책의 지침으로 사용되었다. 일본은 특정 주제들에 대한 더욱 전문화된 후속 연구를 위해서 추가로 관찰자들을 해외로 보냈다.

해외로 파견된 사람들은 일본에 근대화를 불러오기 위해서는 깊이 있는 변화가 필요하다고 확신했다. 여행 중에 이들은 일본에 적절한 변화가 무엇일지 논의하는 기회들을 가졌고, 귀국할 무렵에는 설계해야 하는 프로그램들의 광범위한 특징들에 대해서 합의를 하기 시작했다. 일본에 돌아온 사절단 참가자들은 정부의 요직에 임명되어 근대 국가 구축에 필요한 제도와 계획을 입안할 수 있었다. 특정 사안에 대해서는 다양한 의견들이 맞부딪쳤지만, 근대화에 착수한 어느 나라도 관련 문제들에 관해서 그렇게 깊고 폭넓은 공통의 이해를 확보한 경우는 없었다.

메이지 천황 시대에 중국과 조선도 일본과 마찬가지로 젊은 군주가 통치했지만 그들 중 누구도 메이지 천황이 장성했을 때에 가졌던 권한을 손에 넣지 못했다. 중국에서는 동치제가 다섯 살에 즉위했으나(광서제는 네 살에 즉위했다) 실권은 그의 어머니 서태후와 근본적인 정부 개편에 거부감을 느끼던 서태후의 자문들이 쥐고 있었다. 조선에서는 1864년에 고종이 열두 살의 나이로 왕위에 올랐지만, 아직 생존해 있던 그의 아버지 흥선대원군이 궁극적인 권력을 쥐었다. 1873년 이후 고종, 왕비와 그 일가가 일시적으로 대원군을 밀어내기는 했지만 수구파인 대원군은 여전히 영향력을 발휘했다. 반면 일본에서는 이와쿠라 사절단에 참가하여 미국과 유럽에서 관찰한 것들로부터 영감을 얻은 젊은 무사들이 천황의 이름하에 큰 변화를 불러오기 위해서 과감하게 움직였다. 메이지 천황의 상임 보좌들은 1868년 천황에게 개인 지도를 시작하여 그가 성년에 이르러 일본의 궁극적인 권력자가 되었을 때에 직면할 문제들에 적절히 대응할 수 있도록 준비시켰다.

일본의 군사 근대화

메이지 유신이 일어난 지 20년이 되지 않아 일본은 통일된 방향과 조직을 갖춘 국군을 창건했다. 재능 있는 젊은이들을 해외에 보내기는 했지만 이들을 잘 활용하지는 못했던 중국과 달리, 일본은 공중보건 같은 분야들과 기술을 배우러 해외로 파견했던 사람들을 요직에 앉혔다. 이를 통해서 이들이 습득한 새로운 정보를 국가 제도에 통합할 수 있었다.

1870년, 사쓰마 번 출신의 똑똑한 젊은 학생인 오야마 이와오가 프랑스로 유학을 떠났다. 그는 먼저 언어를 배운 뒤 프랑스의 군대에 대하여 공부하기 시작했다. 오야마 이와오가 프랑스에 도착한 때는 마침 프로이센-프랑스 전쟁(1870년 7월–1871년 5월)이 일어난 시기였으므로 프랑스 군을 관찰하기에 적절한 상황이었다. 일본으로 돌아온 그는 일본군의 발전에 일조할 수 있었고, 육군 장관 자리에까지 올라 국군을 이끌면서 해외에서 배워온 것들을 적용할 수 있었다. 오야마는 이처럼 일본의 군사훈련을 발전시켰을 뿐만 아니라 폭력에 제한을 두는 규칙의 필요성을 인정했다. 수하의 장교들에게 교전 법규에 관한 교육을 받을 것을 요구했고, 부상자의 적절한 대우에 관한 1864년 제네바 협약에의 일본 참여를 지지했다. 또한 나중에 일본 적십자사를 설립하기도 했다.

오야마가 유학을 떠나고 몇 달 뒤, 조슈 번 출신의 가쓰라 다로 역시 선진 군사훈련을 배워오기 위해서 프랑스로 파견되었다. 프랑스로 가던 도중 1871년 영국에 도착한 그는 프로이센–프랑스 전쟁에서 프랑스가 막 패했다는 소식을 들었다. 그는 프랑스로 공부하러 가는 대신 승전국인 독일의 군사학교들을 다니며 1878년까지 그곳에서 학생이자 육군 무관으로 지냈다. 가쓰라는 일본으로 돌아온 직후 일본군을 근대화하기 위한 청사진을 제출했다. 당시 메이지 천황의 최고 군사 자문이던 야마가타 아리토모는 가쓰라의 계획을 좋게 평가했고, 이를 군의 근대화를 위한 자신의 광범위한 계획의 기초로 활용했다. 가쓰라는 나중에 세 번에 걸쳐 육군 장관을 역임했고 러일전쟁 중에는 총리를 지냈다.

오야마, 가쓰라, 그외에 일본군 근대화를 이끈 군 장교들은 명예 및 규율을 중시하는 문화를 가진 무사 계급 출신이었고, 메이지 시대의 민간 근대화를 이끈 관료들 역시 무사 계급 출신이 압도적으로 많았다. 일본의 무사들은 싸우지 않은 지 200년이 넘었고 각자의 번에서 관료가 되었지만, 이들의 정신 훈련과 규율, 희생할 각오가 되어 있는 전사에 대한 존경심은 도쿠가와 시대 내내 영향력을 발휘했고 메이지 시대에 새로 창건된 일본군의 장교단에도 침투했다. 일본은 문해율이 높아서 장교들뿐만 아니라 사병들도 문서를 읽을 수 있었으며, 이들은 무사 정신을 증진하고 유지한 장교들로부터 엄격한 기강 훈련을 받았다.

중국과 일본의 외교관계 관리

19세기에 서구인들이 나타나기 전에는 중국도, 일본도 외교 문제에 정통한 전문 관료가 필요할 만큼 외부와의 접촉이 많지는 않았다. 동아시아에서 외교 관리는 국가 간 관계의 의례적인 측면들에 대한 감독과 교역항에 들어온 선원들의 활동 관리가 주를 이루었다.

공친왕과 서태후는 외국인들을 상대하는 등의 새로운 문제들이 전통적인 관료체제 내에서는 처리가 쉽지 않아 새로운 기관이 필요하다는 것을 깨달았다. 그래서 정규 관료체제 외에 준정부 기관들을 설치하고 관리들을 채용하기로 했다. 이 관리들 중 일부는 과거 시험에 급제한 사람들이었고, 일부는 그렇지 않았다. 이런 방식은 중국이 변화하는 세계에 적응하는 데에 약간의 융통성을 주었지만, 만주족 출신의 유교 지식인들이 이끄는 정부 구조를 최상위에 두는 결과를 낳았다. 이 지식인들은 대부분 전문적 교육을 받지 못한 데다가 그들이 오랑캐로 취급하는 나라들의 문물을 배우려고 하지도 않았다.

해외 국가들과의 접촉이 증가함에 따라 발생하는 요구들을 처리하기 위한 준정부 기관으로 1861년에 총리아문(總理衙門)이 설치되었고, 외국인들과의 상호작용과 해외 국가들의 압박에 맞서는 데에 필요한 군사력을 강화하기 위해서 관리들이 배치되었다. 총리아문은 외국인들을 상대해야 하는 위기상황이 종료될 때까지만 임시기관으로 운영될 계획이었다. 총리아문의 관리들은 외교 문제와 관련된 교육을 받은 사람들이 아닌, 정부 관리 선출에 사용되던 전통적인 시험을 통해서 선발된 사람들이었다. 이홍장을 비롯한 총리아문의 관리들은 외국인들을 상대하는 실용적인 지식들을 어느 정도 습득했지만, 이 기관에서 내리는 결정은 고위급 만주족 관리들의 최종 승인을 받아야 했다.

동치중흥이 일어나기 전인 1854년에 해관(海關)이 설립되었고, 동치중흥 이후인 1863년에는 영국인 로버트 하트가 해관의 최고 책임자가 되어 수십 년 동안 성공적으로 이끌었다. 중국 고전을 공부한 하트는 1854년에 중국으로 와서 영국 영사관에서 근무했다. 그는 중국 정부뿐 아니라 영국인과 프랑스인들도 상대하는 이 기관을 매우 성공적으로 구축하여 중국의 해외 교역 증가에 따라 늘어난 다른 국가들과의 교섭을 관리했다. 해관에는 중국인뿐만 아니라 외국인 직원도 있었고, 시간이 지나면서 중국의 모든 항구에 사무소를 설치했다. 해관은 정부 예산의 거의 절반을 차지할 정도로 증가한 관세를 징수하는 일 외에도 항구를 관리하고 외교관들을 교육시켰으며 외교 문제에 관한 연구에도 착수했다. 국제관계를 담당하는 공식적인 정부 기관이 없었기 때문에 해관이 중국과 외부 세계 사이의 중개자 역할을 했다.

1862년 베이징에 통역사 학교가 생겼고 얼마 지나지 않아 상하이, 광저우, 푸저우에 외국어 학교가 문을 열었다. 중국의 지도자들은 일본인들에 비해서 다방면에 박식한 유교 관리들이 외부인들(일본인과 서양인 모두)을 잘 상대할 수 있다고 자신만만했으므로 서구의 법체계를 공부한 관리들에게 요직을 주지 않았다. 아마 당시 중국에서 서구의 제도와 사상을 가장 잘 아는 사람은 바로 엄부였을 것이다. 엄부와 이토 히로부미는 1877년부터 1879년까지 영국에서 동급생으로 함께 공부했다. 일부 학자들은 중국의 관리가 되려는 목표를 이루지 못한 엄부가 메이지 시대 일본의 지도적인 정치인이 된 이토 히로부미보다 우수한 학생이었다고 보고한다. 서구에 관해서 쓴 엄부의 저서들은 1895년에 중국이 일본과의 전쟁에서 패할 때까지 출간조차 되지 않았다. 1895년 이후에도 중국은 엄부나 그에 필적할 만한 지식을 갖춘 사람을, 외국과의 협상을 담당하는 고위직에 앉힌 적이 없다. 중국의 고위급 만주족 관료들은 외교 문제에 많은 시간을 쓰지 않았으며, 외교 문제를 관리하는 핵심인물은 이홍장이었다.

1870년대에도 중국은 일본에 거의 관심을 기울이지 않았다. 총리아문이 통역사 교육을 담당했지만 통역사들에게 일본어를 가르치지 않았고, 일본 전문가를 고용하거나 일본과 관련된 자료를 발표하지도 않았다. 페리 제독의 통역사로 일한 라삼처럼 일본을 방문한 몇몇 중국인들이 있었고, 나가사키나 요코하마에 단기간 머무는 동안 일본 상인들과 접촉한 중국 상인들도 있었다. 이들은 짧은 기간 동안 거리에서 본 것들을 피상적으로 관찰하여 기록했지만 일본의 정치나 경제, 사회에 대한 이해는 거의 없었다. 외세의 압력으로 일본이 항구들을 추가 개항하자 중국의 상인들은 나가사키에서 요코하마, 하코다테, 고베로 장사를 확장하기 시작했지만, 중국 정부는 여전히 일본에 관한 정보 수집에 별로 관심을 보이지 않았다.

외교 전문가, 특히 일본 전문가 육성에 관심이 없던 중국의 태도는 일본이 외교 문제에 기울인 노력과 뚜렷한 대조를 이루었다. 일본에서는 고위급 관료와 외교 정책 전문가뿐만 아니라 심지어 메이지 천황까지도 외교 문제를 배우는 데에 관심을 보였기 때문이다.

일본은 외교 전문가를 포함하여 정부 관료체제의 모든 측면에 서구의 많은 전문가들을 고용하여 일본인들의 교육을 도왔다. 그 수가 가장 많던 1875년에는 500명이 넘는 외국인 자문단이 있었고, 이들의 급여가 국가 예산의 약 3분의 1을 차지했다. 1877년에 공사관을 설치하기 위해서 일본으로 간 중국의 관리들은 일본 정부의 외교체제가 중국과 달리 이미 유럽식 절차와 의례를 완벽하게 도입한 것을 보고 놀라지 않을 수 없었다.

어린 나이로 즉위한 메이지 천황은 당시 교육을 받는 중이어서 고위 관료들이 천황의 이름으로 나랏일에 관한 결정을 내렸다. 천황은 일본사, 중국의 유교 경서들, 중국사, 유럽 군주들의 정책뿐 아니라 시사 문제들에 대한 강의를 들으며 평생 교육을 받았다. 메이지 천황의 지적 성장을 지켜본 이와쿠라는 천황이 성인이 되자 그가 스스로 모든 결정을 내릴 수 있을 만큼 충분한 지식과 건전한 판단력을 갖추었다고 생각했다. 하지만 천황은

1880년까지는 일상적인 결정을 다른 사람들이 내리도록 했으나, 스물여섯 살이 되던 해에 여러 증거들을 검토한 뒤 일본은 더 이상 해외 차관을 도입하지 않겠다고 선언했다. 그런 뒤 천황은 고위 관료들 사이에 의견차가 있을 때에 최고 결정권자로 자리를 잡았다.

메이지 천황은 일본에 주재하는 외국 대사들뿐 아니라 해외 귀빈들을 주기적으로 접견했다. 천황은 일본이 직면한 중요한 문제들에 집중했지만, 재임 기간 내내 고위급 관료 회의에 참석했고 매일의 책무를 근면하게 수행했다. 총리, 외무상을 포함한 요직의 임명과 관련된 최종 결정권은 천황에게 있었지만, 그는 대외 및 국내 정책은 이토 히로부미, 야마가토 아리토모 같은 관료들에게 의지해 관리했다. 천황은 무력의 사용보다 외교를 선호했고, 서구 주요 열강들의 반감을 사지 않도록 주의를 기울였다. 그러나 일본군을 강화하기 위해서 자원을 확충하는 결정에 찬성했다.

헌법, 교육 칙어(勅語) 등 메이지 천황의 이름으로 발표된 중요 문서들의 작성자는 참모들이었지만, 이것이 반포되기 전에는 반드시 천황의 승인을 받아야 했다. 문서들이 일단 천황의 이름으로 발표되면 "구름 위에 있는" 신성한 기운을 띠어 그것이 논란의 대상이 될 위험이 줄었다. 일본인들은 메이지 천황이 일본의 건국 황제들의 직계 후손이라는 데에 자부심을 느꼈고, 이런 계보 때문에 천황이 많은 다른 국가의 통치자들보다 우위에 있다고 믿었다. 즉 일본인들은 메이지 천황이 조선의 왕보다 우위이고 중국 황제와는 동등하다고 생각한 것이다. 1887년에 중국의 광서제는 메이지 천황에게 보낸 서신을 통해서 자신을 위대한 청나라의 위대한 황제로, 메이지 천황을 위대한 일본의 위대한 황제로 지칭하여 처음으로 두 지도자가 동등하다고 공식적으로 인정함으로써 일본인들을 만족시켰다.

메이지 정부는 수립되자마자 외교 사무소를 설치했으며, 1869년에 외무성으로 이름을 바꾸고 대외관계 전문가들을 선발하여 훈련시키기 시작했다. 외교 문제에 관한 주요 결정은 메이지 천황의 승인을 받기는 했지만

5명의 고위 관료에 의해서 이루어졌다. 그중 3명(이토 히로부미, 오쿠보 도시미치, 기도 다카요시)은 이와쿠라 사절단의 부단장들이었다. 네 번째 관료인 모리 아리노리는 일본의 초대 주미 대사와 초대 주중 대사를 지낸 인물로, 1865년부터 1868년까지 런던에서 공부했다. 다섯 번째 관리인 야마가타 아리토모는 1869년 8월부터 1870년 9월까지 유럽의 군사 제도 견학에 참여했다. 이 5명의 지도자들은 이와쿠라 도모미 같은 메이지 정권의 다른 관료들과 긴밀한 관계를 맺었고, 페리 제독과 그외의 외국인들을 상대해본 경험이 있는 막부의 예전 관리들과도 오랜 논의를 거쳐 외교 문제들을 처리할 준비를 갖추었다. 5명 모두 무사 신분이었지만 지체 높은 무사 가문 출신은 아니었고 오직 개인의 능력으로만 선발되었다. 이토 히로부미는 외교 사무소에서 일하다가 이와쿠라 사절단의 일원으로 해외를 여행했고, 1885년 총리가 되기 전에 외교 문제에 관한 상당한 경험을 쌓았다. 영국에서 공부하고 돌아온 그는 일본의 국력이 서구 국가들보다 훨씬 약하고 서구 국가들로부터 부족한 점을 배우기 위해서는 그 국가들의 협조가 필요하다는 것을 깨달았다. 영어를 구사할 줄 알았던 그는 외국과의 협상이라는 중요한 책임을 맡았다. 그리하여 1858년에는 이홍장을 상대로 톈진 조약을 협의했고, 1895년에 청일전쟁이 끝났을 때는 시모노세키 조약을 협의했다.

일본의 또다른 영향력 있는 관료는 무쓰 무네미쓰였다. 메이지 시대의 가장 유명한 전문 외교관이던 그는 1884년에 유럽에서 공부했다. 1894-1895년에 일본이 중국과 대립할 때, 전략적인 결정을 내리는 데에 중요한 역할을 했고, 서구 열강들과의 불평등 조약을 끝내기 위해서 수년 동안 노력했다. 1899년에 무쓰 무네미쓰가 불평등 조약을 끝내는 목표를 이루어냈을 때, 그는 이미 명성 높은 외교관이었다.

센자이마루 호의 방문, 1862년

두 세기가 넘는 세월이 지나고 중국과 일본의 관료들이 처음 만난 것은 1862년 상하이 항에 센자이마루 호가 도착했을 때였다. 청나라와 도쿠가와 시대에 양국 간 일부 상품들이 거래되고 책들이 교환되었지만, 일본인은 해외 출국이 금지되었고 일본을 방문한 중국의 관료도 없었다. 센자이마루 호가 상하이에 도착했을 때에 만난 중국과 일본의 관료들은 서로 모르는 사이였고, 따라야 할 규칙도 없었다. 조슈아 포겔의 연구에 의해서 서구에 알려진 센자이마루 호의 방문은 양국 관료들 사이에 교류의 문을 열어주기는 했지만, 아주 좁은 틈이 벌어진 정도였다.

그러나 이후 10년 동안 중국과 일본의 정부들은 서구를 본보기로 삼아 정상적인 외교관계를 발전시켰다. 러시아와 서유럽의 열강들이 한국과 근방의 섬들에 근거지를 마련할 수 있다고 우려한 일본의 일부 방위 전문가들은 일본이 새로 구축한 군사력을 이용해서 국경을 넘어 부근 영토들을 지배할 방법을 검토하기 시작했다. 적국들 역시 이 영토들을 이용해서 새로운 자원에 접근하고 시장을 지배할 가능성이 있었다. 중국의 지도자들은 이와 비슷한 생각을 했지만, 중국은 일본만큼 신속하게 그러한 제도적인 구조를 마련하지 않았다.

1859년에 일본이 새로 개항한 두 개의 항구들 중 하나인 하코다테의 지방 장관이 쇼군에게 앞으로 중국으로 가는 주된 방법이 될 가능성이 높은 증기선에 관해서 조언하는 편지를 썼다. 그는 일본이 증기선을 만들려면 앞으로 몇 년이 걸릴 것이기 때문에 일본이 무역을 통해서 수익을 올리기 위해서는 증기선 한 척을 구입하여 선원들을 훈련시키고 중국에서 일본의 어떤 상품이 잘 팔릴지 파악하고 중국의 무역 관행들을 익혀야 한다고 제안했다. 쇼군은 이 제안을 받아들여 증기선들을 알아본 뒤에 증기와 돛 둘 다로 움직이는 385톤급 영국 선박 아미스티스 호를 현금으로 구입했다.

1855년에 건조된 아미스티스 호는 상당한 화물 적재 용량을 보유한 동급 최고의 선박들 중 하나로 평가되었고, 이미 영국 국기를 달고 나가사키와 상하이 사이를 몇 차례 성공적으로 항해한 적이 있었다. 일본인들은 선박의 이름을 센자이마루 호("천 년을 갈 배")로 바꾸었다. 센자이마루 호는 일본이 사들인 뒤 설비를 갖추자마자 중국으로 가는 임무를 맡았다. 그러나 증기선을 지휘해본 경험이 있는 일본인 선장이 없었기 때문에 일본은 자국 국기를 달고 중국으로 첫 항해를 하기 위해서 아미스티스 호의 전 선주이자 도선사인 헨리 리처드슨과 선원들을 채용했다.

센자이마루 호의 첫 항해의 구성원은 일본 상품들의 잠재시장을 조사하고 중국의 정치 상황에 대해서 보고하고, 중국과의 공식 관계 수립을 위한 협상을 시작할 수 있으며, 외국인들이 어떤 대우를 받는지 관찰하고, 앞으로의 교역 기회들을 탐색할 수 있는 사람으로 신중하게 선정되었다. 사절단에는 협상을 수행할 막부의 고위급 관리들, 상인 13명, 중국어 및 네덜란드어 통역사, 고등교육을 받은 다양한 번 출신의 젊은 참모들을 포함해서 약 51명의 일본인들이 참가했다. 나가사키에서 상하이까지 830킬로미터를 항해하는 데에는 꼬박 7일이 걸렸다.

당시에는 일본에 주재하는 중국 정부의 공식 대표가 없었기 때문에 일본인들은 상하이 방문 계획과 관련해서 중국인들과 직접 접촉할 방법이 없었다. 상하이에 도착한 일본인들은 나가사키에서 교역을 하며 알게 된 네덜란드인들을 통해서 중국 관리들을 소개받았다.

일본 사절단이 상하이에 머문 두 달 동안, 이 도시의 중국인 최고 관리인 도대(道臺) 자리에 있던 오후가 사절단의 일원들을 몇 차례 만났다. 사절단을 어떻게 맞아야 할지 몰라 당황한 오후는 베이징의 상관들에게 보고서를 보냈으나, 이에 대한 명확한 지시가 내려오지 않자 신중하게 행동하기로 마음먹었다. 네덜란드인들은 오후에게 일본인들이 믿을 만한 거래자임을 보장했고, 결국 오후는 이들을 정중하게 대하고 상품 판매를 돕기로 결정했다.

일본 상인들은 이전에 중국의 선박들이 나가사키에서 홍콩과 상하이로 싣고 간 상품들을 참고하여 중국 시장에서 일본의 어떤 상품이 판매가 가능한지 어느 정도 알고 있었다. 이번 방문에서 일본인들은 중국인들의 수요를 시험하기 위해서 해산물, 칠기, 종이부채 등 다양한 상품들을 가져왔다. 그러나 네덜란드의 도움을 받았음에도 불구하고 상하이에서의 판매는 더뎠고, 많은 상품들이 아예 팔리지 않았다.

오후는 일본 관리들에게 기꺼이 통관 절차를 밟고 지역 관리들과 협조하고 문제를 일으키지 않은 점에 대해서 감사를 표했다. 하지만 외국인들의 활동에 대해서까지 책임질 준비는 되어 있지 않았던 그는 일본인들에게 지체 없이 중국을 떠날 것과, 공식적인 사전 허가 없이 중국에 다른 사절단을 보내지 말 것을 조언했다. 일본의 고위급 관리들은 이미 중국과의 무역과 외교를 촉진하기로 결정했지만, 중국인들은 아직 이를 받아들이지 않았다.

오후와의 대화는 통역사를 통해서 이루어졌지만 일본인들은 중국인들과의 모든 만남을 처리할 만큼 충분한 통역사를 데려오지 않았다. 일본인들 가운데 일부는 지역의 상황에 관해서 질문하고 교역과 정치, 서구 국가들과의 관계에 대한 중국인들의 견해를 알기 위해서 할 말을 한자로 적어 중국인 상대에게 보여주는 '필담(筆談)'을 시도했다. 또 일부 일본인들은 통역사를 통해서 상하이에 있던 서구 국가들, 특히 네덜란드와 영국에서 온 상인들과도 대화를 나눌 수 있었다. 이들은 귀국한 뒤에 사람들에게 알리기 위해서 대화와 관찰 내용을 일지로 기록했다.

센자이마루 호는 교역에서 수익을 올리지 못했을 뿐만 아니라 조약을 협상하지도, 다시 와달라는 인사를 받지도 못한 채 중국에서 돌아왔다. 그러나 일본인들은 어떤 면에서 이번 중국 방문이 상하이 항과 중국 해안에서의 무역, 그리고 중국을 대하는 절차를 배우기 위해서 "수업료를 낸" 것이라고 생각했다. 그래서 참가자들은 이번 방문이 성공적이라고 판단했다.

센자이마루 호가 방문했을 당시, 상하이는 태평천국운동의 피해로부터 아직 회복되지 않은 상태였다. 일본인들은 이 혼란스러운 상황—빈곤, 오물, 위생에 대한 관심 부족—을 목격하고는 놀랐고 자신들이 실제로 본 중국 문명에 크게 실망했다. 이들이 기대했던 것, 그리고 선조들이 1,000년 전에 양저우와 장안을 방문하고 보고했던 것과 확연히 다른 모습이었다. 일본에서는 이번 방문 이후 몇 년이 지나고 나서야 신문이 발달하기 시작했지만, 센자이마루 호가 돌아온 뒤에 이 배를 타고 중국에 갔던 사람들이 관찰한 내용이 보고서와 책을 통해서, 그리고 입에서 입으로 전해지면서 중국에 대한 일본 지도자들의 견해에 영향을 미치기 시작했다.

이번 사절단의 참가자들은 중국이 그토록 많은 문제들을 안고 있다는 데에 실망했지만 외국인들에 대한 중국인들의 태도에는 동질감을 느꼈다. 이들은 서구인들이 중국인들을 바로 그들의 나라에서—노예처럼—무례하게 대하는 모습에 분노했다. 일본인들의 견해에 가장 큰 영향을 끼친 보고서를 쓴 관리인 다카스기 신사쿠는 중국인들에게 동질감을, 그리고 그가 "야만인"이라고 부른 서구인들에게는 혐오감을 표했다.

본국으로 돌아온 관리들은 1856-1860년의 아편전쟁 당시 중국을 공격한 영국과 프랑스가 일본도 공격할 수 있다고 우려했다. 실제로 1863년에 영국이 사쓰마 번을 공격했고, 1864년에는 서구의 배들이 조슈 번을 폭격했다. 일본의 전략가들은 서구 열강에 맞서서 중국과 협력하는 문제를 검토하기 시작했다.

중국의 관리들은 센자이마루 호를 타고 온 일본의 관리들에게 사전 허가 없이 다른 배를 보내지 말라고 조언했지만, 2년 뒤에 특별 허가 없이 상하이에 정박한 일본 선박 겐준마루 호를 쫓아 보내지는 않았다. 다음 해에 조슈 번의 배가 상하이에 도착했을 때, 일본 상인들은 중국으로부터 장사를 할 수 있도록 허가받았다.

조약 협상, 1870-1873년

일본은 메이지 천황이 즉위하기도 전인 1860년대 초에 이미 중국과의 외교 관계 수립을 모색하기 시작했다. 일본 관료들은 중국이 일본 상인들에게 시장을 제공할 수 있는 대국이라고 생각했지만, 당시 이들의 주된 목표는 서구의 도전에 맞서 중국과 협력하는 것이었다.

양국 관리들 간에 얼마간의 논의가 이루어진 뒤인 1870년 10월에 일본의 다테 무네나리가 톈진으로 파견되어 중국 측 협상 책임자로 막 선정된 이홍장을 만나서 공식 외교 관계를 수립하기 위한 조약의 가능성을 논의했다. 이홍장은 중국이 일본과 국교를 맺을 가치가 있고 서둘러 협정을 맺는 것이 중요하다고 생각했다. 그는 메이지 유신 이후 일본이 중국보다 빠른 속도로 군사력을 강화하고 있음을 알아차렸고, 일본이 더 강해짐에 따라 더 많은 양보를 요구할 것이라고 예상했기 때문이다. 이홍장은 일본이 서구인들의 침략을 막고 자국에서 서양 선교사들의 활동을 제한한 점을 높이 샀다. 양측이 협력하여 서구의 압력에 저항하자는 공통의 이해를 인식했기 때문에 협상의 분위기는 우호적이었다.

협상이 시작된 지 1년이 지난 1871년 9월 13일, 이홍장과 다테 무네나리는 톈진에서 만나 역사상 최초의 중일 간 공식 외교 문서인 청일수호조규를 체결했다. 이홍장은 양국이 서로를 공격하지 않을 것이고, 양국 중 어느 한 국가가 제3국과의 충돌에 연루되면 다른 국가가 이를 돕는다는 합의에 도달할 수 있었다. 이렇게 조약문에 서명했지만, 몇 달 뒤 양국이 이 조약을 비준하기 전에 일본은 각국이 상대국에게 지원을 제공하는 데에 동의한다는 문구를 삭제할 것과 중국이 일본에게 서구 열강들에 준하는 권리를 부여하는 최혜국 조항을 추가해줄 것을 요구했다. 일본의 태도 변화에 화가 난 이홍장이 이를 반대하는 확고한 입장을 고수하면서 조약의 비준이 연기되었다. 그러다 마침내 1873년 5월에 일본은 상호 지원 문구를 받아들이고 중국이 일본에게 서구 열강들에 준하는 권리를 준다는 최혜국 조항을 포기했다. 양국의 지도자들은 '문화가 같고 인종이 같은(同文同種)' 중국과 일본이 서구 국가들의 위협에 대응하기 위해서 협력하는 데에 공통의 관심이 있다는 견해를 밝혔다.

타이완과 류큐 제도를 둘러싼 협상, 1873년

1873년 중국과 일본 간 조약이 체결되었을 때, 이와쿠라 사절단은 아직 귀국하지 않았다. 메이지 천황은 류큐 제도와 타이완 문제에 대한 일본의 입장을 이해시키기 위해서 외무경 소에지마 다네오미를 중국으로 보냈다. 당시 이 문제에 대해서 일본이 추진하려던 입장을 중국은 받아들일 생각이 없었다. 소에지마는 일본 정부에서 최고의 서예가로 여겨졌을 뿐만 아니라, 중국 고전에 조예가 깊고 한시 쓰는 솜씨도 뛰어난 인물이었다. 소에지마를 맞은 중국 측 관리들은 일본이 위대한 중국 황제와의 관계에서 간절히 부탁하는 입장임을 분명히 하려고 노력했지만, 소에지마는 중국 고전에 대한 해박한 지식을 이용해서 중국에서 일본이 특별한 지위를 얻게 했다. 서구식 복장을 하고 중국 톈진 항에 도착한 소에지마는 이홍장을 접견했다. 본래 중국인들은 일본이 그들의 전통 관습을 급하게 서구의 관습으로 바꾼 데에 호의적이지 않았으므로, 전통 의상을 입고 나타난 이홍장은 소에지마의 복장부터 비판했다.

소에지마는 톈진에서 베이징으로 이동하여 며칠을 기다리다가 중국의 고위급 관료들을 접견했다. 중국인들은 최혜국 조항을 넣어달라는 일본의 새로운 요구를 못마땅해했고, 두 나라가 동등하기는 하지만 조약의 요청에서만큼은 일본이 부탁하는 쪽임을 분명히 했다. 자신을 하대하는 데에 화가 난 소에지마는 국가는 자국을 방문한 사절을 친구로 여겨서 진지하고 상호 존중하는 태도로 대해야 한다는 유교 경전을 인용했다. 소에지마가 인용한 주공의 말은 "[이방인들을] 오랑캐로 대하면 오랑캐가 되지만 진정한 신사로 대하면 실제로 진정한 신사가 될 것이다"였다.

소에지마는 현대 역사에서 중국 황제를 접견한 첫 일본인이었다. 마침내 공친왕을 알현할 기회를 얻은 그는 중국 관리들로부터 중국의 관습을 잘 알고 있으니 황제를 만났을 때에 당연히 고두(叩頭)의 예(무릎을 꿇고 머리를 바닥에 여러 차례 대는 것)를 거부하지 말라는 이야기를 들었다. 서구의 외교관들은 중국이 고두의 예를 요구하는 것에 대해서 이미 불평을 하고 있었다. 소에지마는 해외 사절은 이 의례를 요구받지 않아야 한다고 선언하여 서구인들의 주장에 힘을 실어주었다. 중국은 이 선언을 받아들여 외국의 사절에게는 고두의 예를 요구하지 않는 데에 동의했고, 그 대신 입례만 다섯 번 하게 했다. 중국인들은 다른 국가의 외교관들보다 소에지마를 먼저 맞이하고 세 번만 입례를 하도록 허락하여 중국 학문에 대한 그의 지식에 존경을 표했다. 소에지마가 귀국길에 톈진에 들렀을 때는 지난번에 만났을 때보다 우호적이 된 이홍장이 중국과 일본의 영원한 친선을 위해서 건배를 제안했다. 소에지마는 이홍장이 보여준 호의에 기뻐했다. 또 중국 고전에 관한 해박한 지식을 인정받고 다른 국가의 대표들보다 더 정중한 대우를 받았다는 데에 자부심을 느끼며 일본으로 돌아갔다. 또한 중국이 류큐 제도와 중국 본토에서 일본의 교역 활동 확장을 막지 않을 것이라고 확신했다.

중국 공사관의 도쿄 개설, 1877년

일본은 1873년에 청일수호조규가 비준된 직후부터 중국으로 공사관 직원들을 보낼 준비를 시작했다. 몇 달 지나지 않아 일본은 베이징에 공식 외교 사무소를 설치했고, 이미 주미 공사를 지냈던 모리 아리노리를 청나라 공사로 임명했다. 이홍장은 일본에 중국의 공사관이 있었다면 1874년에 일어난 일본의 타이완 공격을 막을 수 있었을 것이라고 주장하며 일본에 공사관을 설치하는 데에 찬성했다. 하지만 중국의 공사관원 17명은 1877년 12월이 되어서야 도쿄에 도착했다. 그 무렵 이홍장은 일본의 의도에 대해서 강한 의심을 품고 있었지만, 1876년 11월에 만난 이홍장과 모리 아리노리는 러시아의 진격에 대한 우려를 공유했다. 이홍장은 모리 아리노리에게 양국이 조선의 문제들에 대해서도 협력해야 한다고 제안했다. 그는 여전히 일본과의 평화적 관계를 원했고, 1877년에 일본이 세이난 전쟁을 진압할 당시 반란군과의 전투에 사용할 탄약 10만 발을 일본 정부에 보내주기까지 했다.

중국의 공사관원들이 받은 지시에 따르면 일상 업무는 총리아문에 보고하고 중요한 긴급 사안들은 황제에게 직접 건의서를 보내야 했다. 도쿄 공사관의 책임자는 당시 서른아홉 살이던 하여장이었다. 광둥 성 출신의 하카족인 그는 정부가 지원하는 한림원의 학자였고, 이홍장은 자신의 친구인 그를 책임자로 선택했다. 도쿄에 파견된 공사관원들 중에는 후일 19세기의 일본에 관한 가장 포괄적이고 영향력 있는 중국어 저서를 집필한 황준헌도 있었다. 당시 스물아홉 살이던 황준헌은 하여장과 마찬가지로 광둥 성 출신의 하카족이었다. 황준헌의 아버지는 2급 과거시험에 급제한(이 시험에 통과한 사람을 거인[擧人]이라고 불렀다) 중간 관리였다. 황준헌은 과거시험에 여러 번 낙방했지만 빼어난 능력으로 자신감을 가지고 계속 노력했다. 그는 아버지와 함께 시간을 보내며 관리의 삶을 관찰했고, 그의 아버지는 결국 그에게 관직을 사주었다. 하여장과 황준헌은 일본 문제에 관해서 교육을 받은 적은 없지만, 두 사람 모두 외교 문제에 특별한 관심이 있었기 때문에 공사관에서 일하도록 선택되었다. 이홍장은 해외 정세를 파악하기 위해서 각국 대사들에게 그 나라의 모든 중요한 사건을 상세하게 기록한 일지를 쓸 것을 요구했다.

황준헌의 이력을 자세히 연구한 가마치 노리코에 따르면, 일본으로 건너간 그는 그 나라의 본질을 있는 그대로 이해하려고 노력했다. 그는 일본의 역사뿐 아니라 정치체제, 경제, 외교 정책까지 공부했다. 도쿄 공사관의 중국인 관원들과 일본인들 사이에 형성된 관계의 성격은 경제적, 군사적 문제들보다 학자로서 양국의 공통된 문화와 더 관련이 높았다. 황준헌은 일본어를 말하지는 못했지만 폭넓은 "필담"을 통해서 교양 있는 일본인들과 친구가 되었다. 후일 중국과 맞서 싸운 사람들을 포함해서 메이지 시대에 학식 높은 모든 일본인은 한문 교육을 받았다. 황준헌은 고전 일본어를 쓸 줄 알아서 일본의 문서들과 수필들의 의미를 쉽게 이해할 수 있었는데, 특히 이 글들은 거의 모두가 한문으로 쓰여 있어서 이해하기가 더욱 수월했다. 그는 또 원활한 소통에 도움이 되도록 일본어 단어 목록을 작성했다. 황준헌은 일본인과 중국인이 공통된 문화를 공유한다고 생각했고 두 나라가 협력해야 한다고 주장했다. 그는 일본의 최고 지성들이 한문으로 쓴 뛰어난 수필과 시를 높이 평가했으며 이들과 어울리는 것을 즐겼다. 또 중국에서는 사라진 고대 중국 문서들의 사본이 일본에 존재한다는 것과, 중국에서는 더 이상 볼 수 없는 옛 관습과 음악을 일본에서 체험할 수 있다는 것에 매우 기뻐했다. 따라서 일본에 대한 그의 시각은 중국어를 알고 중국의 전통 문화를 깊이 존경하는 일본 지식인들의 눈을 통해서 여과되었다.

황준헌은 일본으로 가기 전부터 뛰어난 시인이었으므로, 일본에 있는 동안 시와 관련된 행사에 적극적으로 참여했다. 중국 고전에 조예가 깊은 교양 있는 일본인들은 하여장, 황준헌과의 만남을 큰 즐거움으로 여겼고 두 사람을 매우 존경했다. 중국 외교관들과 일본 학자들은 종종 함께 술을 마시며 유명한 중국 시인들의 시에 깊이 의존하여 시구를 주고받았다. 양측 모두 이런 연회를 매우 즐겼다고 보고했으며, 이 자리를 통해서 정보를 교환할 기회도 얻었다고 한다. 또 일본의 관리들은 이 기회를 중국어 실력을 향상하는 데에도 활용했다. 이와 같은 중국인들과의 연회에 참석한 사람들 중에는 나중에 양국 국민들 간의 교류를 관리하는 협회에서 활약한 소네 도시토라, 중국에서 활동하며 중국 경찰의 훈련에 중요한 역할을 한 가와시마 나니와, 1894-1895년의 청일전쟁 당시 일본을 위해서 정보를 입수하는 중요한 정보원이 된 미야지마 세이치로도 포함되어 있었다. 황준헌은 오카 센진, 오쿠보 도시미치 같은 저명한 학자들과도 친분을 맺었다. 오카 센진은 나중에 1884년부터 1885년까지 중국에서 1년을 지냈고, 메이지 시대 초기의 지도적 정치가였던 오쿠보 도시미치는 실패한 세이난 전쟁을 이끈 사이고 다카모리의 추종자에 의해서 1878년에 암살당했다.

황준헌은 필담을 통해서 일본과 일본의 정치에 관해서 많은 것을 알게 되었다. 그는 일본이 현대 과학과 국제적 동향에 관해서 얼마나 많이 배웠는지를 알고 충격을 받았다. 그렇다고 일본에 무비판적이지는 않았다. 그는 일본이 중국과 거리를 둔 채 서구의 관습을 무모하고 성급하게 추구하는 것은 옳지 않다고 생각했다. 또 일본에서 관찰한 "과도한" 민주주의를 싫어했고, 외국의 사치품들을 탐내는 일본인들을 이해하지 못했다. 그는 이런 욕구가 국가 발전에 사용될 수 있는 자금을 낭비한다고 생각했다. 그러나 정부 조직, 공중보건, 교육에서 일본이 이룬 성취에 대해서는 깊은 인상을 받았고, 중국도 일본과 같은 노력을 기울여야 한다고 느꼈다. 황준헌은 1879년에 일본에 관한 시집을 완성했고, 몇 달 뒤에 총리아문이 이 책을 발간했다. 1887년에는 일본에 관해서 상세히 기록한 『일본국지(日本國志)』를 탈고했는데, 이는 당시 일본의 사정에 가장 밝은 중국인이 일본에 관해서 서술한 책이었다. 그는 중국의 출판업자들에게 원고를 넘겼지만 당시 이들은 책을 발간하지 않기로 결정했다. 이 책은 그로부터 10년이 지나 중국이 청일 전쟁에서 패하고 많은 중국인들이 일본에 관해서 배울 자세가 되었을 때에야 마침내 발간되었다.

그 전에 중국이 일본에 파견한 관리들은 고전적인 유교 교육을 강조하는 과거시험 제도가 낳은 인물들이었고, 이들은 일본에서 중국의 고전 학문을 존경하는 일본인들과 주로 접촉했다. 정치, 경제, 특히 군사 문제를 포함해서 일본의 현 정세에 관한 정보가 부족했던 중국은 결국 1894-1895년의 전쟁에서 심각하게 불리한 위치에 처했다.

외세에 맞서기 시작한 일본, 1869-1879년

메이지 유신 이후 일본이 국토의 보호를 위해서 초기에 기울인 노력은 사할린, 만주, 조선으로부터 닥쳐오는 러시아의 위협에 대응하여 일본 북부의 섬(당시에 에조라고 불림)을 강화하는 것에 초점이 맞추어졌다. 도쿠가와 시대에 일본이 이 섬에서 실질적으로 통치한 곳은 남쪽 끝에 위치한 번(마쓰마에 번) 하나뿐이었다. 섬의 그외 지역에는 원주민인 아누이족 약 1만 5,000명이 드문드문 흩어져 살았다. 1869년에 메이지 신정부는 섬의 이름을 홋카이도로 바꾸고, 도쿄의 관리들의 직접적인 지휘 아래에 섬 전체를 현대화하는 계획을 시작했다.

홋카이도 개발은 1895년 이후 일본의 타이완 개발의 모델이 되었고, 홋카이도의 일부 관리들이 타이완으로 발령을 받았다. 일본이 타이완으로 파견한 관리들은 일본 대학에서 일본을 근대화하기 위한 교육을 받은 사람들이었다. 이들은 나중에 홋카이도를 본보기로 삼아 조선과 만주의 근대화에도 힘을 보탰다.

일본이 홋카이도에 대한 러시아의 해상 침략을 우려한 반면, 중국은 러시아가 중러 국경을 넘어 중국 북동부를 침략할까봐 노심초사했다. 러시아는 1891년이 되어서야 시베리아 횡단철도 공사에 착공했지만, 시베리아에 더 많은 사람들을 정착시키고자 한 러시아의 노력과 철도 건설계획은 이미 중국과 일본, 조선뿐 아니라 영국, 프랑스, 독일까지 불안하게 만들었다. 그 시기까지 청의 지도자들은 만주족이 아닌 사람들이 만주로 이주하는 것을 허가하지 않았다. 하지만 러시아인들에 대한 저항을 강화하기 위해서 1878년에 청의 지도자들은 이민 정책을 바꾸어 만주족이 아닌 사람들도 만주로 들어오도록 허가했을 뿐만 아니라 오히려 장려하기까지 했다. 그로부터 몇 년 안에 중국의 다른 지역들, 특히 산둥 성과 허베이 성에서 온 많은 이주자들이 만주에 정착하기 시작했다. 하지만 이전에 아이누족이 거주하고 있었고 비교적 정착이 덜 되었던 지역인 홋카이도를 현대화하려는 일본의 노력과 달리, 중국은 이전에 만주족만의 땅으로 지정했던 만주를 현대화시키기 위한 구체적인 계획을 개발하지 못했다.

류큐 제도 문제, 1871-1874년

홋카이도 개발을 시작한 직후 일본인들은 4대 섬 남쪽에 위치한 류큐 제도의 지배권을 획득하기 위해서 움직였고, 이런 행보는 당시 중국과 일본 간에 처음으로 실질적인 긴장을 불러일으켰다. 1862년부터 1870년대 중반까지 일본이 방위에 집중하고 있는 동안, 대부분의 중국 지도자들은 일본이 4대 섬 밖에서 행동을 취할 것을 걱정하지 않았다. 양국 간의 교류가 비교적 적었던 이 시기에 일본인들과 중국인들은 서로에게 호의적으로 접근했다. 하지만 1870년대 중반 이후 일본이 힘을 얻기 시작하면서, 교역을 촉진하고 방어선을 확장하려는 일본의 노력이 중국인들이 생각하는 자국의 이익과 충돌하기 시작했다.

17세기 초 이후, 원주민들이 이끌던 류큐 왕국은 일본의 남쪽 섬인 규슈와 타이완 사이에 뻗어 있는 총면적 약 2,240제곱킬로미터의 작은 군도를 다스렸다. 류큐 왕국은 독립을 유지하면서 중국, 일본과 친선관계를 맺는 데에도 힘썼다. 청나라와 도쿠가와 막부는 모두 류큐 왕국에 대한 영향력을 유지했다. 류큐 왕국은 1년 중 일부 기간에 정기적으로 방문하는 일본의 사절들과 그와 다른 시기에 방문하는 중국 사절들이 머물 집을 제공했다. 또 중국에 조공을 바쳤고 교역을 했다. 중국 문화의 영향을 받았으며 중국의 연호를 사용했다. 하지만 류큐 왕국의 언어는 중국어보다 일본어에 더 가까웠고, 사쓰마 번이 류큐를 제압하기 위해서 병력을 투입한 1609년 이후 사쓰마 번은 류큐의 국정에서 지배적인 외부 세력이 되었다.

1871년부터 1874년까지 일본은 류큐의 어부들이 당시 중국 푸젠 성에 속했던 타이완 연안에서 조난을 당하면서 벌어진 사건을 이용해서 류큐 제도에 대한 통치 권한을 강화했다. 1871년, 4척의 작은 배에 탄 류큐 왕국의 어부들이 타이완 근처에서 태풍을 만났다. 1척은 가라앉고 2척은 난파되었으며 나머지 1척은 표류했다. 살아남은 어부들은 타이완 해안으로 향했으나 그중 54명이 타이완 원주민들에게 살해당했다. 12명의 어부만이 간신히 목숨을 건져 아직 바다에 떠 있던 1척의 배를 이용해 간신히 류큐로 돌아갔다. 당시 타이완은 중국의 영토였으므로 일본 정부는 중국에 타이완에서 살해된 어부들에 대한 배상을 요구했다. 이 요구를 통해서 일본 정부는 류큐 제도가 일본에 속한다고 주장한 것이다. 그러나 배상 문제는 2년 넘게 해결되지 않았다. 류큐 어부들의 목숨에 대한 배상 요구에 중국이 답을 하지 않자, 화가 난 일본 관리들은 1874년에 사이고 다카모리의 동생 사이고 쓰구미치가 이끄는 정벌군을 중국으로 출병시켰다. 중국의 관리들은 여기에 대응해 타이완의 원주민들은 중국의 실질적인 통치를 받지 않는다고 설명했고, 류큐 제도는 실제로 중국의 관할권이라고 덧붙였다. 그럼에도 일본군은 타이완에서 떠나지 않았고, 중국은 일본의 추가 공격이 뒤따를까 노심초사했다.

오쿠보 도시미치와 소에지마 다네오미가 중국의 관료들과 이 문제를 논의하기 위해서 중국으로 건너갔다. 두 사람은 베이징에 있던 다른 국가들의 대사관으로부터 지지를 받았다. 일본을 포함한 여러 나라들로부터 압력을 받은 중국의 관리들은 류큐의 선원들에 대한 배상금을 일본에 지급하는 데에 동의했지만, 나중에 이 배상금이 류큐 제도에 대한 일본의 통치권 주장을 지지하는 의미라는 것은 알지 못했다고 말했다. 이홍장은 일본과의 관계 정상화에 동의한 자신의 호의를 배신한 일본에 분노하며, 유럽인들은 협상에 정직하지만 일본인들은 불성실하고 신뢰할 수 없다고 말했다.

1870년대 중반에 일본은 류큐 제도 부근에 중국보다 더 많은 병력을 배치함으로써 이 지역에 대한 영향력을 서서히 강화하고 있었다. 1879년에는 번을 철폐하고 현으로 대체하는 과정의 일환으로 류큐 제도를 일본의 현으로 편입하고 오키나와라고 불렀다. 그런 뒤 일본 정부는 오키나와 현에 중국으로의 조공 사절단 파견을 중단하라고 명했다. 1870–1871년에 일본과의 국교 수립을 지지했고 1874년에 일본이 타이완을 공격했을 때에도 관계를 유지했던 이홍장은 당연히 격노했다. 1880년에 중국은 류큐와 관련된 일본 사절단의 제안을 거절했지만, 류큐 제도가 일본의 영토로 편입되는 것을 무력으로 저지하지는 않았다.

조선을 개항시키려는 일본의 노력, 1873–1879년

일본은 조선의 안보와 경제 분야 모두에 관심이 있었다. 일본과 가까운 국가들 가운데 메이지 시대 초기의 지도자들에게 안보와 관련하여 가장 큰 우려를 불러일으킨 국가가 러시아, 중국, 일본 사이의 소용돌이에 위치한 조선이었다. 한반도는 661–663년과 1592–1598년에 중국과 일본 사이의 군사 충돌이 벌어진 전장이었고, 몽골군의 일본 침략(1274–1281)을 위한 집결지였다. 19세기 말 러시아, 독일, 중국의 선박들이 조선 부근에 도착했다는 보고를 받은 일본의 전략가들은 조선을 일본의 심장에 꽂힌 단도라고 불렀다. 일본은 다른 국가들, 특히 러시아가 조선을 일본 공격을 위한 기지로 이용할 수 있다고 걱정했다. 따라서 다른 국가들이 기지를 설치하기 전에 일본이 먼저 한반도에 군을 주둔시킨다면 일본은 더 안전해질 것이라고 생각했다.

조선과 일본의 접촉은 부산과 쓰시마 섬을 통해서 이루어졌다. 한국은 1392년에 조선이 건국된 뒤에 도쿠가와 시대의 일본보다 더 폐쇄적이었지만, 일본이 나가사키를 계속 개방한 것처럼 조선도 부산에 항구 하나를 열어두었다. 도쿠가와 시대에 일본 지도자들은 규슈와 한국 중간쯤에 위치한 섬에 있는 쓰시마 번에 조선을 상대하는 책임을 맡겼다. 1868년까지 부산에 거주하던 쓰시마 섬 출신의 일본 관리가 쇼군을 대신해서 일본과 조선 간에 제한적인 소통을 했다.

20년 전 해외 무역을 허가하라는 페리 제독의 강요를 받았던 일본 지도자들은 1873년 무렵에는 해외 무역을 수락하는 정도가 아니라 오히려 적극적으로 받아들였다. 이들은 강력한 경제를 구축하는 방법에 대해서 영국의 사례에 의지했다. 영국이 식민지들에 공산품을 수출해서 경제적 기반을 다진 것처럼, 일본 관리들은 조선에서 대두와 밀을 수입하고 자국의 산업 생산물을 수출하려고 했다. 당시 일본의 최대 수출 품목은 생사(生糸)였다. 프랑스의 양잠업이 망하고 태평천국운동으로 중국의 생사 생산력의 상당 부분이 파괴되면서 일본의 생사에 대한 해외의 수요가 증가했다. 1872년에 일본 최초의 근대식 산업 공장인 견사 공장 도미오카 제사장이 문을 열었고, 일본의 사업가들은 견직물 수출에 기대를 걸었다.

1860년대 초 일본의 지도자들은 조선이 더 많은 교역 상품을 받아들이게 할 방법을 이미 논의하고 있었다. 메이지 천황이 새 시대를 열고 몇 달 뒤인 1868년 말에는 쓰시마의 일본 대표를 부산으로 보내서 이곳에 파견되었던 쓰시마 섬 출신의 일본 관리를 일본 천황을 대리하는 새로운 인물로 교체한다고 조선에 알렸다. 일본인들이 "천황"이라는 용어를 사용하여 일본의 통치자에게 자국의 왕보다 더 우월하고 중국의 황제와 동등한 지위를 부여한 데에 분노한 조선은 새로운 대표와 사절단을 받아들이기를 거부했다. 부산과의 통상을 개통하겠다는 의지가 확고했던 일본은 이후 두 번의 사절단을 더 보냈지만 조선은 받아들이지 않았다.

1870년대 초에 일부 젊은 무사들이 군함을 이용해서 일본을 개항시킨 페리 제독을 본받아 일본도 조선에 군함을 파견하여 개항시켜야 한다고 주장했다. 천황이 권력을 되찾는 데에서 중요한 역할을 했던 사쓰마의 카리스마 넘치는 무사 사이고 다카모리가 이 열혈 민족주의자 무리의 대변인이 되었다. 조선에 전함을 보내자는 주장이 여론의 지지를 받지 못하자, 사이고는 자신이 조선에 사절로 가겠노라고 나섰다. 그는 자신이 조선인들에게 살해될 가능성이 있으므로, 그렇게 되면 조선을 제압해야 한다는 쪽에 대한 지지가 강화될 것이라고 예상했다. 이로써 사이고는 나라를 위해서 죽을 각오가 된 헌신적인 애국자의 상징이 되었다. 1873년 초에 보다 넓은 세계관을 가진 지도자들이 이와쿠라 사절단으로 참여해서 서구로 떠나 있는 틈을 이용하여 사이고는 자신의 계획에 대한 정부의 지지를 얻고자 애썼다. 이와쿠라 사절단은 이 문제가 해결되기 전에 돌아왔고, 이와쿠라 도모미, 오쿠보 도시미치, 그외의 사절단 참여자들이 사이고의 계획을 무산시킬 수 있었다. 그러나 일본의 정한론(征韓論)에 조선과 중국은 불안과 두려움을 느꼈고, 일본이 공격적인 의도를 가지고 있다고 믿기 시작했다.

1875년 9월에 일본은 조선의 서해안에 운요 호를 보내서 조선군의 공격을 유발하고 해안의 포대를 파괴한 뒤에 돌아갔다. 조선이 개항을 거부하면 일본이 공격을 하겠다는 암묵적 위협이었다. 일본군은 계속 그러한 공격을 준비했다.

사이고와 추종자들의 주된 관심은 조선의 개항이 아니라 곧 일어날 번의 철폐, 무사 계급의 폐지, 예전에 무사 계급이 받았던 특권의 종료였다. 사이고는 조선으로 사절단을 보내면 무사들의 지위를 강화할 수 있을 것이라고 생각했다. 일본 정부는 무사 계급을 폐지한 뒤, 이들에게 보상을 제공했다. 그러나 이전에 무사 계급에게 지급되던 녹봉이 최종적인 일괄 지급과 함께 폐지되면서 많은 사람들이 격분했다. 1877년에 사이고와 1만3,000명 정도의 추종자들은 세이난 전쟁을 일으켰고, 징병제로 징집된 신정부군이 사이고의 군을 제압했다. 정부군은 이전의 무사 출신들이 장교로, 무사 출신이 아닌 사람들이 사병으로 구성된 조직이었다. 전쟁에서 패배한 사이고는 무사의 예에 따라 천황이 있는 방향을 향해 할복자살했다. 대중은 무사의 시대가 끝났음을 깨달았지만, 사이고와 그가 대의를 위해서 목숨을 끊음으로써 보여준 명예로운 헌신에 엄청난 연민을 보냈다. 그가 자살한 이후 일본에서는 조선에서 군사 행동을 벌이는 데에 대한 지지가 늘어났다.

당시 천황과 이토 히로부미를 포함한 대부분의 일본 지도자들은 분쟁을 피하고 외교를 통해서 중국, 조선과의 문제를 해결하기를 희망했다. 일본의 조선 침략이 러시아의 대응을 촉발할 수 있다는 점을 염려한 이홍장 역시 일본이 외교를 통해서 조선 문제를 해결하기를 원했다. 공식적으로 중국은 여전히 조선과 예속관계였고 조선의 외교 정책 결정을 승인할 권리가 있었지만 내정은 간섭하지 못했다. 하지만 중국은 수 세기 동안 조선에 대하여 적극적으로 종주권을 행사하지 않았다. 1875년 11월에 일본이 초대 공사(오늘날의 대사에 해당)로 베이징에 파견한 모리 아리노리는 조선과의 교역에 대한 중국의 지원을 얻고자 했다. 모리 아리노리가 일련의 논의를 위해서 만난 총리아문의 관리들은 중국이 조선에 대한 종주권이 있지만 조선의 내정에는 간섭할 수 없기 때문에 그들에게 일본과의 통상을 개통하라고 요구하지는 못한다고 말했다. 1876년 1월에 모리 아리노리와 이홍장은 조선에 관해서 협의하면서 평화적인 합의에 이르기 위해서 노력했다. 일본의 국익이 군대의 파견이 아니라 개항과 교역 수행에 있다고 생각한 모리는 조선이 주권국으로서 국제법에 따라 대우받아야 한다고 주장했다.

강화도 조약과 원산, 인천의 개항

중국과 협력해서 조선의 개항 문제를 진전시킬 수 있을지에 의구심을 품은 이토 히로부미는 일본이 조선과 직접 교섭해야 한다고 주장했다. 그는 중국이 아니라 조선이 결정을 내려야 한다고 말했다. 중국은 조선에 관한 일본과의 대화에서 조선이 독자적으로 결정을 내려야 한다고 주장했지만, 1872년 이후 조선에 관한 일본과의 논의에서 점점 더 주도적인 역할을 했다. 1873년에 스물한 살이 된 고종이 친정을 시작하고 아버지인 대원군이 물러났다. 고종은 개항과 일본과의 협력 문제를 검토하려는 의지가 대원군보다 더 강했다. 일본의 운요 호가 조선 앞바다에 나타나고 불과 몇 달 뒤인 1876년 2월, 일본은 개항과 관련된 협정을 체결하기 위해서 조선에 사절을 보냈다. 고종은 일본이 조선의 3개 항구에서 교역하도록 허가하는 강화도 조약

(조일수호조규)에 서명했다. 한반도 남쪽 끝에 위치한 항구로 오랫동안 개방되어온 부산은 곧 재개항했다. 하지만 조선은 다른 두 항구인 원산과 인천의 개항에는 소극적이었다. 일부 조선인들은 일본의 예를 따라 개항과 근대화로 서구 열강에 맞서자는 의견을 지지하기도 했지만, 곧 수구파에게 밀려났다. 그래도 일본은 계속해서 압력을 행사했다. 그리하여 한반도 북동부에 있는 원산이 1880년에 일본 해군에 의해서 개항되었다. 당시 조선인들은 여전히 인천의 개항을 거부했지만 일본이 압력을 더하자 마침내 1883년에 인천을 개항했다.

중국과 일본이 조선 문제를 논의하기 시작하면서 중국인들은 일본의 한반도 진출 욕구가 중국의 이해에 부합하지 않는다는 낌새를 채기 시작했다. 1873년에 조선과의 통상을 위해서 전투도 불사하려던 사이고 다카모리도 영토 야심은 드러내지 않았지만, 1870년대 중반 일부 일본인들은 국력을 키워 언젠가 조선을 점령할 가능성을 검토하고 있었다. 이홍장은 일본이 영토 야욕을 키우고 있다는 우려를 공개적으로 표현했다. 중국과 일본은 서유럽과 러시아의 위협에 맞서기 위한 협력을 계속 논의했지만, 1870년대 중반에는 서로에 대한 경계심이 더욱 커졌다. 그리고 1882년에 조선에서 일어난 봉기가 양국의 충돌을 촉발시켰다.

일본의 군사적 야심 : 조직적 계획이었나, 예상하지 못한 전개였나?

1870년대와 1880년대에 일본이 산업 발달, 교육받은 애국심 강한 시민들, 군사력 증강으로 중국보다 앞서나갈 때, 그들은 이미 중국을 정복하겠다는 계획을 세웠을까?

일부 중국인 학자들은 16세기 후반 히데요시의 조선 침략을 시작으로 중국을 정복하겠다는 일본의 결정들에서 연속성을 발견했다. 이들은 1850년대에 중국과의 접촉 재개와 류큐 제도 및 조선으로의 진출, 이후 1894-1895년의 청일전쟁을 발발시키고 타이완을 차지하는 결과로 귀결된 중국 공격, 1905년에 러일전쟁이 끝난 뒤의 만주 진출, 1931년의 만주 침략, 1937년부터 1945년까지 중국의 나머지 지역을 상당 부분 침략하여 점령하기까지의 일본의 행보를 히데요시의 야망이 부활한 결과라고 본다. 이 학자들은 일본이 제안한 소위 친선은 더 많은 침략에 필요한 힘을 모으기 위해서 채택한 작전 전략이라고 생각한다. 일본은 근방의 완충국을 일시적으로 인정했다가 그 국가를 장악한 다음 다시 그 너머 지역을 완충국으로 만들고 그곳 역시 장악했다. 이들은 또한 일본인들이 중국은 한번에 병합하기가 힘든 대국임을 인식하고, 중국을 여러 지역으로 나누어 한 번에 한 부분씩 점차적으로 점령하는 것을 목표로 했다고 믿는다. 이들이 보기에 일본의 친선 요청은 신뢰성이 없었고 일본이 서서히 지배력을 확장하는 동안 중국을 안심시켜 안일하게 만들려는 계산에서 나온 기만적인 표현이었다.

중국인 학자들은 또한 1894-1895년의 청일전쟁 전에 중국의 지도자들이 너무 오만하여 일본의 움직임을 진지하게 생각하지 않았고, 일본의 행동들을 연구하고 이해하여 대응하고자 하는 책임감이 부족했음을 인정한다.

히데요시부터 일본의 만주 침략을 개시한 이시와라 간지에 이르기까지 이 각각의 단계들에서 실제로 중국 점령을 꾀한 일본인들이 있었다는 증거가 존재한다. 도요토미 히데요시가 1592년에 조선을 침략했을 때, 그에게는 분명 중국까지 진격하여 점령하겠다는 목표가 있었다. 1597년에 히데요시의 군은 중국을 침략할 의도로 다시 진군에 나섰다. 18세기에 하야시 시헤이 같은 학자들은 일본이 중국을 정복해야 한다고 주장했다. 야마가타 아리토모는 1873년에 국민개병제를 도입하면서 중국에 대응하기 위해서 병력이 필요할 수 있다고 발표했다. 1878년에 가쓰라 다로가 6년간 독일군을 공부하고 돌아오자, 야마가타는 일본에 현대식 군을 양성하는 데에 그의 도움을 구했다. 메이지 유신 이후 일본 정부는 사쓰마 번을 지키던 소수의 군함과 인력을 승계하여 해군을 창설했고, 1880년대 중반에 일본 해군은 대규모 증설에 착수했다. 히젠 번(현재의 사가 현) 출신으로 1872년에 법무상이 된 에토 신페이는 중국과 충돌이 일어날 경우를 대비하여 비밀리에 중국으로 승려들을 보내서 정보를 수집하자고 제안했다.

그러나 중국의 다른 역사가들은 청일 관계를 연구한 일본 및 서구의 학자들과 마찬가지로 메이지 시대 초기의 지도자들이 주변 지역을 정복하고 중국 정복에 나서기 위한 통합된 장기적인 계획을 수립했다는 증거를 발견하지 못했다. 1860년대와 1870년대에 일본의 정치 지도자들은 중국에 대한 군사적 모험을 계획하기보다 국내의 정세를 관리하고 러시아와 서구 열강의 위협으로부터 일본을 지키는 데에 주로 관심을 두었다. 일본이 저지른 침략의 각 단계마다 이에 반대하여 이웃 나라들과 평화로운 관계를 유지하고 군사적 충돌을 피하자고 주장한 일본 지도자들도 많았다. 하지만 좀더 공격적인 행동을 원한 급진파도 단계마다 존재했고, 시간이 지나면서 총리를 포함한 몇몇 정치 지도자들은 중도를 따르기를 고집하다가 암살을 당하기도 했다.

주류 학자들은 일본의 침략이 공격적인 행동을 취한 일본 내 급진파들로부터 나왔다고 본다. 일부 정치 지도자들은 공격적인 행동을 막으려고 애썼던 반면, 암살이나 그외의 과격한 행동이 두려워서 소극적으로 받아들인 지도자들도 있었다. 이런 견해에서 보면 이웃 나라에 대한 공격을 감행하기로 한 결정은 통합되고 명확한 장기적인 계획에 의해서가 아니라 일본의 정치, 군사 지도부, 협박, 과격파 행동주의자들이 얽힌 복잡한 과정에서 나온 것으로 보인다.

또한 주요 역사학자들은 1894년에 일어난 청일전쟁을 두 세기 전에 예측할 수는 없었을 것이라고 생각한다. 전쟁이 발발하기 몇 달 전까지도 중국과 일본의 많은 외교관과 정치인들은 상대국이 충돌을 일으킬 가능성이 거의 없다고 생각했다. 일본이 1894년 전에 군사적 충돌을 계획하고 있었다는 명확한 증거는 없다. 그리고 심지어 1894년에도 여전히 중국과 일본의 많은 지도자들은 "같은 인종과 문화"에 속하고 서구의 아시아 침투에 대한 불안을 공유하는 양국 국민들이 서구의 위협에 맞서서 협력하기를 바랐다. 그러나 1870년대에 중국과 일본 모두 양국 사이에 충돌이 일어날 만일의 사태에 대비하기 시작했으며, 실제로 1882년의 충돌로 일본은 군에 대한 투자를 확대했다.

제4장

조선을 둘러싼 대립과 청일전쟁,
1882–1895년

1882년에 임오군란이 일어나자 중국과 일본 모두 조선에 병력을 보냈다. 양국 군사들이 충돌했고, 중국이 승리를 거두었다. 그러자 일본은 군에 투입하는 자원을 늘렸다. 조선을 둘러싼 양국 간의 긴장은 일본이 중국을 공격하여 청일전쟁을 일으킨 1894년까지 계속되었다.

1880년대에 중국, 일본, 조선은 서구의 진출과 자국의 식민지화 위험을 우려했고, 세 국가 모두에 서구의 제국주의에 맞서 서로 협력하기를 바라는 지도자들이 있었다. 그러나 당시 러시아가 이 지역에서 가장 큰 외부 위협으로 등장했다. 러시아가 시베리아 횡단철도의 건설에 착수한 것은 1891년이지만, 철도에 대한 논의는 1880년에 이미 이루어지고 있었다. 1882년에는 시베리아 해안을 따라 우크라이나에서 프리아무르까지 증기선 항로를 그다음 해에 개통한다는 계획이 마련되었고, 러시아는 프리아무르 정부 성립에 더 큰 노력을 기울였다. 많은 수의 러시아인들이 동아시아로 이동할 것이라는 전망은 장기적인 국면을 염려하던 조선인, 중국인, 일본인들에게 우려를 안겨주었다. 하지만 1882년에 조선에서 충돌이 일어난 뒤에는 한반도를 둘러싼 일본과 중국 간의 긴장이 세 나라가 러시아에 맞서 협력해야 한다는 바람보다 더 크게 작용했다.

중국, 일본, 러시아 사이에 위치한 한국은 불운하게도 역사적으로도 "고래 싸움에 새우등이 터지는" 격이 되었다. 661년부터 663년까지 백제를 돕기 위해서 파병된 일본군이 한반도에서 중국군과 맞붙었고, 1190년대에는 원나라 군이 일본으로 가는 도중 한반도를 지나갔다. 또 히데요시가 조선을 침략했을 때인 1592년부터 1597년까지 한반도에서 중국과 일본의 군이 충돌했다. 1904-1905년에 조선에서 러일전쟁이 벌어졌고, 1950-1953년에는 한국전쟁도 겪었다.

1882년에 중국은 여전히 조선에 대한 종주권을 가지고 있어서 조선의 외교 정책에 관한 결정을 내릴 권한이 있었지만 내정에는 간섭하지 못했다. 그럼에도 불구하고 수 세기 동안 중국은 조선에 종주권을 행사하지 않았다. 1870년대에 일본이 조선 진출을 논의하기 시작했을 때, 중국은 더 적극적인 역할 수행에 대해서 검토하기 시작했다. 1873년에 사이고 다카모리가 일본이 "조선을 정벌해야 한다"고 선언하고(정한론), 1876년에는 일본이 조선에 강화도 조약 체결을 강제하여 조선과 외교 관계를 수립하고 원산항과 인천항을 새로 개항시키자, 중국은 조선에 대한 일본의 야심을 경계했다. 조선과 압록강 하나를 사이에 둔 중국은 조공제도와 접경 지역의 시장을 통해서 조선과 오랫동안 교역을 해왔고, 따라서 항구 두 곳을 새로 개항한다고 달라지는 것은 별로 없었지만, 일본은 조선에서 더 많은 곡물을 수입하고 공산품 판매를 늘릴 수 있었다.

1392년에 건국된 조선은 19세기 후반에는 매우 혼란스럽고 부패한 상태였다. 나가사키 항을 이용하여 세계정세에 관한 정보를 계속 입수했던 일본과 달리, 은자(隱者)의 나라이던 조선은 주변 강대국들로부터 나라를 보호하기 위해서 문을 닫아걸었다. 조선인들은 개별적으로 중국을 통해서 바깥세상을 배웠지만, 조선의 정부는 일본과 달리 외부 세계에 관해서 배우려는 열의가 없었다. 19세기가 되면서 주변 강대국들이 침략해오기 시작하자 조선은 쇄국을 유지하기가 점점 힘들어졌고, 이 과제에 대응하는 방법을 두고 왕실은 분열되었다. 1852년에 태어나 스물한 살이 되던 해인 1873년 12월에 친정을 시작한 고종은 강력한 지도자는 아니었지만 개항을 검토할 의지가 아버지인 대원군보다 높았다. 대원군은 1864년부터 고종이 성년이 될 때까지 조선을 통치했지만 결코 정치적 야심을 포기하지 않았다. 고종의 왕후 민씨와 그 일가들은 힘을 합쳐 대원군에 맞섰고, 중국과 일본 모두 분열된 조선 왕실 내에서 협력자를 찾을 수 있었다.

임오군란과 중국군, 일본군의 출병

개항에 찬성하는 사람들과 고종은 조선에서 메이지 방식의 근대화 계획에 착수하기 위해서 일본과 협력을 시작했다. 1880년에는 유망한 젊은 관료인 김홍집을 일본으로 보내서 일본의 근대화를 배워오게 했다. 귀국한 김홍집은 고종에게 두 편의 논문을 소개하며 조선의 정책 수립에 대한 지침으로 삼아야 한다고 권했다. 이 가운데 고종이 특히 마음에 들어했던 논문은 도쿄 주재 중국 공사관 관리 황준헌이 쓴 『조선책략(朝鮮策略)』이었다. 일본의 정세를 지속적으로 살펴온 황준헌은 러시아의 위협이 조선에 가장 큰 위험이며, 그러한 위협에 대처하려면 조선은 중국과의 관계를 긴밀히 해야 하고 일본과도 결속을 맺어야 하며 근대화를 뒷받침할 새로운 제도를 마련하고 미국과 동맹을 맺어야 한다고 주장했다. 광둥 성에서 자랐지만 일본 정세에 매우 밝았던 중국 상인 정관응이 쓴 또다른 논문은 조선이 근대 공산품 생산에 필요한 기술을 습득하려면 근대적인 정치제도들을 수립해야 하고, 그 방법을 일본으로부터 배우라고 조언했다. 김홍집이 돌아오고 몇 달 지나지 않아 조선은 일본과의 논의를 확대했다. 또 중국과도 좋은 관계를 유지하려고 애썼고 정관응의 제안을 따라 외교관계 관리를 개선하고자 애썼다. 총리아문을 본떠 통리기무아문(統理機務衙門)을 설치하기도 했다. 15년 뒤에 김홍집은 총리대신이 되었다.

조선은 일본으로부터 배우자는 김홍집의 제안에 따라 다음 해인 1881년에 12명의 청년들로 이루어진 신사유람단을 보내서 일본의 근대화 노력을 더 상세히 알아보도록 했다. 신사유람단은 일본의 이와쿠라 사절단을 본뜬 것이었지만 자금이 부족했던 탓에 일본만 방문할 수 있었고, 기간도 단 70일에 불과했다. 이와쿠라 사절단처럼 조선인들도 일본의 행정 기관, 군사시설, 학교, 산업 단지를 시찰했다. 몇몇 참가자들은 일본에 남아 일본에서 공부한 최초의 한국 유학생이 되었다. 많은 조선인들이 여전히 일본이라는 나라를 히데요시의 침입과 동일시했고 일본이 다시 조선을 침략할 계획을 세우고 있다고 우려했지만, 일본을 돌아보고 온 신사유람단 참가자들은 자신들이 본 것에 깊은 인상을 받았다. 그래서 귀국한 이후 조선이 일본의 근대화 방식을 따를 방법들을 모색했다.

신사유람단에 참여한 조선의 젊은 지도자 12명 중에는 이들의 비공식적인 리더 역할을 한 김옥균이라는 재능 있고 열정적인 관리가 있었다. 일본의 대표적인 진보적 지식인으로, 1860년 워싱턴 DC로 파견된 사절단에서 통역사로 활약한 후쿠자와 유키치는 김옥균이 일본 시찰을 끝낸 뒤 일본에 남아 게이오 대학에서 6개월간 공부할 수 있도록 주선했다. 게이오 대학은 후쿠자와 유키치가 서구의 학문을 알리기 위해서 1858년에 세운 학교였다. 김옥균은 메이지 유신의 방식을 따른 근대화가 조선이 힘을 키우고 근대 사회에 적응할 수 있도록 돕는 데에 필수적이라고 확신했다. 다음 해에 조선으로 돌아온 그는 근대화를 촉진하기 위해서 독립당을 조직했다. 김옥균의 제안은 보수적인 조선 관료들의 거센 반발에 부딪혔는데, 그들 중 일부는 중국의 관료들과 좋은 관계를 유지하고 있었다.

1881년, 조선은 중국, 일본, 미국과의 관계가 러시아에 맞서는 데에 도움이 될 수 있다고 판단하여 이들과의 관계 확장에 주력했다. 중국에서는 조선과 관련된 정책을 관리하는 책임이 전통적인 조공관계를 담당하던 예조에서 이홍장에게로 넘어갔다. 일본은 외무성 관리들을 훈련시키는 체계적 프로그램을 개발한 반면, 중국의 외교 정책 관리는 이홍장 한 사람에게 크게 의존했다. 이홍장은 충돌을 피하고 일본, 중국 양국과 좋은 관계를 맺어 안정을 촉진하려는 조선의 노력을 지지했다. 그는 조선의 학생들이 일본에서 공부하는 데에 반대하지는 않았지만, 조선 사절단을 톈진으로 초대해서 양무운동의 일환으로 그가 지지했던 톈진 기기국을 견학하도록 했다. 이때 톈진 기기국을 방문한 조선 사절단은 1883년 한국 최초의 근대식 무기제조 공장이 세워지도록 도왔다. 이홍장은 또 미국이 조선에 진출하면 주변국 사이에 안정을 촉진하는 데에 도움이 될 것이라고 믿었다. 미국은 영토 야심이 없고 일본과 러시아에는 견제 세력이 될 수 있었기 때문이다. 이홍장은 중국과 조선의 조약 체결을 감독했고, 1882년에 완성된 조약의 초안을 둘러싼 미국과 조선 간의 논의를 개인적으로 중재했다. 이 조약은 조선과 외부 세계와의 관계에서 전환점이 되었다. 또 조공관계를 기반으로 이루어지던 동아시아의 옛 질서가 끝나고 법적 규정에 근거한 서구식 조약이 그 자리를 차지하는 계기가 되었다. 주요 관련 국가들의 많은 고위 관료들이 조선이 중국, 일본 양국과 평화로운 관계를 유지하면서 근대화를 이룰 것이라는 희망을 키웠다.

조선의 군 관계자들은 근대화 노력의 일환으로 1880년에 일본의 교관들을 초대하여 근대식 군대의 중심이 될 엘리트 사관후보생 80명의 훈련을 돕게 했다. 조선은 예산이 매우 제한되어 있었기 때문에 구식 병력의 수를 줄이는 쪽을 택했다. 녹봉 폐지에 반대하며 반란을 일으켰던 일본의 무사들처럼 원치 않는 퇴역을 당한 조선의 일부 병사들이 1882년 7월, 1년 넘게 급료를 받지 못한 것에 항의했다. 그들은 급료 대신 곡물을 받았지만 그조차도 겨가 잔뜩 섞여 있어서 도저히 먹지 못할 정도였다. 이런 취급에 격분한 퇴역 병사들은 정부의 무기고에서 무기를 탈취해 거리로 나가 조선의 개혁파들뿐만 아니라 일본인들도 공격했다. 이 사건으로 신식 군대를 양성하기 위해서 조선인들을 훈련시키고 있던 일본인 장교와 보좌관 3명이 살해당했고 다른 일본인들도 거리에서 목숨을 잃었다. 일본 공사관이 불타고 일본 공사는 가까스로 달아났다. 난병들은 중전 민씨도 살해하려고 했지만 중전은 궁녀의 등에 업혀 빠져나왔다. 하지만 중전 민씨 집안의 관리 한 명이 이들에게 죽임을 당했다. 1882년에 일어난 이 사건은 임오군란이라고 불린다.

대원군은 난병들을 지지했지만 고종은 그렇지 않았다. 봉기가 일어난 뒤 대원군은 고종을 물러나게 하고 다시 권력을 쥐었다. 그는 중전 민씨 집안 출신의 관리를 모두 파면하고 중전과 같은 편이던 자신의 형을 처형했다. 한편 일본은 자국 관리들을 살해한 데에 대한 대응으로 수백 명의 군사를 조선으로 보내서 자국민을 보호하고 정부 내의 친일파를 도우려고 했다. 임오군란을 지지하지는 않았지만 일본의 파병에 놀란 중국은, 1636년에 만주족이 10만 명이 넘는 군사를 보내서 공격한 이후 처음으로 조선에 군사적 개입을 했다. 중국군은 수적으로 훨씬 열세이던 일본의 병사들을 재빨리 압도하고 조선 정부의 수구파들을 지원했다. 이렇게 중국은 종주권 정책을 포기하고 250년 만에 처음으로 조선의 내정에서 적극적인 역할을 수행하기 시작했다.

중국의 대응을 관리했던 이홍장은 조선에서의 중국의 영향력이 일본보다 강하다고 확신했다. 그러나 그는 일본의 힘이 점점 커지고 있다는 사실을 알았기 때문에 일본과 평화로운 관계를 유지하기 위해서 애썼다. 그는 합법적인 조선 정부를 전복함으로써 일본의 파병과 중국과 일본 간의 대립을 유발하고 중일 관계를 틀어지게 만든 대원군에게 격노했다. 이홍장은 대원군을 납치하여 중국으로 데려온 뒤 3년간 가택연금에 처해 고종에게 다시 권력을 넘겨주었다. 또 파면된 중전 민씨의 친족들을 관직에 복귀시켰다. 이홍장은 또한 조선이 일본인들을 살해한 일에 대해서 일본에 사과하고 약간의 보상금을 지급하게 했다. 고종은 중국과 일본 중 양자택일을 해야 한다고 생각하지 않았고, 양국 모두와 협력할 준비가 되어 있었다. 하지만 이홍장은 중국의 일부 국수주의자들로부터 일본에 지나치게 관대하다는 비난을 받았다. 중국군은 계속 조선에 주둔하여 사실상 점령군이 되었다. 이러한 상황에서 중국을 보호자로 생각하는 조선인들도 있었고, 조선의 독립을 방해하는 거만한 제국주의 열강이라고 보는 조선인들도 있었다.

중국이 3,000여 명의 중국 병사들을 조선으로 보냈을 당시 이홍장은 모친상을 당해 잠시 관직을 떠나 있었지만, 곧 복귀하여 중국의 정책을 입안하고 한양에 파견한 관리들에게 지시를 내렸다. 이홍장은 자신이 양성한 회군 소속이던 당시 스물세 살의 위안스카이를 한양으로 보내서 새로운 수도방위군을 맡기고 조선에서 중국의 활동을 감독하게 했다. 1912년에 중화민국의 대총통이 된 인물인 위안스카이는 조선의 군대를 훈련시키는 책임을 맡았다. 중국은 또 조선과 무역 협정을 체결하여 조선과 외부 세계와의 교역을 주도할 수 있었다. 이렇게 해서 중국은 조선에서 일본보다 더 큰 영향력을 확보했다.

임오군란 이후 고종은 이전의 진보적인 정책들을 포기했고, 일부 일본인들과 진보적인 조선인들은 조선이 메이지 방식의 개혁에 착수하지 않는 데에 크게 실망했다. 일본인들이 보기에 조선이 개혁을 실시하면 정부 개편이 이루어질 뿐만 아니라 조선이 일본에 곡물을 수출할 수 있는 동시에, 성장하고 있는 일본 직물산업의 생산품을 수입하는 좋은 무역상대국이 될 수 있었다. 하지만 이제 중국이 조선에서 훨씬 더 큰 영향력을 행사하고 있었기 때문에 일본은 조선에서 대담한 조치를 취할 수 없었다. 고종은 여전히 일본식 근대화를 선호했지만 중국과 협력하기를 원했고, 성급하게 움직이지 않으려고 조심했다.

1882년 조선에서 일본의 소규모 병력이 중국에 패한 데다가 중국이 조선과의 교역에 제약을 가하자 일본인들은 큰 불안감을 느꼈다. 그리하여 조선에서 또다시 중국과 맞붙어야 할 수도 있는 상황에 더욱 잘 대비하고자 했다. 1873년 이와쿠라 사절단은 독일의 총리 오토 폰 비스마르크의 조언에 따라 중국이 전국시대에 사용한 구호로 알려진 부국강병(富國强兵) 정책을 지지했다. 1870년대에는 일본의 예산에 많은 제약이 있었지만, 1882년 12월에 더 튼튼한 경제적 기반을 갖춘 일본은 군비 확장을 승인하는 천황의 칙령을 발표했다. 이후 국방비가 빠른 속도로 증가하여 일본 정부의 전체 예산 중 20퍼센트 이상을 차지했다. 정부는 예산에 지나친 부담을 주지 않고 군함의 생산을 늘릴 수 있도록 비용 충당에 도움이 될 채권을 발행했다.

김옥균의 실패한 갑신정변, 1884년

1884년 12월 4일, 조선에서 부실하게 계획된 정변이 일어났다. 정변을 이끈 사람은 1881년에 신사유람단의 일원으로 일본을 방문한 이후 개혁을 강력하게 주장해왔지만 근대화 조치에 착수하기를 꺼리는 조선 정부에 좌절한 김옥균이었다. 이 정변으로 6명의 고위 관리가 살해당하고, 많은 수의 부상자가 발생했으며, 임시정부가 수립되었다. 조선의 지도자들에게 가해진 이 피비린내 나는 공격은 사흘 만에 진압되었고 참담한 결과를 낳았다. 개혁 노력에 대한 신뢰를 떨어뜨렸을 뿐만 아니라 근대화의 대의를 좌절시켰고, 일본과 중국, 조선의 관계에 악영향을 끼쳤다. 이 정변은 갑신년에 일어났기 때문에 갑신정변이라고 불린다.

조선이 메이지 유신의 방식으로 근대화되기를 바란 김옥균의 생각은 후쿠자와 유키치를 비롯한 일본 지식인들의 격려를 받았고, 그의 근대화 목표는 일본 언론에서 대중적인 호감을 얻었다. 하지만 일본 지도자들은 그의 정변 계획을 지지하지 않았다. 이와쿠라 사절단을 이끈 이와쿠라와 외무상 이노우에 가오루 모두 일본에 대한 중국의 호의를 유지하는 것이 중요하다고 생각하여 김옥균의 정변을 지지하기를 거부했다. 아시아의 다양한 지역에서 일본인들의 사업을 활성화시킨 가장 유명한 사업가인 시부사와 에이이치 역시 김옥균의 정변 계획을 지지하지 않았다.

1884년 김옥균은 개혁 실행을 거부하는 조선의 지도자들에게 큰 불만을 느꼈다. 그는 쇼군의 정부를 타도하고 메이지 유신에 착수한 일본의 젊은 무사들을 존경했다. 하지만 1884년 이전에는 약 3,000명의 중국 병사들이 계속 조선에 있었으므로 정변을 일으켜도 정부를 전복할 가능성이 없다는 것은 분명했다. 그러다 1884년 8월에 청-프랑스 전쟁이 일어나면서 중국이 베트남에서 자국의 권익 보존을 위해서 당시 조선에 주둔하고 있던 병사들을 파병하자, 김옥균은 이때를 정변을 실행에 옮길 기회로 삼았다. 그는 비록 도쿄의 지도자들에게서는 지지를 받지 못했지만, 조선 주재 일본 공사관 직원들 중 일부와 한양에 있던 소수의 일본군으로부터 지원을 확보했다.

1884년 12월 4일, 개혁에 반대하는 다수의 고위 관리들이 참석한 우정국 개국 축하연에서 김옥균의 지지자들이 근처 건물에 불을 질러 혼란을 일으켰다. 그리고 그들은 고종을 붙잡아 경우궁으로 이어(移御)하고 군을 동원할 수 있는 다양한 지휘관들을 소환하여 이들이 궁에 도착하면 차례로 죽였다. 김옥균은 조선에 대한 중국의 종주권 종료, 양반 계급 폐지를 요구하는 14개조로 된 개혁 정강을 반포했다. 당시에는 양반 계급의 후손들만 과거 시험을 치를 수 있었는데, 개혁 정강에서는 누구든 과거에 응시할 수 있도록 하고 개인의 능력에 따라 관리를 선출하도록 했다. 또 내각을 도입하고 그외의 개혁들에 착수하려고 했다.

김옥균은 상세한 개혁 목록을 준비했지만 이를 실행할 준비는 놀라울 정도로 미비했다. 아직 조선에 주둔하고 있던 1,500명의 중국 병력에 맞서 그를 도울 일본군이 약 200명뿐인 상황에서 개혁을 성공시킬 수 있다는 그의 희망은 완전히 비현실적이었다. 사흘 뒤, 1882년부터 한양에 머물고 있었던 위안스카이가 이 정변에 자신의 병사들을 투입했다. 이후 벌어진 전투에서 38명의 일본 병사들과 10명의 중국 병사들을 포함해서 180명 이상이 목숨을 잃었다. 김옥균이 임명한 관리들은 모두 해임되었다. 많은 조선인들이 착취적인 자본가라고 생각한 한양의 일본인들이 잠재적 공격의 표적이 되어 그들의 집이 약탈되고 불탔다. 김옥균과 8명의 추종자들은 인천항에 정박해 있던 일본 선박에 올라타 가까스로 일본으로 달아났다.

정변이 시도되기 전, 고종은 김옥균을 만났고 그의 개혁 목표들에 대해서 어느 정도의 지원을 해줄 준비가 되어 있었다. 하지만 막상 정변이 일어나자 개혁을 지지하던 모든 사람들이 신뢰를 잃었고, 김옥균은 고위 관리들을 잔인하게 공격한 악인으로 간주되었다. 많은 조선인들이 그와 같은 악인은 총살되어야 한다고 생각했다. 그는 일본으로 망명해 숨어 지내면서도 여전히 암살을 두려워했다. 하지만 일본 언론은 김옥균이라는 인물과 그가 조선의 근대화를 위해서 기울인 노력에 매우 긍정적이었다.

각각 중국과 일본의 정부를 대표한 이홍장과 이토 히로부미는 평화를 지키고 실효성 있는 중일 관계를 유지하기 위해서 정치가로서 노력을 기울였다. 1885년 4월 두 사람은 톈진 조약을 체결하고 4개월 내에 조선에서 일본과 중국의 전 병력을 철수하기로 했다. 또 앞으로 둘 중 한 국가가 조선에 파병하면 다른 국가에 곧바로 이를 통보하고, 그 경우 다른 국가 역시 조선에 파병할 수 있다는 데에도 합의했다.

이홍장은 조선에 주둔하던 중국군의 사령관이자 당시 스물여섯 살에 불과하던 위안스카이를 조선 주재 총리교섭통상대신으로 임명하여 민간 부문에서 중국의 이익을 도모하려고 했다. 위안스카이는 공식적으로는 군사 지도자가 아니었지만, 톈진 조약에 따라 중국과 일본 모두 위안스카이가 필요하다고 판단하면 군을 요청할 수 있다는 것을 알고 있었다. 이홍장은 위안스카이에게 일본이 조선에서 상업적 주도권을 얻지 못하게 막으라는 책임을 주었고, 실제로 이후 몇 년간 중국과 조선 간의 교역이 빠른 속도로 증가했다. 부산의 상업 활동은 일본 상인들이 계속 주도했지만, 인천, 원산과 중국 국경에서는 중국이 우위를 차지했다.

톈진 조약에 따라서 중국군과 일본군이 조선에서 철수한 이후 많은 중국인 병사들은 조선과의 접경 지역에 머물렀고, 일본은 조선에서 중국의 영향력이 더 크다는 사실을 받아들일 수밖에 없었다. 예를 들면 중국은 조선의 전신선을 전적으로 통제했다. 부산과 일본 사이에도 전신선이 있었지만 이를 부산에서 한양까지 연결하는 허가를 받지 못했다. 즉, 일본인들이 한양과 통신하려면 중국의 전신선을 이용해야 했다. 위안스카이는 젊었지만 강력한 리더십을 발휘했다. 조선인들은 위안스카이가 김옥균과 그의 일본인 친구들을 제거한 것은 만족스러워했지만, 일부는 그가 조선 정부에 무례하게 지시를 내리는 데에 불만을 품었다. 또한 일본인들에게 조선이 메이지 방식의 개혁 노력을 중단한 것과 위안스카이의 군림은 그들의 또다른 굴욕적인 패배를 의미했다. 일부 일본인들은 앞으로는 더 이상 중국에 복종할 필요가 없도록 조선에서 그들의 세력을 더욱 강하게 키워야 한다는 생각을 품었다.

중국 문화에서 벗어날 것을 주장한 후쿠자와 유키치

조선에서는 이처럼 긴장감이 쌓이고 있었지만, 중국 고전 교육을 받은 상당수의 일본인들은 중국을 계속 방문하고 일본 독자들에게 중국 문화를 칭송하는 글을 썼다. 예를 들면 베이징 주재 일본 공사관에서 모리 아리노리 밑에서 근무한 다케조에 신이치로는 사흘간 중국을 여행한 보고서를 중국어로 썼다. 그는 자신이 방문했던 장소의 아름다움을 묘사하고 중국 문학에 서술된 일부 영웅들뿐 아니라 당대 중국의 음식과 농업 방식을 중국 문화에 대한 애정을 담아 설명했다. 또다른 다수의 일본인 학자들도 중국의 중요한 역사 유적지들을 방문한 경험을 시로 썼다.

그러나 갑신정변 실패 이후, 일본 지식인들 사이에서는 중국이 근대 사회의 요구에 너무 늦게 적응한다며 중국 문화를 비판하는 사람의 수가 늘어났다. 예전에 센자이마루 호를 타고 상하이를 방문했던 사람들과 이와쿠라 사절단에 참여했던 사람들이 중국을 실제로 목격하고 크게 실망한 적이 있었다. 또한 메이지 시대의 가장 영향력 있는 지식인이라고 할 수 있는 후쿠자와 유키치는 옛 제자 김옥균이 참패를 겪고 몇 달 뒤인 1885년에 일본이 "탈아(脫亞)"를 해야 한다는 기사를 썼다. 후쿠자와는 일본이 더 이상 중국을 본보기로 삼아서는 안 되며, 그가 생각하기에 더 발전된 서구를 따라야 한다고 주장했다. 후쿠자와의 글은 당시에는 많은 관심을 받지 못했지만, 제2차 세계대전 종전 이후 중국이 서구와 협력한 일본을 비판했을 때에 이 글이 비판의 초점이 되었다.

중국으로부터 벗어나야 한다는 결정은 후쿠자와에게는 그의 가장 중요한 신념을 힘들게 바꾸는 것이었다. 그에게 유키치라는 이름을 지어준 부친은 중국 고전에 대한 존경을 담아 중국의 책에서 "유(諭)"라는 이름을 따왔다. 후쿠자와는 어릴 적부터 기본적인 유교 교육을 받았고 중국 고전을 몹시 좋아해서 유교 경전의 긴 구절들을 암기했다. 그러나 갑신정변의 실패 이후 조선과 중국의 보수파들이 득세하자, 그는 유럽의 문명이 중국 문명보다 훨씬 더 뛰어나다고 격찬하는 글을 쓰기 시작했다. 중국 고전 교육을 받은 많은 일본 학자들은 여전히 자신들의 연구에서 기쁨을 얻었지만, 후쿠자와가 영감의 원천으로서의 중국 문화에 슬픈 작별을 고하자 많은 일본 지식인들 사이에서 중국에 대한 새로운 평가가 나타났다.

오카 센진은 중국의 주요 지식인들과 대등하게 소통한 일본의 유명한 중국 고전 전문가였다. 1884년 5월 29일부터 1885년 4월 18일까지 중국을 여행하고 돌아온 그는 중국이 아편과 고전이라는 두 가지 독에 시달리고 있다고 기록했다. 일전에 중국의 작가 왕도가 4개월 동안 일본을 방문했을 때, 오카와 멋진 대화를 나눈 적이 있었다. 하지만 오카가 중국에 머무르는 동안 왕도는 아편 중독에 빠져 그를 만나지 못했다. 오카는 또 중국의 많은 엘리트들이 굶주리고 있는 동포들을 위해서는 아무 일도 하지 않으면서 사치에 젖어 있는 모습에 크게 실망했다. 그는 관리가 되기를 원하는 사람들이 근대에 적응하는 데에 필요한 조치들은 완강히 거부하면서 "팔고문(八

股文)" 공부에 시간을 낭비하고 있다고 썼다. 오카는 또한 일본의 지식인들은 중국 문화에 해박한 데에 반해, 중국의 지식인들은 일본에서 일어나고 있는 변화를 거의 모른다는 것에도 실망했다. 중국 문화에 대한 오카의 비판은 1919년의 5-4운동 당시 중국의 지식인들이 중국 전통 문화에 제기했던 비판과 놀라울 정도로 유사하다.

해외 팽창에 대한 일본의 지지 증가

갑신정변의 실패가 중국, 조선과 협력하여 서구와 맞서려는 일본의 노력을 중단시키지는 않았지만, 해외에서 일본의 이익을 옹호하는 일본 내 대중의 지지를 강화시켰다. 1864년에 허버트 스펜서가 처음 고안한 "적자생존(survival of the fittest)"이라는 표현이 일본에서 급속도로 퍼지면서 강자가 약자를 지배한다는 믿음을 도덕적 죄책감 없이 정당화하는 데에 이용되었다. 이와쿠라 사절단 참가자들은 유럽의 강대국들이 "문명화된" 국가가 "세계의 덜 문명화된 지역"에 식민지를 건설하고 식민지의 자원들을 본국의 경제에 이익이 되도록 사용하는 것을 당연하게 여긴다는 것을 알게 되었다. 영국은 제1차 아편전쟁 후에 상하이로 진출했고, 1862년에는 영국과 미국이 상하이에 공식적으로 공공조계를 설치했다. 1862년 벨기에의 국왕 레오폴드 2세는 콩고자유국을 세웠고, 같은 기간 동안 프랑스와 영국이 아프리카에 식민지를 건설하고 있었다. 메이지 시대 전에 이미 자바 섬에 진출했던 네덜란드는 1873년에 수마트라의 아체를 침략한 다음 인도네시아의 다른 지역들로 세력을 확장하기 시작했다. 1884년 러시아인들은 조선 북쪽의 해안을 따라 사할린 섬 맞은편의 블라디보스토크, 하바롭스크가 포함된 프리아무르 주를 설치하고 총독을 임명하여 그 지역을 다스릴 권한을 주었다. 프리아무르는 이렇게 지역적 정체성을 얻어 우크라이나의 인구 밀집 지역들로부터 이주자들을 끌어들였다. 이들은 1883년부터 운행이 시작된 증기선을 타고 수에즈 운하와 인도양을 건너 이곳으로 왔다. 일본인들의 눈에 일본은 한 발 뒤처져 있었다. 문명화된 다른 사회들을 따라잡는 노력을 시작해야 했다.

원산항과 인천항이 개항되자 일본의 초기 산업화를 이용한 일본의 제조품 수출이 급속하게 증가했다. 1893년 조선의 수입품 중 91퍼센트가 일본, 8퍼센트가 중국에서 온 것이었다. 조선의 수출품은 49퍼센트가 중국, 50퍼센트가 일본으로 갔다.[1] 조선인들은 조선이 공식적인 일본의 식민지가 아님에도 일본인들이 제국주의자처럼 행동하며 자국의 상업적 이익을 도모하고 도덕적 가책 없이 조선인들을 얕보고 착취한다고 생각했다.

김옥균의 정변이 실패로 끝난 뒤, 일본인 살해에 대한 자국의 대응이 미약하다고 생각한 일본 대중은 정부가 더 강경하게 대응하지 않았다며 격분했다. 하지만 일본의 지도자들은 그 시점에는 대응에 필요한 군사력이 부족하다는 것을 알고 있었다. 그래도 조선과 심지어 중국에 더 많은 병력을 보내자는 여론이 높아지기 시작했다. 1878년에 가쓰라 다로와 야마가타 아리토모가 내놓은 군 현대화 계획이 1884년에 완료되자, 군은 1882년에 증가된 군 예산에 힘입어 성장하기 시작했다. 1883년에 징병법이 개정되어 신병의 수를 늘리고 예비군 기간을 9년으로 연장했다. 일본의 군 관계자들은 아직 조선 내 중국인들에게 도전하기에는 시기상조라고 판단했지만, 일본군이 그들보다 훨씬 더 준비를 잘 갖추게 될 날이 올 것이라고 꿈꾸기 시작했다.

1886년에 중국의 북부 해안선을 지키는 북양함대가 나가사키에 기항통지를 했다. 얼마 후 독일에서 구매한 딩위안 호를 포함한 4척의 현대식 전함이 모습을 드러냈다. 딩위안 호는 세계에서 가장 큰 해군 군함 중 1척으로, 당시 일본의 어떤 전함보다 훨씬 더 큰 배였다. 중국은 일본에게 중국 해군의 위용을 과시하면서 일본이 중국과의 분쟁에 휘말리는 것은 어리석은 짓이라는 암시적인 메시지를 던졌다. 딩위안 호가 나가사키에 정박한 동안 홍등가에서 중국인 선원들과 현지 주민들 사이에 실랑이가 벌어져 중국인 선원 4명과 일본 경찰 2명이 죽고 양측에서 많은 부상자가 발생하는 사건이 일어났다. 중국의 이번 방문은 일본에게 깊은 인상을 남겼지만, 중국의 원래 의도와는 다른 결과를 낳았다. 딩위안 호를 본 일본 정부가 그에 필적하는 화력을 보유한 대형 순양함 3척을 건조하기로 결정한 것이다. 1889년 이후 중국은 석방을 새로 짓는 등 이화원 보수에는 투자를 계속하면서도 해군 군함에는 별다른 새로운 투자를 하지 않았다. 반면 일본에서는 1893년 이후 천황이 해군에 성금을 보냈을 뿐만 아니라, 문무 관리들의 급여에서 10분의 1을 삭감하여 이를 해군 군함 건조와 무기 구입에 할당된 자금에 추가했다.

일본이 중국에 관해서 수집한 정보, 1880-1894년

일본이 1894-1895년의 청일전쟁에서 승리를 거둔 요인들 가운데 가장 중요한 한 가지는 일본은 중국에 관한 높은 수준의 정보를 확보했던 반면, 중국은 일본에 대한 정보가 부족했다는 점이다.

조선을 둘러싼 중일 관계의 긴장에도 불구하고 1880년대에 양국 간 교역은 증가하고 있었고, 일본의 사업가들은 중국과의 교역이 계속 증대될 것이라고 예상했다. 이런 확대에 대비하여 이들은 중국에서 시장 조사를 하고 정보를 수집했다. 1871년 외교 관계가 수립되기 전에는 중국에 일본 기업이 없었지만, 1877년에는 상하이에만도 무역 회사인 미쓰이 물산과 선박 회사인 니폰 유센 사(NYK)를 포함한 약 25개의 일본 기업이 있었다.

1894년 이전에 일본이 중국을 공격할 계획이 있었다는 기록은 없지만, 일본은 충돌이 일어날 경우에 대비해서 중국의 군사 시설과 군함에 대한 정보를 수집하고 있었다. 청일전쟁 당시 사단장이었던 가쓰라 다로가 이미 1879년에 중국의 군사 시설을 살펴보기 위해서 다른 일본인 10명과 함께 중국으로 떠났다. 가쓰라의 조사 결과는 다음 해에 야마가토 아리토모의 서문이 실린 책으로 출간되어 중국의 군사 기지들, 무기, 군 조직을 설명했다. 이 책은 1882년과 1889년에 개정되었다. 1894년 양국 사이에 전쟁이 벌어질 때까지 일본은 여러 저자, 기자, 사업가들이 수집한 중국의 지리, 경제, 항구, 선박, 도로, 설비에 관한 상세한 정보들을 접했다. 현재 이용할 수 있는 기록으로는 어느 저자가 실제로 첩보원이었는지 혹은 아니었는지 판단하기가 쉽지 않다. 중국과 좋은 관계를 원했던 사람들, 중국의 경제 발전을 돕기를 바라고 군사 행동에 반대했던 사람들도 충돌이 발생할 경우 군이 직간접적으로 이용할 수 있는 정보를 일본 관리들에게 제공했다.

중국 사정에 정통하고 폭넓은 중국인 친구를 두었던 사람들 중 한 명이 소네 도시토라였다. 중일 우호의 강력한 지지자였던 소네는 중국을 여러 차례 방문하여 그 나라의 개혁가들과 친분을 쌓았다. 그는 항구, 배의 화물들, 군사 시설 등에 관한 정보를 포함하여 자신이 방문한 장소들을 자세하게 기록했고, 그의 보고서가 일본의 고위 관료들과 군 지도자들에게 전달되었다. 소네가 첩보원이었든, 아니었든 간에 그가 확보한 정보들은 분명 일본군에 도움이 되었다.

중국에 무역 회사를 설립한 사업가 아라오 세이는 중국 관련 정보를 수집하도록 사람들을 훈련시키는 데에 그 어떤 일본인보다 큰 활약을 했다. 1892년에 그와 보좌들은 중국에 기업을 설립하려는 사람들에게 필요한 정보들이 가득 실린 3권으로 된 『청국 통상총람(淸國通商總覽)』을 펴냈다. 1890년, 아라오는 일본 사업가들의 도움을 받아 상하이에 일청무역 연구소를 설립했다. 일청무역 연구소는 일본인 사업가들을 위한 3년 과정의 훈련 프로그램을 제공하는 학교였다. 교육과정은 중국어와 영어, 상업 지리, 회계, 부기에 초점이 맞추어졌다. 1893년에 처음 졸업생을 배출했고, 많은 졸업생들이 상하이의 기업에 취직했다. 아라오는 중국과의 전쟁은 일본에 이익이 되지 않으며 일본이 중국을 경제적으로 도와서 함께 서구의 진격에 맞서야 한다고 생각했다. 그는 개인적으로 청일전쟁에 반대하여 절에 은거하며 전쟁이 끝나기를 기다렸다. 전쟁이 끝난 뒤에는 중일 간의 무역을 촉진하기 위해서 중국에 유리한 조건들을 지지했다. 하지만 분쟁에 대한 아라오의 이와 같은 입장에도 불구하고 군 관계자들은 그의 연구소에 재정적 지원을 했고, 첫 졸업생을 배출한 지 1년 뒤에 청일전쟁이 발발하자, 89명의 졸업생들 중 70명 이상이 일본의 전쟁 활동에 필요한 통역사나 첩보원으로 선발되었다.

중국을 방문한 일본인들이 수집한 정보는 기업가들과 그에 관심 있는 대중뿐 아니라 일본군들에도 배포되었다. 청일전쟁 동안 만주에서 벌어진 전투를 묘사한 한 중국 작가는 일본 병사들이 중국 병사들보다 만주의 지형을 훨씬 더 잘 알고 있었으며, 그 지역에서 싸운 일본 병사의 주머니에서 지역 지형도가 발견되었다고 기록했다.

중국에 관한 정보는 일본의 최고위층에게도 전해졌다. 1893년에 일본 중의원들은 정부 비용을 통제하기 위해서 군함 건조를 줄이자는 안건을 투표에 붙였다. 예산 문제에 대한 의견이 일치하지 않자, 이 문제를 해결해달라는 요청이 메이지 천황에게로 전달되었다. 천황은 당시 중국을 포함한 다른 국가들이 군비를 증강하고 있으므로 일본도 군비를 확충해야 한다고 판단했다. 그는 군함 건조 예산의 확충을 위해서 황실의 비용 삭감에 동의했다.

중국에도 일본의 경제 상황을 보고한 자국민이 있었다. 1878년부터 나가사키에서 근무한 중국 총영사는 나가사키 항을 출입하는 배들에 대한 보고서를 썼다. 1881년부터 1884년까지, 그리고 1887년부터 1890년까지 두 차례에 걸쳐 제2대 주일 청국 공사를 지낸 여서창은 일본 문제를 보고하기 위해서 진지하게 노력했다. 조선의 정세에 관한 그의 경고로 인해서 중국은 실제로 1882년과 1884년 당시 조선 파병을 준비할 수 있었다. 그러나 일본에서 전달된 다른 보고들은 베이징에서 거의 관심을 받지 못했고, 때로는 놀랄 만큼 현실과 달랐다. 청일전쟁이 발발한 1894년 초에 주일 공사 왕봉

조는 일본이 내부의 다툼으로 인하여 혼란스러운 상황이므로 외부적으로 적극적인 행동을 할 가능성이 낮다고 베이징에 보고했다.

전쟁이 일어난 뒤, 이홍장은 추이를 예의주시했지만 베이징의 고위 관료들 대부분은 처음에 거의 관심을 보이지 않았다. 당시 황실에 전해진 문서들을 꼼꼼히 읽어본 역사학자 새뮤얼 추는 베이징의 고위 관료들이 전쟁을 수행할 계획보다 서태후의 환갑연을 열 계획을 세우느라 더 바빴다고 보고했다. 심지어 전쟁이 시작된 뒤에도 많은 관료들은 서구의 강대국들이 참전할지에 대해서만 주로 염려했고, 일본은 그다지 중요한 존재가 아니라고 생각했다.

청일전쟁의 전조, 1894년

일본군의 발전을 이끌고 추밀원 의장을 지낸 야마가타 아리토모는 1893년에 일본이 중국과 협력해야 하고 일본의 주적은 러시아, 프랑스, 영국이라고 공표했다. 전쟁의 발발을 연구한 일본과 중국의 많은 학자들은 조선에서 긴장이 높아지고 있기는 했지만, 일본 대중의 격분을 산 김옥균 암살과 중국의 조선 파병을 불러온 동학운동이라는 두 개의 주요 사건이 때맞춰 일어나지 않았다면, 청일전쟁은 일어나지 않았거나 적어도 미루어졌을 수 있다고 생각한다.

1884년의 정변을 주동했던 김옥균은 1894년 초에 상하이로 가서 이홍장을 만나보라는 제안을 받았다. 김옥균은 10년 넘게 암살의 두려움 속에서 살았지만 조선인 지인의 이 같은 청을 받아들여 함께 상하이로 떠났다. 그러나 그 지인은 사실 김옥균 암살 임무를 맡은 자객이었다. 3월 27일, 상하이로 가는 배에서 김옥균은 이 자객의 총에 맞아 숨졌다. 일본의 적들과 협력해서 반역을 저지른 사람의 말로를 보여주기 위해서 김옥균의 시체는 훼손되고 절단되어 조선의 여러 도시들에 내걸렸다. 조선인들이 생각하기에 김옥균은 1884년의 정변에서 나라의 최고위 관리들을 죽인 극악무도한 짓을 저지른 사람이었다. 하지만 일본 언론은 그를 조선의 근대화를 위해서 노력한 애국자로 보았다. 김옥균이 암살되어 신체 부위들이 여기저기 내걸렸다는 소식이 일본 신문들에 실리자, 큰 파문이 일었고 일본 대중은 격앙했다. 도쿄의 아오야마 묘지에서 열린 김옥균의 장례식에서 그의 스승이자 많은 존경을 받는 지도적 지식인이던 후쿠자와 유키치가 조선을 근대화시키고자 했던 그의 노력에 대한 일본인들의 존경과 암살에 대한 분노를 담은 추모사를 읊었다. 일본 언론은 국가적 차원의 강력 대응을 요구하는 여론으로 가득 찼다.

김옥균이 암살된 직후 조선에서는 동학운동이 일어났다. 국가 정책에 격분한 한 종파가 일으킨 중국의 태평천국운동과 비슷하게 동학운동도 토착 종교와 외래 종교의 요소들을 결합한 종파인 동학(東學)으로부터 비롯되었다. 지방 유생의 아들인 가난한 양반이 창시한 동학은 가진 것 없는 사람들에게 희망을 안겨주었다. 동학은 처음에 국내에서 반대에 부딪혔는데, 이는 동학이 지닌 정치적 목적 때문이 아니라 동학의 믿음이 유교의 정통 교리에 대한 도전으로 간주되었기 때문이다. 동학은 곡창 지대인 전라도에서 특히 강한 영향력을 발휘했다. 동학교도들은 수도의 부패한 관리들이 지방에 높은 세금을 부과하자 분노했다. 동학의 일반 교도들은 세금을 내지 못해 땅을 잃었거나 혹은 잃을까봐 두려워하던 가난한 농민들이었다.

동학은 또한 일본에 반대하는 입장이었다. 1870년대 이후 일본의 상인들이 조선의 쌀을 점점 더 많이 일본으로 가져가면서 조선의 벼농사가 점차 상업화되었다. 당시 일본은 국내의 수요를 충족시킬 만큼 충분한 쌀을 생산하지 못하고 있었다. 일본인 쌀 상인들은 조선의 지방 농민들에게 돈을 빌려준 뒤 갚지 못하면 땅을 몰수했다. 조선 농민들은 일본인 고리대금업자들을 부정직하고 착취적이라고 생각했다. 1894년 한 포악한 군수가 젊은 남성들을 동원하여 저수지에서 노역을 시킨 뒤 그들과 가족들에게 물세를 요구하면서 동학을 지지하는 사람들이 급격히 늘어났다. 이러한 착취를 견디다 못한 사람들이 민란을 일으켰고 주변 지역들로 민란이 빠르게 퍼져나갔다. 고종은 전라도의 동학 기반을 탄압하기 위해서 800여 명의 병력을 보냈지만, 일부 병사들은 탈주했고, 또다른 일부는 동학군에게 패했다. 동학운동이 북쪽으로 퍼져나갈 당시 동학군이 어느 정도로 위협적이었는지에 대한 추정은 다양하다. 하지만 고종은 자신의 많은 병사들이 동학의 대의에 동조하는 데에 당황했다. 조선의 군사력으로는 봉기를 진압하지 못할 것이라 우려한 고종은 중국에 지원군을 요청했다.

중국은 재빠르게 대응했다. 중국은 한 국가가 조선에 병력을 보내면 다른 국가에 이를 통지해야 한다는 1885년의 톈진 조약에 따라서 6월 7일에 2,000명의 병사를 인천으로 보낸다는 사실을 일본에 알렸다. 일본의 지도자들은 1884년에 조선에서 중국군이 소규모의 일본군을 압도하고 조선에서 일본인들의 사업과 조선 정부 내 친일 인사들을 탄압한 일을 떠올렸다. 중국의 통지를 받은 지 몇 시간도 되지 않아 일본도 8,000명의 병력을 보내겠다고 중국에 알렸다.

현재 남아 있는 역사적 사료에 대한 연구에 따르면, 일본이 언제 중국과의 전쟁을 결정했는지는 학자들 사이에서 의견이 일치하지 않는다. 중국과 일본 모두 양국 사이에 전쟁이 벌어지면 어떻게 대응할지를 모색하면서 수년간 만일의 사태에 대비해왔다. 중국의 일부 학자들은 일본이 그저 전쟁을 일으킬 구실을 기다려왔을 뿐이고, 중국이 동학운동을 저지하기 위해서 병력을 보내자마자 개전 결정을 내린 것이라고 주장한다. 일본이 중국에 공식적으로 전쟁을 선포한 것은 8월 1일이지만, 7월 25일에 해군이 기습 공격을 하면서 사실상 전쟁이 시작되었다.

10년 뒤인 1904년에 일본은 기습 공격으로 러일전쟁을 일으켰고, 1941년 12월 7일에도 역시 기습 공격으로 미국과 전쟁을 시작했다. 실제로 이 전략은 20세기의 일본 군 지도자인 이시와라 간지의 사상에 반영되어 있다. 그는 일본이 전쟁을 일으킨다면 기습적으로 결정적 타격(결전)을 가하면서 시작해야 한다고 주장했다.

중국의 일반인들, 관리들, 서양의 관찰자들 사이에서는 전쟁이 일어날 경우 중국이 쉽게 일본을 물리칠 것이라는 의견이 압도적이었다. 1863년부터 중국 해관의 총세무사를 지냈고, 당시 중국을 가장 잘 아는 서구인이던 로버트 하트는 "중국인 1,000명 중 999명이 대국인 중국이 소국인 일본을 완패시킬 수 있다고 확신했다"고 언급했다. 하지만 이홍장은 일본이 그동안 전쟁을 얼마나 철저하게 준비해왔는지 잘 알고 있었기 때문에 그렇게 확신하지 못했다. 그는 일본이 정치적 통합, 훈련, 조직, 그리고 훨씬 더 유용한 정보를 갖추었음을 알고 있었고, 이런 일본과 싸워서 중국이 승리할 수 있을지 우려했다. 조선에서 1882년부터 중국군을 이끌었고, 1885년 이후에는 중국 측 대표 역할을 한 위안스카이도 중국의 승리 가능성에 의문을 품었다. 일본군이 조선에 도착한 직후 위안스카이는 변장을 하고 러시아의 무관과 함께 중국으로 돌아갔다.

이홍장은 1870년에 중국의 외교 정책 책임을 맡은 이후 줄곧 전쟁을 피하고 일본과 안정적인 관계를 유지하려고 노력했다. 1882년에 대원군을 중국으로 데려오기로 결정한 데에는 이런 목표가 담겨 있었다. 또 톈진 조약을 체결하겠다는 1885년의 결정과 일본이 군사적 행동을 취하지 못하도록 조선에서 더 적극적인 역할을 하라고 서구의 강대국들을 설득한 데에도 이 목표가 깔려 있었다. 1894년에, 그리고 심지어 전쟁 중에도 이홍장은 다른 강대국들을 끌어들여 전쟁을 끝내려고 시도했지만, 성공을 거두지 못했다. 고종이 동학운동 진압을 도와달라고 중국에 요청하자, 이홍장은 일본이 이 분쟁에 관여하지 않기를 바라며 한양이 아니라 한양에서 남쪽으로 65킬로미터 떨어진 서부 해안의 아산으로 병력을 보내서 전라도에서 한양으로 북진하던 동학 농민군을 저지하려고 했다. 한양으로 군을 보내면 일본의 심기를 건드릴 것이 뻔하기 때문이었다. 그러나 결국 일본이 파병을 하자 이홍장은 양국 군사를 철수할 것을 제안했다. 그러자 6월 16일에 일본은 근대화를 촉진하기 위한 중요한 조치들에 착수하기 위해서 조선을 돕는 데에 중국과 일본이 협력해야 한다는 반대 제안으로 대응했다. 하지만 중국과 조선의 관찰자들은 일본의 목적이 조선의 경제 발전 촉진이 아니라 자국의 경제적 이익, 즉 조선의 곡물을 싼값에 확보하려는 것임을 확신했다. 1894년 6월, 중국이 일본의 제안을 거절하자 일본은 전쟁에 돌입할 태세를 갖추었다.

청일전쟁, 1894-1895년

중국이 조선의 근대화에 협력하자는 일본의 제안을 거절하고 이틀 뒤인 1894년 7월 23일 새벽 4시에 일본은 조선의 왕궁에 침입하여 왕후와 왕자 한 명을 붙잡은 뒤 그들을 "안전하게 보호한다"며 억류했다. 하지만 고종을 감금하지는 않았다.

7월 25일, 한양에 물자를 공급하던 서부 해안의 개항 도시 인천과 풍도 근방을 지나던 3척의 중국 선박이 일본의 초계 함정들에 의해서 포격을 당했다. 한 시간도 지나지 않아 일본군이 그중 1척을 포획했다. 다른 1척은 달아났고, 나머지 1척은 모래톱에 좌초되었다. 같은 날, 중국이 영국에서 빌린 대형 선박인 가오슝 호가 1,100명의 중국 병사들과 소수의 유럽인들을 태우고 조선으로 향하던 중 3척의 일본 전함에 둘러싸였다. 일본 전함들은 가오슝 호에 항구까지 따라오라고 명령했다. 몇 시간의 협상 끝에 중국이 이를 거부하자 일본의 해군 사령관 도고 헤이하치로가 공격 명령을 내렸다. 가오슝 호는 얼마 지나지 않아 침몰했고, 중국의 정예군 일부가 익사했다.

뒤이어 벌어진 몇몇 해전에서 일본은 발전된 조선술과 해군의 통일된 전략, 1880년대부터 시행된 훈련으로부터 얻은 이점들을 이용했다. 일본 해군은 1880년대 중반부터 범선을 이용하지 않고 증기로 움직이는 전함만 건조했다. 1894년에는 두 함대를 합쳐 연합 함대를 구성했다. 1880년대 중반에 조선에서 발생한 긴장 이후 일본 해군이 세운 전투 계획에서 적은 줄곧 중국이었다. 일본군은 영국 왕립해군의 대령이자 1887년부터 1893년까지 일본 해군대학교 고문을 지낸 존 잉글스의 지도 아래 개발한 전략을 따랐다. 바로 속도가 빠르고 화력이 우수한 전함들을 건조해서 일렬로 배치하여 전투에 내보내는 전략이었다. 일본군은 전투에서 10척의 전함 모두가 함께 움직이기로 결정했다.

반면 중국은 4개의 함대와 일본보다 두 배 많은 전함을 보유하고 있었다. 이홍장이 지휘하는 중국 최대의 함대인 북양함대가 일본과의 전쟁에 투입되었지만, 중국의 함대는 통합이 잘 되어 있지 않아 다른 3개의 함대가 전투에 합류하지 않았다. 중국의 전함들은 일본의 전함들만큼 빠르지 않았지만 일본군에는 없는 대형 철갑선 2척을 독일에서 구매하여 보유하고 있었다. 그외의 다른 전함들은 낡고 구식이었다. 그러나 중국 전함들은 랴오둥 반도의 포트 아서(뤼순)와 산둥 반도 끝에 위치한 웨이하이웨이 두 곳의 기지가 부근에 있어 유리했다.

가오슝 호가 침몰하고 나흘 뒤인 7월 29일에 3,000여 명의 일본 병사들이 한양 바로 남쪽에 주둔한 중국 병사들의 막사를 공격했다. 일본은 8월 1일에 전쟁을 선포하고 부산으로 추가 병력을 상륙시켰다. 중국도 이에 대응하여 같은 날 전쟁을 선포했다. 일본은 이내 한양 바로 남쪽 지역에서 주도권을 잡았지만, 일본군이 한양을 넘어 진군해 중국 병사들 대부분이 주둔하던 평양에서의 전투를 준비하는 데에는 몇 주일이 걸렸다.

평양의 방어가 강하다는 것을 파악한 일본군은 먼저 평양 북쪽의 중국군 요새인 모란대에 초점을 맞추었다. 일본군은 평양보다 지대가 높은 모란대에서 평양으로 포격을 퍼부었고, 결국 9월 15일에 중국군은 평양을 넘겨주었다. 중국 병사들이 약간의 저항을 하기는 했지만 탄약이 바닥나고 말았다. 어떤 사람들은 평양 전투에서 중국군 2,000명과 일본군 700명이 전사했다고 추정한다.[2] 평양 전투는 일본에 의미 있는 승리였다. 남은 중국 병사들은 서둘러 북쪽으로 후퇴해 압록강을 건너 중국으로 돌아갔고, 이로써 조선에서 중국군의 주둔은 끝이 났다.

평양 전투가 끝나고 그다음 날인 9월 17일, 압록강 어귀의 황해 근방에서 훗날 황해해전이라고 불리게 된 전투가 벌어졌다. 중국 해안선을 지키기 위해서 건립된 북양함대는 외해에서의 작전 수행에 어려움을 겪은 반면, 일본 전함들은 쉽게 움직였다. 중국에는 2척의 독일 철갑선이 있었지만 이 전함들의 최대 속도가 15-16노트였던 데에 반해, 일본의 전함들은 20노트 이상의 속도로 움직일 수 있었다. V자 대형으로 배치된 북양함대의 전함 10척은 측면과 후면에서 공격해오는 더 빠른 일본 전함들에게 압도당했다. 중국의 전함에 둘러씌운 철판이 쉽게 뚫리지는 않았지만, 일본군은 화력을 이용해서 갑판 위의 중국 수병들을 죽일 수 있었다. 중국은 5척의 전함을 잃고 약 1,000명으로 추정되는 사상자를 냈다. 중국의 다른 선박들은 파손되어 수리를 받기 위해서 포트 아서로 물러났다. 그에 비해 일본은 단 1척의 전함만 파손되었고, 그 전함도 도주할 수 있었다. 일본 해군에 대한 기념비적인 연구를 한 에번스와 피티는 황해해전에서 일본이 승리를 거둔 이유로 전함의 우세한 속도, 동종의 배들로 구성된 전열, 우세한 화력, 그리고 적의 함대와 가까워질 때까지 발포를 미루다가 측면과 후면으로 교묘하게 이동하여 공격을 계속하는 전략을 꼽았다. 이번 패배로 중국의 북양함대는 명성에 심각한 타격을 입었다. 반면 승리를 거둔 일본 해군은 제해권을 얻어 자유로이 병력을 이동시킬 수 있게 되었다.

황해해전에서 중국 해군이 패하고 일주일 뒤인 9월 25일에 광서제가 중국 병사들과 민간인들이 고통을 겪고 있다며 서태후의 환갑연을 열지 않겠다고 발표했다.

10월 24일 밤, 일본군은 압록강에 몰래 부교를 세운 뒤 강을 건너 다음날 새벽 4시에 만주에 도착했다. 이때 일본의 주된 표적은 랴오둥 반도에 위치한 항구인 다롄과 포트 아서였다. 일본군이 랴오둥 반도에 도착했을 당시는 겨울이었다. 폭설을 헤치며 행군하는 일본 병사들은 중국의 병사들에게 쉬운 표적이었으므로 중국군은 일본군을 쉽게 물리칠 수 있었다. 하지만 12월 9일에 일본은 포트 아서를 장악했다.

포트 아서가 함락되기 전까지는 전쟁을 취재하던 해외 특파원들이 전장에서 싸우는 일본 병사들을 호의적으로 보도했다. 하지만 몇 주일 동안 중국군과 무자비한 전투를 벌인 일본 병사들은 포트 아서로 다가가면서 점점 복수심에 불타고 있었다. 거의 비어 있던 마을로 들어간 통제 불능의 일본 병사들은 남아 있던 2,000여 명의 주민들을 잔인하게 살해했는데 그중 1,500명이 민간인이었다고 한다. 중국과 서구의 신문들은 일본 병사들이 술과 섹스에 빠지고 주민들에게 잔혹 행위를 저지른다고 보도했다. 40년 뒤에 난징에서 일어난 폭력 사태의 예고편과도 같은 상황이었다.

오야마 이와오—일본 적십자회의 창설을 지원했다—가 즉각 이 사건에 대한 조사 명령을 내렸고, 조사 결과 일본 병사들의 행동에는 타당한 이유가 있었다는 결론이 내려졌다. 그러자 오야마의 법률 고문이던 아리가 나가오가 이 결과에 이의를 제기했다. 포트 아서에서 일어난 사건들을 직접 목격한 그는 국제법에 따라서 일본에게 궁극적인 책임이 있다는 결론을 내렸다. 아리가는 프랑스어로 설명서를 썼고, 이 책은 해외 독자들을 위해서 프랑스어로 발간되었다가 일본의 사관학교에서 교육용으로 쓰기 위해서 곧바로 일본어로 번역되었다. 하지만 일본 대중에게 전해진 소식은 일본이 거둔 큰 성공에 관한 것뿐이었다. 도쿄에서는 승리를 축하하는 거대한 축하행진이 벌어졌다.

포트 아서를 차지한 일본군은 북양함대의 다른 주요 항구인 웨이하이웨이를 점령하기 위해서 이동했다. 산둥 반도 끝에 위치한 이 항구는 포트 아서에서 배를 타고 접근할 수 있었다. 1895년 1월에 일본군은 웨이하이웨이에서 멀지 않은 지점에 상륙했고, 육군과 해군이 합동하여 해군 기지를 차지한 다음 그곳에 있던 중국 함대의 대부분을 격파했다. 이제 일본군은 베이징을 공격하기에 유리한 위치를 차지했다.

2월 12일 북양함대의 전략적 패배가 분명해지자 기병대 장교로서 태평천국과 염군의 진압을 돕고 1886년부터 북양함대를 이끌어온 존경받는 해군 제독 정여창과 부관이 패배의 책임을 지고 자결했다. 제독의 명성을 알고 있던 일본군은 패배한 무사의 정도를 지켜 책임을 지고 자결한 그에게 존경을 표했다. 일본인들은 정여창의 시신을 중국의 배에 실어 옮기는 것을 허락했고, 배가 지나갈 때에 깃발을 내려 존경을 표했다.

세라 페인은 청일전쟁에 관한 연구에서 일본군이 단 한 척의 전함도 잃지 않고 모든 주요 전투에서 승리를 거둘 수 있었던 이유는 전함이나 무기가 더 우수했기 때문만은 아니라는 결론을 내렸다. 중국 역시 뛰어난 전함을 많이 구입했고 다량의 라이플총을 보유했다. 일본이 승리한 중요한 요인들 가운데 하나는 중국군이 통합을 이루지 못해 중요한 전투에 모든 병력을 집중하지 못했다는 점이다. 중국의 남부 함대는 전투에 참전조차 하지 않았다. 또 여러 방언들과 지역적 충성심이 다양한 부대들 사이의 연합을 어렵게 했다. 그에 반해서 표준화된 무기류를 갖춘 일본은 중국보다 무기 보충과 관리가 잘 되어 있었고 적절한 탄약을 이용할 수 있었다. 적에 관한 일본의 우세한 정보력 역시 공격 전략을 세울 때에 유리했다. 또 일본의 병사들이 훈련을 더욱 잘 받고 기강이 잘 잡혀 있었으며 조직적이었다. 메이지 시대에 입대한 지방 출신 신병들은 군이 요구하는 위생과 시간 엄수, 규율을 지키는 일과를 처음에는 낯설어했을 수도 있지만, 기초 훈련을 통해서 점점 그런 군기가 몸에 배었다. 중국의 지도적인 군 장교들 중 일부는 군사 기술이 아니라 정부 관료를 뽑는 전통적인 논술식 시험으로 선발되었다. 그리고 중국 병사들 일부는 용감하게 싸웠지만 애국심이 약한 병사들은 공격을 받으면 금방 자신의 위치를 버리고 달아났다. 그리하여 더 작은 국가의 군사들이 기습 공격을 하고 전술로 상대를 압도해서 더 큰 국가의 군을 결정적으로 무찔렀다.

1894년, 전쟁이 발발하기 전날에 일본은 영국과의 불평등 조약을 끝내는 통상 조약을 체결했다. 일본은 국제 기준에 맞도록 수년간 사법 체계를 구축하고 법을 제정했으며 법률가들을 훈련시켜왔다. 외국 외교관들에게 널리 존경받던 외무상 무쓰 무네미쓰와 총리 이토 히로부미가 영국과의 협상에 적극적으로 관여했다. 5년 뒤에 발효될 새 조약에 따르면, 일본은 자국법정에서 외국인들을 재판할 권리를 얻었다. 중국인들 역시 오랫동안 불평등 조약에 대해서 불만을 표현해왔지만, 해외의 강대국들은 아직 중국 법정의 전문성을 확신하지 못했으므로 1946년까지 불평등 조약을 폐기하지 않았다. 1946년에야 마침내 종료된 불평등 조약들 중에서 서구 국가가 아닌 국가가 중국에게 강요한 조약이 하나 있었다. 청일전쟁이 끝난 뒤 일본이 중국에게 체결하게 한 시모노세키 조약이었다.

시모노세키 조약, 1895년

1895년 1월, 중국이 치명적인 패배를 당하고 일본군이 계속 중국에 남아 베이징을 쉽게 공격할 수 있게 된 상황에서 승전국인 일본은 중국에 커다란 고통을 안겨준 조약을 강요할 힘을 얻었다. 중국 내에서 소수의 관료들은 자국의 협상력이 얼마나 약한지 알고 있었지만, 일부 관리들과 시민들은 중국의 영향력에 대해서 여전히 환상을 품고 있었다. 전투력에 자신이 있던 일본인에게는 통하지 않을 환상이었다. 일본 내에서는 자국이 이미 세계적 강대국에 도달했고, 지난 수세기 동안 그토록 오만하게 행동했던 중국인들에게 굴욕을 안겨줄 수 있으며, 승자의 정의를 강요할 수 있다는 승리의 분위기가 감돌았다. 일본인들은 1871년 프랑스-프로이센 전쟁에서 프로이센이 승리한 뒤 프랑크푸르트 조약에서 프랑스에 강요했던 조건들을 그들의 요구 기준으로 삼았다. 그 조약에는 대규모의 영토 할양과 거액의 배상금 부과가 포함되었다.

중국은 청일전쟁 동안 전투를 계속하면서 평화조약 협상을 여러 차례 시도했다. 1894년 11월 26일, 일본이 포트 아서를 점령한 직후 이홍장은 톈진 해관의 관세국장인 구스타프 데트링에게 일본의 이토 총리에게 전할 서신을 건넸다. 일본의 관료들은 중국이 아직 일본이 용인할 수 있는 협정을 맺을 준비가 되지 않았다는 것을 알고 데트링이 적절한 자격을 갖춘 사람이 아니라는 답을 보냈다. 1895년 1월 10일에 만주의 일본군이 다롄으로 행군하자 중국 정부가 휴전을 요청했지만 일본은 이를 받아들이지 않았다. 2월 1일, 중국의 관료 두 명이 이토 총리와의 논의를 위해서 히로시마에 도착했다. 그중 한 명은 최근 타이완에서 근무하면서 살해당한 일본인의 머리를 가져오면 배상금을 주겠다고 한 인물이었다. 중간급 관료였던 두 사람에게는 결정을 내릴 수 있는 권한이 없었지만, 그들은 히로시마에 도착한 직후 언제 천황을 만날 수 있는지 물었다. 일본인들이 보기에 이것은 중국이 아직 일본을 적절하게 존중하지 않고 양보할 준비가 되어 있지 않음을 의미했다. 이토 총리는 두 관료에게 과거에 중국 대표단이 합의를 해놓고 나중에 날인을 거부했던 일을 상기시켰다. 그는 메이지 천황은 협정을 맺고 날인할 권한을 가진 중국 측 교섭자하고만 협상을 할 것이라고 설명했다. 두 중국 대표들은 빈손으로 돌아가야 했다.

6주일 뒤 일본이 웨이하이웨이에서 중국 함대를 격파하고 베이징을 공격할 태세를 갖추자 중국은 그제야 협정에 날인할 권한이 있는 사절을 보내겠다고 다소 다급하게 제안했다. 이에 일본은 공친왕이나 이홍장만 교섭자로 인정하겠다고 응수했다. 모두 만주족이던 베이징의 고위 관료들은 중국인들의 반발을 불러올 것이 뻔한 양보를 해야 하는 조약에 공친왕 같은 만주족이 서명을 한다면 이미 광범위하게 퍼져 있던 반만주족 정서가 더 고조될 것을 걱정했다. 따라서 한족 대표인 이홍장이 이 불쾌한 양보를 하도록 만들고, 그로 인한 곤경의 책임 또한 그에게 지우는 편이 나았다.

일본이 요구한 양보는 실로 과중했다. 시베리아 횡단철도가 새로 건설되

152

어 북동 아시아에서 러시아의 영향력이 증대되는 것을 우려한 일본제국의 육군은 포트 아서와 다롄을 포함한 랴오둥 반도에 대한 지배권을 달라고 요구했다. 러시아인들이 북동 아시아에서 부동항을 확보하지 못하게 막으려는 의도였다. 일본제국 해군은 서태평양에서의 입지 강화를 위해서 타이완을 차지하기를 원했고, 고위 재무 관료들은 중공업화 비용을 충당하기 위해서 거액의 배상금을 원했다. 일본인들은 중국 본토의 많은 영토를 일본이 지배하게 되는 결과를 서구 열강들이 받아들이지 않을 것임을 알면서도 이 모든 요구를 할 수 있다고 자신했다.

3월 19일, 이홍장과 100명의 관리들이 일본의 본섬인 혼슈의 남서쪽 구석에 위치한 항구인 시모노세키에 도착했다. 시모노세키는 이토 히로부미가 성장한 조슈 번에 속했던 야마가치 현에 있었다. 영어를 꽤 잘했던 이토 총리는 이홍장과 영어로 이야기했다. 이홍장은 영어를 할 수 있었지만 주로 중국어로 말했고, 중국어-영어 통역사를 통해서 협상을 했다. 회담이 열리던 당시 일본군은 베이징까지 행군할 수 있는 거리에 있었다. 이토는 중국이 거절할 것이 분명한 제안으로 협상을 시작했다. 그가 내건 조건은 톈진, 다구(베이징을 지키는 군사 기지), 그리고 만주를 중국의 나머지 지역과 분리시키는 고개인 산하이관을 일본이 점령할 것, 중국의 주요 철도를 일본이 관리하게 해줄 것, 일본군의 점령을 지원할 비용을 중국이 부담할 것이었다. 예상대로 이홍장은 그런 조건은 받아들일 수 없다고 대응했고 협상은 계속되었다. 이홍장은 전에 이토와 협상을 한 적이 있었는데 두 사람은 이 문제가 개인적인 것이 아니며 자신들이 각자의 나라를 대표하고 있음을 알고 있었다. 하지만 이홍장은 그런 조건을 받아들일 경우 중국인들이 자신을 어떻게 생각할지 설명하면서—나중에 보니 매우 자세한 설명이었다—개인적인 호소를 했다.

3월 24일, 이홍장이 회담을 마치고 숙소로 돌아가는 도중에 일본의 한 젊은 선동가가 그에게 총을 발사하여 암살을 시도했다. 총알은 이홍장의 눈 바로 아래 뺨에 박혔고 범인은 체포되었다. 이홍장은 매우 고통스러웠지만, 총알을 제거하지 않기로 했다.

이 사건으로 일본의 관료들과 언론이 발칵 뒤집혔다. 이 사건이 일본의 국제적 평판에 어떤 해를 끼칠지 잘 알고 있던 일본인들은 본국과 해외 모두에 열심히 사과했다. 일본의 여론 대변인들은 이홍장의 안녕을 몹시 염려했고, 일본 정부는 끔찍한 행동으로 여겨진 이번 사건에 대해서 속죄하려고 했다. 메이지 천황 역시 중국에게 사과 성명을 발표했고 이홍장의 치료를 돕기 위해서 자신의 주치의를 보내겠다고 제안했다. 이홍장은 일본의 일반인들에게서도 수많은 사과 편지를 받았고, 천황은 중국에 3주일간의 휴전을 제의했다.

한편 사건 이후 이홍장이 아들로 입양한 이경방이 이토와 협상을 계속했다. 총격이 일어난 이후 일본인들은 중국에 대한 요구를 약간 완화했지만 제시한 조건은 여전히 가혹했다. 암살 시도가 일어나고 엿새 뒤에 휴전 협정이 체결되었다. 이 조약으로 타이완과 펑후 제도가 일본에 할양되었고, 중국은 연간 예산의 4분의 3에 맞먹는 거액의 배상금을 4년 반에 걸쳐 일본에 지불해야 했다. 또 조선에 대한 중국의 종주권과 조공관계가 끝나면서 조선은 완전한 독립국가가 되었다. 랴오둥 반도를 포함한 중국 본토의 상당 부분이 일본으로 넘어갔고, 일본은 중국에서 유럽 강대국들과 같은 상업적 특권을 누리게 되었다. 따라서 일본 상인들은 중국 내에서 통행료 징수소를 지나는 상품들에 대해서 더 이상 이금세(통행세)를 지불하지 않아도 되었다. 또한 중국은 공격적인 군사작전을 끝내야 했고, 7개의 주요 도시를 일본인 거주민들과 기업들에 개방해야 했으며, 더 많은 내륙 시장도 개방해야 했다.

조약의 조항들이 중국 내에 알려지자 예상대로 사람들은 크게 분노했고 그런 조건들을 받아들인 이홍장을 맹렬히 비난했다. 수천 명의 관리들이 황제에게 조약을 비난하는 탄원서를 올렸다. 하지만 황제는 만약 중국이 조약에 서명하지 않으면 베이징과 선양이 금세 쑥대밭이 되고 명대의 무덤들이 파괴될 것임을 알고 있었다. 5월 8일, 공자가 태어난 보하이 해안 근방의 산둥 성 옌타이(즈푸)에서 러시아, 미국, 영국, 프랑스, 독일, 이탈리아의 전함들을 앞에 두고 조약이 조인되었다.

조약에 서명하는 것 외에는 다른 도리가 없었던 만주족 조정은 그런 가혹한 조건을 받아들인 책임을 다른 쪽에 떠넘기려고 했다. 서태후는 광서제에게 그 책임을 떠넘겼다. 만주족 통치자들은 협상 수행자로 이홍장을 선택함으로써 조약 내용에 동의한 데에 대해서 한족을 탓할 수 있었다. 사실 이홍장은 수십 년간 중국의 힘을 키우려고 애썼지만 그의 노력은 보수적인 관료들의 충분한 지지를 받지 못했다. 조약 협상을 시작할 때에 이홍장이 이토 히로부미에게 말했던 것처럼, 그는 이토가 일본에서 성취한 것들을 중국에서 이루려고 시도해왔다. 이홍장이 암살당할 뻔한 사건이 일본인들의 요구를 약간 완화시킨 것처럼 이홍장에 대한 중국인들의 반감도 약간 누그러지기는 했지만, 중국으로 돌아온 그는 결국 대학사 자리만 제외하고 모든 직함을 박탈당했다. 대대로 중국의 애국자들 사이에서 이홍장은 중국의 취약성들을 극복하기 위해서 평생을 바쳤지만 그 취약성 때문에 패배를 겪은 뒤에 체결된 시모노세키 조약에 합의한 희생양으로 여겨졌다.

이전에 일본인들은 자신들을 마치 상급자를 마주한 탄원자처럼 대하는 중국인들에게 굴욕감을 느꼈다. 예를 들면 중국인들을 만날 때에 지켜야 하는 정교한 의례들이 자신들의 지위를 명확히 말해주었다. 중국인들은 당연히 맨 위에 있었고, 일본인들은 그 밑에 있었다. 일본이 전쟁에서 승리를 거둔 1895년에도 처음에 중국인들은 일본인들을 하대하다가 자신들의 수도가 함락될 위기에 처하자 그제야 기세가 꺾였다. 이제 일본은 중국으로부터 받은 굴욕을 되돌려줄 기회를 얻었다. 일본이 요구한 땅들 중 하나가 선양 부근 지역이었다. 이 지역의 전략적 중요성은 크지 않았지만, 원래 만주족의 수도로 황제의 능들이 위치한 지역이었다. 3세기 동안 중국의 통치자였던 만주족은 이렇게 철저한 굴욕을 당했다. 이후 반만주족 정서가 널리 퍼져나갔고, 16년 뒤에는 왕조가 전복되었다.

회담에서 이토 이로부미는 1886년에 만났을 때에 이홍장이, 그가 자신에게 조선의 상황을 진정시키자는 중국의 제안에 동의하지 않으면 중국과 일본은 싸울 수밖에 없다고 위협했던 일을 상기시켰다. 당시 이홍장은 일본이 승리자가 되는 날이 올 것이라고는 상상도 하지 못했다. 1886년 이토는 중국이 근대화를 위해서 더 노력해야 한다고 말했다. 이홍장은 이토의 이런 평가가 옳다고 여기며 자신도 근대화를 추진하기 위해서 개인적으로 노력했지만 근대화를 반대하는 사람들을 극복하지 못했음을 인정했다. 이홍장은 이토에게 만약 그가 자신의 입장이었다면 어떻게 다르게 행동했을지 물었다. 이토는 이홍장만큼 잘 해내지 못했을 수 있다고 인정했다. 이홍장은 일본이 이룬 성취들에 깊은 인상을 받았지만, 시모노세키 조약과 관련된 무자비한 조건들에 몹시 분노하여 다시는 일본 땅을 밟지 않겠다고 맹세했다고 한다. 다음 해에 이홍장이 탄 배가 요코하마에 정박했지만, 그는 뭍에 올라가지 않았다.

삼국간섭

중국과 전쟁을 벌이는 내내 일본은 서구 국가들이 개입하여 중국을 돕지 못하도록 큰 노력을 기울였다. 외국인 거류지를 어지럽히지 않기 위해서 상하이 지역의 중국 선박들에 대한 공격을 삼갔고, 서구 국가들에게도 그들의 거류지를 침략하지 않는다는 확신을 주기 위해서 애썼다. 일본은 미국에 살던 동포들에게도 미국인들을 도발할 정도의 애국심을 드러내지 말 것을 당부했다. 만약 그렇게 된다면 미국 정부가 반일 조치를 취하게 될 수도 있었다.

전쟁이 일어나기 전까지 서구의 주요 지도자들은 일본에 대해서 긍정적인 감정을 가지고 있었다. 그들은 일본을 근대 국가라고 보았고, 중국은 가난하고 지저분하고 혼란스러울 뿐 아니라 "문명국"의 법적 관례들을 잘 지키지 않는 나라라고 생각했다. 하지만 일본이 전쟁에서 승리를 거두며 중국을 제압하자 다른 국가들, 특히 러시아는 일본이 앞으로 가지게 될 영토 야욕에 대한 우려를 나타내기 시작했다.

시모노세키 조약이 체결되고 6일 후, 일본에 주재하던 러시아, 독일, 프랑스의 공사들이 "친절한 조언"을 해주기 위해서 일본 외무성을 방문했다. 이들은 시모노세키 조약에 따라 일본에 할양되기로 한 랴오둥 반도(포트 아서와 다롄이 위치한 곳)는 그대로 중국의 수중에 있어야 한다고 조언했다. 일본이 베이징과 멀지 않은 랴오둥 반도를 영유하면 중국인들을 불안하게 할 뿐 아니라 조선에도 위협으로 간주될 것이며, 동아시아의 평화에 방해가 될 것이라는 지적이었다. 일본은 이 친절한 조언을 따르지 않을 경우, 외국 열강들이 무력 개입을 할 수도 있다는 것을 분명하게 알 수 있었다. 또 일본은 당시 일본군이 서구의 연합군과 상대가 되지 않는다는 것도 알았다. 랴오둥 반도를 일본에 할양한다는 조약이 비준되고 6개월 뒤인 1895년 11월 7일에 결국 랴오둥 반도를 중국에 반환한다는 새로운 조약이 체결되었다.

일본의 대중이 이 새로운 조약을 터무니없는 양보라고 생각할 것을 충분히 짐작했던 일본의 정부 관료들은 다음 해 5월까지 이 조약에 관한 공개 발표를 미루었다. 그리고 발표할 당시에도 외국 정부들의 압력에 관한 언급은 하지 않고, 중국에 대한 일본의 관대함의 표시로 랴오둥 반도를 반환한다고 설명했다. 이 발표 직후, 예상대로 일본 언론이 폭발했다. 전쟁에서 승리하고 불평등 조약들을 완전히 폐기한 일본이 왜 아직도 유럽 열강들의 요구에 굴복해야 하는가? 일본 언론의 발표대로 일본은 아직 세계 열강 대열에 완전히 속하지 않은 것이다. 게다가 3년 뒤에 러시아가 랴오둥 반도를 조차하여 포트 아서를 부동항으로 사용하기 시작하자 일본인들의 굴욕감은 더욱 심해졌다.

중국인들이 제어할 수 없는 압력에 굴복한 이홍장을 희생양으로 만든 것처럼, 일본의 언론은 외세의 압력에 굴복한 일본 외교관들에게 책임을 전가하는 기사들로 가득 찼다. 일부 애국자들은 일본이 어떻게 하면 계속 힘을 길러 반대로 서구 열강들에게 양보를 얻어낼 수 있을지 벌써 궁리하기 시작했다. 그리고 10년 뒤에 러일전쟁에서 러시아를 물리쳤을 때, 일본인들은 그들이 원하던 대로 할 수 있었고, 랴오둥 반도에 대한 권리를 다시 차지했다.

일본의 승리가 미친 영향

중국에는 국가적, 세계적 사건들을 지켜보는 대중의 수가 그다지 많지 않았다. 중국 내륙 주민들 중 일부는 북동부에서 전쟁이 일어났다는 사실조차 거의 알지 못했다. 그러나 지배층, 관료들, 점점 늘어나는 교육받은 젊은이들은 중국의 패배에 큰 충격을 받았다. 중국은 전쟁에서 패했을 뿐만 아니라 2,000년 넘게 번성한 중국 문명의 우월성에 대한 본능적 자긍심도 잃었다. 그들에게 중국의 패배는 통탄스러운 재앙이었고, 수많은 교육받은 지배층이 자신의 가장 근본적인 믿음에도 의문을 품게 만든 굴욕적인 사건이었다. 중국의 많은 사람들이 현실적으로 일본의 지배에 굴복할 수밖에 없다는 것을 인정했지만, 그 결과는 경제적 재난뿐 아니라 정신적 공허도 불러왔다. 새로운 시대를 항해하기 위한 명확한 도덕적 나침반이 사라진 것이다.

중국이 일본에게 패하자, 외국 열강들은 중국의 약세를 알아차리고 중국의 영토를 잠식할 새로운 기회들을 이용했다. 1897년 러시아는 중국에게 블라디보스토크와 만주를 연결하는 동청철도의 부설을 허가하도록 강요했다. 동청철도는 모스크바와 블라디보스토크를 잇는 시베리아 횡단철도의 경로를 560킬로미터 단축시켰다. 1898년 3월에 러시아는 일본이 군사적 승리를 거두었음에도 불구하고 얻지 못했던 포트 아서를 25년간 조차했다. 중국에 대한 러시아의 영향력 확장은 중국뿐 아니라 일본에도 위협이 되어 1904년에 러일전쟁을 촉발했다.

1897년에 독일이 산둥 성의 칭다오를 조차했고, 영국은 홍콩 바로 북쪽의 신계(新界)를 99년간 조차했다. 프랑스는 하노이에서 윈낭 성의 쿤밍까지 철도를 개통하고 광둥 성 서쪽의 잔장에 대한 99년간의 조차권을 얻었다. 프랑스, 영국, 미국은 상하이와 톈진의 조계에서 영향력을 확대했다. 외국의 열강들은 중국 곳곳의 해안과 내륙 근거지들을 이용해서 경제적, 문화적 활동을 확장해나갔다.

일본인들조차 자국의 빠른 승리에 놀랐다. 일본 정치인들은 이제 일본이 세계의 몇 안 되는 근대 국가들 가운데 하나로 도약했음을 확신했다. 청일전쟁이 일어나기 전날, 영국은 이미 치외법권을 폐지하는 조약에 서명했다. 일본은 전쟁이 끝난 뒤 중국과의 합의를 통해서 타이완을 전리품으로 얻음으로써 유럽의 선진국들처럼 식민국이 되었고, 일본이 식민지주의자의 본보기가 될 수 있음을 세계에 보여줄 준비를 하고 있었다. 그러나 랴오둥 반도를 반환하게 만든 삼국개입은 일본이 여전히 서구에 완전히 받아들여지지 않았음을 보여주는 표시여서 일본인들을 격분하게 했다. 이에 일본인들은 동아시아의 리더로서 서구의 도전에 맞서는 데에 새로운 역할을 하겠노라고 더 굳게 결심했다.

역설적이게도 일본이 중국을 무찌를 수 있었던 것은 그들이 군사력뿐 아니라 전면적으로 근대화에 초점을 맞춘 덕분이었다. 일본의 승리는 군의 규모나 근대식 전함, 무기에서 나온 것이 아니었다. 중국에는 유교 고전에 관한 어려운 시험을 통과한 뛰어난 재능의 군 장교들과 관리들이 있었지만, 일본에는 과학, 기술, 공공교육, 산업, 상업, 운송, 통신, 법, 지방행정, 공공보건, 외교 분야의 교육을 받은 관리들이 더 많았다. 일본은 거의 보편화된 공교육과 기초 군사훈련을 통해서 농민들, 무사-행정인들, 소도시와 도시의 주민들을 국가에 대한 자긍심을 가진 비교적 통일된 시민 조직으로 만들었다. 하지만 일본은 여전히 가난한 개발도상국이었고, 근대화를 향한 강행군의 결과로 심각한 국내 문제들과 내부 갈등을 겪고 있었다. 하지만 1895년의 승리는 일본인들의 국민적 자부심과 근대화를 지속하겠다는 결의를 다져놓았다. 또 아시아에서 계속 세력을 확장해 나가겠다는 그들의 욕구도 더 강하게 만들었다.

일본과 비교하면 중국의 양무운동은 군사와 기술 향상이라는 더 좁은 분야에 초점을 맞추었다. 중국은 선박, 대포, 라이플총을 구입하고 무기 공장을 지었다. 또 외국어를 가르칠 기관들도 설립했다. 중국 역시 외부 세계에 대해서 많은 것을 배운 인재들을 보유하고 있었지만 이 개인들을 활용할 수 있는 통치체제는 전무했다. 복잡하고 변화하는 사회를 관리하는 데에 필요한 넓은 시각과 전문화된 지식을 두루 갖춘 관료 조직이 없었고, 시민 교육을 받고 공통 문화를 보유한 시민도 없었다. 일본에게 충격적인 패배를 당한 이후 많은 중국인이 중국의 제국 체제와 만주족의 리더십이 발전의 장애물이며, 시급한 변화가 필요하다고 믿게 되었다. 몇 년 뒤에 그런 기회들이 생기자, 야망 있는 많은 젊은이들이 중국을 부강한 나라로 만들고 중국 고대 문명의 영광을 되찾아줄 체제를 구축하는 데에 필요한 지식을 얻기 위해서 해외로 나갔다. 그런 젊은이들 대부분이 유학을 떠난 나라가 바로 최근 중국의 적국이 된 일본이었다.

제5장

중국의 근대화에 일본이 준 교훈, 1895–1937년

폴라 S. 해럴과 함께

청일전쟁에서 일본이 예상 밖의 승리를 거두자 동아시아의 지정학적 상황에 동요가 일어났다. 1895년에 중국과 시모노세키 조약을, 다음 해에 통상조약을 체결한 일본은 사실상 조약항을 손에 쥔 강국이 되어 지난 50년간 중국과의 교역 조건들을 주물러온—일본과는 1894년까지—유럽 강대국의 대열에 합류했다. 이에 따라 이제 일본도 최혜국 대우, 치외법권, 관세 통제, 무력 위협 등 한때 유럽의 중국 전술에만 예외적으로 적용되던 관례들을 채택할 수 있었다. 자신들끼리의 균형을 맞추는 데에 오랫동안 익숙했던 기존의 유럽 국가들은 새로운 경쟁자의 등장에 일관성 없이 반응했는데, 예를 들면 일본에게는 랴오둥 반도를 반환하게 하면서 중국의 타이완 이양은 묵인했다. 또 일본이 새로 획득한 내수 항행권과 중국에서의 제조권도 받아들여졌다. 이 권리들은 최혜국 지위의 모든 강대국에게 주어지는 혜택이었다. 랴오둥 반도와 별개로 유럽인들의 초점은 일본을 억누르는 것이 아니라 가급적 빨리 어떤 양보—철도, 항구, 광산 개발권—든 받아내는 데에 맞추어졌다. 당시 서구의 풍자 만화가들이 "수박을 쪼개듯 중국의 영토를 분할한다"라고 묘사했던 영주권 침탈이 벌어졌다.

　일본의 대중은 국제 순위에서 일본 밑으로 떨어진 힘없는 중국을 묘사한 여러 가지 이미지들을 즐겼다. 널리 배포된 전시 인쇄물들에는 수수한 웃옷을 걸치고 무기도 제대로 갖추지 않은 중국 병사들이 유럽의 전투 부대처럼 장비와 복장을 잘 갖춘 일본군에게 항복하는 모습이 그려져 있었다. 광범위한 언론 보도를 통해서 전투 상황을 잘 알고 있던 일본 독자들은 랴오둥 반도 문제에 굴복한 정부를 공공연하게 비판했다. 일본 정부는 이 문제에 대해서 꿋꿋이 버텼지만, 외교 정책 수립 시에 언론이 전한 견해들을 고려해야 한다는 것은 분명했다. 몇 년이 지나고 일본이 주도하는 "아시아인을 위한 아시아" 정책을 내건 정치인들은 세계에서 일본의 지위에 대해서 확신이 있는 새로운 국수주의적 대중을 이끌고 또 따랐다.

1895년 이전의 중국에는 사람들이 정보를 알고, 관여하고, 신문에 의견을 낸다는 의미에서의 대중여론이라는 것이 거의 존재하지 않았다. 중국의 4억 인구 중 대다수가 시골에 사는 데다가 문맹이어서 먼 북동부 지역에서 일어난, 짧지만 막대한 피해를 준 전쟁에 대해서는 전혀 알지 못했다. 도시의 교육받은 중국인들은 그에 관한 소식을 열심히 따라갔지만, 분쟁에 관한 보도는 발행 부수가 적은 상하이의 몇몇 신문들로 제한되었다. 전선에서 점점 커져가는 중국의 피해와 뒤이은 힘겨운 협상에 관해서 충분히 아는 사람은 전쟁을 지휘하는 상급 관료들과 공직 생활을 시작한 지 얼마 되지 않은 젊은 관리들뿐이었다. 전쟁 이후 조약의 조건들이 발표되자 중국의 젊은 관료들은 이에 격분해서 항의했지만 오래가지 않았고, 일본이 아시아에서 주도권을 쥐게 된 반면 중국은 뒤처졌다는 고통스러운 현실만 각인시켰다. 중국의 참패는 외부의 지원보다 자기의존에 우선순위를 두고 지방 단위의 군 개선 계획의 약점을 드러낸 반면, 부끄러움 없이 서구 문화를 전면적으로 차용하고 중앙에서 지휘한 일본 근대화의 효과를 입증했다. 중국 정부의 최고위층은 다음의 두 가지 실용적인 계산을 했다. 첫째, 무게를 일본 쪽으로 기울이면 점점 늘어나는 서구 열강들의 요구에 대한 유용한 평형추가 될 수 있다. 둘째, 일본의 근대화에서 교훈을 얻으면 중국이 부활하는 지름길을 찾을 수 있다. 일본의 지도자들은 두 계산에 모두 동의했다.

20세기에 접어들어 초기 몇십 년 동안 놀라운 반전이 일어났다. 두 나라가 공유한 역사에서 중국에서 일본으로 일방적으로 전해지던 문화의 흐름이 처음으로 뒤바뀐 것이다. 1,300년 전 당나라와 일본의 나라가 접촉했을 때에 배경에 깔려 있던 내화(來華), 즉 중국으로 와서 변화된다는 가정이, 이제 일본이 근대의 세계문화의 중재자라는 개념으로 대체되었다. 중국은 메이지 시대의 개발 경험으로부터 배우는 일련의 의도적인 계획을 실시했다. 이에 따라 교사와 학생의 역할이 바뀌었을 뿐만 아니라 접촉 횟수와 관련자들의 수도 수 세기 전과 큰 차이가 났다. 문명의 본보기였던 중국으로부터 모든 중요 문물을 들여왔음에도 불구하고 7세기부터 17세기까지 중국을 방문한 일본인의 수는 많지 않았고, 그마저도 이후 일본이 수 세기 동안 해외여행을 금지했기 때문에 거의 없는 것이나 마찬가지였다. 반면 20세기가 시작되면서 수백 명의 중국 관료들이 일본을 방문했고, 수백 명의 일본인 교사와 조언자들이 중국에서 일했다. 또 수천 명의 중국 학생들 —최소한으로 따져도 1937년까지 약 5만 명 이상으로 추정된다—이 일본의 교육기관들에서 공부했다. 이때의 문화적 접촉의 규모는 그 어느 때보다 컸고, 그 영향도 광범위했다.

일본의 승리에 대한 평가

나이가 든 이홍장은 시모노세키 조약 이후 실각하고 1895년에 끝난 전쟁의 즉각적 여파로 관심의 중심에서 완전히 벗어나 세계 순방을 떠났다. 국내 개혁과 일본과의 관계 문제를 물려받은 사람은 지방의 유력자들인 장지동, 유곤일, 위안스카이였다. 이들은 이홍장과 마찬가지로 황제에게 충성하는 한족들이었으며, 군벌을 형성하여 세기 중반의 반란들 이후에는 만주족-청 왕조가 무너지지 않도록 도왔다. 9개월간의 전쟁으로 30년 동안의 양무운동이 신뢰를 잃게 되었지만, 이들은 지방에 병기창과 조선소를 건립하고 산업화를 지원하며 서구의 자문을 활용해서 선진 무기를 생산하고 구입하는 합리적이고 야심찬 전략에 관여한 유능하고 재능 있는 지도자들이었다. 하지만 두 국가의 전략이 시험대에 오르자, 군비 증강이 통합적 개혁의 일부분으로 포함된 일본의 고속 근대화 전략은 성공을 거둔 반면, 한 분야에 치중한 중국의 접근방식은 실패했다. 일본의 한 주요 정치인은 1895년의 전쟁이 입증한 점이 있다면 공교육과 국력 사이의 본질적 관련성이라고 보고했다. 그는 중국이 패배한 이유가 문맹에다 사기가 저하된 중국 병사들이 의욕 넘치고 훈련을 잘 받은 일본 제국군과 상대가 되지 않았기 때문이라고 주장했다.

장지동 같은 고위 관료들부터 캉유웨이처럼 큰 뜻을 품은 관료들, 그리고 사업이나 그외의 새로운 직업들에 진출한 지방 유지들에 이르기까지 전후 중국의 지배층은 중대한 궤도 수정의 필요성을 느꼈다. 몇 년 지나지 않아 지도자들의 이미지가 다음과 같이 굳어졌다. 장지동은 만주족 지배층에 대한 배신자, 캉유웨이는 현실을 모르는 입헌군주제 지지자, 그리고 지역 지도자들은 지나치게 자기 잇속만 차린다고 말이다. 하지만 중국의 패배가 미친 직접적인 여파로 침울한 분위기가 이어지면서 상황은 더 유동적이었고 앞으로 중국이 무엇을 해야 하는지에 관한 문제는 전후에 생겨난 수많은 개혁 모임의 주요 논쟁거리가 되었다. 중국은 낡은 관료주의를 관리할 새로운 인재들을 키우기만 하면 될까, 아니면 기초적인 통치 제도들을 근본적으로 개혁해야 할까? 장지동과 상급 관료인 그의 동료들은 철저히 보수적이기는 했지만, 이런 문제들에 대해서 캉유웨이 같은 젊은 정치인의 말에도 기꺼이 호의적으로 귀를 기울였다. 1886년에 이미 장지동과 개혁에 관해서 이야기를 나누었던 캉유웨이는 장지동을 자신이 관할하는 지역에서 열심히 개발 사업들을 실시한 혁신적인 총독의 고무적인 본보기라고 평가했다. 장지동 역시 캉유웨이를 흥미로운 인물이라고 생각했다. 1895년 4월에 시모노세키 조약이 체결되고 몇 개월 뒤에 캉유웨이가 조직한 개혁 모임의 회원 43인의 명단에는 유곤일, 위안스카이와 함께 장지동의 이름이 올라 있었다.

최근의 전쟁에서 예상치 못한 승리를 거둔 일본은 중국의 개혁 지지자들에게 순식간에 관심의 대상이 되었다. 하지만 일본에게서 개발 교훈이라는 명목으로 무엇을 배워야 하는지는 분명하지 않았다. 중국에는 일본에 관한 전문지식이 거의 존재하지 않았던 것이다. 중국은 1870년대 후반부터 도쿄에 외교관들을 주재시켰지만 그들은 근대화 과정에 있는 일본 사회의 현안들을 보고하기보다 일본의 문우들에게 칭송받는 시집을 출간하는 등 대부분 실체가 없는 문화적 거품 속에서 일했다. 하지만 예외는 있었다. 도쿄 주재 공사관 참찬관을 지낸 황준헌은 수년간의 노력과 200여 개의 일본어 자료들을 참조한 끝에 1887년에 민중의 권리부터 보통교육, 해외에서의 선진기술 습득에 이르기까지 메이지 유신에 관해서 하나부터 열까지 살펴본 여러 권의 연구서를 완성했다. 그는 독자들에게 중국인들은 어리석게도 외국인들이 모두 야만인이라고 조롱한다고 말했다. 이는 자신감과 우월감 사이에 있는 중국인들의 일반적인 생각, 즉 일본 같은 2류 국가가 30년 만에 성공을 거둘 수 있다면 중국은 3년 만에 해낼 수 있다는 생각을 반박하는 비판이었다.

황준헌의 의견에 본질적으로 동의하고 아마도 그가 진행 중인 작업을 알고 있었을 캉유웨이는 메이지 유신의 경험을 공부해야 할 필요가 있다고 더 목소리를 높였다. 캉유웨이의 주장은 1880년대에는 거의 영향력을 미치지 못했는데, 이는 그가 당시 무명의 하급 관리였기 때문이기도 하고 일본이 군사력을 증강하기 시작한 시기여서이기도 했다. 그러나 1896년에 전쟁이 끝나고 캉유웨이가 베이징에서 고위 관료가 되자 상황이 달라졌다. 그는 7,750권의 일본어 저서를 중국어로 번역한다는 원대한 목표를 이루게 해줄 번역국을 설립할 자금을 조달할 수 있었다. 이 책들 중 결국 몇 권이 번역되었는지는 분명하지 않다. 우리가 아는 것은 당시 캉유웨이가 일본의 법규들을 번역할 일본의 젊은이와 계약을 맺었다는 사실뿐이다. 하지만 법규 목록을 작성하는 것만으로도 그는 좋은 평가를 받았다. 이는 중국의 개혁가들이 일본과 그외의 곳들에서 진행된 개혁 절차의 역학을 이해하려면 갈 길이 멀다는 캉유웨이의 주장에 강한 설득력을 부여했다.

캉유웨이는 전후에 철저한 개혁을 주창한 사람들 가운데 가장 잘 알려진 인물이다. 그러나 유명세가 덜한 "관련 학자들"—여전히 공직체제 내에서 높은 관직을 놓고 겨루지만 근본적으로 체제를 바꾸기를 원하는 사람들—도 언론이라는 새로운 공간을 통해서 자신의 생각을 밝히기 시작했다. 개혁 모임들과 마찬가지로, 여론의 형성과 반영을 목표로 삼은 정기 간행물들도 전후에 나타난 하나의 현상이었다. 1896년에 캉유웨이가 번역일로 바쁠 즈음, 그의 수제자인 량치차오가 「시무보(時務報)」라는 신문의 편집자가 되었다. 「시무보」는 대개 외국의 재정적 지원을 받아 상하이에 생겨난 여러 신생 기업들 중 한 곳이었다. 「시무보」의 경우 후원자들 중 한 명인 장지동이 신문 내의 반정부적 내용을 검열하라는 조치를 내려 결국 량치차오가 사임하기에 이르렀다. 량치차오는 곧 일본의 여러 잡지의 필자 겸 출판인으로 다시 모습을 드러냈다. 이번에는 중국 정부가 상하이와 베이징에서 잡지들의 판매를 금지하지 않았는데, 량치차오의 메시지가 온건하다고 판단했던 것으로 보인다. 어쨌거나 아는 것이 많고 책임감 있는 시민(신민[新民])은 근대 사회에 필요한 토대였다.

변법자강운동과 일본 모델

1898년 초, 캉유웨이는 광서제에게 황제의 권한을 강화하고 제도국(制度局)을 설치하자는 상서를 올렸다. 그리고 제도국을 현재의 실권자들로부터 모든 권력을 빼앗고 정부 재편 절차에 착수할 개혁 자문들로 구성하자고 제안했다. 캉유웨이는 이런 조치의 타당성에 대한 자신의 주장에 힘을 싣기 위해서 메이지 유신 때의 일본과 표트르 1세의 러시아에서 시행된 개혁들을 다룬 저서를 막 완성하여 첨부했다. 이 문서들이 최고위층에게 전해지는 중에—아마도 선수를 치기 위해서—장지동이『권학편(勸學篇)』이라는 일련의 논문들을 조정에 소개했고, 이를 지방 관리들에게 배포하라는 즉각적인 조정의 허가를 얻었다.

장지동의 저서가 지닌 매력은 사회적 보수주의와 정치적 보수주의 사이의 균형을 잡으려는 시도—기존 질서의 강화를 강력하게 지지했다—와 20세기의 학교 체계 설계에 대한 좀더 진보적인 접근방식에 있었다. 장지동은 중국 학교의 교과과정을 근대화하기 위해서 중국의 인문학과 서구의 과학을 결합해야 한다는 생각을 수년간 지지해왔다.『권학편』에서 새로운 부분은 과거제 개혁, 중앙에서 주도하는 교육계획, 해외 유학 프로그램의 촉진을 강조한 것이었고, 해외 유학과 관련해서는 구체적으로 일본을 언급했다. 장지동은 단순히 책으로 배운 지식보다 직접 관찰하는 것이 더 낫다고 주장하면서 일본의 지도자 이토 히로부미와 야마가타 아리토모가 해외에서 얻은 경험이 이후의 직무 수행에 중요한 자양분이 된 예를 언급했다. 장지동이 서구의 국가들보다 일본에서 공부하는 것이 더 낫다고 제시한 근거들은 지리적 근접성, 비용, 감독의 용이성, 언어의 유사성, 그리고 상대적으로 일치되는 사회체제 등 지극히 현실적인 것이었다. 요컨대 장지동은 일본에서 공부하면 절반의 시간으로 두 배의 소득을 얻을 것이라고 추정했다.

캉유웨이의 제안들은 이보다 더 급진적이었으므로 틀림없이 정계 최고위층의 심기를 건드렸을 것이다. 캉유웨이의 제안들에 정말로 설득된 것인지, 아니면 명목상 뒤로 물러났지만 여전히 실권을 쥐고 있던 이모 서태후의 대역 노릇에 싫증이 난 것인지 황제는 1898년 6월 11일부터 9월 21일까지 일련의 칙령들을 발표하여 캉유웨이의 주장을 받아들이는 단독 행동을 취했다. 이것이 변법자강운동이다. 세제부터 군사훈련, 과거제까지 모든 부분이 점검 대상이었고, 일본을 교육 개혁의 기준으로 삼았다. 입헌군주제는 발표만 미루어졌을 뿐 캉유웨이의 대표적인 목표였기 때문에 분명 안건에 포함되어 있었다. 황제와 캉유웨이가 왜 서태후가 이끄는 수구 세력에 대한 이런 근본적인 도전이 불러올 반발을 예상하지 못했는지는, 이들의 정치적 미숙을 감안하더라도 짐작하기 어렵다. 예상대로 개혁 운동은 실패로 돌아 갔다. 서태후와 지지자들은 9월 21일에 기습적으로 무술정변을 일으켜 개혁을 철회하고 개혁 추진자들을 몰아냈다. 그들은 검거한 사람들을 처형했고 개혁가들을 지지한 광서제를 사실상 유폐시켰다. 개혁을 이끈 캉유웨이와 제자 량치차오는 일본으로 피신했고, 이곳에서 영구적 망명을 희망했다.

캉유웨이와 량치차오의 일본행은 일본 정부에 딜레마를 안겨주었다. 한편으로 보면, 반체제 인사들에게 안전한 은닉처를 제공하는 것은 아시아의 신흥 강국이라는 새로운 역할에서 일본이 지키고 싶은 국제 규범이었다. 그래서 일본은 영국처럼 중국 화남 지방에서 봉기에 가담했다가 실패하여 1895년에 청의 살생부에 오른 쑨원(주요 인물 전기 참조)이 일본을 오가는 것을 용인했다. 정치적 국외자였던 쑨원은 특이한 인물이었다. 하와이에서 공부했고(당시는 미국의 사탕수수 농장주들이 미국의 하와이 점령을 요구하던 때였다), 유교 고전 교육을 받지 않은 데다가 홍콩에서 의학 학위를 받은 기독교도였다. 이방인에 가까웠던 그는 만주족 타도가 중국의 부활에 필수적인 첫 번째 단계라고 믿었다. 쑨원에게 일본은 제2의 고향이었다. 그는 이곳에서 범아시아주의와 중국인들을 구제할 수 있는 길인 혁명에 대한 비전을 공유하고 자신의 목표 달성을 위한 자금 모금 활동에 기꺼이 동참해 준 일본인 친구들을 얻었다.

그러나 다른 한편으로 일본은 중국의 정권과 더 밀접한 관계를 맺기를 간절히 원했다. 오늘날 쑨원은 "국부(國父)"로 최고의 추앙을 받는 인물이다. 하지만 1898년 당시에는 정치적 비주류에 속했고 베이징 정부에는 미미한 걸림돌이었다는 점을 간과하기 쉽다. 캉유웨이는 더 큰 문제였다. 그는 정계 내부자였고 관료체제 내의 영향력 있는 인물이었으므로 더 위험한 존재였다. 일본은 1898년 정변에 실패한 캉유웨이의 망명을 허가하면 청의 권력자들로부터 반발을 사게 되어, 중국의 진보적인 지도자들에게 영향력을 미치기 위해서 서구 열강들과의 경쟁에 집중하던 일본의 대중국 이해관계를 위태롭게 할 수 있음을 잘 알고 있었다. 유곤일 같은 고위급 인사들과 소원해지지 않는 동시에 캉유웨이와 량치차오의 망명 요청을 처리하려면 안정된 교섭자 역할을 할 수 있는 고위급 인사가 필요했다. 그 임무를 맡은 사람이 귀족원 의장이던 고노에 아쓰마로였다.

고노에 아쓰마로와 "아시아인을 위한 아시아" 외교

고노에가 가진 배경, 성격, 중국과의 이해관계를 고려하면 그는 가장 확실한 선택이었다. 고노에는 전통과 근대가 혼합된 새 메이지 정부의 총아였다. 그는 화족(華族)이었고, 옛 전통의 선봉인 가장 저명한 섭정 가문의 당주였으며, 전 천황의 스승이던 조부에게서 중국 고전들을 배웠다. 그와 동시에 고노에는 19세기 후반 일본의 새로운 모습, 외부 사상들과 제도 모형들에 대한 수용성을 대표하는 인물이기도 했다. 고노에는 해외에서 공부하겠다고 고집했는데, 유학은 동시대 많은 사람들의 목표였지만 그에게는 국가적 문제였다. 그는 획기적인 최초의 이와쿠라 사절단에 참여했던 총리 이토 히로부미의 주선으로, 오스트리아와 독일에서 5년 동안 유학할 수 있었다. 또 그의 세대에서 전형적으로 볼 수 있듯이 고노에는 공직에 대한 고결한 견해, 동시대인인 시어도어 루스벨트가 중요하게 생각하여 젊은이들이 따르기를 권했던 유형의 정신을 소유한 사람이었다. 스물일곱 살이던 1890년 가을, 라이프치히 대학교에서 법학 학위를 받고 귀국한 고노에는 그의 신분 덕분에 일본의 새로운 입헌정부에서 한몫을 할 수 있는 기회를 얻었다. 그는 처음에 임시 의장을 지내다가 일본의 상원인 귀족원 의장이 되었다.

고노에는 허수아비가 아니었다. 1893년에 외국 국가들이 주무르고 있던 관세 문제를 둘러싼 엄청난 논란이 의회를 발칵 뒤집었을 때에는 스스로 논란에 뛰어들어 멘토인 이토 히로부미와 충돌했다. 1895년에는 명문인 제국교육회(오늘날 가쿠슈인 대학의 전신) 회장직을 수락하여 학교의 사명을 군 장교 훈련에서 외교관—그의 표현에 따르면 "평화로운 국방"의 전문가—양성으로 바꾸었다. 여성 교육을 포함한 공교육을 지지했으며, 단순히 고상한 발언만 한 것이 아니라 세계 최고의 학교 교육제도의 구축방법을 놓고 종종 갈등을 빚던 교육자들과의 회의에 적극적으로 참여했다. 고노에는 친화적이고 공정한 합의 도출을 이루어냄으로써 점점 더 명성을 얻었다. 그는 일본의 교원 연합들 중 한 곳과 일하면서 도쿄 사범대학의 에너지 넘치는 학장인 가노 지고로를 만났다.

오늘날 유도 도장, 고도칸(講道館)의 창설자로 알려진 가노 지고로는 일본의 1912년 올림픽 출전에 큰 공을 세운 인물이다. 1890년대에는 교육계의 거물로, 일본의 미래 교사들을 위한 표준을 수립하는 기관의 수장으로 이름을 날렸다. 이 일은 체육, 여성의 학교 교육을 포함한 일반 공교육의 모든 측면을 다루어야 하는 중요한 작업이었다. 정책 문제들과 관련해서 고노에와 정기적으로 만났던 1896년 말에 가노는 전적으로 새로운 계획의 초기 단계를 진행 중이었다. 시모노세키 조약을 체결한 지 1년밖에 지나지 않았을 때, 중국과 일본 정부는 중국 학생들을 위한 최초의 일본 유학 프로그램을 시작하는 데에 동의했고, 가노 지고로가 이 프로그램의 책임을 맡았다. 그해 4월, 그는 사범대학에 마련된 3년간의 특별과정을 밟게 될 첫 중국 유학생 13명을 맞았다. 변발을 하고 긴 두루마리 같은 옷을 입은 학생들은 도쿄의 서구인들 못지않게 이질적인 모습이었다. 그중에서 과정을 끝까지 마친 중국 유학생은 7명뿐이었다. 하지만 가노 측의 지원이 계속되면서 이후 10년 동안 일본에서 공부한 중국 학생의 수가 수천 명으로 불어났다.

이것은 세계 최초의 대규모 유학 프로그램이었다.

고노에가 생각하기에 중국 학생들을 받아들이는 것은 환영할 만한 첫걸음이지만, 이는 중국과 아시아의 나머지 지역에 대한 전적으로 새로운 사고의 틀 안에서 이루어져야 했다. 고노에는 널리 읽히던 『태양(太陽)』이라는 잡지의 1898년 1월호에 아시아 정책에 대한 자신의 입장을 밝히고 정책 마련을 돕겠다는 의사를 전했다. 독일에서 5년간 지내며 사적으로 많은 친구들을 사귄 것을 감안하면 고노에의 핵심 주장은 깜짝 놀랄 만한 것이었다. 그는 일본과 일본인들에 대한 서구의 호의의 정도에 의문을 제기했고, 일본의 정책 입안자들이 순진해서 동양과 서양의 충돌이 불가피한 상태라는 현실을 지각하지 못한다고 느꼈다. "동아시아는 결국 황인종과 백인종 사이의 인종 투쟁에 직면할 운명이다. 그 과정에서 중국인과 일본인 모두 백인종이 증오하는 적으로 여겨질 것이다."[1] 이런 만일의 사태에 대비하기 위해서 고노에는 정부가 현재의 유럽 중심 외교 정책에서 벗어나 자연적 동지인 중국과 전략적 관계 구축에 초점을 맞출 것을 요구했다. 서구 국가들이 동아시아를 식민지화하기 위해서 힘을 합치기 전에, 그리고 많은 중국 지도자들이 개혁과 일본에 호의적인 분위기일 때에 이를 서두르는 것이 나중으로 미루는 것보다 낫다고 했다. 고노에는 중국 중앙정부의 일부 관료들이 여전히 고립주의 견해를 완강히 고집하는 것을 알고 있었지만, 장지동 같은 개혁 성향의 통치자들은 일본과의 관계를 강화하는 것이 최선의 이익이 된다고 생각하고 있다고 주장했다. 다만 그는 중국에 대해서 서구인들처럼 오만해지는 것은 일본이 경계해야 할 점이라고 경고했다.

자신의 영향력을 확장하고 싶어하는 누군가에게 고노에는 양측의 장점을 모두 가진 사람이었다. 그는 정부와 엘리트 사회의 어느 지위에 있는 사람에게도 쉽게 접근할 수 있는 궁극적 내부인의 이점을 유지하면서 외부인처럼 자유롭게 행동할 수 있었다. 또 언론에서도 그를 청렴하고 이상적인 총리 후보로 점차 언급하기 시작했다. 만약 1904년에 마흔 살의 나이로 갑작스럽게 세상을 떠나지 않았다면, 아들 후미마로처럼 총리가 되었을 수도 있다.

그러나 1898년에 활동적이고 헌신적이던 고노에는 일본의 여러 아시아 제일주의 단체들, 다양한 정치인들, 언론인-지식인들, 회사 창립자들, "서력동점(西力東漸)"에 맞서는 데에 다른 무엇보다 관심이 높고 쉽게 격앙하는 젊은이들을 집결시키는 일의 적임자였다. 고노에는 이전에 동방협회회보를 이끌었는데, 청일전쟁 직전 회원 수가 거의 1,000명에 이른 이 협회에는 하버드 법대를 졸업하고 후일 외무대신을 지낸 고무라 주타로, 진보당 지도자이자 총리를 지낸 오쿠마 시게노부, 쑨원의 지지자이자 후일 총리가 된 이누카이 쓰요시, 중국과의 교역 확대를 주장한 군 장교인 아라오 세이가 참여했다.

1898년 6월에 캉유웨이의 변법자강운동이 중국을 정치적 불안에 빠뜨렸을 때, 고노에와 동료들은 양국 관계를 강화하고 일본 대중에게 중국의 정세를 알리며 중국의 일본 기업들, 신문, 교육 사업들을 조율하기 위해서 동문회(同文會)를 설립했다. 이 새로운 조직은 이름 자체가 사고의 전환을 나타냈다. 이전의 아시아 제일주의 집단들은 아시아, 동양이라는 위치를 강조했다. 반면 동문(同文), 즉 "공통 문화"라는 표현은 정성적이고 환기적이었다. "같은 문화, 같은 인종"의 약칭인 동문회는 전후 일본에서 점차 관심을 끌던 생각을 표현한 것이었다. 그 생각이란 바로 중일 간의 협력에는 흔한 현실정치를 넘어 정당화되는 독특한 무엇인가가 존재한다는 것이었다. 고노에는 "같은 문화"를 강조하여 역사, 언어, 인종을 성공적인 동맹 형성에 필요한 요건의 선두에 두었다. 중국의 정치 지도부뿐 아니라 중국인들에게 더 광범위하게 다가간다는 뜻이었다. 고노에는 일본인들이 중국의 부패한 정치인들의 잘못을 중국 백성들의 탓으로 돌려서는 안 된다고 말했다.

1898년 11월 초, 동문회는 또다른 아시아 압력단체와 힘을 합쳐 동아동문회(東亞同文會)를 결성했고, 그 강령에는 조선이 추가되었다. 동아동문회는 외무성의 재량 자금을 보조금으로 받을 수 있을 정도로 다양하고 광범위한 회원들로 구성되었지만, 대부분의 자금은 조직의 새 회장인 고노에 아쓰마로 개인에게서 나왔다. 동아동문회는 객관적인 입장을 유지하기 위해서 애썼다. 일부 회원들은 중국 고위 관료들의 느린 속도를 선호했지만 캉유웨이와 량치차오가 주장하는 입헌군주제의 지지자들도 있었고, 이보다 더 극단적으로 제국 체제를 완전히 뿌리 뽑자는 쑨원의 해결책을 옹호하는 사람들(특히 미야자키 도텐)도 있었다. 고노에는 중국의 상황을 개선하자는 일반 목표를 중심으로 의견을 모을 것을 촉구했다. 이 목표는 중국의 영토 보존을 유지하고(지나보전론[支那保全論]) 중국의 국내 정치에 간섭하지 않는다는 공약과 함께 협회의 공식 강령에도 나와 있다.

11월 12일 저녁, 고노에와 캉유웨이가 고노에의 자택에서 처음 만났을 때 돌아가는 상황은 이러했다. 고노에의 진술에 따르면 두 사람의 대화는 마치 줄다리기 같았다고 한다. 고노에는 "아시아의 문제를 해결할 권리는 아시아인들만 가져야 한다. ……아마 이것이 미국이 주장한 먼로주의의 원칙 개념일 것이다. 그리고 사실 아시아를 위한 먼로주의를 개발하는 과제가 귀국과 우리 나라의 책임이다"라는 대담한 발언으로 대화를 시작했다.[2] 캉유웨이는 아시아의 먼로주의에 대한 논의는 받아들이지 않았다. 대신 그는 중국의 국내 정치로 화제를 돌리고 일본이 황제의 재집권을 도우면 정치적으로 이익이 될 것이라고 고노에를 설득하려고 했다. 고노에는 국제 사회와 협력해야만 그런 조치를 취할 수 있다고 받아쳤다. 그뿐만 아니라 메이지 유신의 경우에는 몇 년이 걸렸던 구조적 개혁을 중국이 너무 빠르게 진행하고 있는 것처럼 보인다고 말을 꺼낸 뒤, 좀더 도발적인 질문을 던졌다. 만약 서태후가 권력에서 밀려난다면 지방의 지도자들이 황제를 지원할 것인가? 이것은 고노에가 보고서에서 설명한 것처럼, 다시 말하면 공화국이 가능한 대안이 될 것인지를 묻는 질문이었다. 캉유웨이가 고노에의 질문에 내포된 의미를 이해했다면, 무시하는 쪽을 택했을 것이다.

2주일 뒤, 고노에는 캉유웨이를 대신한 량치차오의 탄원에 기꺼이 귀를 기울였다. 그러나 결정은 이미 내려져 있었다. 캉유웨이는 떠나야 했다. 다음 몇 달 동안 고노에는 외무대신과 협력하여 캉유웨이가 캐나다로 정치적 망명을 할 수 있도록 주선했다. 량치차오는 반청 발언을 완화하라는 경고를 받기는 했지만 일본에 남도록 허가받았다. 2월에 고노에는 캉유웨이와 량치차오가 귀족원 회의에 참석하도록 자리를 마련했다. 3월 중순에는 캉유웨이의 출발 날짜가 정해졌다. 밴쿠버의 일본 공사관에 그의 도착 예정일이 통지되었고, 고노에가 외무성에서 제공된 여행 경비를 캉유웨이에게 전달했다. 3월 21일, 캉유웨이는 고노에를 예방해 자신을 위해서 애써준 그의 노력에 감사를 표했다. 다음날 캉유웨이가 캐나다로 가는 배에 올랐을 시간에 고노에는 장지동이 봄 학기에 자신의 손주를 고노에의 제국교육회에 입학시켰다는 소식을 들었다.

중일 협력의 토대 마련하기

고노에에게는 장지동이 만족하게끔 캉유웨이 문제를 해결하고 싶은 개인적인 이유들이 있었다. 그는 장지동과 그외에 각자의 기반을 갖춘 중국의 지방 지도자들을 직접 만나서 더 밀접한 중일 관계 구축에 관한 구체적인 방안들을 논의하기를 기대했다. 고노에는 8개월간의 세계일주의 일환으로 1899년 가을에 중국을 방문할 예정이었다. 유학 시절 이후 첫 외유인 이번 순방은 지식을 향상시키고 그가 주장하는 외교 정책의 신뢰성을 높일 기회가 될 일종의 이와쿠라 사절단 축소판이었다. 고노에는 먼저 미국을 방문한 뒤 영국, 독일, 러시아, 그리고 그 사이에 있는 국가들을 거쳐 마지막으로 중국을 찾았다.

1899년 10월 13일, 고노에가 탄 배가 콜롬보에서 험난한 바닷길을 지나서 항해하기 알맞은 잔잔한 홍콩 항으로 들어가자 외교관들부터 은행가들,

동아동문회 광동 사무소장, 쑨원의 충실한 후원자이자 혁명 계획 수립의 동지인 미야자키 도라조에 이르기까지 화남 지방에 관심이 있던 각양각색의 일본인 대표들이 그를 맞았다. 고노에가 즉각 해결해야 했던 한 가지 문제는 중국에 머무는 5주일 동안에 그와의 만남을 요청한 쑨원과 캉유웨이의 대리인들에게 어떤 대답을 할지였다. 두 세력 모두 중국 영토 내에서 영국이 관리하는 안전한 피난처인 홍콩 및 상하이 공공조계에 조직원들을 배치해두었다. 고노에는 양측의 회담 요청을 모두 거절했다. 그는 캉유웨이의 사람들을 믿지 않았다. 그리고 쑨원에 관해서 들었던 이야기들은 대체로 긍정적인 내용이었지만, 객관적인 입장을 취해야 하는 동아동문회의 회장으로서 둘 중 한쪽만 만날 수는 없다고 생각했다.

그러나 이 문제는 사소한 걱정거리에 불과했다. 정치적으로 중요한 의미를 지닌 문제는 유곤일, 장지동과의 만남이었다(아마 위안스카이를 만나기 위해서 계획했던 것으로 보이는 북쪽으로의 이동은 여행이 지체되는 바람에 취소되었다). 두 사람은 중국의 권력자들이고 중일 관계의 새로운 앞길을 구축하는 데에 핵심적인 인물이었다. 유곤일은 양강총독(兩江總督)과 남양통상대신을 겸임하여 중국과 외국 기업들과의 통상 관계를 결정하는 특별한 영향력을 보유했다. 호광총독(湖廣總督)이던 장지동은 200만 명의 주민이 거주하는 것으로 추정되는 우한이 근거지였다. 장지동은 이곳에서 8년 동안 총독을 지내면서 우한을 제철소, 탄광, 방직 공장, 다른 지역들과 연결되는 수로 및 철로를 갖춘 양쯔 강 중류 지역의 산업 중심지로 변모시키기 위해서 노력했다. 그는 기계들, 그리고 기계를 생산할 사람들을 교육시키는 체계 모두에서 선진기술을 보유하기를 열망했다. 광범위한 근대화를 추진한 노년의 자강주의자 장지동은 1890년대 후반 중국에 선진화된 기술과 점진적인 개혁에 대해서 알려줄 수 있는 국가로 일본을 점점 더 매력적으로 바라보게 되었다. 1970년대 말에 덩샤오핑(주요 인물 전기 참조)이 경기 침체에서 벗어날 방법을 모색할 때와 마찬가지였다.

고노에와 이 거물 권력자들의 만남은 시각적으로나 상징적으로나 완벽하게 대조적이었다. 당시 서른여섯 살이던 고노에는 서구식 복장을 하고 짧은 머리에 콧수염을 길러 시어도어 루스벨트와 비슷해 보였던 반면, 60대의 나이 든 관료 유곤일과 장지동은 그들의 조부들이 입었음직한 비단 상의와 긴 옷에 둥그런 모자를 쓴 차림이었다. 고노에는 런던과 본에서 편안함을 느끼는 세계인이었다. 한편 유곤일과 장지동은 메이지 시대를 연 서구 지향 세대와 같은 세대였지만 유럽이나 미국에 가본 적이 없었다. 또한 고노에의 진술에 따르면, 두 사람은 여러 나라의 실태를 조사하고 막 돌아온 그의 이번 순방에 관한 이야기에도 관심이 없어 보였다고 한다. 하지만 대화의 핵심이던 중일 협력 전망에 관한 결과만큼은 상당히 고무적이었다. 유곤일은 양국이 협력해야 한다는 데에 기꺼이 동의했다. 그는 자신의 뜻이 일본 쪽으로 기우는 것이 일시적인 현상이 아니라고 언급했고, 1870년대에 신양에서 러시아와, 류큐 열도에서 일본과 대항하는 문제를 둘러싸고 벌어진 격렬한 논쟁에서 "류큐 같은 대수롭지 않은 열도 때문에 우리의 가까운 이웃인 일본을 불쾌하게 하는 데에" 반대했다고 말했다.[3] 고노에가 난징에 동문회의 언어 및 지역 연구소를 세우자고 제안하자 유곤일은 그에 대한 즉각적인 지원을 제안했다.

고노에와 장지동과의 대담은 한편으로는 성공적이었고, 다른 한편으로는 실망스러웠다. 고노에가 일본이 중국 교육자들의 견학을 통해서 교육에 대한 지원을 확대하고 중국에서 가르칠 일본인 교사들을 채용할 뿐 아니라 중국의 젊은이들을 위한 기존의 일본 유학 프로그램을 확대하겠다고 제안하자 장지동은 기뻐하며 그의 의견에 찬성을 표했다. 그러나 화제가 정치로 넘어가자 분위기가 금세 얼어붙었다. 장지동은 량치차오의 잡지 『청의보(清議報)』가 도쿄의 중국인 학생들에게 미치는 악영향을 언급하면서 고노에에게 량치차오를 일본에서 추방해야 한다고 불평했다. 고노에는 초대자를 불쾌하게 했을까봐 나중에 후회했지만, 예리한 대답으로 응수했다. "량치차오를 추방하면 『청의보』가 없어질 것이라는 생각은 큰 오산이다. 일본에서 량치차오를 지지하는 사람은 한두 명이 아니다. 량치차오가 떠나더라도 상황은 조금도 바뀌지 않으리라는 것을 알아주기를 바란다."[4] 고노에가 장지동의 주의를 돌리려고 애쓰면서 쑨원에 관해서 묻자, 장지동은 "그는 신경 쓸 가치도 없는 시시한 폭력배"라고 무시하는 듯한 대답을 했다.

그러나 빅토리아 시대의 영국부터 청나라까지 세계를 두루 여행한 후 1899년 11월에 일본으로 돌아올 당시의 고노에는 의기충천한 상태였다. 그가 중요하게 생각한 중일 프로젝트가 순조롭게 출발하는 듯 보였다. 이후 동아동문회 자금의 100퍼센트 증액 요청이 외무성으로부터 거부되었지만, 1900년 1월에 유곤일으로부터 친전(親傳)을 받은 일로 상쇄되었다. 이 친전에서 유곤일은 난징에 세우기로 합의했던 학교의 최종 계획안을 승인하고 중국, 일본, 조선 간에 더 밀접한 관계를 촉진하려는 협회의 노력을 칭송했다. 또 고노에가 최근 방문했을 때의 사진도 한 장 동봉했다. 고노에는 장지동의 손자의 수학 성적 향상을 포함해서 중국의 행동들에 대해서 언론에 열심히 기고했다.

반외세 급진주의로부터 일본에 우호적인 새로운 정책으로

낙관할 만한 이유는 충분했다. 그러나 봄이 지나고 여름이 되면서 화남 지방으로부터 불길한 보고들이 전해지기 시작했다. 서구인들이 의화단이라고 부르던 가난한 농민들이 처음에는 단지 반기독교 운동을 시작했는데, 그것이 차츰 무차별적인 반외세 운동으로 발전했던 것이다. 의화단운동은 시골 지역에서 톈진-베이징 지역으로 확산되었고 그 과정에서 잔인한 폭력이 행해졌다. 변법자강운동에서 막 회복되고 있을 무렵에 다시금 새로운 난동에 맞닥뜨린 베이징 조정은 대응방법을 두고 또다시 정치적 혼란에 빠졌다. 중국에 거주하던 외국인들은 청나라 조정이 자신들을 보호하기 위해서 병력을 배치할지, 아니면 폭력을 중단시키기 위해서 본국의 병력을 불러야 할지 고민했다. 6월경이 되자 중국 내 외국인들은 중국에게서 어떤 도움도 기대할 수 없음을 느꼈다. 조정의 관료들 사이에서는 대중 영합적인 배외주의(排外主義)를 무기삼아 중국 주권에 대한 외세의 침탈에 맞서는 쪽을 선호하는 입장이 지배적이었다. 6월 21일에 청나라 조정은 외국 열강과의 전쟁을 전면적으로 선포했다. 이윽고 베이징의 외교 지구들에 대한 공격이 시작되었고, 500명의 외국 민간인들(일본인들 포함)은 이곳에 갇혀 사실상 중국 정부의 인질이 되었다. 외국인 공동체의 운명만큼 불확실했던 것이 남동부 지방의 권력자들인 유곤일, 장지동, 이홍장의 장기적인 생각이었다. 이들은 모두 조정의 전쟁 선포 결정에 반대했다.

고노에는 중국 내부의 상황이 악화되는 것을 지켜보는 한편, 일본 정부에 과잉 대응을 해서는 안 된다고 경고했다. 중국 병사들이 베이징 주재 일본 서기관 스기야마 아키라를 잔인하게 살해한 뒤에도 마찬가지였다. 고노에는 외교 관계를 단절하면 일본의 교역과 동아동문회가 화남 지방에 구축하기 위해서 노력해왔던 공식적, 사적 관계망 전체가 피해를 입을 것을 우려했다. 8월 중순에 약 2만 명으로 구성되고 그중 3분의 1 이상이 일본 병사들이던 연합군(미국, 오스트리아–헝가리 제국, 영국, 프랑스, 독일, 이탈리아, 일본, 러시아)이 파견되면서 베이징의 질서가 회복되었다. 그러나 이번에도 고노에는 장기적으로 내다보며 일본 정부에 다른 나라보다 먼저 병사들을 철수시키라고 촉구했다. 그는 병력 철수가 장지동, 유곤일, 이홍장 같은 영향력 있는 관리들에 대한 호의의 표현이자, 다른 열강들, 특히 러시아가 따라야 하는 도전이 될 것이라고 생각했다.

고노에와 일본 대중에게 가장 큰 걱정거리는 중국 북동부에서 커지고 있는 러시아의 영향력이었다. 베이징이 안전해졌는데도 수천 명의 러시아 병사들이 시베리아 횡단철도를 따라 계속 남진해서 청 왕조의 조상들의 고향인 만주에 진을 쳤다. 그러나 중국의 일부 지도층은 일본을 비롯한 다른

178

열강들의 의도도 마찬가지로 우려했다. 친러 진영에 속한 것으로 알려진 이홍장은 지나보전론에 관한 모든 논의에도 불구하고 중국이 위기에 빠졌을 때, 과연 일본이 의지할 수 있는 나라인지 의구심을 품었다.

그러나 장지동과 유곤일은 일본과 협력할 때의 이점들을 확신했다. 그리하여 피난지인 시안에서 두려움 속에서 기회를 엿보던 청나라 조정에 의해서 수개월에 걸친 이원적 과정이 시작되었다. 이홍장이 의화단의 공격으로 발생한 피해에 관해서 외국 열강들과 협상하는 대표를 맡았고, 장지동과 유곤일은 중국의 교육 내용과 목적을 개편하는 데에 초점을 맞춘 개혁 프로그램의 초안 작성을 맡았다. 청 왕조의 이 대들보 3명은 외국 열강들과의 전쟁을 반대한 것으로 알려져 있어서 의화단 사건의 여파에서 상황을 바로잡기에 가장 믿을 만한 인물들이었다. 1901년 9월에 이홍장이 체결한 신축조약은 중국이 지급해야 하는 배상금 부분에서는 매우 가혹했지만, 왕자 몇 명이 처형당한 것을 제외하면 정권은 그대로 유지되었다. 장지동과 유곤일의 개혁 안건—신정(新政)—역시 기존의 한족-만주족 양두정치 체제를 갈아엎는 것이 아니라 근대화 요소들을 보강하도록 설계되었다. 장지동과 유곤일이 생각하기에 이를 실현하기 위한 방법은 일본의 방식을 바탕으로 전국적인 학교 체제를 구축하면서 과거제를 단계적으로 신속하게 폐지하는 것이었다.

중국이 아니라 일본이 국제무대에서 경쟁력 있는 국가가 되고 있다는 것을 인정하고 중국 지배층의 삶의 구조 자체에 단단히 뿌리를 내린 수백 년 된 과거제도를 폐지해야 한다고 인식했다는 점 둘 다에서 이 새로운 국면의 중요성은 아무리 과장해도 지나치지 않다. 신정은 과거제 폐지의 세부 단계들로 들어갔고, 곧 새로운 시험 문제들이 도입되었다. 예를 들면 "정부의 형태를 혁신할 때 일본이 가장 중시한 사항들은 무엇이었고, 그 효과가 입증된 사항들은 무엇인가?"라는 문제가 1902년도 시험에 출제되었다.[5] 그로부터 3년 뒤에 과거제는 완전히 폐지되었고, 관직에서 일할 사람들을 교육시키는 책임이 당시 간신히 걸음을 떼기 시작한 근대식 학교 체제로 옮겨갔다.

장지동, 유곤일 같은 개혁 성향의 실용주의자들이 일본 유학을 장려하기로 결정했을 때에 우선적인 고려사항은 비용이었다. 중국의 입장에서는 유럽이나 미국이 아닌 일본으로 견학단과 학생들을 보내서 관찰하게 하고 근대식 학교에서 훈련받도록 하는 쪽이 비용이 더 적게 들었다. 마찬가지로 중국에서 활동하는 일본인 교사들과 자문들은 일본에서보다는 높은 급료를 받았지만 서구의 교사들보다는 보수가 낮을 것으로 예상되었다. 문화적인 요인들도 장지동의 판단에 한몫했던 것으로 보인다. 한자와 이를 변형한 일본어 글자의 유사성은 중국 학생들이 완전히 낯선 유럽의 언어를 숙달해야 하는 경우보다 훨씬 더 짧은 시간에 많은 것을 배울 수 있음을 의미했다. 또 중국에서 일하는 일본인 자문들은 모두 기본적인 한자 교육을 받은 사람들이어서 아마 중국어를 다소 쉽게 알아들을 수 있었던 점도 효율성 면에서 검토되었을 것이다. 이런 점이 장지동이 우한에서 고용했던 독일인들과는 분명히 대조적이었다.

전문지식의 외부 공급자로서 일본을 선택한 것은 정치적으로도 현명한 판단이었다. 중국 지도부에 남아 있던 반서구파들의 구미에 더 맞는 교육 개혁이었기 때문이다. 의화단을 독려했던 이 관료들은 이제 유럽과 미국이 보복을 가하고 개혁 절차를 주도할까봐 우려했다. 의화단 사건 이후 일본은 언론의 호평을 받았다. 서구의 언론인들은 베이징이 점령되었을 때, 일본인들이 보여준 규율과 자제력을 칭찬하며 연합군의 다른 병사들이 자행한 약탈이나 파괴와 비교했다. 이런 평가가 중국의 관료들에게 어느 정도 효과가 있었는지, 이들 역시 서구 열강에 대항하는 중일 간의 공통된 이해와 조치들에 관해서 일본인들이 했던 말들을 한동안 마음에 들어했다. 아직 신흥 강국이던 미국도 하와이와 필리핀을 점령했고 일련의 중국인 배제법으로 중국인의 이민에 대한 입장을 명확히 밝혔다. 또한 비용 절약과 강경파들을 달래는 효과 외에도 교육 개혁이라는 중대한 문제에서 일본에 의지한 근본적인 이념적 이유가 있었다. 일본의 교육 철학, 특히 윤리 교육과 시민들을 통합하여 국가를 지지하도록 하는 국가적 기준 마련을 강조한다는 점이 중국인들의 사고방식과 맞았기 때문이다. 마지막으로, 장지동과 유곤일이 노련하게 활동하던 더 넓은 정치적 맥락에서 보면 중국의 지역 공동체들에서 이미 수행되고 있던 보통교육 실험들을 공식적으로 허가하는 데에도 적절했다.

중국 관리들의 견학

중국은 1871-1873년의 일본 이와쿠라 사절단에 비견할 만한 사절단을 보내서 해외의 발전상을 공부하도록 후원한 적이 없었다. 이와쿠라 사절단의 참가자들은 이미 영향력이 높던 정치인들과 "전 세계에 지식을 구한다"는 국가적 임무(5개조어서문)를 따르는 젊은이들이었다. 사절단은 체계적으로 조직되었고, 광범위한 규모로 장기간 파견되어 18개월 동안 14개국의 서구 국가들을 방문했다. 또한 사절단은 명확하게 설정된 목표를 가지고 있었다. 첫째가 조약 개정을 협상하는 것, 둘째가 해운학부터 의학, 제조업, 학교행정, 법률, 통치방법에 이르기까지 다양한 분야의 모범 사례들을 공부한 뒤 일본으로 돌아와서 그것을 일본의 문화적 배경에 맞게 응용하는 것이었다. 해외를 직접 체험한 사람들이 일본에서 변화를 일으키는 책임을 맡았다. 이들은 다수의 외부 모델들을 검토하고 일본의 관료체제에서 일할 외국인 자문 수백 명을 고용하여 앞으로 나아가기 위한 시험적 과정에 착수했다. 이러한 과정에서 실수도, 의견 차이도 있었다. 하지만 지도자들은 세계 수준의 교육체계 구축을 핵심으로 한 국부(國富) 및 국력 증진 전략에 확고하게 전념했다. 메이지 시대가 열리던 1872년에 일본이 내린 보통교육에 대한 투자 결정은 지대한 파급 효과를 낳았고, 다음 세대에게 새로운 노하우를 전파했다. 그중 가장 뛰어난 인재들은 해외에서 더 교육을 받도록 선발되거나 본국에서 혁신 정신을 증진하기 위해서 노력했다.

장지동, 유곤일, 그리고 일본 측 관료들이 중국의 근대화 촉진에 핵심이라고 생각한 것이 이러한 견학 사고방식, 다른 곳에서 "효과를 발휘한 것"에 대한 개방적인 태도였다. 장지동은 여기에 관해서 고노에 아쓰마로와 이야기를 나누었고, 이런 사고방식이 신정의 한 부분을 이루었다. 그러나 30년 전의 일본과 달리 중국은 생각을 충분히 뒷받침해줄 통일된 중앙의 리더십이 부족했다. 오히려 의화단 사건 이후 중국의 중앙 지도부는 개혁을 서로 다르게 정의하는 한족-만주족, 보수-진보 진영의 정치 파벌 간의 대립으로 점점 더 마비되어갔다. 또 고질적인 재정 문제도 있었는데, 의화단 사건의 배상금으로 재정이 고갈되어 특히 더 부담스러운 상황에 놓였다. 그 결과 중국이 일본으로 보낸 견학단은 주로 지방 관료들이 국가 우선순위가 아니라 자체적인 개발 우선순위에 맞추어 지역적으로 조직하는 경향이 있었다. 인구는 4억 명으로 일본보다 12배 많지만, 채용제도의 변화로 입지가 좁아지고 있던 고작 4만 명의 관료들이 운영하는 나라에서 이런 산발적인 접근방식이 나타난 것은 놀라운 일이 아니다. 놀라운 것은 오랫동안 문화적으로 2류 국가로 일본을 폄하해왔던 중국이 일본의 혁신적인 역량에 탄복하고 일본을 자국 개발의 본보기로 삼기로 갑작스럽게 태도를 바꾼 것이었다.

1901년부터 1906년까지의 견학 보고서들에 따르면, 이 3년 동안에만도 500-1,000명의 중국 관리들이 일본 견학에 참가했다. 1901년부터 1911년까지의 총 참가자 수는 적어도 그 2배에 이를 것으로 보이는데, 특히 공식 보고서가 발표되고 배포되지 않은 경우가 많다는 점을 고려하면 이와 같은 추정에 더 힘이 실린다. 예를 들면, 신문 기사들에 따르면 1901년 5월에 중국 호부(戶部)의 부책임자가 일본을 찾아 금융제도와 치안 유지체제를 공부했다고 한다. 6개월 뒤에 청나라 조정은 외교관 스기야마의 살해를 비롯해 의화단이 베이징에서 일본 시민들에게 저지른 범죄를 사과하기 위한 대표단의 책임자로 그를 선택했다. 1902년부터 일본 당국의 탄압이 시작되자 일본 내 중국 학생들이 견디지 못하게 되면서 위기 상황을 처리하기 위한 임시 방문도 늘어났다. 전문 분야들에 초점을 맞춘 견학도 증가했다. 특히 주목할 만한 것은 청나라 조정이 절대주의 통치에서 입헌군주제로 서서히 전환되는 과정에서 모델로 삼은 메이지 헌법에 관한 정보를 얻기 위해서 1905년과 1908년에 일본으로 보낸 대표단이었다.

견학에 참가한 사람들은 일본에서 보통 2-3개월을 보냈다. 참가자들 중에는 높은 지위의 교육자와 사업가들도 있었고, 평범한 교사와 농업 전문가들도 있었다. 이들의 전반적인 목표는 성공적으로 근대화되고 있는 사회를 직접 눈으로 보는 것으로, 특히 신속한 경제 성장을 추진할 수 있는 인력 양성에서 중추적인 역할을 하는 보통교육을 연구하는 것이었다. 각 공식 방문자들은 정부 관료들, 특히 외무성의 관료, 문부성의 교육자들과 학교장들, 중일 친선 단체들, 은행가들, 사업가들 등 본질적으로 동일한 사람들과 접촉했다. 전형적인 프로그램은 갖가지 수준, 온갖 전문 분야의 학교들을 방문하는 데에 초점이 맞추어졌고, 교도소, 경찰서, 공장, 은행에 추가로 시간을 썼다. 1903년에는 당시 만국박람회로 불리며 높은 인기를 구가하던 국제 행사의 축소판인 오사카 박람회를 둘러보았다. 견학은 중국어로 이루어졌다.

이 모두를 조율한 사람이 도쿄 사범대학의 학장이자 1896년 1월에 일본에 도착한 첫 중국 학생들을 맞았던 가노 지고로였다. 중국 학생들의 교육이 그의 개인적 과제의 우선순위에 있었다. 1901년에 신정(新政)이 발표되었을 당시 그는 이미 첫 중국인 졸업생들을 배출하고 사범대학의 특별과정에 또다른 학생들을 입학시켰다. 그리고 중국인 학생들만을 대상으로 하는 홍문학원이라는 새로운 학교를 개원할 계획을 마무리하고 있었다. 중국 학생들이 수학, 과학에서 기대한 만큼의 수준에 오를 수 있도록 특별히 설계된 학교였다. 1902년 여름에 가노는 외무성으로부터 4개월간의 중국 방문 허가를 얻어 장지동을 포함한 수십 명의 관료들에게 교육학의 기본과 학생 들에게 동기를 부여하는 방법에 관한 강연을 했다. 도쿄를 찾은 견학 참가 자들은 이와 동일한 가노의 브리핑에 더해 학교의 교육 현장을 방문했다. 가노가 그들에게 심어주려고 한 것은 중국에도 초등교육의 보편화가 시급 하고, 교사 훈련을 확장해야 하며, 인문학뿐 아니라 실용적인 지식을 강조 하는 교육과정의 개발이 중요하다는 점이었다.

모든 참가자의 견학 목록에 있던 또다른 저명한 교육자는 가노의 동료이 자 화족 여학교의 교장으로 "현모양처"에 중점을 둔 근대 아시아/일본 스타 일의 여성 교육을 주창한 시모다 우타코였다. 현모양처는 시모다가 1894–1895년의 청일전쟁 전에 2년 동안 영국에 머무르며 받았던 가정학 교육에 서 발달한 개념이었다. 대중의 높은 관심을 받던 시모다는 언론에서도 많이 다루어졌던 인물이다. 그녀는 아시아적이고 근대적인 새로운 교육과정뿐만 아니라, 20세기의 새로운 직업들에 입문하는 저소득 여성들을 위한 직업 훈련을 요구한 제국부인회라는 로비 단체의 창립자이자 기금 모금자, 대변 인이었다. 시모다가 쓴 책들은 중국어로 번역되었다. 1900년 여름에 시모 다는 쑨원을 만났는데, 쑨원은 이 만남을 자신이 추진하는 혁명운동에 대한 자금 지원을 호소하는 기회로 삼았다고 한다.

전형적인 견학은 문부성에서의 간단한 설명회로 시작되었다. 이때 가노 지고로는 1872년에 정부가 남녀 모두를 위한 전국적 학교 체제를 처음부터 다시 구축하겠다고 대담한 결정을 내린 것에서부터 시작해서 30년간의 교 육 개발 경험을 간추려 설명했을 것이다. 1893년에 일본에서는 학령기 남 아의 75퍼센트, 여아의 40퍼센트가 4년간의 의무 교육을 받았는데, 이는 당시 유럽, 미국과 맞먹는 수치였다. 이런 종류의 데이터는 일반적으로 유 학 보고서에 담기지 않았고, 보고서 작성자들은 교육 정책을 둘러싼 일본에 서의 논쟁, 다양한 서구식 모형들을 실험한 순서, 새로운 대학 건립 과정,

외국인 자문들의 활용, 1900년대 초에 나타난 학교 체제를 구축하기 위해 협력한 사람들에 대해서도 자세히 설명하지 않았다. 결과에 이르기까지의 힘든 과정보다 그저 결과만을 강조했던 것이다. 대부분의 보고서에는 현 학교 체제의 상세한 조직도, 견본 교육과정, 문부성의 기획 및 관리 기능에 대한 설명이 첨부되었다.

그렇다고 견학 보고서들에 표와 도표만 있었던 것은 아니다. 운영 중인 근대 학교체제를 처음 본 참가자들이 느낀 흥분도 담겨 있었다. 한 관료는 "부유한 사람과 가난한 사람, 똑똑한 사람과 그렇지 못한 사람의 구분 없이 초등교육이 국가적, 보편적으로 이루어진다"라고 썼다. "모든 사람은 학교에 가야 한다. 누구에게나 이 삶의 생필품이 주어진다."[6] 참가자들은 "보편적"이라는 말이 심지어 장애인에게까지 학교 교육을 확대한다는 의미라는 것에 깊은 인상을 받았다. 거의 모든 방문자가 도쿄 맹아학교를 견학하여 아이들이 변형된 점자체계를 이용해서 글을 읽는 모습을 보았다. 한 방문자는 "이 나라는 어떤 재능도 낭비하지 않는다"라고 언급했다. "이런 접근방식을 취하는데, 어떻게 교육이 나라를 일으키지 않을 수 있겠는가."[7]

방문자들은 "나라를 일으키기", 혹은 메이지 시대의 용어로 부국강병이 교육의 명시적 목표라는 설명을 들었다. 그리고 이 목표를 이루기 위한 필수적인 부분이 가장 저학년일 때부터 애국심, 조국애, 천황에 대한 충성심을 키워주는 것이었다. 일본은 1880년대에 애국심을 증진시키고 시작했고, 1890년에 발표된 교육칙어에서 충성 원칙이 확정되었다. 체제 유지 방법을 모색하는 데에 관심이 집중되어 있던 중국인들은 기강이 잡혀서 정연하게 행동하고 교실 벽에 걸린 메이지 천황의 초상화에 흔쾌히 절을 하는 일본 학생들을 목격하고 일종의 희열을 느꼈다. 이들은 이와 같은 학교 체제를 통해서 육성된 민족주의는 일본의 가치를 보존하려는 것일 뿐, 일부 중국 교육자들의 의향처럼 유럽의 가치들로 대체하려는 것이 아님을 독자들에게 지적했다. 중국인 방문자들은 일본의 민족주의에 대한 감탄이 담긴 논평

외에, 메이지 시대의 정치나 정당의 역할, 의회에서의 논쟁, 활발한 언론의 기능에 대해서는 거의 언급하지 않았다.

견학 보고서들은 교육과정 선택, 교수법, 학교 설비 같은 교육의 실제를 설명하는 데에도 교육 목적 못지않게 많은 지면을 할애했다. 한 관리는 중국의 학교들은 고전 과목들을 가르치려는 목적으로만 설립된 반면, 일본에서는 "가르치는 내용이 군사 과목과 상업에서부터 예술, 농업, 음악, 바느질, 맹인에 대한 읽기 교육, 농아에 대한 말하기 교육, 춤, 체육까지 확대되었다"라고 썼다.[8] 방문자들은 미래의 직업에 대비하는 교육에 중점을 두는 것과 이것이 암기학습보다 응용학습을 통해서 내용을 가르치는 기법들에 어떻게 작용하는지를 공부하고 깊은 인상을 받았다. 이들은 널찍하고 조명이 밝은 교실과 근대식 장비들을 설명했다. 도쿄 대학을 둘러보던 시찰단은 과학 실험실을 주목했고, 중국어와 일본어 서적 17만 권에 더해 영어와 그외의 유럽 언어들로 된 14만 권의 책을 소장한 도서관의 규모도 관심을 끌었다. 그러나 견학 보고서에는 교실의 설비 외에 "근대" 도시 도쿄에서 볼 수 있는 그밖의 새로운 기술들—전차, 가로등, 전화—에 대한 언급은 거의 없었다. 우에노 동물원에 대한 열광적인 설명이 더 많은 지면을 차지했는데, 당시 중국에는 그런 곳이 없었다.

견학 안건에 교육과 훈련의 구성요소들이 항상 포함되기는 했지만, 견학의 초점이 새로운 학교의 개발에만 맞춰졌던 것은 아니다. 일부 중국 관리들은 농촌에 데려가달라고 요청하여 농기구 구입에 관해서 전문가들과 이야기를 나누고 과학적 양잠에 관해서 의견을 교환했다. 또 일본의 농업 지도체제와 시골 학교들이 자금 부족 문제를 어떻게 처리하는지를 직접 살펴보았다. 사업가들도 일반 견학에서 변형된 일정을 밟았다. 유명한 기업가 저우쉐시는 위안스카이가 후원한 1903년도 사절단의 일원으로 일본에 가면서 기업가로서 출발할 수 있는 기회를 얻었다. 일본에서 그는 금융기관들, 미쓰이 물산, 인쇄소, 학교, 구리 제련소, 유리 제조공장을 신속하게 돌아보았다. 그는 "일반인들이 관리하는 학교와 공장이 지난 10여 년 동안 순식간에 10배 이상 늘어났다"라고 기록했다. "발전 속도가 세상 그 어느 곳에서보다 빠르다……. 일상적으로 사용하는 거의 모든 외국 제품이 지금 일본에서도 생산되고 있다. 그뿐만 아니라 이제 일본은 경제적 권리를 위한 투쟁의 일환으로 유럽과 미국에 이 제조품들을 보내고 있다."[9] 장지동은 그를 맞은 일본인들에게서 문화적 차용이 성공의 비결이었다는 이야기를 들었다. 그들은 중국이 금융산업을 재정비할 수 있다면 세계에서 가장 강한 나라가 될 것이라고 말했다.

중국인 방문자들은 일본을 통해서 외부 세계에 "문호를 개방할" 때의 잠재적 이점에 대해서 낙관적이었다. 장지동보다 서열이 한두 단계 낮던 이들 대부분이 직면한 개발과제들—제도 개혁, 경제 성장, 사회 개조—은 학구적 관심사일 뿐만 아니라 주목해야 하는 시급한 지역적 문제였다. 이들이 일본에서 발견한 것은 다양한 분야, 특히 어느 시대, 어느 곳에서나 모든 변화 프로그램의 초석이 되는 교육과 훈련 분야에서 실행 가능한 모델들이었다. 이들은 자신들이 본 것에 대해서 진심으로 긍정적이었지만, 그래도 "너희가 무엇을 할 수 있다고 하더라도 우리가 더 잘할 수 있다"라는 느낌이 깔려 있었다. 일본의 모범 사례에 대한 이들의 정확하고 상세한 보고는 본국에서 이미 새로운 학교의 개발을 촉진하기 위해서 노력하고 있던 관리들에게 분명 큰 힘이 되었을 것이다.

중국에서 자문과 교사로 활동한 일본인들

일본으로의 견학이 늘어남에 따라 중국에서 일할 일본인 자문과 교사를 채용하는 프로그램도 진행되었다. 이런 프로그램 역시 일본 정부와 중국의 지방 지도자들이 공동으로 합의했는데, 1901년에 약 20명으로 시작했던 교사와 자문들의 수가 다음 해에는 150명으로 훌쩍 늘어났다. 일본 외무성의 조사에 따르면, 1909년 중국에서 자문과 교사로 일한 일본인은 약 550명에 이르렀으며, 이는 다른 어느 나라 출신보다 많은 수였다. 여기에는 여성도 포함되어 있었는데, 1902-1912년의 기록에 따르면 이 10년 동안 약 50명의 일본인 여성들이 중국에서 교편을 잡았다. 수적으로는 얼마 되지 않았지만 여기에 포함된 일본인들은 남성이건 여성이건 상당한 기여를 할 잠재력을 갖추고 있었다. 우선 첫째로 이들은 비용, 소통, 서구에 대한 견제를 이유로 일본을 기술적 지원 제공 국가로 선호하는 수용적인 정책 환경에서 일했다. 또한 고위급 자문들은 각자의 명성, 지식, 관리 기술을 제공하여 광범위한 변화를 불러오기 위해서 고용되었다. 심지어 시골 지역의 평범한 교사들도 종종 그 수에 비해 큰 영향력을 발휘했고, 이들의 새로운 교수법이 우수하다고 여겨지면서 빠른 속도로 모방되었다.

중국과 일본 모두 일본인 전문가들을 채용하는 결정에 참여했다. 일본 측이 조사를 마친 후보자들의 명단을 제시하면 중국의 중앙 및 지방 관료들이 결정을 내려 초대장을 보냈다. 양측이 여행 경비, 주택 수당, 급여 등 계약 조건을 협상했고 중국 측은 이를 지급했다. 중국에서 일하겠다는 결정에는 어느 정도의 이상주의와 흥분감이 작용했지만, 명백히 말하자면 이 일은 후보자가 지원한 일자리이자 소득원이었으므로 급여가 핵심적인 고려 사항이었다. 일본인들이 일본에서 일하도록 고용한 외국인 자문들에게 그랬던 것처럼 중국인들도 일본인 교사와 자문들에게 높은 임금을 지급했지만, 유럽인들이나 미국인들에게 준 것보다는 적은 액수였다. 고용된 일본인들은 단기 계약이 표준이었으며 성과를 검토하여 계약을 갱신하기로 했는데, 이 조항 덕분에 중국인 고용주들이 피고용인에 대한 통제를 유지할 수 있었다. 한마디로 중국인들은 실용적이었다. 이들은 일본인 후보자들을 신중하게 선택했고 면밀하게 관리했다. 중국인들이 이와 관련한 계약 문제에서 불이익을 당했다거나 그렇게 느꼈다는 증거는 없다.

일본인 전문가들이 중국에서 일자리를 구하거나 채용 제안에 응할 수 있었던 개인적 동기들은 복합적이었다. 그리고 서구인들에 비하면 이들은 자신들이 중국에서 문화적, 정치적으로 어떤 일을 하게 될지를 더욱 잘 알고 있었다. 일단 이들은 중국의 학문들이 과거보다 중요성이 낮아지기는 했어도 여전히 교과과정에 포함된 학교 체제에서 배출된 사람들이었으므로, 중국어를 읽을 줄 알고 중국 고전에 익숙했다. 또 이미 직업적으로도 중국과 연관이 있었다. 이들은 가노 지고로의 활동을 추종하는 공공 지식인 네트워크의 일원이었고, "아시아인을 위한 아시아"의 장점들을 토론했다. 또 동아동문회의 사업들에 관해서 읽었고 일본에서 공부하고 있는 중국인 학생들을 가르치기도 했다. 이들은 청나라 정계의 혼란, 변법자강운동의 위기, 의화단이 난동을 일으켰던 여름, 그리고 그 여파로 한족과 만주족의 정치인들 중에서 누가 이득을 얻고, 누가 불이익을 당했는지를 잘 알고 있었다. 당시 중국에는 해안 지역의 지배층이 읽는 소수의 독립 잡지들만 있었지만, 일본에서는 전국적으로 375종의 신문이 발행되었고 도쿄의 독자 수만 어림잡아도 20만 명에 이른 것으로 추정된다.

일본인 자문들이 중국인 고용주들에게 매력적이었던 가장 큰 이유는 이들에게서 직간접적으로 서구의 전문지식을 얻을 수 있었기 때문이다. 이들은 도쿄 대학을 포함한 일본의 최고 명문학교들에서 일본이 고용한 영국인, 프랑스인, 독일인, 미국인으로부터 "근대" 과목들을 배우고 졸업한 사람들이었다. 그뿐만 아니라 대다수가 해외에서 공부한 경험이 있었다. 1902년 위안스카이가 고용한 와타나베 류세이는 코넬 대학교에서 박사학위를 받았고, 1913년 위안스카이의 외국인 자문을 맡았던 아리가 나가오는 독일과 오스트리아에서 법학을 공부했다. 장지동에게 철도 개발에 관한 자문을 해준 하라구치 가나메는 1878년에 뉴욕 주 북부의 렌슬리어 공과대학교를 졸업했고, 1902년에 중국의 교육부가 고용한 핫토리 우노키치는 독일 베를린 대학교에서 공부하던 중에 채용되었다. 이처럼 중국인들은 메이지 시대 일본에서 가장 똑똑한 최고의 인재들을 영입하고 있었다.

교사 양성과 대학의 발전

1902년 9월, 베이징에 도착한 핫토리 우노키치는 독일에서 막 돌아오는 길이었다. 핫토리의 독일 체류는 청에서 신설된 교육부의 자문 자리를 수락하라는 일본 외무성의 요청으로 도중에 중단되었다. 최고의 후보자만을 원하는 중국인들의 고집에 따라, 그는 출발 직전에 도쿄 대학의 정교수로 임명되었다. 핫토리는 그 자리에 천거될 만한 충분한 자질을 갖춘 인물이었다. 그는 학업을 쌓는 내내 중국을 공부하여 중국의 철학, 역사, 전통제도들에 대해서 해박한 지식을 가지고 있었다. 유명한 중국학 학자이던 그의 장인은 같은 세대의 많은 사람들과 마찬가지로 중국학 분야가 근대화되어야 하고, 일본인들이 중국어 실력을 향상시켜 청나라 학계의 명사들과 그들의 언어로 직접 대화를 나눌 수 있어야 한다고 주장했다. 이런 믿음에 따라 핫토리는 1899년 정부로부터 해외에서 공부할 수 있도록 허가를 받은 뒤에 보조금을 받아 처음에는 중국에서 1년, 이후 독일에서 3년간 유학할 자금을 마련할 수 있었다.

다시 말해서 핫토리는 자문으로 일하기 전에 중국에 간 적이 있었다. 그러나 첫 중국 방문은 시기가 좋지 않았다. 핫토리가 베이징에 도착한 때가 1899년 10월이었는데 이듬해 봄에 의화단 사건이 일어났다. 이로 인해서 중국 학계의 명사들을 만날 수 없었을뿐더러 심지어 그들은 정치적 내분에 휩쓸려 생명의 위협을 느끼고 있었다. 이때 핫토리는 한 가지 사실을 즉각 알 수 있었다. 일본인들이 서구인들 못지않게 의화단의 반외세 폭력에 취약하다는 점이었다. 핫토리는 연구를 하며 보낼 계획이던 1900년의 여름을 공사관 지역에서 포위당한 채 보냈다. 시력이 몹시 나빠 안경을 쓴 대학교수 핫토리가 라이플총을 건네받고 보초 근무를 섰다.

1902년 10월에 핫토리는 새로 재건된 베이징 대학교의 교육학부 학부장을 맡기로 중국 교육부와 계약을 맺었다. 한 일본인 동료가 이 대학의 행정

학부 학부장을 맡아 핫토리와 임명의 영광을 함께했다. 새 일본인 교수단이 받은 정중한 환영은 핫토리에게 특히 흐뭇한 순간이었을 것이다. 2년 전, 대학의 최고 관리자들 중 한 명이 다른 나라에 동조했다며 처형되고 포위 공격의 여파로 러시아 군과 독일군이 건물과 시설을 마구 파손하던 난장판 속 대학의 모습이 그의 마음속에 생생하게 남아 있었기 때문이다. 그러나 이제 중국의 정세가 바뀌었고, 외국인들은 중국의 고등교육에 자문 역할을 해달라는 요청을 다시 받고 있었다.

핫토리의 계약서에는 급여와 계약 파기 시의 배상에 관해서 자세히 기재되어 있었지만, 직무 내용이나 업무 범위는 포함되어 있지 않았다. 그는 가노 지고로의 사범대학에서 3년간 교편을 잡은 경험을 바탕으로 혼자 힘으로 교육과정을 구상했다. 교과과정을 짜고, 강의실과 실험실, 기숙사의 설비를 갖추고, 책과 실험 장비들을 구입하고, 몇 주일 만에 입학시험을 준비하느라 애를 먹었지만, 10월 중순 베이징 대학교의 새로운 교육학부에 130명의 학생을 등록시킬 수 있었다. 다음 해에는 등록자가 300명을 넘어섰다. 교육학부 교수단에서 일본인은 13명이었고, 그중 7명이 전임교수였다. 핫토리는 일본에서 돌아온 중국 학생들 가운데 유능한 조교를 선택했다. 장지동도 핫토리의 심리학 강의들 중 하나에 참석했는데, 강의 주제에 상당히 당황한 것 같았다. 핫토리, 그리고 시모다 우타코의 절친한 친구인 그의 아내는 여성 교육을 국가적 우선순위로 두는 문제와 관련하여 중국 고위층과 접촉할 정도로 자신만만했다. 두 사람은 여성 교육 분야에서 일본이 비교적 우위에 있다고 느꼈다.

몇 년 뒤인 1924년, 이제 베이징 사범대학의 학장이 된 핫토리의 전 조교 판위안롄이 학교를 다시 찾은 핫토리를 환영하는 연설에서 중국의 사범 교육 발전을 위한 그의 헌신적 활동과 선구적 역할을 이야기했다. 핫토리의 "헌신적 활동"의 범위가 끊임없는 관료주의적 난관을 처리하는 일이었음을 아는 사람은 그들 둘뿐이었다. 외부인으로서 핫토리는 자신—그리고 일본—이 이 분야에서 요청받은 것보다 더 많은 것을 해줄 수 있다고 줄곧 믿었다. 그는 단순히 사범교육 책임자가 아닌 대학의 전체적인 기획자가 되기를 원했다.

핫토리는 교원 양성 프로그램을 신속하게 확대하여 일본인 직원들을 중국인 교육자들로 교체하고자 했다. 그는 "적어도 기본 교육과정을 책임지는 교사들은 중국인이어야 한다. 그렇지 않으면 중국의 대학으로서 가치가 없다"라고 말했다.[10] 이 목표를 염두에 두고 그는 가장 뛰어난 중국인 학생들을 일본에서 더 교육시키도록 유학을 보내는 프로그램을 시작했다. 하지만 양측 모두 이 프로그램을 제대로 관리하지 못했다. 핫토리는 일본 쪽 잘못을 사과했지만, 중국의 전체적인 개혁 절차, 특히 정부의 강경파들이 새로운 교육을 받은 젊은이들을 잠재적인 정치적 위협으로 간주하여 일본에서 돌아온 학생들이 충분히 고용되지 않는 점에 대해서는 불평했다.

중국에서 핫토리의 미래에 더 중요한 영향을 미친 상황은 1905년 이후에 정계가 보수적으로 방향을 전환한 것이었다. 일본의 지원을 받는 데에 긍정적이던 교육부 부장이 파면되었고, 핫토리와 뜻을 같이하던 판위안롄도 학교를 그만두었다. 핫토리와 6명의 교원들은 1909년 1월에 일본으로 돌아갔다. 이후 베이징 대학교의 교원 양성 프로그램은 계속되었지만 오로지 중국인 관리자들과 교수진으로만 운영되었고, 윤리 교육에 더 많은 수업 시간이 할애되었다. 또 학생들의 정치 활동을 금지하는 규정이 발표되었다.

중국은 교육개발 분야에서 일본의 혁신적 역량에 관심이 많았지만, 막상 기관을 설립하는 현실적인 문제들에서는 정계가 대개 걸림돌이 되었다. 친일 성향이라고 알려진 장지동은 핫토리의 활동들을 지원했을 수 있지만(그는 심지어 여아를 위한 유치원의 자금 지원에 동조하기도 했다) 보수적인 만주족들은 그렇지 않았다. 일본의 신문들은 핫토리와 동료들이 중국을 떠난 진짜 이유가 중국 정부에 영향력을 미치는 경쟁에서 유럽인들과 미국인들에게 밀렸기 때문이라고 추측했다. 핫토리는 베이징 지역에 일본인 직원을 둔 일류 대학을 세우는 데에 필요한 재정적 지원을 약속하지 않은 일본 정부를 탓하며 사실상 이에 동의했다. 핫토리가 생각하기에, 중국인들의 마음을 얻기 위한 서구인들의 노력은 다수의 자금원과 교육 자료 및 장비의 판매를 촉진하는 공격적 전술 면에서 유리했다. 그는 중국인들에 대해서도 불평했다. 핫토리는 중국인들이 예부터 뭐든 이질적인 것을 꺼리는 태도가 있고, 유교의 가치들을 경신하면 근대화와 얼마든지 양립할 수 있음에도 이를 깨닫지 못한다고 비판했다.

중국에서 자문으로 일한 일본인들은 다양하고 많은 일들을 겪었지만 이들은 본질적으로 같은 유형의 문제들에 반복적으로 부딪혔다. 중국에서 영향력을 행사하려는 다른 외국인들과의 경쟁, 자국 정부로부터의 불확실한 지시, 느리고 전문적 경험이 부족한 중국의 관료제, 청조 말기 정치적 혼란이 그것이다. 의화단 사건 이후 점점 더 불안정해지는 나라에서 다양한 집단들, 한족과 만주족, 진보진영과 보수진영이 권력 투쟁을 벌이면서 정치적 혼란이 더욱 악화되었다.

경찰기구의 구축

이 위태로운 청 왕조 말기를 가장 성공적으로 항해한 사람은 바로 가와시마 나니와였다. 가와시마는 노련한 중국통의 전형적인 인물로, 중국인이라고 해도 믿을 만큼 중국어가 유창했다. 중국은 단지 가와시마의 인생의 한 부분이 아니라 그의 인생 자체였다. 같은 세대의 다른 사람들처럼 그에게도 서구가 끊임없는 참조점이었지만, 전적으로 부정적인 의미에서 그러했다. 그의 학우들이 주로 유럽어 수업을 들으러 갈 때에도 그는 중국어를 전공하겠다고 고집했고, 사람들 앞에서 중국어 고전들을 즐겁게 암송했다. 그는 인종적, 문화적, 본능적으로 시종일관 반(反)서구적이었고, 일본이 서양 열강들에게 당한 굴욕을 자신이 짊어진 개인적 짐으로 받아들였다. 그의 견해는 1930년대와 1940년대에 일본인들의 사상을 뜨겁게 달군 "아시아인을 위한 아시아"의 감정적 버전인 "백인의 지배로부터의 아시아 해방" 개념의 초기 표현이었다. 아이러니하게도 중국에 대한 가와시마의 집착은 일본의 외교 정책 방향을 수정하자는 고노에의 좀더 정교하고 이성적이며 소프트파워적인 주장과 본질적인 공통점이 있었다. 바로 서구를 견제하는 평행추로 중국과의 교류를 우선시하는 것이 문화적으로도 적절하고 양국에 가장 이익이 된다는 믿음이었다.

가와시마는 직업 선택에서 군사학교와 기업을 모두 배제했다. 그렇다고 중국 연구에 끌리지도 않았다. 그는 중국에 현실적으로 관여하고 싶었는데, 그런 측면—즉, 학문적 배경을 갖춘 실천가라는 새로운 유형의 중국 전문가—에서는 핫토리와 비슷했다. 그러나 핫토리는 그외의 거의 모든 측면에서는 가와시마와 달랐다. 가와시마는 1880년대부터 중국에서 수년을 보내면서 처음에는 군의 첩보활동을 도왔으며, 청일전쟁 동안에는 계약을 맺고 군 통역사로 활동한 뒤 곧바로 일본령 타이완에서 약물 단속국 감독관으로 잠깐 근무했다. 잠시도 쉬지 않았던 가와시마는 1890년대 말에 도쿄로 돌아와 육군 사관학교와 가노 지고로의 도쿄 사범대학에서 중국어와 문학을 가르쳤다.

의화단 사건은 가와시마에게 전환점이 되었다. 베이징으로 진군하는 영국 주도의 연합군에 합류할 8,000명의 파견대를 모으면서 일본군은 뛰어난 중국어 실력을 갖춘 가와시마를 다시 찾았고, 그는 6월 말에 통역사로 계약했다. 베이징을 확보한 연합군은 여러 지구로 나누어 각각 다른 나라의 군이 운영하도록 했다. 각 군은 의화단으로 의심되는 사람들을 도시에서 찾아내어 처단하고 질서를 되찾는 책임을 맡았다. 일본에게 점령군 역할은 세계인들이 보는 앞에서 자국의 행정 역량을 처음으로 입증해 보이는 무대였다. 연합군 활동의 최대 기여자이던 일본에게 가장 큰 관할 지역이 주어졌기 때문에 이 역할이 더욱더 부각되었다. 이런 상황이 가와시마에게는 결정적인 기회가 되었다. 중국어가 유창하고 중국의 문화와 정치를 내부자의 시선으로 보아온 가와시마는 일본의 평화유지군과 협력하여 구식 베이징 헌병대를 근대 경찰의 방식으로 훈련시킬 적임자였다. 지역 치안의 향상은 광란 상태에 빠진 도시를 정상화시키는 데에 필요한 첫걸음이었다. 그러나 이 일에는 장기적인 영향력이 있음을 가와시마는 똑똑히 인식하고 있었다. 중국의 정부 기관 내에서 근대식 치안체제를 구축하는 중요한 과업에 참여하면, 영국이 중국 해관을 통제함으로써 50년간 중국에서 누려온 것과 같은 지배적인 영향력을 일본이 누릴 가능성이 있었던 것이다.

국익을 추구해서 한 일이 두 방향 모두에서 효과가 있었다. 거리가 안전을 되찾자, 연합군이 철수한 뒤 도시가 테러를 피할 수 있을지 걱정하던 이홍장과 과도정부의 고위급 만주족에게 가와시마의 명성이 관심을 끌었다. 이들은 1901년 6월에 일본군의 훈련대를 대체하기 위해서 베이징 경무학당을 세울 때에 가와시마에게 책임자로 남아달라고 청했다. 군 통역사였던 가와시마는 이제 경찰학교를 지휘하는 자리와 중국 정부의 자문이라는 직함, 그리고 중국 관료제 내에서 (외국인으로서) 선례를 남기는 두 번째 품계를 얻었다. 급여도 도쿄 사범대학에서 근무할 때보다 아마 두 배는 더 많았을 것이다. 가와시마는 빠르게 일을 해결해 나갔다. 1년 뒤, 그는 학교에 일본인 교사 14명을 포함한 35명의 직원을 두었고, 매년 300명의 학생이 시 조례, 거리 순찰기법, 소방, 교도소 관리를 다루는 3-9개월의 학교 프로그램에 등록했다. 또 일본에서 1년간 훈련을 받는 프로그램에 보낼 장래성 있는 학생들을 이미 선발하고 있었다. 처음 5년 동안 가와시마의 경찰학교는 베이징의 새 경찰대의 핵심이 된 3,000명의 졸업생을 배출했다. 위안스카이 총독이 가와시마와 바오딩 시에 유사한 경찰 훈련대를 구축하는 계약을 맺었고, 1903-1910년에 7개의 성(省)에서 약 20명의 일본인 교사와 자문들이 가와시마의 모형을 따라 했다.

가와시마는 경찰학교를 떠나 있는 동안 더 중요한 역할을 할 기회를 얻었다. 1902년에 청나라 군기처는 민정부(民政部)의 신설을 승인했고 젊은 만주족인 숙친왕이 이 기구의 관리를 맡았다. 이 분야에 가장 정통한 인물인 가와시마에게 숙친왕을 도와 경찰 개혁을 신속하게 진전시키는 업무가 맡겨졌다. 숙친왕과 가와시마의 20년 우정은 이렇게 시작되었다. 결과적으로 보면 두 사람뿐 아니라 청 왕조의 운명도 바뀌었다. 친화적인 성품에 정치적으로도 영리했던 숙친왕은 추방당한 입헌군주제 지지자 캉유웨이와 량치차오의 권력 분담 제안에 수용적이었을 뿐만 아니라, 왕징웨이(주요 인물 전기 참조) 같은 반청 행동주의자들과의 대화의 창구도 열어두었다. 쑨원의 일본에서의 초기 지인이던 왕징웨이는 후일 전쟁 중에 난징에 세워진 친일 임시정부의 주석을 지낸 인물이다. 운명의 장난인지 실제로 1909년에 왕징웨이가 섭정왕[순친왕]을 암살하려다 재판에 회부되었을 때, 처형을 면하게 해준 사람이 숙친왕이었다. 이렇게 모든 선택권을 열어두려는 경향이 대외관계 관리에 관한 숙친왕의 특징이었다. 1901년 베이징으로 돌아와 의화단의 포위 공격이 벌어지는 동안 로켓탄 공격으로 파괴된 자택과 자신의 위태로운 미래를 본 숙친왕은 개혁 동반자로 일본과 협력하는 것이 정치적으로 타당하다고 판단했다.

일본은 그야말로 상승세였다. 1902년 1월에 일본과 영국은 아시아 국가와 서구 국가로서는 최초로 동등한 조건하에 맺어진 조약인 영일동맹을 체결했다. 이 동맹은 북부의 철도 노선을 따라 만주족의 고향인 만주로 군사를 이동시키고 있던 러시아의 영향력에 대응하기 위해서 체결되었다. 숙친왕과 만주족의 친왕들은 만주에 넓은 토지를 소유하고 있었는데, 러시아가 이 지역을 점령할 경우 토지를 잃을 것이 분명했다.

숙친왕과 가와시마의 협력관계는 후자가 하급 동업자 역할을 하는 정략적 만남이었다. 숙친왕은 만주족 개혁파의 주도권을 잡으려고 애쓰고 있었고, 가와시마는 자신의 경력을 신장하는 동시에 중국에서 일본의 이익을 더욱 확장시킬 기회를 엿보고 있었다. 비슷한 중국식 복장을 하고 같은 자세로 앉아 있는 두 사람의 모습이 담긴 희귀한 사진이 모든 것을 말해준다. 가와시마는 1911년까지 최고의 영향력을 발휘했다. 하지만 반체제, 반만주족 정서가 고조되고 1911년에 혁명이 일어나면서 두 사람 사이의 관계 역학이 바뀌었다. 축출된 정권의 일원이 된 숙친왕이 화북 지역에 왕조를 재건하기 위해서 가와시마에게 의지해야 하는 입장이 된 것이다. 1900년부터 1911년까지 경찰기구 구축이 가와시마의 삶을 지배했다면, 이제 민족 분리주의 정치가 그 자리를 대신하여 다음 10년 동안 그의 경력을 차지했다. 그러나 가와시마는 타이밍을 놓쳤다. 1911년에 중국의 정치적 지뢰밭에 맞닥뜨린 일본은 중국의 통치자로 위안스카이—그리고 그의 후계자들—를 선택한 국제 사회를 지지하는 쪽으로 기울었고, 따라서 가와시마의 만주족 및 몽골족 친구들을 위한 무력 개입에는 미지근한 태도를 보였다. 최후의 운명의 장난인지, 가와시마가 1912년 이후 지원했지만 허사로 돌아간 화북 지역의 다민족 군주제가 1934년에 일본이 다스리는 괴뢰국가인 만주국에서 실현되었다.

새 공화국의 새로운 법적 기틀의 마련

가와시마의 전망을 어둡게 했던 사건들—1911년 만주족 지배의 종말, 위안스카이의 중국 최초의 공화국 대총통 취임—은 당시 눈부신 경력의 절정에 있던 와세다 대학교의 아리가 나가오 교수에게는 흥분되는 새로운 기회를 안겨주었다. 일본에서 국제법 분야의 개척자들 중 한 명이던 아리가는 법학 교수이자 변호사, 대변자였다. 아리가는 국제법의 적용을 통해서 세계의 질서를 제대로 확립할 수 있으리라고 굳게 믿었다. 그의 세대가 보통 그러하듯이 그 역시도 중국의 학문들에 정통했지만, 성향이나 학문적으로 보면 그는 유럽주의자였다. 도쿄 제국대학 출신으로 정부로부터 독일 유학 보조금을 받았던 그는 독일어와 프랑스어, 영어가 유창했고 교육학부터 정치학까지 다양한 분야의 유능한 번역가였다. 아리가는 일본의 군사대학들에서 "정전론(正戰論)"을, 와세다 대학교에서는 법학과 비교정치학을 가르쳤다. 와세다 대학교의 제자들 중에는 중국의 젊은이들과 일본을 방문한 관리들도 있었다.

아리가는 학계를 넘어 일본 최초의 외교 잡지인 『외교시보(外交時報)』의 창립자이자 편집자, 관리이사로도 활약했다. 또한 일본 적십자사 위원회의 활동적인 회원이었고, 교전 법규와 분쟁 해결에 관한 기념비적인 협정이 체결된 1899년의 헤이그 만국평화회의에 대표단으로 파견되었다. 청일전쟁과 러일전쟁 때는 일본군의 법률자문으로 최전선에서 활동했다. 합의된 규칙에 따라 "정당하게" 전쟁이 수행되도록 하는 법률자문은 일본과 유럽 모두에게 새로운 직책이었다. 이런 정신으로 아리가는 1895년에 포트 아서에서 일본군이 자행한 잔혹 행위들을 독자적으로 조사하여, 책임자인 장관이 권한을 부여한 진상조사위원회의 결론을 반박했다. 그는 일본이 제네바 협약에 선택적이 아니라 전적으로 합의했기 때문에 그러한 행위에 책임을 져야 한다고 썼다.

러일전쟁은 1895년에 중국과 일본 간에 벌어진 억제된 단기적 분쟁과는 규모가 달랐다. 아시아 국가와 주요 서구 열강 간에 처음으로 벌어진 이 전쟁에는 대규모의 군사가 배치되었고, 기관총과 참호전이 동원되었으며, 사상자가 무려 50만 명으로 추정되었다. 잔혹한 제1차 세계대전의 전초전이었다. 전장에서의 전쟁 수행 측면에서 일본은 이 "면밀히 관찰된 전쟁"을 추적한 서구 언론인들의 눈에 제법 잘 해나가고 있는 것으로 비쳤다. 누구보다 애국적이던 아리가는 전선에서 자국의 막대한 인명 손실에 매우 냉철해졌고, 러시아의 향후 위협을 미연에 방지하기 위해서는 아무리 법적으로 정당화하기 어렵더라도 일본이 만주에서 위임 통치권을 수립해야 한다고 강하게 확신했다.

아리가는 국제적인 명성을 얻은 인물이었다. 국제법 부문에 종사하는 아리가의 프랑스인 동료들은 그가—그리고 일본이—국제규범을 준수하고자 하는 의지가 뛰어나다고 인정했다. 1913년에 공화국의 초대 대총통인 위안스카이의 입헌 자문으로 아리가를 채용했을 때, 중국은 눈부신 이력의 보유자를 얻은 셈이었다. 중국으로 가기 위해 헌법 표본들이 가득 담긴 가방을 들고 도쿄-고베 간 기차에 올랐을 때, 그리고 도중에 쑨원의 설명을 들으면서 그는 큰 기대에 부풀었다. 새로운 국가의 헌법 작성에 외국인 자문단으로 일하는 것은 일생에 단 한번밖에 없는 직업적 기회였다. 그는 와세다 대학교의 옛 제자들이 많이 일하던 대총통실에 배정되었다.

그러나 공화국이 흔하지 않던 시절, 고용주가 군사 독재자인 데다가 외국인 자문단이 대의원 제도에 대한 중국의 준비성에 회의적이던 상황에서 공화국의 헌법을 작성하는 일은 쉬운 작업이 아니었다. 헌법 문서가 중국의 유교의 핵심 가치들을 반영해야 하고, 투표권을 고등교육을 받은 사람으로만 제한하는 동시에 국민적 권리로 교육에 대한 접근성을 보장해야 한다는 것이 아리가의 믿음이었다. 아리가의 오랜 작업 끝에 탄생한 헌법은 일종의 1인 통치하의 교도민주주의였다. 이 헌법은 그의 동료들을 만족시켰고, 위안스카이는 더욱 마음에 들어했다. 위안스카이는 이를 자신의 권력을 더 강화하는 정식적 허가로 받아들였다. 이러한 지식과 지적 소양을 갖추었음에도 불구하고, 아리가는 곧 황제가 되기 위한 계획에 착수한 위안스카이의 정치적 의중을 읽기에는 역부족이었다. 1915년 아리가는 대중국 21개조 요구를 둘러싸고 본국의 외무성과 충돌했을 때에도 확실한 승리를 거두지 못했다. 이때 그는 일본의 간섭 정책에 몹시 반발하여 위안스카이의 사절로 일본으로 돌아가서 원로 정치인들 앞에서 주장을 펼쳤다. 결국 요구가 완화되기는 했지만 이를 계기로 아리가는 정치적으로 고지식한 학자로 치부되었고, 일본의 입장은 국제적 비난을 받았다. 또 반일 감정이 고조되어 당시 일본에서 공부하던 중국인 학생 수천 명이 여기에 항의해서 중국으로 돌아갔다.

중국인 학생, 일본인 교사

1899년 우한에서 만난 고노에 아쓰마로와 장지동은 견학, 기술 지원, 해외 연수라는 세 부분으로 이루어진 프로그램에 원칙적으로 합의했다. 놀랍게도 세 프로그램은 청의 정치적 혼란에도 불구하고 몇 년 내에 자리를 잡고 성장했다. 중앙에서 관리하지도, 잘 조율되지도 않았지만 이 활동들은 서로를 보강하고 뜻을 같이하는 사람들의 지원망을 얻었다. 견학을 담당하는 관리들은 일본에서 중국 학생들이 제 할 일을 하고 있는지 확인했고, 일본인 자문들은 일본어 훈련이 포함된 새로운 프로그램들을 준비했다. 그리고 귀국한 중국인 학생들은 일본 유학이 얼마나 놀라운 경험이 될 수 있는지에 대한 산증인이 되었다. 장지동과 유곤일은 신정에서 중국의 모든 성으로 하여금 장학금을 주어 학생들을 해외로 보내서 군사학, 교양 과목, 전문 기술들을 공부시킬 것을 촉구했다. 일본 측에서는 중국인 학생들을 위한 학교를 세우고 특별 프로그램을 확대했다. 드문드문 찾아오던 중국인 학생들이 이내 일본으로 몰려들었고, 이는 서로에게 이익이 되는 관계의 신호처럼 보였다.

1900년대 초는 중국의 젊은이들에게는 불확실한 시기였다. 직업적 성공을 보장받을 수 있었던 전통적인 과거제가 단계적으로 폐지되다가 1905년에 완전히 사라졌다. 더 큰 문제는— 그리고 점령당한 베이징을 담은 당시의 모든 사진 속 인물들이 분명히 알고 있었던 것은— 쇠약해진 중국의 생존 자체였다. 열강은 중국의 북쪽에서 남쪽으로 확대된 자국의 이익을 지키기 위해서 더 강한 군대들을 배치했다. 이제는 이 외국 열강에 일본까지 포함되었다. 일본의 대중국 정책을 파악하기는 힘들었지만, 중국에게 일본은 당장에 신속한 근대화를 이루기 위한 유용한 사례였다. 중국의 지도자들과 젊은이들 모두에게 일본은 미래를 준비하기 위한 최상의 방법처럼 보였다. "신정의 영향"의 일환으로 1902년 이미 일본에 400-500명의 중국인 학생들이 머무르고 있었다. 이 학생들의 수가 1903년에는 1,000명으로 늘어났고, 일본이 러시아와의 전쟁에서 승리한 뒤 일본 유학에 대한 열의가 끓어오르면서 1906년에는 1만 명 정도로 급증했다. 절대적으로는 적은 수였지만 당시 근대 교육을 받고 있던 17-25세의 젊은이들 중에서는 비교적 높은 비율이었다. 중국 유학생들 중에는 일본에 도착했을 때에 급진적 성향이던 학생들도 있었고, 현장에서 정치에 대한 항의에 휩쓸린 학생들도 있었다. 장학금이나 사비로 공부하는 이 학생 집단을 관리하는 문제가 결과적으로 두 나라에게 과제가 되었다.

유학 프로그램은 잡다한 과목과 전문분야들이 혼재되어 있었고, 시간이 지날수록 그런 경향이 더욱 짙어졌다. 그러자 학생들은 사비로 일본에 가서 단기적인 심화 프로그램을 요구하기 시작했다. 1903년부터 660명의 학생들에 관한 기록을 보면 약 40퍼센트가 교양과목과 교원 양성과정을 수강했고, 특히 가노 지고로의 홍문학원이나 와세다 대학교, 호세이 대학교를 많이 다녔다. 또다른 30퍼센트는 기초 강좌, 어학 강좌, 대학 수준의 전문화된 강좌들을 섞어 들었다. 나머지 30퍼센트는 홍문학원의 경찰학 과정에 등록하거나 1898년에 첫 중국인 학생들을 받은 군사예비학교인 성성학원의 생도가 되었다. 1904년에 중국의 연병처(練兵處)가 중앙정부와 지방정부의 자금 지원으로 1년에 100명의 학생을 일본으로 보내서 4년 과정으로 군사학을 공부하는 새로운 공동 프로그램을 발표했다. 1932년 국민정부의 군사위원회 구성원의 절반이 일본의 군사학교 졸업생들이었다.

메이지 시대의 일본은 법과 질서를 지켜야 하는 사회였지만, 청나라 시대의 중국에 비하면 개방적이고 활기찼다. 토론과 거리에서 벌어지는 대중 시위가 균형을 이루며 새로운 아이디어들에 대한 논의가 이루어졌다. 새로운 아이디어에 대한 개방성은 애초에 중국 학생들을 일본으로 오게 한 요인이었고, 신정이 발표되기도 전인 1900년에 소수의 중국 학생들이 소규모 잡지를 창간해서 서구와 일본의 저서들을 번역하여 실었다. 여기에는 학교

강의들, 외교 잡지에 실린 기사들과 함께 아리가 나가오의『최근시 정치사(最近時政治史)』도 포함되었다. 일본으로 가는 학생들이 더 늘어나면서 이런 유형의 작은 모험 또한 늘어났다. 학생들은 점점 조직화되기 시작했는데, 처음에는 학생들로만 이루어진 연합이었다가 지역 동호회로 발전한 이런 조직들에서 사람들과 교류하고 자신들이 배우고 있는 것에 대해서 의견을 교환하고 중국이 직면한 과제들에 관해서 이야기를 나누었다. 그들이 처한 정치 상황에 분개했고, 청나라 조정을 비판했다. 자연스럽게 이어진 다음 단계가 이런 논의들을 발표하는 것이었고, 량치차오가 알게 된 것처럼 메이지 시대의 일본에서 이는 어려운 일이 아니었다. 1906년에는 6종의 지방 학생지가 있었는데 다음 해에는 20종으로 늘어났다. 총 발행부수는 적었지만(약 7,000부) 량치차오가 발간하는 잡지들에 필적할 만했고 마찬가지로 상하이에 배포되어 널리 공유되었다. 이 잡지들은 점차 정치의식이 높아지던 독자들에게 새로운 정보들—서구의 정치사상, 법 제도, 시사 문제들—과 함께 만주족의 통치에 대한 점점 더 통렬해지는 비판적 논평이 전해지도록 도왔다. 전체적으로 학생 간행물들은 반체제적 보도라는 중국의 새로운 현상에 상당한 기여를 했다.

학생들은 일본에서 접하게 된 다양한 생각들과 그것을 중국의 독자들에게 소개하여 그들을 놀라게 하려는 새로운 경험에 이끌렸다. 지방 잡지들은 다양한 주제의 기사들이 섞여 있었다. 러시아의 무정부주의 운동에 관한 소론 뒤에 메이지 시대의 은행 제도를 다룬 기사와 뇌의 작용에 대한 또다른 기사가 이어졌고, 마치 학교 보고서 같았다. 그러나 정치 문제에 이르면 모두가 한마음이 되어 한 가지 어려운 문제에 초점을 맞추었다. 바로 국력의 원천이었다. 서구의 힘은 무엇으로 설명될까? 왜 일본은 세계무대에서 성공했는데 중국은 그러지 못했을까? 중국인들이 더 강한 민족주의 정신을 기르려면 어떻게 해야 할까? 중국 학생들은 국력 문제에 골몰함으로써 시류를 이끄는 것이 아니라 따라가고 있었다. 당시 일본 언론에서는 일본에 적용된 사회진화론과 제국주의가 뜨거운 화제였다. 일부 일본 학자들이 보기에 적자생존 투쟁은 피할 수 없을 뿐 아니라, 서구 국가들이 그랬던 것처럼 제국주의자가 되는 것이 성공과 좋은 정책의 지표였다. 실제로 당시의 시대적 상황에서는 한 국가가 팽창할 수 있으면 팽창한다는 것이 자명한 진리였다. 시어도어 루스벨트가 1899년에 "문명화된 강국의 모든 팽창은 법, 질서, 정의의 승리를 의미한다"라고 말했던 것처럼 말이다.[11] 중국인 학생들에게 제국주의는 대적하여 저항해야 하는 것인 동시에 추구해야 하는 것이었다. 반면, 적자생존이라는 사회진화론은 만주족이 무능할 뿐 아니라 인종적으로 열등하다는 사고의 틀을 제공했다.

중국과 자신의 미래를 걱정하고, 중국 정부가 그 어느 쪽에서든 무력하다는 데에 점점 좌절하던 중국의 젊은이들에게 이 문제들은 중요했다. 일본의 더 자유로운 분위기 속에서 중국 학생들은 글을 통해서뿐 아니라 중국 공사관이나 학교에서 작은 항의나 더 큰 규모의 시위를 벌여 자신들의 불만을 직접 대중에게 알릴 기회를 얻었다. 더 많은 학생들이 장학금을 받거나 사비를 들여 일본으로 넘어가면서 장지동의 일본 유학 프로그램은 1902년 이후 사실상 그의 손을 떠났다. 그러면서 학생들은 일본 제국주의자들과 한패인 만주족 옹호자라며 장지동에 대한 비난의 목소리를 높였다. 이번 시도가 최초의 대규모 유학 프로그램이었던 사실을 감안하면, 학생들을 감독하고 통제하기가 힘들어진 것이 그다지 놀랄 일은 아니다. 일본으로 떠나기 전이나 그곳에서 공부하는 동안이나 학생들에게는 조언자나 참고할 수 있는 모델이 없었다.

학생들은 어디에서나 정치적 모욕을 목격했다. 오사카 박람회의 중국 문화 전시에서 전족을 하고 아편을 피우는 중국 여성들을 다루었다는 보도를 접한 학생들은 일본 측 주최자들과 도쿄의 중국 대표들에게 조사를 촉구하는 분노의 편지를 썼다. 중국 정부가 사비로 공부하는 학생들이 아니라 면밀한 심사를 거친 장학생들만 일본 최고의 군사학교인 성성학원에 입학할 수 있다고 발표했을 때에는 이 학교에서 배우려고 할 정도로 애국심이 있는 사람이라면 누구든 입학이 허가되어야 한다고 공개적으로 항의했다. 사소해 보이는 일이 수백 명의 학생들과 일본 주재 중국 공사 간의 성난 대립, 공사관에서의 연좌농성, 일본 경찰에게 시위자들을 쫓아내달라는 요청으로 악화되었다. 이러한 대립은 분명 입학 자체보다는 중국 및 일본 당국과 학생들 중 누가 해외 유학의 목적을 결정해야 하는지에 관한 문제였다.

1903년 봄, 도쿄의 중국 학생들과 베이징 정부 간에 반목을 불러온 것은 국제적 위기였다. 그 전해에 러시아는 만주로부터 자국 병사 10만 명을 철수하기로 영국, 일본, 중국과 합의했는데 결국 철병을 완료하지 않았다. 일본 신문들의 열렬한 독자이던 도쿄의 중국 학생들은 돌아가는 전후 사정을 잘 파악하고 있었고, 러시아가 중국에게 양보하라고 내놓은 새로운 요구들도 충분히 알고 있었을 뿐 아니라 전쟁을 하는 것이 러시아의 야심을 막을 유일한 방법이라는 일부 유명한 일본인들의 주장에도 익숙했다. 학생들이 보기에 베이징의 침묵은 중국을 약하고 우유부단해 보이게 만들어 외국 열강으로부터 또다른 굴욕을 당하도록 자초하는 태도였다. 각자의 정치적 견해에 상관없이 거의 모든 중국 학생들은 스스로를 강력한 대응을 할 책임이 있는 애국자로 생각했다. 이에 따라 도쿄에서 벌어진 반러시아 집회에 500명이 참여했고, 수십 명이 청나라 관리들의 무능함을 맹공격하는 기사를 썼다. 또 상하이와 베이징에서 동조시위들을 준비했고 러시아에 맞서 군에 자원입대하겠다는 제안까지 했다. 하지만 이 모든 움직임은 베이징을 압박한다는 면에서는 헛된 노력이었다. 일본은 1904년 2월 6일에 러시아와의 1년에 걸친 협상을 중단하고 이틀 뒤에 포트 아서의 러시아 해군을 기습공격했다. 뒤이어 벌어진 전쟁에서 중국은 중립을 선언했다.

1905년 가을에 가장 큰 규모의 학생 시위가 벌어졌다. 그 무렵에는 일본이 러시아에 거둔 승리에 흥분하여 일본 내 중국 학생의 수가 거의 1만 명으로 급증했다. 일본 최고의 군사학교 입학과 관련한 성성학원 사건에서처럼 학생들의 분노를 불러일으킨 것은 규칙의 변화, 일본 당국이 중국과 합의하여 학생들과 학교에 대해서 자신들의 구미에 맞는 새로운 지침을 발표한 데에 있었다. 하지만 학생들은 해외 유학 경험의 목적을 정의하려는 이 새로운 시도에서 정치적인 저의를 포착했다. 이들은 더 엄격해진 통제 자체보다 이런 발표를 한 당국의 동기에 더 반발했다. 일본 정부가 중국인 학생들을 자국 학생들과 동등하게 그리고 공정하게 대하고 있는가? 중국 정부가 자국 학생들을 옹호하고 있는가, 아니면 학생들의 개인적 자유를 빼앗기 위해서 일본과 공모하고 있는가? 중국의 지도자들이 외국의 개입에 맞설 정도로 애국적인가, 아니면 유능하기라도 한가? 새로운 제국주의자로서의 일본의 행위, 한족 대 만주족의 역량과 충성심 문제는 처음에는 소규모로 시작되었다가 나중에는 크게 불어난 시위대를 이끈 기본 사안들이었다. 1905년에 약 4,000명의 학생이 당국과의 충돌에 연루된 것으로 추정된다. 그중 2,000명이 항의의 표시로 일본을 떠났지만 대부분 곧 되돌아왔다. 하지만 1909년에는 학생 수가 5,000명으로 줄어들었다. 궁극적인 아이러니는 1911년에 변화를 추진하는 세력들이 2,000년 동안 이어져오던 중국의 제정(帝政)을 침몰시켰을 때에 거의 모든 중국인 학생들이 일본을 떠났다는 점이다. 체제에 새로운 재능과 온건한 개혁사상을 불어넣기 위해서 일본에서 교육시킨 중국의 젊은이들은 결국 체제의 종말에 기여했다.

일본에서 교육받은 학생들과 중국 제정의 종말

쑨원이 일본에 원한 것은 메이지 방식의 국가 건설의 가르침이 아니라 청왕조를 전복시키려는 자신의 계획에 대한 재정적 후원이었다. 그의 지인들은 주로 일본 및 해외의 중국인 재계의 인물들로, 일본 정계의 주류는 아니었다. 그러나 그는 정계에 진입하려고 노력했고, 한편으로는 그의 지인들과 범아시아주의 비전을 공유했다. 1900년경에 쑨원은 고노에와의 면담과 시모다 우타코의 지원을 청하고, 이누카이-미야자키-고노에의 인맥을 이용하고자 한 정계 주변부 인물이었다. 따라서 중국 당국은 그에 대해서 과하게 우려하지 않았다. 쑨원이 정권에 위협적인 인물인지를 묻는 고노에의 통찰력 있는 질문에 장지동이 "시시한 폭력배"라고 무시한 것은 이런 상황을 가장 잘 표현한 대답이었다.

1899년에 홍문학원을 졸업한 집익휘처럼 눈에 띄는 예외도 있었지만, 중국인 학생들은 혁명을 홍보하려고 애쓰는 쑨원을 별난 사람, 만나볼 가치는 있지만 자신들의 삶과는 무관한 사람이라고 생각했다. 쑨원은 유럽과 미국으로 모금 여행을 떠나 있던 1903년부터 1905년까지 학생들과 단 한번도 접촉한 적이 없었다. 하지만 행운은 그의 편이었다. 쑨원은 때를 더없이 잘 맞추어 1905년 7월에 일본으로 돌아왔다. 일본이 유럽의 거대 강국인 러시아와의 전쟁에서 승리를 거두자 아시아의 민족주의자들은 이에 흥분했고, 학교를 다니거나 반정부 활동을 준비하기 위해서 일본으로 향하는 중국 학생들의 수가 늘어났다. 그렇다고 하더라도 쑨원이 이 기회를 포착하여 개혁과 혁명에 대해서 다양한 관점을 지닌 이 반항적인 집단을 그가 도쿄에 설립한 새로운 혁명 조직에 가담시킬 수 있을지는 확실하지 않았다. 이에 그의 후원자인 미야자키 도라조가 처음 학생들과 접촉을 시도했지만 반응이 열렬하지는 않았다. 중국동맹회의 창립 총회에 참석한 수백 명의 학생은 쑨원이 기대한 수천 명에 비하면 적은 수였다.

쑨원의 국가 부활 구상은 명확하고 호소력이 있었음에도 불구하고, 지도자 역할을 하려는 그의 초기 노력은 도쿄에서 가장 강경한 반청 목소리를 내던 학생들 사이에서조차 쉽게 받아들여지지 않았다. 황싱을 비롯한 많은 사람들은 중국의 서로 다른 지역 출신으로 결성된 자신들의 급진적인 단체를 곧바로 해체하고 쑨원이 이끄는 조직에 합류할 생각이 없었다. 또 학생 집단 내에서도 쑨원의 지지자들과 량치차오를 지지하는 입헌 개혁가들 사이에서 충돌이 일어났다. 일본 정부 역시, 특히 국제 사회로부터 합법적이라고 인정받는 중국의 정권 교체를 요구하는 조직의 피난처가 되는 것을 못마땅해했다. 1907년에 일본은 쑨원을 추방해달라는 베이징의 요청을 받아들였다. 이 조치로 쑨원은 다음 몇 년 동안 화남 지방에서 새로운 일련의 저항활동을 조직하고 동남 아시아, 유럽, 미국의 해외 중국인들을 대상으로 모금 활동을 했다.

1905년 이후, 일본에서 교육받은 학생들이 중국동맹회의 주도적인 구성원이 되었다. 이들은 상하이나 도쿄 등으로 넘어가 점점 증가하고 있는 테러 공격과 작은 봉기들에서 두드러진 역할을 하여 청에 위협이 되었다. 일상생활에서는 중국의 새로운 학교들에서 교편을 잡거나 새로운 군에서 장교로 근무하는 사람들이 많았다. 그외의 사람들은 중국 해안 지역의 기업들에 사무원으로 채용되었다. 모두 혁명에 가담할 새로운 사람들을 구하거나 아직 일본에 있는 중국 학생들로부터 나온 반청 문헌들을 전달하기에 좋은 위치에 있었다. 혁명 계획에 연루된 사람들을 색출하기란 불가능했다.

그러나 청 왕조를 가장 취약하게 만든 현상은 훨씬 더 암암리에 진행되고 있었다. 혁명 집단의 구성원 대부분이 일본에서 돌아온 학생들이었지만 교육자건, 기업가나 관료건, 혹은 군에 있건 간에 귀국한 학생들 대다수가 혁명가가 아니라 자유주의 성향에 법을 준수하는 보통 사람들이었다. 많은 사람들이 중국 정부가 1901년 이후에 설립한 새로운 기술 기관들과 금융 기관들에서 일하기를 원했다. 1906년부터 1911년까지 정부에 고용된 해외 유학생 1,388명 중 90퍼센트가 일본 학교의 졸업생이었다. 일본에서 교육받은 사람들 가운데 또다른 유력한 집단은 헌법 통치를 향한 뒤늦은 정부 허가 조치의 일환으로 1909년에 선출된 지방의회에서 일하던 사람들이다. 지방의회의 구성원 목록을 보면 이들의 수가 상당했고, 어떤 경우에는 전체의 20퍼센트를 차지했다. 정치적 성향이 어떠하건 간에 귀국 학생들은 국내의 명목상 근대식 학교들에서 소수의 졸업생(1902-1909년 전 기간을 합쳐서 모든 단계의 학교에서 약 8만 명이 졸업했다)만 배출한 나라에 실용적이고 전문적인 새로운 시각을 불러왔다. 이들은 개방적이고 애국심이 강했으며 앞으로 중국이 세계적 강국의 위치에 도달할 수 있다고 확신했다. 또 자신들이 청의 통치로부터 소외되었다고 느꼈고 느린 개혁 속도에 조바심을 냈다. 이들의 지지가 약해지면서 청 왕조는 통치 불능에 빠져서 결국 1911년에 무너지고 말았다. 그러나 안정을 위협하고 권력을 분산시키는 강한 세력이 여전히 존재하여 새 공화국을 처음부터 위태롭게 했다.

1911년 이후 근대 교육의 혜택을 얻고자 했던 중국의 젊은이들에게 일본 외에 다른 선택권이 생겼다. 일단 중국에 머물면서, 일본에서 교육을 받았던 교사들이 일하는 새로운 학교들 중 한 곳에 입학할 수 있게 된 것이다. 또한 중국인 학생들이 서구 국가들, 특히 미국과 프랑스에서 일할 기회도 열렸다. 일부 학생들은 1908년에 미국이 (신축조약에 따라 미국에게 주어진) 의화단 배상금을 중국 학생들을 위한 장학금 지원에 사용하기로 한 결정을 이용하기도 했다. 1911년에 650명의 중국 학생들이 그 후원을 받아 미국에서 공부할 수 있었고, 1918년에는 그 수가 1,124명에 이르렀다. 제1차 세계대전이 끝난 뒤 중국 정부는 프랑스에 체험학습 과정을 마련하여 6,000여 명의 학생들을 끌어들였으나 학습 부분의 실효성은 의심스러웠다.

그러나 정치적, 재정적 이유와 근접성 때문에 중국 학생들은 1937년에 중일전쟁이 발발할 때까지 계속 일본 학교에 입학했다. 청 왕조를 끝낸 1911년 혁명이 일어난 뒤의 흥분이 이어지던 시기에 거의 모든 학생들이 귀국했지만 위안스카이가 정적들을 탄압하면서 독재 통치로 전환할 조짐과 젊은이들의 미래가 불확실해질 징후가 보이자 곧 줄지어 되돌아갔다. 1914년 일본에서 약 4,000명의 중국 시민이 공식적으로 학생 명단에 포함되었다. 이 수치는 다음 몇 년간 3,000-4,000명으로 꾸준히 유지되다가 정치에 적극적인 모습을 보이던 학생들이 중국에서의 권익을 차지하려는 일본의 협상에 항의하기 위해서 일본을 떠났을 때, 특히 1915년에 일본이 21개조 요구를 제출하고 1919년 베르사유 조약에서 산둥 성에 대한 권리가 일본에 이양된 뒤에야 점차 줄어들었다. 하지만 중일전쟁이 일어나기 직전인 1936-1937년 까지도 5,000-6,000명의 중국 학생들이 일본에 있었다. 1914년 이후 최고 수치였다. 이런 현상은 부분적으로 중국인 학생들을 유치하기 위한 일본 정부의 지속적인 노력을 반영하고, 현실적인 측면에서는 유리한 환율의 영향을 보여준다. 전체적으로 보아 중국의 젊은이들을 끌어들이는 일본의 매력은 처음과 그대로 유지되었다. 일본은 낮은 비용, 근대식 교육, 더 큰 행동의 자유의 가능성을 제시했다.

학습한 교훈, 보류된 협력관계

일본 유학은 중국인들의 사고방식을 바꾸었다. 1899년에 집익휘는 홍문학원의 졸업생 고별사에서 "지금의 생각을 3년 전과 비교하면 우리는 정말로 다른 사람이 되었다"라고 말했다.[12] 쓰촨 성, 후난 성 혹은 광둥 성에서 일본으로 온 중국의 젊은이들은 일본 대중의 시선으로 자신들을 보기 시작했다. 일본인에게 중국인은 한때 대국이었지만 이제는 세계의 다른 나라들이 보기에 낙후된 국가인 이웃 나라에서 온 순수하고 단순한 외국인이었다. 중국의 위상이 하락하고 일본의 위상은 상승하고 있다는 것은 도쿄에서의 일상생활을 통해서 알 수 있었다. 도쿄는 분명 근대적이고 효율적으로 운영되고 있었으며, 정치적으로 중국보다 더 개방적이고, 여론이 표현될 배출구가 많았다. 중국의 학생들은 일본인들이 행동의 자유를 제한하는 데에 분개하고 일본이 서구 제국주의를 지지하는 것을 두려워했지만, 한편으로는 일본이 추구하는 새로운 개방성에 이끌렸고 러시아와의 전쟁에서 보여준 그들의 힘에 감탄했다. 학생들은 무능함과 부패, 일본과 그외의 강국들에 맞서지 못하는 청 왕조를 점점 더 공격의 표적으로 삼고 비판했다. 일본 유학은 중국 학생들을 민족주의자로 만들었고, 항의와 언론, 여론의 힘으로 사회를 변화시킬 수 있음을 가르쳐주었다. 통제된 사회에서의 통제된 개혁이라는 장지동의 생각은 그가 솔선해서 일본으로 보낸 수천 명의 학생들, 이제 청의 제정을 즉각 끝내고자 출판물을 통해서나 혹은 직접적으로 주장하는 학생들에 의해서 힘을 잃었다.

일본으로 견학을 떠난 중국의 관리들은 좀더 신중하게 접근했지만, 이들역시 본국의 변화 속도에 조바심을 냈다. 일본에서 이들은 성공하고 있는 것으로 보이는 실험, 중국의 근대화 과정을 신속하게 진전시키기 위해서 따를 수 있는 모델을 직접 목격했다. 이들을 맞은 일본인들은 중국의 학문들을 제대로 배운 사람들로, 과거 중국의 문화를 적절히 존중했지만 근대적 개발 역학에서는 반대로 자신들이 교훈을 주는 입장이라고 느꼈다. 중국인 방문객들 역시 여기에 동의하고 주의 깊게 기록을 하여 견학 보고서를 발표하고 배포했다. 관료주의에 반대하는 것이 아니라 그 안에서 일하기를 열망하고 전적으로 실용적인 관점을 보유했던 이들이 일본에서 학습한 것들에 대해서 쓴 보고서는 중국에 새로운 학교들을 세우고, 더욱 효율적인 정부가되도록 새로운 기관들을 개선하는 또다른 기폭제가 되었다.

마찬가지로, 세계의 다른 나라들로부터 최상의 사례를 배운 일본의 경험을 거울삼아 일본인 자문들을 고용해서 일하게 한 중국의 정책은, 일본의입장에서는 자국의 영향력을 키우고 중국에게는 제도적인 노하우를 향상시키는, 잠재적으로 양국 모두에게 득이 되는 상황처럼 보였다. 중국이 고용한 일본인들은 서구식 교육을 받은 사람이 많았고 법부터 교육, 철도에 이르기까지 다양한 주요 분야들에서 상당한 공헌을 했다. 일본의 저명한 법학자들이 수년간 중국에서 머무르며 중국 측 학자들에게 헌법을 지도하고 근대식 민법전과 형법 작성을 도왔다. 노련한 행정가들이 개혁 의지를 지닌중국의 관료들과 함께 치안 향상을 위해서 일하면서 경찰학교를 설치하고 경찰 기관의 구조를 중앙집권화시켰다. 일본의 군 장교들이 장지동과 위안스카이의 지방 행정부 직원들을 훈련시켰는데, 이 노력들은 일본의 군사학교에 입학한 중국 학생들이 받는 교육과 연계되었다. 일본제국 철도의 고위 간부들은 자신들을 고용한 중국인들에게 근대식 철도 개발에 관한 조언을 해주었다. 그리고 자문 활동의 최고 성취로, 일본인 교육자들은 위로는 교사 양성기관에서부터 아래로는 유치원 교육에 이르기까지 일본 방식의 국가 학교 체제의 요소들을 도입했다. 대부분의 일본인들은 중국에 대해서 누구보다 잘 알고 있는 자신들이 다른 외국인 계약자들보다 중국인들과 일하기에 더 적합하다고 믿으며 높은 기대를 품고 중국으로 향했다. 그러나 대부분은 자신들이 더 많은 것을 성취할 수 없다는 데에 실망한 채 중국을 떠났다. 중국 측의 관료주의적 장애물들과 예측하기 힘든 정치 상황에 더해, 일본의 기회주의적 정책들과 제1차 세계대전이 끼어들면서 공식적인 양국 협력의 범위가 제한되었다.

청조 말기에 일본을 중시한 움직임은 중국의 차세대 지도자들에 해당하는 젊은이들 수천 명의 진로 결정에 가장 큰 장기적인 영향을 미쳤다. 20세기 중국의 가장 중요한 인물들 가운데 일부가 일본의 학교에서 첫걸음을 내딛었다. 세계적인 명성을 얻은 문호인 루쉰과 궈모뤄는 각각 1911년 전과 그 직후에 일본의 중등학교를 다녔다. 두 사람 모두 처음에는 의사가 되려고 했지만, 문학과 글을 통해서 중국의 국가적 상황을 진단하는 사명으로 우회했다. 루쉰의 동생이자 유명한 수필가이기도 한 저우쭤런은 일본 유학을 계기로 외국 문학, 번역, 일본 미학에 평생 몰두하게 되었다. 사회참여 지식인이던 세 사람은 때때로 매우 위험한 중국 정치의 함정들을 헤치고 나아가야 했다. 일본 대학에서 법학 과정을 졸업한 많은 사람들 또한 마찬가지였다. 이들은 중화민국 시기의 중국에서 법조계의 창시자들로 공적 생활에서 두드러진 역할을 했지만, 부분적으로는 일본과의 관계 때문에 항상 정치적으로 취약했다. 베르사유에서 중국의 입장을 강하게 주장하지 못한 것으로 인해서 일본의 동조자라고 공격받은 차오루린이 그 대표적인 예이다. 일본 대학을 졸업한 중국인들 가운데 중국의 학계에서 빠른 속도로 지위가 상승한 사람들도 있었는데, 특히 천두슈와 리다자오가 눈에 띈다. 와세다 대학교의 법학 및 정치학 과정을 수학한 천두슈는 베이징 대학교의 학장, 리다자오는 도서관장이 되었다. 두 사람 모두 1921년에 중국공산당의 유명한 공동 창당자가 되었다.

목록은 계속 이어진다. 중국이 치른 극적인 전쟁의 세 주역인 저우언라이, 장제스, 왕징웨이가 일본에서 공부했던 사실은 잘 알려져 있다. 그러나 도쿄 제국대학 법학부를 졸업하고 나중에 일본 주재 중국 공사를 지낸 장중샹이 일본인 법률 자문을 도와 중국의 새 형법전을 작성했던 것이나, 핫토리 우노키치의 조교로 일본에서 공부한 판위안롄이 베이징 사범대학의 학장과 교육총장이 된 것이나, 1949년에 중국의 최고인민법원 원장으로 임명된 선쥔루가 1905년부터 1908년까지 호세이 대학교에서 공부했던 사실은 잘 알려져 있지 않다. 이런 몇몇 사례와 그외에도 문서에 기록된 수백 건의 사례에서 "일본으로부터 배운다" 정책은 다양한 결과를 낳았으며, 균형 잡힌 충분한 평가를 내리기 위해서는 더 많은 연구가 이루어져야 한다. 그러나 일본 유학생으로 선발되거나 본인이 일본에 가서 공부하겠다고 결심한 젊은 중국 학생들이 근대적인 것과 자신과 중국의 미래에 유용한 것들을 흡수할 준비가 되어 있었다는 점, 이 학생들의 이후 경력이 중국의 사회적, 정치적 구조를 중요한 방식으로 변화시키는 데에 일종의 파급 효과를 불러왔다는 점, 그리고 이들이 심지어 제2차 세계대전 이후의 재건 시기에도 뚜렷이 지속된 일본인들과의 전문적 네트워크를 장기간에 걸쳐 구축했다는 점은 이 단계에서 말해도 무방하다. 자신들을 맞은 일본에 대한 이들의 태도는 결국 상반된 감정이 공존했고, 이후에도 계속 바뀌었다. 이것은 세계 어느 곳에서 유학했건 간에 흔히 있는 후유증이다.

새로운 교육을 받은, 그중 많은 경우 일본의 교육을 받은 중국의 엘리트들은 많은 계획과 사업을 시작했다. 그러나 1915년 이후 중국의 이야기는 끊임없는 혼란, 분열된 정치의 안타까운 서사, 대립하는 군 지도자들 간의 군사적 충돌, 결과적으로 벌어진 일본과의 전면전으로 장식되었다. 정치적 통일을 이룬 1949년 이후에도 중국 사회의 규모, 복잡성, 빈곤으로 인해서 해외의 도움 없이는 경제적으로 일본을 따라잡기가 힘들었다. 중국의 지도자들은 대약진 운동과 문화혁명이 실패로 돌아간 뒤인 1978년이 되어서야 "개혁과 일본을 포함한 외부 세계에 대한 개방"으로 다시 한번 방향을 틀었다. 이 정책은 1895년 이후 장지동이 지지하여 일부는 성공하고 일부는 실패했다. 1978년에 중국의 덩샤오핑은 일본의 후쿠다 총리와의 대화에서 일본이 당나라 때 중국에게서 배운 광범위한 문물을 돌아보면서 "이제 교사와 학생의 역할이 바뀌었다"고 언급했다. 이 말은 20세기 초 세상의 모든 장지동들과 고노에들이 마음에 품었던 암묵적인 가정과 희망이었다.

제6장

타이완과 만주의 식민지화, 1895–1945년

청일전쟁이 끝나고 1895년에 타이완을 넘겨받은 일본인들은 서구 열강들이 식민지들을 이용해서 자국의 경제를 튼튼하게 한 것처럼, 타이완 역시 일본 경제 강화에 도움이 될 것이라고 생각했다. 일본의 인구가 거의 4,000만 명에 이르렀던 데에 비하면 타이완의 인구는 300만 명도 되지 않았지만, 타이완은 일본 제품들을 판매할 수 있는 잠재적 시장의 증가를 의미했다. 일본은 또 자국의 영토에서는 생산되지 않던 사탕수수 같은 타이완의 열대 농산품도 수입할 수 있었다. 하지만 일본인들에게 식민지 획득은 경제적 혜택 이상을 의미했다. 이는 자신들의 나라가 서구 선진 국가들의 대열에 합류했다는 또다른 중요한 표시였다. 일본은 서구의 강국들에게 자국이 식민국의 본보기가 될 수 있음을 보여주고 싶어했다. 또 미래에 조선 같은 다른 식민지도 차지하기를 기대했고, 일본의 식민지가 되면 어떤 이점을 얻을 수 있는지를 보여주고자 했다.

러일전쟁이 끝난 뒤인 1905년에 일본은 남만주철도와 랴오둥 반도에 대한 권리도 손에 넣었다. 만주에서 일본은 타이완에서보다 훨씬 더 중요하고 복잡한 상황에 직면했다. 1905년에 만주는 인구가 1,500만 명이었고 면적이 약 100만 제곱킬로미터로 일본 열도의 두 배가 넘었다. 게다가 인구가 계속 빠르게 증가하고 있어서 1945년에는 5,000만 명에 이르렀다. 또한 일본인들은 만주에서 러시아로부터의 안보 위협, 중국 민족주의자들의 대중 시위 확산, 그리고 1931년 이후에는 중국 영토를 차지한 데에 대한 서구 국가들의 비판과도 마주해야 했다. 1905년부터 1931년까지 일본의 지도자들은 남만주철도를 성공적인 기업으로 운영하고자 노력했다. 남만주철도를 준정부 기관으로 이용하여 만주와 화북 지방에 대한 정보를 수집하고, 그 지역의 정치 지도자들과의 관계를 촉진하고, 철로가 지나가는 양쪽 지역의 사업들을 전개했다. 일본인들은 러시아의 안보 위협을 방어하고 그 지역의 일본인들을 보호하기 위해서 병력을 파병했다. 1931년에 만주 사변을 일으킨 뒤에는 괴뢰정부를 세워 만주 전체에 대한 공식적 지배권을 차지했다. 서구가 식민지화한 국가들과 달리, 만주는 산업화되었고 일본 본국으로부터 수십만 명의 정착민을 끌어들였다.

일본은 타이완과 만주에 식민지 근대성을 가져왔다. 두 식민지들은 근대 기술과 사회 기반시설이 도입되면서 경제적으로 성장했고, 평균 생활수준 또한 향상되었다. 그러나 두 지역의 주민들은 일본인들이 정부와 기업의 요직을 차지하고 그들보다 더 높은 소득과 더 나은 생활조건을 누리면서 자신들을 차별한다는 것을 절실하게 인식했다. 또한 지역 학교들은 일본을 긍정적으로 바라보도록 일본사를 가르쳤다. 중국의 고전 문화도 가르쳤지만 중국과 일본의 생각이 일치하지 않는 부분들에서는 일본인의 관점이 우위를 차지했다.

일본 통치하의 타이완, 1895-1945년

베이징의 청나라 관리들은 19세기 말에 일부 주요 관리들이 일본과 프랑스의 위협을 걱정할 때까지 타이완에는 거의 관심을 기울이지 않았다. 1874년에 일본인들이 난파된 류큐의 어부들을 살해한 데에 대한 응징으로 타이완 원주민들을 공격한 일이 있었고, 1883-1885년의 청-프랑스 전쟁 동안 이홍장과 좌종당, 그외의 관리들은 프랑스가 타이완을 공격할지도 모른다는 걱정을 해야 했다. 타이완의 방어를 강화하려는 이홍장의 노력은 반대에 부딪혔지만, 1885년에 그는 부(府)였던 타이완을 성(省)으로 승격시킨다는 승인을 받아냈다. 이는 고위급 관료를 타이완의 첫 총독으로 파견하고 예산을 늘릴 수 있다는 뜻이었다. 1885년 이홍장은 자신이 안휘 성에 조직한 회군 출신으로 태평천국의 진압을 도왔던 유능한 관리 유명전을 타이완 최초의 총독으로 임명했다. 유명전은 타이완에 도착한 뒤 곧바로 해군을 집결시켜 연안 방어를 강화했다. 또 타이완에서 본토의 푸젠 성까지 전신선을 가설했고, 지룽과 타이베이를 연결하는 27킬로미터의 철도를 부설했다. 그는 이러한 개발 비용을 충당할 농업세의 근거를 마련하기 위해서 지적(地籍) 조사에 착수했다. 하지만 높아진 세금에 화가 난 지역의 지주들이 폭동을 일으켰고, 1890년 유명전은 본국으로 돌아오라는 명령을 받았다. 결국 그가 착수했던 사업들은 중단되었고, 그의 개발계획을 진전시키는 일은 1895년에 타이완의 지배권을 얻은 일본인들의 몫이 되었다.

타이완을 넘겨받았을 때, 일본인들이 맞닥뜨린 저항은 1910년의 한국에서보다 약했다. 한국인들은 타이완보다 국가 정체성이 훨씬 더 강했고, 더 뚜렷한 문화와 오랜 독립 통치의 역사를 보유하고 있었다. 부(府) 수준의 섬이었던 타이완은 유명전이 통치할 때에도 한국인들 같은 정체성을 발달시킨 적이 없었다. 한국인들은 고유의 언어와 문화를 보유했고, 일찍부터 외부의 침입자들에게 저항한 독립적인 정부가 있었다. 1895년에 일본인들이 점령했을 당시 타이완 인구의 약 3분의 2는 콕싱가(정성공)와 함께 건너온 사람들을 포함하여 청나라 시대에 푸젠 성에서 이주한 사람들의 후손이었고, 3분의 1은 17세기에 조상들이 청군의 진격을 피해 달아났던 하카족이었다. 일본인들이 도착했을 당시 섬에는 1만4,000명의 원주민이 남아 있었던 것으로 추정되지만, 이들은 일본인들에게 심각한 위협이 되지 않았다. 타이완에 살고 있던 푸젠 성 사람들 역시 일본인들에게 거의 저항하지 않았지만, 타이완 중부의 구릉지대에서 살던 주요 소수민족인 하카족이 일본에 대한 무장 저항을 벌였다.

1895년, 일본의 우선순위는 섬의 평화였다. 질서 확립을 위해서 청일전쟁의 영웅 노기 마레스케 장군이 파견되었다. 장군과 그의 병사들은 매우 가차없는 존재들로 여겨졌다. 노기의 병사들은 북동부의 화롄에서부터 남서부의 가오슝까지 몇 주일에 걸쳐서 섬 전체를 행군했다. 하카족이 거주하는 북부의 산악 지역에서는 거센 저항에 부딪혔다. 1896년 1월, 한 사찰에 머물던 일본 병사들 몇몇이 밤사이에 살해당하자, 일본군 장교들은 사찰에서 반경 8킬로미터 내에서 눈에 띄는 사람은 누구든 죽이라는 명령을 내렸다. 1896년부터 1898년까지 3대 총독을 지낸 노기 마레스케 장군은 지역 주민들에게 엄청난 두려움의 대상이었다.

일본군은 타이완 북동부에서 남서부까지의 행군을 마친 뒤, 지역 지도자들과 사면 협정을 체결하고 이웃들이 서로의 행동에 책임을 지는 보갑(保甲) 제도를 확립하기 시작했다. 1898년에 노기 장군이 일본으로 돌아갈 즈음에 섬은 평화를 회복했다. 노기의 후임은 그보다는 덜 무자비하고 덜 억압적이라고 알려진 고다마 겐타로 장군이었다.

일본의 식민통치 기간 동안 타이완 주민들은 행정부의 심한 억압에 맞서 몇 차례 반란을 일으켰다. 1907년 10월 신주 현 베이부의 탄광에서 일본인 통치자들의 행동에 분개한 현지 하카족들이 봉기를 일으켜 57명으로 추정되는 일본인들을 죽였다. 그러자 일본인들은 그에 대한 보복으로 100명이 넘는 주민들을 죽였다. 1915년에는 타이난 시의 한 종교단체 회원들이 일본인들의 엄한 통제에 항의해서 일본 경찰서를 공격하여 많은 경찰들이 피살되었다. 이 봉기는 타파니 사건으로 불린다. 이번에도 일본 관리들은 강력한 탄압을 가해 종교단체의 지도자들을 죽였다. 1930년에는 강제 노동 요구와 경찰의 만행에 폭발한 난터우 현의 원주민들의 주도로 우서 사건이 일어나서 약 130명의 일본인 거주민들이 살해당했다. 이번에도 일본은 앙

갚음을 했다.

1898년부터 1912년까지 식민 정부에는 공무원들의 두 배에 달하는 경관들이 있었다. 1912년에는 타이완 주민 580명당 1명꼴로 일본인 경찰을 두어 당시 일본 본토의 주민 수당 경찰관 수의 거의 두 배에 이르렀다. 초기에 폭력 사태들이 벌어지기는 했지만 1898년에 일단 질서가 회복된 이후로는 거의 충돌이 일어나지 않았고, 일본인 관리들과 주민들 사이의 관계 또한 식민지화된 후의 한국에서만큼 긴장되지 않았다.

1919년까지 타이완의 일본인 최고 관료는 군 지도자였지만, 예외적으로 1898년에 일본은 위생국장을 지낸 민간인 관료 고토 신페이를 타이완의 통치를 책임지는 민정국장으로 임명했다. 비스마르크의 근대식 공중보건 정책을 공부하기 위해서 독일에 파견되었던 의사 출신의 고토는 공중보건 행정관으로서의 능력을 인정받아 일본에서 이미 많은 존경을 받는 인물이었다. 당시는 전염병학 분야가 한창 발달하던 시기였고, 열대기후 지역에서 황열병과 말라리아의 관리에 진전을 보이고 있었다. 일본은 타이완에서도 이런 질병들을 잘 다스려 대중의 지지와 존경을 얻는 데에 도움이 되기를 기대하며 고토를 민정국장으로 선택했다. 타이완에서 고토는 양질의 물 공급을 위한 상수도 건설공사를 이끌고, 지역 병원들과 말라리아 치료 센터를 세우는가 하면, 쥐를 잡는 사업을 벌여 타이완에서도 말라리아와의 싸움에서 큰 진전을 이루었다. 고토는 질서를 유지하기 위해서 일본 경찰과 협력할 준비가 되어 있었지만, 그의 깨어 있는 리더십은 타이완 주민들의 협력과 인정뿐 아니라 서구 지도자들의 존중을 얻기도 했다.

고토는 헌병을 민간 경찰로 교체하고 군인들이 군복을 입거나 칼을 들고 다니지 못하게 했다. 정부의 정책이 현지 관습에 맞게 조정되어야 한다고 믿었던 고토는 지역 관습들을 연구하는 센터를 세웠다. 한국에서는 점령 기간 내내 한국인들과 일본인들 사이에 심각한 긴장이 계속되었다. 하지만 타이완에서는 통치 기간 초기에 질서가 확보되어 타이완 주민들과 일본인

식민지 개척가들 사이의 관계가 비교적 느긋하고 편안했다.

고토 신페이는 타이완의 경제 개발을 이끌기 위해서 홋카이도 대학교에서 공부한 농업경제학자 니토베 이나조를 데려왔다. 니토베는 홋카이도 대학교를 졸업한 이후 도쿄 제국대학을 1년 다닌 뒤, 미국의 존스홉킨스 대학교에서 3년간 경제학을 공부하고 다시 독일에서 3년간 수학하여 농업경제학 박사학위를 받았다. 1901년 타이완에 도착한 니토베는 3년 동안 근무하면서 타이완의 경제적 우선순위들을 확립하고 일본 경제에 보탬이 되는 경제 개발을 위해서 노력했다. 이는 전체적으로 일본은 산업에 집중하고, 타이완은 농업에 집중하기 위함이었다. 일본에서 차[茶]가 많이 생산되었기 때문에 타이완의 차 생산을 줄이고 대신 사탕수수 생산을 늘렸다. 타이완의 따뜻한 기후가 일본보다 사탕수수 생산에 더 적합했기 때문이다. 따라서 타이완을 50개 구역으로 나누어 각각에 제당공장을 두었으며, 화학비료를 사용하고 관개망을 구축했다. 1930년대 타이완에 세워진 일본 제당공장들은 세계에서 가장 근대적인 제당공장이었다. 1920년대와 1930년대에 일본에서 설탕 소비가 상승했고, 1930년대에는 타이완에서 생산된 설탕의 90퍼센트가 일본으로 수출되었다. 1918년 일본에서 쌀 부족으로 인해서 폭동이 일어나자, 니토베는 타이완의 쌀 생산을 증가시키는 데에도 집중하여 일본으로의 쌀 수출량을 늘릴 수 있었다.

1906년에 고토가 만주철도에서 새로운 직무를 맡아 떠날 때, 타이완에는 전신선과 전화선이 설치되었고 전력도 생산할 수 있었다. 식민지는 더 이상 일본에 보조금을 요구하지 않고 자체 예산 내에서 운영되었다.

일본은 유럽 국가들이 식민지에 보냈던 것보다 훨씬 더 많은 중간급 행정관들과 정착민들을 타이완으로 보냈다. 일본의 통치는 아프리카나 아시아의 먼 식민지에 대한 유럽 국가들의 통치보다는 영국이 가까운 아일랜드를 통치한 방식과 더 비슷했다. 1924년 타이완에는 18만3,000명의 일본인이 살고 있었고, 제2차 세계대전에서 일본이 항복한 1945년에는 타이완 인구 600만 명 중에서 약 20만 명이 일본 시민이었다. 많은 일본인 정착민들이 여러 직종에 종사했기 때문에 대다수의 타이완 사람들은 일본인들을 교사로, 상점 주인으로, 이웃으로, 심지어 친구로 개인적으로 알고 지냈다.

인도의 영국 행정관들이 영국 시골 신사의 생활방식에 영향을 받거나 필리핀의 스페인 행정관들이 대농장 주인의 생활방식에 영향을 받았다면, 타이완의 고위급 일본인 행정관들은 메이지 시대 관료의 생활방식을 취했다. 일본에서 관료는 존경을 받는 위치이고 보통 사람들보다 위에 있다는 것이 일반적 인식이었다(관존민비[官尊民卑]). 그러나 일본의 관리들은 자신의 일에 진지하게 임하고 성실하게 업무를 수행하는 기강이 잘 잡힌 집단이었다. 타이완에는 일본 최고의 중등학교와 대학에서 교육받은 고위급 관료들뿐 아니라 다양한 기술전문학교에서 훈련받은 일본인 정착민들도 많았다.

타이완의 모든 주요 기업들은 일본인 소유였지만 일부 사업주들은 타이완 사람과 공동으로 경영했고, 주요 일본 재벌들(미쓰비시, 미쓰이, 스미토모, 야스다)이 타이완에서 활약했다. 일본 기업들은 소금, 장뇌, 담배에 대한 독점권을 가졌다. 일본과의 더 많은 교역을 장려하기 위해서 타이완과 중국 본토와의 거래에는 세금을 부과했지만, 일본과의 무역에는 과세하지 않았다. 총독부는 무자비한 부재지주들에 대한 농민들의 불만에 대응하여, 지주들에게 땅을 팔고 여기에서 얻은 수익으로 국채를 사게 강제했다. 또 타이완에서 아편을 근절하기 위해서 먼저 아편 생산을 국가가 독점화하여 공급을 통제했고, 아편의 재배와 판매에 대한 통제권을 쥔 다음 생산과 판매를 중단했다. 1900년 타이완에 16만5,000명에 이르는 아편 중독자가 있었던 것으로 추정되지만, 일본이 이 프로그램을 완료했을 때에는 아편은 본질적으로 사라졌다.

일본의 통치하에 타이완의 생활수준은 빠른 속도로 향상되었고, 1945년에는 중국 본토의 생활수준보다 평균적으로 훨씬 더 높았다. 타이완으로 이주한 일본인들은 고국에서와 비슷한 상점들과 기업들을 세웠고, 타이완의 기업들 대부분을 일본인 정착민이 운영했다. 1930년대에 타이완을 방문한 서구인들은 이곳의 경제적 성공을 칭찬했다. 독일어와 영어에 모두 능통했던 고토 신페이와 니토베 이나조는 국제기관들로부터 환영을 받았고, 타이완에서 이룬 성과로 존경을 받았다.

일본인들은 타이완의 공교육 또한 크게 확대했다. 유럽인들이 자국 식민지들의 교육을 확대했던 것보다 훨씬 큰 규모였다. 일본인들이 도착하기 전에 타이완 젊은이들 중 소규모 집단이 받는 엘리트 교육의 한 부분이던 유교 고전의 학습은 대부분 "과학적 교육"으로 바뀌었다. 1875년 서구의 선진 교육을 배우기 위해서 매사추세츠 주 브리지워터 사범대학으로 파견되었던 문부성 관리 이자와 슈지가 타이완에 우수한 일본 시민들을 육성하기 위한 근대식 학교 제도를 구축하는 책임을 맡았다. 그는 타이완의 전 교육과정에서 빨리 일본어를 사용할 수 있도록 초등학교에서부터 곧바로 일본어를 가르치기 시작했다. 타이완인 교사들은 일본어로 집중 교육을 받은 뒤에 일본어로 학생들을 가르쳤고 일본어 교과서들을 사용했다. 1944년 타이완의 초등학생 연령대의 아동들 중 71퍼센트가 학교를 다녔다. 이것은 당시 중국 본토보다 훨씬 높은 비율이었다. 모든 수업은 일본어로 진행되었다.

1915년 일본은 타이완에 중등학교들을 개설하고 1928년에는 타이베이에 다이호쿠 제국대학(지금의 타이완 대학교)을 설립했다. 재능 있는 현지 학생들과 함께 타이완에 살던 일본인들도 이 중등학교와 대학을 다녔다. 가장 뛰어난 현지 학생들, 특히 의학 같은 분야의 인재들은 타이완에서 대학을 마친 뒤에 도쿄 제국대학을 포함한 일본의 대학들로 유학을 떠났다. 1930년대에는 2,000여 명의 타이완 학생들이 일본에서 대학을 다녔다.

고토 신페이가 만주철도를 지휘하러 타이완에서 만주로 전출된 뒤, 많은 타이완 행정관들도 만주 통치의 활성화를 돕기 위해서 만주로 파견되었다. 만주가 일본의 괴뢰국가가 된 1931년 이후 타이완에서 만주로의 이주가 늘어났고, 1937년에 일본이 중국을 침략했을 때에는 중국어를 할 줄 아는 타이완 사람들이 일본 점령하의 중국 본토에 행정관으로 파견되었다.

타이완을 점령한 내내 전반적으로 정부와 기업의 더 높은 자리를 차지한 것은 일본인들이었고 그에 비해서 타이완인들은 낮은 직위를 맡았다. 그러나 제2차 세계대전의 발발 이후, 타이완의 정부나 기업에서 일하던 많은 일본인들이 입대하자, 상당수의 타이완 관료들과 행정관들이 정부의 더 높은 자리로 승진했다. 교토 제국대학에서 농업경제학을 공부하고 후일 국민당이 집권하는 타이완의 총통이 된 리덩후이 같은 사람들은 심지어 일본군의 장교가 되기도 했다. 일본인들은 타이완의 젊은이들을 일본 시민으로 바꾸려고 했고, 고등교육을 받은 타이완의 젊은이들은 놀랍게도 전쟁이 끝난 뒤에도 일본어로 일하고 대화를 나누었다.

일본 통치하의 만주, 1905-1945년

1904년에 일본이 러시아 선박들을 공격하여 러일전쟁을 일으켰을 때, 만주를 일본 팽창계획의 중심지로 삼고자 한 일본인 전략가들은 많지 않았다. 오히려 푸젠 성에 초점을 맞추고 싶어했다. 당시 푸젠 성은 만주보다 경제 규모가 훨씬 더 컸다. 이 지역은 오랫동안 나가사키와 교역을 해왔으며, 일본이 막 식민지화한 타이완과도 가까웠다. 푸젠 성의 방언은 타이완에서도 사용되었고, 타이완에서 중국 해안의 다른 지역들로 사업을 확장하기 위한 징검다리가 될 수 있는 곳이었다. 하지만 러일전쟁이 끝나고 일본이 남만주철도와 랴오둥 반도(10년 전에 서구의 강국들이 일본으로의 할양을 받아들이지 않았던 지역)에 대한 권리를 손에 넣게 되자, 일본의 지도자들은 새로 얻은 영토를 최대한 활용하기 시작했다. 이들은 곧 푸젠 성보다 만주에 훨씬 더 많은 자원을 투입했고, 푸젠 성은 역동적인 경제 기지로서의 측면에서 닝보, 상하이, 그리고 양쯔 강 유역의 다른 지역들에 이미 밀려나고 있었다. 만주는 광대하고 상대적으로 개발되지 않은 지역이었다. 만주족이 19세기 말까지 만주족이 아닌 사람들이 자신들의 고향에 정착하는 것을 금지했기 때문에 청 왕조 동안 만주의 인구는 비교적 적었다.

남만주철도의 권리를 획득한 일본은 땅을 개간하고 광산을 개장할 기회들을 이용했다. 러시아인들이 건설한 철도 덕분에 인적이 드문 지역들에까지 접근할 수 있었다. 19세기에 서부로 향한 미국인들이 새로운 넓은 공간의 개척자가 된 것처럼, 일본인들은 새로운 영토로부터 제공받을 수 있는 큰 개발 기회를 노리고 만주로 향했다.

일본인들이 러일전쟁을 일으킨 것은 자신들의 안전에 대한 우려 때문이었다. 이들은 러시아가 시베리아 횡단철도를 완공하여 시베리아의 정착지를 확장하고, 만주에 철도를 건설하고 랴오둥 반도에 항구를 지은 다음 이 지역을 장악하여 끊임없는 안보 위협을 일으킬 것을 걱정했다. 많은 인구와 자원을 보유한 러시아는 중국뿐 아니라 만주 국경 너머의 한국에서도 일본의 경제적 이익을 위협했다. 세계에서 가장 긴 철도인 시베리아 횡단철도 공사가 1891년에 착수되었고, 1903년에는 승객들이 상트페테르부르크에서 치타까지 이동한 뒤에 배로 바이칼 호수를 건너 남쪽의 블라디보스토크까지 러시아 영토를 벗어나지 않고 갈 수 있었다. 러시아는 또 중국의 승인을 얻어 1903년에 동청철도를 완공하여 관리했다. 동청철도는 치타에서 만주를 지나고 하얼빈을 거쳐 블라디보스토크까지 지름길을 제공하여 러시아 국경 내에서 치타에서 블라디보스토크까지 갈 때보다 수백 킬로미터를 단축시켰다.

중국에 대한 미국의 개방 정책 이후, 일본의 일부 주요 전략가들은 만주가 어느 한 국가의 식민지가 되지 않고 일본을 포함하여 모든 국가들에게 개방되기를 희망했다. 서구 국가들을 포함해서 모든 국가의 기업들이 지역에 이해관계가 생긴다면 이 국가들이 협력하여 러시아의 진격을 억제시킬 수 있다는 계산이었다.

그러나 다른 국가들은 만주에 큰 투자를 하지 않았다. 일본은 많은 병사들을 파병했고, 10년이 지나지 않아 만주철도의 양쪽 지역들에 대해서 얻은 영토권과 다롄, 포트 아서(뤼순)를 포함한 랴오둥 반도 남쪽의 관둥저우에 대한 권리를 바탕으로 힘을 키우고 있었다. 일본의 해외 투자는 푸젠 성이나 상하이가 아니라 만주에 집중되었다.

19세기에 드넓은 서부에서 미래를 만들어갈 기회를 엿본 미국인들처럼, 많은 일본인 정착민들—농지를 물려받지 못하거나 일본에서 경제적 전망이 밝지 않은 시골 지역의 가난한 둘째, 셋째 아들들—이 만주에서 비교적 정착이 이루어지지 않은 지역들을 개척할 기회를 엿보았다. 일본인들이 도착했을 때에 만주의 많은 지역이 비교적 인구가 희박했다. 일본인들은 군기지, 행정 관청, 기업, 농장으로 쓸 땅을 착복했다. 이들이 당시 땅값으로 얼마를 지불했는지에 대한 정확한 수치는 나와 있지 않지만, 현지 중국인들에게 일본인은 값을 치르지 않고 땅을 차지하거나 시가보다 낮게 '구입한' 침략자들이었다. 1937년에 중일전쟁이 일어났을 때, 만주에 농민으로 정착한 일본인 이주자들은 27만 명에 이른 것으로 추정된다.

일본은 만주 전체를 장악한 1931년 이후, 그 지역의 광산과 기계공장들에 대한 투자를 확대했다. 전 세계 여러 식민지들 중에서 독특하게 만주는 일본에서 교육받은 관료들이 운영하는 산업화된 식민지가 되었다. 당시 일본의 대학들에서 논의된 지배적인 주제는 국가를 근대화시키는 방법이었다. 영민한 평론가 이시바시 단잔(주요 인물 전기 참조) 같은 일부 일본인들은 만주에서 일본이 이룬 엄청난 산업 발전이 중국인들의 거센 민족주의의 물살에 희생될 것이라고 생각했다. 그러나 만주의 일본 관료들은 점점 거세지는 중국인들의 민족주의에 대응해서 그 지역을 떠나는 것이 아니라 일본의 기업과 정착민을 보호하기 위해서 더 많은 병력을 요청하는 방법으로 대처했다. 만주의 산업 발전은 근대 국가로서 일본의 지위를 나타내는 빛나는 상징이 되었다. 그러나 제2차 세계대전에서 만주가 아수라장이 되자 이곳에 대한 통치체제를 유지하기 위해서 더 많은 병력과 경찰이 필요해졌다. 만주에서 본국으로 돌아가기를 바라던 일본인 주민들은 일본이 전쟁에서 패망할 때까지 뜻을 이룰 수 없었다.

러일전쟁, 1904-1905년

1898년에 러시아가 포트 아서와 랴오둥 반도를 조차했을 때부터 일본인들은 전쟁의 가능성을 염려하기 시작했다. 러시아의 블라디보스토크 항구에서는 매년 겨울 두세 달 동안 바다의 배들이 얼어 있었지만, 포트 아서를 차지하면서 러시아는 1년 내내 얼지 않는 항구를 얻었다. 1903년에 완공된 동청철도로 포트 아서와 시베리아 횡단철도가 연결된 덕분에 러시아는 모스크바에서 포트 아서까지 쭉 이어지는 철도 수송수단을 확보했고, 이곳에서 배편으로 태평양까지 갈 수 있었다. 일본인들과 마찬가지로 러시아인들은 서유럽을 따라잡기 위해서 근대화에 열중했다. 이들은 포트 아서를 근대적 항구 도시이자 최신 유럽식 모델을 따른 건축물들이 들어선 유럽 양식의 서구 도시로 만들기 시작했다.

러시아가 포트 아서와 하얼빈을 잇고 창춘, 선양, 안산을 지나는 885킬로미터의 남부 지선을 완공하자, 일본은 자국이 투자를 늘리고 있던 한국으로 세력을 확장하는 러시아—인구가 4,600만 명이었던 일본에 비해 러시아의 인구는 1억3,000만 명이었다—를 무엇으로도 막지 못할 것이라고 우려했다. 1900년에 일어난 의화단 사건 동안에 러시아는 만주로 10만여 명의 병사들을 이동시켰고, 반란이 진압된 뒤에도 만주의 헤이룽장 성, 지린 성, 랴오닝 성에 병사들이 남아 있었다. 일본 관리들은 러시아 관리들에게 한국에서 일본의 이권을 인정하면 만주에서 러시아의 이권을 인정하겠다고 제안했지만, 처음에 러시아는 이를 거절했다. 1902년 4월에 서구 열강이 중국을 서로 다른 국가들이 지배하는 영토들로 분할하는 것을 중단하자는 데에 합의하자, 러시아도 그에 맞춰 정책을 바꾸어 1903년 말까지 만주에서 병력을 철수시키는 데에 동의했다. 하지만 1903년 5월 15일, 니콜라이 황제는 만주에서 외국의 다른 이권들도 없어져야 한다고 요구했다. 그런 뒤에 그는 신속하게 러시아 군의 병력 증강을 시작하여 만주와 한국의 국경인 압록강 유역으로 빠르게 병사들을 이동시켰다. 일본은 이를 한국에서의 일본의 이권에 대한 위협으로 생각했다.

러시아가 만주에서 다른 국가들의 이권을 배제하려고 한다는 보고를 받은 일본의 고위 관료들은 1903년 6월에 새로운 군사적 상황을 보고받고 대응방법을 결정하기 위해서 만났다. 이구치 쇼고 소장이 일본이 직면한 상황을 분석하여 제시했다. 러시아의 군사 자원은 일본을 능가하는 수준이고 시베리아 횡단철도를 이용해서 훨씬 더 많은 인원과 자원을 이동시킬 수 있었다. 이런 이점을 감안하면 시간은 러시아의 편이었다. 즉 일본이 신속하게 움직이지 않으면 한국에서의 일본의 이익을 지키기에 너무 늦을 것이다. 이구치 소장은 일본이 러시아와의 전쟁에서 승리할지는 확신할 수 없지만 기습 공격 외에는 선택권이 없다고 주장했다. 만약 일본이 이기면 만주는 중립 지역이 될 것이고, 한국에서의 일본의 권리는 그대로 유지될 것이다. 관리들이 대응방법을 두고 논쟁을 벌이는 동안 일본은 계속하여 군을 강화하고 러시아에서, 그리고 아시아의 러시아인들에 대한 첩보 활동을 확대하기 시작했다. 반면에 대부분의 러시아인들은 예전의 중국인들처럼 작은 섬나라인 일본 역시 쉽게 물리칠 수 있다고 믿었으므로, 일본군에 대한 정보를 수집하는 수고를 하지 않았다. 따라서 일본의 군사력에 대해서 아는 러시아인은 드물었다.

일본군의 만주 침입

1904년 2월 8일, 러시아 군이 휴일을 즐기고 있다는 것을 파악한 일본은 포트 아서와 한국의 인천에 있던 러시아 군함들에 기습 공격을 퍼부었다. 완전히 무방비 상태였던 러시아 군은 이 기습 공격으로 막대한 피해를 입었다. 이후 처음 6개월 동안은 전세가 예상보다 일본에게 유리하게 전개되었는데, 이는 러시아 해군이 처음에 입은 극심한 피해에서 힘입은 바가 크다. 하지만 이후 러시아는 많은 병사와 군함을 보냈고, 전쟁은 한국과 만주의 육지와 해상에서 1년 넘게 계속되었다. 일본은 러시아 군을 포트 아서에 봉쇄하려고 노력했지만 거듭해서 어려움을 겪었다. 이 전쟁을 겪으며 양측 모두 엄청난 손실을 입었다. 아리가 나가오는 8만여 명의 일본인들이 전장에서 사망했거나 부상당하여 나중에 병원에서 사망했다고 추정했다. 그러나 결국 일본의 우세한 정보력, 일본군이 러시아 군에 비해서 글을 깨우친 병사들이 많고 기강이 잡혀 있었던 점, 러시아 해군의 군함이 동아시아에 도착하려면 몇 달이 걸렸던 데에 반해서 일본의 보급로는 짧았던 점이 일본의 승리에 결정적인 역할을 했다.

일본은 1904년 말에 포트 아서를 점령했다. 1905년 1월 러시아에서 혁명이 일어나면서 러시아 군의 기세는 한층 약화되었지만, 1905년 5월에 러시아의 발트 함대가 일본군과의 전투를 위해서 이동하고 있었다. 발트 함대가 인도네시아에 도착하자, 일본군 군함들은 발트 함대의 움직임을 매우 면밀하게 관찰했다. 그리하여 러시아의 함대가 쓰시마 근방의 좁은 해협을 지나갈 것을 파악한 일본은 군함들을 배치해서 잠복시켰다. 일본군의 움직임 추적에는 별로 신경을 쓰지 않았던 러시아 군함이 쓰시마의 해협을 지나갈 때에 일본군은 두 번째 기습 공격을 가했다. 이틀간의 전투 끝에 일본군은 러시아 함대의 3분의 2를 파괴했지만 피해는 거의 입지 않았다. 1905년에 본국에서 일어난 혁명에 정신이 팔려 있던 러시아 군은 이로써 전쟁을 계속 이어갈 의지를 잃었다. 그러나 러일전쟁이 끝날 무렵에는 사실 일본도 모든 전력을 소비한 후였으므로, 만약 러시아가 전쟁을 계속했다면 일본이 승리했을지는 의문스럽다. 어쨌든 러시아가 전쟁을 끝내려고 하자 일본의 외무 대신 고무라 주타로가 하버드 법대 동문인 시어도어 루스벨트를 만나서 평화 조약 체결을 위한 협조를 청했다.

1905년 8월, 뉴햄프셔 주 포츠머스에서 시어도어 루스벨트 대통령이 중재한 평화협상이 벌어졌고, 9월 5일에 협정이 체결되었다. 이 협정의 중재자 역할을 해낸 루스벨트는 노벨평화상을 받았다. 러시아는 일본이 한국에서 우월한 이익을 보유하는 것을 인정하고 한국에서의 일본의 활동들에 간섭하지 않는다는 조약 내용에 동의했다. 이후 일본은 사할린 남부에 대한 완전한 통치권을 얻었고, 러시아는 포트 아서의 조차권과 근방 영해도 일본에 양도했다. 러시아는 하얼빈에서 창춘까지의 철도에 대한 권리는 유지했으므로 만주 북쪽은 계속 장악할 수 있었다. 하지만 동청철도의 남부 지선에서 창춘부터 다롄까지 675킬로미터에 이르는 부분과 지린 시에서 창춘까지의 노선 등 남부 지선에서 갈려나간 선들까지 포함해서 총 약 1,130킬로미터의 철도에 대해서 당시 25년 이상 유효하던 권리를 일본에 양도했다. 일본은 양도받은 철도의 이름을 남만주철도 주식회사로 바꾸었다. 일본은 또 철도 양쪽에 인접한 10킬로미터까지의 땅에 대한 권리와 철도를 유지하는 데에 도움이 되는 탄광에 대한 권리도 얻었다. 1898년에 영국이 홍콩을 99년간 조차한 것에 깊은 인상을 받은 일본은 1915년 중국에 조차 기간을 99년으로 연장하도록 압박했다.

남만주철도 주식회사와 관동군의 지배, 1905-1931년

러일전쟁 이후 일본의 정치 지도자들은 러시아가 복수전을 일으킬지도 모른다고 계속 우려했다. 이들은 시베리아에 러시아인 정착민이 늘어나고, 복선으로 된 시베리아 횡단철도와 1905년에 바이칼 호수 부근에 새로 완공한 철도 덕분에 모스크바에서 블라디보스토크까지 병력과 물자의 수송능력이 향상된 것에 겁을 먹었다. 바이칼 호수 부근에 건설한 철도 덕분에 러시아는 호수를 건너는 배에 물자를 옮겨싣고 내리느라 멈출 필요 없이 동아시아까지 바로 갈 수 있었다. 일본의 정치 지도자들은 러시아가 복수전을 시작하면 그에 어떻게 대응할지에 대한 계획을 세우기 시작했다. 하지만 러시아는 1917년의 러시아 혁명 이후 국내적 혼란에 직면하고 있었다. 또 일본과 러시아가 긴장된 관계를 이어가고 러시아가 철도에 대한 권리를 유지했던 창춘 북부 지방을 지배했지만, 결과적으로 러시아는 창춘 남쪽 지역에 대한 일본의 이익을 방해하지 않았다.

그 무렵 일본의 지도자들은 미국과 유럽 열강들이 일본이 만주를 식민지화하는 것을 용인하지 않으리라는 것을 알았고, 러일전쟁이 끝난 뒤에도 중국이 만주에 대한 정치적 주권을 유지했다. 하지만 철도를 따라 형성된 일본인 조직이 만주의 군벌 장쭤린의 지역 조직보다 훨씬 강했고, 일본은 조차한 영토 너머로까지 영향력을 확장하기 시작했다. 만주는 일본의 공식 제국에 속하지는 않았지만, 비공식적 제국의 일부가 되었다. 서구의 기업들도 만주에서 영업을 계속했지만, 1905년 이후에는 일본 기업들이 만주의 경제를 지배하기 시작했다.

중국의 다른 지역들, 특히 상하이와 푸젠 성에 대한 일본의 관심이 계속 높아졌지만, 1905년 이후 일본의 투자는 남만주철도 주식회사(약칭 만철)를 중심으로 이루어졌고, 만주의 일본인 소유 기업들이 중국의 다른 어느 지역의 일본인 기업보다 빠른 속도로 성장했다. 1914년 중국에 대한 일본의 직접 투자 가운데 69퍼센트가 만주에서 이루어진 것으로 추정되며, 1937년에 중일전쟁이 발발하기 전까지 중국에서 이루어진 일본인의 활동 대부분이 만주에 집중되었다. 만주는 여전히 농경 지대였고 콩과 콩 가공제품(간장, 비료용 콩 찌꺼기)이 주요 수출품(일본, 유럽, 그리고 만주 남쪽의 중국 본토)이었다. 만주는 기본적으로 땅이 건조해서 쌀은 거의 재배되지 않았고 수수가 주요 작물이었다. 일본의 새로운 투자는 주로 철도와 철로 근방의 건설공사에 맞추어졌다.

일본인들은 1928년에 만주의 군 지도자 장쭤린을 암살하고(제7장 참조) 만주에서 일본의 지배를 강화했다. 1931년에는 만주를 일본이 통치하는 괴뢰국가로 만들었다. 군사전략가 이시와라 간지가 근대식 군 장비를 갖추기 위해서 만주의 산업기지를 확장하는 방안을 검토하기 시작했다. 1930년대 중반, 이시와라의 노력은 성공을 거두지 못했다. 그가 만주에 민간 기업들이 매력을 느낄 만한 투자를 하려고 하지 않았기 때문이다. 그는 민간 자본가들이 아니라 국가가 관리하는 투자를 원했다. 1935년 상공성의 젊고 똑똑한 관료이자 소련식 계획경제를 지지한 기시 노부스케가 만주의 산업 개발을 지휘할 차장으로 임명되었다. 기시는 아유카와 요시스케가 이끄는 자동차 회사 닛산을 만주에 유치하기 위해서 충분한 양보를 했다. 아유카와는 중공업을 발달시켜 군-산업 기반을 강화하는 데에 정부와 기꺼이 협력했다. 나중에 미국이 만주의 수송 함대를 공격하자 필요한 기계 공구들을 일본에서 운송하기 어려워짐에 따라 이런 야심찬 목표의 성취는 불가능해졌지만, 만주는 석탄과 철, 구리 광산을 개발했다. 1942년에는 연간 300만 톤이 넘는 철과 철강을 생산했다.

만주에 노동자가 부족해지자 일제 식민기간에 중국의 다른 성들, 특히 산둥 성과 허베이 성에서 온 이주자들이 육체노동—농지 개간, 콩 재배, 광산과 건설공사 작업—의 일부를 담당했다. 일본과 러시아의 압박을 우려한 만주의 지배자들이 19세기 말에 만주족이 아닌 사람들도 만주로 이주할 수 있도록 허가하자, 근방의 산둥 성과 허베이 성의 중국인들이 인구가 드문 만주로 이주하기 시작했다. 1890년대부터 제2차 세계대전이 시작될 때까지 약 2,500만 명의 인구가 산둥 성과 허베이 성에서 만주로 이주했고, 그중 약 800만 명이 계속 만주에 거주했다.[1] 전쟁의 혼란 속에서 경제가 둔화되자 1942년 이후 중국인 이주민의 수는 줄어들었다.

1905년부터 1942년까지 만주로 이주한 중국인의 약 3분의 2가 계절노동자였으며, 대부분 육체노동을 하는 젊은이들이었다. 초기에는 주로 농사를 짓고 건설 현장에서 일했지만, 나중에 산업이 발전함에 따라 공장과 광산에서 일했다. 계절노동자들은 봄에 와서 가을까지 머무르다가 만주 대부분의 지역이 심하게 추워지는 겨울 몇 달 동안은 고향으로 돌아갔다. 만주가 일본의 지배를 받던 시기에 해마다 평균 50만 명이 넘는 이주민들이 만주에 도착했다. 이들 중 대부분은 단 한번 만주에 가서 가족을 위해서 돈을 벌어 집으로 돌아왔다. 계절노동자들은 젊은 지식인들과 달리 대개 정치 활동에는 참여하지 않았다.

1905년부터 일본이 만주를 괴뢰국가로 만든 1931년까지 만주에서 일본 권력의 중심은 남만주철도 주식회사(만철)와 일본 제국군의 관동군이었다. 1931년 이후 만주에서 일본의 최고 관료는 총독이었지만, 실제로 만철과 그 경영진은 상당한 독립성을 유지했고 총독보다 훨씬 많은 직원들을 거느렸다.

만철

1905년부터 남만주철도 주식회사는 만주에서 일본의 행정 본부가 되었다. 일본의 몇몇 연구자들은 만주에서 일본이 어떤 역할을 해나갈지에 대한 모델로 삼은 네덜란드 동인도회사가 어떻게 네덜란드의 광범위한 국익을 대변하면서 사업을 수행했는지를 연구하는 일을 맡았다. 일본 내에서 만주 개발은 정부 부처들뿐만 아니라 정치 지도부의 최고위급까지 철도 운영을 훨씬 넘어서는 개발계획에 관여할 정도로 중요하게 간주되었다.

만철에 부여된 광범위한 임무의 중요성은 1906년 11월 타이완에 있던 고토 신페이를 만철의 총재로 임명한 것을 통해서도 드러난다. 고토는 공식적으로 철도와 철도 주변의 땅만 관리했지만, 실제로는 만주에서 일본의 전체적인 이익을 강화하라는 명령을 받았다. 이 과제를 위해서 그는 타이완에서 모든 민간 업무의 책임자로 일했던 폭넓은 경험을 이용했다.

고토는 광범위한 임무를 맡았지만 만철이 본질적으로 철도를 효율적이고 수익성 있게 운영해야 할 책임을 진 하나의 사업이라는 점을 인식했다. 당시 철도는 전 세계적으로 최첨단의 근대식 사회 기반시설이었다. 만철은 미국으로부터 세계 최고의 철도 차량을 구입했고, 승객들을 위한 일류 서비스, 정시 도착, 신뢰성 있는 화물 운송으로 곧 명성을 키워나갔다. 또 원래 단선이던 철도를 신속하게 복선화하고 더 넓은 폭의 선로를 설치하기 시작했다. 일본인들이 러일전쟁에서 이미 사용했던 전화와 전신이 철도를 중심으로 강화된 수송 및 통신의 발전과 연결되었다.

러일전쟁에서 피해를 입은 만주를 재건하는 데에는 상당한 자금이 필요했고, 일본 정부 또한 전쟁을 치르는 동안 재정 보유고가 바닥이 났다. 만철은 일본 정부로부터 받는 자금을 보충하기 위해서 런던의 금융계에서 자금을 마련했다. 기업으로서 철도는 금세 재정적으로 독립했고, 수년 안에 높은 수익을 냈다. 초기의 주된 소득원은 랴오둥 반도의 항구들에서 일본과 유럽으로 수출되는 콩과 콩 제품의 운송이었다. 콩의 운송에서 만철은 자사보다 낮은 가격에 콩을 운반할 수 있는 트럭과 마차를 이용하는 중국 기업들과 경쟁했다.

고토 신페이는 과학을 중시하고 타이완에서 현지의 사회 관습을 공부하기 위해서 체계적인 조사를 했던 것으로 유명하다. 만주에 도착한 직후인 1907년 4월, 그는 만철에 조사부를 설치했다. 조사부는 철도의 운영과 만주의 정치적, 경제적, 사회적 발달을 위한 일본의 전반적인 정책에 길잡이가 될 정보와 분석을 제공했다. 또 화북 지방의 경제, 정치, 사회에 대한 일본 정부의 연구의 중심이 되었다. 심지어 관동군도 만철의 조사부가 실시한 조사에 의지했다. 조사부는 세계에서 가장 큰 연구 센터들 중의 하나로 성장했고, 전성기였던 1940년대 초에는 연구원의 수가 2,300명이 넘었다. 조사부의 규모와 범위는 국가 정책의 방침 결정에서 지식의 중요성과 정보 수집의 역할을 중시한 일본인들의 믿음을 반영한다. 당시 중국에는 그런 폭넓은 연구를 실행하는 기관이 없었다. 그 결과 만철 조사부가 중국 정부보다 만주에 대한 더 심도 깊은 지식을 확보했다.

고토는 관동군과 기꺼이 협력하려고 했지만 규칙과 법을 확립하는 것이 중국 행정 기반 구축의 중심이라고 생각했다. 그는 교토 제국대학에서 중국의 법을 가르치던 오카마쓰 산타로 교수를 조사부의 책임자로 선택했다. 비록 고토는 오카마쓰를 유럽으로 보내서 서구 강국들의 식민지 연구소의 역할을 연구하게 했지만, 소사부가 서구의 연구소들이 자국의 식민지들과 관련해서 하고 있는 일들을 뛰어넘기를 원했다. 오카마쓰와 그의 참모들은 만주가 기존의 법에서 벗어나야 한다고 생각했다. 미국인들은 전 세계 각 지역 법률의 개발을 이끌면서 미국의 법을 골조로 이용해서 현지의 주민들을 가르쳤다. 반면, 일본인들은 어떤 경우에는 서구의 법이 아시아의 전통과 맞지 않는다는 것을 깨달았고, 따라서 지역의 관습에 맞는 법을 개발하고자 했다. 만주에 도착한 오카마쓰에게 맡겨진 가장 주요한 업무는 만주의 법을 체계적으로 조사한 뒤에 실효성 있는 적절한 정책들을 채택하는 것이었다.

고토는 일본 최고의 명문 대학들 출신의 젊은 졸업생들을 만철 조사부의 직원으로 채용했다. 이들은 일본에서 개발과 근대화를 촉진시키는 방법에 초점을 맞춘 지적인 분위기 속에서 교육받았기 때문에 만주의 행정관들이 근대식 경제와 사회, 지배구조를 구축하도록 도울 연구를 수행하는 방법을 알고 있었다. 그들 중에는 일본에서 이들을 가르쳤던 교수들과 마찬가지로 사회적 배경은 평범하지만 공부를 잘해서 출세하고, 진보적 혹은 심지어 좌파적 견해를 가진 사람이 많았다.

고토 신페이는 타이완에서처럼 만주에서도 교육에 높은 우선순위를 두었다. 이로 인해서 교사 양성 프로그램들이 마련되고 초등학교의 수가 빠르게 증가했다. 일본어에 더해 기초수학과 과학도 가르쳤다. 특혜를 받는 일본인 학생들과 함께 일부 중국인 학생들의 입학이 허가되었던 소도시와 도시의 좋은 학교들에는 일본에서 온 교사들과 일본에서 공부했던 중국인 교사들이 일부 근무했다. 1931년부터 1945년까지 학령기를 맞아 교육받은 만주의 중국인들 대부분이 일본어를 배웠다.

1930년대에 만철의 직원들 중 거의 4분의 3이 중국인이었다. 대다수의 중국인 직원들이 그들과 비슷한 능력과 근속연수를 가진 일본인들만큼 높은 자리를 차지하지는 못했지만, 일반 만주인들보다는 나은 업무 환경에서 일하고 안정된 급여를 받았다. 만주의 다른 중국인 근로자들은 일본인 가정의 하인으로 일하거나 일본인을 상대로 하는 작은 소매상을 운영했다. 자신들을 함부로 대하는 일본인 고용주에게 분노한 사람들도 있었지만, 높은 봉급을 받는 것에 감사하는 사람들도 있었다. 일본인들은 만철의 높은 자리와 교사직에는 일본에서 공부한 뒤에 만주로 돌아온 얼마 되지 않는 중국인들을 뽑았다. 일본에서 교육받은 중국인들은 만철과 정부에서 일하는 것 외에도 학교에서 일본어를 가르칠 수 있었다.

고토는 1908년에 만주를 떠나 도쿄에서 체신대신과 철도원 총재에 취임했다. 이 자리에서 그는 만주에서 수립했던 정책들을 감독할 수 있었다. 고토는 일본에서 계속 영향력을 발휘했고, 나중에 도쿄 시장과 도쿄 방송국(현재의 NHK, 일본방송협회) 초대 총재가 되었다.

고토 신페이의 후임들은 대개 그의 진보적인 견해를 공유했다. 1917년에 러시아 혁명이 일어난 뒤 일본의 일부 지식인들은 러시아 혁명가들의 많은 전제들, 즉 관리들이 노동자 계급의 처우 개선을 위해서 투쟁해야 한다는 것과 그들이 접촉하는 중국의 일부 좌파들의 생각처럼 경제 발전 촉진을 위해서 국가에 의한 계획이 필요하다는 주장을 받아들였다. 극우파가 갈수록 더 많은 제약을 부과하며 이에 따르라고 압박하자, 일본 내의 좌파 지식인들 중 일부는 만주로 이주했다. 만주에 있는 고토의 후임자들은 도쿄의 정부보다 좌파 지식인들에게 더 협력적이었다.

러시아는 철도 지배권을 일본에 넘기기 직전에 탄광을 개장했다. 만철도 푸순의 탄광들에 투자했고 이곳은 세계에서 가장 큰 노천 탄광들 중의 하나가 되었다. 이곳에서 캐낸 석탄이 철도를 이용해서 철광들이 있던 안산으로 옮겨지기 시작하면서 이 지역의 선철 생산이 늘어났다. 석탄 생산이 증가하자 석탄 운반이 만철의 주요 수입원이 되었다.

제1차 세계대전 동안 유럽 국가들이 전쟁을 치르느라 아시아에서의 활동에 거의 힘을 쏟지 못하자, 일본인들이 만주와 중국의 다른 지역들에서 자국의 상업적 역할을 확대할 기회가 더욱 많아졌다. 제1차 세계대전 동안 일본의 힘이 커지고, 특히 일본의 높아진 영향력과 지배력을 알리는 중국에 대한 최후통첩으로 1915년에 21개조 요구가 발표되었다. 만주의 젊은 지식인들과 노동조합들은 반일 시위를 벌였다.

관동군

1905년 이후, 일본 제국군은 러시아가 복수전을 벌일 것이라는 구실로 랴오둥 반도에 일본군 병력을 대폭 증강했다. 러일전쟁이 끝나갈 무렵에 체결된 포츠머스 조약에서 일본군과 러시아 군을 18개월 내에 만주에서 철수시키라고 요구한 데에 맞춰 러시아 군과 일본군 병사들 대부분이 1907년까지 만주를 떠났다. 그러나 일본은 철로를 따라 15킬로미터마다 세운 경비초소를 유지하고 랴오둥 반도의 포트 아서와 다롄에 병사들을 주둔시키도록 허용되었다. 처음에는 1만 명이던 관동군의 일본인 병사 수는 1931년에는 더 늘어났다.

만주는 일본 병사들에게 주요 해외 근무지였고, 만주에 배치되는 것이 도전할 만한 일로 여겨졌기 때문에 관동군은 일본의 군사학교 졸업생들 가운데 애국심이 가장 투철하고 야망이 크며 똑똑한 사람들을 끌어들였다. 관동군은 러시아가 1905년의 패배에 대한 복수를 꾀할 경우에 지역을 수비하고, 지역 애국자들의 공격으로부터 일본인들을 보호하는 책임을 맡았다. 일본 제국군은 청일전쟁을 통해서 거둔 성공과 국가에 대한 헌신에 높은 자부심이 있었고, 병사들에게 이기적인 사익만 쫓는 사업가들과 정치인들보다 그들이 도덕적으로 더 우월하다는 인식을 심어주었다. 일본의 많은 장교들은 자신들이 서구인들로부터 아시아를 보호하는 영광스러운 국가적 사명을 띤다고 믿었다.

21개조 요구에 대한 중국 정부의 유약한 대응에 실망한 중국의 애국심 깊은 젊은 시위자들은 보이콧과 때로는 일본인들에 대한 개인적인 공격으로 대응했다. 만주에서 살던 일본인들은 관동군의 보호를 요청했다. 만주의 일부 일본인 정착민뿐 아니라 일본 본토의 일부 사람들도 일본 병사들의 거만함에 분개했고, 자국의 군보다 중국인들을 더 동정했다. 지역 주민들을 가혹하게 대하는 관동군 관계자들에 대해서 만철의 일부 관료들이 중국인들에게 동정심을 느낀 것과 마찬가지였다. 1934년 관동군 장교들이 만철의 몇몇 고위직에 오르게 되자, 만철의 많은 관리들이 사임했고, 두 기관 사이에 긴장감이 고조되었다. 하지만 만주의 평범한 일본인 주민들은 관동군이 중국 민족주의자들로부터 자신들을 보호해주는 것을 환영했다.

관동군 장교들은 대개 도쿄로부터의 지시를 기다리지 않고 신속하고 강력하게 만주의 반일 공격에 대응했다. 일본에 있던 제국군 관리들이 관동군을 저지하는 데에는 무리가 있었고, 충동적인 군인들이 정부 관리들을 암살할 수도 있다고 겁을 먹은 도쿄의 정치 지도자들은 그들을 저지하는 데에 신중을 기했다.

장쭤린, 장쉐량 그리고 일본인

만철이 설립되었을 때부터 만철과 관동군은 랴오둥 반도에서 일본의 활동에 대한 지휘를 맡았다. 그러나 1931년 이전까지 일본인들은 만철에 속한 좁은 철도 구역 주변을 제외한 만주의 나머지 지역에서는 지방 차원의 개발을 공식적으로 관리하지 않았다. 하지만 일본인들은 철도 바로 옆의 공식 구역을 넘어 비공식적인 영향력을 확대하기 위해서 군사력과 자금을 이용하여 서서히 지역 지도자들과 관계를 형성했다.

정식 교육은 거의 받지 않았지만 영리하고 야심이 강한 지방 군벌 장쭤린은 1911년 이후 지역의 다른 유력자들과 연계하여 위안스카이를 지지했다. 위안스카이는 1916년에 세상을 떠나기 전까지 중국의 국정을 장악했다.

위안스카이가 세상을 떠나자 장쭤린은 만주의 지배적 군벌로 자리를 잡았고, 1920년에 중국의 중앙정부가 그를 만주의 동삼성(東三省 : 랴오닝 성, 지린 성, 헤이룽장 성) 총독으로 임명했다.

장쭤린은 지역에서 일본인들을 몰아내기를 원했지만 일본의 막강한 경제력과 군사력에 미치지 못하는 자신의 힘의 한계를 인정했다. 그래서 일본인들의 힘에 맞춰가며 현실적으로 통치하고자 노력했다. 일본인들은 세력 확장에 힘쓰는 한편, 장쭤린과는 어느 정도 타협을 했다. 1925년에 장쭤린이 부하 장교 귀쑹링이 이끄는 반란에 맞닥뜨렸을 때, 일본인들은 귀쑹링의 군이 철도로 이동하는 것과 일본이 지배하는 영토를 지나가는 것을 허가하지 않음으로써 장쭤린을 도왔다.

1926년 이후 장쭤린은 콩과 그외의 물자 운반에서 일본인들과 경쟁하기 위해서 자체적인 철도와 마차들을 증강시키려고 노력했고, 이 같은 그의 야망이 만주 너머로까지 커지자 장쭤린과 일본인들의 관계가 긴장되기 시작했다. 장쭤린은 중국 전체를 통일하고자 노력하던 장제스(주요 인물 전기 참조)의 북벌에 저항하기 위해서 우페이푸를 비롯한 베이핑의 군벌들과 협력했다. 도쿄의 지도자들은 장제스에 맞선 군벌들을 지지하지 않았고, 장쭤린은 일본인들이 자신과 협력하지 않자 분노했다. 만주에서 자신이 다스리는 성들 밖의 활동에 필요한 물자를 확보하려는 그의 노력은 물자 부족을 불러왔고, 이는 그가 다스리는 지역에 걷잡을 수 없는 인플레이션을 불러왔다. 이처럼 사회가 불안정해지자 만철과 관동군은 질서를 유지하기가 더 어려워졌고, 그에 따라 일본과 장쭤린 사이의 긴장이 높아졌다.

1927년 장쭤린은 베이핑의 가장 유력한 지도자가 되었지만, 1928년 6월에 그의 동지들이 지반을 잃은 뒤에 도시에서 내쫓겼다. 장쭤린은 만주로 돌아오던 중에 일본군에 의해서 암살당했다. 장쭤린이 암살된 이후 관동군은 그의 병사들과 추종자들을 물려받은 아들 장쉐량과 싸워야 했다. 일본의 막강한 군사력을 잘 알고 있던 장쉐량은 공개적으로 일본인들을 비난하지는 않았지만 그들을 적으로 생각했다. 장쉐량은 병력을 유지하고자 노력하는 한편, 아버지가 구축한 경제적 기반을 더욱 강화하려고 했다. 또 콩을 수출하기 위한 항만 시설들을 소유했고, 자체적인 소규모 철도망을 구축하려고 노력했다. 일본인들과 장쉐량 사이의 긴장은 1929년에 찾아온 경제 불황으로 더욱 악화되었고, 1930년 만철은 사상 처음으로 적자를 냈다.

만주 사변, 1931년

1931년 9월 18일 밤 10시 20분, 선양 근처의 한 선로에서 다이너마이트가 폭발하여 기차가 탈선하는 사건이 일어났다. 이 폭발은 몇 분 지나지 않아 다른 열차가 폭발 지점을 지나갈 수 있었을 정도로 경미했다. 그런데 다음 날 아침, 일본은 장쉐량이 고의적으로 운송 시설을 파괴한 것에 대한 대응이라고 주장하면서 군대를 투입했고, 그날이 지나가기도 전에 장쉐량의 소규모 공군을 무너뜨린 다음, 선양의 작은 수비대도 탈취했다. 만주 사변이라고 불리는 이 사건은 중국과 일본을 넘어 곧 전 세계적으로도 파문을 일으켰다.

그러나 일본 관동군 내의 한 우익 급진파가 전략가 이시와라 간지의 계획에 따라 스스로 선로를 폭파하고, 이 사건을 일본군의 세력 확장과 만주 전체의 지배력을 얻는 데에 이용했다는 것이 2주일도 지나지 않아 밝혀졌다. 폭발 이후 며칠이 지나지 않아 더 많은 일본군 병사들이 먼저 한국에서, 그다음에는 일본에서 도착했다. 중국군이 아직 일본군과 싸울 준비가 되지 않았다고 판단한 장제스는 중국 병사들에게 일본군에 저항하지 말고 전투력을 보존해야 한다는 뜻을 전했다. 그 결과, 만주에서 가장 큰 도시인 선양이 하루 만에 일본군의 차지가 되었다. 1주일이 지나지 않아 도시는 다시 질서를 찾기 시작했고, 일본은 창춘도 장악했다. 만주와 화북 지방을 나누는 고개에서 멀지 않은 곳에 위치한 작은 도시인 진저우에서 장쉐량의 병사들이 일본군에 대항하여 소규모 저항을 벌였다. 히로히토 천황은 일본군이 진저우를 공격해서는 안 된다고 말했지만, 일본 병사들은 공격을 감행했고, 이로 인해서 수백 명이 목숨을 잃었다. 만주 사변이 있고 5개월 만에 일본 군에 맞선 무장 저항은 중단되었다. 만주 사변이 일어날 당시 만주에 머물던 일본인 병사는 1만 명 정도로, 1906년 이후 만주에 있던 병사들의 수와 거의 비슷한 수준이었다. 하지만 1년 내에 그 수가 10만 명을 넘어서면서 일본군은 만주 전역의 민정 기관들을 장악할 수 있었다.

만주 사변 이후 일본인들은 만주에 새로운 수도를 건설하기 시작했다. 수도의 이름은 신징(新京)으로 지었고, 위치는 창춘이었다. 창춘은 남만주 철도의 북쪽 종착역으로 그때까지 러시아가 지배했다. 일본은 이곳을 수도로 삼아 신징이 만주 북부에서 일본의 입지 강화에 이용될 것임을 분명히 했다. 일본인들은 만주의 수도를 이곳 북쪽 끝으로 정한 것에 러시아가 반발할 것을 걱정했지만, 당시 스탈린이 감행한 숙청으로 러시아 군의 세력은 크게 약화되어 있었으므로 러시아는 일본에 대항해서 어떤 조직적인 저항도 하지 않았다. 당시 창춘은 인구가 31만1,000명으로, 인구 52만7,000명의 선양보다 작은 도시였다. 일본인들은 타이베이에 타이완의 근대적인 수도를 세운 경험을 바탕으로 이곳에 근대식 도시를 건설했다. 모든 건물은 유럽과 미국의 가장 근대식 건물들을 주의 깊게 연구하여 도쿄와 타이베이에 새로 지은 새 정부 건물들을 본떠서 지었다. 많은 건축가들이 설계 기회를 잡으려고 모여들었고, 공사 관리자들이 수천 명의 지역 노동자들을 지휘했다. 기계화된 건설 장비가 없던 시절, 노동자들은 커다란 바위들을 옮기고 정해진 자리에 놓느라 엄청난 고생을 했다. 이때 행정 관청들과 일본인들이 설립한 만주 의회를 포함하여 수십 채의 건물들이 지어졌다. 새로운 의료 거점으로서 대형 근대식 병원을 짓고 의사들을 불러왔으며, 의료 연수 프로그램들이 마련되었다. 또한 대규모 공공 광장과 공원들도 설계되었고, 웅장한 새 기차역이 세워지면서 세계에서 가장 근대적인 철도 차량들이 수입되었다. 신징은 곧 세계에서 가장 큰 근대 수도들 중의 한 곳이 되었다.

도쿄의 일부 지도자들은 관동군이 만주 사변을 도발하고 이 사건을 이용하여 폭동을 일으켜서 만주에 군사 지배권을 확립한 것을 거론하며 깊은 고민에 빠졌다. 1920년대에 일본 정부는 메이지 유신에 참여했던 원로들이 물러나고, 많은 정치 지도자들이 우익 극단주의자들에 의한 암살을 두려워하게 되면서 중앙의 강력한 통솔력을 잃었다. 1931년 일본 정부가 분열되면서 와카쓰키 레이지로 총리는 군을 통제하지 못하게 되었다. 이후 1931년 12월 총리에 취임한 이누카이 쓰요시는 관동군의 진저우 점령을 막으려고 애썼다. 그런데 이누카이 총리가 중국과의 관계 개선을 위해서 사절을 보내려고 준비하던 중, 1932년 5월 15일에 우익 해군 장교에 의해서 암살당했다. 이누카이가 암살되자 일본의 정부 관료들은 더욱 공포에 떨었다. 중국인들과 한국인들에게 일본의 천황 히로히토는 일본의 상징이자 일본의 공격을 정당화하는 명분이었다. 천황은 총리 임명을 승인할 권한을 가지고 있었지만 정치 투쟁을 넘어선 국가적 통합의 상징이 되는 것이 자신의 역할이라고 생각했고, 따라서 만주에서 관동군의 행동을 저지하려는 노력을 하지 않았다.

만주국, 1931-1945년

만주 사변 직후, 도쿄의 일본 관리들은 만주를 직접 식민지화하면 서구 열강들의 강한 반대에 부딪힐 것임을 알고, 만주를 일본이 아니라 만주 정부가 통치하는 것처럼 보이도록 하기 위해서 괴뢰정부를 준비하기 시작했다. 1911년에 만주족 왕조가 전복되었을 당시 다섯 살이던 중국의 마지막 황제 푸이가 새 정부가 공식 선언된 1932년 3월에 만주의 집정자로 세워졌다. 1934년에 일본은 그를 "만주국"의 황제 자리에 앉혔다. 푸이는 그 자리를 받아들였지만, 나중에 일본의 강요에 의한 일이었다고 호소했다.

만주 사변이 일어나기 전에도 관동군과 만철의 관계자들은 그들이 직접 통치하는 지역들을 넘어 만주 전역의 지방 관리들 및 소규모 군벌들과 접촉했다. 일부 지방 관리들은 일본인들로부터 재정 지원을 받기도 했다. 일본인들은 만주의 여러 도시에서 치안의 안정이라는 공통의 관심을 가진 지역 지배층과 협력했고, 공공질서를 유지하기 위한 위원회들을 설립했다. 1931년에 만주 사변이 일어난 뒤, 새 정부의 현지인 관리들을 뽑을 때에는 이미 자문 역할로 보수를 지급해오던 사람들과 그외에 친분이 있는 지역 관리들을 선택했다. 대부분의 지역 관리들과 소규모 군벌들은 지위를 유지하도록 허용되었다.

1934년 소위 만주국이 세워졌을 당시, 만주 전체 인구에서 만주족이 차지하는 비율은 낮았다. 만철 조사부의 추정에 따르면, 1930년 만주에 살던 3,440만 명 중에서 만주족은 약 3퍼센트였던 반면, 90퍼센트가 한족, 6퍼센트가 몽골족, 그리고 가까스로 1퍼센트가 한국인이나 러시아인, 일본인이었다. 1940년의 인구 조사에서는 일본인 85만 명, 한국인 145만 명이 만주에 사는 것으로 나타났다.

일본 내에서는 만주국의 수립을 경축했다. 만주 사변이 일어났을 당시에는 일본 신문들의 판매 부수가 약 65만 부였지만, 몇 달 뒤에는 독자가 100만 명을 넘어섰다. 당시 대부분의 일본 가정에는 라디오가 있었는데, 이 라디오 방송과 신문 보도가 만주에서 일본의 세력 확장에 대한 국민적인 흥분을 부채질했다. 심지어 중국과 중국인에 대해서 온정적이던 만주와 일본의 많은 진보 성향의 일본인들도 일본이 이끄는 만주 정부에 반대하지 않았다. 일본이 만주에 사는 일본인들을 보호할 뿐 아니라, 개화된 리더십을 발휘해서 안정을 불러오고 만주의 경제를 발전시키며 중국인들의 복지를 향상시킬 것이라고 생각했기 때문이다. 예를 들면 1935년 선양에서 태어나 1944년까지 만주에서 살았고 후일 보스턴 교향악단의 최장기(1973년부터 2002년까지) 음악 감독을 지낸 오자와 세이지의 이름은 치과대학 교수이던 아버지가 이타가키 세이시로와 이시와라 간지를 기리며 그들의 이름에서 따온 것이다. 두 사람은 오자와 세이지가 태어나기 4년 전에 만주 사변을 공모한 주축들이었다.

1930년대 내내 일본은 자국의 공격에 이의를 제기하는 사람들에 대한 통제를 강화했다. 1931년 이시바시 단잔이 자신이 편집하는 잡지에 중국과 서구 국가들을 적으로 돌리는 것은 무가치한 일이므로 일본이 만주에서의 특권을 포기해야 한다는 글을 썼다. 하지만 1930년대 말에 일본 우익이 반대파 정치 지도자들을 살해하고 일본군이 국정에 대한 확고한 통제를 확립하면서 대다수의 일본 지식인들은 정부를 공개적으로 비판하지 않았다.

일본에 대한 자국 내의 여론과 중국 및 서구 국가들의 여론은 큰 차이가 났다. 이 무렵 대부분의 서구 매체들이 일본 정부에 비판적인 입장이었다. 1932년 10월 일본 정부가 만주를 독립국으로 인정하자, 향후 제2차 세계대전에서 일본의 동맹국이 되는 독일과 이탈리아만 이를 인정했다. 그외의 서구의 관료들은 만주를 무력 점령한 일본을 비난하고 일본의 더 큰 영토 야심에 대해서 우려했다. 1880년대부터 1905년까지 일본에 관심이 있던 영국, 독일, 프랑스, 미국의 대중은 대체적으로 일본에 호의적이었고, 일본을 아시아에서 가장 근대적으로 문명화된 국가라고 생각했다. 또 1900년에 일어난 의화단 사건의 진압에 일본이 공헌했음을 인정했다. 그러나 1905년에 일본이 러시아와의 전쟁에서 승리를 거두고, 1915년에 21개조 요구를 발표하는가 하면, 1918년에는 다른 국가들이 만주에서 병력을 철수한 뒤에도 일본군은 계속 그곳에 남아 해군의 힘을 키우자, 서구 열강들의 경계와 우려가 높아졌다. 만주에서 일본의 활동들은 이런 우려를 더욱 부채질했다.

만주 사변이 일어나고, 몇 달 만에 국제연맹의 회원국들은 영국의 불워-리턴 경을 단장으로 하여 만주에서 일본의 행위를 조사하는 위원회를 구성했다. 중국, 일본, 만주에서 6주일 동안 조사를 수행한 리턴 위원회는 일본이 만주를 침략했고, 일본의 영토 주장에 어떤 국제적인 법적 기준도 없다고 분명히 밝히는 보고서를 작성했다. 1932년 말에 이 보고서가 발표되었고, 국제연맹은 일본을 침략국으로 지정했다. 1933년 초, 일본은 국제연맹에서 탈퇴하여 만주에 대한 지배를 유지했다.

만주와 중국의 민족주의

토머스 고츠창과 다이애나 래리가 분석한 바와 같이, 만주에서 대규모 항일운동은 일어나지 않았다. 이주 노동자들 사이에서도 마찬가지였다.[1] 제2차세계대전 동안 일본군이 침략했던 지역들에 비하면 만주에서는 거의 아무 전투도 벌어지지 않았다. 1931년에 만주 사변이 벌어지는 동안에도 항일운동에 직접적으로 연루된 사람은 소수에 불과했다. 중국의 많은 지역에서 대학생들이 일본의 침략에 항의하는 시위를 이끌었지만, 만주에는 그런 대학생이 거의 없었고 노동조합도 없었다. 1935년 12월 9일, 베이핑의 학생들이 중국공산당과 국민당이 힘을 합쳐 일본에 대항해야 한다고 주장하며 거리로 나섰고, 다른 많은 도시의 학생들도 비슷한 시위에 참여했을 때에도 만주에서는 아무런 시위도 일어나지 않았다.

만주에서는 헤이룽장 성의 군벌 마잔산과 그외의 지방 군벌들이 일본인들에게 어느 정도 저항을 했다. 그러나 래너 미터가 내린 결론처럼, 일본인들에 항거한 마잔산의 영웅적 행위가 세간의 많은 관심을 받기는 했지만 그의 저항은 규모가 크지 않았고 오래가지도 않았다. 마잔산은 국가 혁명을 촉진하는 반일 애국자라기보다는 자신의 세력권을 지키려는 지역 군벌처럼 행동했고, 1932년 초에는 일본인들과 협력하기까지 했다. 소수의 만주 주민들이 만주를 떠나 남쪽으로 이주해서 만주인들의 저항과 국가적 목표를 연계하고자 동북민중항일구국회를 결성했지만, 이는 만주에도, 민족주의 운동에도 거의 영향을 미치지 못했다.

그러나 만주 사변에 대한 이야기가 중국의 다른 지역들, 특히 젊은 지식인들 사이에서 널리 알려지면서 반일감정을 불러일으켰다. 파크스 코블의 결론처럼, 일본인들의 침략이 낳은 부정적인 감정은 일본에 제대로 저항하지 못한 중국 관리들에 대한 비판으로도 이어졌다. 아버지가 암살당한 이후 장쉐량이 일본에 과감히 맞서지 못하자 그의 정적들은 일본 앞에서 나약했다며 그를 비난할 기회를 잡았다. 군사력 때문에 일본에 반대하는 목소리를 내는 데에 오랫동안 신중을 기한 장제스 또한 일본에 맞서지 못한다며 공산당으로부터 끊임없는 비판을 받았다.

타이완과 만주의 식민지화가 남긴 유산

일본의 통치를 받았던 타이완과 만주의 중국인들은 당시의 근대 사회의 생활방식을 익혔다. 전깃불, 라디오, 전화에 익숙해졌고 은행을 이용하는 방법을 알았다. 기차와 자동차에도 익숙했다. 많은 사람들이 일본인 교사로부터 글을 배웠다.

타이완 사람들은 일본 문화를 통해서 근대의 생활양식을 접했다. 타이완의 한 세대는 일본 문화 내에서 일하는 방법을 알았고, 일본인 집단 역시 타이완에서 일하는 것을 편하게 느끼게 되었다. 이런 관계는 국공내전 이후 타이완이 신속한 경제 개발을 수행하는 데에 유용했던 것으로 나타났다. 또 1949년에 공산당과 국민당 간의 국공내전이 끝난 이후 오랫동안 이어진 타이완과 일본 사이의 정치적, 경제적, 개인적 관계 형성에도 유용했다. 이런 유대는 또한 베이징과 도쿄의 관계에 어려움을 불러왔다.

일본인들이 새 수도로 삼은 신징(창춘)과 다롄 등 만주에 지은 많은 건물들은 지금도 남아 있다. 관동군 본부는 현재 지린 성 중국공산당 위원회의 본부로 사용되고 있다. 1931년부터 1945년까지 만주의 많은 젊은이들이 일본어로 교육을 받았고, 실제로 1949년 이후 중국의 일본 전문가들—기업, 정부, 가계—중 많은 사람들이 북동부 지역 출신이었다. 이들은 일본의 식민 지배를 경험했지만 중국의 다른 많은 지역 사람들과 달리 일본에 직접 맞서 싸우지 않았다. 당시 만주에는 상당히 많은 일본인들이 살고 있어서 일본의 지배하에 있었던 많은 중국인들은 지역의 기업, 학교, 직장을 통해서 일본인들에 익숙했다. 따라서 그들은 일본인들을 적병으로만 알던 사람들보다는 좀더 미묘한 시각을 가지고 있었다. 1978년에 중국이 개혁과 개방에 나선 이후, 만주인들은 중국의 다른 지역 주민들보다 일본인에게 더 우호적이었고 많은 일본인 역시 다른 지역보다 중국 북동부에서 더 편안함을 느꼈다.

제7장

정치적 혼란과 전쟁으로 가는 길, 1911-1937년
리처드 딕과 함께

1937년, 일본은 중국을 침략했다. 잘 짜인 장기적인 계획에 따른 행위가 아닌 군과 정치 지도자의 실책으로 일어난 침략이었다. 일본의 지도자들은 심각한 판단 착오를 저질렀는데, 그중 가장 큰 오판은 중국인의 투지와 인내를 인식하지 못한 것이었다.

중국에서 청 왕조가 무너지고 일본에서는 메이지 천황이 사망하면서 그동안 두 나라를 이어오던 체제들이 1911-1912년경 동시에 근본적으로 바뀌기 시작했다. 1912년에 출범한 새로운 체제인 중화민국과 다이쇼 천황의 통치가 효과적이고 안정적인 정치 지배체제를 재확립하는 데에 실패하면서 양국 모두 무질서 상태가 계속되었다. 1912년부터 1937년까지 25년 동안 중국에 대한 일본인들의 투자와 정착이 증가하고 통신, 여행, 교역 또한 늘어나면서 중국과 일본 사이의 관계는 그 어느 때보다 더 가까워지고 밀접하게 얽혀 있었다. 그러나 유감스럽게도 두 나라 모두 무질서 상태에 빠지면서 양국 관계를 더 긴장되고 적대적으로 만드는 요인들이 발생했고, 결국에는 양국의 지도자들이 평화적으로 처리할 수 없는 수준으로까지 악화되었다.

중국의 혼란과 신해혁명

1911년에 청나라가 멸망했다. 국내와 해외의 과제들에 제대로 대처하지 못한 데다가 이민족 통치자 집단인 만주족에 대한 저항이 높아졌기 때문이다. 그러나 청의 멸망을 불러온 직접적인 사건들은 우발적으로 일어났다. 1911년 10월 9일, 지금의 우한 시에 속하는 한커우의 러시아 조계지에서 한 무리의 반군이 뜻하지 않게 폭탄을 터뜨렸다. 이들은 자신들을 체포하러 온 러시아 경찰에게 저항했고, 다음 날에는 만주족 관청들까지 기습 공격한 뒤에 장악하여 1911년 신해혁명을 촉발시켰다. 그리하여 10월 10일이 중화민국의 공식 건국일이 되었다. 일부 혁명가들이 청 왕조를 전복할 계획을 세워왔지만, 신해혁명은 새로운 질서를 수립할 수 있는 강력한 반란 조직이 주도하는 통합된 활동이 아니었다. 그보다는 이미 지지 기반을 잃은 낡은 체제의 붕괴를 불러온 기폭제였다.

당시 덴버에서 자금 모금 활동을 하고 있던 쑨원이 즉시 귀국길에 올랐다. 중국으로 오는 도중에 쑨원은 지지자들과의 협의를 위해서 잠시 일본에 들렀다. 그는 지지자들이 새로운 정부를 결성하려는 자신의 노력에 재정적인 지원을 해주기를 기대했다. 그리하여 "혁명의 아버지"는 소위 혁명이 일어난 지 두 달 만인 12월에 상하이에 도착했다. 결과적으로 새 공화국을 이끌게 된 위안스카이는 당시 은퇴 생활을 하던 중에, 혁명군 쪽이 아닌 청의 관리들에 의해서 불려나왔다. 그는 혁명 진압을 위해서 북양군을 준비시키라는 명을 받았다. 당시에는 청 왕조를 대체할 새 공화국을 수립할 조직은커녕, 혁명을 이끌고 우발적인 소규모 접전들을 하나의 운동으로 발전시킬 준비를 갖춘 통합된 단체도 없었다. 반란군들을 결속시킨 주된 목표는 만주족을 몰아내는 것이었는데, 일단 이것이 성공하자 그들에게는 정치적 질서도, 미래에 대한 제대로 갖춰진 비전도 없었다.

영국과 일본은 중국에서 가장 큰 상업적 이익을 얻고 있는 나라였다.

1911년 10월에 일어난 사건들은 해저 전신선을 통해서 즉시 도쿄와 런던으로 전해졌다. 양쯔 강 유역의 중요한 내륙 조약항인 우한은 일본의 야하타 제철소로 석탄과 철광석을 실어 보내는 항구들 중의 하나였고, 그곳에는 많은 영국인들이 살고 있었다. 영국과 일본은 영일동맹을 통해서 중국에서 자국의 이익 보호를 위해 서로 협조하기로 약속했으므로 우한의 소요로 양쯔 강에서의 운항이 방해받지 않도록 하기 위해서 외교관들이 런던과 도쿄, 베이징에서 급하게 일련의 회의를 열었다.

혁명의 드라마가 펼쳐지는 과정에서 경쟁자 두 명이 중국의 지도자 자리를 두고 맞붙었다. 최근에 은퇴한 청의 장군 위안스카이와 수년간 해외에서 지내면서 청을 전복시키기 위한 지지를 얻으려고 애써온 선전가 쑨원이었다. 처음에는 위안스카이가 혁명군과 손을 잡을지, 아니면 이전에 몸을 담았던 만주족과 공조하여 메이지 시대의 일본과 비슷한 입헌군주제를 수립할지 분명하지 않았다. 위안스카이는 북양군을 지휘했기 때문에 쑨원보다 유리한 위치에 있었고, 영국인들과 일본인들이 듣고 싶어하는 말을 해주며 능숙하게 그들을 다루었다. 위안스카이는 양쯔 강 유역의 질서를 회복하고 우한, 상하이, 그외의 조약항들의 평화를 유지하기 위한 자신의 계획으로 영국인들을 설득시키려고 노력했다. 그는 베이징 주재 일본 대사에게 황제에 대한 자신의 충성심을 이야기했다. 하지만 그는 일본 대사에게 군주제의 장점을 칭찬하는 한편, 청 황실과는 어린 황제의 퇴위에 관해서 논의했다. 위안스카이는 현명했고, 권력에 대한 욕망을 채우기 위해서 만반의 준비를 했다.

느슨하게 조직된 혁명 동맹이 상하이에 모여 쑨원을 새 공화국의 임시 총통으로 추대했지만, 위안스카이가 군의 지원을 업고 승승장구하고 있다는 것을 곧 깨달은 쑨원은 1912년 2월에 청의 황제가 퇴위하자 위안스카이에게 총통 자리를 넘겨주었다. 그러나 1913년 쑨원은 뒤늦게 이에 불만을 느끼고 일부 병사들의 지원을 얻어 위안스카이에게 대항했지만, 결국 패하여 일본으로 망명했다.

메이지 천황의 사망 이후 일본의 혼란

1912년 7월, 메이지 천황이 60세의 나이로 세상을 떠나며 중대한 44년간의 집권을 끝냈다. 생애의 마지막 6개월 동안 메이지는 매일 중국 혁명에 관한 보고를 받았다. 1911년 11월에는 마지막이 된 의회 개회 연설에서 중국의 혼란에 대한 깊은 우려와 하루빨리 질서가 회복되고 평화가 만연하기를 바란다는 희망을 표현했다. 1912년 2월에 청의 황제가 퇴위하면서 2,000년간 이어진 제정이 막을 내리자, 수백 년 동안 중국의 황제에게 사절단을 보냈던 일본의 천황이 이에 영향을 받지 않을 수 없었다. 삶의 마지막이 다가오고 있음을 느끼는 동시에 자문들 몇 명이 세상을 떠난 것을 지켜본 천황은 중국에서 황통이 무너진 뒤에 벌어진 일들을 보고받으며 말년에 불안을 느꼈음이 분명하다.

메이지 천황의 죽음과 함께 일어난 변화들은 청의 몰락 이후보다는 덜 극적이었고, 일본이 이미 중국보다 훨씬 근대화에 진전을 이룬 뒤에 찾아왔다. 다이쇼 시대(1912-1926)에 최고위층에서 정치적 혼란이 벌어지기는 했지만, 메이지 천황 시절에 도입된 변화들—서구식 관료제, 자본주의 경제, 서구식 공장, 전문적 군대—은 모두 그의 사후에도 존속되었다. 다이쇼 시대 초에는 대학과 기술학교들이 제 기능을 하고 있었을 뿐 아니라, 초등학교 학령대의 일본 아동들 거의 모두가 학교에 다녔다.

메이지 체제는 내각, 총리, 의회를 갖춘 영국식 입헌군주제의 외양을 띠었지만, 메이지 시대의 실질적인 전략 결정은 천황과 메이지 정부의 수립자들인 원로로 구성된 과두제에 의해서 내려졌다. 많은 논의 끝에 원로들이 1889년도 헌법의 모델로 채용한 것은 영국이 아니라 의사 결정에 대한 참여를 제한하고 황제를 중심에 두는 프로이센의 헌법이었다. 메이지 헌법에서 천황은 총리의 임명과 해임, 행정부 구조의 결정, 의회의 소집과 해산, 육군과 해군의 장교 임명, 전쟁 선포, 화친, 조약 체결의 권한이 있었다. 실제로 천황은 자신의 권력을 공개적으로 드러내지 않고 항상 원로들을 통해서 보여주고자 주의를 기울였다. 그리하여 천황의 정치가 실패했을 때, 원로들이 천황을 비난으로부터 보호했고 천황의 제도화된 카리스마가 원로들에게 합법성을 부여했다. 이 체계는 일본의 제도 개발 과정의 특정 시기에 일했던 재능 있는 개인들로 구성된 팀에 의지했고, 그 팀의 구성원들이 현업을 떠난 뒤에 일본은 중앙의 권력 문제로 어려움을 겪었다.

다른 국가들에서 중요한 역사적 전환이 일어난 시기에 일본 역시 정치체제의 중심이 불안정해졌다. 청 왕조의 붕괴가 이 같은 현상에 가장 큰 영향을 미쳤다. 일본은 중국, 특히 동북 지역에 대한 중요한 이해관계를 청과 협상해왔다. 서구의 제국주의 열강들은 청의 붕괴를 이용할 준비가 되어 있었고, 영일동맹이 일본과 영국 사이에 협력의 틀을 제공하기는 했지만 독일, 프랑스, 그리고 아마 미국 역시 자국의 이익 확대를 꾀하면서 일본에 피해를 줄 수 있었다. 태평양 지역의 정치 구조 역시 바뀌기 시작했다. 필리핀을 식민지화하고 하와이와 괌을 합병했을 뿐만 아니라, 1916년 파나마 운하의 완공을 목전에 두고 있던 미국이 태평양 지역의 새로운 강자로 등장했다. 서부해안 지역의 주정부들, 그 가운데 특히 캘리포니아 주가 일본인과 중국인의 이민과 토지 소유를 제한하는 인종 차별적인 법안을 통과시켰다. 일본인들이 보기에 미국은 점차 적국의 모습을 갖추어가고 있었다. 그러다 1914년 유럽에서 파멸적인 전쟁이 발발하고 뒤이어 일본의 또다른 이웃 나라인 러시아에서 볼셰비키 혁명이 일어났다. 일본의 지도자들 대부분—남아 있던 원로와 그 후임자들—은 현실주의자들이었다. 그들은 서구 열강들에 비해 일본이 보유한 자원과 군사력의 한계를 알고 있었다. 그래서 일본은 북동 아시아에서 입지를 확보하는 동안에는 저자세를 유지했다. 하지만 다른 한편으로는 아시아의 이웃 나라들과 서구에 비해 자국의 우월성과 일본 예외주의를 믿는 공격적인 초국가주의도 발달시켰다.

　메이지 천황의 신화화와 신격화는 러일전쟁의 영웅인 노기 장군과 그의 아내가 일본의 순사(殉死) 전통에 따라서 의식적인 자살을 하면서 더욱 공고해졌다. 도쿄 한복판에 거대한 신사인 메이지 신궁을 짓는 데에 온 나라가 힘을 기울였다. 진보적 언론인이자 메이지의 열렬한 숭배자이던 이시바시 단잔은 신사 건설에 반대했다. 비용 문제뿐 아니라 일본의 근대화를 이끈 천황에 관해서 나쁜 이미지를 퍼뜨릴 수 있다고 느꼈기 때문이다. 이시바시는 그보다는 대학과 연구소를 짓는 쪽이 메이지의 유산을 더 잘 기리는 방법이라고 생각했다. 다음 수십 년간 이시바시는 많은 일본인, 특히 극단적인 민족주의자들이 군주제를 광신적으로 숭배하는 것에 대한 위험성을 알리는 글을 자주 썼다. 1920년대와 1930년대에 천황의 "절대 권력을 회복한다"는 대의를 위해서 많은 암살과 쿠데타, 테러 활동이 벌어졌다. 테러리스트들은 신화를 믿었고, 제정을 잘못 이해했다.

　메이지의 아들인 다이쇼(요시히토 천황)는 신경질환을 앓아서 부친과 같은 수준으로 직무를 수행하지 못했다. 이 점은 메이지가 죽기 훨씬 전부터 인식되어 황실은 황손 히로히토(히로히토 천황)의 교육에 초점을 맞추었다. 히로히토는 메이지의 사망 당시 열한 살에 불과했다.

혼란에서 군사 지배로, 1911-1937년

1911년부터 1937년에 전쟁이 일어나기까지 중국과 일본 양국의 역사는 국내의 질서를 유지하고 다른 국가들과 좋은 관계를 유지하려고 애썼지만 결국 군부에게 밀려난 정치 지도자들의 분투기이다. 이 시기가 끝날 무렵에 일본과 중국에서는 국내의 혼란을 틈타서 군이 지배권을 쥐었고, 양국의 여론은 서로에 맞서 애국심을 고취시키는 쪽을 지지했다. 하지만 중국의 군사들은 하나의 국군으로 통합되지 않았고, 일본의 육군과 해군 역시 단일 지휘체계로 통일되지 않고 서로 극심하게 경쟁했다.

　1911년 이후 중국이 여러 지역들로 분열되었기 때문에 중국의 정치적 지배력을 차지하려는 시도에는 필연적으로 군사력이 필요했다. 쑨원과 위안스카이의 다툼에서도 결국 군인인 위안스카이의 손에 권력이 쥐어졌다. 마찬가지로 지방에서도 군사력을 보유한 군벌들이 정치권력을 얻었다. 쑨원의 사망 이후 국민당 내부에서 일어난 다툼에서는 쑨원의 정치적 부관인 왕징웨이가 아니라 군사학교 교장이던 장제스에게 권력이 돌아갔다. 정치인이 아니라 군국주의자가 중국의 정책 결정권자가 된 것이다.

　중국 자체와 중국에 대한 일본의 정책들이 혼란스럽던 시기에 일본에서도 권력이 군으로 향했다. 하라 다카시 같은 노련한 정치 지도자들과 시데하라 기주로 같은 숙련된 외교관들은 워싱턴 체제의 정신에 입각하여 중국의 주권을 존중하고 중국에 안정된 정부를 발달시킬 기회를 줄 수 있는 정책들을 표방했다. 그러나 하라는 암살되었고, 시데하라는 자리에서 밀려났다. 그리고 도쿄에서는 군의 권력이 점점 강해졌다. 중국과 달리 일본에서는 육군과 해군 모두 중앙에서 조직된 국군이었다. 이들은 서서히 권력을 얻었지만 장군들과 제독들이 중국 정책의 통제권과 지휘권을 놓고 서로 다투면서 누가 최고 책임자인지가 분명하지 않았다. 만주에서는 도쿄와 마찬가지로 만철과 창춘의 일본인 민간 관료들이 지배를 유지하려고 했지만, 중국인들과 만주의 지방 군벌들과의 긴장 속에서 관동군이 권력을 획득했다.

　1920년대 말에 국민당이 더 조직화되고 중국의 민족주의가 강해지면서 만주의 일본 부대들의 불복종은 더 큰 문제가 되었다. 이 문제는 비극적인 악순환을 불러일으켰다. 도쿄의 군 사령부는 규율을 깨뜨린 만주 일본 부대의 불복종을 너무 자주 눈감아주었다. 그러자 중국 대중의 반일 감정이 갈수록 강해졌고, 특히 중국인들이 살상당할 때에는 더욱 고양되었다. 중국에 거주하는 일본인들이 점점 많아지는 가운데, 이들이 자신들의 안전을 걱정하게 되면서 일본에서 역시 중국에 대한 반발이 일어났다.

일본 내 반중 열기가 엄청나게 거세지면서 1931년 말에 관동군의 만주 점령이 군사 불복종 행위가 분명함에도 대중은 이를 환영할 정도였다. 만주 사변 이후에도 불복종 행위들이 이어졌고 대중은 계속해서 지지를 보내주었다. 정당들과 관료들뿐만 아니라 도쿄의 더 높은 고위급 군사령부도 군에 대한 통제력을 상실했다. 1936년 2월 26일, 실패로 돌아간 반란이 일어났을 때에야 비로소 중앙 군부는 마침내 통제력을 되찾고 군에서 초국가주의자들을 제거하는 데에 필요한 조치들을 취했다. 1936년 2월 이후 군 기강이 확립되면서 암살과 쿠데타 시도, 명확한 불복종 행위들이 사라졌다. 1936년까지 중국과의 군사적 충돌은 대부분 짧게 끝났기 때문에 일본은 중국에 대한 더 큰 규모의 침략 계획을 세우지 않았고, 일본의 어떤 지도자도 장기전을 예상하지 않았다.

중국의 힘없는 정부와 강한 목소리, 1915–1937년

1911년 이후 중국 정부가 힘을 잃자 일본에서는 자국의 더 강한 힘을 이용하자는 요구의 목소리가, 중국에서는 정부가 일본에 맞서서 더 강력한 조치를 취해야 한다는 젊은이들의 목소리가 높아졌다.

중국의 권력 투쟁에서 위안스카이가 승리하자, 일본의 지도자들에게 가장 중요한 우선순위가 된 것은 자국이 러일전쟁에서 획득했다고 믿었던 권리들, 즉 만철의 철로를 따라 주변 지역에 대한 권리를 포함한 랴오둥 반도의 조차권을 지키는 것이었다. 이 조차권들 중 일부는 1923년에 만료될 예정이었다. 영국은 청나라가 무너지기 전에 홍콩 근처 신계 지역에 대해서 99년 동안의 조차권을 확보해놓을 정도로 선견지명이 있고 힘이 강했다. 일본인들도 랴오둥 반도에 대해서 이와 비슷한 조차권을 얻으려고 했다. 다른 나라들은 공감하지 못했지만, 일본인들에게는 만주에 대한 자신들의 권리가 일본의 안녕에 반드시 필요하다는 강한 믿음이 있었다. 이런 사고방식은 1895년에 유럽의 강국들이 청일전쟁 이후 일본이 랴오둥 반도, 다롄, 포트 아서를 할양받지 못하게 막았을 때에 확고해졌다. 일본인들이 생각하기에 만주는 러시아와의 전투에서 10만 명의 일본 병사들이 피를 흘리며 일본을 위해서 "쟁취한" 것이었다. 또 일본인들은 자국의 영토에 비해서 인구가 너무 많다고 생각했다. 따라서 광활하고 인구가 희박한 만주는 일본의 과잉 인구가 이주하고 번성할 장소로 꼭 필요한 곳이었다. 메이지 천황이 통치한 44년 동안 일본의 인구는 3,500만 명에서 5,000만 명으로 늘어났으며, 공중보건과 위생의 개선으로 해마다 50만 명씩 인구가 증가했다. 게다가 시어도어 루스벨트가 집권하는 동안 이민을 제한하는 신사협정을 포함하여 미국의 반일 이민 정책들로 인해서 미국으로의 이민도 더욱 어려워지고 있었다. 따라서 일본보다 두 배 이상 넓은 만주의 광활한 공간은 일본인들에게 무한한 가능성을 제시하는 것처럼 보였다.

만주에 관한 지배적인 사고방식에 대해서 가장 명료하고 날카로운 비판을 제기한 사람이 바로 이시바시 단잔(주요 인물 전기 참조)이다. 칼럼니스트이자, 나중에 유력한 경제 잡지 『동양경제신보(東洋經濟新報)』의 발행인을 지낸 그는 현실적인 근거들을 들어 만주 드림에 반대했다. 만주는 일본의 주적인 러시아와 수천 킬로미터에 걸쳐 국경을 공유하고 있으므로, 만주의 넓은 땅을 수비하고 평화를 유지하려면 어마어마한 군사 지출을 감당해야 할 것이다. 그러므로 자유 시장에서 국제 시세로 만주의 농산물과 광산들에서 석탄과 철광석을 구입하는 편이 비용이 더 적게 들 것이다. 그는 또 일본이 자국의 교육받은 인구를 골칫거리가 아니라 자산으로 간주해야 한다고 주장했다. 이시바시는 인구 과잉 문제를 해결하기 위해서 산아 제한을 지지했고, 1905년에 이미 미국의 산아 제한 운동가인 마거릿 생어의 기사들을 인용하기 시작했다. 일본 내의 소수의 반제국주의자들과 함께 이시바시는 중국과 한국에서의 일본의 식민지 정책이 자손 대대로 "반일주의자에 일본인들을 경멸하고, 일본에 대한 영원한 분개를 간직한" 사람들을 양산하고 있다고 느꼈다.

랴오둥 반도를 지배하기 위한 협상은 1914년에 취임한 오쿠마 시게노부의 내각이 맡았다. 원로에 속하지 않았고 오랫동안 영국식 내각을 지지해온 유명 정치 지도자인 오쿠마는 일흔여섯 살이라는 고령의 나이로 두 번째로 총리에 취임했다. 그는 대단히 인기가 높은 정치인이었고, 언론인들과 정당 당원들을 배출한 사립학교인 와세다 대학교의 설립자로도 유명했다. 오쿠마는 노련하지만 거만한 외교관 가토 다카아키를 외무대신으로 임명했다. 가토는 헌신적인 영국 예찬론자였으며, 이전에 미쓰비시의 임원으로 일했고 나중에는 총리를 역임했다. 오쿠마는 중국에 우호적이라고 알려져 있었지만 중국을 지지하는 다른 일본인들과 달리 만주를 별개의 문제로 보았고, 1911년 이후 혼란스러운 변화들이 일어나자 일본의 "권익"을 지키겠다고 결심했다.

이후 외무대신 가토가 협상을 준비하고 있을 때, 유럽에서 제1차 세계대전이 발발했다. 일본은 영국과 공식 동맹관계였고, 가토는 영국 주재 대사로 근무한 적이 있었다. 가토는 전략적 해군 기지인 자오저우 만의 칭다오 군항을 포함해서 산둥 반도에 있는 독일의 조차지에 대한 공격에서 영국의 편을 들었다. 1914년 8월, 2만3,000명의 일본 병사들로 이루어진 군대가 영국 병사 1,500명의 형식적 지원을 받아 칭다오의 독일 병사 5,000명을 공격했다. 속전으로 끝날 것이라고 예상된 이 전투에서 결과적으로 일본이 승리하기는 했지만 예상보다 더 고전했고, 더 많은 사상자를 냈다. 군 지도자들은 일본군의 기술이 뒤처져 있음을 알고 큰 충격을 받았다. 그들은 러일전쟁에서 벌인 전투들과 비슷하게 라이플총과 총검을 든 보병들이 치르는 전통적인 전투를 예상했지만, 일본군은 현대식 대포를 마주했고, 또한 처음으로 공군과 맞닥뜨렸다. 일본 언론은 전투 중에 일본군이 겪은 곤경은 그럴듯하게 얼버무리고, 1905년 이후 처음 거둔 영광스러운 승리를 칭송했다. 그러나 이 전투로 일본의 군사전략을 재평가할 필요가 있다는 논쟁이 일어났다. 이 논쟁은 조용히 시작되었지만 일본에는 이 문제를 해결할 수 있는 중앙 권력이 부재했기 때문에 이후 수십 년간 계속되었다.

21개조 요구, 베르사유 조약, 중국 민족주의의 분출

일본의 지도자들은 칭다오에서의 "승리"로 정치적 힘과 자신감을 얻었다. 그들은 중국의 동북 지역에서 일본의 권리를 확보하기 위해서 위안스카이 정권과 협상했을 뿐만 아니라 새로 획득한 산둥의 독일 조차지에 대한 권리를 요구했다. 일본 정부가 작성한 문서는 대중국 "21개조 요구"로 불렸고, 일본은 곧 공격적이고 노골적인 외교적 실책으로 악명을 떨치며 그들에 대한 중국인들의 더 큰 적대감을 불러일으켰다. 이 요구들은 20년 전에 러시아가 청에게 했던 여섯 가지 요구를 본뜬 것이지만, 일본 정부는 훨씬 더 나아가 영토, 항구에 대한 독점권, 위안스카이 정부에 일본인 자문들의 배치를 요구했다.

21개조 요구, 1915년

오쿠마 시게노부 총리가 이끄는 일본 정부가 제시한 21개조 요구는 메이지 정부 이후 구성된 내각이 중국에 들어선 완전히 새로운 정권을 대하는 능력을 시험하는 시험대였다. 메이지 정부의 접근방식은 황실과 원로들이 전략을 정한 다음 내각과 관료들에게 협상 수행을 위임하는 것이었던 반면, 오쿠마 총리와 가토 다카아키 외무대신은 의도적으로 원로들과 협의를 하지 않았다. 또 헌법에 따르면 다이쇼 천황이 조약을 체결할 유일한 권한을 보유했지만 두 사람이 천황과 협의를 했다는 기록도 없다. 오쿠마는 12월에 의회 회기가 종료될 때까지 기다렸다. 그래서 그가 제안한 초안은 의회의 혼란스러운 논쟁에 휘말리지 않았다. 당시 의회의 다수당 수장은 오쿠마의 정적인 하라 다카시(1918년부터 1921년까지 총리를 지냈다)였다.

1915년 1월에 가토는 베이징에 주재하는 일본의 최고위 외교관인 히오키 에키 대사로 하여금 21개조 요구안을 위안스카이에게 제출하면서 협상을 비밀로 유지하자고 말할 것을 지시했다. 가토는 외국 열강들뿐 아니라 일본의 다른 핵심 권력자들에게도 협상을 비밀로 하기를 원했다.

위안스카이는 약자의 입장이었지만 꽤 영리해서 약한 패를 가장 잘 활용하는 법을 알고 있었다. 그는 노련한 협상단을 꾸리기로 했다. 일본 총리와의 협상을 위해서 와세다 대학교 출신으로 일본어가 유창한 차오루린을 데려왔고, 일본인 학자 아리가 나가오도 잘 활용했다(제5장 참조). 차오루린은 시간을 벌기 위해서 히오키 대사와 일주일에 한 번, 토요일에 회의를 열고 회의마다 요구안을 하나씩만 다루도록 협상을 구성했다. 그 결과, 1월에 시작된 협상은 5월에도 여전히 진행 중이었다. 5월에 마침내 위안스카이는 더 이상 버티지 못하고 일본에게 중국 어디에서든 학교와 종교 기관을 설립할 권리를 준다는 제5호를 제외한 모든 요구안을 수락했다.

그러나 협상을 비밀로 유지할 의사가 없었던 위안스카이는 약자의 무기인 전 세계 여론을 이용하기 시작했다. 그는 컬럼비아 대학교의 유능한 젊은 졸업생인 웰링턴 쿠(구웨이쥔)에게 중국에 대한 동정 여론 유발을 위해서 베이징의 외국 외교관들과 기자단과 소통해줄 것을 청했다. 이 임무를 매우 효과적으로 수행한 쿠는 서구인들을 자주 만났고, 몇 주일이 지나자 약한 중국을 이용하려는 교활하고 공격적인 일본의 이미지가 서구인들 사이로 퍼져 나갔다. 일단 소식이 알려지자 위안스카이는 중국의 대변인 집단을 뉴욕, 시카고, 워싱턴, 런던, 그외의 곳들로 보내서 외교 문제 모임들, 상공회의소, 정치 모임들에서 그들의 입장을 밝히게 했다. 후에 위안스카이의 후임들도 따른 이런 대여론 외교 모델은 "차이나 로비(China lobby)"라고 불리게 되었다.

학자이자 독실한 기독교인으로, 우드로 윌슨 대통령이 임명한 베이징 주재 미국 대사인 폴 라인시는 열정적으로 중국의 편을 들었고, 이와 동시에 열렬하게 일본을 비판했다. 하지만 미국은 도의적인 선언을 제외하고는 무엇인가를 행동으로 옮길 준비가 되어 있지 않았다. 라인시가 최선을 다해 노력했지만 결과적으로 나온 것은 "미국은 미국, 그리고 중국 내 미국 시민의 권리를 손상시키는 경우, 일본과 중국 정부 사이에 맺어지는 혹은 맺어질 수 있는 어떤 협정이나 약속도 인정하지 않는다"라는 공식 선언뿐이었다. 이때부터 시작해서 1930년대 내내 세계는 미국의 비판에는 행동이 뒤따르지 않는다는 것을 알게 되었다.

어쨌든 중국의 선전활동은 심지어 일본에서도 효과가 있었고, 하라 다카시 같은 가토의 수많은 적들에게 명분을 제공했다. 가토의 비판자들 대부분이 외국 언론의 당혹스러운 기사를 통해서 협상에 관해서 알게 되었고, 요구의 내용보다 실패한 전술에 초점을 맞추는 경향이 있었다. 일본이 랴오둥 반도에서의 이권을 확고히 해야 한다는 생각은 많은 사람들이 공유했다. 위안스카이가 종잡을 수 없는 인물처럼 보였으므로 더욱 그러했다. 심지어 외국의 일부 관찰자들은 이번 요구들이 당시의 외교 맥락에서는 관례적이라고 언급하기도 했다. 하지만 원로들과 하라 같은 정치 지도자들을 포함한 모든 파벌들이 가토가 불필요하게 중국 그리고 결과적으로 미국을 도발했고, 그리하여 국제 정세에서 일본을 고립시켰다고 인식했다.

베르사유 조약, 1919년

중국 정부의 많은 사람들이 중국으로 세력을 확장하려는 일본을 막기 위해서 베르사유 강화회의에 기대를 걸었다. 우드로 윌슨이 민족 자결에 관해서 연설을 하고 식민주의에 반대하는 점도 중국 지도자들의 희망에 더욱 힘을 실어주었다.

중국에게 첫 번째 문제는 누가 파리에 갈지를 결정하는 것이었고, 두 번째는 경비를 마련할 방법이었다. 중국은 중국인이 아닌 자문 몇 명을 포함하여 모두 50명의 대표들을 파리로 보냈다. 대표단의 핵심인물 중에는 이후 수십 년 동안 중국 정부와 다양한 파벌들을 대표하게 되는 낯익은 얼굴들이 있었다. 우선 군벌 돤치루이가 이끌던 베이징 정부가 파견한 당시의 주미 공사 웰링턴 쿠, 코넬 대학교에서 공부한 뒤 런던 공사로 근무하던 시자오지, 상하이 출신으로 예일 대학교를 졸업하고 워싱턴에서 광저우의 경쟁 파벌을 대표하고 있던 C. T. 왕이 포함되었다. 경비는 돤치루이가 대출을 받아 마련했다. 대표단은 매우 분열되어 보이는 집단이었지만, 이들은 일본에게서 독일의 조차지를 회복한다는 목표에서는 하나로 단결했다.

그러나 중국은 결국 실패했다. 아시아의 어떤 문제도 강화회의에서, 특히 미국에게 높은 우선순위로 여겨지지 않았다. 국제연맹 규약에 인종 차별을 금지하는 조항을 넣으려는 일본 대표단의 노력은 중국 대표 웰링턴 쿠가 이 문제에서는 일본을 지지했음에도 불구하고 좌절되었다. 그러다 일부 일본 대표들이 산둥 반도에서 독일의 이권을 양도받는 것을 허가하지 않으면 회의에서 빠지겠다고 위협하자, 미국 대표단은 자국이 이룬 가장 중요한 성취인 국제연맹이 일본으로 인해서 와해될 것을 우려하여 어쩔 수 없이 일본을 지지했다. 중국은 산둥 반도에 대한 권리를 잃었기 때문에 제1차 세계대전을 마무리 짓는 베르사유 조약에 조인하지 않은 유일한 회담 참가국가였다. 중국의 노력이 실패한 뒤, 윌슨 대통령이 임명한 라인시 대사는 "중국인들은 미국을 믿었다. 그들은 윌슨 대통령이 자주 발언했던 원칙 선언들을 믿었다. 윌슨 대통령의 말은 중국의 가장 외딴 지역들에까지 전해졌다. ……중국인들이 자신들의 희망을 져버리고 국가들 간의 평등에 대한 믿음을 파괴해버린 이 타격을 어떻게 받아들일지 생각하면 역겹고 마음이 아프다"라고 선언하며 사임했다.

중국이 산둥 반도에 대한 권리를 잃었다는 소식이 베이징과 상하이에 전해지자, 중국의 젊은이들이 곧바로 항의 시위를 벌여 젊은 지식인들의 운동을 촉발시켰다. 많은 사람들이 이 운동을 새로운 중국의 탄생이라고 생각했다. 베이징에서 몇 주일 동안 시위가 계속되었고 다른 도시들로까지 퍼져

나갔다. 5월 4일 이후 쏟아진 공공집회와 글들은 1919년 이전의 수년간 중국에서 이루어진 새로운 제도 개발, 특히 새로운 대학들이 설립된 환경에서 꽃을 피웠다. 옛 과거제가 폐지되면서 중국에 문을 연 근대식 대학들이 수많은 학생들을 끌어모았고, 이들은 함께 생활하고 교류하며 큰 대학들이 있는 다른 나라에서처럼 동료애와 청년문화를 발달시켰다. 함께 모여 새로운 개념들을 공부한 학생들은 스스로를 조직화하고 거리로 나서는 일에 거리낌이 없었다. 베르사유에서 중국이 겪은 실패는 중국의 젊은 지식인들이 국가적 사안들에 대한 공개적인 개입을 확대하기 시작하면서 하나의 돌파구로 이어졌다.

워싱턴 회의, 하라 다카시와 시데하라 기주로

베르사유 조약으로 제1차 세계대전은 막을 내렸지만, 중국이나 아시아 관련 문제들은 전반적으로 해결되지 못했으므로 미국은 뒤이어 워싱턴 회의를 열었다. 이 회의는 하딩 행정부의 국무장관이던 찰스 에번스 휴스의 아이디어에서 나왔다. 회의의 목표는 세계의 해군 강국들이 막대한 비용을 들여 벌이고 있는 새로운 군함 건조 경쟁을 억제하고, "특히 중국에서 군사적 충돌로 이어질 수 있는 오해들을 해결하는"것이었다.

워싱턴 회의, 1921-1922년
워싱턴 회의는 각 참가국에서 100-150명의 대표들이 참여한 대규모의 회의였다. 벨기에, 영국(오스트레일리아, 캐나다, 인도, 뉴질랜드에서 보낸 대표들과 함께), 중국, 프랑스, 이탈리아, 일본, 네덜란드, 포르투갈, 영국이 참가했고, 1921년 11월 12일부터 1922년 2월 6일까지 열렸다. 독일과 러시아는 불참했으며, 일부는 이 회의를 앵글로색슨족이 이끄는 모험이라고 비난했다.

중국 측 참가자들은 베르사유 조약의 잘못을 바로잡을 기회가 될 이 회의를 환영했다. 베르사유 조약에서와 마찬가지로 누가 중국을 대표할지 결정하는 것은 까다로운 일이었다. 1921년 5월에 광저우에서 쑨원이 대총통으로 선출되었다. 미국의 국무장관 휴스가 베이징 정부와 쑨원 정부 둘 다 대표단을 보내라고 제안하자, 쑨원은 자신의 정부가 중국의 유일한 정부라고 주장하며 이를 거절했다. 베이징 정부에서 100명이 넘는 중국 대표들이 회의에 참가했고, 이번에도 웰링턴 쿠와 시자오지가 포함되었다. 하지만 베이징 정부가 중국의 얼마나 많은 지역을 통치하는지, 베이징의 책임자가 누구인지는 명확하지 않았다. 대표들이 출국할 때에는 정부의 수장이 군벌 돤치루이였지만, 회의가 중간을 지날 즈음에는 군벌 장쭤린이 돤치루이를 몰아냈다. 중국 대표단은 외교관으로서 존중과 품위는 부여받았지만, 그들에게 통일된 중국을 대표한다고 주장할 자격은 없다는 사실이 알려졌다.

일본 정부에서는 처음에 많은 사람들이 워싱턴 회의를 의심스럽게 바라보았다. 일부는 우드로 윌슨 대통령의 방식을 "도덕적인 척하는 공격성"이라고 비판했고, 워런 하딩이 이끄는 새로운 공화당 정부를 아직 파악하지 못했다. 하지만 하라 총리는 워싱턴 회의의 목표를 지지했고, 독일 조차지를 중국에 반환함으로써 21개조 요구의 타격을 완화하고 미국과 일본의 관계 개선을 위한 기회로 보았다. 또 군비 삭감 가능성에 대해서도 긍정적이었다. 하라 총리는 가토 도모사부로 제독을 일본 대표단 단장으로 임명했다. 러일전쟁의 영웅 가토는 군비 제한 문제에서 군의 지지를 얻을 수 있는 충분한 영향력을 가진 인물이었다. 회의의 주요 참가자는 당시 미국 공사로 근무하던 시데하라 기주로였다.

합의된 회의 절차에 따르면, 회의에서 체결되는 모든 협정에 대해서 전원의 동의를 받아야 했다. 중국과 관련된 부분에 대해서도 9개국이 동의해야 했다. 미국의 전 국무장관이자 상원의원을 지낸 엘리후 루트가 중국과 관련된 결의안의 초안을 작성했는데, 그 내용이 매우 추상적이었던 관계로

9개국이 모두 동의했다. 국가들은 다음과 같이 결의했다. 중국의 주권, 영토적, 행정적 통합성을 존중한다. 중국이 효과적이고 안정적인 정부를 수립하고 유지할 충분한 기회를 준다. 중국의 영토 전체에 대해서 모든 국가가 상공업의 균등한 기회를 유지하는 것을 목표로 한다. 우방국들의 백성이나 시민의 권리를 축소시키고 국가 안보에 해로운 행위들을 묵과하는 특권이나 특혜를 추구하기 위해서 중국의 현재 상황을 이용하는 것을 삼간다.

워싱턴 회의에서 웰링턴 쿠와 시자오지는 시데하라 기주로와 그의 보좌관인 사부리 사다오와 좋은 협력관계를 맺었다. 이들은 원래 파리 강화회의에서 서로 알게 되었고, 워싱턴에서 함께 보낸 치열한 4개월이 그들의 관계 강화에 도움이 되었다. 사부리는 각국의 국익을 찾던 파리에서와 달리, 워싱턴에서는 참가자들이 공동의 문제를 해결하기 위해서 노력하는 국가 간 팀에 더 가깝다고 느꼈다. 시데하라와 마찬가지로 사부리도 중국에 파견되어 여러 직위들을 거친 잘 훈련된 젊은 외교관으로, 외교관 고무라 주타로의 딸과 결혼했다. 고무라 주타로는 시어도어 루스벨트와 하버드 대학교 동문으로, 러일전쟁을 마무리하는 포츠머스 조약을 협상했던 인물이다. 회의가 열리는 동안 시데하라가 병이 나는 바람에 사부리가 쿠, 시자오지와의 많은 회의에서 그를 대신했다.

워싱턴 회의 전에 시데하라는 하라 총리의 지휘 아래 산둥 반도와 칭다오를 중국에 반환하는 문제를 협상할 계획을 세웠다. 중국 측과 함께 양측은 6개월의 일정으로, 일본이 개선한 사회 기반시설에 대해서 중국이 보상을 하는 조건에 합의했다. 영국은 만약 일본이 칭다오에 대한 권리를 포기한다면, 웨이하이웨이 근방에 대한 자국의 권리 역시 포기하겠다고 발표했다. 회의 참석자들은 불평등 조약의 복잡한 체계를 해체하는 데에 성공하지는 못했지만 어느 정도는 진전을 이루었다. 또한 회의에서 이루어진 논의들은 관세지주권 같은 문제들에 대해서 1920년대의 남은 기간 동안 다룰 안건을 정하는 데에 도움이 되었다. 시데하라는 사부리, 야다 시치타로를 포함한 팀을 꾸려서 워싱턴 회의가 끝난 뒤에도 중국 관련 문제들에 몰두했다. 중국에서 몇몇 직위를 거쳤던 야다는 일본과 중국의 문제는 중국에게 모욕적인 불평등 조약들을 파기하기 전까지는 해결될 수 없다고 말했다고 한다. 일본이 의제에 올리고 싶어하지 않았던 한 가지 사안은 랴오둥 반도에 대한 일본의 권리를 포함한 만주 문제였다.

워싱턴 회의는 약간의 단서가 붙기는 했지만 성공적이었다. 해군 강국들은 막대한 비용이 드는 거대한 전함의 건조 경쟁을 중단하는 데에 동의했다. 그러나 이들은 거대전함 대신에 보다 작은 구축함과 호위함, 잠수함을 계속 만들었다. 항공모함도 계속 개발되고 있었다. 중국에 이해관계가 있는 강국들은 관세율 구조, 우편 제도, 산둥 반도 같은 분쟁 지역 등 기본적인 문제들에 관해서 일부 합의를 이루었다. 법적 관할권, 외국 군대와 경찰의 주둔 등 중국의 주권에 중요한 문제들은 문서로 기록되기는 했지만 해결되지는 않았다. 일본과 서구 강국들이 이용한 공통된 제한 조건은 중국이 다시 통일을 이루고 자국 영토에 대한 지배력을 되찾아 국경 내에서 살고 있는 외국인들의 안전을 보장할 수 있을 때까지는 불평등 조약을 완전히 파기할 수 없다는 것이었다. 중국이 통일되지 않은 상태라는 주장은 중국을 완전한 주권국으로 대하지 않는 이유이자 구실이 되었다.

하라 총리의 미완의 의제

대표단이 워싱턴 회의에 참석하기 위해서 일본을 막 출발하던 1921년 11월, 하라 총리가 암살자의 총을 맞고 사망했다. 강력한 카리스마의 정치인이 많지 않던 일본은 중요한 순간에 가장 뛰어난 정치인 한 명을 잃었다. 하라는 1918년 예순두 살의 나이로 총리가 되기 전에는 외교관으로 일했고, 여러 각료급 직위를 거쳤으며, 일본의 첫 주요 정당의 수장이었다. 의회가 아니라 천황과 원로들이 총리를 선택하는 수년간의 "초연(超然) 내각" 시절이 지난 뒤, 하라의 내각은 총리와 대부분의 각료들이 다수당, 이 경우에는 입헌정우회에 속한 최초의 "정상 내각"이었다. 하라는 생전에 자신이 10년 더 일찍 총리가 되었더라면 메이지 헌법이 수립한 통치체제를 개선하기 위해서 훨씬 더 많은 일을 할 수 있었을 것이라고 말했다.

하라 총리가 내각을 이끌며 세운 몇 가지 목표가 있었는데, 워싱턴 회의를 준비하는 방식에 이 목표가 반영되었다. 첫째, 총리가 되기 직전에 하라는 개인적으로 미국과 중국을 견학하면서 미국의 역동성에 놀라고 중국의 강한 반일 감정에 충격을 받았다. 그래서 일본이 미국과의 좋은 관계를 구축하고 중국과의 나쁜 관계를 개선하기 위해서 노력해야 한다고 느꼈다. 둘째, 그는 문민 통제를 확립하고 육군이나 해군이 각료를 사퇴시켜서 내각을 실각시키지 못하게 하기를 원했다. 그래서 하라는 가토 제독을 워싱턴 회의의 수석대표로 임명하면서 자신이 임시 해군대신 직책을 겸임했다. 이것은 메이지 헌법의 맥락에서 보면 중요한 행보였고, 그는 이 결정에 대해서 야마가타 아리토모의 전적인 지지를 확실히 확보했다. 하라는 문민 통제를 위한 또다른 조치로 군인이 맡았던 타이완 총독직을 민간인에게 맡겼다.

하라가 암살된 다음 해인 1922년에 일본 근대식 군대의 아버지인 야마가타 아리토모도 세상을 떠났다. 두 사람의 죽음은 일본의 통치구조에 메이지 천황의 죽음과 거의 맞먹을 만큼 커다란 구멍을 남겼다. 두 사람은 성격과 이념이 판이했지만 탄탄한 협력관계를 구축했고, 하라는 완고한 육군원수인 야마가타가 문민 통제, 군의 지휘체계 등 메이지 체제의 일부 약점들의 해결에 협력할 수 있도록 설득하는 데에 능했다. 두 사람이 사망했을 때에는 유감스럽게도 이들이 추진한 개혁들이 여전히 진행 중이었고, 이때 해결되지 못한 약점들은 특히 일본의 대중국 정책에 문제가 되었다.

시데하라의 외교술과 전쟁 준비

하라의 암살 이후 재정대신 다카하시 고레키요가 임시 총리로 임명되었다.

다카하시는 몇몇 요직에서 경제와 정부 재정의 복잡한 문제들을 해결하며 탁월한 성과를 낸 인물이지만 정치적 협상에는 기술도, 관심도 없었다. 하라는 자신의 당에 소속된 모든 의원들의 강점과 약점, 욕망을 알고 있었던 반면, 다카하시는 그들의 이름조차 기억하지 못했다.

1923년 9월 1일, 사망자 수와 피해 규모로 볼 때, 인류 역사상 최악의 자연재해 가운데 하나인 대지진이 도쿄와 요코하마를 덮쳤다. 10만 명 이상이 죽고 50만 채 이상의 가옥이 무너졌다. 일본은 수년간 복구 활동에 매달렸다. 전후(戰後) 불황에 시달리던 일본 경제가 더욱 극심한 침체에 빠지면서 추가 긴축이 필요해졌고, 그 결과 부채가 발생하여 1920년대의 나머지 기간 내내 정부 예산을 압박했다. 2011년 동일본 대지진으로 쓰나미가 일어난 뒤에 일본인들이 보여준 자제력과 질서의식이 세계를 놀라게 했던 것과는 극적인 대조를 이루며, 1923년 지진 이후에는 패닉에 빠진 일본의 젊은 자경단원들이 재일 한국인 수천 명을 공격하고 살해했다. 학살은 한국인이 폭동을 일으킨다는 유언비어 때문에 촉발된 것으로 보이며, 이같은 광란이 벌어지자 정부는 계엄령을 선포했다. 이 사건은 일본과 아시아 이웃국가들 간의 관계에 또다른 오점을 남겼다.

경제 위기와 자연재해에 대처하며 3년을 보낸 뒤, 1924년 마침내 의회의 세 주요 정당들이 "대연정"을 실시하여 가토 다카아키의 총리 임명을 지지하기 위해서 힘을 모았다. 가토 총리는 21개조 요구의 작성자라는 평판을 극복하려는 노력의 일환으로 시데하라 기주로를 외무대신에 임명했다. 워싱턴 회의에 참가하고 주미 대사를 지낸 시데하라는 하라 행정부 시절에 시작된 외교 방침을 이어갔고, 이 접근방식은 "시데하라 외교"라고 불리게 되었다. 의회에서의 첫 연설에서 시데하라는 "일본은 중국의 국내 정치에 간섭하지 않을 것이다. 일본은 중국의 합법적 지위들을 무시하는 어떤 조치도 취하지 않을 것이다. 동시에 우리 일본인들은 중국이 일본의 합법적 지위들을 무시하는 어떤 행동도 취하지 않을 것이라고 믿는다"라고 선언했다.

취임 직후 시데하라는 당시 베이징에서 각료로 있던 웰링턴 쿠에게 곧바로 연락을 취했다. 시데하라가 자신의 불간섭 정책을 설명하자, 쿠가 영어로 대답했다. "청일 우호의 정신에서 중국 정부는 일본의 이익을 보호하기 위해서 최선을 다할 것이다."

시데하라는 직업 외교관으로서는 처음으로 외무대신에 임명되었다. 그는 정치인이 아니었고 전쟁 전에 공직에 출마한 적도 없었다. 후일 제2차 세계대전 직후에 총리로 잠깐 재직했고, 전후 개정된 일본 헌법에서 전쟁의 포기를 선언한 제9조에 중요한 영향을 미쳤다. 시데하라와 가토 총리는 미쓰비시 재벌의 창립자인 이와사키 야타로의 딸들과 결혼하여 동서지간이었고, 재계에 든든한 연줄이 있었다. 시데하라가 일본은 중국의 영토가 아니라 시장을 얻으려고 노력해야 한다고 말하면서, 자신의 대중국 정책을 사업적 이익 측면에서 표현한 것은 아마 이런 이유에서였을 것이다.

군사 정책과 관련해서 가토 내각의 중요한 인물은 육군대신 우가키 가즈시게 장군이었다. 시데하라가 외교의 새로운 시대를 상징한 것처럼 우가키는 군사 정책의 새로운 시대를 상징하게 되었다. 군사전략에 대한 그의 시각은 제1차 세계대전에서 많은 영향을 받았다. 독일에서 육군무관으로 2번 복무하여 독일의 군사 원칙들에 관한 전문지식을 갖추고 있던 우가키는 독일의 패배를 보고 충격을 받았다. 또 일본의 군사기술이 족히 한 세대 뒤처져 있다는 것을 알게 되었다. 우가키가 제1차 세계대전으로부터 얻은 교훈은 군수산업과 민간산업이 모두 거국적으로 동원되어야 한다는 "총력전" 개념이었다.

재정 상황이 좋지 않다는 것을 알고 있던 우가키는 육군대신으로 취임하자 우선적으로 육군의 4개 사단을 폐지했다. 우가키 군축이라고 불린 이 정책으로 전체 병사 수에서 3만4,000명이 줄었다. 우가키는 병력 감축으로 절약된 비용을 현대식 군사장비에 투자할 생각이었다. 그러나 군 보직 축소는 육군 내부로부터 극도로 불만을 샀고, 시간이 지나면서 급진적이고 반항적인 파벌의 성장을 부채질했다.

우가키는 시데하라의 불간섭 정책을 순진하다며 비판했다. 그가 이렇게 생각한 주된 이유는 중국 북부에 주둔한 관동군이 만주에서 일본의 이익을 보호하기 위해서 중국의 군벌들과 깊이 연관되어 있다는 것을 알고 있었기 때문이다. 우가키에게 만주는 자신의 총력전 전략상의 요충지였다. 일본이 총력전을 벌이려면 철광석과 석탄을 자급자족해야 했다. 시간이 지나면서 우가키는 만주를 안산 제철소와 이곳에서 생산된 철강으로 트럭과 군용 차량을 생산하는 공장 등 중공업 육성에 중요한 지역으로 생각하게 되었다. 우가키의 입장은 당시에 쓴 일기에 명확하게 기술되어 있다. "누가 뭐라고 하건 우리는 만주에 대한 기존 입장을 절대 양보할 수 없다……[그리고] 우리가 21개조 요구의 수정이나 조차지의 반환, 혹은 만철의 반납 같은 문제를 고려할 가능성도 없다."

일본에게는 중국에 대한 정책이 그 어떤 외교 정책보다 중요했다. 하지만 야마가타와 하라가 죽은 뒤, 외무성과 군의 대중국 정책의 불일치는 점점 더 뚜렷해졌다. 군은 워싱턴 회의의 틀에 따른 시데하라의 불간섭 정책을 쉽게 무시했다. 동시에 군 내부에서도 분열이 일어났다. 메이지 시대부터 육군의 업무를 감독하는 책임이 육군대신과 참모본부로 나뉘어 있었고, 원칙적으로 두 부문의 수장들이 천황에게 따로 보고를 했다. 야마가타의 생전에는 그와 그를 따르는 사람들이 중개 역할을 했지만, 야마가타가 없는 상황에서 육군의 분리된 지휘체계의 유일한 연결 고리는 천황이었다. 관동군, 독립수비대 등 중국에 주둔 중이던 육군 부대들은 육군성이 아니라 참모본부에 보고했고, 또한 이들에게 내려지는 명령은 내각과 연동되지 않은 지휘체계에서 나왔다. 육군성이 만주의 정세를 통제하지 못하자, 이내 문제들이 발생했다.

양쯔 강 삼각주 지역의 혼란과 커져가는 중국의 민족주의

1920년대 초에 중국은 분열되어 있었지만, 쑨원이 소련의 유력자들의 후원을 받아 추종자를 늘리기 시작하여 많은 사람들을 놀라게 했다. 쑨원은 일본에서 망명 생활을 하고 상하이에서 2년간 숨어 지낸 뒤, 1921년 11월 광저우로 돌아가 권력 기반을 쌓기 위한 노력의 일환으로 지역의 군벌과 연합했다. 그러나 이 연합이 불안정하다고 느낀 쑨원은 광저우를 기반으로 삼아 스탈린과 소련 코민테른과 동맹을 맺었다. 중국의 신생 공산당보다 쑨원에게서 더 큰 희망을 본 스탈린은 국민당의 조직을 돕고, 황푸 군사학교의 설립도 지원하기 위해서 미하일 보로딘을 파견했다. 중국을 통일시킬 국군의 핵심을 이룰 장교들을 훈련시키기 위해서 설립된 황푸 군사학교의 교장은 나중에 쑨원의 후계자가 된 장제스였다. 또 이 학교의 정치위원들 가운데 한 명이 후일 공산주의자로서 장제스의 정적이 된 저우언라이(주요 인물전기 참조)였다. 쑨원의 일본인 지지자들 대부분이 그와 소련의 동맹을 강력히 반대하자, 1924년 11월에 쑨원은 필사적인 심정으로 일본으로 갔다. 그리고 고베에서 한 유명한 연설에서 범아시아주의를 주장하려고 노력했다. 이 주제는 예전에는 일본인 지인들로부터 늘 반향을 불러일으켰지만, 이번에 쑨원은 소련 사람들이 실은 아시아인이고 서구 제국주의자들에 맞서서 중국과 일본을 지지한다고 설득해야 했다. 쑨원의 일본인 지지자들은 주로 기업가들과 반볼셰비키 성향의 아시아 민족주의자들이었으므로 이 새로운 정책은 별 호소력이 없었다. 더 중요한 점은 일본의 최고 군사 지도자들 대부분이 강한 반공산주의자들이었고, 이들이 당시 공산당과 연합한 국민당을 잠재적 위협으로 보기 시작했다는 것이다.

1925년 쑨원은 북부의 군벌들과 동맹을 맺기를 바라며 베이징으로 향했지만, 도중에 병이 들었다. 이때 그는 암 진단을 받고 얼마 지나지 않아 세상을 떠났다. 이후 국민당은 여러 파벌들로 쪼개졌고, 군을 통제하던 장제스가 가장 강한 파벌들 중 하나의 지도자가 되었다.

그 무렵 상하이의 공장들에서 노동 쟁의가 문제가 되기 시작했다. 1925년 2월에 40명의 중국인 근로자들이 노조 조직책으로 의심받아 해고를 당한 데에 대한 항의로 일본인 소유의 공장에서 최초의 주요 파업이 일어났다. 파업은 몇 주일 만에 주변으로 퍼져나가 상하이에서 5만 명이 넘는 근로자들이 동참했다. 일부 파업은 공산당이 조직했다고 알려졌는데, 이 루머는 중국에서 프롤레타리아 운동이 일어날 것이라는 일본인 및 영국인 고용주들의 두려움을 배가시켰다. 1925년에 최소 3명의 일본인 관리자들이 파업 참가자들에게 살해당했고, 5월 15일에는 구정홍이라는 중국인 파업 참가자가 일본인 소유의 공장에서 경찰이 쏜 총에 맞았다.

5월 30일, 많은 학생들을 포함한 시위자 무리가 구정홍의 죽음과 중국인 파업자들의 체포에 항의하기 위해서 상하이 공공조계 내의 주요 상점가인 난징루의 경찰서에 모였다. 이때 근무 중이어야 했던 영국인 경찰서장은 근처의 경마장에 있었다. 최소 인원의 영국인, 시크족 그리고 중국인 경찰관들이 시위자 무리와 대치했고, 어느 시점에 그중 한 명이 군중을 향해 직접 권총을 발사했다. 그와 함께 다른 경찰관들도 발포를 시작하면서 4명이 죽고 많은 사람들이 다쳤다. 이 총격으로 상하이 전역에서 폭동이 일어났고, 주로 영국인들이 표적이 되었다.

이 사건이 벌어진 5월 30일은 반제국주의 운동에서 중국인의 애국심을 고무시키는 상징이 되었다. 국민당의 소련인 자문 미하일 보로딘은 이때 벌어진 사건을 신이 주신 "선물"이라고 생각했다. 사건이 일어난 경찰서에서 멀지 않은 상하이의 인민공원에는 지금도 5-30 기념비가 서 있다.

2년 뒤인 1927년 4월, 장제스가 갑자기 국민당에서 공산당을 몰아내기 시작했다. 그는 난징, 그리고 최종적으로 베이징을 장악하기 위해서 "북벌"에 착수했다. 문제가 일어날 수 있다고 판단한 영국인들은 중순양함과 구축함 함대를 난징으로 보냈다. 장제스의 병사들이 도시에 진입했을 때, 후퇴하던 북양군 병사들이 군함들과 외국 영사관들을 공격하기 시작했다. 그리하여 주로 외국인들을 표적으로 하는 폭동이 일어났다. 영국인들은 공포에 휩싸여 시데하라에게 더 많은 일본군 병력을 전투에 투입해달라고 요청했다. 시데하라는 평소대로라면 영국에 협조하려고 노력했을 것이다. 하지만 이번에는 일본군 병력을 증강할 경우 상황을 더욱 악화시킬 것이라고 느꼈고, 이 사건들이 장제스의 이미지를 대외적으로 훼손하려는 공산당 앞잡이들의 소행이 아닌지 의심했다. 그래서 그는 난징의 일본 시민들을 보호하기 위한 최소한의 인원인 300명의 병사만 보내고 영국인들에게는 자제를 권했다.

폭력 행위는 주로 영국인들을 겨냥했지만 몇몇 일본인 시민들도 부상을 입었다. 당시 일본에서는 사진 보도가 큰 인기를 얻고 있었는데, 중국인들에게 위협받는 일본인 여성과 아이들을 담은 사진이 종종 언론의 지면 전면을 장식했다. 영국인들이 상하이의 군중에게 발포한 1925년 5월의 사건들이 중국인들을 격노시킨 것처럼, 난징에서 일어난 1927년의 폭동은 일본에서 반중 감정을 불러일으켰다. 시데하라의 외교는 "중국에 약한 태도를 보이다"의 또다른 이름이 되었다.

1927년 4월, 은퇴한 장군이자 입헌정우회 총재이던 다나카 기이치가 일본의 총리로 임명되었다. 다나카는 1928년 1월에 의회를 해산하고 새로운 성인 남성 보통선거법에 따른 첫 선거를 요청했다. 그는 시데하라의 나약한 중국 정책에 반대하는 활발한 선거 운동을 벌였다. 선거는 높은 투표율을 기록했고 다나카의 당이 의회에서 다수 의석을 차지했는데, 이런 성과에는 "중국에 강경해지자"는 다나카의 주장이 부분적으로 영향을 미쳤다. 다나카는 가토 내각과 다른 정당 출신이었지만, 군 현대화 전략에 관해서는 우가키 장군과 밀접하게 협력했으며 그가 임명한 육군대신인 시라카와 장군은 우가키의 동급생이자 친한 친구였다. 그래서 다나카가 총리가 되었을 때, 중국에 대한 군의 기본 정책, 특히 중국 북부에서 일본의 권리를 지키겠다는 정책은 바뀌지 않았다.

다나카 기이치, 장제스 그리고 지난에서의 실패

1927년 12월, 장제스는 일본으로 가서 다나카 기이치를 만났다. 장제스는 1911년 이후 처음으로 중국의 상당 지역을 통일하기 위해서 베이징 점령을 목표로 북벌을 재개하려던 참이었다. 그는 일본이 이 원정에 협조하기를 원했고, 북벌군이 산둥 성을 지나갈 때에 이 지역에서 특히 일본군과의 충돌을 피하고 싶어했다. 당시 베이징은 일본인들과 협력하던 만주의 군벌 장쭤린이 장악하고 있었고, 장제스는 일본인들이 장쭤린을 만주로 돌려보내는 것을 돕기를 바랐다. 장제스가 방일한 또다른 목적은 당시 어머니와 함께 일본에 머무르고 있던 쑹메이링을 만나 청혼하기 위함이었다.

장제스는 이번 방문에 오랜 동지인 장췬과 동행했다. 두 사람은 1908년, 일본 유학 시절부터 친한 친구 사이였고 이후 줄곧 긴밀히 협력했다. 장췬은 상하이 시장, 외교부장, 행정원 원장을 지냈고, 나중에 장제스가 타이완으로 도주했을 때에는 총통부 비서장이 되었다. 장제스는 일본어를 약간 하는 수준이었지만 장췬은 일본어에 능통해서 일본인들과 관련된 일들에서 특히 도움이 되었다. 일본을 방문하는 동안 두 사람은 나중에 총리가 된 이누카이 쓰요시, 영향력 있는 기업가 시부사와 에이이치, 미쓰이의 경영진이었다가 나중에 만철의 총재를 지낸 야마모토 조타로, 우익 범아시아주의자 우치다 료헤이, 1909년도 군사교범의 작성자이자 1910년에 장제스가 복무했던 제13사단의 사단장인 나가오카 가이시 등 영향력 있는 인물들을 만났다.

장제스는 다나카의 자택에서 그와 2시간 동안 만남을 가졌다. 그 자리에는 장제스, 장췬, 다나카, 그리고 이미 다나카에게 중국의 정세를 매일 보고해온 중국 전문가 사토 야스노스케, 네 사람만 참석했다. 다나카는 그들로부터 중국 통일을 향한 진전과 공산당의 제거 소식을 듣고 기뻐했다. 그는 장제스에게 북부로 진군하기 전에 우선 남부에서의 지위를 강화할 것을 권했다. 그러나 장제스는 이 조언에 주의를 기울이지 않았다.

장제스는 산둥 반도(칭다오와 지난)에 일본군이 주둔한 것을 알고 있었고, 1927년 4월에 난징에서 일어났던 중국과 외국인 사회 간의 대규모 충돌이 반복되는 것은 원하지 않았다. 따라서 그는 다나카에게 자신의 군이 산둥 반도를 지날 때, 난징에서보다 일본인들의 생명과 재산을 보호하기 위해서 더 노력할 것이라고 장담했다.

당시 지난에는 약 2,000명의 일본인들이 살고 있었다. 다나카 기이치는 충돌을 피하려고 했지만, 일본인들의 생명과 재산을 보호하겠다는 약속을 지켜야 한다는 압력을 받고 있었으므로 후쿠다 히코스케와 4,000명의 병사들을 지난에 보냈다. 장제스의 군은 근처에 진을 쳤다. 5월 3일 저녁, 모든 상황이 순조로운 듯 보였다. 국민당 병사들은 이 지역을 평화롭게 이동하고 일본군 병사들은 도시를 빠져나갈 듯했다. 그런데 분쟁을 피하려는 이들의 노력이 왜 실패하고 결국 유혈 충돌로 끝났는지에 대한 이유는 지금까지도 분명히 밝혀지지 않았다. 이때 한 일본인의 집에서 일어난 사건으로 일본 혹은 중국의 병사가 사격을 시작했고, 이렇게 시작된 전투가 격화되어 통제 불능 상태에 이르렀다. 도쿄의 참모본부로부터 일본인들의 생명을 보호하라는 사전 명령을 받았던 후쿠다의 군은 중국 병사들에게 전면적인 공격을 시작했고, 그 결과 6,000명의 중국 병사들이 죽거나 다쳤다.

장제스와 다나카 사이의 신뢰를 높일 수 있었던 작전은 심각하게 틀어졌다. 어쩌면 양측이 지난으로 들어갈 때에 이미 긴장이 고조되어 있었고 서로에 대한 신뢰 수준은 낮아서 경미한 사건이 격렬한 전투를 촉발했을 수도 있다. 어쩌면 일본 측의 한 병사가 북벌 속도를 늦추기 위해서 일부러 사건을 일으켰을 수도 있다. 일본의 신문들은 일본 민간인의 훼손된 시체 사진과 함께 이 사건을 보도하면서 중국인들에게 전적으로 책임을 전가했다. 이번

학살은 양국 모두에서 감정적인 반응을 불러일으켰고, 중국에서는 지금도 여행객들과 초등학생들이 이 학살 기념비를 방문하고 있다. 참모본부에서 후쿠다의 군에게 명령을 내린 사람이 누구인지를 기록한 문서는 1945년에 일본이 항복한 이후 수천 건의 다른 문서들과 함께 불태워졌다. 일부 알려진 사실은 참모본부의 작전 책임자가, 곧이어 육군의 초국가주의적 당파인 황도파의 카리스마 넘치는 지도자가 된 아라키 사다오 장군이었다는 것이다.

일본의 일간신문 대부분이 일본인에 대한 중국인들의 공격을 다루었지만, 이시바시 단잔은 이 전투에서 사망한 중국인들의 수가 훨씬 많은 것에 대한 기사들을 썼고, 일본인 2,000명을 보호하기 위해서 4,000명의 병사를 보낸 불합리를 지적했다. 그의 계산에 따르면, 일본인들을 안전한 곳으로 대피시키는 편이 훨씬 적은 비용이 들었을 것이다.

장쭤린의 암살

1928년 봄, 베이징의 일본군 장교들은 당시 베이징을 점령할 태세를 갖춘 장제스의 북벌군이 베이징의 최고 군벌이 된 장쭤린을 무찌를 만한 군사력을 갖추었다고 판단했다. 다나카 기이치와 일본의 외교관들은 장쭤린의 군이 싸우다 패하여 아수라장 속에서 후퇴하는 것보다 체면을 지키며 질서 있게 퇴각해서 만주로 돌아가는 편이 낫다고 생각했다. 일본군은 장제스의 군이 만리장성 북쪽까지 장쭤린의 군을 쫓아가기를 원하지 않았으므로 장쭤린에게 만주로 돌아가는 것이 이익이라고 설득했고, 장쭤린은 그들의 뜻을 받아들였다. 장쭤린은 그후 선양으로 가는 기차에 올랐다. 우가키 장군부터 시작하여 일본의 최고 군사 지도자들은 만주 통치에서 장쭤린이 일본의 요구에 가장 잘 부응할 수 있는 협력자라고 느꼈다. 장쭤린이 일본인들의 고분고분한 꼭두각시였던 적은 없었지만, 우가키는 광대한 만주를 관리하고 국민당의 손에 넘어가지 않도록 막는 데에는 장쭤린이 최상의 선택이라고 느꼈다.

그러나 관동군 고모토 다이사쿠의 생각은 달랐다. 고모토와 부하들은 만주에 혼란을 불러올 사건을 일으켜서 일본의 지배력을 확장할 구실로 삼고 싶어했다. 장쭤린을 태운 기차가 1928년 6월 3일에 베이징을 떠났다. 고모토와 그의 부하들은 철로 다리에 폭탄을 설치했다. 폭탄이 터지자 선양으로 향하던 장쭤린의 전용 차량 위로 다리가 무너져서 장쭤린은 사망했다. 고모토는 중국인들의 소행으로 보이게 하려고 애썼지만 몇 주일 만에 그와 부하들이 장쭤린을 암살하려고 폭발을 일으켰다는 사실이 밝혀졌다. 우가키 장군은 노발대발하며 버릇없는 반역자라고 고모토를 비난했다.

폭발 사고의 진실이 서서히 일본 내각과 황실에까지 알려졌다. 육군대신 시라카와는 우가키 장군과 마찬가지로 이 반역적인 불복종에 격노했지만, 군의 평판과 중국과의 교섭에서 일본의 입장을 보호하기 위해서 어쩔 수 없이 진실을 숨겨야 한다고 느꼈다. 이와 반대로 다나카 총리는 범인들을 재판하여 처벌해야 한다고 생각했다. 다나카 총리와 시라카와 육군대신은 히로히토 천황과 개별적으로 몇 차례 회의를 했다. 마침내 다나카가 마음을 바꿔 진실을 은폐하기로 결정했다. 하지만 그 과정에서 그는 당시 스물일곱 살이던 히로히토 천황의 신뢰를 잃었다고 느껴 사직했다. 다나카는 그후 얼마 지나지 않아 세상을 떠났는데, 자살했다는 의혹도 있다.

이 두 사건— 지난에서의 학살과 장쭤린의 암살—은 중일 관계에서 돌이킬 수 없는 전환점이 되었다. 두 행위 모두 일본군의 지휘체계의 약점을 여실히 드러낸 사건이었다. 이 사건들을 피할 수 있었다면 중일 관계가 개선되었을 수도 있다. 하지만 이 사건들은 전쟁의 서막이 되었다.

하마구치 내각, 더 많은 암살

다나카 기이치가 사임한 뒤, 경쟁 정당인 입헌민정당의 총재이자 노련한 정치가인 하마구치 오사치가 1929년 7월에 내각을 조직했다. 시데하라라는 외무대신으로, 우가키는 육군대신으로 복귀했다. 시데하라는 중국에게 관세자주권을 주고, 그외의 불평등 조약들의 조항들을 폐기하기 위한 계획에 관해서 다시 한번 영국, 국민당과 합력하기 시작했다. 우가키는 군을 현대화하는 계획을 계속 추진하려고 노력했다. 그에게 군의 현대화란 병력 축소와 현대식 화포에 대한 투자를 뜻했지만, 경제적 상황이 예전보다 더 악화되었고, 몇 달 지나지 않아 미국의 주식시장이 붕괴되면서 전 세계가 경제 침체에 빠졌다.

다나카 내각이 남긴 문제들에 직면한 시데하라에게는 노련한 중국통이 필요했다. 그래서 그는 일본의 가장 뛰어난 외교관들 가운데 한 명이자 오랜 후배인 사부리 사다오를 중국 공사로 임명했다. 사부리는 중국에서 취임 직후 일본으로 돌아와 하코네의 후지야 호텔에서 휴식을 취했는데, 11월 29일에 그가 묵었던 객실에서 머리에 총상을 입고 사망한 채 발견되었다. 이 죽음은 자살로 보도되었지만 정확한 사인에 대한 수수께끼는 아직도 풀리지 않았다. 당시 일본의 많은 사람들처럼 사부리도 권총을 소지하고 다녔지만 현장에서 발견된 총은 그의 것이 아니었다.

이 사건은 시데하라와 그의 대중국 전략에 심각한 타격을 주었다. 시데하라는 곧 또다른 노련한 외교관인 시게미쓰 마모루를 사부리 대신 중국 공사로 임명했다. 상하이로 간 시게미쓰는 프랑스인 구역에서 그의 오랜 친구인 쑹쯔원의 옆집을 얻었다. 하버드 대학교를 졸업한 쑹쯔원은 장제스의 처남으로 영향력 있는 인물이었다.

재무대신은 보수적인 경제학자이자 전 일본은행 총재를 지낸 이노우에 준노스케였다. 하마구치의 입헌민정당은 엔화를 금본위제로 돌려놓겠다는 선거 공약을 내걸었고, 이노우에는 이를 준비하기 위해서 물가를 내리고 임금을 낮추려고 노력했다. 공무원들도 감봉을 받아들였다. 이노우에는 1930년 1월에 엔화를 금본위제로 돌려놓았는데, 이 시기는 미국 주식시장의 붕괴로 인해서 경제 상황이 최악인 때였다. 이후 엔화의 가치는 상승했고, 일본의 수출업자들은 가격을 낮추어야 했다. 수많은 소기업들이 문을 닫았다. 특히 농촌 지역이 심한 타격을 입었는데, 일본 비단에 대한 수요 감소도 여기에 한몫을 했다. 살림이 궁핍해진 가정에서는 아이를 먹여살릴 형편이 되지 않아 자식을 살해하거나 딸들을 매춘부로 팔아넘겼다. 2년 뒤인 1932년 2월, 광기 어린 니치렌 종 승려의 영향을 받은 어느 초국가주의 단체의 회원이 이노우에를 살해했다. 동시에 이 단체의 다른 회원이 미쓰이 사의 총수인 단 다쿠마를 살해했다. 두 사건 모두 범인들이 체포되어 사형 선고를 받았지만 나중에 감형되었다. 범인에게 영향을 미친 니치렌 종 승려는 나중에 고노에 후미마로가 총리가 되었을 때에 그의 자문으로 일했다.

1930년 4월, 일본은 1921년의 연장선인 런던 군축회의에 참석했다. 협상단의 수장은 전 총리 와카쓰키 레이지로(1931년 4월부터 12월까지 총리를 지냈다)였고, 여기에는 민간인들도 포함되어 있었다. 회의의 주된 초점은 중순양함에 맞추어졌으며 일본은 제국 해군이 용인할 수 있는 범위로 타협을 이끌어낼 수 있었다. 하지만 잠수함에 대한 협상 결과는 일본에게 불리했다. 아마도 일본 협상단의 실수 때문으로 보이는데, 사실 이번 합의로 일본은 잠수함 건조에 대한 권리를 전부 포기해야 해서 한동안 기술적 우위를 잃었다.

하마구치 정부가 직면한 많은 문제들 중에서도 런던 군축회의의 결과는 일본군으로부터 최악의 반응을 얻었다. 해군은 이번 협상 결과가 천황의 통수권을 침해했다고 항의했다. 이누카이 쓰요시 같은 원로 정치인들을 포함하여 의회의 일부 의원들도 같은 주장을 했다.

하마구치는 오랫동안 눈부신 경력을 쌓아온 유능한 정치인이었다. 그러나 그는 세계 경제가 붕괴되면서 좋지 않은 시기에 총리로 취임했다. 많은 일본인들, 특히 군인들은 추문과 무능력을 이유로 정치인들을 신뢰하지 않았다. 군인들은 천황을 숭배하라고 훈련받았지만 정치의 절차나 정치 지도자들을 존경하라는 훈련은 받지 않았다. 천황에 대한 극단적 숭배는 히로히토 천황의 연호를 따서 쇼와 유신이라고 불리게 된 사상으로 진화했다.

다음 해인 1930년 11월에, 하마구치 총리가 사고야 도메오라는 초국가주의 테러리스트에 의해서 복부에 총상을 입었다. 사고야는 우익 단체인 애국사(愛國社)의 일원으로, 중국에서 소위 대륙낭인(大陸浪人, 사무라이 모험가) 생활을 했다. 하마구치는 목숨은 건졌지만 9개월간의 치료 끝에 1931년 8월에 결국 사망했다. 그는 1931년 3월에 병상에서 재선되었다. 1931년 4월에 내각이 사퇴할 때까지 하마구치를 대신하여 시데하라가 많은 업무를 처리했다. 이 시기에 체포된 많은 암살범들과 마찬가지로 사고야도 사형을 선고받았지만 종신형으로 감형되었다가 1940년에 출소했다. 그는 1972년 예순넷의 나이로 세상을 떠날 때까지 우익 활동을 계속했다.

1921년에 하라 총리의 살해를 시작으로 일본 정계에 암살이 흔해졌다. 이 사건들을 처리하는 방식 역시 일반화되어 공개 재판장은 피고 측 변호사가 피고의 "순수한" 초국가주의적 이상을 극구 칭찬하는 장이 되었다. 범인들은 보통 유죄 판결을 받았으나, 얼마 후에 감형되어 출소했다. 심지어 하라 총리의 암살범도 석방 이후에 만주에서 관료로 일했다.

만주에서의 불복종

1931년 9월 18일, 일본 병사들 가운데 한 무리가 중국인으로 위장하고 만철의 철로 근처에 폭발물을 설치했다. 이 폭발은 경미한 피해만 입혔지만, 그 결과로 일어난 소란은 이시와라 간지 중령과 이타가키 세이시로 대령을 주축으로 한 공모자들에게 장쉐량의 군을 공격하고 그리하여 일본의 만주 침략을 개시할 구실을 주었다.

9월 19일 오전 10시에 이후 수없이 반복될 긴급회의들 중에서 첫 회의로 도쿄에서 내각이 모였다. 육군대신 미나미 지로는 일본군이 정당방위로 전투를 시작했다고 말했지만, 외무대신 시대하라는 이에 이의를 제기했다. 도쿄의 육군 참모본부는 분쟁의 확산을 막으라는 명령을 내렸다. 이 명령을 받은 이시와라와 그의 부대는 일시적으로 크게 낙담했다. 이들은 다음 며칠 동안 공격 확대의 구실이 될 추가적인 도발을 준비했다. 예를 들면 지린 성에서 꾸민 봉기는 군이 성을 침략하여 점령할 수 있도록 해주었다. 9월 21일에 열린 내각회의에서 육군대신이 한국에 주둔하고 있는 일본군 사단들을 이곳에 배치하게 해달라고 요청했지만 거부당했다. 나중에 한국의 사단들이 이미 배치되었다는 사실을 알게 된 와카쓰키 총리가 사후 허가를 내렸다. 만철이나 일본의 통제 범위에서 완전히 벗어난 중국 최북단의 하얼빈을 점령하는 데에도 비슷한 구실들이 이용되었다. 관동군은 도발을 거듭하며 서서히 만주를 가로질러 세력을 확장했다.

와카쓰키 총리는 자신의 내각에서 이 침공에 관한 합의를 이끌어내지 못했고, 군에 대한 통제력을 유지하는 법에 대해서도 합의를 얻지 못했다. 그는 정치력으로 군을 압도하려는 노력의 일환으로 공동의 연대 내각을 구성하기 위해서 야당인 입헌민정당과 논의를 시작했지만, 만주 침략이 일본 대중에게 인기가 너무 높았기 때문에 이미 의회의 거의 모든 의원들이 이 기세에 굴복했다. 와카쓰키는 어쩔 수 없이 사임해야 했고, 노련한 정치인인 이누카이 쓰요시가 이끄는 새로운 내각이 구성되었다.

이누카이는 1890년의 첫 선거 이래 계속 하원의원을 지낸 인물로, 인기 있는 정치인이었고 중국과 우호관계가 깊었다. 그는 1927년 난징의 쯔진 산에서 열린 쑨원의 장례식에 초대된 두 명의 일본 고관 중의 한 명이었다. 그러나 중국에 우호적인 입장이었음에도 이누카이는 만주에서의 일본의 권리를 강력하게 지지했다.

이누카이는 이노우에 준노스케를 대신하여 다카하시 고레키요를 재무대신으로 임명했다. 이노우에와 달리 다카하시는 케인스적 접근방식을 적용했다. 물가 상승을 허용하여 농민들을 구제했고, 급여 인상을 실행하여 내수를 늘렸다. 또 엔화를 평가절하하여 일본 제품들의 해외 경쟁력을 높였다. 이로써 일본은 경기침체에서 빠르게 회복되었다.

두 번째로 중요하고 놀라운 임용은 아라키 사다오를 육군대신으로 앉힌 것이었다. 아라키는 사관학교와 육군대학에서 늘 수석 자리를 꿰찼지만 강경한 국수주의자였고 군의 황도파의 지도자로 간주되었다. 국수주의적인 젊은 장교들 사이에서 인기가 높았던 그를 육군대신으로 임명한 한 가지 이유는 군의 급진파들을 회유하기 위함이었다.

만주에서의 충돌 확대에 대한 일본 국내의 반응은 굉장히 우호적이었다. 1931년 12월, 의회의 모든 정당이 중국에서 일본의 권리를 수호한 군에게 감사를 표명하는 법안을 지지했다. 관동군이 명령에 따르지 않았음에도 불구하고, 1932년 1월 8일에 히로히토 천황은 중국의 "무법자들"에 맞선 "정당방위"에서 용감하게 싸운 관동군을 칭찬하는 칙서를 발표했다.

만주에서 벌어진 사건들을 가장 강경하게 비판한 해외의 인물은 미국의 국무장관 스팀슨이었다. 9월 18일에 만주 침략이 일어난 뒤, 스팀슨은 오랜 동료인 시데하라가 알아서 문제를 통제할 수 있기를 바라며 참모들에게 일본에 너무 많은 압력을 가하지 않도록 했다. 그는 시데하라에게 군이 만리장성 북쪽, 장쉐량의 군 사령부가 있는 진저우를 공격하지 않게 하라고 경고했다. 주미 일본 대사 데부치 가쓰지가 매일 스팀슨에게 최근의 상황을 알렸고, 그는 이 같은 문제가 곧 통제될 것이라고 장담했다. 10월 4일에 일본이 진저우에 폭격을 시작했다. 시데하라가 상황을 통제할 수 없다는 것을 깨달은 스팀슨은 후버 대통령으로 하여금 미국은 만주의 어떤 변화도 인정하지 않을 것이라는 서신을 일본과 중화민국 양국에 보내도록 했다.

스팀슨과 대조적으로 국무부 아시아 문제 담당 차관인 윌리엄 R. 캐슬은 일본의 행보에 대해서 신중한 입장을 취하면서도 일본의 접근방식이 서반구에서 미국의 접근방식, 예를 들면 니카라과에 대한 통제와 다르지 않다고 언급했다. 캐슬은 일본이 강한 질서의 수호자가 되는 것이 궁극적으로 극동

지역에서 미국의 이익에 가장 도움이 될 것이라고 확신했다.

스팀슨을 제외하면 세계의 지도자들 대부분이 일본의 만주 진출에 비판적이지 않았고, 많은 사람들은 실제로 우호적이었다. 노동당의 제임스 맥도널드가 이끄는 영국 정부는 일본의 우익보다 혼란스러운 중국이 더 위험하다고 생각했다. 영국의 언론 역시 일본에 호의적이었다. 「데일리 텔레그래프(Daily Telegraph)」는 한 사설에서 "야만 행위와 무정부 상태에 맞서서 자국의 이익을 보호하려는 정부의 권리는 정당하게 인정받는 권리이다"라고 언급했다.

여기에서 주목할 점은 일본의 침략에 대해서 장쉐량의 군이 전혀 저항하지 않았다는 것이다. 총 20만 명으로 이루어진 그의 군에서 만주의 만리장성 북쪽에 있는 병사는 5만 명이 되지 않았다. 나머지 병사들은 만리장성 남쪽, 주로 허베이 성에서 장제스의 세력 범위를 지키고 있었다. 장제스의 군은 장시 성에서 공산군과 장기전을 치르느라 정신이 팔려 있었다. 1931년에 장제스는 장시 성에서 공산군을 몰아내려고 했으나 세 차례의 시도가 모두 실패하여 거의 10만 명에 달하는 사상자를 냈다. 장쉐량이 만리장성 북쪽에 자신의 병력을 배치하여 일본군과 싸운다면, 장제스는 공산당과의 전투에 필요한 자신의 병력 중에서 일부를 빼내서 북쪽으로 보내야 했다. 일본군에 맞서 성과를 올리려면, 약 30만 명에서 40만 명의 병사가 필요할 것이고, 이는 장시 성에서 공산당과의 전투를 완전히 포기한다는 뜻이었다. 대안은 5만에서 10만 명의 병사들로 일본군과 형식적인 전투를 벌이는 것인데, 이 방안은 병사들에게는 그야말로 자살 임무나 다름없었다. 장제스의 계산에 따르면 아예 저항하지 않는 편이 더 나았다.

이런 논리는 1936년까지 다양한 형태로 이어졌다. 보유한 병사가 제한적이었으므로 장제스는 공산당과 싸울지, 아니면 일본군과 싸울지를 선택해야 한다고 생각했다. 결국 그는 공산당은 "심장병"인 반면, 일본인들은 "피부병"이라고 말하며, 공산당과의 싸움을 선택했다.

중국과 일본이 적이 되다

중국의 병사들이 일본의 침략에 저항한 얼마 되지 않는 예들 중에서 하나가 1932년의 상하이 사변이었다. 이 드문 저항이 일어난 이유는 아마도 장제스가 일시적으로 물러나고 쑨원의 아들 쑨커가 이끄는 광저우의 경쟁 파벌이 난징으로 와서 연립정권을 결성했기 때문일 것이다. 장제스의 보복에 대비하기 위해서 쑨커는 제19로군의 병사 3만 명에게 광둥 성의 본거지를 떠나 상하이로 이동하라고 명령했다. 또 동지인 우티에청을 장췬 대신 상하이 시장으로 임명했다. 우티에청은 도쿄의 메이지 대학교에서 법학을 공부했고, 일본어와 영어에 능통했다.

만주 침략 이후 상하이에서 반일 감정이 또다시 최고조에 달했다. 이에 따라 일본 제품들에 대한 중대한 불매 운동이 조직되었다. 특히 일본의 방직업자들과 소매상 주인들이 심각한 타격을 입어 이들 대부분이 폐업했다. 당시 일본의 한 보도에 따르면, 1월 18일에 5명의 일본인 니치렌 종 승려와 신도들이 중국의 한 수건 공장 근처에서 경을 외고 의례용 북을 두드리다가 60명의 젊은 중국인 무리에게 공격당했다. 이들은 심각한 부상을 입었고, 그중 1명이 끝내 사망했다. 1월 19일, 군과 유사한 예비대인 일본 청년단 단원 30명이 보복 공격을 벌여 수건 공장 두 곳에 불을 질렀고, 그 과정에서 중국인 경찰관 1명을 살해했다.

일본 총영사 무라이 구라마쓰는 우티에청 시장에게 승려들에 대한 공격에 책임이 있는 중국인들을 체포하고 모든 항일 행위를 엄중히 단속할 것을 요구했다. 그는 1월 28일 자정을 마감 시한으로 정했다. 사건이 악화되는 것을 원하지 않았던 우티에청 시장은 상하이 반일구국회 사무실을 폐쇄하고 누구도 건물에 들어가지 못하도록 경비를 세우겠다는 약속을 포함하여 일본의 요구를 받아들였다.

시오자와 고이치 소장이 지휘하던 제국 해군은 해병대원 수천 명으로 구성된 상비군을 상하이의 일본인 구역인 홍커우의 막사에 배정했다. 상하이 내 일본 시민들의 안전을 지키는 책임을 맡은 시오자와는 일본에 지원을 요청했으며, 그로부터 열흘이 지나지 않아 23척의 함정들로 이루어진 함대 가 상하이 항구에 도착했고, 양쯔 강 어귀에 또다른 13척의 함정이 대기했 다. 승려 1명의 죽음에 대한 대응으로 파견한 것이라고 하기에는 믿을 수 없는 규모의 병력이었다. 일본 해군의 이런 과잉 대응에 대한 한 가지 설명 은 만주와 관련한 육군의 인기에 대적하기 위함이었다는 것이다. 이누카이 내각의 민족주의적 육군대신 아라키 사다오는 일본군이 4시간 내에 상하이 를, 3개월 내에 중국 전역을 점령할 수 있다고 호언장담했다.

25년이 지난 1950년대가 되어서야 도쿄 전범재판에서 "검찰 측 증인"으 로 돌아선 피고인 다나카 류키치가 상하이 사변을 촉발한 불교 승려 공격 사건을 자신이 꾸몄다고 폭로했다. 만주에 대한 관심을 돌리기 위해서 벌인 일이었다. 다나카의 공모자인 유명한 만주의 공주, 가와시마 요시코(청나라 숙친왕의 딸로 가와시마 나니와에게 입양되었다/역주)가 승려들을 공격하 도록 중국의 젊은이들을 매수했다. 당시 소령이던 다나카는 상하이에서 육 군무관으로 복무 중이었다. 1월 초에 그는 만주로 가서 이타가키 세이시로 와 함께 상하이 사변을 계획했다. 이타가키는 이시와라 간지와 9월 18일의 만주 사변을 공모했던 인물이다. 육군무관인 다나카는 수천 명에 이르는 지역 예비부대들과 청년단에 대한 지휘권이 있었고, 이들을 라이플총과 검 으로 무장시켰다. 지역의 일본 병사들과 젊은이들 중에서 많은 수가 열성적 인 자경단원이 되어 중국인들의 반일 행위에 보복할 기회를 노렸다.

일본인들은 당시 장제스가 쫓겨났고, 그가 없는 동안 제19로군이 상하이 를 지키고 있었다는 사실을 놓쳤을 수 있다. 제19로군은 장시 성에서 공산 당 유격대와 싸워온 노련하고 사기 높은 군사들이었다. 2명의 격렬한 반일 주의 장군인 장광나이와 카리스마 넘치는 차이팅카이가 제19로군을 지휘 했다. 1월 29일에 두 장군은 일본인이 "중국의 땅에 한 발이라도 들여놓거나 중국의 풀잎 하나도 밟도록" 허락하지 않겠다고 중국인 사회에 알렸다. 두 장군으로부터 큰 존경을 받아온 뛰어난 군사 지도자이자 분석가인 장바이리가 자문으로 일했다(주요 인물 전기 참조). 만주 침략이 일어나기 전인 1931년에 장바이리는 도쿄를 방문하여 아라키 사다오를 만났고, 일본에서 주전론의 분위기를 느꼈다.

홍커우는 자베이라고 불리던 상하이의 중국인 구역과 가까웠다. 인구가 밀집한 자베이는 조약항의 경계 밖에 있었고, 우티에청 시장의 관할권이었다. 보통 일본의 경찰이나 군은 도시의 중국인 구역으로는 들어갈 수 없었지만, 1월 28일에 시오자와가 일본인 거주민들의 안녕을 확인하기 위해서 수천 명의 일본 병사들을 자베이에 보내기로 결정했다. 자베이에 대한 급습은 장갑차를 몰고 좁은 길들을 지나며 가로등에 총격을 가하는 것으로 시작되었다. 제19로군은 일본군이 자베이의 좁은 길들 깊숙이 들어올 때까지 발포를 하지 않고 있다가 이윽고 사방에서 사격을 개시했다. 시가전 훈련을 받지 못한 일본 병사들은 급격한 혼란과 극심한 공포에 빠졌다. 시오자와는 제19로군의 대응을 일본의 정찰대에 대한 "부당한 공격"이라고 보고했다. 그러나 일본 정찰대가 장갑차를 몰고 도시의 중국인 구역으로 들어가 가로등을 쏘기 시작한 이유에 대해서는 설명하지 않았다.

일본군은 곧바로 본국에 증원을 요청했다. 해군이 수상기모함 1척과 일본 최초의 항공모함인 가가 호를 포함하여 17척을 추가로 보냈고, 이후 3주일 동안 전부 합쳐 100대의 군용기와 90대의 탱크, 160개의 중포, 50마리의 짐 나르는 말, 2개 사단, 총 4만 명의 병사들을 보냈다. 수송이 까다로웠지만, 군은 장기화된 일본 불매 운동으로 인해서 운항하지 못하고 있던 상선들을 이용했다. 1931년에 일본을 방문한 장바이리는 일본이 군의 기계화에 진전을 이루지 못했다는 것을 알아차렸다. 그가 유럽에서 관찰했던 모습과 대조적으로 일본인들은 아직도 말과 사람을 이용해서 구식 야포를 옮기고 있었다. 일본군의 기동성 부족은 장바이리가 전면적인 침략이 벌어질 경우에 저항 전략이 중국에 도움이 될 것이라고 판단한 한 가지 이유였다.

중국의 입장에서는 이 전투가 드물게 통합을 이루는 데에 도움이 되었다. 2월 중순에 장제스가 현역으로 복귀했고, 국민당의 제5로군이 제19로군에 합류하겠다는 뜻을 밝혔다. 쑹쯔원은 재정부장으로 복귀하여 군사작전에 필요한 비용을 조달했다. 또한 공산당원을 포함한 상하이의 수많은 사람들이 자원입대했다. 국민당은 "삼양(뤄양, 센양, 헝양)"으로 퇴각한다는 장바이리의 전략에 맞추어 일본 해군과 육군의 세력이 닿지 않는 먼 곳에 위치한 뤄양으로 수도를 옮겼다.

일본군은 자베이의 좁은 길에서 벌어진 보병전에서 밀리자, 항공기로 폭탄을 투하하고 해군 함정의 대포로 도시를 향해 포탄을 쏘았다. 일본군은 군사적 표적만 겨냥했다고 주장했지만, 인구가 밀집된 자베이에서 이들은 수천 채의 가옥과 북상하이 기차역, 쑹쯔원 가족 소유의 상무인서관(商務印書館) 본사뿐만 아니라 희귀본들이 소장된 근처의 도서관까지 파괴했다. 1931년에 양쯔 강이 범람하여 발생한 피난민들이 머물던 상하이 외곽의 수용소는 숙소 지붕에 적십자사의 커다란 상징이 보였음에도 불구하고 일본의 폭탄을 맞았다. 숙소에 대한 포격은 나흘 동안 계속되었기 때문에 이 사고가 결코 우연으로만 여겨지지는 않았다.

일본 측이 입은 손실은 비밀에 부쳐졌지만 「뉴욕 타임스(*The New York Times*)」의 기자 핼릿 아벤드가 일본군의 장례식에 계속 참석하여 유골함의 수를 헤아리고 병원들을 돌아다니며 병상의 수를 헤아려보았다. 아벤드는 전투가 벌어진 첫 달에만 일본군의 사상자가 약 4,000명, 전사자가 약 700명에 이르렀을 것이라고 추정했다. 중국 측은 민간인을 포함하여 더 많은 손실을 입었다.

일본의 신문들은 이 전투를 자국의 영광스러운 승리로 보도했다. 대형 일간지들은 매주 관련 사진들로 채워진 호외를 발간했고, 중국인 병사들을 처음으로 "적병"이라고 칭했다. 그 전까지는 이들을 단순히 중국군이나 남부 혹은 북부 군벌군이라고 지칭했지만, 이제 중국인 병사들은 그들에게 확실한 "적"이 되었다.

참담한 첫 달이 지난 뒤, 천황이 다나카 기이치 내각의 육군대신을 지낸 시라카와 요시노리 장군에게 상하이의 사령관직을 위임했다. 또 노무라 기치사부로 제독이 해군 책임자로 상하이에 파견되었다. 일본인 승려 한 명이 살해되었다는 주장으로 시작된 일은 이렇게 일본의 최고위 장교들이 지휘하는 대규모 전투로 확대되었다.

이시바시 단잔과 재무대신 다카하시는 상하이 전투에 드는 비용에 대해서 통렬한 비판을 제기했다. 1905년에 쿤로브 투자은행의 대표인 미국의 금융가 제이컵 시프에게 채권을 팔아 러일전쟁 비용을 마련했던 다카하시는 일본이 이번 전쟁을 치를 형편이 되지 않는다고 지적하고, 일본에게 대출을 해주도록 투자자들을 설득하거나 채권을 팔 수 있을 만한 설득력 있는 이유가 떠오르지 않는다고 말했다.

일본인들은 결국 상하이를 점령했지만, 그에 따르는 막대한 대가를 치렀다. 이번 전투는 중국인들에게 몹시 필요하던 자신감을 불어넣었다. 차이팅카이 장군은 국가적 영웅으로 등극했고, 담뱃갑과 소금통에 이르기까지 전국 방방곡곡에 그의 사진이 붙었다. 지금도 중국에서는 장군의 동상을 볼 수 있다. 이번 전투는 또한 중국인들에게 일본이 사소한 실랑이로 끝날 수 있는 소동에 걸맞지 않는 막대한 화력을 기꺼이 행사한다는 것을 알려주었다.

양국은 영국, 미국, 이탈리아 대사들의 중재로 1932년 4월 말에 정전에 동의했다. 전투는 중국의 춘절인 2월 6일을 포함하여 3개월 동안 벌어졌다. 일본의 정전 기념식은 히로히토 천황의 생일이기도 한 1932년 4월 29일로 잡혔고, 일본인들은 훙커우의 한 경기장에 임시로 단상을 마련했다. 식이 시작되자 시라카와 장군, 시게미쓰 공사, 노무라 제독, 무라이 총영사, 일본인 거류민 단장 가와바타 데이지가 단상으로 올라갔다. 악단이 일본 국가인 기미가요를 연주하기 시작한 순간, 한 한국인 청년이 단상으로 돌진하여 폭탄을 던졌다. 폭탄이 폭발하면서 시라카와 장군과 가와바타 단장이 숨지고, 시게미쓰는 부상을 당하여 오른쪽 다리의 무릎 아래를 절단해야 했다.

이 사건으로 공식 정전 협정의 조인이 5월 5일로 연기되었다. 일본을 대표해서 시게미쓰 마모루가 외과의사들이 다리 절단을 준비하고 있던 병상에서 협정에 서명했다. 당시 말을 거의 할 수 없는 상태였던 시게미쓰는 정전 문서를 들고 온 관리 새뮤얼 장에게 "당신 나라의 국민들에게 일본이 화친을 간절히 바란다고 전하시오"라고 말했다. 시게미쓰의 말에 감동받은 새뮤얼 장은 그와 악수를 하려고 했지만 시게미쓰는 오른손이 붕대에 감겨 있어 왼쪽 손을 내밀었고, 오른손으로는 새뮤얼 장을 토닥거렸다. 그 뒤 새뮤얼은 국민당 정부를 대표해서 서명하기로 지명된 외교부 차장 궈타이치의 침대로 협정서를 들고 갔다. 궈타이치 역시 정전에 항의하는 성난 학생 무리에게 폭행을 당해 병원에 입원해 있었다. 학생들의 또다른 공격을 막기 위해서 궈타이치의 병실은 경찰관 5명이 지키고 있었다. 도쿄에서는 아라키 장군이 이번 협정으로 중국인들이 "도발적인 정책"을 포기하기를 바란다는 성명을 발표했다. 이누카이 총리의 성명서는 더 회유적이었다. 그는 "정전은 양측 모두에게 이익이다. 하지만 중국과 일본의 관계를 해치는 의심이 제거되지 않는다면 완전한 화합을 회복하기가 불가능하다"라고 말한 뒤 "중국인들은 굳게 결심하면 단결할 수 있다는 것을 역사가 보여주었다"라고 덧붙였다. 이누카이가 이 말을 한 날은 1932년 5월 5일이었다. 그로부터 열흘 뒤, 이누카이 총리는 젊은 해군 장교 무리에게 암살당했다.

4월 29일에 한국인 청년이 던졌던 폭탄은 푸단 대학교의 실험실에서 제조한 것이었다. 그후 이런 소형 폭탄은 상하이 같은 지역에서 테러리스트들이 흔히 사용하는 무기가 되었다. 그 결과 상하이의 일본인 구역에서는 회의를 위한 모임이나 영화가 시작되기 전에 항상 자리에서 일어나서 폭탄이 설치되어 있지 않은지 의자 밑을 살피라는 지시가 내려졌다.

정전 후에 제19로군은 푸젠 성에 배치되었고, 이곳에서 국민당과 결별했다. 쑨커 내각이 물러나고 왕징웨이가 이끄는 내각이 들어섰다. 장제스는 육군 총사령관직으로 복귀하여 장시 성에서 공산당과의 싸움을 계속했다. 상하이 전투 동안에 이루어진 통합은 사라졌고, 모든 파벌이 민족주의를 지지하기는 했지만, 일본과의 전투를 각자에게 유리하게 이용하려는 것처럼 보였다. 일본군의 공중 폭격은 역사상 최초로 민간인이 당한 폭격들 중의 하나였다. 피카소의 유명한 그림이 기리는 스페인 바스크 지역의 작은 도시 게르니카의 폭격은 5년 후인 1937년에 일어났고 400-1,600명이 사망했다. 반면에 1932년에 일본이 인구가 밀집된 상하이에 가한 폭격에서는 5,000명 이상이 목숨을 잃었다. 일본은 중국 전역을 침략할 계획을 세운 적이 없었다. 아라키 사다오를 제외하고, 대부분의 군사 지도자들은 중국에 대한 전면적인 침략을 피하고자 했다.

일본을 회유하려는 장제스의 마지막 시도

1932년 12월에 사이토 내각은 만리장성 북쪽, 면적 11만4,000제곱킬로미터의 러허 성(제홀)에 대한 침략을 승인했다. 장시 성 전투에 몰두하던 장제스는 러허 성 방어를 위해서 장쉐량의 군에 합류하겠다고 약속했지만 허울 좋은 말뿐이었다. 그는 가장 약한 부대를 러허 성에 배정했다. 봄이 오고 해빙이 되기 전에 러허 성을 점령하고자 했던 일본 관동군은 2월에 2만 명의 군사로 성을 공격했다. 지역 군벌이던 탕위린은 일본군과 싸워보지도 않은 채 포기하고 후퇴했다. 그는 200대의 트럭에 살림을 싣고 떠났다. 탕위린의 병사들은 퇴각하면서 자신의 라이플총을 일본군에게 팔아넘기려고 했다. 장쉐량은 일본군과 싸우기 위해서가 아니라, 탕위린의 병사들이 무기를 만리장성 남쪽으로 들고 가기 전에 무장 해제시키기 위해서 병사들을 국경으로 보냈다.

패배에 대한 책임을 져야 했던 장쉐량은 유럽으로 망명했다. 이는 장제스에게는 잘된 일이었는데, 패배에 대한 책임을 피할 수 있었을 뿐만 아니라 잠재적인 경쟁자가 사라졌기 때문이다.

그후 관동군은 톈진의 수비대와 합류하여 만리장성 남쪽 지역들을 침략하기 시작했다. 아이러니하게도, 일본이 마쓰오카 요스케를 보내서 1933년 3월에 국제연맹을 탈퇴한 뒤로 관동군은 더 이상 국제협력 규칙이라는 겉치레의 제약을 받지 않게 되었다. 이로써 일본은 불량국가가 되었고, 관동군은 불량군대가 되었다.

장제스의 가장 큰 관심사는 톈진이나 베이징을 잃지 않는 것이었다. 그 외에는 기꺼이 타협하고자 했다. 장제스는 일본에게 해야 할 양보의 책임을 자신의 난징 국민당 정부가 지지 않게 하기 위해서 베이징에 일본과 협상할 정무위원회를 설치하고 은퇴해 있던 황푸를 불러 위원장으로 임명했다. 황푸는 일본어가 유창한 데다가 일본에 인맥이 두터웠다. 양측은 만리장성에서부터 베이징까지 비무장지대를 설치하는 협정서를 작성했다. 1933년 5월 31일에 체결된 이 탕구 협정은 애국심이 있는 모든 중국인에게 그야말로 수치였다. 그런데 놀랍게도 후스는 탕구 협정이 베이징과 톈진을 구하는 유일하고도 즉각적인 방법이라고 여기며 이를 지지하는 글을 썼다. 이 글로 후스는 많은 민족주의자들의 적이 되었다. 황푸가 협정 체결에 대한 책임을 졌고, 이로써 배신자로 낙인이 찍혔다. 일본의 커져가는 야망을 절실하게 인식하고 있던 장제스는 자금성의 보물들을 남쪽에서 보관할 수 있도록 준비하라는 명령을 내렸다. 이 명령은 장차 일어날 일들의 징후였다.

중국공산당은 강경한 목소리를 내는 반일 세력이 되었지만, 일본에 맞서서 영향력을 미칠 만큼의 충분한 병력은 갖추지 못했다. 국민당이 일본 문제에 과감하게 대응하지 못하자, 국민당과 국민들 사이에는 큰 틈이 벌어졌다.

도쿄의 입장에서 볼 때, 탕구 협정은 일본의 중국 주둔군이 자체적으로 체결한 뒤에 기정사실로 도쿄에 알린 수많은 협정들 가운데 하나였다. 도쿄는 일본 대중에게 인기가 높은 중국 주둔군에 대처할 계획도, 전략도 없었다. 만주군은 자체적인 전략을 세웠을 뿐만 아니라, 러허 성에서 만주와 중국의 다른 지역들로 아편을 판매해서 얻은 자금도 보유했다.

탕구 협정이 체결되고 비무장지대가 설치되면서 중국 북부의 일본군에게 1933년부터 1935년까지는 비교적 조용한 시기였다. 군과 상공부의 "개혁 관료" 집단은 만주의 괴뢰국을 만주국으로 탈바꿈시킨 뒤에 만주 지역의 천연 자원 채굴, 산업화, 수력 발전의 가능성을 본격적으로 조사하기 시작했다. 1935년, 러시아로부터 동청철도를 매입한 일본은 만주의 철도망을 확장할 수 있었다.

일본을 물리치기 위한 장바이리와 중국의 전략

뛰어난 평론가인 량치차오가 1919년에 유럽을 방문했을 때에 그와 동행한 5명의 제자들 중 1명이 장바이리였다. 이들은 모두 각자의 분야에서 뛰어난 지식인들이었지만 자금이 넉넉하지 못하여 학생들처럼 생활했고, 이들 모두는 중국으로 돌아온 뒤에는 글을 썼다. 여행 중에 장바이리는 이탈리아 르네상스를 다룬 자신의 베스트셀러들 중에서 한 권을 썼다.

장바이리는 일본과 독일에서 군사학을 공부했고, 1914-1918년의 제1차 세계대전 동안 벌어진 전투들의 무시무시한 규모와 변화된 군사전략에 특히 충격을 받았다. 유럽에서 그는 탱크, 곡사포, 전투기, 독가스 같은 첨단 무기들이 초래한 막대한 사상자들과 참호전의 여파를 직접 목격했다. 여행을 시작할 때에 장바이리는 "새벽의 빛"을 찾으러 간다고 말했다. 그리고 여행의 끝에서 그 빛을 찾았다고 했다. 파괴된 유럽의 모습을 보면서 일본에 맞선 저항전에서 중국이 이길 가능성을 찾았기 때문이다.

장바이리는 1906년에 일본 육군 사관학교를 수석 졸업한 뒤에 독일로 가서 군사학을 공부했다. 사관학교의 일본인 학생들 중에서도 유럽으로 유학을 간 사람이 많았다. 장바이리가 독일에 있을 당시 우가키 가즈시게가 일본의 육군무관이었는데, 장바이리는 일본인 학생들과 함께 대사관 모임에 초대를 받았다. 당시 독일 군사학의 토대는 단기전에서 승리하기 위해서 막대한 병력으로 공격하는 전략이었다. 이것은 장바이리가 일본에서 배웠던 것과 비슷한 전략이었고, 일본이 러일전쟁에서 실제로 활용한 작전이었다.

장바이리가 얻은 깨달음, 그가 유럽에서 발견한 "새벽의 빛"은 독일의 작전이 실패했다는 것이었다. 실패의 이유는 첫째, 독일이 벨기에를 거쳐 프랑스에 도착하는 긴 노선을 택하는 바람에 보급선이 길어져서 벨기에의 소도시들을 점령하기 위한 병력을 남겨두고 가야 했던 점이다. 하지만 더 중요한 이유는 독일은 공격적인 전쟁을 한 반면, 프랑스는 방어를 했다는 사실이다. 장바이리는 침략자로서 공격을 하는 것보다 저항을 하는 것이 병사들에게 동기를 부여하기가 더 쉽다는 결론을 내렸다.

일본에서 공부하던 시절부터 장바이리는 언젠가 일본이 다시 중국을 침략할 것이라고 생각해왔다. 요코하마에서 량치차오와 함께 공부하면서 그는 후쿠자와 유키치의 저서와 일본어로 번역된 허버트 스펜서의 저서를 읽었고, 다윈의 적자생존 이론을 적용하여 사회 개발이 종종 영토 확장으로 마무리된다는 것을 배웠다. 이렇게 해서 장바이리는 일본의 침략에 맞서는 중국의 저항 전략을 구상할 수 있었다. 그는 청일전쟁에서 일본이 전개한 전략에 대한 뛰어난 통찰력을 바탕으로 일본이 당연히 해안을 통하여 침입한 다음 철도망을 점령할 것이라고 썼다. 만약 중국군이 내륙으로 후퇴하고 일본군이 그 뒤를 쫓게 된다면, 보급선이 길어질 것이다. 또 일본군은 중국의 소도시들을 점령할 병력을 배정해야 하고, 이 병사들은 소도시에서 벌어지는 게릴라 형태의 공격에 취약할 것이다. 장바이리는 1937년에 일본이 실제로 중국을 침략할 때까지 이 계획을 계속 공들여 다듬었다.

량치차오와 함께 유럽으로 갈 때까지 장바이리는 중국의 문제를 리더십의 위기라는 측면에서 생각했다. 청이 몰락한 뒤에 그는 중국을 위한 적절한 지도자를 물색했지만, 위안스카이부터 군벌에 이르기까지 모두 부패하고 자기 잇속만 차리는 인물들뿐이었다.

장바이리는 제1차 세계대전에서 독일의 패배를 분석한 뒤에 중국에 관한 결론을 바꾸었다. 그는 적절한 리더십에 의지하는 것은 더 이상 가망이 없다고 판단했다. 정계의 인물들 가운데 어느 누구도 "천명"을 받을 도량이 되지 않았다. 하지만 강한 리더십이 없어도 국민들에게 저항하고 조국을 지키라고 일깨울 수는 있었다. 중국인들은 공격보다는 침략에 대한 저항을 더 효과적으로 수행할 수 있었다. 따라서 문제는 리더십이 아니라 중국 대중의 무관심과 무지를 극복하는 것이었다.

중국으로 돌아온 뒤에 했던 한 연설에서 장바이리는 "지난 20년간 우리가 전략과 전술에 관해서 보고 배웠던 것들은 모두 주전론적이고 침략적인 국가들에서 들여온 것이고, 이는 우리에게 악영향을 주었다"고 말했다. 그리고 자위(自衛)가 중국이 역사로부터 물려받은 지혜인데, 20세기의 첫 20년이라는 짧은 기간 동안 중국에 적합하지 않은 공격적인 군사 전술을 수입하면서 이 지혜를 망각했다고 말을 이었다.[1] 장바이리는 일본군의 강점과 약점에 대한 지식을 바탕으로 1932년 상하이 전투의 전략을 세웠으며, 여기에는 수도를 임시로 난징에서 뤄양으로 옮기는 것도 포함되었다. 이후 장바이리와 장제스는 지금까지의 어려웠던 관계를 수습했다. 장바이리는 1938년에 갑자기 세상을 떠났지만, 그때까지 일본의 침략에 대한 중국의 대응 전략을 고안하는 데에 중요한 역할을 했다.

회유부터 통일전선까지

장제스는 1934년 6월 병사들에게 한 연설에서 일본과 전투를 벌이기에 적절한 시기가 아니라고 말했다. 그의 계산에 따르면 일본군은 병사가 330만 명에 이르고 해군은 120만 톤의 군함을, 공군은 3,000대의 전투기를 보유하고 있었다. 일본은 중국과의 전쟁을 위한 준비가 완료되었지만 장제스는 중국은 심리적 혹은 실질적으로 일본과 싸울 준비가 되지 않았다고 인식했다. 그해 10월, 장제스는 뻔히 알 수 있는 필명으로 위장하고 일본이 중국의 친구인지 적인지 묻는 기사를 썼다. 그는 만주 침략 이후 일본의 온건파가 아직 목소리를 낼 때에 중국이 일본과 협상하지 않는 실수를 저질렀다고 지적했다. 장제스는 이와 같은 적절한 타이밍의 예로, 제1차 세계대전 당시 레닌이 독일과 휴전협정을 맺어 볼셰비키 혁명을 구했던 일을 들었다.

후스를 포함하여 많은 중국인들이 장제스의 글을 비판했다. 후스는 일본과 관련된 어떤 글에서건 "친구"라는 단어를 사용하는 것에 반대했다. 그는 문제는 어떻게 일본을 덜 적대적으로 만들 것인가이지, 친구로서의 일본을 이야기하는 것은 논외라고 말했다.

장제스가 기사를 쓴 것과 거의 같은 시기에 장바이리는 나중에 베스트셀러 『일본인 : 일개 외국인적 연구(日本人 : 一个外国人的研究)』라는 책으로 엮인 일련의 소론들을 쓰고 있었다. 장바이리는 일본의 어느 누구도 군과 정부의 다른 부분들을 전부 통제하지 못하기 때문에 일본과의 협상이 불가능하다고 언급함으로써 장제스의 주장에 반박했다.

장바이리의 절친한 친구인 일본제국 육군의 나가타 데쓰잔 장군은 중국이 일본의 적이 아니라고 주장했지만, 그는 일본과 중국 간의 전쟁은 피할 수 없다는 결론을 내렸다. 장바이리는 중국에게 이 전쟁이 수많은 사상자를 내고 굴욕을 견딜 힘이 필요한 저항전이 될 것임을 알고 있었다. 하지만 주의 깊게 전략을 세우면 중국이 일본을 저지하고 승리하여 진정한 통일국가로 등장할 수 있다고 믿었다. 그는 중국이 어떻게 일본을 물리칠 수 있을지에 대해서는 분명히 밝히지 못했는데, 전쟁에 대한 일본의 시각이 종말론적이고 자멸적이었기 때문이다. 하지만 장바이리는 일본이 중국을 격파하지 못할 것이라고 확신했다.

1935년, 장바이리의 글들이 막 발표되기 시작할 무렵 나가타 데쓰잔이 중령 아이자와 사부로에게 암살당했다. 아이자와는 나가타와 장바이리가 일본 육군 사관학교에서 각각 1904년도와 1906년도에 졸업생 대표로 뽑혀 메이지 천황으로부터 받았던 것과 비슷한 군도(軍刀)로 나가타를 베어 숨지게 했다. 그 전까지 일본에서는 잔인한 암살이 종종 일어났지만, 이번 사건은 장바이리에게 특히 실감나게 다가왔다. 나가타는 군내의 보수적인 통제파의 지도자였고, 우가키와 함께 군의 현대화에 초점을 맞추어왔다. 나가타의 죽음은 일본의 중간급 장교들 사이에 나타난 현대화에 대한 거부와 일본군 내부 지휘체계의 단절을 보여주는 또다른 징표였다.

다음 해인 1936년 2월 26일, 도쿄 중심부에서 1,400명이 넘는 군인들이 치밀하게 준비된 반란을 일으켜 관청들과 아사히 신문사 건물을 공격했다. 반란군은 재무대신 다카하시를 포함하여 5명의 정부 관료들을 암살했다. 이 대담한 작전은 쿠데타로 성공은 거두지 못했지만 성공할 뻔한 위험한 상황까지 갔다. 게다가 이들이 며칠 동안 도쿄 시내에서 작전을 연습해온 것이 확실했고, 이는 도쿄의 경찰관들이 연루되었음을 의미했다. 이 사건은 결국 일본군의 지도부와 천황에게 군내 급진파들의 위험성을 일깨워주었다. 처음으로 범인들에 대한 처벌이 실행되어 반란의 주동자 17명이 재판을 받고 교수형에 처해졌다. 나가타 데쓰잔을 암살한 아이자와 사부로도 1936년 7월에 교수형을 당했다. 만주 사변을 대담하게 기획했던 이시와라 간지는 정부에 대한 2월 26일의 공격이 근본적으로 잘못되었다고 생각했고, 쿠데타를 모의한 군인들이 자수하도록 하는 데에 중요한 역할을 했다. 2월 26일의 쿠데타 시도 이후, 일본에서는 민간인 정치인이나 관료가 아니라 통제파가 리더십을 발휘했다.

1936년 12월, 장제스가 국민당 지도자들을 만나기 위해서 시안으로 갔다. 이때 장쉐량의 부하들이 일본을 물리치기 위해서 공산당과 연합하여 군사작전을 펴겠다는 약속을 받아내려고 장제스를 납치했다. 2주일 뒤, 장제스는 마침내 굴복하고 공산당과 힘을 합쳐 일본과 싸우기로 동의했다. 장제스가 납치되었다는 소식이 전해지자 곧바로 장바이리가 시안으로 소환되었다. 그는 장제스의 참모로서 시안에 갔지만, 장제스와 달리 항일을 위한 공산당과의 연합을 강력하게 지지했다. 이것이 그가 세운 전략에 필요한 첫 번째 단계였다.

장제스는 현실주의자였다. 그는 황허 북쪽에서는 중국이 일본군에 대항하지 못한다는 것을 알고 있었다. 따라서 1932년처럼 상하이에 두 번째 전선을 개시해야 할지도 모른다고 생각했다. 일본은 1932년에 그랬던 것처럼 아마도 함대와 거대 병력으로 대응할 것이었다. 결국 국민당은 일본군의 힘이 미치지 않지만 산업 기반시설과도 멀리 떨어진 쓰촨 성까지 후퇴할 수도 있었다. 중국인들이 일본군에 저항하는 것과 그들을 무찌르는 것은 다른 문제였다. 항복에는 협상이 필요한데 중국인들은 일본의 공사와 외교관에게도, 장군과 제독에게도 협상 권한이 없다는 것을 오래 전부터 알고 있었다. 일본의 체계에서 협상이나 항복을 할 수 있는 유일한 사람은 천황이었지만, 천황은 그 권력을 행사하지 않기로 선택했다.

전쟁 전야

메이지 시대에 천황과 함께한 소규모 과두제는 광범위한 시각과 결정권을 보유했다. 1871년 12월부터 1873년 9월까지 이와쿠라 사절단에 참가한 일본의 지도자들은 세세한 일상적 정치 운영에 대한 걱정 없이 여러 나라들을 방문하여 이들의 국가 제도를 전체적으로 공부할 수 있었다. 사절단은 국가 제도들이 작동하기 위해서 필요한 것들에 대한 폭넓은 이해를 얻은 핵심 지도자 집단을 데리고 돌아왔다. 이들 사이에는 전체적인 국가 정책에 대한 합의가 이루어져 있었고, 귀국 이후 오랫동안 안정적인 리더십을 발휘했다.

1894-1895년에 일본의 지도자들은 중국과 전쟁을 시작하기도 전에 평화 교섭을 계획하기 시작했다. 이들은 자국의 한계를 알고 있었기 때문에 출구를 미리 계획한 다음 청일전쟁에 돌입했다.

반면, 1930년대에 일본 정부는 규모가 훨씬 더 커지고 권력의 중추가 널리 분산되었으며 다른 여러 집단들이 통제권을 두고 다투고 있었다. 1930년대에 일본은 지역의 지리, 중국 군사 지도자들의 이름과 배경, 병참선에 대한 방대한 정보를 수집했다. 하지만 전체적인 국가 차원에서 결정을 내릴 권한을 보유한 단일 집단이 없었다. 지도자들이 너무 빨리 바뀌고 너무 많은 사람들이 암살을 당하는 바람에 권력을 쥔 사람들이 장기적이고 포괄적인 분석을 하거나 안정적인 리더십을 발휘하지 못했다. 군 장교들은 과거에 거둔 군사적 승리들을 생각하며 현재 일본이 실현할 수 있는 수준을 넘어서는 영광을 꿈꾸었다. 일본은 알게 모르게 점점 전쟁을 향해 표류하고 있었다. 이들은 전쟁에 대한 계획을 세우고 있지 않았고, 전쟁이 끝난 뒤의 평화에 대한 계획은 더더욱 없었다.

1894-1895년의 청일전쟁 전에는 중국의 지도자들이 일본에 거의 관심이 없어서 이 나라에 대한 정보가 빈약했고, 따라서 그들이 맞닥뜨린 적에 대한 이해가 부족했다. 그러나 1930년대 중국에는 일본에서 공부하고 돌아온 사람이 수만 명에 이르렀다. 그들 중 일부는 친한 일본인 친구들이 있었고, 일본에 대해서도 지극히 잘 알고 있었다. 중국인들은 일본에 관한 상세한 정보를 보유했을 뿐만 아니라 일본인의 심리도 깊이 이해했다. 따라서 이들은 일본인들이 무슨 행동을 할지 훌륭하게 분석할 수 있었다. 하지만 중국에는 자국민들이 알고 있는 것을 발전시킬 만한 통일된 국가 구조가 없었다.

일본의 비극은 명확한 전략이나 사명 없이, 그리고 전략을 세우고 실행에 옮길 수 있는 중앙의 권력 없이도 병력을 동원할 수 있었다는 것이다. 중국의 비극은 전체적인 전략적 구상을 훌륭하게 분석할 수 있었지만 통일된 정부, 산업 기반, 무기를 가지지 못했고, 일본군의 진격을 막을 훈련된 병사들이 부족했다는 것이다. 그 결과 전쟁은 중국과 일본 모두를 초토화시켰을 뿐만 아니라 평화로운 미래를 구축하기를 희망했던 다음 세대들에게도 커다란 어려움을 안겨주었다.

제8장

중일전쟁, 1937-1945년

1937년 7월 7일의 늦은 밤, 베이핑 외곽 마르코폴로 다리(루거우차오) 부근에 주둔하던 한 일본인 병사가 부대에서 이탈했다.[1] 이 병사가 부근에 있는 성벽으로 둘러싸인 완핑이라는 마을로 잡혀갔다고 생각한 소규모 일본군 무리는 다리를 건너 마을로 들어가 수색을 하겠다고 요구했다. 평소에 일본군이 그런 요구를 하면 주민들은 완전무장한 일본 병사들과 싸움을 벌이지 않고 요구에 따랐다. 하지만 이번에는 마을을 지키던 중국 병사들이 일본군들을 막았고, 동이 트기 전에 중국과 일본 병사들 사이에서 작은 접전이 벌어졌다. 어느 쪽이 먼저 총을 쏘았는가의 문제는 당시 현장에 있던 사람들과 나중에 상황을 종합해보려고 노력한 사람들 사이에서 의견이 갈린다. 그 뒤 며칠 동안 양측 병사들 사이에 긴장감이 고조되면서 베이핑 부근에서 여러 차례 소규모 접전이 벌어졌다.

중국인들이 생각하기에 마르코폴로 다리에서의 군사 행동은 일본군의 명백한 계획적인 공격, 중국과의 전면전을 시작하려는 일본 측 계획의 첫 단계였다. 일본이 병력을 증파한 속도는 이들이 대규모 전쟁에 대비하고 있었음을 여실히 보여주었다. 루거우차오 사건이라고 불리게 된 이 충돌이 일어났을 당시 베이핑과 톈진 지역에는 5,600명, 화북 지방에는 1만6,400명의 일본군 병사들이 더 있었다. 7월 18일에 일본은 만주의 관동군 2개

여단과 한국에서 1개 사단을 보내서 베이핑 근방의 수비대를 강화했다. 그리고 7월 말에 전투가 확대되자 곧 3개 사단을 추가로 파견했다. 그 무렵 만리장성 이남의 화북 지방에는 약 21만 명의 일본인 병사가 있었다. 일본군 지도자들은 베이핑과 톈진에서 결정적으로 힘을 과시하면 신속한 승리(속전속결)를 거둘 것이라고 예상했다. 하지만 이들은 높아지고 있던 중국인들의 저항 의지를 과소평가했고, 3개월 이상 이어지는 전쟁에 대비하지 못했다. 일본인들은 예비군을 소집하고 자원을 압박해야 했다. 이후 2년 동안 일본은 모든 전투에서 승리를 거두어 중국의 동부 및 중부 지역을 점령했지만, 전투력을 소진한 나머지 이후 전쟁은 교착상태에 이르렀다. 1944년 일본은 자포자기해서 또다른 공격을 개시했지만, 이 비장한 노력은 패배를 면하지 못했다.

루거우차오 사건이 일어났을 당시, 처음에 장제스의 주요 장교들은 그에게 중국이 일본과 싸울 충분한 준비가 되지 않았다고 조언했다. 이들은 일본과 계속 전쟁을 벌이면 중국이 초토화될 것이기 때문에 계속 평화의 길을 추구하는 것 외에는 다른 방도가 없다고 말했다. 장제스는 7월 16일 루산(장시 성)에 있는 여름 별장에서 열린 150여 명의 관리들과의 회의에서 조국을 지키는 것은 모든 중국인의 의무라고 주장했다. 나흘 뒤, 그가 한 말은 언론에 발표되었다.

일본군은 톈진으로 진군했고, 중국군이 얼마간의 저항을 했지만 7월 31일에 일본군은 도시를 점령했다. 중국 병사들은 7월 29일에 이미 베이핑을 떠났고, 따라서 8월 8일 일본군이 베이핑에 진입했을 때에는 거의 저항이 없었다. 장제스는 북부에 있는 두 개의 큰 도시를 일본에게 내어준 데에 대해서 만약 자신이 이에 대한 군사적 대응을 하지 않는다면 국민들의 분노가 극도로 거세지면서 지지를 잃게 되리라고 확신했다. 중국의 군사력은 일본과 상대가 되지 않았고, 전쟁을 하려면 중국이 많은 문제들에 부딪힐 것은 뻔한 일이었다. 하지만 그는 나라를 전시 체제로 돌릴 경우 장바이리의 예측처럼 중국인들이 일본인들보다 오래 버티기를 바랐다. 8월 7일, 장제스와 만난 국방위원회는 항일 전쟁을 결정했다. 일본군과 중국군이 화북 지방에서 얼마간의 총격전을 벌였지만, 장제스는 자신의 훈련된 장교들이 더 많이 배치되어 있는 상하이를 중심으로 전투를 하면 상황이 더 유리할 것이라고 판단했다. 8월 14일에, 장제스는 도시에서 일본인들을 몰아내기로 결정했고 이렇게 상하이는 중국의 첫 주요 전장이 되었다.

1937년 전쟁이 발발했을 때, 산업화된 국가인 일본은 전투기, 군함, 대포뿐 아니라 일본의 전 국민을 무장시킬 수 있을 정도로 충분한 무기들을 생산하고 있었다. 일본의 전 인구가 글을 깨쳤고, 전국의 군인들이 기본적인 기계 조작기술을 익혔다. 모든 성인이 표준화된 교육을 받았기 때문에 공통 문화를 공유했고, 군인들 역시 군사훈련을 받기 전에 교육을 받았다. 또 군인을 모집하는 국가 제도가 마련되어 있었으며, 모든 젊은 남성들이 스무 살이 되면 신체검사를 받았다. 재향군인들은 각자의 지역에 예비군을 조직했고, 애국심 교육과 마을의 여성 및 젊은이들의 애국 조직을 지원하는 데에 힘을 보탰다. 1930년대의 일본의 한 마을을 연구한 고고학자 존 엠브리는 젊은 남성이 군에 입대하면 마을의 애국 조직이 특별 송별회를 열어 주민들이 그를 자랑스럽게 여긴다는 것을 보여주었다. 군인들은 저학년 때부터 천황에 대한 존경심을 배웠을 뿐만 아니라 자신의 가족과 공동체의 명예를 지켜야 한다는 책임감을 느꼈다. 그들은 이전의 전쟁들에서 중국과 러시아를 물리친 조국을 자랑스러워했다.

반면 중국은 여전히 빈곤한 농업 국가였고, 병사들에게 나눠줄 무기조차 충분하지 않았다. 일본에 비하면 전투기도, 전함도, 대포도 부족했다. 많은 군인들은 애국심 교육을 받지 않았고, 여전히 문맹이었다. 또 넓은 땅의 이곳저곳에서 모여든 탓에 서로 알아듣지도 못하는 방언을 썼다. 또한 신체 건강한 모든 남성들을 입대시킬 표준화된 제도가 없었으며, 일부 군인들은 강제 징집되었다. 군사학교에서 훈련받은 장교들은 소수에 불과했다. 대다수의 군인이 군벌들이 조직한 군대 출신이었고, 어떤 추가적인 훈련도 받지 못했다. 장제스는 서로 다른 군벌들로부터의 충성심 또한 기대할 수 없었고, 그들의 병사들이 나라를 위해서 싸우게 하기 위해서 때때로 군벌들에게 다양한 양보를 해야 했다. 효과적인 국가 조세제도가 없던 중국은 모든 병사들에게 필요한 자원을 제공할 만한 자금이 없었기 때문에 일부 병사들이 지역 주민들에게 식량과 물자를 징발해야 했는데, 주민들이 그런 요구에 무조건적으로 순응한 것은 아니었다.

전쟁 전야의 군사적 균형

1911년부터 일본군 사령부는 일본과 중국이 충돌할 경우에 대비하여 긴급 대책을 세웠다. 이 계획에 따르면 일본 병사들은 일본에 계속 대기해야 했다. 그러다 필요할 경우 중국으로 가서 신속하게 소요를 진압한 뒤에 일본으로 돌아온다는 계획이었다. 1932년, 일본은 소련의 위협을 심각하게 우려하여 소련과 충돌이 일어날 경우에 대비한 비상시 대책을 세웠다. 비용을 절감하기 위해서 상비군의 규모는 계속 축소했지만 많은 수의 훈련된 예비군을 유지했다. 1937년 1월에 일본제국 육군은 17개의 보병사단, 4개의 여단, 4개의 탱크사단에 약 24만7,000명의 장교와 사병이 있었고, 군은 약 549대의 항공기를 보유했다. 한국에 2개, 만주에 4개의 사단이 주둔했고 나머지는 일본에 있었다.[2] 일본 육군은 현대식 경포와 중포를 갖추었고 해군의 규모는 세계에서 세 번째로 컸다. 1941년 태평양 전쟁이 발발했을 당시 일본이 보유한 항공모함의 수는 미국보다 많았다. 또 공군력도 상당했으며 일본군의 전투기 "제로센"은 미국의 어떤 전투기도 이길 수 있었다. 1931년 만주 사변이 일어났을 때 만주의 중공업 기지는 군사장비의 생산을 확대하고 있었다. 해군과 육군 사이에 경쟁이 있기는 했지만 각 군은 양질의 훈련과정을 갖추고 있었다.

1936년에 중국 안팎에서 일본군의 군사 행동이 증가하자, 장제스에게 공격의 표적을 공산당에서 일본으로 바꾸라고 요청하는 중국인이 늘어났다. 1936년 12월에 시안 사건이 일어난 뒤, 장제스는 공동의 적과 싸우기 위해서 국민당이 공산당과 새로운 통일전선을 결성하는 데에 동의했다. 양측은 항일에 초점을 맞추고 연합했지만, 중일전쟁이 끝나면 다시 서로 싸울 수 있다는 것을 계속 인식했다.

　장제스에게는 황푸, 바오딩 외에도 군사학교를 졸업한 잘 훈련받은 소수의 장교들이 있었다. 또 소규모 국민당군을 보유했지만 대규모 전투를 위해서는 다양한 군벌들의 군에게도 의지해야 했다. 군벌들 중 일부는 장제스에게 충성했으나 일부는 그의 밑에서 목숨을 걸고 싸우라고 자신의 병사들을 보내고 싶어하지 않았다. 북벌을 이끌던 시절부터 장제스는 부하 사령관들의 실력을 믿지 않고 사소한 일까지 챙기기로 유명했고, 지역 야전 사령관들에게 상세한 지시를 내리려고 했다. 그는 유능한 사령관들을 선택하고 부대들을 방문하여 노고를 치하하는 데에 능했다. 그러나 자신이 현장에 없을 때에는, 전장의 변화하는 상황을 잘 알지 못한 채 전투 중에 중요한 결정을 내렸다.

　중국의 해군력은 일본에 비하면 무시할 만했다. 전투 초기에 중국은 쓸만한 항공기라고는 해외에서 구입한 100여 대뿐이었다. 중국의 이점은 거대한 영토와 일본의 7배인 5억 명이라는 막대한 인구였다. 하지만 일본에게는 더 강한 화력과 잘 훈련된 병력이 있었다. 일본군은 도시와 철로를 점령할 수 있었지만, 주변의 모든 시골 지역까지 통제할 만큼의 충분한 병력은 없었다. 도시와 소도시들을 점령한 지역에서도 산간 지역까지 통제하기에는 병력이 부족했다.

　독일군의 규율과 전략을 높이 샀던 장제스는 1928년부터 자신의 핵심 병력을 훈련시키기 위해서 독일인 자문들을 초대했다. 1937년에 전쟁이 발발했을 당시에는 독일인 자문이 39명밖에 되지 않았고 이후 더 줄었지만, 이들은 장제스의 핵심 병력의 군사체제를 설정하고 군사전략에 관한 조언을 해주는 등 중요한 역할을 했다.

화북 지방과 상하이에서의 군사작전, 1937년 7-11월

일본의 전략은 병력을 신속하게 이동시켜서 적병들을 포위한 뒤에 전멸시키는 것이었다. 영토 점령을 노리기보다는 적의 격멸에 더 중점을 두었다. 기습 공격과 속도에 의지했던 일본 병사들은 비교적 가벼운 무기를 소지했으며, 표적을 약화시키기 위해서 공격 시작 전에 그리고 때때로 공격 중에 폭격과 중포에 의존했다.

일본군은 철도를 따라 이동하여 중국 병사들을 멀찍이 따돌리고 적의 퇴로를 차단했다. 전쟁 발발 당시 많은 수의 중국 병사들은 바오딩에 있었다. 바오딩은 중국의 수도가 된 베이징 남서쪽, 허베이 성의 성도(省都)였다. 작은 도시인 바오딩에는 또한 중국의 주요 군사학교도 있었다. 일본군은 바오딩에 공중 폭격과 대포 공격을 집중시켰지만 중국의 수비군들이 군사 장비들을 위장하여 일본의 폭격기들을 농락했다. 또 중국군은 지상에서는 용케 저항하고 도주하여 포위와 격멸을 시도하던 일본 병사들을 피했다.

베이징에서 몽골 동부의 차하르를 향해 서쪽으로 진군하던 일본군은 산시 성과 허베이 성의 경계인 타이항 산맥의 고개에 있는 작은 마을인 핑싱 관 부근에서 중국인들의 저항에 맞닥뜨렸다. 일본군은 1894-1895년의 청일전쟁에서 평양을 공격했을 때처럼 먼저 핑싱 관의 바로 서쪽의 고지를 차지했다. 핑싱 관에서는 장제스의 중앙군 사단이 몇 차례 반격을 가했다. 당시 스물아홉 살의 린뱌오가 지휘하던 중국공산당 제115사단은 일본군의 남쪽으로 이동한 뒤에 고개의 동쪽 끝을 향해 북쪽으로 올라가서 핑싱 관의 일본 병사들과 동쪽의 보급선 사이에 위치한 길 가까이에 매복했다. 말이 끄는 70대의 수레와 80대의 트럭에 식량과 탄약을 싣고 고개의 동쪽 끝으로 다가가던 약 170명의 병사들로 이루어진 일본 보급대는 린뱌오가 이끄는 중국 병사들의 기습 공격에 전혀 대비가 되어 있지 않았다. 린뱌오의 군은 일본의 보급대를 거의 전멸시키고 보급품 중 일부를 몰수했다. 소규모 전투였지만 이 승리는 강력한 일본군을 상대로 힘들게 싸우고 있던 중국 공산당군에게까지 널리 알려졌다. 산시 성의 더 남쪽에 위치한 신커우에서는 훨씬 큰 전투가 벌어졌다. 일본은 거의 5,000명의 병사들을 잃었지만 승리를 거두어 산시 성의 북쪽 절반과 차하르를 차지했다. 그런 뒤 일본군은 질서 유지를 위해서 자신들의 괴뢰정권에서 일할 지역 관리들을 뽑기 시작했다.

장제스는 주요 전선을 신속하게 화북 지방에서 상하이로 옮겼다. 상하이에서는 잘 훈련받은 유능한 국민당 장교들과 근방에 주둔한 자신의 병력을 이용할 수 있었다. 상하이에서 전투가 시작되기 전에 시안과 난징으로부터 증원 병력이 파견되었다. 일본은 상하이 지역에서 장제스의 군을 물리치기 위해서 병력 중에서 일부를 남부의 상하이 지역으로 급파해야 했고, 이에 따라 북부의 국민당군에게 가해지던 압박이 완화되었다. 상하이에는 중국의 다른 어느 곳보다 많은 외국인들이 거주하고 있었다. 장제스는 이 지역에서 전투가 벌어지면 이를 목격한 외국인들이 일본에 대항하는 중국인들을 지지해주기를 기대했다. 상하이의 일본인 사업가들은 수년 동안 중국인들과 협력할 방법을 모색해왔지만 상하이의 일본 조계지에서 거주하던 일본인들과 지역 중국인들 사이에는 1915년의 21개조 요구 이후 줄곧 팽팽한 긴장감이 감돌았다. 루거우차오 사건 이후 전투가 벌어지자마자 상하이 주민들은 1925년과 1932년처럼 자신들이 사는 도시에서 다시 충돌이 일어날까봐 걱정하기 시작했다.

1937년 8월 1일, 일본 해군이 상하이에 도착하기 시작하자, 이들이 상하이 지역에 있던 소수의 일본 병력과 합류하는 것을 막기 위해서 중국인들이 나서면서 충돌이 벌어졌다. 8월 2일에는 중국의 항공기들이 일본인들과 자산을 보호하기 위해서 이미 상하이에 있던 일본군을 공격했다. 다음 날 일본의 전투기들이 중국의 소규모 공군력을 전멸시키기 위해서 상하이뿐 아니라 기차로 하루가 걸리는 난징과 난창에까지 폭격을 시작했다.

양측 모두 병력 증원이 필요했다. 장제스는 군벌들에게 병력을 보내달라고 호소했고 곧 19만 명의 병사들이 투입되었다. 상하이에 도착한 일본 해군의 보병들은 더 많은 수의 중국군을 물리치지 못했고, 이후 8월 18일과 19일에 일본 해군 3개 보병대대가 더 도착했다.

8월 23일에 추가로 일본 육군의 3개 보병사단도 상륙을 시작했지만 예상보다 더 강한 저항에 부딪혔다. 9월 11일에 일본은 3개 사단을 더 동원했고, 다음 날에는 육군이 4개 사단의 증원에 대한 천황의 승인을 받았다. 일본은 여전히 신속하고 결정적인 승리를 기대했지만 그 목표를 달성하기가 점점 더 힘들어 보이기 시작했다.

일본은 전쟁을 속전속결로 끝내야 서구 국가들의 개입을 피할 수 있다고 믿었다. 서구 열강들과의 관계가 더 소원해져 이 국가들이 중국 편에 서서 일본과 싸울 위험이 커지지 않도록 일본 병사들은 상하이의 외국인 거류지에는 들어가지 않았다. 따라서 전투는 도시의 중국인 구역과 주변 지역들에서 벌어졌다. 중국의 많은 민간인들이 안전한 피난처를 찾아 외국인 거류지로 몰려들었다.

일본군은 우세한 화력과 훨씬 대규모의 공군력을 이용했지만 중국군 역시 병력을 더 동원했다. 장제스의 군은 잘 싸웠고, 병사들의 사기도 높았다. 양측은 상하이에서 백병전을 벌였다. 일본군은 항공 지원에서 나오는 해군의 우세한 화력과 새로 도착한 대포들로 2개월 이상 격전을 벌인 뒤에야 마침내 중국의 수비대를 제압하고 중국군의 병력 증원을 막기 시작했다. 10월 25일, 일본군의 공격을 저지하지 못하게 된 장제스는 상하이에서 병력을 철수시키기 시작했지만, 병사들은 대형 창고인 사행창고에서 마지막 저항을 시도하여 11월 1일까지 일본군을 막았다.

상하이에서 벌어진 3개월 동안의 전투는 중일전쟁 최대 규모의 전투였다. 일본군이 침입하지 않았던 외국인 거류지를 제외한 상하이 시 전부가 폐허가 되었다. 1만 명이 넘는 장제스의 장교들을 포함하여 33만 명의 중국군이 전투에서 사망하거나 다쳤고, 여기에는 장제스의 가장 우수한 장교들도 많이 포함되었다. 일본군은 1만1,000명 이상이 전사하고 3만1,000명이 넘게 부상당했다.

일본군은 상하이에서 벌어진 전투에서 승리를 거두었지만 전쟁을 속전속결로 끝낸다는 목표는 이루지 못했다. 장제스는 다음 표적이 될 가능성이 높은 난징을 사수하기에는 일본군이 너무 강하다는 것을 알고 있었다. 상하이에서 260킬로미터 정도 떨어진 난징은 국민당 정부의 수도였다. 장제스는 군 사령부를 격렬한 저항이 가능한 우한으로 옮기기 시작했고, 국민당 정부의 관료들도 난징에서 산 너머의 충칭으로 이동시켰다. 이렇게 해서 그는 수년 전에 장바이리가 일본의 침략에 맞서 최후의 승리를 거두기 위해서 구상했던 전략을 따르기 시작했다. 바로 일본군이 지쳐서 결국 패배할 때까지 중국군은 산을 넘어 이동하며 장기적인 소모전을 추구한다는 전략이었다. 장제스의 관료들 중에서 소수는 난징에 남았지만, 대부분의 장교들과 병사들이 충칭을 향해 이동하기 시작했다.

일본군이 난징으로 진군하는 동안 일부 사람들이 종전 합의에 도달할 가능성이 있다고 믿었던 며칠이 있었다. 일본은 장제스와의 회담에 주중 독일 대사 오스카 트라우트만을 대표로 위임했다. 트라우트만과의 논의에서 처음에 장제스는 전쟁을 끝내자는 일본의 제안을 기꺼이 고려하려는 것처럼 보였지만, 12월 7일 전쟁을 계속할 수밖에 없다고 결정했다. 반면 당시 장제스 밑에서 일했지만 여전히 그의 경쟁자였던 왕징웨이는 중국과 일본이 전투 중단에 합의할 수 있다면 더 이상의 사상자는 발생하지 않을 것이라고 느꼈다. 장제스가 트라우트만의 노력을 거절한 뒤에도 왕징웨이는 일본이 받아들일 수 있는 조건으로 전쟁을 끝내기 위해서 일본과의 협의 가능성을 계속 모색했다.

상하이 전투 전까지만 해도 여전히 일본은 화북 지방과 상하이에서 속공을 벌이면 중국이 일본의 지배를 받아들일 것이라고 확신했지만, 이 전투 이후 더욱 장기적인 전쟁을 준비하기 시작했다. 더 많은 젊은이들을 군에 소집했고 예비군을 더욱 활성화하기 시작했다. 또 전투기, 군함, 탱크, 대포, 그외의 무기들의 생산을 확대했다.

난징 대학살, 1937년 12월

상하이에서 벌어진 3개월 동안의 격렬한 전투가 끝난 뒤, 양측 병사들은 수면과 식사 부족으로 기진맥진했다. 중국군과 일본군 모두 막대한 손실을 입었으며 젊고 가장 우수한 장교들도 일부 잃었다. 중국인들에게 일본인은 증오의 대상이자 적이었다. 전우들이 전사하는 모습을 본 뒤에 난징으로 행군하던 일본 병사들은 이미 전투로 단련되어 있었다. 난징 지역의 중국인들은 공포에 휩싸였다.

격렬한 전투가 그토록 빨리 화북 지방에서 상하이로 옮겨갈지 예상하지 못했던 일본은 상하이에서 강경한 저항에 부딪히자 참모부는 더 많은 병사와 무기를 보충 투입하기 위해서 급히 서둘렀다. 그 결과 적절한 병참 준비를 할 만한 시간이 없었다. 그리하여 병사들이 직접 식량을 구해야 했고, 이는 결국 지역의 창고와 상점, 민가에서의 식량 약탈 행위를 초래했다.

난징은 중요한 경제적 혹은 군사적 중심지는 아니었지만, 수도였기 때문에 일본의 지도자들은 난징을 점령함으로써 중국을 지배하고 신속하게 전쟁을 끝낼 수 있기를 기대했다. 난징은 장제스가 1927년부터 개발해온 수도로서뿐 아니라 고대 중국의 왕국들이 위치하고 1368년부터 1421년까지 명나라의 수도 유적이 남아 있는 사적지로서 상징적인 가치를 지닌 도시였다.

일본군은 상하이 전투 이후 거의 휴식 없이 난징을 향해 신속하게 행군을 시작했다. 이들은 도중에 작은 도시들—쿤산, 쑤저우, 우시—을 지나면서 혹시 중국군 병사들이 총격 준비를 갖추고 숨어 있지는 않은지 항상 경계 태세를 유지해야 했다. 그런 위험을 줄이기 위해서 일본군은 뒤따라올 병사들을 위해서 준비한 이동 경로를 따라 나무들과 심지어 마을 전체를 불태우는 대대적인 작전을 펼쳤다. 12월이 되어 이미 날은 추워졌지만 일본 병사들은 겨울에 대비할 따뜻한 의복이 없었다. 한편, 난징에는 일본군이 다가오고 있다는 소식이 전해졌다. 들려오는 소식에 따르면, 일본군 병사들은 제멋대로 날뛰며 그들이 지나는 길의 식량과 물건들을 훔치고 주민들에게 총질을 하는 끔찍한 적이었다. 일본군이 난징에 도착하기도 전에 그들이 여자들을 강간하고 귀중품을 훔친다는 이야기가 전해졌다. 병사들이 겪는 고통, 수많은 전우들의 예기치 못한 죽음, 감수하고 있는 위험들, 그리고 단기전으로 예상했던 전쟁이 끝이 보이지 않는 전쟁으로 바뀐 데에 대한 깊은 실망감을 알고 있던 일본군 사령관들은 부하들이 절도와 강간, 살인을 저지른다는 보고를 듣고도 관대하게 대응했다.

다가오는 일본군에 대비하여 중국은 도시 주변에 3개의 방어선을 구축했지만 일본군은 쉽게 돌파했다. 장제스는 자신의 정부 관리들이 일본군에게 포위당하는 것보다 그들이 도착하기 전에 모든 기록과 문서들을 챙겨 충칭으로 옮겨가야 한다고 결정했다. 11월 20일, 난징의 신문들은 정부 관리들이 이미 짐을 꾸려 충칭으로 출발했다고 보도했다. 이 소식을 들은 주민들은 겁에 질렸고, 서둘러 도시를 빠져나가 근처의 시골 지역으로 숨으려고 했다. 하지만 라디오 보도에는 군이 도시에 남을 것이고, 목숨이 다할 때까지 난징을 지킬 것이라고 나왔다. 장제스는 이미 정예부대들을 우한으로 이동시켜 군을 재집결해서 싸울 준비를 하겠다는 결정을 내렸다. 장제스는 자신의 최정예 부대에 속하지 않는 탕성즈 장군과 그의 병사들에게 난징에 남아 도시를 지키게 했다.

11월 22일, 일본의 공격에도 불구하고 난징에 남기로 결정한 독일, 덴마크, 영국, 미국 출신의 외국인들이 모여서 민간인을 위한 중립구역을 설치할 목적으로 국제위원회를 결성했다. 이들은 이 구역이 상하이의 외국인 거류지와 마찬가지로 전투로부터 안전한 피난처가 되기를 원했다. 위원회에는 소규모의 의사, 선교사, 교수, 기업가 집단도 참여했다. 당시 독일과 일본은 1936년 11월에 방공협정을 체결한 이후 좋은 사이를 유지하고 있었고, 위원회는 존경받는 독일인이자 지멘스 사의 난징 지사장인 욘 라베를 회장으로 선출했다. 라베는 일본군의 폭격을 피하는 데에 도움이 되기를 바라며 자신의 집 마당에 커다란 나치 깃발을 펼쳐 걸어놓았다. 위원회는 아직 난징의 대사관에 남아 있던 몇몇 국가의 대사들의 도움으로 재중 일본 대사에게 전보를 보내서 인도주의적인 이유로 민간인을 보호하기 위한 중립구역의 설치를 허가해줄 것을 요청했다. 이 구역은 난징 대학교, 몇 개의 병원과 대사관, 그리고 관청들과 초등학교들뿐 아니라 욘 라베와 그외의 외국인들의 집이 포함된 도시의 서쪽 지역에 위치했다.

위원회는 며칠 동안 일본으로부터 답을 받지 못했다. 중립구역이 일본의 인정을 받지 못할까봐 노심초사하던 위원회 위원들은 중재자들을 통해서 일본과 접촉하려고 노력했다. 마침내 12월 1일에 "중국군이 그 구역을 군사적 목적으로 이용할 것이 우려되므로 일본 당국은 안전구역을 승인할 수 없다"라는 답이 담긴 전보가 도착했다. 그러나 위원회는 이 답변을 만약 안전구역이 중국군을 숨겨주는 데에 이용되지 않고 일본군에 문제를 야기하지 않는다면, 일본 당국이 이 구역의 설치에 협조하겠다는 의도로 받아들였다. 라베는 일본 관리들을 안심시키고 민간인들을 보호하기 위해서 탕성즈 장군과 접촉하여 군인들이 이 구역에 들어가지 않도록 하라고 요청했다. 그러나 탕성즈 장군은 그것은 불가능할 것이라고 대답했다.

장제스와 마차오쥔 시장은 1937년 12월 7일 난징을 떠나기 전에 시의 통치권을 욘 라베에게 넘겼다. 이로써 욘 라베는 중립구역의 회장뿐 아니라 사실상 시장 대행이 되었다. 당시 중국군은 일본군이 사용하지 못하도록 난징의 많은 건물들에 불을 질렀다. 12월 초에는 대부분의 정부 관리들과 난징 주민들이 이미 도시를 빠져나가 충칭이나 시골로 향했다. 탈출이 시작되기 전에 난징의 인구는 약 100만 명이었던 것으로 추정되는데, 12월 7일에는 20만 명 정도만 남아 있었고 군인들과 약 1만 명으로 추산되는 민간인을 제외하고 거의 모든 사람들이 안전구역에 모여 있었다.

12월 9일, 일본군이 성문에 도착했다. 일본군 대표들이 중국인들에게 싸움을 피하고 싶으면 항복하라고 요구했고, 24시간 내에 항복하지 않으면 공격을 시작하겠다고 발표했다. 욘 라베와 국제위원회는 중국의 관리들이 도시가 더 많은 피해를 입지 않기를 바랄 것이라는 데에 희망을 걸고 탕성즈 장군에게 항복에 동의할 것을 이미 요청한 상태였고, 일본으로부터 최후통첩을 받자 장군에게 다급하게 동의를 간청했다. 그때까지 항복을 거부해왔던 탕성즈 장군은 장제스가 동의하면 자신도 동의하겠노라고 말했다. 하지만 장제스는 난징을 지키기 위해서 노력하지 않는다면 중국 대중에게 잘못된 메시지를 전달할 것이라고 느끼고 항복을 거부했다. 결국 12월 10, 11, 12일에 일본군의 포병대가 대규모 포격을 퍼부어 도시가 화염에 휩싸였다. 12월 12일의 폭격에서 일본군은 안전구역 바로 서쪽의 양쯔 강에 정박해 있던 미국의 군함 파나이 호를 침몰시켰다. 여전히 미국과의 전쟁을 피하고 싶어했던 일본은 2주일 뒤에 미국에게 사과하고 군함 폭격에 대한 배상에 합의했다. 12월 12일 저녁, 탕성즈 장군은 자신의 병력 대부분과 함께 도시를 떠났다. 장제스와 탕성즈의 군은 난징을 떠나면서 나중의 전투를 위한 많은 수의 병력을 유지할 수 있었다. 하지만 장제스가 이끌던 장교단의 수는 급격히 줄어들었다. 상하이와 난징에서 벌어진 전투에서 그는 직속 장교의 70퍼센트 정도를 잃었다.

12월 13일에 일본군은 도시 안으로 행진했다. 그날이 끝날 무렵, 7만여 명의 일본 병사들이 도착한 것으로 추정된다. 12월 13일 저녁에 폭격이 중단되자 일본 병사들은 주변 상점들을 약탈하기 시작했다. 이들은 이렇게 약탈한 전리품들을 때로는 상자에 담고 때로는 인력거에 실어 가져갔다. 외국 기자들은 통제 불능의 일본 병사들이 안전구역 밖에서 주민들을 닥치는 대로 죽이고 여성들을 강간했다고 기록했다.

다음 몇 주일 동안 일본군은 도시에 남아 있던 수천 명의 패잔병들을 적발해서 모아놓고 기관총을 발사하여 죽였다. 많은 중국 병사들이 민간인 옷차림으로 위장을 했는데, 때로는 옷가게를 습격해서 구한 옷들을 입었다. 민간인 복장을 한 병사들 중에서 일부가 안전구역으로 들어갔고, 그들을 색출하려고 뒤따라간 일본군은 중국 병사로 의심되는 사람 수백 명을 모아놓은 다음 총을 쏘거나 몸에 불을 붙였다. 민간인 복장으로 위장한 중국 병사들이 안전구역으로 들어오면서 외국인들과 민간인들은 더 이상 안전을 보장받을 수 없었다. 민간인 복장을 한 군인으로 의심받은 지역 젊은이들이 붙잡히면서 중국 남성들의 사망자 수가 오히려 전투 때보다 증가했다. 안전구역의 외국인 거주자들이 밖으로 산책을 나갔다가 때로는 도랑에 높이 쌓여 있고, 때로는 거리에 몇 주일 동안이나 뒹구는 엄청난 수의 시신들을 목격하고 이에 대해서 매일 보고했다. 그런 뒤에 일본군은 도시에 남아 있던 건물들을 불태우기 시작했다. 안전구역의 일부 지도자들은 일본군이 도시의 상업 지구 약탈 행적을 은폐하기 위해서 그와 같은 짓을 하는 것이라고 생각했다.

12월 24일에 일본은 난징을 안정화시키기 위해서 지역 인구의 등록을 시작했다. 등록을 하고 완장을 받은 사람들은 원칙적으로는 더 이상 총에 맞을 위험이 없었다. 일본인들은 공공질서에 위협이 되지 않는다고 판단되는 주민 16만 명 정도를 신속하게 지역 인구로 등록했다. 10세 미만의 아이와 나이든 여성들은 등록되지 않았다. 따라서 당시 난징에 남아 있던 중국인의 수는 20만 명에서 25만 명 사이로 추정된다.[3] 많은 중국인들이 도시의 다른 지역으로 가면 일본 병사들의 공격을 받을까봐, 또 처음에는 중국군이, 나중에는 일본군이 지른 불에 난징의 많은 집들이 타서 없어졌기 때문에 계속 안전구역에서 지냈다. 하지만 이후 안전구역이 초만원 상태가 되자, 2월에 원래 안전구역 내에 수용되지 않았던 많은 중국인들이 퇴출되어 도시의 다른 지역들로 재배치되었다.

12월 7일에 마차오쥔 시장이 난징을 떠난 이후, 안전구역 위원회의 위원들이 맡아온 행정 기능들이 12월 말과 1월 초에 안전구역 지도자들과 일본 외무성 간의 협상을 통해서 일본이 지휘하는 위원회로 서서히 이전되었다. 안전구역의 국제위원회의 역할은 중국인들에게 식량을 제공하고 봉사하는 구호단체로 바뀌었다.

안전구역의 지도자들은 일본 외교관들에게 도움을 호소했고, 그중 일부는 구역 내 주민들을 보호하고 일본군의 약탈, 강간, 총격을 중단시키기 위해서 노력했다. 하지만 대부분의 일본군은 구역 지도자들의 항의에 동조하지 않았다. 라베와 그외의 사람들은 자신들이 관찰한 일본군의 살육과 약탈에 대해서 매일 보고서를 썼다. 이들의 보고에 따르면, 매일 수백 명, 때로는 수천 명의 사람들이 살해당하거나 학생, 주부, 그외의 젊은 여성들이 강간당했다. 이들이 매일 쓴 보고서와 라베의 일기는 학자들에게 당시 난징에서 벌어진 잔혹 행위의 규모를 이해하는 데에 가장 신뢰할 만한 자료로 여겨진다.

이 같은 증거들을 검토한 일본인 학자들을 포함한 모든 학자들이 일본이 난징에서 잔혹 행위를 저질렀고, 수많은 사람들이 살해당했음을 인정한다. 하지만 6주일간의 전투 기간에 난징과 주변 지역에서 얼마나 많은 중국의 남성과 여성들이 살해와 강간을 당했는지에 대해서는 여전히 많은 논란이 있다. 당시 중국의 경찰장관이던 왕구판은 도시에 20만 명의 사람이 남아 있었다고 추정한다. 시카고 대학교에서 박사학위를 받은 사회학자이자 당시 난징에 있었던 루이스 스마이드는 일본군의 공격 당시 난징에 21만 2,600명이 있었다고 보고했지만, 이 수에 포함되지 않은 1만 명이 더 있었을 수 있다고 언급했다. 당시 난징에 있던 외국인들은 도시 내에서 일본군이 살해한 중국인이 1만2,000명에서 4만 명 정도로 추정된다고 보고했다. 그리고 시신들을 수습하여 매장하는 일을 한 중국의 자선단체인 세계홍만자회는 4만3,071구의 시신이 매장되었다고 추정했다.[4] 라베는 독일에 제출한 보고서에서 난징에 대한 공격이 벌어지는 동안과 그 이후에 도시와 주변 지역에서 5만–6만 명의 중국인들이 살해당했다고 추정했다. 1946년에 열린 도쿄 전범재판(극동국제 군사재판)에서는 잔혹 행위가 벌어졌을 당시 난징에서 사체를 매장한 두 곳의 단체의 대표들이 15만5,000구의 시신을 매장했다고 추정했다. 전범재판의 판사들은 이에 관한 여러 증언들과 루이스 스마이드가 제공한 정보를 바탕으로 26만 명에서 30만 명이 살해당했다고 추산했다. 난징에서의 잔혹 행위가 일본이 중국에서 저지른 만행에 관한 중국인들의 논의의 중심이 된 1950년대에 중국 당국은 30만 명 이상이 살해당했다고 말했고, 이후 중국의 학자들은 이 30만 명 이상이라는 수치를 사용해왔다.

일본 재무성에서 잠시 근무했던 역사가 하타 이쿠히코는 자신이 내린 결론을 1986년에 발간된 소책자 『난징 사건(南京事件)』에 기록했다. 그는 일본 병사들이 미쳐 날뛰며 잔혹 행위를 저질렀음을 인정했다. 그는 당시 난징 지역에 있던 기자들의 진술, 인구 명부, 일본군이 도착하기 전에 이미 피신했던 사람들에 대한 추정치를 검토한 뒤, 일본 병사들이 도시에 진입했을 당시 난징 지역에는 알려진 것보다 더 적은 수의 사람이 남아 있었다는 결론을 내렸다. 그는 또한 전범재판에서 난징 사건에 대해서 진술한 목격자 4명의 증언, 나중에 중국인들이 진행한 난징 재판에서 나온 정보, 그리고 당시 난징 지역에서 일본군의 이동을 분석했다. 여기에 더해서 30만 명 이상이 살해되었다고 주장하는 중국인들의 자료도 살펴보았다. 하타는 조사한 자료들을 바탕으로 난징 사건 당시 약 4만2,000명이 살해되었다고 추정했다. 소수의 일본 우익들이 학살은 없었다고 주장했지만, 대부분의 일본인들은 난징에서 일본 병사들이 실제로 잔혹 행위를 저질렀음은 인정한다. 전쟁 중에 정확한 수치를 판단할 방법은 없었지만, 증거를 검토한 모든 학자들은 난징에서 어마어마한 규모의 비극이 벌어졌다는 동일한 결론을 내렸다. 난징 대학살의 비통한 유산은 오늘날까지 이어지고 있다. 이 사건은 일본인이 전시에 보여준 잔인함의 상징인 동시에 중일전쟁에서 저지른 잔혹 행위의 규모를 인정하지 않는 일본인에 대한 중국인의 불만의 초점이 되었다.

쉬저우와 우한 전투, 1938년

일본은 난징을 차지한 뒤, 승리를 거둔 부대들을 주요 철도의 교차점인 쉬저우 장악을 위해서 파견할 계획이었다. 난징에서 북쪽으로 320킬로미터쯤 떨어진 쉬저우는 남북을 종단하는 진푸 철도와 동서를 횡단하는 룽하이 철도가 교차하는 곳이었다. 일본군은 베이핑 지역으로부터 서쪽으로 이동하던 병사들과 쉬저우 근방에서 합류하여 쉬저우를 점령한 다음 서쪽의 장저우를 거쳐 우한으로 남진할 예정이었다. 쉬저우에서 남쪽으로 320킬로미터가량 떨어진 우한은 중국 중부의 주요 도시였다. 일본군은 1938년 3월 말까지 우한을 점령할 수 있다고 낙관했다. 우한에서 승리하면 중국 중부를 지배하는 것이므로 이것으로 중국인들의 저항을 물리칠 수 있을 것이라고 믿었다. 그렇게 된다면 전쟁을 끝내도록 중국에게 군사적, 정치적 압력을 가하고, 일본인이 이끄는 정부를 수립할 수 있었다.

일본의 계획에서 쉬저우의 중요성을 인식한 장제스는 일본군의 진격을 저지하거나 최소한 늦추기 위해서 쉬저우에서 강력한 저항을 감행하기로 결정했다. 난징에서 군을 철수시키기 전, 장제스에게는 쉬저우에 8만 명의 병사가 있었다. 그는 난징에서 도착하는 병사들뿐 아니라 쉬저우에서 교차하는 두 철도를 따라 위치한 여러 작은 도시들의 병사들까지 모아서 쉬저우의 병력을 강화하기로 결정했다. 장제스는 쉬저우에 도착한 총 30만여 명의 병사들을 동원하여 전투태세를 갖추었다. 당시 공산당은 여전히 산시성에 비교적 소규모의 병력이 있었다. 쉬저우에서의 전투를 위해서 장제스는 광시 좡족 자치구의 군벌 바이충시, 리쭝런과 그들의 잘 훈련된 병사들에게 많이 의지했다.

일본군은 북쪽, 남쪽, 동쪽에서 쉬저우로 접근했다. 1938년 2월 초, 중국의 병사들이 전진해오는 일본군을 저지하면서 쉬저우에서 북쪽으로 약 160킬로미터 떨어진 지점과 남쪽으로 160킬로미터 떨어진 지점에서 전투가 벌어졌다. 중국 병사들은 도시 동쪽에서도 진군하는 일본군과 싸웠다. 가장 큰 전투는 쉬저우에서 북동쪽으로 약 20킬로미터 떨어진 타이얼좡에서 벌어졌다. 3월 22일, 타이얼좡 부근에서 시작된 전투는 일본군의 탄약이 떨어질 때까지 2주일 동안 계속되었다. 이때 중국군은 타이얼좡에서 3개의 일본군 사단을 몰아낼 수 있었다. 이 전투에서 일본군 사상자는 5,000명, 중국인 사상자는 2만 명에 이른 것으로 추산된다. 4월 말에 일본군 병사들이 새로 도착하면서 일본군은 쉬저우 근방에 40만 명의 병력을 결집시키고 막대한 화력을 퍼부어 결국 타이얼좡에서 중국군을 몰아냈다. 이 전투로 타이얼좡은 쑥대밭이 되었다. 일본은 타이얼좡 전투를 대가가 큰 성공이라고 생각했다. 초기에 타이얼좡에서 일본군을 몰아낸 것에 자부심을 느낀 중국군은 자신들이 성공을 거두었다고 생각하고 더욱 사기가 높아졌다.

쉬저우와 타이얼좡 전투는 5개월 동안 이어졌고, 양측 모두 큰 희생을 치러야 했다. 일본군 사령관들은 지원병들이 더 도착한 5월 말이 되어서야 쉬저우로 진격할 준비가 되었다고 생각했다. 일본군 장군들은 쉬저우에서 약 20만 명의 병사들을 포위하여 격멸한다는 계획을 세웠다. 5월 17일, 병사들의 진입을 준비하며 일본 포병대가 도시 내 지역들을 맹공격하기 시작했고, 5월 19일에는 일본군이 중국 병사들을 항복시키기 위해서 도시 내부로 진격했다. 하지만 중국군은 현명한 작전을 수행했다. 어두운 밤에 소규모 무리로 병사들을 쉬저우 밖으로 내보내서 시골 지역에 숨어 있다가 여러 다른 방향으로 흩어지게 한 것이다. 그래서 일본 병사들이 중국군을 포위, 섬멸하러 도시로 몰려들었을 때에는 이미 중국 병사들은 도주한 뒤였다.

중국군은 쉬저우 전투에서 큰 승리를 거두었다고 생각했다. 많은 일본 병사들을 죽이거나 부상을 입히고 생존자들을 탈진하게 만들었으며, 중국을 신속하게 정복하겠다는 일본의 계획을 좌절시켰기 때문이다. 중국의 정치인들과 사학자들은 많은 결정에 대해서 고민하고 판단한 장제스와 자신의 병사들을 지휘한 광시 좡족 자치구의 군벌 리쭝런과 바이충시, 혹은 전장의 중간급 장교들 가운데 과연 누가 쉬저우에서의 승리에 가장 큰 공을 세웠는지에 대해서 서로 다른 의견을 내놓고 있다.

중국 병사들이 쉬저우를 포기한 뒤 남쪽으로 이동하고 있던 1938년 6월 5일, 장제스는 전체 전쟁에서 가장 논란이 되는 결정을 내렸다. 황허의 제방을 무너뜨리기로 한 것이다. 당시 일본은 북송(960-1127)의 고대 수도이자 범세계적인 문화와 경제의 중심지였던 카이펑으로 막 들어간 참이었다. 일본군이 황허를 건너 허난 성의 장저우를 위협할지도 모른다고 우려한 장제스는 이들의 진군을 차단하기 위해서 이 지역을 침수시키기로 결정했다. 장제스의 명령에 따라 6월 9일에 장저우 바로 북쪽에 위치한 화위안커우의 제방이 폭파되어 강의 수로가 바뀌고 주변 지역으로 강물이 밀려들었다. 피해 규모에 대해서는 이견이 많지만, 다이애나 래리는 다양한 보고서들을 검토한 뒤에 수십만 명이 익사했고 수백만 명이 집을 잃었으며 제방의 파괴에 뒤따른 홍수와 기근으로 200만-300만 명이 목숨을 잃었다고 추산했다. 이 지역의 피해는 제방이 1938년 이전의 상태로 보수되고 복구된 1946년과 1947년까지 계속되었다. 강이 범람하자 예상대로 일본군은 장저우에 들어가지 못했고, 일본 병사들은 몇 주일 늦게 우한에 도착했다. 제방을 파괴한 장제스의 조치가 과연 현명했는지에 대해서는 오늘날까지도 논쟁이 계속되고 있지만, 결과적으로 우한에서의 전투를 약간 미루기 위해서 그토록 많은 중국인의 목숨을 희생시킨 장제스를 비난하는 쪽으로 여론의 무게가 실린다. 또한 강의 범람으로 일본군은 남쪽으로 행군하던 병사들 대신 해군이 중요한 역할을 하며 양쯔 강을 따라 동쪽에서 공격하여 우한으로 접근해야 했다.

일본군은 우한에서 승리하면 거대한 동서 수송로인 양쯔 강 중류에 접근하여 중국의 저항을 끝낼 수 있을 것이라고 기대했다. 일본군이 접근해오자 장제스는 일본의 위협을 무너뜨릴 수 있기를 바라며 우한 동쪽 지역들에 병력을 집중시키기로 결정했다. 전투 전날 밤, 중국은 우한을 방어하기 위해서 약 110만 명의 병사들을 집결시켰다. 6월에 일본은 약 40만 명의 병력을 모았다. 다른 지역들에서처럼 기동성이 뛰어났던 일본군은 항공기와 중포로 병사들을 지원하면서 해군과 공군력을 이용했던 반면, 중국은 휴대용 병기와 기관총, 수류탄에 의지했다.

다른 전투들에서처럼 중국군 병사들은 다양한 지역 출신이었고 여러 다른 사령관들에 속해 있었다. 게다가 그중 일부는 장제스에게 그다지 충성하지 않는 사람들이었다. 당시 서구의 많은 군사 전문가들은 중국이 한 달 정도만 일본을 저지할 수 있을 것이라고 예상했다. 하지만 중국군은 10개월 동안 일본을 막아냈고, 이로 인해서 일본군은 예상보다 훨씬 더 많은 사상자를 냈다.

일본군과 외국의 군사 전문가들은 1938년 쉬저우와 우한에서 벌어진 전투에서 일본군에 맞선 중국군의 역량을 크게 과소평가했다. 스티븐 매키넌은 중국군이 쉬저우와 우한 전투에서 성공할 수 있었던 비결은 군사기술, 전우애 그리고 바오딩 군사학교를 졸업한 야전 사령관들의 투지라는 결론을 내렸다. 황푸 군사학교를 졸업한 고위급 장군들은 바오딩에서 훈련받은 젊은 세대의 야전 사령관들만큼 효율적으로 전략을 이끌고 병사들을 지휘하지 못했다. 황푸 군사학교 졸업자들은 정치 훈련은 잘 되어 있었지만 바오딩의 졸업자들은 그들보다 군사전략과 작전 훈련에 더 능통했다. 이들은 여러 다른 지역 출신에, 다양한 배경을 가진 병사들을 지휘했지만, 바오딩 군사학교에서 받은 공통된 장교 훈련 덕분에 서로 협력하여 훨씬 큰 화력을 보유한 일본군의 진격을 늦출 수 있었다. 장제스 역시 쉬저우와 우한의 전장에 직접 모습을 드러냈고, 전체적인 리더십을 효과적으로 발휘했다고 여겨진다.

1938년 여름, 일본군이 우한으로 접근하던 중에 중일전쟁에서 가장 격렬하다고 일컬어지는 전투가 벌어졌다. 우한에서 벌어진 이 전투는 10월 25일까지 계속되었다. 6월 중순에 일본군은 우한으로 진군을 시작했고, 우한에서 160킬로미터 넘게 떨어진 안칭(안후이 성 남부)과 주장(장시 성 북부, 양쯔 강 연안)에서 초기 교전이 벌어졌다. 두 지역 모두에서 일본군이 중국군의 허를 찌르고 신속하게 수비를 돌파하여 7월 28일, 주장을 점령했다. 하지만 주장을 차지한 뒤 일본군은 잘 조직된 중국군의 저항에 부딪혀 막대한 손실을 입었다. 일본군은 2개월 동안의 치열한 전투를 치른 뒤에야 주장에서 우한까지 진격할 수 있었다. 10월 25일 일본군은 우한으로 진입했다. 난징에서의 잔혹 행위로 인해서 전 세계적으로 반일 감정이 생긴 것을 알고 있었던 일본군 장교들은 군사들의 기강을 바로잡고 약탈과 강간을 막기 위해서 더 많은 노력을 기울였다.

중국군이 일본군으로부터 우한을 방어하는 동안 치른 격렬한 전투로 두 나라의 군사들은 모두 지칠 대로 지친 상태였다. 우한 이후 양측은 힘을 회복하기 위해서 몇 달 동안 전투를 중단했다. 그런 뒤 1939년 초에 일본군이 중국 남부의 도시인 난창(장시 성), 창사(후난 성), 이창(후베이 성)에 대한 공격을 개시했다. 이들 도시에서 벌어진 각 전투에서 중국군은 완강하게 저항했고, 어떤 전투에서는 우수한 기량과 헌신적 전투로 일본군 사령관들을 놀라게 하기도 했다. 장제스는 우한에서 전투가 끝날 때까지 머물렀다. 중국군은 심지어 일본군이 이전에 점령했던 지역들에도 공격을 개시했다. 일본군은 결국 난창과 이창을 점령하기는 했지만, 막대한 손실을 입은 데다가 중국군을 전멸시키는 데에도 실패했다. 또한 우한에서의 전투 이후 병사가 더 많이 필요해지면서 육군이 신병 모집 기준을 낮춤에 따라 일본군 사령관들은 병력의 자질 하락을 걱정했다.

몇 달 뒤인 1940년 2월, 고위급 전략가들이 모인 회의에서 장제스가 일본군의 강점과 약점을 분석했다. 그는 의도를 감추고 수비가 허술한 지역을 기습 공격하는 역량이 일본군의 강점들 중의 하나라고 인정했다. 쉬저우와 우한에서 벌어진 전투들은 중일전쟁의 전환점이 되었다. 이 전투들을 치른 뒤에 지친 일본군이 중국을 제압하려는 노력을 늦추었기 때문이다. 이런 결정은 소련의 위협에 대처하기 위해서 병력과 인력을 따로 확보해야 할 필요성에 따른 것이기도 했다. 1939년 5월, 만주와 몽골의 경계에 위치한 노몬한이라는 마을에서 소련군과 일본군이 충돌한 노몬한 사건이라는 대규모 전투가 벌어졌는데, 이 전투에서 일본군은 참패를 당했다. 이후 일본은 소련과의 충돌 가능성에 대비해서 더 많은 자원을 확보해야 한다고 판단했다. 노몬한 사건이 일어나기도 전인 1938년에 일본 육군성은 소련과의 충돌을 우려하여 중국 내의 병력 수준을 1938년에 85만 명에서 1939년 말에는 70만 명, 1949년 말에는 50만 명으로 줄이기로 결정했다.

1940년 봄, 독일이 프랑스와 네덜란드를 점령하자 일본은 동남 아시아의 유럽 식민지들을 공격하여 일본이 이끄는 대동아공영권에 편입시킬 새로운 기회를 발견했다.

장제스와 지지자들은 우한을 떠나 산을 넘어 중국 남서부의 충칭으로 이동했다. 남은 전쟁 기간 동안 충칭이 장제스 정부의 수도가 되었다. 일부 일본군 지도자들은 충칭에 전면적인 공격을 가하기를 원했지만, 그들의 주장은 1940년 이후에는 동남 아시아 전투를 원하는 사람들, 1941년 12월 이후에는 미국과의 싸움을 추진하는 사람들과의 논쟁에서 밀렸다. 1941년 12월부터 1944년까지 미국과의 전투에 몰두하는 동안 일본은 중국의 점령지들에 대한 통제를 유지했지만, 새로운 대규모 군사작전에는 착수하지 않았다. 이로써 중일전쟁은 교착 상태에 이르렀다.

국민 괴뢰정부

1940년 3월 30일, 일본은 난징에 왕징웨이가 이끄는 "국민" 괴뢰정부를 세웠다. 만주에서 황제 푸이를 이름뿐인 집정자로 내세워 수립한 소위 국민정부와 비슷한 것이었다. 일본은 그동안 별개의 국민 괴뢰정부 수립에 늑장을 부렸는데, 일본과의 몇몇 비공식 평화협상에 응해온 장제스가 일본의 군사 점령에 대해서 어느 정도 타협을 하기를 계속 기대했기 때문이다. 그러다 장제스가 그런 식의 타협을 하지 않으리라고 확신한 일본은 3월 20일에 쑨원의 뒤를 잇기 위해서 장제스와 경쟁을 벌여온 왕징웨이를 괴뢰정권인 난징 국민정부의 주석으로 임명했다. 왕징웨이를 완전히 신뢰하지 않았던 장제스는 때로는 그의 직위를 박탈하고 때로는 다른 직위들로 복귀시켰다. 장제스가 충칭으로 갔을 때, 왕징웨이는 처음에는 그와 연합했다. 하지만 일본군이 진군해오자 왕징웨이는 중국이 일본과의 전쟁에서 승산이 없으며, 이대로 전투를 계속한다면 중국과 중국인은 엄청난 피해를 입을 것이라면서 일본과 평화를 이룰 방법을 찾아야 한다고 주장했다.

1940년 일본이 괴뢰정부를 세우자, 왕징웨이와 그를 지지하던 일본인들은 쑨원이 1925년에 세웠던 정부와 비슷한 각료들과 행정구조를 갖춘 왕징웨이의 정부가 진정한 국민당 정부의 부활이라고 주장했다. 왕징웨이는 이 정부를 출범시키면서 자신의 정부가 쑨원 정부의 진정한 계승자라는 것을 보여주기 위해서 난징의 쯔진 산에 있는 쑨원의 묘를 찾았다. 쑨원이 세우고 장제스가 계승한 국민당 정부와 비슷하게 왕징웨이도 행정원과 입법원을 설치했다. 그는 자신의 정부가 진정한 국민정부이며 난징에 상당수의 행정 직원들을 결집시켰다고 주장했지만, 실제로는 북부의 몇몇 성들만 통치했다.

만주에서처럼 왕징웨이의 괴뢰정부도 막후의 실권은 일본군에게 있었다. 왕징웨이가 국제적 인정을 호소했을 때, 그의 정부를 인정해준 국가는 일본, 독일, 이탈리아뿐이었다. 반면 이들을 제외한 서구의 다른 주요 강국들은 장제스의 정부를 인정했다. 일본인들은 중국에서 일본이 하는 활동들에 대한 지지를 얻기 위해서 설계된 왕징웨이 정부의 선전 작업을 관리했다. 일본은 이러한 선전을 통해서 중국과 동남 아시아에서 공산주의와 서구 제국주의에 맞서는 일본에 대한 지지를 모으고자 했다.

국민당도, 공산당도 왕징웨이를 일본에 협력한 배반자로 생각했다. 왕징웨이와 그의 일본인 지지자들은 그들에게 저항할 가능성이 있는 세력에 관해서 보고하는 정보망을 구축했고, 이때 반일 첩자로 의심받은 사람들은 살해되었다. 왕징웨이는 일본인 상관들과 협력하여 반대파를 억압하기 위해서 공포정치에 의지했다. 그는 전쟁 중에 죽었지만 제2차 세계대전의 종전 이후 그의 부하 2,700명이 처형당했고, 2,300명은 종신형을 선고받았다.[5] 사후에도 왕징웨이는 중국의 가장 악명 높은 배신자들 중 한 명으로 여겨졌고, 국민당과 공산당 모두에게 경멸의 대상이 되었다.

일본 점령지들의 통치

엄청난 피해와 인명 손실을 입은 난징, 우한 같은 지역을 전시 상황에서 재건하기는 힘들었다. 그외의 지역들 역시 보급선의 혼란으로 재건에 어려움을 겪기는 마찬가지였다. 중국의 고위급 관리들과 지배층은 대부분 장제스와 함께 남서쪽으로 도주했다. 전투를 피해 피난민들이 몰려들면서 1937년부터 1945년까지 베이핑, 톈진, 상하이 같은 도시들의 인구가 조금씩 증가했다. 점령지들을 다스리는 책임은 일본군 사령관들에게 주어졌다.

일본군은 도시와 큰 소도시들을 장악하고, 도시들 사이의 주된 교통수단인 철도를 지배할 수 있었다. 일본은 중국 북부와 중부의 6,500킬로미터에 이르는 철로를 손에 넣었다.[6] 하지만 1939년에 농촌 지역을 평정하기 위해서 노력했음에도 불구하고 중국 땅이 워낙 넓은 탓에 시골 지역은 장악하지 못했다. 큰 도시들의 상업 활동은 일본이 장악할 수 있었지만 시골의 영세 상점들은 말할 것도 없고 도시의 행상들도 일본의 통제를 크게 벗어났다. 이처럼 일본이 시골 지역을 지배하지 못했기 때문에 도시 근방과 철도 주변 지역들의 주민들은 일본에 저항했고, 때때로 소규모 게릴라 공격에 참여하기도 했다. 어떤 경우에는 좀더 큰 공격을 감행하기도 했다. 베트남 전쟁에서의 미국군처럼, 공격을 시작한 사람들을 찾아내지 못한 일본군은 공격자들이 숨어 있다고 예상되는 지역들을 무자비하게 파괴하는 방법에 의지했다. 유격대가 철로를 따라 공격해오면 일본군은 "모두 죽이고 모두 태우고 모두 약탈한다"라고 알려진 정책에 따라 종종 마을 전체를 파괴하여 보복했다. 중국인들에게 이 "삼광(三光)" 작전은 반일 감정을 강화하고 애국심을 고취하는 구호가 되었다.

일본군은 그들이 점령한 도시 혹은 소도시들을 다스릴 구체적인 계획이 거의 없었다. 점령 과정에서 일본군에 의해서 많은 지역이 폐허가 되었지만, 일단 일본이 권력을 쥐면 점령지에 대한 평화 회복을 책임진 일본군 장교들은 이를 위해서 노력했다. 일부 병사들은 약탈을 계속하거나 현지 여성들을 강간하고 반항하는 주민들에게 총을 쏘았지만, 지도자들은 안정을 위해서는 주민들과의 협력관계가 필요하다는 것을 알고 있었다. 안정을 이루려면 시정(市政)을 정비하여 재가동해야 했다.

일본군 관리들이 점령지의 정부 재편성을 주도했지만, 이렇게 거대한 나라에서 대다수의 행정직을 채우려면 중국인 관리들에게 의지하는 수밖에 없었다. 그리하여 일본에서 공부한 적이 있는 소수의 중국인들이 대개 국가나 성, 혹은 대도시의 일본인 행정부의 요직들을 수락했다. 또 타이완과 만주 출신으로 일본어를 할 줄 알고 식민지에서 일본과 일한 적이 있는 소수의 사람들을 점령지로 데려와서 고위직에 앉히거나 일본인과 현지인 사이의 연락책 역할을 하게 했다. 어떤 경우에는 일본군이 다스리는 지역 공동체들의 질서를 확립하기 위해서 지역 군벌의 군대에서 근무했던 의용군을 고용하기도 했다. 하지만 점령지의 행정 직원들 대부분이 일본어를 하지 못하는 현지인들이었다. 통역사 역할을 할 수 있던 소수의 사람은 일본인들에게 접근할 수 있는 특권을 이용해서 그들에게 전해지는 정보와 그들로부터 나오는 정보를 조작할 기회가 있었고, 때로는 사익을 얻는 데에 이 기회를 이용했다. 통역사가 없으면 현지인들과 거의 소통이 되지 않았던 일본인들은 글을 아는 지역 주민들과 중국의 한자를 이용하여 할 말을 간단하게 전하는 "필담"에 의지해야 했다.

도시나 소도시를 점령한 이후 일본군에게 주어진 가장 시급한 과제들 중의 하나가 주민들과 일본 병사들을 먹일 충분한 식량을 구하는 일이었다. 그뿐만 아니라 부상병들이 치료를 받을 수 있게 하고, 고아들에게 가정을 구해주어야 했다. 홍만자회의 지역 회원들은 어떤 보상도 기대하지 않고 많은 곳에서 시신들을 수습해서 매장했다. 전투와 건물 방화로 피해를 입은 곳들을 치우는 작업을 도울 사람들도 모집해야 했다. 또 피난민들과 집이 무너진 주민들이 머물 임시 보호소와 이후 장기적으로 거주할 수 있는 주택을 마련하기도 했다.

전쟁이 계속되는 동안에는 일본인이건 중국인이건 지역 지도자들이 장기적인 계획을 수립하기란 불가능했다. 그러나 침략군이 혼란을 수습함에 따라 지역 행정 담당자들은 세금을 징수하고 치안 유지, 전기와 물 공급, 도로 보수 같은 공공 서비스를 제공할 준비를 해야 했다.

일부 유명한 학교들은 침략자들을 피해서 더 내륙에 있는 윈난 성과 쓰촨 성으로 들어갔다. 몇몇 공장과 병원, 의료기관들도 내륙으로 옮겨가 시설을 새로 지어야 했다. 도로와 철로도 보수가 필요했다. 때때로 일본인들이 그런 재건을 이끄는 역할을 했지만, 노동은 중국인들의 몫이었고 건설 장비 또한 거의 없어서 대부분의 공사는 삽과 곡괭이, 양동이를 사용해서 수작업으로 진행했다.

일부 도시와 소도시들에서는 점령 직후에 곧 지역 행정관들을 채용할 수 있었지만, 때로는 몇 달 동안 채용과 해고를 거친 뒤에야 지방정부의 조직이 안정화되었다. 일본인들은 주민들, 특히 항일 저항을 조직할 가능성이 있는 사람들에 관한 기밀 정보를 알려줄 중국인 정보원 집단을 만들기 위해서 애썼다. 큰 지역 사회에서는 일본군이 점령하자마자 공동체 조직을 맡은 사람들이 지방정부 조직을 위한 임시 위원회를 설치했다. 그리고 몇 주일 혹은 몇 달에 걸쳐서 신뢰할 수 없거나 무능한 사람들을 일부 교체하면서 정규 조직들을 설립했다.

쓰촨 성에서 장제스는 산 동쪽의 공장들에서 옮겨온 기계들을 이용해서 부족한 무기들을 생산할 수 있었다. 일본이 점령한 지역에서 살아남기 위해서 지역 사업가들은 일본의 지휘 아래에 일했고, 어떤 경우에는 일본인들과 동업해야 했다. 공장이 파괴되었을 뿐만 아니라 시장과 운송 체계 또한 붕괴된 전시 상황에서는 대개 사업에 큰 어려움을 겪었다.

지역의 중국인 행정관들은 일본인 상관의 지시에 복종할 수밖에 없었지만, 일부는 지역 주민들의 요구를 충족시켜야 한다는 책임감을 느꼈다. 그러나 이들이 하는 일은 많은 중국인들의 의심을 불러일으키거나 원성을 샀다. 세금을 징수하고 최소 임금으로 노동자나 건설 인부로 일할 사람들을 모집하는 등의 일들은 지역 주민들의 적개심을 불러일으킬 수밖에 없었다. 일본인들은 이런 불쾌한 일들을 중국인 행정관들에게 맡겼고, 이들은 다른 중국인들에게 혐오스러운 부역자로 취급되었다. 일본인들에게 정보를 넘겨주어 중국인이 체포되거나 처형당하게 했다고 의심받은 사람들은 배신자로 여겨져 경멸을 받았다. 직위를 이용해서 공동체가 아니라 자신이나 가족 혹은 친구의 이익을 도모한 사람들도 부도덕하다고 손가락질을 당했다. 대다수의 공동체에서 일본인들과 긴밀히 협력한 중국인들은 누구라도 의심을 받았다. 그러나 일부 지방에서는 중국인 행정관들이 경찰로서 주민을 보고하고, 거리를 깨끗하게 유지하고, 식량과 물자 같은 생필품을 조달하고, 물과 전기가 공급되도록 하고, 건물들을 보수하기 위해서 노력하기도 했다.

지역 행정을 책임진 일본인들 중에서 일부—특히 처음에 전투를 치르고 지역으로 들어온 군인들—는 오만하고 잔혹하여 대개 미움을 받았다. 그러나 안정화 임무를 맡은 몇몇 성실한 일본인 행정관들은 지역의 생활환경을 개선하고 다른 일본인들이 주민들을 공격하거나 재산을 훔치고 중국인 여성들을 성폭행하지 못하도록 제지하려고 노력한 덕분에 현지인들로부터 인정을 받기도 했다. 타이완과 만주에서처럼 일부 일본인들은 중국 본토에서도 공공보건을 향상시키고 의료를 제공하기 위해서 노력했다. 하지만 또한 일본군은 권력을 이용하여 지역의 여성들과 소녀들을 강간하거나 재산을 착복하고, 자신들의 명령을 따르지 않는 사람들에게 잔혹하게 대응하기도 했다. 이런 행동들은 제2차 세계대전을 다룬 영화들을 통해서도 중국인들의 기억 속에 생생하게 살아 있다.

전쟁이 끝나자 중국인들은 부역자라고 생각되는 사람들에게 복수할 기회를 얻었다. 일본에 부역했던 사람들은 자신들이 했던 행동에 대한 보복을 두려워해서 대개 가지고 있던 기록들을 없앴다. 일본인 밑에서 일했던 많은 사람들이 자신을 배신자라며 공격할 태세인 주민들의 응징을 피하기 위해서 다른 지역으로 달아난 뒤에 이름을 바꾸었다.

전쟁 동안 중국의 통치하에 남아 있던 남서부 지역들은 국민당으로부터 장제스의 군이 일본군과 싸우도록 돕기 위한 병사들을 동원하라는 요구를 받았다. 다른 성들보다 더 많은 병사들의 동원 과제를 맡은 곳이 광시 좡족 자치구였다. 수하의 병력을 다른 지역으로 이동시켜 싸우게 한 군벌 바이충시와 리쭝런이 국민당 군에서 가장 유능한 병사들 중 일부를 이끄는 것으로 입증되었고, 특히 쉬저우와 타이얼좡 전투에서 세운 공으로 칭송을 받았다.

전시 중국의 일본 민간인

1937년에 전쟁이 발발하자 중국에 남아 있던 일본 민간인들은 자신들에 대한 중국인들의 적의를 느꼈고, 실제로 많은 지역에서 중국인들의 공격을 받았다. 일부 일본 기업들은 주재원들과 그들의 가족을 귀국시켰고, 중국에 남아 있던 일본인들은 일본군에게 의지하여 보호받으려고 했다. 타이완과 만주를 제외한 대부분의 지역에서는 일본인과 중국인 사이에 긴장감이 감돌았고 사업, 종교, 교육, 문화에서 양국의 협력적이고 우호적이던 교류가 대부분 종료되었다. 소도시에서 살던 일본인들은 위험을 느끼고, 큰 도시인 하얼빈, 선양, 창춘, 톈진, 칭다오, 베이핑, 한커우, 특히 상하이로 옮겨가서 더 큰 일본인 공동체에서 보호받고자 했다.

상하이에는 중국에서 가장 큰 규모의 일본인 공동체가 있었고, 전쟁이 발발할 당시 약 2만 명의 일본인들 대부분이 공공조계지 내에 거주했다. 그러다 소도시들에서 도망친 일본인들이 상하이로 몰려들기 시작하면서 상하이의 일본인 인구가 약 9만 명으로 늘어났다. 이곳의 일본인들은 일본군에게 보호받는다고 느꼈고, 조슈아 포겔의 설명에 따르면, 일본인 거류민단이 일본인들이 필요로 하는 것들을 챙겨주었다. 하지만 1932년의 공습과 전투 이후 상하이의 중국인들과의 관계는 줄곧 긴장된 상태였다.

톈진처럼 좀더 규모가 작은 일본인 공동체에서는 상하이에 비해 일본인들이 지역사회에 더 융합되어 있었다. 하지만 전쟁이 일어나자 일본인들이 자체적인 군사적 보호를 받고 일본인 상점과 기타 시설들을 이용하면서 같은 도시에서 사는 중국인들과 더욱 분리되었다. 전쟁 중에 중국인들의 민족주의와 반일 감정이 더욱 거세진 것처럼 중국에 남아 있던 일본인들 역시 그들끼리 더 긴밀하게 협력했으며, 중국인들을 의심하고 주변의 중국인 사회로부터 격리되는 경향이 있었다.

점령되지 않은 지역들

우한을 점령한 이후 지친 몸으로 중국 북부와 중부, 남동부에 산재해 있던 일본군은 국민당이 있던 남서부나 공산당의 근거지인 산시 성 북부와 그외의 산간 지역은 점령하지 않았다. 또 중일전쟁과 뒤이은 내전에서 주변부에 머물렀던 국경 지역(간쑤 성, 쑤이위안 성, 칭하이 성, 신장, 티베트)에도 침투하지 않았다. 일본은 장제스와 국민당 정부와 군이 있던 충칭에 대규모 공습을 실시했을 뿐만 아니라, 공산당 사령부가 위치한 산시 성의 옌안에도 몇 차례 공습을 실시했지만 공산당이나 국민당의 근거지를 공격하기 위해서 병력을 보내지는 않았다.

공산당

공산당 입장에서는 중국인들의 증오의 대상인 일본인들에 대한 저항이 국민당의 지주들과 사업가들을 상대로 하던 이전의 투쟁보다 훨씬 더 인기가 있었고, 이들은 자신들의 애국심을 알릴 기회를 잘 활용했다. 옌안에서 공산당의 주축이 된 집단은 국민당군의 제5차 초공(剿共) 작전을 피해서 대장정에 나선 뒤, 1935년 말 이곳에 도착한 8,000명의 병사들이었다. 이들은 매우 빈곤한 지역인 산시 성 북부에서 검소한 생활을 했지만 매우 활발한 활동을 해나갔다. 전쟁 동안 약 10만 명의 사람들이 옌안을 찾아왔는데, 그중에는 일본군을 피해 달아난 사람들도 있었고, 조국에 이바지하고 싶은 열망에 이끌리거나 공산당의 이상주의에 매력을 느낀 사람, 그리고 국민당에 환멸을 느낀 젊은 지식인들도 있었다. 외부의 직접적인 압박이 없던 옌안에서 공산당은 기본이념과 조직, 군을 키우고 나라를 장악할 전략을 개발하는 시간을 가졌다. 그들은 공산당을 확장하고 당원들에 관한 규정을 정했으며 당의 결속을 확립하고 명확한 명령 계통을 이루기 위한 정풍운동(整風運動)을 벌였다. 중국인민 항일군사 정치대학을 세워 군 장교들과 행정관들을 훈련시켰고, 중국 대중에게 더 광범위한 선전활동을 펴기 위해서 미술과 문학도 발달시켰다. 1937년에 중국공산당 당원은 약 4만 명이었지만 전쟁이 끝날 무렵인 1945년에는 120만 명에 이르렀다. 공산당의 주력군인 팔로군(八路軍)의 병력은 8만 명에서 100만 명 이상으로 증가했고, 신사군(新四軍)은 1만2,000명에서 26만9,000명으로 늘어났다.[7]

공산당은 일본과 싸우기 위해서 한 가지 중요한 공격을 벌였다. 팔로군 사령관인 펑더화이 장군이 지휘한 백단대전이 그것이다. 펑더화이 장군은 1940년 8월부터 12월까지 100개가 넘는 연대를 이끌고 일본군을 공격했고, 허베이 성과 산시 성의 철로와 다리들을 파괴했다. 그러다 일본이 백단대전의 효과를 인식하고 전담 병력을 늘리자 후퇴했다. 공산당군은 얼마간의 손실을 입었고, 지도자인 마오쩌둥은 그때부터 대규모 공산당 부대들로 하여금 국민당과 싸우기 위한 힘을 비축하도록 했다. 공산당은 더 이상 일본군에 대한 주요 공격에 가담하지 않았다. 대신 다양한 지역에서 게릴라 부대들을 이용해서 일본인들을 괴롭히고 그들의 시설물을 파손했다.

백단대전이 끝난 뒤에 펑더화이와 그외에 류보청, 덩샤오핑 등의 군사 지도자들은 동쪽으로 이동하여 산시 성 동부의 타이항 산맥으로 가서 허베이 성, 산시 성, 산둥 성, 허난 성(진지루위)의 접경 지역에 또다른 근거지를 세웠다. 이들은 산시 성의 비옥한 지역들에서 충분한 식량을 구할 수 있었고, 산에서 지냈기 때문에 일본군이 접근하기 힘들었다. 하지만 위치적으로는 일본군과 가까워서 유격대를 이용해 공격을 하고 철로를 파괴할 수 있었다.

공산당은 북부의 팔로군뿐 아니라 중부의 장쑤 성과 안후이 성에 신사군이라는 대규모 부대가 주둔했고, 다른 지역들에도 더 작은 규모의 유격대가 있었다. 공산당의 발표에 따르면 당시 전국에 15개의 공산당 기지가 있었는데, 대부분 상대적으로 규모가 작았고 주로 산간 지역에 위치했다.

뤼시앵 비앙코가 제시한 것처럼, 중국의 농민들은 공산당과 국민당이 싸우기 직전까지 계급의식이 없었다. 이들은 세금과 소작료, 특별 요금 징수에 관해서 걱정했다. 장제스는 난징 정부를 세운 이후 줄곧 정부와 군의 비용을 충당하기 위해서 세금을 올렸다. 반면 공산당은 대규모 관료제를 지지하지 않으며, 공산당군은 기본적으로 자급자족한다고 강조하는 선전활동을 했다. 그리고 지주들에게 소작료를 낮추도록 강요하여 농민들의 마음을 끌었다. 공산당은 병사들에게 농민들을 정중하게 대하고 농산물은 반드시 값을 치르고 가져오며, 머물렀던 곳을 깨끗이 치우도록 훈련시킨다고 선전했다.

쓰촨 성과 윈난 성의 국민당

국민당이 충칭에 정착하면서 이곳은 곧 쓰촨 성에서 가장 큰 도시가 되었다. 국민당과 함께 대규모 관료 집단과 상당한 규모의 군대도 함께 이곳으로 왔는데, 이들은 곧 지역 경제에 큰 부담을 안겼다. 많은 수의 피난민들도 이들을 뒤따라오게 되면서 전쟁이 끝날 무렵 충칭의 인구는 전쟁 전보다 5배 늘어난 것으로 추정된다. 장제스는 대규모 관료 집단과 병력을 지원하기 위해서 상당한 세금을 징수했고, 병사들은 충칭으로 도피한 다른 피난민들과 마찬가지로 식량과 그외의 물건들을 구하기 위해서 지역 주민들에게 의존해야 했다. 주민들은 외부인들로 인해서 생기는 부담 때문에 이들을 환영하기 힘들었다. 게다가 새로 유입된 인구가 이전에 쌀농사에 사용되던 땅들을 조금씩 차지해가고 있었다. 엄청난 수의 피난민들이 몰려오면서 충칭은 만성적인 물자 부족에 시달렸다. 물자 부족은 끝없이 치솟는 인플레이션으로 이어져 이미 높은 세금과 과잉 인구에 부담을 느끼던 모든 주민들의 고충을 가중시켰다. 인플레이션을 억제하기 위해서 여러 조치들이 마련되었으나 그중 어떤 것도 성공하지 못했다.

지역의 서민들이 높은 세금 부담에 시달리는데, 많은 수의 관리와 군인에게 편안한 생활을 할 정도로 충분한 급여를 주는 것은 어려운 일이었다. 이 때문에 수입을 늘릴 방법을 모색하던 많은 공무원들이 부패로 고소당했다. 일본군은 멀리 떨어져 있었기 때문에, 충칭 주민들은 자신들이 항일 전쟁에 이바지하고 있다고 느끼기가 힘들었다. 동부의 도시들에서 온 사람들은 제한된 주택과 인플레이션, 물자 부족, 찌는 듯한 여름 더위가 작열하는 생활환경에서 견디기 힘들어했고, 그에 따라서 자연스럽게 사기가 떨어졌다. 충칭에 있던 미국인들과 함께 일부 중국인들은 장제스의 권위주의적인 방식과 반대파를 고문하고 죽이려는 그의 태도를 비난했다. 서구인들은 미국에서 교육받은 장제스의 아내 쑹메이링을 매력적이라고 생각했지만, 많은 이들은 무뚝뚝하고 속을 잘 드러내지 않는 총통이 정치적 리더십뿐만 아니라 도덕적 리더십도 부족하다고 생각했다. 군 사령관들은 장제스가 너무 세세한 부분을 중시하고 지나치게 통제한다고 생각했다. 하지만 중국의 미래에 대한 그의 헌신을 의심하는 사람은 없었으며, 장제스의 일기는 그가 사려 깊은 사람이고 자신이 내린 판단과 직면한 문제들을 해결하는 능력에 대해서 자기 비판적이기까지 했다는 것을 보여준다.

국민당이 통치하는 영토는 충칭을 넘어 쓰촨 성 전체와 윈난 성의 상당 부분으로까지 확장되었다. 중국 전역의 피난민들이 이 두 성의 여러 지역들로 향했다. 일부 산업들이 쓰촨 성뿐 아니라 윈난 성으로 이전하여 상하이와 그외의 지역에서 온 노동자들을 활용했다. 한편 베이징 대학교, 칭화 대학교, 난카이 대학교에서 도피한 교수들과 학생들이 힘을 합쳐서 윈난 성의 수도 쿤밍에 서남연합대학교를 세웠다.

클레어 리 셔놀트 소장은 충칭에서 가장 인기 있던 외국인들 중의 한 명이었다. 그는 1937년 미 공군에서 전역한 이후 중국으로 와서 중국인 조종사들의 훈련을 도왔다. 셔놀트는 미국인 군 조종사들로 구성된 의용대대인 플라잉 타이거스를 이끌고 일본군 항공기들을 공격했다. 그와 장제스는 마음이 잘 맞았다. 외부로부터 국민당에 물자를 보급하기 위해서 영국과 중국이 협력하여 버마 로드(Burma Road)를 건설했고, 1938년에는 쿤밍까지 개통되었다. 1942년에 일본이 도로를 폐쇄하는 데에 성공하자, 미국은 "낙타 혹(the hump)"이라고 불리던 버마의 산악 지대를 넘어 인도에서 윈난 성과 쓰촨 성의 국민당군에게 물자들을 공중 보급했다.

1942년 2월, 프랭클린 루스벨트 대통령이 중국의 전쟁 노력을 도울 방법을 검토하다가 중국어를 할 줄 아는 장군인 조지프 스틸웰을 장제스와 함께 일하도록 보냈다. 까칠한 성격 탓에 "식초 장군"이라고 불리던 스틸웰은 도착한 지 일주일도 되지 않아 장제스를 공개적으로 "땅콩"이라고 불렀고, 이에 장제스는 스틸웰을 무시하는 것으로 화답했다. 두 사람은 계속 의견 충돌을 벌이다가 1944년 10월이 되어서야 마침내 장제스의 강력한 주장에 따라 루스벨트가 스틸웰을 다시 불러들였다. 스틸웰은 장제스가 병력을 투입해서 일본과 적극적으로 싸우게 하려고 애썼지만 장제스는 이를 거부했다. 두 사람의 개인적인 반감의 저변에는 전쟁 수행에 대한 서로 다른 접근방식이 깔려 있었다. 장제스는 승리하지 못한 2년간의 일본과의 전투와 몇 년간의 충칭 생활에 지쳐 있었다. 그는 미국에게 중국을 도울 더 많은 물자와 비행기를 요청했고, 미국이 그를 돕기 위해서 거의 아무것도 하지 않는 데에 실망감을 표했다. 태평양뿐 아니라 유럽에서의 전쟁에도 몰두해 있던 루스벨트는 유럽의 전쟁이 끝날 때까지 중국 전장을 최우선순위로 고려하지 않았다. 나중에 미국이 더 많은 폭격기들을 생산하기 시작하자, 루스벨트는 중국의 일본군 병력과 시설을 폭격하기보다 일본 열도를 직접 폭격하는 데에 더 높은 우선순위를 두어 장제스를 실망시켰다. 1943년 11월에 열린 카이로 회담에서 장제스는 잠깐 동안 협력자의 지위로 올라서서 루스벨트와 처칠을 만났다. 그러나 장제스에 대한 스틸웰의 견해는 그가 나중에 공산당과 싸워야 할 경우에 대비해서 일본군과의 전투를 거부한 채 힘을 아끼고 있다는 루스벨트의 인식을 강화시켜주었다.

제2차 세계대전 동안 장제스를 지원하기 위해서 파견된 존 페어뱅크, 시어도어 화이트 등과 같은 미국의 관리들과 분석가들, 그리고 바버라 터크먼 같은 전후 초기의 저술가들은 대개 스틸웰의 편을 들었고, 충칭의 장제스와 국민당을 부패하고 타락했다고 생각하며 낮게 평가했다. 그러나 양터안시, 제이 테일러, 한스 반 드 벤 같은 이후의 학자들은 충칭의 부패와 타락을 인정했지만 앞에서 언급한 인물들보다는 좀더 호의적인 시각이었고, 장제스가 직면했던 어려움들과 이를 처리하기 위해서 끈기 있게 노력한 점은 인정했다.

1944년, 충칭에 파견된 몇몇 미국인들은 현지의 실망스러운 상황에 낙담하여 중국 공산당군 측에 기대를 걸었지만, 공산당군에 대해서 실제로 아는 것이 거의 없다는 점은 인정했다. 1937년에 중국공산당은 살아남기 위해서 분투하는 작은 집단이었던 반면, 국민당은 10년 동안 나라를 발전시킨, 정부를 이끄는 대규모 국가 정당이 되어 있었다. 하지만 1937년부터 1944년까지 항상 뒤처져 있던 공산당이 경쟁자인 국민당과의 간격을 점차 좁혀 나갔다. 공산당은 군사력이 제한적이었지만, 나름의 메시지가 있었다. 이들은 일본군을 상대로 유격전을 벌이고 검소한 생활을 했으며 소작료 인하를 지지했는데, 이 모두가 옌안 주민들과 점령지의 애국심 강한 젊은이들의 마음을 사로잡는 계기가 되었다. 공산당에게는 국민당에게 부족한 낙관적인 정신이 있었다. 1944년에 일본이 개시한 대규모 군사작전이 공산당에 더욱 유리하게 국면을 전환시켰다.

이치고 작전

1944년, 미국의 공습과 잠수함 공격으로 일본은 태평양 전쟁에서 방어 태세를 취해야 했다. 일본은 이에 대응하여 일본 본토를 폭격하는 데에 이용될 수 있는 중국 내 미국 공군 기지들을 소탕하고, 당시 미국 잠수함들이 통제하던 해상 운송로를 대신하여 인도와 동남 아시아에서 충칭으로 방해받지 않고 물자를 보급할 수 있는 수송로를 확보하기 위해서 이치고(一号) 작전(대륙타통 작전)을 개시했다. 1944년 4월부터 1945년 1월까지 계속된 이 작전은 유럽의 노르망디 상륙작전과 소련의 독일 침공에 맞먹는 규모로, 중일전쟁을 통틀어 최대의 공격 작전이었다. 당시 중국에 있던 82만 명의 일본군 병사들 중에서 약 51만 명이 이 작전에 참여했다. 이들에게는 10만 마리의 말과 240대의 항공기가 있었다. 일본을 저지하기 위해서 더 노력하라는 지지자들과 미국의 압박을 받던 장제스는 일본의 공격에 대응하기 위해서 100만 명이 넘는 병사들을 동원했다. 이 작전에서 초토화 전술을 채택한 일본군은 남쪽으로 진군하면서 중국군의 저항 역량을 약화시키기 위해서 곡물 저장고와 농지를 파괴했다.

형양(후난 성)에서는 1938년 우한 부근에서의 전투를 넘어서는 중일전쟁 최대 규모의 전투들 가운데 하나가 벌어졌다. 국민당군은 3개월 동안 용맹하게 싸웠다. 이치고 작전 초기에 중국은 일본군에 대한 유용한 정보가 부족했다. 일본군이 형양으로 이동하고 있다는 징후들을 속임수라고 믿은 중국은 처음에 적절한 수의 병사들을 전투에 보내지 못했다. 스틸웰 장군은 중국 병사들은 용감하게 싸웠지만 장교들이 제대로 훈련받지 못했다고 생각했다. 장제스는 때때로 사령관들을 직접 방문해서 명령을 내렸고, 장군들은 현지 상황과 다르다고 생각하더라도 그의 명령에 불복하지 못했다. 또 장제스가 지역 사령관들에게 내린 지시를 고위급 관료들에게 항상 알려주지는 않아서 다른 계급의 사령관들 사이에서 때때로 혼란을 불러일으켰다. 게다가 중국군은 물자가 부족했고 병사들의 영양 상태가 썩 좋지 않았다. 전쟁의 초기 단계에서는 일본군 병사들이 더 잘 훈련되고 더 좋은 장비를 갖추었으며 기강이 더 잘 잡혀 있었다. 장제스는 1944년에 치른 전투들이 전쟁의 모든 작전들 가운데 가장 기대에 못 미치고 실망스러웠다고 인정했다.

1945년 1월에 일본은 작전 목표 대부분을 성취했다. 미국이 일본을 폭격하는 데에 이용할 수 있는 몇 곳의 비행장을 파괴했으며, 난징에서 동남아시아까지 수송로를 열고 길을 막고 있던 중국군을 전부 물리쳤다. 하지만 공습으로부터 일본을 보호하겠다는 전략적 목표는 실패했다. 이치고 작전이 시작되고 2개월 뒤에 미군이 사이판을 포함한 마리아나 제도로 진격하여 대규모 폭격에 이용할 수 있을 만큼 일본과 충분히 가까운 여러 개의 비행장을 건설했기 때문이다. 이치고 작전에서 일본은 많은 수의 병사들을 잃었다. 결국 미군이 이끄는 연합군이 공습을 실시하고 두 개의 원자폭탄을 투하한 끝에 일본의 항복을 받아냈다.

이치고 작전은 국민당군이 많고 공산당군은 거의 없는 지역들에 초점을 맞추었기 때문에 공산당보다 국민당에 훨씬 더 큰 영향을 미쳤다. 국민당군은 이 전투들에서 막대한 손실을 입어 1946년 중반에 국공내전이 발발했을 때에 훨씬 더 불리한 처지가 되었다.

일본 본토

일본은 전쟁 역량이 뛰어났다. 총면적이 몬태나 주보다 작은 4개의 섬에서 사는 일본인들이 중국, 동남 아시아, 미국에 맞서 싸웠고, 1945년 8월까지 이들을 저지했다. 일본이 처음으로 제로센 전투기를 충칭에 투입했을 때에는 미국의 어떤 전투기도 이에 대적하지 못했고, 미국의 조종사들은 제로센과 일대일로는 교전하지 말라는 지시를 받았다. 1943년 9월, 그러먼 전투기가 등장할 때까지 미국에는 제로센을 이길 전투기가 없었다.

일본에는 자신을 기꺼이 희생하고 지시를 수행하려는 충성스러운 시민들이 있었다. 본국의 군인들과 시민들은 가족이 죽거나 자유로운 의사 표현이 탄압받아도 봉기하지 않았다. 정부가 일본 내의 모든 정보를 통제했기 때문에 대중은 표면적으로 일본군의 영광스러운 성공만 인지했을 뿐, 일본군이 저지른 끔찍한 만행이나 실패에 관해서는 알지 못했다. 태평양 전쟁이 한창이던 1942년에 미드웨이 해전에서 패하자, 일본은 대중에게 이를 숨기기 위해서 생존자들을 격리시킨 다음 멀리 떨어진 병원들에서 치료했다. 1945년에 일어난 공습으로 일본의 도시들이 파괴되자, 적을 격파하려고 더 가까이 끌어들이는 것이 전략이라고 주장하는 일본의 선전이 거짓처럼 들리기 시작했다. 그래도 국민들은 계속해서 일상생활을 하고 일과를 수행했다.

일본의 일부 관료들은 일본의 패전을 예상했지만, 이런 생각을 공개적으로 밝히지는 못했다. 1943년과 1944년에 일본은 석탄, 철광석, 보크사이트의 공급을 만주에 크게 의지했다. 하지만 1945년 2월에 중국 본토로부터 물자를 싣고 오는 배들이 파괴됨에 따라 일본의 정책 입안자들은 콩과 소금을 최우선으로 수입한다는 결정을 내렸다. 국민들을 먹여 살리기 위해서 필요했기 때문이다. 1945년 7월, 한 작은 단체가 모임을 열어 패전 후의 경제계획을 수립하기 시작했다. 전시 체제였으므로 이들은 자신들의 작업을 전후 경제 재건이라고 부르지 못하고 그 대신 일본 자립연구회라는 이름을 붙였다. 이들은 일본이 항복한 다음 날 첫 공개회의를 열고 단체의 명칭을 전후 문제 연구위원회로 바꾸었다.

중일전쟁의 개전 직전에 일본의 최고 지도자들은 민족주의 의식이 높아지고 있던 중국인들이 일본의 정복 야욕에 어떻게 대응할지 충분히 생각하려고 하지 않았다. 중국에서의 침략 행위가 불러일으킬 장기적인 적대감을 예상할 지혜도 없었고, 진주만 공격에 대한 미국의 대응 방안을 정확히 분석하는 데에 필요한 이해도 없었다. 전쟁에서 패색이 드리우기 시작했을 때에도 국민들은 계속 국가에 충성했지만, 그 지도자들은 막대한 인명 손실과 도시들의 대대적 파괴를 막기 위해서 항복할 용기가 없었다.

전쟁이 남긴 유산

전쟁이 끝난 뒤, 전쟁 중에 일본군이 저지른 잔혹 행위들이 외부 세계에 알려지기 시작했다. 1937년 당시, 기자들에 의해서 서구에 잠깐 보도되었던 난징에서의 잔혹 행위들이 도쿄 전범재판에서 더욱 상세히 드러났고, 이는 1990년대 이후에 더욱 많은 관심을 받았다. 유격대원들의 은신처로 의심되는 마을들을 파괴한 일본군의 행위는 전쟁 중에 보도되었고, 이후에도 계속 주목을 받았다. 하얼빈에 주둔한 731부대에서 주로 중국인과 한국인 포로들을 대상으로 치명적인 인체 생화학 실험이 이루어졌다는 사실이 중국인들에 의해서 알려졌다. 일본은 이에 대해서 공개적으로 인정하지 않다가 1993년이 되어서야 마침내 731부대 시설의 존재를 인정했다. 2018년에 일본 정부는 하얼빈의 그 시설들에서 일한 일본인 3,607명의 명단을 발표했고, NHK는 그곳에서 이루어진 실험을 자세히 묘사하고 그 존재를 인정한 프로그램을 방영했다.

또한 동아시아 국가들, 주로 중국과 한국의 여성들(일본군 "위안부")을 "위안소"로 끌고 가서 일본군 병사들을 위한 성행위를 강요한 정책이 1991년에 폭넓은 관심을 받기 시작했고, 당시 생존해 있던 이전 위안부 여성들이 자신들이 겪은 고통에 대한 배상을 일본 정부에 요구했다. 전쟁 당시 일부 일본 관리들은 자국 병사들이 여성들을 강간하여 지역 주민들의 반발을 불러일으키는 것보다 위안소를 만들어 그 안에서만 성행위를 하도록 하는 쪽이 낫다고 믿었다. 종전 이후 일본 관리들은 정부가 이 일에 관여했다는 것을 처음에는 부인했지만, 1993년에 이 제도의 존재를 인정하고 피해자들에게 배상을 시작했다. 위안부에 대한 정보를 수집한 중국인들은 5만 명에서 20만 명에 이르는 젊은 여성들이 강제로 집을 떠나 일본군 병사들에게 성적으로 착취를 당했다고 추정한다. 일본군의 이런 만행들이 알려지면서 전쟁 이후 수십 년간 일본인들은 전쟁 중에 일본군 병사들이 저지른 잔인한 행위들로 수세에 몰렸다.

전쟁이 중국에 미친 영향

중국은 이 전쟁으로 헤아릴 수 없이 막대한 피해를 입었다. 중국에서 약 300만 명의 군인과 1,800만 명의 민간인이 죽고, 1억 명에 이르는 사람들이 집을 잃었다는 추정도 있다.[8] 또 도시와 산업도 황폐해졌지만 뒤이어 벌어진 국공내전 때문에 1949년 이후에야 본격적인 재건이 시작될 수 있었다.

일본의 침략으로 각 지역의 중국인들은 침략자에 저항하기 위해서는 다른 지역 사람들과 협력해야 한다는 것을 깨닫게 되었다. 일본의 침략과 점령은 공격적인 민족주의를 확산시켰다. 중국의 민족주의는 제1차 세계대전 동안 주요 도시들의 교육받은 엘리트들 사이에서 꽃을 피웠다가 내륙의 더 작은 도시들의 주민과 시골 농민들에게로 퍼져나갔다. 일본군에 저항하기 위해서 지방 조직들은 더 광범위한 국익을 대표하는 단체에 종속되어야 했다. 그리하여 전쟁을 겪는 동안 국민당의 힘이 군벌에 비해서 강해졌다. 또한 공산당은 작은 반역단체에서 중국의 통치권을 놓고 겨룰 정도의 대규모 애국자 집단으로 변모할 수 있었다. 전쟁으로 공산당은 내전에서 싸울 계획과 중국의 통치에 활용할 정책의 골자를 짤 시간과 장소를 얻었다. 전쟁은 공산당에게 후일 중국 전체를 통일하는 기반이 될 핵심 조직과 군과 당을 확장할 기회를 준 것이었다.

결국 전쟁에서 승리하여 일본을 항복시킨 것은 미국이지만, 국민당은 일본에 대한 승리를 선언했다. 국민당이 400만 명이 넘는 일본 병사들을 끈질기게 저지한 점은 거론할 수 있다. 하지만 그외에는 책임감 있는 집권당으로서 국민당이 자부심을 가지고 지목할 수 있는 국가적 전과(戰果)를 찾기는 어렵다. 거의 모든 전투에서 패배한 군에 자부심을 가지기란 힘든 일일 것이다. 패배는 국민당의 사기에 큰 타격을 주었다. 중일전쟁이 끝났을 때, 국민당은 여전히 공산당보다 훨씬 많은 관리와 병사들을 보유했고, 그중 일부는 몹시 헌신적이고 유능했다. 하지만 일반 농민들의 지지를 얻어 그들의 아들들을 기꺼이 공산당군에 보내도록 만들기 위해서 소작료 인하를 주장하는 공산당의 호소력에 대적하기란 집권당인 국민당으로서는 쉽지 않은 일이었다. 그렇다고 세금을 인하하라는 공산당의 요구에 쉽게 대항할 수도 없었다.

1949년 10월 1일, 권력을 쥔 공산당은 전쟁 중에 옌안에서 고안한 구상과 조직 구조를 활용했다. 1949년 이후 공산당은 옌안에서 훈련시킨 사람들을 요직에 앉혔다. 사실상 옌안이 청의 몰락 이후 처음으로 중국에 진정한 국민정부를 수립한 사람들을 훈련시키고 정책을 개발한 터전이 되었다. 그리고 공산당에 패하여 타이완에 정착한 국민당도 마찬가지로 충칭에서 수립했던 조직 구조와 함께 일했던 사람들에게 의존했다. 공산당은 남아 있던 국민당의 고위급 인사들을 다수 죽이거나 제거했지만, 중국이라는 넓은 땅에는 그만큼 많은 인력이 필요했기 때문에 전쟁 전과 전쟁 중에 국민당에게 훈련받았던 사람들을 주로 낮은 직책에 채용했다.

전쟁이 일본에 미친 영향

19세기 후반에 시작되었던 꿈, 일본이 아시아 국가들을 개화시키고 근대화시키는 데에 주도적인 역할을 할 수 있다는 꿈은 1945년에 악몽으로 바뀌었다. 1860년대에 근대적 행정구조, 근대적 교육제도, 근대적 경제를 구축하면서 시작되었던 일본의 이례적인 성공은 결국 일본과 주변국들 모두에게 영광이 아닌 비극으로 이어졌다. 중국에서뿐 아니라 일본에서도 수백만 명의 일본인이 죽었으며, 도시들이 파괴되고 산업이 폐허가 되었다. 일본은 만주를 점령하여 초기에 경제적 이익을 얻었지만, 1937-1945년 동안의 중일전쟁은 일본에게 완전한 재앙이었다. 일본은 중국에서의 활동에 자원을 쏟아부었지만, 결국 얻은 것은 일자리와 도움을 구하는 패잔병들과 정착민들뿐이었다.

일본의 일반 시민들은 국가에 봉사하기 위해서 중국에 간 가족들이 임무를 수행하되 나쁜 짓은 하지 않는다고 믿고 싶어했으나, 전시에 정부가 언론을 통제하면서 그들이 중국에서 저지른 끔찍한 일들을 알지 못했다. 일본이 항복할 수밖에 없는 상황에 이르고 천황이 국민들에게 참을 수 없는 것을 참으라고 말했을 때, 국민들은 전쟁을 일으키고 지속시킨 군국주의자들과 정치인들을 탓했다. 종전 이후 수년 동안 일본인들은 나라의 파괴, 빈곤, 영양실조, 고용 기회 부족뿐 아니라, 일본이 추구한 동시에 자신들이 목숨을 바쳤던 계획이 실패하고 그 길이 도덕적으로 잘못되었다는 생각 때문에 낙담했다. 일본인들은 자신들의 나라가 군국주의를 포기하고 평화의 길을 가야 한다고 판단했다.

전쟁에서 패했지만 일본인들의 근면성은 사라지지 않았다. 전쟁 전과 전쟁 중에 열심히 일했던 일본인들은 전쟁의 잔해들을 제거하고 나라를 재건하기 시작했다. 미국의 도움을 받아 칼을 쟁기로 바꾸고 전쟁 중에 육성했던 기술들을 이용해서 민간 경제를 구축했다. 무기용 렌즈를 만들던 기업들은 시장을 위한 카메라를 제조하기 시작했다. 군을 위해서 트럭을 만들던 닛산과 도요타는 상업용 자동차 제조법을 배웠고, 전함을 건조했던 조선업체들은 유조선과 수송선을 만들기 시작했다. 전쟁을 위해서 설치되었던 정부 기관들은 국내의 공공 기반시설 구축을 위해서 노력했다.

일본인들은 군사 지도자들을 뒷받침했던 권위주의적 정치체제를 포기해야 한다는 것을 인정했다. 그들은 민주주의를 추구할 준비가 되어 있었고, 천황이 신성한 존재가 아니라는 견해를 받아들였다. 그리고 원자폭탄의 표적이 되었던 나라로서 원자폭탄 개발을 추진하지 않기로 결심했다. 또 서구의 민주주의 국가들을 따라 정치적 현대화에 착수하고 평화로운 세계를 만들고 유지하기 위해서 다른 국가들과 협력하기로 결정했다.

제2차 세계대전에서 생존한 일본인들은 자신들뿐 아니라 다른 사람들에게도 좋은 결과를 가져다줄 것이라고 생각했던 것들을 위해서 기꺼이 희생한 친구들과 친지들을 자랑스러워할 수 있기를 원했다. 스스로를 자신과 가족들, 친구들뿐 아니라 세계 평화라는 대의를 위해서 좋은 일을 하는 선량한 사람이라고 생각하고 싶어했고, 그런 좋은 일들을 하기 위해서 기꺼이 희생을 감수하고자 했다.

중일전쟁은 일본이 중국의 현대화와 서구 제국주의에 대한 저항을 돕는 개화된 선진국가라는 일본인들의 비전을 무너뜨렸다. 중국인들뿐만 아니라 다른 국가들도 일본인들을 중국에 대대적인 파괴를 불러온 무자비하고 비인간적인 침략자로 인식하면서, 이 비전은 악몽으로 바뀌었다.

중국에서는 일본군 병사들이 저지른 잔혹 행위로 인해서 생긴 반일 감정이 중국인들의 애국심을 강화하는 역할을 했다. 1945-1949년의 국공내전 동안 국민당 병사들이 저지른 잔혹 행위에 대한 불만은 중일전쟁에서 일본군 병사들의 만행에 대한 불만과 많은 부분에서 겹쳤다. 하지만 타이완과 본토가 교류를 재개한 이후 본토에서 국민당의 잔혹성에 대한 이야기는 서서히 줄어들었다. 제2차 세계대전 동안 일본군이 보여준 잔혹성은 1990년대부터 사실상 더 널리 알려졌다. 1937년부터 1945년까지 벌어진 중일전쟁은 일본에 엄청난 비극을 안겨주었지만 중국에는 더 큰 비극이었고, 이 비극은 계속해서 일본에 대한 중국인들의 태도를 형성했다.

제9장

일본제국의 붕괴와 냉전, 1945-1972년

1945년, 전쟁에서 패했을 뿐만 아니라 식민제국도 잃게 된 일본은 청일전쟁이 일어나기 전인 1894년의 수준으로 그 영향력이 줄어들기 시작했다. 만주는 중국의 일부가 되었고, 한국은 독립했으며, 타이완은 중국으로 반환되었다. 이때 1억 명이 넘는 사람들이 주로 조상들의 고향으로 이주했다. 중국과 그외의 아시아 지역에서 살던 일본인들도 귀국했다. 제2차 세계대전 동안 일본인들을 피해서 중국 남서부와 북서부 지역으로 달아났던 많은 중국인들이 부모가 살던 곳으로 돌아갔다. 새로운 국가 정부들이 저마다의 지리적 경계 내에서 통치를 시작했고, 국가 정체성에 대한 적응이 시작되었다.

이런 대규모 이주가 점점 줄어들기 시작할 무렵인 1950년, 한국전쟁이 발발하면서 아시아의 국제관계는 냉전이 그린 경계에 따라서 재편되었다. 중국과 소련, 일본과 미국이 결속했으며 타이완의 통치가 중국 본토와 분리되었다.

제2차 세계대전 종전 이후 30년 동안 중국과 일본은 역사상 가장 극적인 변화들을 겪었다. 내전이 끝난 1949년 이후 중국에 수립된 정부와 연합군 점령이 끝난 1952년 이후 일본에 수립된 정부는 세계대전 이전의 정부들과 범위가 달라졌을 뿐만 아니라 정부의 구조와 국가적 목표도 달랐다.

1949년, 내전에서 승리를 거둔 공산당은 1911년에 청나라가 몰락한 이후 처음으로 중국을 재통일하고 중국 황실과도, 국민당 정부와도 다른 국가 구조를 수립했다. 중국은 1949년에 소련과 동맹을 맺은 이후 공산주의 체제를 수립하면서 국정에 많은 변화가 일어났다. 1953년, 중국은 계획경제를 도입한 이후 대약진정책과 문화대혁명 동안 국민을 대대적으로 동원했는데, 이는 국민들에게 큰 고통을 안겨주었다. 이 두 정책 모두 나라를 황폐화시켰고 결국 실패로 돌아갔다. 1969년에는 소련과 국경 분쟁을 벌였고, 그후 역사상 처음으로 서구에 포괄적으로 문화를 개방했다.

　　연합국 점령군은 1945년부터 1952년까지 일본을 통치하면서 역대 점령군이 실시한 가장 포괄적인 국가 개편과 방향 전환을 이끌었다. 일본은 군국주의를 포기하고 민주적 제도들에 힘을 실었으며, 경제를 재편하고 교육 체계도 뜯어고쳤다. 1950년대부터 일본은 세계 경제와의 연계를 강화했으며 세계 최초로 급속한 산업화에 착수했다. 일본의 이런 급속한 산업화가 본보기가 되어 한국, 타이완, 중국 본토에 이런 방식이 확산되었고 이 국가들의 생활수준을 급격히 향상시켰다.

　　1949년부터 1972년까지의 냉전 기간 동안 중일 간에는 거의 접촉이 없었다. 그러나 중국과 일본의 재계나 변화하는 정부를 대표하는 지도자들이 양국 간의 통로를 어렵사리 열어두었고, 이 통로는 1972년 이후 두 나라가 역사상 가장 가까운 관계로 발전하는 발판이 되었다.

일본 제국주의의 붕괴

일본의 패망은 일본 제국주의뿐만 아니라 제국주의적 야욕도 종식시켰다. 제2차 세계대전으로 많은 식민제국이 해체되었지만, 일본은 그들의 식민제국에 다른 어떤 식민국보다 훨씬 더 많은 공무원과 군인, 정착민을 두었다. 전쟁 동안 일본의 인구 7,200만 명 중에서 약 690만 명─군인 370만 명과 민간인 320만 명—이 해외에서 살고 있었다. 또 어떤 제국주의 국가도 일본이 타이완, 한국, 만주에서 그랬던 것처럼 식민제국 생활의 모든 측면을 철저히 간섭하며 그토록 깊이 침투하지 않았다. 제2차 세계대전 동안 일본은 중국의 3분의 2에 해당되는 지역들을 점령하면서 서구 열강들이 머나먼 식민지들에 했던 것보다 훨씬 더 엄격한 통제를 가했다.

청일전쟁이 끝난 후인 1895년에 중국 대중이 보였던 반응과 비슷하게, 1945년 일본 대중은 자국이 그토록 충격적인 패배를 당했다는 사실에 망연자실했다. 1895년 이전에 중국인들이 자국 문화의 우월성을 한 치도 의심하지 않았던 것처럼, 중국과 러시아에게 거둔 승리를 자랑스러워하고 통제된 언론에 의해서 소식을 듣던 일본 대중은 자국이 아시아의 지도자라고 생각하며 넘치는 자신감을 가지고 있었다. 적어도 1945년에 공습과 폭격이 나라를 황폐화시키기 전까지는 그랬다. 중국인들은 1895년에 당한 패배로 자국의 제정이 더 이상 유지될 수 없다는 것을 인정해야 했고, 일본인들은 1945년에 당한 패배로 군이 주도하는 자국의 제국주의가 더 이상 유지될 수 없다는 것을 인정해야 했다. 중국인들과 마찬가지로 일본인들도 자랑스러운 자아상이 붕괴되면서 괴로운 재적응 과정을 거쳐야 했다. 또 1895년 이후 중국이 자국을 패배시킨 일본에게서 새로운 세상을 배웠던 것처럼, 1945년 이후에 일본은 자국을 패배시킨 나라인 미국으로부터 새로운 세상을 배웠다.

1945년 8월, 불과 얼마 전까지만 해도 중국, 한국, 타이완에서 권력구조의 맨 꼭대기를 차지했던 일본 제국주의자들은 갑자기 지시를 받는 처지가 되었다. 그 전까지는 남을 희생시키는 사람, 자부심 강한 군인과 정착민의 입장이었다면, 이제는 패망하여 희생자, 피난민, 탄원자가 되었다. 중국에서 일본인 거주민들이 사용하던 화폐가 종잇조각이 되면서 그들 가운데 대다수가 먹을 것을 구하느라 옷가지를 파는 궁핍한 처지가 되었다.

재정착과 일본 정체성의 축소

일본 제국주의의 종말로 일본인의 의미에 대한 정의가 좁아졌다. 1920년대 일본제국에 편입된 이후 타이완과 한국 사람들은 일본 시민으로 간주되었고, 만주인들은 일본 시민은 아니더라도 적어도 일본제국에 속한 일본의 피통치자 신분이었다. 타이완, 한국, 만주의 교육받은 젊은이들은 일본인들이 주도하는 학교에 다니고 일본어를 사용했으며 일본의 역사를 공부했다. 타이완과 한국 사람들은 일본식 이름으로 개명하도록 강요당했다. 일본인들은 "일본인"의 의미를 더 광범위하고 범세계적인 정의로 받아들이게 되었고, 이 정의에는 타이완인과 한국인이 포함되었다. 타이완과 한국의 일부 사람들은 자신들이 2등 시민으로 취급받는다고 느꼈고, 실제로 이들은 일본의 2등 시민으로 간주되었다.

1945년 일본의 패망 이후 연합국의 세 나라인 영국, 미국, 소련이 체결한 포츠담 협정에 따라서 한국인, 타이완인 그리고 만주 주민들은 더 이상 일본인으로 여겨지지 않았다. 이때부터 "일본인"이라는 범주가 조상이 일본인인 사람들과 1894–1895년의 청일전쟁 전에 일본의 4개 본섬들이나 작은 섬들 중에서 한곳에 살았던 사람들만으로 좁아졌다. 즉 한국에 사는 사람들은 한국인이, 만주와 타이완에 사는 사람들은 중국인이 되었다. 일본에 사는 한국인과 타이완인은 일본의 재류 외국인으로 분류되었다.

만주의 3성(헤이룽장 성, 랴오닝 성, 지린 성)에서 살던 일본인들 대부분은 러시아 국경 바로 옆에 위치한 북부의 헤이룽장에 거주했고, 전쟁이 끝나자 러시아인들에게 항복했다. 그외에 일부는 도망치려고 했고, 일부는 자살했다. 약 60만 명의 일본인 포로들이 국경을 건너 시베리아로 끌려갔고 그중 많은 사람들이 건설공사에 투입되어 육체노동을 했다. 러시아의 관리들은 다음 몇 년 동안 6만 명의 일본인 포로들이 사망했다고 추정했지만, 일본 측이 추산한 사망자와 실종자 수는 그보다 훨씬 더 많았다. 1947년부터 1949년 사이에 소련에 있었던 45만 명의 일본인 포로들이 일본으로 돌아가도록 허가받았다. 러시아에서 돌아온 일본인 포로 생존자들은 얼어붙을 듯이 추운 날씨뿐만 아니라 비인간적인 생활조건과 자신들을 억류한 사람들의 잔혹성을 회상했다.

일본으로 돌아가는 배는 군인들에게 우선권이 주어졌기 때문에, 주로 만주에서 살던 일본인 민간인들은 1946년 5월에 미국이 귀국선을 제공하기 전까지 거의 다 중국을 떠나지 못했다. 식량 부족과 일본의 항복 이후 아무 수입도 없는 상황을 견뎌야 했던 일본 민간인들은 고국으로 돌아가는 배에 오를 기회를 기다리면서 생존을 위해서 분투했다. 그러나 당시 약 20만 명에 이르는 일본 민간인이 귀국을 기다리던 중에 중국에서 사망한 것으로 추정된다. 1946년 말에 국민당군이 만주 남부 대부분을 장악했을 때, 장제스는 미군과 협력하여 일본 민간인들의 귀국을 도왔다. 1946년까지 약 149만2,000명의 일본인이 자국으로 돌아갔고, 다음 해 말까지 3,758명이 더 귀국했다. 본국 송환은 1948년 8월까지 계속되었지만, 1949년 이후 6만 명으로 추정되는 일본인이 중국에 남았고, 그중 대부분이 국제결혼을 통해서 태어난 자식들이었다. 1949년부터 1953년까지는 일본으로 돌아간 사람이 거의 없었지만, 1953년에 약 2만6,000명이 귀국한 것으로 추정된다.[1] 1945년 8월과 1946년 12월 사이에 670만 명의 일본인 군인과 민간인이 귀국했으며, 주로 중국에서 살다 온 사람들이었지만 동남 아시아와 한국, 타이완에서 온 사람들도 있었다.[2]

일부 인정 많은 중국인 가정들이 만주의 궁핍한 일본인들에게 음식과 잠자리를 제공했고, 어떤 사람들은 부모와 헤어지거나 부모가 죽은 일본 아이들을 입양하기도 했다. 수천 명에 이르는 일본인 과부, 홀아비, 독신 남녀가 중국인과 결혼했다. 일부 일본인 아이들은 만주의 일본인 생존자 대부분이 본국으로 송환된 1946년 이후에도 중국에 남아 중국인 가족들과 함께 지냈다.

중국에 발이 묶여 있다가 마침내 귀국선에 자리를 얻어 고국으로 돌아간 일본인 정착민들은 중국인 피난민들이 고향으로 돌아갔을 때와 비슷한 상황에 맞부딪혔다. 일본 경제는 침체되었고, 식량 공급은 불충분했으며, 귀국자들은 거주지와 생계를 이을 방법을 찾는 데에 어려움을 겪었다. 몇 세기 전, 패배 이후 남쪽으로 도주하여 지역 농민들이 아직 차지하지 않은 덜 비옥한 구릉지대에 정착했던 중국의 하카족처럼, 본국으로 송환된 많은 일본인들은 처음에는 살아남기 위해서 식량이 될 만한 것들을 재배하고자 생산성이 낮은 구릉지대나 산간지대에 정착했다. 귀국민들 대부분은 만주로 떠나기 전에 가족이 살던 남쪽의 규슈나 주도인 혼슈 남부에 정착했다. 일부는 친지와 친구들의 집으로 몰려갔다. 그들의 친지들 역시 전후 물자 부족이라는 어려운 상황 속에서 먹을 것과 살 집을 구하느라 고생했지만 귀국민들을 돕기 위해서 노력했다. 물론 그중에는 몇 년 혹은 심지어 몇십년 동안 만난 적도 없고 소식도 거의 듣지 못한 친척, 지인, 전 동료와 변변치는 않지만 자신이 가진 것들을 나누기를 꺼리는 사람들도 있었다.

미국으로부터 밀이 수입되면서 일본의 식량 부족이 해소되기 시작한 1947년 이후에도 귀국민들과 외국에 나가본 적이 없는 지역 주민들 사이의 심리적 긴장감은 사라지지 않았다. 대다수의 지역 주민들은 귀국민들을 자신들과 동일한 문화를 충분히 공유한 사람이 아닌 외부인으로 생각했다. 일본이 세계적 교류를 확대하기 시작하면서 재능 있고 좀더 세계화된 귀국민들은 외국인들과 쉽게 교류했지만, 그렇지 않은 귀국민들은 외부인 취급 때문에 고생을 했다. 일본인 귀국민들이 해외에서 살 때나 일본의 지역사회에 적응하려고 애쓸 때에 겪었던 경험들은 소설과 단편, 텔레비전 드라마, 영화의 단골 소재가 되었다.

1949년, 공산당이 권력을 쥐었을 때에 중국에는 아직 3만4,000명의 일본인들이 주로 북동부 지역에 거주하고 있었다. 중국 사회에 깊이 뿌리를 내린 일부 일본인 정착민들은 중국에 남아 중국인들과 함께 일하기로 결정했다. 일본인 소유의 공장 가동에 필요한 기술과 지식을 가진 사람들은 최소 몇 년 동안은 출국 허가를 받지 못했다.[3] 예를 들면 나중에 한국에서 싸운 인민해방군 공군은 중국에 항복했던 일본 육군 항공대 장교들에 의해서 창설되었다.

전쟁이 끝났을 때, 일본에는 타이완과 한국에서 온 약 200만 명의 사람들이 아직 일하고 있었다. 그중에는 자발적으로 일본에 온 사람들도 일부 있었지만, 대부분은 군에 징집된 사람들을 대신하여 건설 현장이나 광산에서 강제노동을 하던 사람이었다. 중국인, 한국인 그리고 소수의 서양인 노동자들은 자신들이 한 일을 "노예 노동"이라고 불렀고, 당시 힘든 상황에서 장시간 고생스럽게 일한 경험을 나중에 글로 남겼다. 하지만 일부 타이완과 한국 노동자들은 고국의 불안정한 상황으로 인해서 귀국하지 않기로 결정했고, 고국으로 돌아간 한국인들 중에서 일부는 나중에 일본으로 돌아왔다. 결과적으로 강제 노동자의 약 절반이 타이완이나 한국으로 돌아갔고, 이들은 고국에서 조상의 땅으로 돌아온 일본인들과 동일한 문제들에 맞부딪혔다.

일본 제국주의가 한창일 때는 외국인 노동자들도 일본인으로 간주되었지만, 일본이 패망한 뒤에는 고용 기회가 줄어들고 일본인의 정의에 대한 범주가 축소되면서 그들이 일본인으로 받아들여지는 데에는 어려움이 있었다. 일본에 있던 대부분의 외국인 노동자들은 수십 년이 지나 경제가 회복되고 일본의 정책이 좀더 관대해진 뒤에야 일본 시민권을 얻을 수 있었다.

한국과 타이완에서 줄곧 살던 사람들도 1945년 이후 일본의 피통치자 신분을 벗어나게 되면서 정체성 문제를 겪었다. 타이완은 반세기 동안 일본의 식민지였기 때문에 60세 이하의 전 국민이 일본식 교육을 받았고, 한국 역시 45세 이하의 모든 한국인이 일본식 교육을 받았다. 또한 많은 사람들이 일본식 은행과 상업적 관행에 익숙해졌다. 이렇듯 일본의 통치가 너무 깊숙이 침투한 결과, 한국과 타이완의 많은 젊은이들은 문화적으로 일본인이 될 수밖에 없었다. 많은 사람들의 생활수준이 향상되었으며, 일부는 일본인

정착민들과 긴밀히 협력하거나 일본인 친구들을 사귀기도 했다. 타이완에서는 40년 넘게 일본군이 두드러진 존재가 아니었고, 한국에서는 만주에서처럼 일본군이 큰 역할을 하지 않았다. 많은 한국인과 타이완인은 1945년 이후에도 일본인 친구들과 연락을 유지했다.

1895년 일본에 점령되기 전에 타이완은 원래 중국의 현이었다가 몇 년간 성으로 승격되었지만 별개의 국가는 아니었다. 또한 한국과 달리 타이완에는 일본의 점령에 맞서 사람들을 결집시키는 민족주의적 계기가 없었다. 중국 본토에서 내전과 공산주의의 부상을 피해서 타이완으로 건너온 사람들은 일본식 이름이 붙어 있던 거리와 지역들을 중국식으로 새로 고쳤다. 1946년 2월 이후에는 더 이상 일본어 영화 상영이 허용되지 않았고, 많은 지역 주민들이 이해하지 못했음에도 불구하고 중국어로 된 영화만 상영되었다. 그동안 일본 문화를 흡수했던 타이완인들은 국민당군이 타이완에 도착한 뒤로는 중국인 병사들과 정부 관리들의 통치를 받았고 학교에는 중국 문화가 도입되었다. 타이완에서—그리고 한국에서— 전쟁 중에 일본인과 협력했던 사람들은 특히 고달픈 삶을 살았다. 그들은 애국심 없는 부역자로 간주되었고, 때로는 공개적으로 비난받거나 살해되기도 했다.

1949년 이후 중국에 머물렀던 일본인들 중에서 일부는 나중에 고국으로 돌아가고 싶다는 뜻을 표했다. 중국에서 내전이 벌어진 1946년 이후, 일본 국민의 송환은 중국인들에게 그다지 우선순위가 아니었다. 하지만 1952년 이후 중국과 일본 정부 사이에 접촉이 활발해지기 시작했을 때, 일본 정부의 핵심 사안들 중의 하나가 아직 중국에 살고 있던 자국민의 송환이었다. 중국에서 일본 전문가로 알려진 고위 관료인 랴오청즈(주요 인물 전기 참조)는 1953년 2월과 3월에 이 문제에 관한 일본과의 회담을 이끌었다. 회담 이후 6개월 동안 약 2만 명의 일본인들이 고국으로 송환되었다. 1955년 7월, 양국 관계가 개선되자 일본은 중국에서 실종된 것으로 추정되는 4만여 명의 일본인에 관한 정보를 요청했다. 그 결과, 그중 일부에 관한 정보가 제공되었고, 많은 사람들이 일본 귀환을 허가받았다.

1949년 이후 중국에서 돌아온 일본인 대부분은 중국어를 할 줄 알았고 중국에서 생계를 이을 방법을 어느 정도 찾은 사람들이었다. 이들이 돌아올 무렵에는 귀국민들이 처음 돌아오기 시작한 1945년과 1946년에 비하면 일본의 경제 상황이 훨씬 더 나아졌다. 그러나 이들은 문화적으로 일본인보다는 중국인에 가까웠고, 전쟁 직후 돌아온 사람들보다 적응에 더 많은 어려움을 겪었다. 반면, 어떤 사람들은 중국과의 무역을 원하는 일본 기업에 일자리를 구해서 언어 실력과 중국의 사업 관행에 관한 지식, 중국에 있는 개인 인맥을 활용할 수 있었다.

만철의 행정관 집단은 규슈에 정착하여 지역 계획을 수립하는 일을 했고, 동아동문서원(東亞同文書院)의 학자들은 아이치 대학교에서 중국학 연구 프로그램들을 마련했다. 행정관 출신 대다수가 중일 우호협회의 중추가 되었다.

일본이 항복한 뒤, 1930년대 말에 일본군의 진격을 피해 일본 제국주의자들의 힘이 미치지 않는 시골과 남서부 지방으로 몸을 피했던 사람들이 고향으로 돌아가기 시작했다. 대부분 전쟁 초기에 피난을 떠난 사람들이었지만, 그 뒤 일본군이 상하이와 충칭에 폭격을 시작했을 때와 1944년에 이치고 작전으로 일본군이 허난 성, 후난 성, 광시 좡족 자치구로 진군했을 때에 달아난 사람들도 있었다. 대부분의 피난민들이 지극히 가난했고, 많은 사람들이 굶주림에 시달리다가 죽었다. 또한 원래 살던 곳과 문화적으로 매우 다른 지역에서 살면서 불편함을 느낀 피난민들이 많았다.

전쟁이 끝난 후에 얼마나 많은 중국인들이 이주했는지에 관해서 신뢰할 만한 수치는 없지만, 대략 그 수가 수천만 명에 이르렀고 일부 학자들은 1억 명에 달한다고 추정하기도 한다. 기차를 탈 형편이 되는 사람은 거의 없었고, 고속도로도 아직 건설되지 않았기 때문에 대부분의 피난민들이 얼마 되지 않는 짐을 직접 들거나 작은 수레에 실어서 끌며 이동했다.

만주의 일본 자산을 차지하려는 경쟁

1945년 9월 3일에 일본이 공식 항복한 뒤, 몇 주일 동안 중국 전역에서 일본군 사령관들이 근방의 중국 관리들에게 항복하고 일본의 시설들을 중국인들에게 넘겨주었다. 몇몇 일본의 고위급 사령관들은 일본에서 군사학교를 함께 다니던 시절부터 중국인 사령관들과 아는 사이였고, 그런 옛 학우들이 서로 일하기 편하다는 것을 알고 있었다. 일본 병사들은 대개 항복한 뒤에도 군기가 잡혀 있었다. 중국인 병력이 전무한 일부 지역 사회에서는 일본군 병사들에게 몇 주일 혹은 몇 달 동안 머물며 질서를 유지해달라는 요청을 하기도 했다. 산시 성의 전 군벌 옌시산은 점점 커져가는 중국 공산당군의 세력에 맞서는 데에 도움이 되기를 바라며 1,000명이 넘는 일본인 병사들을 고용했다.

제2차 세계대전이 끝나자 국민당과 공산당은 공동의 적에 맞서서 결성했던 통일전선을 유지할 수 없었다. 양측 모두 일본의 시설들을 인수하고 앞으로 일어날 수 있는 내전에 대비하기 위해서 서서히 움직이기 시작했다. 일부 사람들은 여전히 전쟁을 피할 수 있기를 바랐다. 1945년 12월에 미국이 조지 마셜 장군을 충칭으로 보냈고, 마셜은 연립정부 수립을 촉진하고 전쟁을 피하기 위한 노력의 일환으로 마오쩌둥과 장제스 사이의 협상을 진행했다. 그러나 양측이 협력할 수 없다는 사실이 곧 분명해졌다.

종전 이후 몇 주일간, 승리를 거둔 군들―공산당, 국민당, 소련군―이 만주로 달려가서 1905년부터 40년간 일본인들이 세운 시설들을 차지하기 위해서 서로 경쟁했다. 만주는 중국 최대의 산업기지였고, 중국의 어느 지역보다 현대식 무기가 많았다. 자신의 군에 현대식 군사장비가 부족하다는 것을 잘 알고 있었던 마오쩌둥은 제2차 세계대전이 끝나자마자 중국 북부와 남서부에 있던 공산당군에게 전속력으로 북동부로 행군하라고 지시했다. 국민당과 전쟁이 벌어질 경우 이용할 수 있는 일본군의 무기와 산업

장비들을 먼저 장악하기 위함이었다. 국민당은 만주에서 대형 기계류뿐 아니라 35만-75만 정에 이르는 라이플총을 입수했던 것으로 추정된다.[4]

중국 남서부에 집중되어 있던 국민당군은 북동부 지방과 멀리 떨어져 있었지만 미국의 도움을 받아 비행기와 배, 철도로 북동부와 동부로 이동했다. 워싱턴의 관리들은 미군에게 중국 내부에서 벌어지는 군사 충돌에 가담하거나 어느 쪽에도 군사적 지원을 하지 말라는 구체적인 지시를 내렸다. 그러나 장제스가 중국의 공식 통치자였으므로, 공산주의의 위협을 우려하던 미국의 일부 지도자들은 그를 도울 방법들을 찾았다.

중국공산당과 국민당 모두는 소련군이 일본인들의 공장에서 산업 장비를 철거해서 국경 너머 소련으로 가져간다고 비난했다. 소련군은 국민당을 중국의 공식 정부로 인정했으므로 국민당이 요직과 일본의 일부 설비를 차지하도록 허용했다. 중국공산당은 소련군이 공산당 동지로서 자신들의 편이 되어주기를 바랐다. 일부 소련군은 시골 지역에 근거지를 구축하고 있던 중국공산당에게 지원을 제공하기도 했다. 하지만 소련은 1920년대 초 이후 쑨원에서부터 시작하여 줄곧 국민당과 협력해왔고, 스탈린은 여전히 국민당이 중국 내전에서 승리할 수 있다고 생각해서 1946년 봄 소련이 북동부에서 군을 철수할 때까지 계속 국민당과 협력했다.

일본군의 군사장비는 여러 나라의 군이 차지했지만, 일본이 구축했던 산업기지와 사회 기반시설들이 충분히 남아 있었으므로 1949년 이후 수년 동안 북동부 지방은 중국공산당의 산업기지가 되었다. 1949년 이후에는 일본인 밑에서 기술을 배운 중국인 근로자들이 공장을 운영했다. 중국에 남아 있던 일부 일본인 기술자와 관리자들은 중국인 후임자들이 기술을 익힐 때까지 공장 운영을 도왔다. 마오쩌둥은 일본의 만주 산업 개발계획과 국유화에 감탄을 표하기까지 했다. 1949년 랴오청즈가 만주 중공업 개발회사의 사장 다카사키 다쓰노스케(주요 인물 전기 참조)에게 일본인 소유였던 만주의 공장들에서 사용 가능한 재료들을 공급할 수 있는 일본 기업 목록과 함께 재료의 가격표를 요청했다. 1952년에는 중국의 총 산업생산량의 절반가량을 북동부 지방이 차지했다. 또 1953-1957년의 제1차 5개년 계획 동안, 소련의 지원을 받은 사업을 포함한 중국의 핵심 산업 프로젝트들 가운데 일본의 산업기지들을 기반으로 한 북동부 지방의 프로젝트가 매우 높은 비중을 차지했다. 이 지역은 1978년 개혁과 개방이 시작되고 수년 뒤까지 중국 중공업의 중심지로 남아 있었다. 그 이후에 상하이와 광동 성의 산업이 급속도로 발전하기 시작하여 이곳의 생산 규모는 곧 북동부의 공장들을 훨씬 앞서갔다.

중국의 내전과 재통일, 1945-1949년

일본의 침략이 없었더라면 국민당이 1930년대 중반에 공산당을 격퇴했을 수도 있다. 1936년 12월, 장제스가 어쩔 수 없이 공산당과 통일전선을 결성한 이후 국민당은 더 이상 공산당을 공격할 수 없었다. 국민당은 남서부로 물러난 이후부터는 전국적인 지지를 유지하기가 더욱 어려워졌다. 다른 지역의 국민들을 보호하기 위해서 아무것도 할 수 없었기 때문이다. 북서부에 근거지를 둔 공산당은 국민당의 공격을 받지 않는 이 기회를 이용해서 엄격한 조직을 구축하고 토지 개혁을 실시하는 경험을 쌓았으며, 대중의 지지를 얻기 위한 명확한 메시지를 가다듬었다. 또 군을 훈련시켜 국민당과 싸우기 위한 준비를 갖추었고, 중국 전체를 정복한 이후 어떤 정책들을 추구해야 하는지에 관해서 추종자들 사이에 전반적인 합의를 이루었다.

북동부에서 벌어진 중국 내전의 초기 일부 전투들에서는 국민당이 비교적 잘 싸웠다. 국민당군은 공산당군보다 더 많은 무기를 가지고 전쟁을 시작했고, 잘 훈련된 병력을 보유했다. 하지만 공산당군이 북동부의 주요 전투들에서 승리하고 일본군의 무기와 물자, 산업기지를 차지하면서 점차 공산당이 힘을 얻었다. 장제스는 경제를 통제하는 데에 집중하기보다 싸우는 쪽을 택했다. 하지만 그 결과 격심한 인플레이션과 물자 부족 현상이 일어났고 혼란의 시기에 자신과 가족들을 부양하기 위해서 국민당 병사들이 부패를 일삼으면서 일반 대중과 멀어졌다. 반면 토지 개혁을 약속한 공산당은 농민들로부터 더 큰 호응을 얻었다. 농민들은 공산당이 내전에서 승리하면 자신의 가족이 땅을 가질 수 있을 것이라고 기대했다. 공산당은 부패를 일삼는 국민당에게서 환멸을 느끼고 토지 개혁으로 땅을 얻기를 바라는 많은 젊은이들을 신병으로 모집했다. 그들은 강제 징집된 병사들도 포함되어 있던 국민당군보다 더 헌신적으로 전투에 임했다.

북동부의 기지들을 점령한 공산당군은 베이핑을 차지한 이후 양쯔 강을 향해 남진했다. 양쯔 강을 건널 무렵, 공산당군은 국민당군이 더 이상 진군을 저지할 수 없을 만큼 강해져 있었다. 1949년 10월 1일, 공산당은 그들의 군대가 남서부에 도착하기도 전에 중화인민공화국 수립을 선포했다. 그 이후 공산당은 힘을 결집시켰고, 반혁명주의자들을 일소하는 캠페인을 통해서 지주계급을 제거하고 가난한 농민들에게 땅을 나누어주었다. 공산당은 충성스러운 추종자들로 구성된 당과 청년동맹 조직들을 구축하여 1911년에 제정이 몰락한 이후 처음으로 중국을 통일할 수 있었다.

연합국의 점령에 따른 일본의 재편, 1945-1952년

연합국의 일본 점령을 주도한 미국의 지도자들은 또다른 세계대전의 발발을 막기 위해서 다른 나라들이 전쟁의 원인을 제거하고, 평화를 추진할 기반을 마련하도록 도와야 한다고 생각했다. 더글러스 맥아더 장군이 점령군을 이끌기 위해서 도착한 1945년 9월부터 1952년 4월까지 연합국 점령군은 일본의 정치와 경제, 교육제도를 개혁하고 일본의 외교정책을 지배했다.

제2차 세계대전이 끝났을 무렵, 단연 세계 최고의 강국이던 미국의 지도자들은 번영하는 국가는 다른 나라를 공격할 필요가 없을 것이라고 생각했다. 1945년, 진주만 기습 공격과 필리핀 바탄에서 벌어진 죽음의 행진에서 미국 군인들에게 가한 잔혹 행위, 그리고 아시아와 서태평양에서의 침략 행위에 대해서 많은 미국인들은 일본을 처벌하기를 원했다. 하지만 일본에게 점령당한 8년 동안 고통을 겪은 중국인들과 달리, 미국인들은 일본의 직접적인 점령을 경험하지 않았을뿐더러 일본의 군인들과 개인적인 접촉도 거의 없었다. 따라서 적국 일본에 대한 미국의 증오는 중국만큼 깊거나 오래 지속되거나 개인적이지 않았다.

이 문제를 검토한 점령군 지도자들은 일본인들이 항복 결정을 받아들이고 연합군의 지침을 따르게 하려면 천황의 지원을 얻어야 한다는 결론을 내렸다. 그래서 이들은 전쟁에 대한 천황의 책임을 강조하지 않았다. 일본 천황은 신격화를 포기하고 항복을 발표했다. 그리고 맥아더 장군과 공개적으로 함께 등장하여 점령군을 지지한다는 것을 일본 대중에게 보여주었다.

미국의 지도자들은 제1차 세계대전을 일으킨 독일을 종전 이후 너무 가혹하게 몰아붙이는 바람에 독일인들이 강한 복수욕을 품게 되었고, 그리하여 제2차 세계대전을 일으켰다는 결론을 내렸다. 이 같은 이유로 그들은 제2차 세계대전 이후 독일과 일본을 점령하는 동안 그들을 덜 가혹하게 통치해야 한다고 생각했다. 이후 연합국은 일본에 지시는 내렸지만 일본인들이 정부를 운영했다. 이를 위해서는 긴밀한 협조가 필요했다. 전체적으로 일본인들은 질서를 지켰고 연합국의 지시를 받아들였으며, 지시를 수행하려고 노력했다. 일본인들은 일본에 도착하기 시작한 미국인들을 아이들에게 사탕과 껌을 나눠주는 놀라울 정도로 친절한 집단이라고 생각했다.

점령군의 지도자들은 일본이 다시는 군국주의를 추구하지 못하도록 막으려면 전쟁의 근본 원인들에 대한 철저한 대처가 필요하다고 생각했다. 이들은 민주국가는 전쟁을 일으키지 않는다고 생각했고, 그리하여 일본은 민주적으로 선출된 의회, 자유 언론, 정부의 통제로부터 자유로운 기업과 노동조합뿐 아니라 부모-교사 모임, 민주주의를 촉진시키는 교과서를 포함한 민주적 제도들을 "자유롭게 개발하도록 강요받았다." 점령군은 지주의 권력을 줄이고 시골에 민주주의의 기반을 구축하기 위한 토지 개혁을 실시하여 대지주가 소유하던 땅을 분배했다. 또 민주주의를 강화하기 위해서 점령군의 목표를 지지하는 일본의 좌파, 노동조합, 진보적 학자들과 협력했다. 일본의 소수 공산주의자들은 1930년대에 일본 군국주의의 가장 대담한 반대자들에 속했고, 이제는 합법적인 정당으로 환영받았다.

연합국 점령군이 군국주의를 공격하는 데에 성공한 이유는 일본인들이 점령 통치에서 벗어나려면 군국주의의 종식이 필요하다는 것을 알고 있었기 때문이다. 그뿐만 아니라 대다수의 일본 관리들과 대중이 군국주의가 일본, 다른 국가들, 그리고 일본과 다른 국가들과의 관계에 재앙을 불러온다고 굳게 믿었다. 이렇게 해서 점령군은 일본군을 해체한 뒤에 불법화했다. 또한 군사장비를 생산하는 공장들을 없애고 큰 기업들을 폐업시켰다. 일본의 일부 역사가들은 메이지 시대 동안의 지나친 권력 집중을 "메이지 절대주의"라고 부르며, 모든 아시아인에게 고통을 안겨주고 다른 아시아인들을 일본과 멀어지게 만든 군국주의 성장의 길을 닦았다며 비판했다.

점령 통치가 이루어진 첫 2년 동안 수만 명의 일본인이 굶어 죽었다. 그동안 일본에 식량을 공급하던 식민지를 잃은 일본의 지도자들은 해외에서 식량을 구입하기 위한 돈을 마련하려면 수출을 늘려야 한다는 것을 깨달았다. 만주에서 수입하던 원자재와 콩의 상당 부분을 미국이 대체했다. 예를 들면 1951년에 미국은 일본의 철광석 수입의 34퍼센트, 석탄 수입의 71퍼센트, 콩 수입의 97퍼센트를 공급했다.[5]

일본은 경제를 이끌어나가는 데에 전시의 경험에 의지했지만, 정부가 사회주의식으로 계획을 관리하고 부과하는 방식보다 유도적인 계획 방식—목표는 설정하되 기업들에게 저마다의 목표를 달성하는 방법을 결정할 자유를 허용하는 방식—을 도입하기로 했다. 일본의 지도자들은 질이 낮은 상품을 생산한다는 평판이 생기면 수출에 부정적인 영향을 미친다는 것을 알고, 품질 향상에 필요한 부분들에 많은 신경을 써서 미국의 전문가들을 영입하고 새로운 기법을 실험하는 데에 전념했다. 몇 년 지나지 않아 일본은 품질 좋은 상품을 생산한다는 평판을 얻었다.

1945년 이후 처음 몇 년 동안 중국 연구를 전문으로 하는 일본 학자들은 1934년에 세상을 떠난 나이토 고난을 포함한 전쟁 전의 주요 중국 전문가들이 중국 침략을 강하게 반대하지 않았다며 그들을 비판했다. 미국과 안전보장조약을 맺으며 점령 통치가 끝난 뒤에는 많은 지식인들과 학생들이 이 조약이 군을 지나치게 지원한다는 비판에 동참했다. 일본이 근대화되면서 마르크스주의와 좌파의 견해에 대한 지지는 서서히 약해졌지만, 대중은 군국주의가 재앙을 불러온 원흉이라고 보고 이것에 여전히 깊고 강하게 반발했다.

전범재판

1946년 5월 3일부터 중국을 포함한 7개 연합국의 재판관들이 주재하는 극동국제 군사재판이 시작되었다. 1948년 11월 12일에는 기소된 28명의 A급 전범자들에 대한 판결이 내려졌다. 이 A급 전범자들은 일본이 전쟁 범죄와 인도주의에 반하는 범죄들을 저지르도록 이끄는 데에 한몫한 지도자들이었다. 민간인 1명(총리 히로타 고키)과 장군 6명이 교수형에 처해졌고, 16명이 종신형을, 2명은 좀더 짧은 형기를 선고받았다. 3명은 사망이나 정신이상으로 형을 선고받지 않았으며 무죄 판결을 받은 사람은 아무도 없었다. 통례의 전쟁 범죄를 저지른 B급, 인도주의에 반하는 범죄를 저지른 C급 범죄자들도 재판을 받았다. 병사들이 잔혹 행위를 저질렀을 때에 지휘 책임이 있던 18명의 장군들이 B급 전범자로 기소되어 재판을 받고 유죄 판결을 받았다. C급 전범자인 4,200여 명의 하급 장교들은 잔혹 행위들로 재판에 처해져 그중 약 700명에게 사형선고가 내려졌고 나머지 사람들은 다양한 형기를 선고받아 수감되었다.

학살이 벌어졌을 당시 난징에 있었던 선교사이자 사회학자인 루이스 스마이드 같은 증인들이 재판에서 상세한 증거들을 제시했다. 스마이드는 난징에서 욘 라베와 그외의 사람들과 함께 일하며 당시 일본군이 저지른 잔혹 행위들을 면밀하게 추적했다. 또한 재판에서는 하얼빈 교외에서 731부대가 수행한 생화학전에 관한 정보도 수집했다. 731부대에서는 살아 있는 사람을 대상으로 생체 실험을 자행했는데, 그중 많은 사람들이 목숨을 잃었다.

제2차 세계대전이 일어나기 전에는 독일에서 열린 뉘른베르크 재판과 도쿄의 극동국제 군사재판 같은 전범재판에 대한 법적 근거가 없었다. 하지만 누가 전쟁을 일으켰고 누가 잔혹 행위를 저질렀는지 판단하기 위해서 법적 절차가 이용되었다. 도쿄 재판을 위해서 방대한 정보가 수집되어 면밀하게 분석되었지만 전쟁 중에 자행된 잔혹 행위들의 수에 비하면 재판에 붙여진 사건의 수는 매우 적었다. 400명이 넘는 증인들로부터 증거가 수집되었고 700건 이상의 진술서가 제출되었다. 주요 사건들은 일본인 변호사뿐 아니라 서구의 변호사들도 변호를 맡았다. 재판에서 중국의 변호사들은 일본인들을 강력하게 비난했지만, 다른 국가 출신의 일부 재판관들은 중국 측 발표가 잘 준비되지 않은 데다가 면밀한 분석이나 증거에 대한 설명이 부족하다고 생각했다.

도쿄에서 열린 주요 전범들에 대한 재판 외에 다른 범죄자들도 중국과 그외의 곳들에서 재판을 받았다. 중국에서는 883여 명의 일본인이 재판에 회부되어 149명이 처형당하고 350명은 무죄 판결을 받았다.[6] 장제스를 비롯한 중국 정부의 고위층은 중국이 높은 국제적 전문 기준을 준수한다는 것을 보여주고 싶어했다. 도쿄 전범재판에서의 중국 측 발표와 달리, 중국에서 사용된 증거들은 좀더 면밀하게 제시되었다. 중국에서 재판에 회부된 일본인들 중에서 일부가 무죄 판결을 받기도 했지만, 중국 현지에서는 일본인들과 일본에 협력한 사람들에 대해서 법을 벗어난 많은 응징이 가해졌다.

많은 일본인들이 난징에서 벌어진 공격과 731부대의 인체 실험이 잔혹 행위였다는 데에 동의했지만, 일본인 피고들만 재판을 받았기 때문에 재판이 보편적인 기준이 아니라 "승자의 정의"를 따랐다고 생각했다. 일본인들이 생각하기에 민간인들이 거주하는 일본 도시들을 폭격하거나 2개의 원자폭탄 투하 명령을 내리는 등 역시 범죄를 저지른 서구인들은 재판을 받지 않았던 것이다. 게다가 소송 절차를 검토해본 일본인들은 범죄 피해자가 아시아인이 아니라 서구인인 경우에 가장 엄중한 처벌이 내려진 판례가 훨씬 더 많다고 생각했다. 재판이 2년 넘게 이어지면서 재판을 받는 일본인들이 겪는 고초에 관한 기사가 일본 언론에 나타나기 시작했다. 또 점령 통치가 끝난 다음 해인 1953년에는 전범들이 옥중에서 보낸 편지들이 발표되기도 했다. 자신들이 통제할 수 없는 힘겨운 상황에 휘말렸다고 주장하는 이 전직 관료들에게 일부 대중은 동정심을 느꼈다. 7명의 재판관들 중에서 인도의 라다비노드 팔은 이 재판 이전에는 전시의 군사 행위에 대한 어떤 규칙도 정해져 있지 않았고 정의의 보편적인 기준이 없었기 때문에 전범재판 전체가 무효라고 생각했다. 일반 대중은 전시에 일어난 범죄들을 숨기고 축소하거나 잔혹 행위를 정당화하려고 애쓰지 않았지만, 라다비노드 팔의 판단은 일본인들만 처벌을 받고 전쟁범죄를 저지른 다른 사람들은 처벌받지 않는 승자의 정의를 적용하는 데에 분개한 일본인들로부터 많은 관심을 받았다.

1969년에 후생성이 도쿄의 야스쿠니 신사에 A급 전범들의 명단을 보냈다. 1978년 10월에 새로 취임한 궁사(宮司) 마쓰다이라 나가야시가 이들을 신사에 합사하기로 결정했다. 히로히토 천황은 이 결정에 몹시 분노하여 이후로는 신사를 방문하지 않았다. 1978년 중국과 일본은 공식 외교관계 수립을 추진하고 있었고, 3년 뒤에 중국은 일본이 전범들을 신사에 모신 데에 대해서 항의하기 시작했다. 전범재판이 열린 1946년부터 1948년까지 중국인들은 내전에 몰두하느라 재판에 많은 관심을 기울이지 못했다. 나중에 난징 대학살과 731부대의 인체 실험에 관한 정보들을 널리 알릴 때에 중국인들은 재판에서 제시된 증거들에 의지했다. 2006년 중국에서 제2차 세계대전을 다룬 영화들이 인기를 끌 때, 많은 관객을 끌어모은 중국 영화 「동경심판」이 전범재판 중에 제시된 증거들에 대한 관심을 환기시켰다.

냉전과 "역코스", 1947년

점령군 관리들은 또다른 전쟁의 밑바탕이 될 수 있는 일본의 군과 중앙집권화된 군산복합체를 해체하기를 원했다. 1947년까지 연합국의 점령 통치는 큰 기업들, 특히 전쟁의 발발에 도움이 되지만 일본의 경제회복에는 쓸모가 거의 없는 기업들을 해체하는 데에 집중했다. 그러나 냉전으로 인한 분단이 더욱 뚜렷해지던 1947년에 점령군 관료들은 일본을 소련에 맞서기 위한 잠재적 동맹국으로 보기 시작했다. 1947년 이후, 제2차 세계대전에 참전했지만 새로운 미일 동맹을 지지하지 않는 보수적인 일본 관료들은 관직에 복귀하지 못했다. 1950년에 한국전쟁이 일어나고, 주일 미군이 한국에 가서 싸울 수 있도록 일본에 경찰예비대가 창설되었다. 그리고 1954년에 일본 자위대—사실상 다른 나라들을 공격하지 않고 일본의 방위에만 이용될 수 있는 군대—가 발족하여 10년 만에 20만 명의 병력을 보유하게 되었다.

점령 정책의 이러한 "역코스" 전환에 대한 전략적 근거는 미국의 대일 전략을 평가하기 위해서 1948년 3월에 일본으로 파견된 미국의 대표적인 냉전 전략가 조지 케넌이 마련했다. 케넌은 자신이 조사한 내용을 바탕으로 42페이지의 보고서를 썼고, 1948년 10월 트루먼 대통령이 그가 제안한 대일 전략을 승인했다. 케넌은 서유럽인들과 일본인들이 계속해서 가난에 시달린다면 공산당의 먹잇감이 될 수 있다고 생각했다. 케넌의 제안이 승인을 받았을 무렵, 공산당은 이미 체코슬로바키아를 장악하고 베를린을 봉쇄했다. 그리고 중국의 내전에서도 공산당의 승리가 점쳐지고 있었다.

케넌의 대일 정책의 핵심 목표는 확고하고 안정된 경제를 구축하는 것이었다. 그는 일본의 대기업들을 해체하는 점령 정책을 뒤집어야 한다는 결론을 내렸다. 그는 경제가 튼튼하면 일본과 유럽이 세계적인 자유시장 경제의 지주가 될 것이라고 믿었다. 나중에 그동안의 활동을 돌아봐달라는 요청을 받은 케넌은 유럽의 경제회복을 위한 마셜 플랜의 착수에 참여했던 일과 대일 정책의 방향 전환에 한몫했던 일이 자신이 미국 정부를 위해서 일하면서 한 "가장 중요한 기여"라고 말했다.

1947년, 미국은 일본의 식량 부족을 완화하기 위해서 자국의 잉여 곡물들 중에서 일부를 보냈다. 또 합성섬유 생산에서 막 진전을 이룬 미국은 옷을 만들 면직물 부족 문제를 해결하기 위해서 일본에 합성섬유 기술을 알려주었다. 이후 일본은 미국으로부터 수입하는 식량과 그외의 물자들의 대금을 지불할 소득을 창출하기 시작했다. 미국의 산업체들은 일본에 제조 기술을 이전했는데, 30년 후에는 미국과 일본의 기업들이 마찬가지로 중국에 기술을 이전했다. 전쟁 동안에 일본의 산업지대는 대규모 폭격으로 폐허가 되었지만, 메이지 시대 이후 발달시켰던 사업 능력과 기술은 그대로 남아 있었으므로 일본 기업들은 곧 성장의 발판을 마련했다.

점령군 당국은 일본이 공산주의 경제 질서로 끌려 들어갈 것을 우려하여 중국과의 교역을 크게 증가시키지 않도록 막았지만, 케넌은 굳이 중국과의 교역을 막아야 한다고 생각하지 않았다. 케넌이 생각하기에 당시 중국은 매우 빈곤하고 분열된 국가였으므로 미국에 그다지 위협적이지 않았다. 러시아 전문가였던 케넌은 중국이 소련과 손을 잡는다고 해도 중국의 강한 민족주의 때문에 소련과의 동맹이 오래 지속되지 않을 것이라고 확신했다. 그는 중국공산당이 이미 소련과 동맹을 맺었고, 미국은 중국의 경제 성장을 도와서는 안 된다고 생각했다.

한국전쟁과 중일 관계의 냉각, 1948-1972년

한국은 1870년대와 1880년대에 중일 간의 싸움과 1894-1895년의 청일전쟁, 1904-1905년의 러일전쟁의 소용돌이에 휘말렸던 것처럼 제2차 세계대전이 끝난 뒤에도 아시아의 세력 다툼의 중심에 놓여 있었다. 하지만 이번에는 단지 일본과 중국 혹은 일본과 러시아 사이의 충돌이 아니었다. 이제 한국은 공산주의 세계 전체와 자본주의 세계 전체의 다툼의 중심이 되었다.

제2차 세계대전의 종전 직전에 미국은 독일을 분할한 것처럼 일본 또한 별개의 점령지들로 분할하자는 스탈린의 요구를 강하게 거부했다. 하지만 1945년 8월 10일 종전이 다가오자 미국의 관료들은 한국에서 소련군과 미군이 38도 선을 경계로 하여 각각 북쪽과 남쪽 지역을 점령하는 데에 동의했다. 일본이 항복하고 3년 뒤인 1948년 8월 15일, 자체 정부를 갖춘 별개의 국가인 대한민국의 수립이 선포되었고 1948년 9월 9일에는 북한 정부의 수립이 공식 선포되었다. 소련군이 한국을 떠난 직후, 1949년 6월에 미군도 철병하여 미국이나 일본의 기지들로 돌아갔다.

미국의 지도하에 이승만이 남한의 지도자가 되었고, 소련의 지도하에 김일성이 북한의 지도자가 되었다. 만주에서 중국인 유격대와 함께 일본군과 싸우던 김일성은 1941년 이후 일본군의 압박이 점점 더 심해지자 중국인 유격대와 함께 소련으로 철수하여 제2차 세계대전의 나머지 기간을 그곳에서 보냈다. 이승만은 프린스턴 대학교의 우드로 윌슨 밑에서 공부했고, 미국인 여성과 결혼했다. 대한민국의 지도자 자리를 맡기 전에 그가 한국에서 살았던 기간은 얼마 되지 않았다. 미국의 관료들은 이승만을 동맹자로 생각했다. 외국의 병력이 없는 상태에서 이승만과 김일성은 자신의 주도하에 한반도를 재통일하겠다는 희망으로 남한과 북한에서 각자 군을 강화하기 시작했다. 미국은 이승만이 북한을 침략할까봐 탱크와 그외의 중장비를 남한으로 보내는 것을 꺼려했다.

당시 남한에 비해서 북한은 압록강의 수력 발전소들과 일본의 식민지배 동안에 건설한 화학 및 관련 산업들의 큰 산업기지를 보유했다. 반면에 남한은 주로 농경사회였다. 교육받은 한국인들은 일본어와 일본 문화를 배웠기 때문에 일부는 일본인들과 좋은 관계를 유지했다. 만주에서 일본군으로 복무했던 박정희 같은 한국인은 일본에 깊은 영향을 받았다. 하지만 타이완 인들과 달리 한국인들은 일본의 식민지배를 받기 전에 고유의 민족주체성을 가지고 있었기 때문에 타이완인들보다 훨씬 더 강하게 일본에 저항했다. 한국인들은 일본의 성공을 존중하고 일본 문화 및 일본인과의 교류를 즐기면서도 일본의 지배를 증오하는 몹시 상반된 감정을 유지했다.

1950년 1월 12일, 미국의 국무장관 딘 애치슨은 연설에서 미국의 방위선 내에 남한을 포함시키지 않기로 했다. 이 선언 때문에 중국과 러시아는 북한이 남침을 하더라도 미국이 남한을 지원하지 않으리라고 가정한 것으로 보인다. 1950년 봄, 스탈린으로부터 남침 허가를 받은 김일성은 북한군에게 38선을 넘어 남한을 공격할 준비를 지시했다.

1950년 4월, 마오쩌둥의 허가에 따라 중공군 내의 조선족 병사 4만7,700여 명이 김일성을 지원하기 위해서 북한으로 전출되었다. 그중 많은 병사들이 제2차 세계대전에서 일본과 싸운 사람들이었다.[7] 마오쩌둥은 1950년 초에 김일성에게 공산당이 중국 전체를 진압하게 되면 필요할 경우 병력을 지원해줄 수 있다고 확언했다.

1950년 5월에 김일성과 만난 마오쩌둥이 한반도에서 일어날 수 있는 군사 충돌에 관해서 논의하면서 미국이 남한 방어를 위해서 약 7만 명의 일본인 "용병"을 이용할 가능성을 제기했지만, 미군이 직접 개입할 것이라고는 예상하지 않았다. 마오쩌둥이 더 걱정한 것은 일본 군국주의의 부활이었다. 1950년 2월에 체결된 중소 우호동맹 상호원조조약으로 일본군이 중국을 침략할 수 있다는 우려는 해결되었지만, 한국에서 미군과 싸울 것이라고는 전혀 예상하지 못했다.

1950년 6월 25일, 중무장한 북한군이 38선을 넘었다. 북한군은 서울로 빠르게 진군하여 도중에 수만 명의 남한 병사들을 무찌르고 6월 27일에 서울을 함락했다. 트루먼 대통령은 미국이 나서지 않으면 소련이 한국 전체를 차지한 다음 더욱 큰 전쟁을 시작할 것이라고 우려했다. 미국이 이 전쟁에 개입하려면 중대한 병력 투입이 필요했다. 트루먼은 즉각적으로 한국에 병력을 배치하기 위해서 유엔에 지원을 요청하기로 결정했다. 그는 이것이 일본에 원자폭탄을 투하할지 판단할 때보다 더 어려운, 일생에서 가장 힘든 결정이었다고 표현했다. 그와 자문들은 1930년대에 국제연맹이 일본의 만주 침략에 강하게 대응하지 않아 일본이 계속 세력을 확장하여 결국 태평양 전쟁을 일으켰다고 생각했다. 트루먼은 한국에서 유엔의 대응을 구하는 외에도 타이완 해협에 미 해군 제7함대를 보내서 중국공산당이 타이완을 공격하지 못하도록 막았다. 7월 7일, 유엔은 한국으로의 유엔 군 파병에 동의했고 곧이어 미군이 한국에 도착하기 시작했다.

같은 날, 마오쩌둥은 전쟁에 중공군이 필요할 경우에 대비해서 동북 국경 수비군을 설치한다고 발표했다. 8월에 마오쩌둥은 만약 한국에 파병한다면 중공군으로서가 아니라 "자원병"으로 보내겠다는 결정을 내렸다. 미국이 중국에 전쟁을 선포할 위험을 줄이기 위해서였다. 중국은 전쟁이 곧 끝날 것이라고 예상했다.

9월 15일 유엔 군이 인천에 도착하기 시작했고, 2주일 뒤에 서울을 수복했다. 10월 3일 저우언라이는 주중 인도 대사 K. M. 파니카에게 만약 유엔 군이 38선을 넘어 북진한다면 중국이 참전할 것이라고 발표해달라고 요청했다. 조지 케넌과 다른 관리들은 중국이나 소련의 참전을 우려하여 유엔 군의 38선 돌파를 허가하는 데에 반대했다. 그러나 맥아더 장군과 그외의 미국 지도자들은 저우언라이가 지나치게 자신감이 넘쳐 허세를 부리고 있다고 생각했고, 곧 유엔 군이 38선을 넘어 북진했다. 그러자 10월 19일부터 20만여 명의 중공군이 압록강을 넘어 북한으로 침투했다. 몇 달 지나지 않아 유엔 군은 38선 아래로 후퇴했고 서울이 북한군과 중공군에 의해서 함락되었다. 이후 유엔 군은 다시 진격했고 전쟁은 교착상태에 빠졌다. 양측은 여전히 적을 한반도에서 몰아내기를 바랐다. 2년도 더 지난 1953년 7월

27일에야 양측은 휴전협정을 체결하고 공식적으로 전쟁을 끝냈다. 이 전쟁에서 중국군 90만 명, 북한군 52만 명, 유엔 군 40만 명(주로 한국군)이 전사하거나 부상당했다고 추정된다.[8]

미국이 한국에서 싸우기 위해서 유엔에 지원을 요청하기로 결정하기 전, 중국은 타이완 침략을 준비해왔다. 하지만 한국전쟁이 발발하고 미국이 타이완 해안에 제7함대를 파견하자 중국공산당의 타이완 침략계획은 사실상 불가능해졌다. 결국 한국전쟁의 결과로 타이완은 중국과 계속 분리 유지될 수 있었다.

일본 군인들은 참전하지 않았지만, 중국이 우려했던 대로 일본의 항구들이 유엔 군의 병참기지로서의 역할을 했다. 유엔이 한국전 참전 병사들이 사용할 제품을 일본에서 구입하고 군사장비들을 일본에서 수리했을 뿐만 아니라, 유엔 군 병사들의 "갱생 보호"를 위해서 일본에서 휴가를 보내도록 하면서 일본은 경제 회복에 큰 힘을 얻었다. 더 중요한 점은 한국전쟁을 계기로 일본의 경제를 지원하겠다는 미국의 의지가 더 강해졌다는 것이다. 이에 따라 미국의 기술과 경영을 배우려는 일본 기업가들이 환영받았다. 반면 한국전쟁은 중국의 자원을 심각하게 고갈시켰다. 또 이 전쟁으로 미국 정부가 중국과의 교역을 금지하고 미국 내 중국 자산을 동결시켰을 뿐만 아니라, 다른 국가들이 중국의 산업을 돕지 못하도록 막았다.

식민지에서 사업 파트너로 변화한 타이완, 1947-1972년

일본인 피난민들이 중국에서 돌아오자 현실적인 일본의 지도자들은 중국 본토와의 교역 관계를 계속 열어두려고 노력했지만, 공산권을 강력히 반대하던 미국의 관료들은 일본과 중공 사이의 교역에 엄격한 제한을 두었다. 그러나 일본인들은 타이완, 특히 1895년에 타이완을 식민지화한 이후 꾸준히 접촉해오던 현지인들과 밀접한 관계를 유지했다. 또 일본의 지도자들은

1947년에 국민당군과 국민당 정부 그리고 그들의 동지들이 공산당군의 진격으로 후퇴하여 타이완에 대거 도착하자, "본토인"—타이완 밖에서 태어난 사람들—과도 관계를 맺었다.

1949년 이후 장제스와 함께 타이완으로 건너온 본토인들은 섬 인구의 3분의 1에도 미치지 못했다. "본성인"들은 청나라 때에 타이완으로 건너온 명의 충신들을 포함하여 주로 푸젠 성에서 이주한 사람들의 후손이었다. 타이완 인구에는 또한 정성공이 도착하기 전부터 이곳에서 살았던 사람들의 후손인 원주민들도 포함되어 있었다. 일본 점령기를 거치면서 타이완은 생활수준과 교육수준이 본토보다 훨씬 더 높게 향상되었다.

타이완에 도착한 본토인들은 군대뿐 아니라 정부도 통제했고, 이로 인해서 본토인들과 본성인들 사이의 긴장이 빠르게 고조되었다. 타이베이에서 처음 시작되어 이후 다른 도시들에서도 폭동이 일어났다. 1947년 2월 28일 이미 타이완에 주둔해 있던 국민당군을 지원하기 위해서 본토에서 더 많은 병사들이 도착한 뒤, 타이완의 질서 유지를 위해서 장제스가 보낸 일본어를 할 줄 아는 국민당 장군 천이가 강경 진압을 시작했다. 1992년의 행정원 보고서에 따르면, 국민당군은 본토로부터 새로 건너온 사람들에 맞서서 저항세력이 될 만한 지도자층 대부분을 포함하여 1만8,000명에서 2만8,000명을 살해한 것으로 추정된다. 진압이 시작된 날인 "2월 28일"은 수십 년간 이어져온 본토인에 대한 본성인들의 증오를 나타내는 강력한 상징이었다. 나중에 국민당이 공산당에 협력한 혐의로 천이 장군을 처형했을 때에도 그들의 깊은 분노를 누그러뜨리는 데에는 거의 도움이 되지 않았다.

일본이 타이완을 점령했을 때, 일부 타이완인들은 일본인들에 관해서 불평했지만, 2-28 사건 이후 본성인들은 오히려 새로 도착한 본토인들보다 이전의 일본인 통치자들을 더 좋아했다. 따라서 본성인들이 일본 문화에 감사를 표하는 것은 본토인들의 통치에 간접적으로 항의하는 수단이 되었다. 본토인들이 도착한 뒤에도 제2차 세계대전 이전에 타이완에 설립되었던 일본 기업들은 여전히 타이완 기업들과 협력하며 수월하게 운영되었다. 1960년대에 일본에서 산업 근로자들의 임금이 상승하면서 일본은 방직업과 신발제조업의 일부를 임금이 낮은 타이완으로 이전했다. 그리하여 전후에 일본의 산업이 회복된 직후 타이완의 산업화가 뒤따랐다. 제2차 세계대전이 끝나기 전에 타이완에서 살았던 일본인들은 이곳에 머무르며 계속되는 타이완-일본 사업 네트워크에 참여했다.

타이완에서 중화민국 정부와 군의 요직은 주로 본토인이 차지했다. 군인이건, 관료건 대부분의 본토인들은 사업을 "천하다"고 생각하여 천시했다. 그래서 1950년대에 타이완의 기업들은 거의 모두 본성인들이 주도하는 소규모 기업이었다. 1949년 이후와 중국 내전이 끝나고 처음 몇 년 동안은 현지 기업가들의 생활수준이 본토인들보다 전반적으로 낮았지만, 경제가 성장하면서 많은 본성인들이 사업에 성공하여 큰돈을 벌기 시작했고 공무원 월급으로 살던 본토인들보다 더 높은 생활수준에 이르렀다.

일본의 기업가들은 타이완의 기업가들과 좋은 관계를 유지했고, 1945년 전에 중국 본토에서 일했던 일본의 일부 정치 지도자들은 본토에서 알고 지냈던 사람들을 포함해서 본토 출신의 관료들과 좋은 친분을 맺을 수 있었다. 두 나라가 전쟁을 치르기는 했지만 타이완으로 건너간 일본인들과 중국인들 개개인 모두가 적은 아니었다. 중국에서 일했던 일부 일본인들은 타이완과 동일한 본토의 지방 요리와 문화(저장 성이나 상하이나 베이징)에 대한 감상을 나누었다. 1945년 이전에 본토에서 근무했고 타이완의 정치 지도자들과 관계를 유지한 사람들에는 총리 기시 노부스케와 사토 에이사쿠도 포함된다.

1950년대와 1960년대에 중국 본토의 관리들은 타이완의 적들과 밀접한 관계를 유지하는 일본에게 분노했다. 중화민국이 유엔에서 중국 대표 자리를 차지하는 바람에 중화인민공화국은 1971년까지 유엔에 가입하지 못했다. 일본은 유엔에서의 중국 대표권을 타이완 대신 본토에 부여하는 것을 지지하지 않았으므로, 본토의 관리들은 일본이 자신들의 적인 국민당을 돕고 있다고 생각했다.

1945년 전에 일본의 강력한 산업과 야심을 기억하던 본토의 지도자들은 만약 기회가 주어지면 일본 기업들이 또다시 본토의 경제생활을 지배할 것을 우려했다. 일부 중국인들은 일본이 중국, 일본, 동남 아시아 국가들이 일본의 지휘하에 교역과 번영을 공유한다는 대동아공영권을 부활시키려고 한다는 두려움을 표현했다. 그래서 중국인들은 일본 기업가들에게 본토에서의 사업 기회를 주는 데에 신중을 기했다.

타이완은 자국에서 사업을 하는 일본 기업들이 본토에서도 사업을 하는 것을 허가하지 않았다. 만약 그랬다가는 타이완에서 추방될 것이라고 경고했다. 마찬가지로 중국 역시 본토에서 사업을 하는 일본 기업들이 타이완과 사업을 하는 것을 허가하지 않았다. 1960년대 중반까지 많은 일본 기업가들은 타이완이 크기는 작지만 본토보다 더 큰 사업 기회를 제공한다고 생각했다. 타이완이 본토에 비해서 인구가 훨씬 적은데도(1970년에 중국 본토의 인구는 8억2,500만이었던 반면 타이완은 1,500만 명에 불과했다) 1964년까지 일본은 본토보다 타이완에서 더 많은 제품을 판매했다.

일본의 기업들은 타이완과 본토 모두에서 사업을 하기를 원했으므로 두 곳의 정부들과 좋은 관계를 맺기를 바랐다. 1971년 여름에 헨리 키신저가 중국을 방문하여 새로운 미중 관계의 신호탄을 쏘아올린 뒤에도 일본의 관리들은 타이완의 중화민국과 공식 관계를 유지하기를 희망하면서 두 개의 중국 정책을 지지했다. 1971년 중국 본토가 유엔에 가입하고 1972년 2월에 닉슨 대통령이 중국을 방문하면서, 중국은 일본에게 본토와의 관계를 정상화하고 싶으면 타이완의 중화민국과 외교관계를 단절하라고 요구할 만큼 유리한 입장에 서게 되었다. 1972년 중국과의 관계 정상화 당시 다른 선택의 여지가 없었던 다나카 가쿠에이(주요 인물 전기 참조) 총리는 타이완의 중화민국과 공식적인 외교관계를 단절했지만, 일본은 여전히 타이완 정부와 비공식적으로 강한 연계를 유지했다.

외교관계 없는 중일 간의 연결통로, 1949-1972년

868년부터 1873년까지의 대부분의 기간처럼, 1949년부터 1972년까지 중국과 일본은 공식적인 정부 간 관계는 없었지만 교역은 계속 유지했다. 중국은 공산권과 동맹을 맺고 계획경제 체제를 채택했으며 계급투쟁을 강조했다. 반면 일본은 서구 국가들과 동맹을 맺고 시장경제 체제를 채택했으며 다른 사회계층들 사이의 협력을 강조했다.

일본과 중국 간에 공식적 관계가 없었던 송나라 시대에는 승려들이 양국 간의 교역 유지에 신뢰할 만한 연결 고리 역할을 했다. 1949년부터 1972년까지는 "중국의 친구"이던 일본 관리들과 "일본의 친구"이던 중국 관리들이 보수적인 일본 지도자들과 중국공산당 지도자들 사이에서 중개자 역할을 하여 양국 간에 그다지 많지는 않지만 교역이 이루어질 수 있었다.

중국 측에서는 랴오청즈(주요 인물 전기 참조), 그리고 일본에서 20년간 거주했고 일본인 아내와 일본식 주택에서 수년을 살았던 유명 작가 궈모뤄가 일본인 방문객들을 맞이했다. 일본 측에서는 우쓰노미야 도쿠마(1906-2000)가 중국에 우호적이었고 중국과의 관계 개선을 지지했다. 교토 제국대학에서 경제학을 공부한 엘리트 출신인 우쓰노미야는 1952년부터 중의원에 10번이나 당선되었다. 일본군 정보장교였던 그의 아버지 우쓰노미야 다로(1861-1922)는 중국뿐 아니라 런던에서도 5년간 근무했고, 쑨원을 포함한 중국의 개혁가들과 좋은 관계를 유지했으며 범아시아적 협력의 지지자로 알려졌다. 도쿠마가 교토 제국대학에서 공부할 당시 이 대학에는 좌파 경제학 교수가 많았는데, 도쿠마는 일본에 마르크스주의를 소개한 뛰어난 좌파 교수인 가와카미 하지메의 제자가 되었다. 그는 아직 학생이던 1929년 4월 16일에 공산주의자 일제 검거에서 체포되었다가 풀려난 뒤, 1930년대에 제약회사 사장으로 취임했다. 제2차 세계대전이 끝난 뒤에 자유당에 입당했고, 1955년에 자유당은 자유민주당으로 통합되었다. 도쿠마는 스스로도 인정한 좌파였지만 여러 사람들의 존경을 받았을 뿐만 아니라 지역구를 잘 관리하여 여러 차례 재선되었다. 그는 중국과의 접촉에서도 계속 중요한 통로 역할을 했다.

친중파로 여겨진 그외의 자유민주당 당원으로는 마쓰무라 겐조, 오야마 이쿠오, 고노 이치로(나중에 친중파로 여겨진 고노 요헤이의 아버지이자 역시 친중 인사로 평가되는 외무대신 고노 다로의 조부), 다카사키 다쓰노스케(주요 인물 전기 참조) 등이 있었다. 이들 중 다카사키는 타이완과 거래를 하지 않는 일본의 "우호적인 기업들"의 통로 역할을 했다. 후일에 중국과 일본의 관계가 개선되었을 때, 이들이 주류 자민당과의 연결 고리가 되었다. 하지만 1972년에 중일 관계가 정상화되기 전부터 일본 사회당, 공산당과 접촉을 유지하던 중국공산당은 이 정당들을 이용하여 일본의 정책에 대한 불만을 표현하고 국제 공산주의 운동에서 중국에 대한 지지를 얻었다.

1950년대와 1960년대 초반에는 덩샤오핑과 당시 베이징 시장이던 펑전이 중국공산당을 대표하여 일본 공산당과 사회당 인사들, 그리고 다양한 정당의 일본 지방 관리들을 자주 만났다. 1960년 이전에 중국의 지도자들 사이에서는 이러한 정치적 통로가 중요했다. 당시에는 정치가 경제보다 더 중시되었기 때문이다. 1960년에 중국이 소련과 갈라선 이후 중국공산당은 일본 공산당을 설득해서 소련 공산당을 비판하게 하려고 했다. 그러나 일본 공산당이 이를 거부하자 1965년 중국공산당은 일본 공산당과의 관계를 단절했다. 이후 중국인들은 일본의 사회당, 공명당을 통해서 일본과 교류했다. 예전에 불교 승려들이 중일 관계에서 중요한 역할을 했던 것처럼, 불교 종파인 창가학회와 연계된 정당인 공명당이 두 나라 사이의 중요한 중개자 역할을 했다. 중국이 서구에 문을 열기도 전인 1968년에 창가학회의 이케다 다이사쿠 회장이 중국과의 관계 정상화를 지지하는 발언을 했다. 또한 일본의 이 정치 집단들은 중국인들이 그들의 공동의 적인 자민당에 관한 정보를 수집하는 통로가 되었다. 중국이 일본의 주류 정치에 대해서 내놓은 비판들 중에서 일부는 본질적으로 일본 좌익 정당들의 비판에서 나온 것이었다.

한국이 휴전협정을 체결한 1953년부터 1972년까지 양국 관계에는 많은 부침이 있었다. 1953년부터 1957년까지 저우언라이와 일본의 지도자 요시다 시게루(주요 인물 전기 참조), 하토야마 이치로가 양국의 관계 개선을 위해서 노력했다. 그러나 1957년부터 1961년까지는 중국이 좌익으로, 일본이 우익으로 돌아서면서 관계가 악화되었다. 그러다 1961년부터 1966년까지 중국이 대약진 운동의 여파로 긴축을 실시하고 이케다 총리가 도발을 피하려고 노력하는 동안 관계가 다소 개선되어 랴오청즈-다카사키 협정(L-T 협정)을 성사시킬 수 있었다. 그러나 문화혁명 초기인 1966년부터 1971년까지는 다시 한번 관계가 악화되었다.

관계 개선을 위한 저우언라이와 하토야마의 노력, 1953-1956년

중국이 1953년 제1차 경제개발 5개년 계획을 시작하면서 중국의 지도자들은 일본을 "미 제국주의"의 지배로부터 떼어놓으려고 했고 일본의 기술을 손에 넣고자 애썼다. 중국은 일본의 정치에 영향을 미치기 위해서 일본의 시민단체들, 특히 좌파 조직과 청년 집단과의 관계를 맺고 "일본 친구들"이 일본 언론에서 미국의 지배와 미일 안보조약을 비판하도록 독려했다.

요시다 시게루 같은 보수적인 지도자들을 포함하여 대부분의 일본인들은 전쟁 전과 마찬가지로 일본이 중국으로부터 식량을 수입해야 하고, 일본은 중국에 공산품을 팔아 수입품 대금을 지불할 돈을 벌어야 한다고 확신했다. 중국과의 거래를 모색하던 일본 기업들은 이미 1949년에 무역 촉진을 위한 경제단체를 결성하기 시작했고, 중국은 이들과 일할 준비가 되어 있었다.

　미국은 일본이 중국과 광범위한 교역을 실시하지 않도록 요시다를 제지했다. 1952년, 존 포스터 덜레스는 연합국 점령을 끝내고 일본의 주권 회복을 허용하는 대가로 요시다에게 일본이 만약 독자적으로 국교를 맺을 수 있게 될 때에는, 타이완과 국교를 수립할 것을 요구했다. 요시다는 또한 일본이 중공과 쌍무협정을 체결할 의도가 없다고 선언하는 "요시다 서한"이라는 문서를 작성하도록 요구받았다. 1952년 4월 28일에는 점령통치를 끝내는 강화조약이 발효되었다. 같은 날, 일본과 미국은 오늘날까지도 지속되고 있는 안전보장조약을 체결했다. 요시다는 한국전쟁 동안 시행된 중국에 대한 금수조치의 유지에 동의했다. 그러나 그는 "요시다 서한"에 "일본 정부는 궁극적으로 중국과의 완전한 정치적 평화와 통상을 바란다"라는 표현을 넣도록 미국의 동의를 얻는 데에 성공했다.[9] 또한 요시다는 타이완과 조약을 맺을 때, 장제스가 본토를 지배한다는 언급을 하지 않아도 된다는 점령군 당국의 허가를 받았다. 그리하여 그는 이 조약이 "타이완이 실질 지배하고 있는 모든 영토"에 적용된다고 말했다. 1957년에 출판된 회고록에서 요시다는 미국이 1950년에 중국과의 관계를 정상화했던 영국에 비해서 중국을 잘 이해하지 못한다고 썼고, 미국의 대중국 정책들이 실패했다는 말도 덧붙였다.[10] 요시다는 헨리 키신저가 중국을 방문하기 4년 전인 1967년에 세상을 떠났는데, 키신저의 중국 방문 이후 새 시대가 열리면서 이전에 요시다가 미국의 저지로 하지 못했던 중국과의 경제관계 확대를 그의 후계자들이 할 수 있게 되었다.

　1953년 한국의 휴전협정 체결 이후 중국은 제1차 경제개발 5개년 계획에 착수하기 위한 충분한 안정을 이루었다. 이제 한국전쟁에 병력을 동원하지 않아도 되었고, 전시의 물자 부족으로 촉발된 인플레이션도 잡혔다. 또한 내전 뒤의 대규모 이주가 끝나가고 있었으며, 반혁명주의자를 색출하는 운동과 토지 개혁 운동을 통해서 지방의 질서가 회복되었고 새로 뽑힌 관리들이 지방에 자리를 잡기 시작했다. 중국의 지도자들은 다른 국가들과의 관계를 개선하고 경제성장을 뒷받침해줄 교역과 기술 발전을 불러올 평화적인 외부 분위기를 마련하기 위한 조치들을 취하기 시작했다. 이들은 일본의 기업들이 중국과의 교역을 원하고, 또한 그럴 만한 역량도 된다는 것을 알고 있었다. 마오쩌둥이 최고 지도자로서 최종 결정을 내렸지만 다른 국가들과의 관계 개선을 위한 정책의 실행은 주로 총리인 저우언라이가 맡았다. 젊은 시절 일본에서 1년 반이라는 시간을 보냈고 수년간 일본의 많은 지도자들과 만났던 저우언라이는 일본인들을 편하게 상대했다.

1953년, 중국에는 아직 2만 명으로 추정되는 일본 시민이 남아 있었다. 하지만 양국을 오가는 여행자는 거의 없었다. 1949년부터 1953년까지 일본인에게 발행된 중국 비자는 200건을 약간 넘는 정도였다.[11] 중국과 일본의 외교관들이 제3국에서 만날 수는 있었지만 서로 어떤 중요한 협상도 하지 않았다. 점령통치 기간에 일본의 주요한 보수 정책들이 미국의 정책에 지나치게 종속되어 있었으므로 저우언라이가 일본과의 관계를 개선시킬 기회는 거의 없었다.

1953년 9월, 저우언라이는 방중한 일본의 참의원 오야마 이쿠오에게 중국은 일본과 기꺼이 관계를 정상화하고 교역을 확대할 의사가 있다고 말했다. 1950년에 참의원에 당선된 오야마는 세계평화 운동을 지지하는 인물이었다. 그는 1920년대와 1930년대 초에 와세다 대학교의 교수를 지내며 좌파 활동에 참여했고, 1933년에 일본 제국주의에 반대하여 일본 정부와 마찰을 빚어 예전에 유학했던 미국으로 떠났다. 이후 제2차 세계대전 동안 미국에 머물며 노스웨스턴 대학교에서 사서 겸 연구자로 일하다가 1947년에 일본으로 돌아왔다. 저우언라이가 그에게 중국이 기꺼이 관계를 회복하겠다는 의중을 전했을 때, 양국 간에는 아직 해결해야 할 문제가 많았다. 한 달 뒤인 1953년 10월, 일본 의회 의원들이 후속 방문했을 때 궈모뤄가 중국은 불가침조약을 체결할 준비가 되었다고 말했지만, 당시에는 어떤 합의도 이루지 못했다.

인도차이나에 관한 제네바 회의(1954년 4월 26일-7월 20일)에서 저우언라이는 다른 국가들과 좋은 관계를 맺고 싶어하는 중국의 희망을 자세히 설명한 평화공존의 5개 원칙을 제시했다. 이 회의에서 저우언라이는 일본과 미국 간의 유대 완화, 일본과의 통상관계 확대, 타이완과 미국의 유대 약화, 일본이 또다시 군사 강국이 될 가능성 축소를 위해서 일본인들과 따로 만남을 가졌다. 미국이 여전히 일본과 중국의 접촉을 제한하고자 했기 때문에 일본 관료들은 미국의 반응을 걱정했다. 일본 정부는 이에 신중하게 대응하면서도 중일 관계를 확장할 방법을 모색하기 시작했다.

1952년에 점령 통치가 끝나가는 과정에서 일본의 다양한 정치 집단들이 권력 다툼을 시작했다. 서로 다른 집단들이 각자 이익의 최대화를 꾀함에 따라 수많은 협상을 거친 1955년 말에야 다양한 정치 집단들 사이에 비교적 안정된 연합이 형성되었다. 그해 초 소규모의 여러 진보 정치 집단들이 합쳐져 일본사회당을 결성했고, 그 뒤 사회주의자들이 권력을 잡는 것을 막기 위해서 보수 집단들이 자유민주당(이하 자민당)을 결성했다. 일본의 대표적인 경제단체인 경제단체연합회는 자민당을 지지하는 동시에 재계를 대표할 수 있는 강력한 리더인 이시자카 다이조를 영입했다. 다양한 분야의 기업들이 부문별 연합을 강화하면서 재계는 관료들, 정치인들과 협력할 수 있었다. 같은 해에 일본의 장기적인 경제계획을 이끌기 위한 경제기획청도 설치되었다. 그리하여 "55년 체제"라고 불리는 안정적인 정치 및 경제 구조가 형성되어 정치인, 관료, 기업가가 신속한 경제 성장을 이루기 위해서 협력할 수 있었다. 또한 이 체제는 중국 및 다른 국가들과의 관계를 구축하기 위한 비교적 협조적인 기반을 제공했다.

1955년에 중국 본토의 경제 규모는 여전히 매우 작았다. 그러나 대부분의 일본인들은 중국이 향후 몇십 년 동안 얼마나 성장할지는 상상하지 못했지만, 본토와의 교역이 증가할 것이라고는 예상했다. 1954년 12월, 군사 지도자들과의 의견 충돌로 제2차 세계대전 동안 대부분의 기간을 시골집에서 보냈던 2세대 정치 지도자 하토야마 이치로가 요시다의 뒤를 이어 총리로 취임했다. 하토야마 내각의 통산산업대신 이시바시 단잔은 『오리엔탈 이코노미스트(*The Oriental Economist*)』에 일본과 중국 간의 더 밀접한 경제관계를 막는 미국을 비판하는 글들을 썼다. 저우언라이가 일본에 손을 뻗을 준비를 했을 때, 때마침 하토야마와 이시바시도 중국과의 관계 개선을 위한 대담한 접근방식을 취했다.

저우언라이는 제네바 회의의 후속 작업으로 인도네시아에서 열린 반둥 회의(1955년 4월 18일-24일)에서 평화로운 공존을 촉진하고자 했다. 미국의 반대에도 불구하고 하토야마 총리는 다카사키 다쓰노스케가 이끄는 대표단을 반둥 회의에 보냈다. 저우언라이와 다카사키 모두 이 회의를 통해서 중일 관계의 교착상태를 타개하기 위한 방법을 찾을 수 있기를 바랐다. 회의가 시작되기 전에 중재자가 두 사람이 몇 분간 인사를 나눌 자리를 주선했고, 이들은 비밀 회동을 가지기로 했다. 저우언라이는 랴오청즈에게 다카사키를 태워 자신과 부총리 천이(타이완의 최고 책임자이자 유격대 사령관을 역임한 천이 장군과 다른 인물)와의 비밀 회동 자리에 데려오게 했다. 두 사람은 랴오청즈가 일본이 만주에 세웠던 공장들을 중국이 계속 운영하는 데에 필요한 예비부품과 그외의 산업기계들을 공급하도록 협의하는 과정에서 다카사키와 접촉한 1949년에 만난 적이 있었다. 1955년에는 저우언라이와 다카사키가 돌파구를 찾지 못했지만, 이 만남은 양국의 교역을 위한 통로를 계속 열어두는 데에 도움이 되었고, 그로부터 7년 뒤에는 L-T 협정이라는 성과를 낳았다.[12]

하토야마 총리는 중국과의 관계 개선을 원했지만 소련과의 관계 개선에 더 우선순위를 두었다. 또한 타이완과의 관계가 소원해지는 문제에서도 조심스러웠는데, 유엔 안보리 이사국인 타이완은 일본의 유엔 가입을 막을 수도 있었다. 일본은 1956년 12월 마침내 유엔 가입에 성공했다. 중국과의 무역을 확장하고자 한 그의 노력은 미국뿐 아니라 의회의 상당한 반대에 부딪혔다. 결국 하토야마와 저우언라이는 양국의 관계 개선에 일정한 진전을 이룰 수 있었다. 1956년 12월, 하토야마의 뒤를 이어 총리 자리에 오른 이시바시 단잔은 중국과의 관계 개선을 위한 작업을 계속했지만 취임한 지 두 달 만에 뇌경색을 일으켜서 사임했다.

저우언라이의 적극적인 태도와 하토야마, 이시바시 정권에서 일본이 보인 수용적인 태도가 운 좋게 시기가 잘 맞아떨어지면서 양국 관계는 약간의 진전을 이루었지만, 1972년에 국교가 정상화된 뒤에 비해서는 미미한 수준이었다. 1955년에는 제2차 세계대전 종전 이후 어느 해보다 많은 수인 78명의 일본 의원들이 중국을 방문했다. 또 1955년에 중국은 도쿄와 오사카에서, 일본은 상하이와 베이징에서 최초의 무역박람회를 열었다. 양국 간의 무역은 소규모로 출발하여 점차 증가했다. 중일 무역 총액은 1954년에 6,000만 달러, 1955년에 1억1,000만 달러였으며, 1956년의 1억5,100만 달러가 1964년까지의 최고 연간 무역액이었다. 1955년에 중국과 일본은 어업과 문화 교류에 관한 협정도 체결했다. 1955년과 1956년에 약 2,000명의 일본인이 중국을 방문했고 중국에서도 많은 수의 대표단이 일본을 찾았다.

1945년 이후 10년 동안 중국인들과 일본인들 중에는 직접적인 경험을 바탕으로 상대 국가를 잘 아는 사람이 많았는데, 정책이 허용한다면 이들에게 관계 관리에 대해서 도움을 청할 수 있었다. 일본에서 공부했던 수만 명의 중국인들 중에서 많은 사람들이 중국의 군, 정부, 기업, 대학에서 요직을 차지했다. 예전에 만주, 상하이, 그외 중국의 도시에서 살았던 많은 일본인들이 중국 문화에 익숙했고 그들과 협력할 수 있는 중국인 지인들도 있었다. 하지만 1945년부터 1978년까지 양국 간에는 접촉이 거의 없었다. 그로 인해서 평화우호조약 체결로 마침내 긴밀히 협력할 수 있게 되었음에도 중국에서건 일본에서건 실무 수준에서 상대국을 개인적으로 깊이 아는 사람은 거의 없었다.

중국의 정치적 통제 강화와 기시 총리, 1957-1960년

중국에서 좀더 개방적인 정책들이 나온 1953년부터 1957년까지는 하토야마 이치로와 이시바시 단잔의 친중 정책이 나온 시기와 일치한다. 마찬가지로, 중국이 일본에 대한 통제를 강화한 1957년부터 1960년까지는 친타이완파인 보수파 지도자 기시 노부스케 총리의 집권기와 맞물리면서 중일 양국이 1957년까지 이루었던 진전이 중단되었다. 중국의 정치적 통제 강화는 1957년 여름, "반우파 운동"의 첫 단계가 전개되면서 시작되었다. 이때 마오쩌둥은 지식인들의 거리낌 없는 의견 표현을 장려하기 위해서 "백 송이 꽃이여 피어나라. 백 개의 학파가 겨루어라(百花齊放, 百家爭鳴)"라는 정책을 폈다. 그러나 이 말을 듣고 1957년 봄에 정부를 비판했던 55만여 명의 사람들이 공격을 당했다.

1957년에 가말 압델 나세르 대통령이 통치하는 이집트가 수에즈 운하의 권리를 차지하고 러시아가 최초의 인공위성을 성공적으로 발사한 데다가 제1차 경제개발 5개년 계획을 실시하는 동안 중국의 경제가 성장하자, 마오쩌둥은 "이제 동풍이 서풍을 압도하고 있다"고 확신했다. 그는 1958년 대약진 운동에 착수했고, 1958년 여름에 중국은 타이완의 침략 가능성에 대비하기 위해서 타이완이 통치하던 푸젠 성 연안의 진먼 섬과 마쯔 섬에 포격을 시작했다.

일본에서는 1957년 2월에 이시바시의 뒤를 이어 기시 노부스케가 총리에 취임했다. 기시는 중일전쟁 동안 통산산업대신을 지냈고, 나중에 도조 히데야키 내각에서 군수차관을 맡았다. 군수차관으로서 기시는 제2차 세계대전이 끝난 뒤에 A급 전범 혐의로 체포되어 1945년부터 1948년까지 스가모 구치소에 수감되었지만 기소는 되지 않았다. 중국공산당은 A급 전범 혐의를 받았던 사람이 총리로 선출된 데에 격분했다. 게다가 1957년 6월에 기시가 전후의 일본 총리로서는 처음으로 타이완을 방문한 것은 본토의 화를 더욱 부채질했다.

1958년 초, 중국은 도쿄의 중국 무역 대표부에 중국 국기를 게양했다. 일본 정부는 이 같은 행위에 대해서 공식적인 승인은 하지 않았지만 특별한 이의를 제기하지 않음으로써 암묵적으로 이를 받아들였다. 얼마 지나지 않아 나가사키의 한 백화점에서 열린 중국 본토 상품 박람회에 중국이 다시 자국의 국기를 내걸었다. 1958년 5월 2일에 일본의 한 젊은이가 그 국기를 찢는 사건이 벌어졌고, 이에 중국은 정치가 경제와 분리될 수 없다고 선언하며 일본과의 모든 경제적, 사회적 관계를 단절하는 것으로 대응했다. 당시 일본 경제는 성장 가도를 달리기 시작했지만, 훨씬 더 광범위한 경제적 기반을 보유한 중국 역시 경제개발 5개년 계획의 첫 기간인 1953-1957년에 큰 발전을 이루었다. 대약진 운동을 시작할 때, 마오쩌둥은 확신에 차 있었고, 중국이 일본을 훨씬 앞질러 도약할 것이라고 예상했다. 일부 일본인들은, 마오쩌둥이 1930년대에 일본 지도자들이 말한 대로 일본이 중국을 필요로 한다고 너무도 확신하여 5월 22일의 선거에서 일본 유권자들이 중국과의 경제관계를 유지하지 못한 기시 총리에게 반대표를 던질 수 있다고 예측했을 것으로 분석했다. 그러나 5월 22일에 기시는 너끈하게 재당선되었다. 1957년에는 중일 무역의 가치가 1억4,100만 달러로 평가되었지만, 마오쩌둥이 일본과의 경제관계를 중단한 후인 1959년과 1960년에는 매년 2,300만 달러에 그쳤다.

무역관계 개선과 랴오청즈-다카사키 사무소, 1960년대

1959년 여름, 중국의 관리들은 대약진 운동의 첫해가 중국에 경제적 재앙을 가져왔다는 것을 인정하고, 일본 경제는 건전한 성장을 지속했다고 평가했다. 1959년 9월에 저우언라이는 경제 원조와 무역 증가의 가능성을 검토하기 위해서 "중국의 친구들"인 이시바시 단잔과 우쓰노미야 도쿠마를 중국에 초대했다. 하지만 이들이 만날 무렵 마오쩌둥은 루산 회의에서 펑더화이를 비판하고 대약진 운동을 강행하는 방향으로 되돌아가고 있었다. 결국 무역을 확장하려던 저우언라이의 노력은 성공하지 못했다.

1960년에 일본 경제가 꾸준히 발전하고 있는 동안, 중국 경제는 처참한 상태에 이르렀다. 이미 수천만 명의 목숨을 앗아간 기근을 해소하기 위해서 식량 생산을 늘리는 것이 시급했다. 농기구를 만들 철과 강철뿐 아니라 농작물에 쓸 화학비료도 필요했다. 또 목화의 재배 면적을 줄이고 식량 생산을 위한 경작지를 늘리기 위해서 면을 대체할 화학섬유 제조에도 도움이 필요했다. 그뿐만 아니라 1960년에 중국과 소련이 갈라선 이후 소련은 중국에서 1,400명의 과학자들을 철수시키고 200건이 넘는 합동개발계획들도 백지화하여 어떤 청사진도 남기지 않은 채 중국을 떠났다. 첨단 과학과 기술 분야에서 도움이 절실했던 중국은 이를 해결해줄 수 있는 가장 유망한 곳으로 일본을 고려했다. 하지만 중국의 지도자들은 타이완을 지원했던 기시 총리와의 협상에 거부감을 느꼈다.

이케다 하야토가 기시의 뒤를 이어 총리에 취임하고 열흘밖에 지나지 않은 1960년 7월, 중국의 고위급 대표단이 일본에 도착했다. 1958년에 무역이 중단된 이래 중국 무역 대표단이 일본을 방문한 것은 처음이었다. 이케다 하야토 총리는 소위 친중 인사는 아니었지만 그렇다고 중국에 적대적이지도 않았으므로 양국 간의 무역이 자신이 세운 일본의 경제 목표 달성에 도움이 될 수 있다고 생각했다. 이케다가 총리가 되고 한 달 뒤인 8월에 저우언라이는 "우호적 기업" 개념을 도입했다.

명나라 시대에는 중국 정부의 허가증(감합)을 받은 배들만 중국과 일본 간에 상품을 수송할 수 있었다. 1960년의 우호적 기업 정책도 비슷한 방식으로 운영되었다. 타이완과 무역을 하지 않는 일본 기업들만이 인증을 받고 중국과의 무역이 허가되었다. 1960년에 11개 기업이 우호적 기업으로 분류되었고, 1962년에는 그런 기업이 190개에 이르렀다.

일본의 민간 기업들은 중국과의 무역 및 영업을 위한 새로운 기회들에 발 빠르게 대응했다. 1960년 10월, 일본의 민간 기업들을 대표하며 일본 정부의 허가를 받은 다카사키 다쓰노스케가 대표단을 이끌고 중국을 방문하여 1955년에 좋은 관계를 맺었던 랴오청즈를 만났다. 1962년 12월에 두 사람은 랴오청즈–다카사키(혹은 L–T) 협정이라고도 불리는 5년간의 중일 장기 종합무역 각서를 체결했다. 이 각서로 두 정부는 공식 외교관계는 없지만 특정 항목들에 대한 무역 및 재무 합의를 이루었다. 또 공식적인 L–T 협정 외에도 민간 기업들의 "우호적 무역"이 허가되었다. 러일전쟁 이후 만주철도가 준정부 조직이 되었던 것처럼, 랴오청즈–다카사키 무역 사무소들 역시 양국 간의 교류를 촉진하는 준정부 기관이 되었다. 베이징의 랴오청즈–다카사키 무역 사무소에서 근무한 몇몇 일본 관리들은 일본 통상산업성의 관리들 가운데에서 선발되었다.

중국 정부는 중국에 공장을 짓기 위해서 일본의 차관은 받지 않았지만 일본 수출입은행이 구라시키 레이온 사가 중국에 지은 비닐론 공장에 자금 지원을 했을 때에 "연불(延拂)"을 하는 데에는 동의했다. 비닐론 공장은 중국에서 합성섬유 공장의 본보기가 되었다. 일본은 또 중국에 화학비료와 철, 강철을 수출했다.

L–T 무역은 일본의 친타이완 집단들과 타이완의 강력한 로비에 영향을 받은 미국 정부의 강경한 비판을 받았다. 타이완의 압력으로 1964년 이후 일본 정부는 중국으로의 산업설비 수출에 대한 자금 지원을 중단했다. 공식적인 정부 무역이 극적으로 증가하지는 않았지만 랴오청즈–다카사키 무역 사무소의 허가를 얻은 민간 기업들의 우호적 무역은 빠르게 증가했다. 중국과 일본 간의 쌍방무역 거래액은 1961년에 4,800만 달러에서 1966년에는 6억2,100만 달러로 꾸준히 늘어나다가, 문화대혁명이 시작되면서 더 이상 증가하지 않았다.

중국과 일본은 다른 분야들에 대한 접촉도 확대했다. 1963년 랴오청즈가 중일우호협회 회장이 되었고, 이후 중일 관계를 돈독하게 하기 위해서 양측은 중국의 유명한 맹인 승려인 감진의 사망 1200주년을 기념했다. 감진은 여러 번 도일하려다가 실패했으나 753년에 마침내 일본에 도착하여 일본의 불교 발전에 공헌한 인물이었다. 중국은 또 중국의 과거시험에 합격하여 총독을 지낸 일본의 뛰어난 학자이자 시인인 아베노 나카마로가 중국에 온 날도 기념했다. 1963년에는 중국 인민대외우호협회의 중일우호협회가 설립되어 랴오청즈가 회장, 궈모뤄가 명예회장이 되었다.

중국이 대약진 운동으로 고통받는 동안, 일본이 어떻게 경제를 발전시켰는지를 배우러 견학에 나선 중국의 관리들은 1960년대에 이케다 총리가 세운 "소득을 2배"로 만든다는 목표가 일본의 경제계획 수립의 틀이 된 과정을 관찰했다. 이케다 총리의 이 정책에 깊은 인상을 받은 덩샤오핑은 1980년에, 중국은 20세기 말까지 "소득을 2배에 또 2배로(즉 4배) 늘리겠다"고 발표했다.

1960년대 중반, 일본과 중국의 무역이 일본과 타이완의 무역을 막 앞지르려고 했다. 중국의 경제가 타이완보다 빠르게 성장하고 있다는 것을 파악한 중국의 관리들은 타이완과 거래하는 일본 기업과는 교역을 허가하지 않겠다고 발표했다. 이에 일본 기업들은 타이완과의 관계를 단절하고 타이완과 무역을 하는 유령 기업을 세우거나, 타이완과의 거래를 선택한 뒤에 본토와 무역하는 유령 기업을 세웠다. 중국은 그런 유령 기업을 세운 일본 기업들을 처벌하려고 했지만 모든 신생 기업들을 추적하기 어려운 데다가, 이 같은 처벌 행위는 일본 기업들로 하여금 타이완과의 무역을 중단하도록 강요하는 데에도 거의 도움이 되지 않았다.

1960년대에 이루어진 중일 무역은 20년 후에 비하면 그 규모가 미미한 수준이었지만, 당시 중국이 대약진 운동으로 입은 피해에서 회복하는 데에 결정적인 도움이 되었고 일본의 핵심 관료 집단과 민간 기업들이 중국에서 일하는 법을 계속 파악하도록 해주었다. 이로 인해서 1972년 국교 정상화

이후 일본은 더욱 쉽게 사업을 확장할 수 있었다.

중국의 내향화와 문화대혁명, 1966-1969년

수많은 최고위 지도자들이 공격당한 문화대혁명의 절정기에 랴오청즈도 피해자가 되었다. 홍위병들은 일본을 돕는 곳이라며 랴오청즈-다카사키 사무소를 공격했다. 베이징에 있던 일본의 무역 대표부는 "자아 비판"을 하고, 마오쩌둥의 정치사상에 관한 학습 모임에 참석하고, 홍위병 노래를 부르고, 홍위병 시위에 참여할 것을 요구받았다. 그 결과 베이징에서 활동하는 일본인 사업가들의 수가 줄어들었다.

그러나 기자들을 교환한다는 1964년의 랴오청즈-다카사키 무역 사무소의 합의에 따라, 문화대혁명이 일어났을 때에 베이징에는 일본인 기자 12명이 일하고 있었다. 많은 다른 나라의 기자들과 달리 일본 기자들은 중국어로 된 포스터를 읽을 수 있었다. 이들은 베이징을 비공식적으로 여러 구역들로 나누어 각자 다른 구역을 담당했고, 취재 결과들을 모아 홍위병의 포스터와 활동에 관해서 다른 어떤 나라 통신사보다 훨씬 더 자세히 보도할 수 있었다. 일본의 대표적인 중국 전문가이던 도쿄 대학교의 에토 신치키와 그외의 일본 학자들은 일본 기자들이 중국의 압박에 굴복하여 홍위병의 행동들을 동정적으로 보도했다며 비판했다.

1968년 초에 접어들면서 홍위병의 공격이 줄어들었고, 저우언라이는 일본 대표단에게 랴오청즈와 다카사키가 새로운 협정을 맺을 수 있다고 말했다. 문화대혁명 초기에 비판을 받았던 L-T 무역 협정은 1968년에 비슷한 기능의 각서 무역 협정으로 대체되었고, 랴오청즈와 다카사키 다쓰노스케는 예전처럼 그들의 이름에서 따온 사무소가 설치되지는 않았지만 다시 중요한 역할을 맡았다. 문화대혁명으로 1966년과 1967년에 무역이 감소했으나, 1969년과 1970년에 다시 증가했다. 1970년, 중국의 최대 무역 상대국은 일본이었지만 양국의 쌍방 무역액은 여전히 연간 10억 달러 이하였다. 이는 30년 뒤의 중일 무역액의 1퍼센트도 되지 않는 수치였다.

아사카이의 악몽과 다나카 내각으로의 전환, 1970-1972년

1969년 소련과의 국경 분쟁 이후, 중국이 다른 국가들로 손을 뻗기 시작하자 중국 본토와의 관계 회복과 확장을 오랫동안 희망해온 일본의 사업가들과 정치인들은 마침내 기회가 왔음을 느꼈다. 1945년 이후, 일본은 중국과의 통상을 제한하라는 미국의 요구를 마지못해 따랐다. 또한 미국이 이끄는 대로 타이완과의 외교관계를 유지하고, 베이징의 유엔 가입에 반대표를 던졌다. 그러나 1969년과 1970년에 다른 국가들이 베이징의 접근 노력에 반응하는 조짐이 나타나고 1, 2년 내에 베이징이 유엔에서 타이완을 밀어내기에 충분한 표를 얻을 전망이 보이자, 일본 재계는 중국의 접근에 좀더 긍정적으로 대응하기를 원했다. 이들은 당시 전후에 총리로서 최장기 집권 중이던 사토 에이사쿠 총리가 중국과의 관계 개선을 위한 충분한 조치들을 취하지 않는 데에 불만을 느꼈다.

일본의 지도자들은 중국이 문을 열기 시작하면 일본과 미국이 협력하여 그 과정을 관리할 것이라고 예상했다. 그러나 1970년 초, 일본의 일부 외교관들은 미국의 관료들이 중국에 대한 시각을 바꾸고 있음에도, 그런 변화를 일본과 충분히 공유하지 않는 것에 우려를 표했다. 1970년 1월과 2월에 바르샤바에서 미중 회담이 재개되었고 미국이 중국에 무역에서 작은 양보를 했다. 1970년 10월 24일에 사토 총리가 미국 국가안보 보좌관 헨리 키신저에게 미국이 중국과의 관계 변화를 고려하고 있는지 묻자, 키신저는 미국은 어떤 변화도 고려하지 않고 있으며 대중국 정책에 변화가 있으면 그 정보를 전부 일본과 공유하겠다고 확언했다. 1971년 4월, 나고야에서 열린 세계 탁구 선수권 대회에서 세계 챔피언인 중국 선수단은 미국 선수단이 중국을 방문하고 싶어한다는 것을 알고 그들을 초대했다. 미국 선수단은 이 초대를 받아들였고 미국 정부도 허가했다. 일본의 외교관들이 미국이 중국과의 관계 변화를 검토하고 있다고 우려하는 것은 어찌 보면 당연했다. 하지만 미국 국방부 장관 멜빈 레어드는 미국은 대중국 정책에 어떤 기본적인 변화도 검토하고 있지 않다고 거듭 말하며 사토 총리를 안심시켰다.

레어드가 일본을 그렇게 안심시키고 일주일 뒤, "아사카이의 악몽"은 현실이 되었다. 1957년부터 1963년까지 미국 대사를 지낸 아사카이 고이치로는 미국이 일본과 협의 없이 갑자기 중국과 관계를 수립할지도 모른다는 생각에 몇 년간 잠을 잘 이루지 못하고 있다고 보고했다. 1971년 7월 15일, 워싱턴의 우시바 노부히코 일본 대사는 국무장관 윌리엄 P. 로저스로부터 전화를 받았다. 30분 후에 리처드 닉슨 대통령이 키신저가 이미 베이징에 다녀왔고 다음 해 초에 자신도 중국을 방문할 것이라는 내용의 연설을 할 것이라는 내용이었다. 우시바는 일본의 총리 집무실로 전화를 걸었고, 닉슨이 연설을 시작하기 3분 전에 사토 총리에게 이 소식이 전해졌다. 사토 총리를 비롯한 일본의 모두가 충격을 받았고, 중국과의 관계 수립을 미루라고 말해오던 동맹국이 갑자기 협의도 없이 일본보다 앞서서 중국과 관계를 맺은 사실에 분노했다.

1971년 7월 9일부터 11일까지 헨리 키신저가 중국을 방문했고 닉슨 대통령 역시 1972년 초에 중국을 방문할 것이라고 발표한 이 연설은 중국과의 관계를 확대하지 말라는 미국의 압박에 굴복해온 사토 총리에게 끔찍한 수치였다. 하지만 닉슨과 키신저에게는 절대적인 비밀 유지가 필요했다. 미국의 계획이 새어나가면 타이완이 닉슨과 키신저의 계획을 막기 위해서 의회를 압박할 것이 분명했기 때문이다. 일본뿐 아니라 미국 국무부와 의회도 키신저의 베이징 방문 계획을 알지 못했다.

키신저와 닉슨은 이 행보를 1년 넘게 계획해왔다. 미국은 수년간 바르샤바에서 중국과 대사 수준의 회담을 계속해왔고, 1970년 1월 20일에 열린

134번째 회의에서 폴란드 주재 미국 대사 월터 스토셀 주니어가 중국 대사인 레이양에게 미국이 타이완과의 배타적 관계에서 물러나 베이징에 대표단을 보내서 논의를 하고 싶다는 뜻을 전했다. 한 달 뒤에 레이양이 베이징으로부터의 답변을 스토셀 대사에게 전했다. 중국 지도자들은 닉슨 대통령의 방중을 준비하기 위한 미국 정부 대표단의 베이징 방문을 환영했다. 파키스탄과 베이징의 면밀하게 설계된 계획에 따라 1971년 7월, 파키스탄에서 열린 만찬에서 헨리 키신저는 배탈이 난 척하고 자리를 빠져나온 다음 베이징으로 비밀리에 날아갔다. 베이징에 도착한 키신저는 닉슨 대통령의 베이징 방문을 준비하기 위한 광범위한 논의를 위해서 저우언라이와 마오쩌둥을 만났다.

사토 총리는 미국과의 관계를 더 긴밀하게 관리하지 못했을 뿐만 아니라 베이징과도 사이가 좋지 않아 관계를 정상화하지 못한 데에 대한 책임을 지고 곧 자리에서 물러날 것이라고 예상했다. 실제로 닉슨과 키신저는 사토 총리가 이전에 미국과 맺었던 밀약을 실행하지 못한 데에 대해서 불만을 느끼고 있었다. 일본이 미국으로의 직물 수출을 줄이겠다는 이 밀약은 닉슨 대통령에게는 정치적으로 매우 중요한 사안이었다. 1968년의 선거운동에서 닉슨이 직물을 생산하는 남부의 주들에게 일본으로부터의 직물 수입을 제한하겠다고 약속했기 때문이다. 닉슨이 1972년 11월의 선거에서 재선하기 위해서는 남부 주들의 지지가 필요했고, 사토가 이 약속을 이행하지 못했기 때문에 닉슨이 실망한 것도 당연했다.

사토 총리는 친형인 기시 총리(아들이 없는 외삼촌의 혈통을 잇기 위해서 기시로 이름을 바꾸었다)와 마찬가지로 타이완과 친밀한 관계였다. 그런데 미국과 중국이 관계를 맺으면서 일본 여론은 중국과의 관계 개선을 위해서 즉각적인 조치를 취하는 쪽을 강하게 지지했다. 의회의 의원들은 사토를 대신해서 누가 총리를 맡아 일본과 중국과의 관계 개선을 위해서 대담하게 움직일 수 있을지 논의하기 시작했다. 이들은 자연스럽게 다나카 가쿠에이

를 떠올렸다. 닉슨의 충격적인 발표가 나오기 직전에 사토 내각의 통상산업
대신으로 임명되었던 다나카는 일본의 대미 수출을 제한하라는 미국의 압
박에 과감히 맞서서 높은 인기를 구가하던 인물이었다.

닉슨의 연설이 있고 한 달 뒤인 1971년 8월 15일, 미국은 일본에게 두
번째 충격을 안겨주었다. 미국이 이번에도 일본에는 알리지 않고 일본에서
수입하는 물품에 10퍼센트의 추가 관세를 부과하고, 점령 통치 초기부터
1달러에 360엔으로 고정되어 있던 환율을 자유화하겠다고 발표한 것이다.
이후 시장에서 달러 대비 엔화의 가치가 즉각 상승하여 미국으로 수출되는
일본 직물의 가격이 상승했다.

일본과 미국 간의 이러한 긴장 고조는 근본적인 경제 변화, 미국에서 일
본으로의 산업기술 이전, 인건비가 더 저렴한 일본에서 미국으로의 산업
수출품 증가에서 기인했다. 이 중 마지막 문제는 30년 후에 미국과 중국과
의 관계에도 영향을 미쳤다. 1945년부터 1970년대까지 미국은 세계 최고의
산업 강국이었지만, 1970년대 초부터 임금이 비교적 낮은 다른 국가들이
산업기술을 습득하면서 미국의 공산품들은 심지어 미국 내에서도 외국 제
품들에게 밀리기 시작했다. 국제 운송비의 빠른 하락과 미국 시장의 개방성
도 이 흐름에 기여했다. 1960년대에 대미 산업수출을 가장 빠른 속도로 확
장한 국가가 일본이었다. 그 결과, 미국의 산업 근로자들은 일자리를 잃었
고 무역 불균형이 심해져서 미국 재무부의 재원이 고갈되었다.

일본에서 미국과의 무역 협상 관리는 통상산업성이 담당했다. 1971년 7
월 5일에, 사토 총리는 미국과의 무역 분쟁을 해결하기 위해서 다나카 가쿠
에이를 통상산업대신으로 임명했다. 두뇌 회전이 빠르고 문제 해결을 위해
서라면 많은 돈을 쓰는 것도 마다하지 않았던 시골 출신의 유명 정치인 다
나카는 미국의 요구를 수용할 토대를 마련하는 한편, 대중의 지지를 유지하
기 위해서 미국을 공개적으로 비판했다. 그는 미국의 관료들을 포함한 모든
분야의 핵심 지도자들과 상세한 논의를 거듭하며 미국과의 합의에 이르기

위해서 해야 할 일들을 파악했다. 그리하여 미국이 요구하는 최소 수준을 맞추기 위해서 수출 물량을 제한함에 따라 일본의 섬유업체들과 근로자들이 입을 피해에 대해서 보상금를 지급하기로 조처하여 추가 관세 문제를 해결했다. 사토 총리가 미국과의 좋은 관계 유지에 실패하고 중국과의 관계를 정상화하지 못했던 점은 문제 해결사 다나카의 인기를 높였고 사토의 뒤를 이어 총리 자리에 오르는 데에 도움이 되었다.

1972년 7월 7일, 다나카는 역대 최고의 대중적 지지를 받으며 총리로 취임했다. 그는 중국과의 관계를 빠르게 진전시킬 것이라고 널리 기대를 받았다. 그리고 역사적인 9월 29일, 다나카 총리는 베이징에 있었다. 취임한 지 두 달밖에 지나지 않았을 때였다.

제10장

협력, 1972-1992년

1972년 9월 27일, 다나카 가쿠에이와 저우언라이가 베이징에서 만났다. 두 사람은 기묘한 조합이었다. 가난한 농가에서 태어나 소시민 사업가를 거쳐 정계의 해결사가 된 다나카는 해외 경험이 거의 없었다. 반면 저우언라이는 독보적인 외교 경험을 갖춘, 세계에서 가장 노련한 외교 정책 전략가들 중 한 명이었다. 하지만 두 사람 모두 공식적인 관계 수립을 위한 방법을 찾는 다는 공동의 목표를 가지고 있었고, 자국에서 정치적 지지를 얻는 방법을 알고 있는 현명하고 창의적인 문제 해결사들이었기 때문에 손발이 잘 맞았다. 저우언라이가 양국의 관계 확장을 위해서 먼저 충족되어야 하는 일반 원칙들을 명기했다. 그 원칙들에 따라서 두 사람은 회담 준비를 도운 다른 관료들의 지원을 받아 각자의 나라에서 관련된 정치적 사안들을 해결할 수 있었다.

다나카가 총리로 취임한 1972년 7월 7일 직후부터 중국과의 회담 준비가 빠르게 진행되었다. 다나카가 후쿠다 다케오를 물리치고 당 총재로 선출된 데에는 중국과 관계를 정상화시킬 의사가 있다는 발표가 도움이 되었다. 그는 총리로 취임하기도 전에 어떻게 그 목표를 성취할 수 있을지 연구했다. 총리로 취임하던 날, 다나카는 관계 정상화를 추진하겠다고 발표했다. 그리고 이틀 뒤, 저우언라이가 중국은 다나카의 연설을 환영한다고 발표했고, 중일 관계를 하루빨리 정상화시키기 위해서 노력하겠다는 의지를 표현했다. 곧바로 일본 사회당과 창가학회와 연계된 정당인 공명당이 이 노력에 협력하겠다고 발표했다.

1972년 4월, 만주에서 자란 범세계적 경제학자 오키타 사부로가 베이징으로 파견되면서 관계 정상화를 위한 기초 작업이 시작되었다. 오키타는 저우언라이와 만나서 관계 정상화의 가능성을 검토했다. 두 사람이 광범위한 대화를 나누던 중, 저우언라이가 일본의 수도에 자동차가 너무 많아서 공기가 심각하게 오염되었다는 이야기를 들었다는 말을 꺼내며 베이징은 주된 교통수단이 150만 대의 자전거라서 대기오염을 피할 수 있었다고 말했다. 40년 후에 도쿄가 대기오염 문제를 극복한 반면, 베이징은 주요 교통수단이었던 자전거가 자동차로 대체되면서 세계에서 대기오염이 가장 심한 도시들 중의 하나가 되었을 때, 일본은 중국에게 이 문제 해결을 위한 도움을 주었다.

다나카는 총리 취임 이후 외무장관 오히라 마사요시에게 관계 정상화 합의와 관련된 세부사항을 작업하는 책임을 맡겼다. 시코쿠의 작은 도시 출신으로 그다지 내세울 것 없는 배경에 내성적인 성격이던 오히라는 나무랄 데 없이 성실하고 정직한 인물이었으며, 그 역시도 중국과의 관계 개선을 원했다. 일본의 전후 1세대 최고위 정치 지도자들 다수와 마찬가지로 오히라도 시험에 합격하여 높은 지위를 얻을 수 있었다. 그는 재무성에서 관료로 엘리트 코스를 밟던 도중 요시다 시게루에 의해서 정계에 입문했다. 오히라는 개인적인 철학적 확신에 따라서 국가들이 협력하는 평화로운 세계라는 비전에 대한 깊은 믿음이 있었다. 미국인 선교사의 아들로 당시 주일 미국 대사였던 에드윈 O. 라이샤워는 오히라를 몹시 존경하여 나중에 오히라가 1980년에 일찍 세상을 떠난 것이 일본과 세계에 엄청난 손실이라고 말하기도 했다. 수수하고 편안한 외모의 소유자였던 오히라는 중국과의 관계 정상화에 필요한 정치적 합의에 이르기 위해서 노력할 준비가 된 사려 깊은 정치인이었다. 중국의 정치 지도자들은 그를 특별한 친구, 당시 가장 믿을 수 있는 일본의 지도자로 생각했다.

다나카가 총리에 취임하고 사흘 뒤인 7월 10일, 도쿄 공과대학 출신의 중일우호협회 비서장 쑨핑화가 공식 사절로서 도쿄를 찾았다. 그는 지금이 행동할 적기라는 저우언라이의 전갈을 들고 왔다. 오히라는 외무성 관리들에게 맡기지 않고 자신이 직접 저우언라이와 만나려고 했다. 며칠 뒤인 7월 16일, 오히라가 베이징에서 저우언라이를 만났고, 저우언라이는 그에게 중국은 다나카 총리의 방문을 환영한다고 말했다. 7월 22일에 쑨핑화를 만난 오히라는 다나카 총리가 외교관계 정상화를 지지한다는 뜻을 전함과 동시에, 일본은 미일 안보동맹을 유지하고 타이완과의 경제적, 문화적 관계도 유지할 수 있음을 분명히 하고 싶다고 설명했다. 이 방식은 6년 뒤에 미국이 중국과의 관계를 정상화할 때에도 사용되었다. 다나카는 관계 정상화에 필요한 세부사항들을 검토하기 위해서 즉시 외무성 내에 15명으로 구성된 중국 정책위원회를 설치했다.

중국은 국교 정상화를 위해서는 세 가지 기본 원칙이 충족되어야 함을 분명히 했다. 일본은 중국이 하나뿐임을 인정할 것, 중화인민공화국이 중국의 유일한 정부임을 인정할 것, 그리고 국민당과의 조약을 폐기할 것이 그 원칙들이었다.

많은 일본 기업과 정부 관료들은 일본이 중국, 타이완 모두와 공식 관계를 수립할 수 있는 2개의 국가 해법을 희망해왔지만, 중국 본토는 그런 해법은 인정하지 않는다고 주장할 만큼 충분히 유리한 입장이었다. 일본의 기업가들은 미국과 유럽 국가들이 중국 시장에 먼저 진입하여 일본이 그들보다 훨씬 뒤처질 것을 우려해서 중국과의 관계 정상화를 절실히 원했다. 이런 압박이 있었기 때문에 중국과의 국교 정상화를 원하는 사람들은 타이완과의 외교관계를 단절하기에 충분한 지지를 얻었다. 그래도 일본은 타이완과 경제적, 문화적 관계를 지속시키기 위한 방법을 찾고자 했다.

7월 25일, 공명당 위원장 다케이리 요시카쓰가 베이징에서 저우언라이와 10시간 동안 회담을 하고 돌아왔다. 저우언라이는 다케이리에게 미일 안보 동맹과 센카쿠 열도/댜오위다오의 현상을 유지하는 것은 국교 정상화에 장애가 되지 않을 것이며, 중국은 전쟁 배상금 요구를 포기할 의향이 있다고 밝혔다. 그러나 그 대신 일본이 국민당과의 조약을 폐기해야 한다는 점은 거듭 강조했다. 다케이리는 저우언라이에게 일본이 여기에 동의할 것이라고 장담했다. 8월 10일에 자민당이 다나카 총리의 중국 방문을 승인했다. 다음 날 이 소식이 쑨핑화에게 전달되었고, 8월 15일에 쑨핑화가 다나카에게 중국은 그의 베이징 방문을 환영한다고 전했다.

다나카는 중국과의 국교 정상화를 위한 자신의 계획을 논의하기 위해서 닉슨과의 회담을 요청했다. 8월 31일부터 9월 1일까지 하와이에서 열린 회담에서 닉슨 대통령은 미국과의 무역 분쟁을 해결하려는 다나카의 노력을 받아들였다. 다나카는 약 7억 1,000만 달러의 미국 상품을 특별 구매하겠다고 제시했고, 직물 수출을 줄이는 데에 동의했다. 닉슨은 다나카가 대다수의 직물 산업이 위치한 미국 남부에서 그의 정치 기반을 다지도록 도와준 데에 대한 답례로 일본이 미국보다 먼저 중국과 국교를 정상화하기 위해서 움직이는 것을 반대하지 않았다.

다나카가 베이징을 방문하기 겨우 일주일 전인 9월 중순, 고사카 젠타로 의원이 의회 대표단을 이끌고 베이징을 찾아 저우언라이와 회담을 열었다. 다른 의원들의 참여는 국교 정상화에 필요한 조치들에 대한 일본 지도자들의 지지를 공고히 하는 데에 도움이 되었다.

9월 18일과 19일, 타이완과 친밀한 관계를 맺고 있는 일본의 정치 지도자들 중의 한 명인 전 외무장관 시나 에쓰사부로가 베이징과의 관계를 정상화하려는 일본의 계획을 타이완 지도자들에게 전하는 불편한 임무를 안고 파견되었다. 시나는 타이완과의 통상과 문화 관계를 지속시킬 계획도 논의할 예정이었다. 그러나 타이완의 지도자들은 이 소식에 매우 격분했고 장제스는 시나를 만나려고 하지 않았다. 하지만 시나는 장제스의 아들인 장징궈를 만나서 공식적인 외교관계 없이 비공식적인 관계를 이어갈 방안을 논의했다.

다나카 총리와 오히라 외무장관이 9월 25일부터 30일까지 베이징을 방문하여 양국의 국교 정상화에 대해서 협의했다. 오히라와 다나카는 의회의 지지를 얻고, 미국의 승인을 받았으며, 타이완과의 협력을 계속하도록 조처하고, 주요 사안들에 대해서 저우언라이와 기본적인 합의를 이루는 등 이번 방문을 면밀하게 준비했다.

그러나 이 모든 면밀한 준비에도 불구하고 다나카가 중국을 방문한 첫 이틀 동안 베이징은 긴장된 분위기였고, 일본인들은 이번 방문을 통해서 중국과의 관계 정상화에 성공할지 확신하지 못했다. 마오쩌둥의 부인이 이끄는 급진파인 "4인방"의 힘이 여전히 강했고, 중국 관료들은 일본이 타이완과 관계를 지속하는 데다가 관계를 단절할 날짜를 명시하지 않으려는 데에 불만을 표했다. 또 첫날 저녁에 열린 만찬에서 다나카 총리가 한 공식 발언에도 불쾌감을 표했다. 다나카는 군사 침략 기간에 일본이 "많은 폐(多大なご迷惑)"를 끼친 데에 대해서 깊은 유감을 표하고 싶다고 말했다. 그런데 이 말이 중국어로 사소한 불편에 대해서 사과할 때에 쓰는 마판(麻烦)으로 번역되었다. 이 표현은 일본이 초래한 고통을 축소하고 다나카가 한 사과의 진정성을 약화시켰다. 저우언라이는 다나카의 사과가 일본이 일으킨 막대한 고통을 하찮은 것으로 만들었다고 비판했다. 회담 이틀째 저녁부터 저우언라이 대신에 지펑페이가 중국 측 협상자로 나섰지만 오히라는 계속 일본 측 협상자로 남았다. 오히라와 회의를 하면서 지펑페이는 메시지를 써서 옆방으로 넘겼고, 그러면 서면 답변이 되돌아왔다. 일본인들은 지펑페이가 저우언라이와 교신하면서 중국 측 답변을 회신하고 있는 것이라고 추측했다.

사흘째 저녁에 중국은 마오쩌둥 주석이 다나카 총리와 오히라 외무장관을 만나겠다고 발표하여 일본인들을 놀라게 했다. 마오쩌둥은 다나카에게 "불편(마판)"이라는 표현은 예를 들면 여성의 치마에 물을 엎질렀을 때에 하는 지나치게 격식 없는 말이라고 지적했다. 하지만 1시간 정도 이어진 회담에서 마오쩌둥은 이전까지 도출되었던 결론들을 기본적으로 승인하면서 협상이 고비를 넘겼다. 사흘째 되던 날, 다나카는 저우언라이에게 센카쿠 열도/댜오위다오 문제에 대한 생각을 물었다. 저우언라이는 지금은 그 문제는 논의하지 않는 것이 낫겠다고 대답했다. 실제로 이 열도는 나중에 이 지역에서 석유가 발견된 뒤에야 문제가 되었다. 처음에 저우언라이는 일본이 타이완과의 단교 시기를 밝혀야 한다고 주장했지만, 오히라는 자신이 구체적인 날짜를 정할 수 없다고 말했다. 하지만 언젠가 일본은 타이완과의 외교관계를 단절할 것이라고 약속했고, 저우언라이는 그 약속을 받아들였다. 9월 29일, 카메라 플래시가 터지며 두 나라의 국기가 펄럭이는 가운데 다나카 총리, 저우언라이 총리, 오히라 외무장관, 지펑페이 외교부장이 국교 정상화 협정에 서명했다. 다음 날인 9월 30일에 저우언라이와 지펑페이가 예정대로 상하이까지 일본 대표단을 동행했고, 그다음 날 저우언라이, 랴오청즈, 그외의 중국인 관료들이 상하이 공항에서 일본 대표단을 배웅했다.

1972년 9월 29일에 발표된 공동 성명에서 일본은 자국이 초래한 피해에 관한 명확하고 강력한 성명을 내놓는 데에 동의했다. "일본 측은 과거 전쟁 동안 중국 국민들에게 끼친 심각한 피해에 대한 책임을 통감하며 깊이 반성한다." 처음에 중국은 타이완이 중국의 일부임을 인정할 것을 일본에 요구했다. 하지만 결국 일본이 중국의 관점을 이해하기는 하지만 그것을 인정하는 발언까지는 하지 않는 방식을 양측이 받아들였다. 문서 내용은 다음과 같다. "중화인민공화국 정부는 타이완이 중화인민공화국의 양도할 수 없는 일부라고 강조한다. 일본 정부는 중화인민공화국의 이런 입장을 충분히 이해하고 존중한다."

일본에서는 중국의 새로운 친구가 된 주류 정치인들과 기대에 찬 기업가들이 이전에 중국을 인정하지 않는 일본의 주류 여론에 반대했던 중국의 옛 친구인 사회당원과 공산당원을 포함한 좌파들을 대체했다. 1972년 이전에 중국에 우호적이던 일부 일본인들은 일본 내에서 자신들의 적인 주류 정치인들과 사업가들을 상대하고 있는 중국에게 배신감마저 느꼈다. 로버트 호픈스가 언급한 것처럼, 중국의 옛 친구들은 대체로 애국심을 경계했다. 애국심이 일본의 침략적인 과거와 매우 밀접하게 연결되어 있기 때문이다. 1972년 이후 일부 "중국의 새 친구들"은 일본이 감행한 침략의 주된 피해자인 중국과의 관계를 개선함으로써 일본이 애국심에 대한 긍정적인 시각을 되찾고, 전후 초기에 두드러졌던 부정적인 자기비판을 종식시킬 수 있기를 기대했다.

정치적 입장과 상관없이 일본의 많은 사람들에게 국교 정상화는 중국인과 일본인이 공통된 문화로 묶인 친구가 될 수 있다는 희망을 불러일으켰다. 제2차 세계대전이 끝난 뒤에 성인이 되어 전쟁 동안 일본이 저지른 행동들에 대해서 책임감을 느끼기에는 너무 어린, 많은 신중한 일본인들은 자신들의 진심을 보여주려면 그들이 성인이 되기 전에 벌어진 사건들에 대한 사과에 초점을 맞추기보다 중국의 현대화를 돕고 세계 평화 유지를 위해서 다른 나라들과 협력할 방법을 모색하는 데에 중점을 두어야 한다고 믿었다.

반면 1945년 전에 중국에서 살았던 많은 일본인들에게 중국과의 국교는 전쟁의 기억들을 되살려 자신이나 친지, 친척들이 입힌 피해에 대한 죄책감을 불러일으켰다. 어떤 사람들은 중국인들이 일본이 저지른 잔혹 행위를 용서해주기를 바랐다. 또 어떤 사람들은 일본이 저질렀던 일을 잊고 일본인들이 서구 제국주의로부터 스스로를 지키기 위해서 어쩔 수 없이 참전한 선량한 사람들로 여겨지도록 제2차 세계대전 당시에 일어났던 사건들을 재구성하기를 바랐다.

중국에서는 일본과의 관계 정상화 결정이 소수의 지도자들에 의해서 이루어졌다. 언론은 더 광범위한 중국 대중에게 일본의 정치와 사회에 대한 포괄적인 설명을 제시하지 않았다. 일본의 복잡한 정치와 일본인들의 감정을 제대로 이해하지 못하는 중국인들이 일본인들에게 공감하고 그들의 시각을 이해하기란 어려웠다. 국교 정상화 이후 자매도시, 종교 단체, 청년 집단들 사이에서 이루어진 만남에서 양측 대표들은 정중하게 호의를 표현했지만, 양국 사이에 존재하는 괴로운 역사는 거의 검토하지 않았다. 이 괴로운 역사는 양국 관계가 악화되기 시작하면서 또다시 대두되었다.

제한적 개방

관계가 정상화된 1972년부터 중일 평화우호조약이 체결된 1978년까지 중국을 방문한 일본인의 수와 그들과 저우언라이, 덩샤오핑과의 회담 횟수는 급속도로 늘어났지만 양국 간의 경제적 관계의 발전은 그 속도에 미치지 못했다. 1972년에 양국은 급하게 관계를 정상화했지만, 중국에서는 1978년까지는 개혁과 개방을 과감하게 추진하기 위한 합의가 이루어지지 못했다. 1972년에 마오쩌둥은 베이징을 찾은 많은 외국 손님들을 접견했지만, 그들이 중국 내에서 자유롭게 여행하도록 허가할 준비는 되어 있지 않았다. 당시 중국어 학교에 다니며 중국인 학생과 방을 같이 쓸 드문 기회를 얻었던 일본의 외교관 스기모토 노부유키는 자신의 룸메이트가 성만 말해주고 이름은 절대 알려주지 않았다고 보고했다. 그는 니하오(안녕하세요)라는 인사만 했고, 두 사람은 더 이상의 대화를 나누지 않았다.

1972년, 중국과 일본이 관계를 정상화하자 다양한 분야—기업, 지방정부, 언론, 종교 집단, 예전에 중국에 거주했던 사람들—의 일본인들이 중국을 방문하려고 애썼다. 이들은 중국과 일본이 새로운 우호의 시대로 접어들기를 바랐고, 각자의 중국인 상대들과 친구가 되어 새 시대를 여는 데에 도움이 되고자 했다. 기업들은 사업 기회들에 대한 비전이 있었으며, 조급해하지 않고 이윤 창출을 뒤로 미룰 준비가 되어 있었다. 양국 간 방문자 수가 1969년의 3,000명 미만에서 1973년에 1만 명으로 늘어났지만, 이는 여전히 30년 뒤의 양국 간 여행자 수의 1퍼센트도 되지 않았다. 또 중국을 방문한 일본인의 수가 그 반대의 경우에 비해서 압도적으로 많았다.

1976년에 세상을 떠나기 전 마지막 몇 년 동안 마오쩌둥은 일본과의 관계 개선을 위해서 신속하게 움직이라는 분명한 허가를 내리지 않았다. 그는 여전히 아내인 장칭과 4인방의 다른 구성원들이 개혁과 개방을 촉진하기를 바라는 사람들을 비판하도록 허용했지만, 저우언라이와 덩샤오핑이 일본을 포함한 외국에서 온 많은 방문객들을 접견하는 것 또한 허가했다. 저우언라이는 암 진단을 받아 1973년 이후 활동이 주춤해졌으나 중국을 방문한 일본 고위 관료들과의 만남을 2년 더 계속했고, 외국 방문객들과의 회의에서 덩샤오핑을 지원했다. 덩샤오핑은 1972년부터 1976년까지 40곳이 넘는 일본의 대표단을 직접 만났는데, 이는 다른 어느 나라의 대표단보다 훨씬 많은 수였다. 관계 정상화 직후 몇 년 동안 중국 방문을 원하는 일본인이 많았기 때문이다.

저우언라이, 덩샤오핑 그리고 이들의 일본인 상대들 간의 논의를 통해서 중국의 지도자들은 일본과 미국의 정책에 대한 긍정적인 시각을 가지기 시작했다. 저우언라이는 헨리 키신저가 말했던 것처럼 일본이 방위를 위해서 미국과 안보조약을 체결할 필요성이 있음을 인정했다. 또 나중에 일본의 총리가 된 미야자와 기이치와의 회담에서는 심지어 일본에 자위대가 필요하다는 것을 이해한다고도 말했다. 그러나 중국의 관료들은 일본의 경제가 성장함에 따라 막대한 경제력을 강력한 군대의 양성에 이용할 수 있다는 점을 계속 걱정했다.

많은 일본인들이 중국을 지원할 준비가 되어 있었다. 중국의 힘이 두려워서가 아니라 과거 일본의 침략과 그로 인해서 중국인들이 당한 고통에

죄의식을 느꼈고, 중국 시장에서 수익을 올리기 전에 중국에 빚을 갚아야 한다고 믿었기 때문이다. 당시 대부분의 일본인들은 중국의 경제력이 다음 몇십 년 동안 얼마나 빠른 속도로 도약할지 상상조차 하지 못했기 때문에 경쟁에 관해서는 진지하게 걱정하지 않았다. 중국 시장으로 진출하는 일본 기업들은 장기적인 관계를 발전시키고자 했다. 이들의 목표는 지속적인 관계를 구축하는 것이었으므로, 이들은 몇 년간 손해를 보더라도 중국의 상대 기업들을 너그럽게 도울 각오였다.

양국 간의 무역은 꽤 빠른 속도로 증진되어 1972년의 연간 11억 달러에서 1975년에는 연간 40억 달러에 육박했다. 당시 중국은 다른 어떤 나라보다 일본과 무역을 비롯한 그외의 접촉이 많았다. 1974년에 중국의 무역에서 24퍼센트가 일본과 이루어졌지만, 일본의 무역에서 중국이 차지하는 비율은 3퍼센트밖에 되지 않았다. 중국은 작물 수확량을 늘리기 위해서 일본에서 화학비료를 구입했고, 일본은 중국이 목화 재배 면적을 줄여서 곡물 생산을 늘릴 수 있도록 직물을 생산할 화학섬유 공장을 짓도록 도왔다. 일본은 또다른 공장들의 설립을 돕기 위해서 중국에 기계 공구들을 보냈다. 당시 중국은 아직 해외에 판매할 수 있는 공산품은 없었지만, 산유국이었고, 자동차가 거의 없어서 본국에서는 석유 수요가 별로 없었다. 1973년에 중국은 약 100만 톤의 석유를 일본에 수출했다. 이 수치는 1975년에 800만 톤으로 증가했다. 양국 전문가들은 중국의 대일 석유 수출이 빠르게 증가하여 소련에 대한 일본의 석유 의존도를 낮춰 일본에 에너지 안보를 제공하고, 중국이 일본으로부터 기계 수입을 늘릴 수 있게 해줄 것이라는 데에 낙관적이었다. 20년 뒤 중국의 석유 수요가 증가하여 중국이 안정적인 석유 수입 공급을 위해서 다른 나라들과 협력할 것이라고는 누구도 전혀 예상하지 못했다.

중국의 지도자들은 본토와 타이완의 재통일이라는 목표를 진전시키기 위해서 일본에게 타이완과의 관계를 끊으라고 계속 압박했다. 하지만 일본인들과 타이완인들은 1895년부터 1945년까지 꾸준히 구축해온 깊은 유대를 포기하기를 거부했다. 1973년에 중국을 방문한 일본인이 1만 명일 때, 타이완을 방문한 일본인은 약 40만 명이었다. 1970년대 중반에 일본과 타이완의 교역량은 본토와의 교역량과 계속 비슷한 수준이었다. 일본 기업들은 "유령 기업"을 이용해서 본토와 타이완과의 거래를 어떻게든 유지했지만, 1970년대 말에 일본의 대기업들은 중국과 더 많은 사업을 하고 작은 유령 기업들이 타이완과 거래할 수 있도록 했다. 타이완과 가까운 관계이던 일본의 기업가들과 정치인들은 여전히 타이완의 사업가들을 상대하는 것이 훨씬 더 수월하다고 생각했다. 타이완의 사업가들 중에서 많은 사람들이 식민지 시절에 일본어를 배웠고 중국 본토인들보다 일본인들을 더 편하게 느꼈다. 중국 본토인들은 북동부 지역의 일부를 제외하고는 일본어를 거의 하지 못했다. 중국에서 역할을 확장할 준비를 하던 일본 기업들은 일본이나 타이완에서 중국어를 공부한 젊은 일본인들뿐 아니라, 1945년 이전에 중국에서 살아서 중국을 잘 알고 있던 일본인들도 고용했다.

중국과 일본 사이에 놓인 가장 어려운 문제들 중의 하나가 양국 간 항공 운항을 처리하는 방법이었다. 중국은 성장하는 항공여행 시장이 일본에서 타이완이 아니라 일본에서 본토로의 운항에 초점을 맞추도록 하고, 타이완을 계속 압박하기 위해서 타이완으로 운항하는 일본 항공사는 중국 착륙을 허용하지 않겠다고 결정했다. 1974년에 중국과 일본은 마침내 일본항공(JAL)이 타이완 중화항공과의 협력을 끝낸다는 합의를 도출했다. 타이완에서 일본으로의 운항은 허용되었지만 이는 JAL이 아니라 민간 항공사를 이용해야 했고, 비행기에 타이완 국기를 달 수 없었다. 중국에서 출발한 비행기들은 일본의 나리타 국제공항에 착륙할 수 있지만, 타이완에서 온 비행기들은 주로 국내 비행에 이용되던 더 작은 공항인 하네다 공항에만 내릴 수 있었다. 타이완 관료들은 이 합의에 몹시 분노하여 처음에는 일본을 오가는 항공 운항을 전면 취소했다. 그로부터 1년이 더 지난 후에야 타이완이 한

발 물러나 국적 항공사가 아닌 "민간 항공사"가 마침내 타이완과 일본의 하네다 공항 사이를 운행할 수 있었다. 일본 최대의 민간 항공사인 전일본 공수(ANA)는 1986년까지 일본 정부로부터 해외 운항 허가를 받지 못했다. 하지만 중국으로의 운항이 ANA의 사업 확장계획의 중심이었기 때문에 ANA의 경영진은 향후 증가가 예상되는 일본과 중국 간의 운항에서 자사가 핵심적인 역할을 수행하기 위한 준비로 본토의 관료들과 친분을 쌓기 시작 했다.

1974년에 시작된 어업권 협상 역시 심각한 문제를 제기했다. 중국이 자국 해안 부근의 어업에 많은 규제를 가했기 때문이다. 일본은 결국 중국의 이 같은 규제를 받아들였다. 미국은 1971년 오키나와를 일본에 반환하면서 센카쿠 열도/댜오위다오의 행정을 일본에게 넘겼다. 중국은 1971년 12월에 처음으로 이 제도에 대한 권리를 주장했지만, 일본의 전문가들은 중국의 영유권 주장에 강한 법적 근거가 없다고 생각했다. 하지만 1978년 두 나라가 평화우호조약을 체결했을 때, 덩샤오핑은 일본에 영유권 문제는 미래 세대가 결정하도록 보류하겠다고 말했다. 이후 덩샤오핑이 권력을 쥔 동안에는 이 제도에 대한 영유권 문제가 심각한 분쟁의 대상이 되지는 않았지만, 후진타오 주석의 집권기에 이 문제가 다시 뜨거운 쟁점으로 떠올랐다.

1972년 이후 곧바로 중일 관계가 활짝 꽃을 피우지는 못했다. 관계의 관리를 위해서 다루어야 할 현실적인 문제들이 여전히 산적해 있었기 때문이다. 평화우호조약으로 불린 새 조약은 양국 간의 무역 합의, 비자 발급, 통관료 징수, 영사관 설치, 항공 운항권 확립의 틀을 제공했다. 조약을 협의하는 동안 중국은 일본 정부의 반소 입장을 확고히 할 목적으로 소련을 겨냥한 "반패권 조항"을 조약에 넣어야 한다고 주장했다. 일본은 반소 입장이기는 했지만 소련을 과하게 자극할 것을 우려하여 이 조항에 동의하지 않았다. 1973년 석유 파동 당시 중동으로부터 석유 공급 중단 위협을 받은 이후, 일본은 소련이 군함과 전투기들을 보내서 홋카이도를 공격하고 일본으로의 석유 수출을 중단할까봐 우려했다. 새 조약에 합의하기 전까지 양국 관계는 좀처럼 진전을 이루지 못했다.

평화우호조약과 덩샤오핑의 방일

문화대혁명 동안 공격을 받아 장시 성에서 유배 생활을 하던 덩샤오핑은 1977년 여름에 복귀를 허락받고 외교 정책을 이끄는 책임을 맡았다. 그는 중국이 성장하기 위해서는 현대 산업경제를 구축하는 데에 도움이 될 자금과 지침을 제공할 수 있는 두 국가의 협력과 지원이 다른 무엇보다 절실히 필요하다는 점을 인식했다. 그 두 국가란 일본과 미국이었다. 일본과 협력 관계를 맺기 위해서 덩샤오핑은 먼저 평화우호조약 체결을 방해하는 문제들을 해결해야 했다. 일본의 외교관들은 반패권 조항과 관련하여 제3국을 겨냥하지 않는다는 문구가 명시된다면, 이를 받아들일 수 있다고 제안했다. 이 문구를 추가적으로 명시하면 소련이 일본에 석유 수출을 거부하거나 침략적인 군사 행동을 취할 만큼 분노하지는 않을 것이라는 계산에서였다. 1978년 7월 21일, 중국과 일본이 조약과 관련된 협상을 시작했다. 그리고 15차례의 협상 끝에 8월 10일 중국은 반패권 조항에 제3국을 겨냥하지 않는다는 문구를 명시하자는 일본의 제안을 받아들였다. 일본 외무성의 조약부 차장이던 도고 가즈히코는 중국과의 협상 테이블에서 마침내 중국으로부터 동의를 얻어내고는 너무도 기쁜 나머지 테이블 아래로 상관과 악수를 했다고 한다. 일본 외교관들은 이러한 중국의 결정이 덩샤오핑에게서 직접 나온 것임을 알고 있었다.

1972년에 다나카 총리가 국교 정상화를 위해서 베이징을 방문했지만, 1978년까지 중국의 고위급 지도자 중에서 어느 누구도 도쿄를 답방하지 않았다. 평화우호조약을 체결한 뒤에는 중국의 최고 지도자가 일본을 답방해야 한다고 생각되었지만 중국 역사상 최고의 현직 지도자가 일본을 방문한 적은 단 한번도 없었고, 무려 2,200년 동안 중국의 지도자가 천황을 만난 적도 없었다. 1978년 10월에 덩샤오핑이 일본을 방문했다. 이때 랴오청즈가 자문 및 통역 역할을 수행함과 동시에 옛 친구들을 만나기 위해서 방문단과 동행했다.

덩샤오핑은 일본에 도착하자마자 이번 방문의 목적이 세 가지라고 밝혔다. 공식적인 평화우호조약 문서를 교환하는 것, 양국의 관계 개선을 위해서 노력해온 일본인 친구들에게 감사를 표하는 것, 서복이 구하러 떠난 "마법의 약"을 찾는 것이 그 목적이었다. 지금도 중국과 일본에 잘 알려져 있는 서복의 전설은 약 2,200년 전에 영생을 얻게 해줄 약을 찾아 일본으로 간 중국인의 이야기이다. 덩샤오핑은 자신이 찾는 마법의 약은 현대화를 이루는 비결이라고 설명했다.

1978년 10월 19일부터 29일까지 이루어진 덩샤오핑의 일본 방문은 이례적이었을 뿐만 아니라 역사상 가장 가까운 중일 관계를 열었다는 점에서 특별한 사건이었다. 도쿄의 외신 프레스 센터에서 열린 덩샤오핑의 기자회견에는 400명이 넘는 기자들이 참석했는데, 엘리자베스 여왕이 방일했을 때보다 더 많은 수였다(일본인들은 왕족에 대한 관심이 높다). 덩샤오핑은 중국의 상황을 설명하면서 중국은 좋은 옷을 걸쳐서 멋지게 보이려고만 하는 추한 사람이 되지 않겠다고 말했다. "우리는 후진국이므로 일본으로부터 배워야 한다." 또한 자신이 일본을 방문하는 기간은 비록 짧지만 일본과 중국의 좋은 관계는 영원히 이어지기를 바란다는 말도 했다. 센카쿠/댜오위다오 분쟁에 관한 중국의 견해에 대한 질문에는 중국과 일본은 이 문제에서 어떤 합의에도 이르지 못했다고 대답했고, 심지어 각 나라가 해당 제도를 부르는 이름도 다르다고 지적했다. 하지만 이 제도에 대한 양국의 의견 차이는 제쳐두고, 서로 협력할 방법을 찾기 위해서 함께 노력해야 한다고 말했다. 일본 기자들은 기자회견이 끝난 뒤에 몇 분간 기립 박수를 쳤다.

일본 대중은 일본을 방문한 덩샤오핑의 모습을 텔레비전으로 지켜보았고, 당시 중국에는 텔레비전을 볼 수 있는 사람이 별로 없었으므로 영화관에서 덩샤오핑의 방일 영상을 볼 수 있었다. 일본에서 덩샤오핑은 베이징에서 만났던 40개 대표단의 많은 사람들을 "옛 친구"로서 반갑게 만났다. 그 전까지 중국과 일본의 대중은 양국 지도자들이 서로 만나는 모습을 볼 수 없었다. 이 정도로 많은 중국과 일본 국민들이 양국 간 화합의 장을 지켜봄으로써 서로 연결된 적은 역사상 단 한번도 없었다. 교토의 니조 성을 방문한 덩샤오핑을 영접하던 일본 측의 한 인사는 교토에서 그가 보고 있는 모든 문화는 과거 일본인들의 조상이 중국에서 배워 들여온 것이라고 설명했다. 덩샤오핑이 일본에서 방문한 공장들은 엄선된 곳들이었다. 선택된 공장 모두 그가 중국에 같은 것을 만들고 싶어한 선진적인 공장이었다. 비록 장제스와 훗날 마오쩌둥은 일본에게 전쟁 배상금을 청구하지 않기로 동의했지만, 덩샤오핑은 일본이 중국의 현대화를 돕기 위해서 다른 어떤 나라보다 훨씬 더 많은 재정적, 기술적 도움을 줄 것이라고 기대할 만한 이유가 있었다. 대부분의 일본인들은 중국에 제공하는 원조를 공식적인 전쟁 배상금을 지급하는 대신에 배상의 의미로 하는 자발적인 기부라고 생각했다.

신일본제철의 회장이자 중국에 대한 원조를 지원하는 기업가들의 모임인 일중경제협회 회장인 이나야마 요시히로가 덩샤오핑과 함께 그때까지 중국에는 알려져 있지 않던 호버 크라프트(hover craft)를 타고 도쿄 만을 건너 당시 세계 최고의 첨단 공장이던 기미쓰 제철소를 방문했다. 덩샤오핑은 기미쓰 제철소에서 공장 견학을 위해서 근로자들과 비슷한 철모를 썼다. 이나야마는 이미 우한 제철소에 기부를 하여 이곳이 중국에서 가장 현대적인 제철소가 될 수 있도록 도왔다. 기미쓰 제철소는 불과 10년 전만 해도 마을마다 작은 용광로를 만들어 철을 생산하는 "토법고로(土法高爐)"를 장려했던 중국이 최첨단 방식으로 강철을 생산하기 위해서 상하이 외곽에 건설 예정이던 완전히 새로운 종합 설비인 바오산 철강의 모델이었다. 1977년 중국 전체의 철강 생산량은 2,400만 톤으로, 기미쓰 제철소 한 곳에서 생산하는 양의 3배에 불과했다. 그 전에도 바오산과 기미쓰 간에 접촉이 있었지만, 덩샤오핑이 방문한 직후인 1978년 12월 22일에 중국은 신일본제철과 바오산 철강 착공 계약을 맺었다. 바오산 철강의 공장과 보하이 만의 공동 석유탐사 설비를 건설하는 두 개의 대규모 공사에는 일본과 중국의 정책 입안자, 관리자, 금융업자, 기술자, 근로자, 법률가, 정부 행정가들의 폭넓은 일상적 협력이 필요했다.

덩샤오핑은 자마 시의 닛산 자동차 공장도 방문했다. 조립 라인에 로봇을 막 도입한 이 공장은 아마 당시에 세계에서 가장 현대적인 자동차 공장이었을 것이다. 그때까지만 해도 중국의 주요 교통수단은 여전히 자전거였다. 이 공장에서 근로자 1명당 매년 94대의 차를 생산한다는 설명을 들은 덩샤오핑은 중국 최고의 자동차 공장인 창춘의 디이 자동차의 근로자들보다 1년에 93대를 더 많이 생산하는 것이라고 대답했다. 당시 중국이 창춘에서 사용하던 공장 설비는 제2차 세계대전 전에 만주가 일본의 산업 중심지일 때에 일본인들이 구축한 것이었다.

2015년에 중국은 전 세계 다른 나라들의 고속철도를 전부 합친 것보다 긴 1만9,000킬로미터 이상의 고속철도를 보유하게 된다. 그러나 덩샤오핑이 일본을 방문한 1978년은 중국이 아직 첫 고속철도 건설에 착수하기도 전이었다. 1978년에 덩샤오핑이 신칸센을 탄 것이 중국의 지도자가 처음 고속열차를 타본 때였다. 도쿄와 교토를 잇는 이 열차는 1964년에 완공되었다. 일본이 고속열차 개통에 처음 성공한 이후 유럽 국가들도 고속철도 개발에 나섰다. 과거 중국에는 일본이 이룬 산업적 성취를 과소평가하려고 애쓴 사람들이 있었던 반면, 일본의 현대 산업에 대해서 아첨하는 사람들도 있었다. 일본 방문에 앞서서 덩샤오핑은 비굴하게 굴지 않고 일본의 성취를 인정하기로 결심했다. 신칸센을 타본 소감에 관한 질문을 받자, 그는 "매우 빠르다"라고 대답했다. 얼마 지나지 않아 중국은 일본과 유럽의 철도 기사들과 관리자들을 불러들여 기술을 습득했다. 중국이 일본에게 배우기 시작한 것들을 시행하기 위한 기초 기술과 관리방법을 습득하는 데에는 수십 년이 걸렸다. 그 한 예로, 2008년이 되어서야 베이징과 톈진을 잇는 최초의 고속철도가 완공되었다. 그러나 이후 중국의 고속철도 체계는 굉장히 빠른 속도로 확장되었다. 일본은 뛰어난 품질 관리 능력과 안전 기록을 가지고 있는데, 탑승자가 10억 명이 넘어선 오늘날까지도 고속철도 사고로 사망한 사람은 없다. 한편 중국에서는 2011년에 원저우에서 두 대의 고속열차가 충돌하는 사고가 있었지만, 그 이후 중국은 안전 향상에 힘써 우수한 안전 기록을 유지해오고 있다.

덩샤오핑은 일본인들이 수나라와 당나라로부터 배운 것들을 바탕으로 조성한 교토의 문화 유적지들을 둘러보았을 뿐만 아니라 오사카의 파나소닉 공장도 방문하여 61년 전에 이 회사를 창립한 마쓰시타 고노스케를 만났다. 배터리로 작동하는 자전거용 램프 제작에서 출발한 마쓰시타는 자신의 회사를 당시 세계를 주도하는 소비자 가전제품 업체로 성장시켰다. 1978년 덩샤오핑은 대중매체들이 마쓰시타에게 붙인 "경영의 신"이라는 별명으로 그를 불렀다. 마쓰시타에게는 중국의 비교적 가난한 사람들도 모두 가질 수 있는 저렴한 텔레비전 세트와 그외의 전자기기들을 만들겠다는 비전이 있었고, 중국에 공장을 세우자는 덩샤오핑의 제안에 즉각적으로 응했다. 덩샤오핑이 마쓰시타에게 가장 최신 기술을 전수해줄 것을 요청하자, 마쓰시타는 민간 기업은 신제품의 고안과 개발에 엄청난 자원을 할애하고 여기에는 상당한 시간과 수고, 돈이 필요하며 기업들은 그 기술에 의존해서 신기술 개발에 필요한 소득을 창출한다고 설명했다. 마쓰시타는 중국의 소비자들에게 공급할 저가의 가전제품 개발을 돕고 싶다고 말했지만, 다른 기업가들과 마찬가지로 자사의 생존이 첨단 기술의 보안 유지에 달려 있다는 것을 잘 알고 있었다.

그러나 덩샤오핑과 마쓰시타는 서로 마음이 잘 맞았고, 마쓰시타는 중국에 가전제품 공장들을 세우고 일부 기술—가장 중요한 최신 기술은 아니지만—과 관리방법을 전수하기 위해서 빠르게 움직임으로써 덩샤오핑의 요청에 대응했다. 지방에 공장들을 세우면 현지 주민들에게 고용 기회가 제공되므로 그 회사의 제품을 구매하려는 추가적인 동기를 부여한다. 마쓰시타는 많은 지역 주민들에게 이런 동기를 부여한다는 전략에 따라서 중국의 여러 다른 지역들에 공장을 세웠다.

일본 체재 중에 덩샤오핑은 제2차 세계대전 동안 정부가 주도하는 경제 체제를 유지하던 일본이 이후 어떻게 자유시장경제로 옮겨갔는지 등에 관한 광범위한 질문을 던졌다. 덩샤오핑은 일본과 비슷한 전환을 이루기 위해서 리더십을 발휘할 방법을 모색하고 있던 것이 분명했다.

덩샤오핑이 일본을 방문했을 때에 다나카 가쿠에이는 록히드 사건— 미국 록히드 사가 ANA에 자사의 비행기를 구입하도록 뇌물을 준 사건— 에 휘말려 가택 연금에 처해진 상태였다. 그럼에도 덩샤오핑은 다나카가 양국의 관계 개선을 위해서 했던 일들에 대한 감사를 표하기 위해서 그를 방문하겠다고 끈질기게 요청했다. 마침내 방문을 허락받은 덩샤오핑은 다나카에게, 1950년대에 중일 간의 우호 관계에 기여했던 사람들의 가족과 오사카에서 고인이 된 다카사키 다쓰노스케의 딸에게 했던 것과 같은 말을 했다. "물을 마실 때는 우물을 판 사람들을 잊을 수 없다"라는 말이었다. 덩샤오핑은 다나카에게, 그가 중국을 방문했을 때에는 자신이 "복숭아밭(정치적 실수들에 대한 처벌로 문화대혁명 동안 시골로 쫓겨난 일을 완곡하게 표현한 말)"에 가는 바람에 그를 맞이하지 못했다고 설명했다. 그리고 "우리는 당신이 양국의 우호적인 관계를 위해서 했던 일들을 잊지 못한다"라고 말하며 다나카를 정부 내빈 자격으로 중국에 초대했다. 두 사람의 만남이 있은 뒤에 다나카는 기자들에게 중국과의 평화우호조약 체결은 메이지 유신 이후 일본에서 일어난 가장 좋은 일이라고 말했다. 또 지금까지 그가 만났던 모든 외국 지도자들 중에서 저우언라이가 가장 인상적이었는데, 덩샤오핑을 만났을 때에도 비슷한 느낌을 받았다고 덧붙였다.

도쿄에 있는 동안 덩샤오핑은 황궁에서 히로히토 천황과 2시간 동안 오찬을 같이했다. 천황이 손님을 맞을 때에는 자유롭게 이야기를 나눌 수 있도록 개인적인 대화는 기록되지 않는다. 하지만 외교부장 황화는 천황이 "불행한 일"에 대해서 언급했다고 기록했다. 그는 이 말을 전쟁 피해를 입은 중국인들에 대한 사죄로 받아들였다.

오찬을 마치고 외교부장 황화와 외무장관 소노다 스나오가 평화우호조약의 공식 문서에 서명했고, 덩샤오핑이 후쿠다 총리를 끌어안았다. 후쿠다 총리는 덩샤오핑의 포옹에 몹시 당황한 것 같았지만, 곧 평정을 되찾고 이를 호의의 표시로 받아들였다. 후쿠다 총리와 대화를 나누면서 덩샤오핑은 "우호적인 관계와 협력은 10억 중국인과 일본인들의 공통된 바람입니다. ……양국 국민들을 대표해서 자손 대대로 우정을 이어나갑시다"라고 말했다.[1] 덩샤오핑이 방일하고 얼마 지나지 않아 실시한 일본의 한 여론조사에서 일본인의 약 78퍼센트가 중국을 긍정적으로 생각하는 것으로 나타났다.

덩샤오핑이 베이징으로 돌아간 직후, 중국의 주요 경제 관료들로 구성된 대표단이 일본을 찾았다. 이들은 방문 보고서를 통해서 일본의 기업가들이 마르크스 시대 이후 자본주의에 잘 적응해왔다는 결론을 내렸다. 일본의 자본주의자들은 노동자들에게 좋은 근로 환경을 제공하여 마르크스가 묘사한 착취당하는 노동자들보다 열심히 일하게 함으로써 돈을 벌어들이는 방법을 알고 있었다. 이런 결론은 마르크스의 주장의 가치와 정확성을 인정하면서도 중국이 현재 도입하고 있는 관행들이 중국의 노동자들에게 유익할 것이라고 지적하는 영리한 해석이었다. 대표단은 또 품질 관리에 대한 일본의 접근방식의 핵심도 이해했다. 검사에 의존하지 않고 처음부터 제품을 제대로 만드는 것이 그 요점이었다. 이후 몇 년 동안 중국의 공장들은 근로자들에게 일본의 품질 관리를 공부하라고 독려하는 커다란 현수막을 내걸었다.

일본의 많은 기업가들이 자국의 침략으로 인해서 중국인들이 겪은 고통에 그들 세대가 대응하는 가장 좋은 방법은 사과를 계속하는 것이 아니라 중국이 산업을 개발하고 생활수준을 향상시켜서 이웃국가들과 평화롭게 지낼 수 있도록 돕는 것이라고 믿었다. 통산부 산하 일본무역진흥회는 중국의 기술 지원 요청에 대응해서 여러 분야의 전문가들을 차례로 파견하여 중국의 산업 개발을 도왔다.

1981년이 되자 일본을 방문한 중국인의 수가 1만7,000명을 넘어섰고 중국을 찾은 일본인의 수는 11만 명에 이르렀다. 총 방문객 수가 1978년에 비해서 거의 5배로 증가했다.[2] 1981년에는 중국에서 총 1,100명으로 구성된 약 250개의 과학 및 기술 대표단이 각자의 전문 분야에서 일본의 발전상을 익히기 위해서 일본을 찾았다. 1979년부터 1982년까지 약 480명의 일본 학생들이 중국의 고등교육기관에 입학했고, 960여 명의 중국 학생들이 선진학문을 배우기 위해서 일본의 대학과 연구기관에 들어갔다. 그뿐만 아니라 일본 내 중국 학생들의 수가 계속해서 빠르게 증가했다. 이 기간 동안에 일본은 일본 학교에 지원한 중국인 학생들에게 2,610억 엔의 보조금 혹은 대출금을 지급했다.[3]

중국의 긴축재정, 1979-1981년

1976년 9월에 세상을 떠난 마오쩌둥의 뒤를 이어 주석 자리에 오른 화궈펑은 문화대혁명의 슬로건 사용을 중단하고 경제 성장의 탄탄한 기반을 제공하기 위해서 해외에서 신기술을 들여오기 시작했다. 이와 관련하여 허가를 얻은 지방정부들과 다양한 부처들은 시범 공장들을 세우기 위해서 서둘러 기계 수입을 준비했다. 각 부처의 관료들은 해외 기업들과 적극적으로 논의를 시작했고, 이 기업들에게 사업 입찰서를 제출하라고 독려했다. 석유 탐사와 채굴을 확대하는 대규모 사업을 준비한 경험 때문에 "석유방"이라고 불리던 관료 집단이 많은 신규 공장 프로젝트를 감독하는 책임을 맡았다.

석유방의 지도자들은 수송수단과 연료와 자재 등의 부족 문제를 극복하는 한편, 다칭 유전 같은 사업을 완수하기 위해서 미숙한 관리자들을 훈련시키는 등 헌신적이고 창의적이며 심지어 영웅적인 모습을 보여주었다. 일본 기업들은 1972년의 국교 정상화 이후 개선된 양국 관계를 이용하여 중국의 공공 기반시설과 산업설비 구축 계약을 맺는 데에 특히 적극적이었다. 또 발전소와 석유화학 공장 건설을 돕는 데에도 적극성을 보였다. 덩샤오핑이 일본을 방문하고 불과 두 달 만인 1978년 12월 24일, 일본의 여러 기업들이 관여한 거대한 바오산 철강의 기공식이 열렸다.

중국의 지방 관료들이 새 공장을 너무도 간절히 원했기 때문에, 고위 관료들은 지방 관료들이 공장 건설에 필요한 부지와 노동력, 기술과 관련된 충분한 준비를 완료하거나 비용을 지불할 자원을 찾기도 전에 공장 설비를 수입하는 계약을 체결하지 않도록 제지하기가 쉽지 않았다. 중국의 일부 관료들, 특히 재무부 관료들과 기획위원회, 은행들—대약진 운동 동안에 성급하게 돌진하다가 저지른 참혹한 실수들로 혼이 난—은 중국의 관리들이 충분한 자본과 준비 없이 너무 성급하게 움직이고 있다고 우려했다. 자신이 세운 경제개발 5개년 계획이 대약진 운동으로 무너지는 것을 경험했던 천윈은 신중한 균형예산 지지자들의 대변인이 되었다.

1979년 2월에 베트남을 침공한 중국은 전쟁으로 인해서 상당한 자금이 필요해졌고, 관리들이 체결한 모든 신규 공장 건설 계약을 진행할 만한 형편이 되지 않는다는 것이 분명해졌다. 1979년 2월 마지막 날, 균형예산 지지자들은 바오산 계약을 포함해서 일본 기업들과 맺은 약 26억 달러의 계약을 동결시켰다. 프로젝트 관리자들과 일본 기업들은 여전히 계약을 진행시킬 방법을 찾으려고 애썼다. 그리하여 대부분의 경우 일본 기업들과 은행들이 지불을 연기해주고 대출을 제공하기로 했다. 그러나 어떤 경우에는 프로젝트가 중단되기도 했다.

1980년 말, 개발 지지자들과 균형예산 지지자들 사이의 다툼에서 천윈이 이끄는 후자가 승리를 거두었고 일부 프로젝트들이 중단되었다. 1978년에 중국의 정책 입안자들은 석유 생산이 계속 증가할 것이라고 예상했지만, 실제로 1979년부터 1981년까지 석유 생산은 침체기를 맞았다. 국내의 석유 수요 증가로 중국은 일본으로의 석유 수출을 제한하기 시작했고, 이에 따라 중국이 일본 제품들을 구입하고 일본의 투자금을 갚기가 힘들어졌다. 천원과 균형예산 지지자들이 세력을 얻으면서 화궈펑이 정부의 예산을 넘어서는 계약 체결에 대한 책임을 져야 했다. 덩샤오핑은 천원에 합세하여 화궈펑을 비판했다. 화궈펑은 경제 현실을 제대로 직시하지 못하고 지나친 낙관주의로 1985년까지 석유 생산이 연간 20퍼센트 증가할 것이라고 예상했다. 1979년 11월에 석유 굴착장비가 붕괴된 사건도 석유 탐사와 강철 생산을 너무 성급하게 진행시키려고 했던 프로젝트 관리자들에 대한 비판의 근거가 되었다. 화궈펑은 이 같은 부실한 관리에 대한 책임을 져야 하는 희생양이 되었고, 1980년 말에 천원과 덩샤오핑은 자신들의 권력을 강화하고 화궈펑을 실각시키는 데에 일조하는 중대한 정책 재조정을 추진했다. 이때 수많은 프로젝트 관리자들 역시 면직되었다. 1980년 말의 정책 재조정은 이전에 해외 국가들과 합의한 프로젝트들을 취소하거나 연기하도록 했다. 재조정이 필요한 모든 해외 계약들 중에서 절반 이상이 일본과의 계약이었다. 1981년 1월, 이미 시작되었던 바오산 철강 건설공사의 첫 단계가 취소되었다는 소식이 일본 기업들에 타전되었다.

바오산 프로젝트는 워낙 규모가 크고 많은 일본 기업들이 관련된 데다가, 이미 다수의 일본 기업이 막대한 투자를 한 상황이었다. 때문에 공사 취소는 특히 일본인들에게 큰 문제가 되었다. 일본 관료들은 그들이 떠안게 된 막대한 손해액과 국제계약을 무시하는 중국인들로 인해서 분노했다. 일부 일본인들은 중국인들이 계약을 체결한 모든 프로젝트를 재개할 것인지 의문시했다. 한편, 중국인들은 계약 존중의 중요성을 설교하는 일본인들의 오만함에 불만을 표했다. 중일전쟁 동안 일본인들이 중국인들에게 저질렀던 끔찍한 짓들에 비하면, 계약 취소는 사소한 문제처럼 여겨졌기 때문이다.

석유 생산이 확대되면 무역에 필요한 외환을 벌어들일 것이라는 중국의 기대도 문제에 부딪혔다. 1978년 초에 중국인들은 중국 연안의 여러 지역에서 이루어질 석유 탐사에 대해서 낙관적이었고, 자국의 부족한 전문지식과 기술에 대한 외국 기업들의 도움을 구했다. 중국은 베트남 해안에서는 프랑스 기업들과, 보하이 만에서는 일본 기업들과 협력하기로 했다.

중국은 프로젝트 취소 이유를 일본인들이 납득하기를 바라며 이에 대한 해명을 위해서 천원의 균형예산 지지자들 중의 한 명인 야오이린을 일본으로 보냈다. 야오이린은 중국이 바라던 것만큼 빨리 새로운 유전을 개발할 수 없다는 것을 인정했다. 덩샤오핑은 약속을 이행하지 못한 중국에 분노한 일본의 지도자들을 만나서 중국의 상황을 설명했다. 그는 당시 여든다섯 살이던 일본 경제단체연합회 회장 도코 도시오와 국교 정상화 회담에 참여했던 정치인 오히라 마사요시를 직접 만났다. 기술자 출신의 도코 도시오는 성실성과 검소한 생활방식으로 도덕적 권위가 높던 인물이었다. 두 사람 모두 양국 관계를 계속 진전시킬 방법을 모색했다. 덩샤오핑은 원래 균형예산 지지자가 아니었고 많은 일본인들처럼 깊이 머리 숙여 사과하는 유형도 아니었지만, 중국의 실수와 경험 부족을 솔직하게 인정했다. 그는 중국인들이 얼마간의 실수를 저질렀고, 해외 자본이 부족하며, 계약을 체결한 모든 공장들에 대한 대금을 지불할 형편이 안 된다고 솔직히 털어놓았다. 또 중국의 형편이 나아지면 곧바로 프로젝트들을 재개할 것임을 분명히 했다.

일본의 경제적 자문, 지원, 협력

1979년 1월, 이 계약 취소로 인해서 일본의 기업가들이 얼마나 낭패를 겪고 있는지를 중국 지도자들에게 설명하기 위해서 오키타 사부로가 중국으로 파견되었다. 오키타 사부로는 1914년에 다롄에서 태어나 초등학교를 마칠

때까지 그곳에서 살았고, 1939년 6월부터 1942년 2월까지 베이징의 체신청에서 일했던 존경받는 범세계주의적 경제기획가였다. 중국으로 건너간 그는 경제 개발을 이끄는 고위 관료인 구무 부총리를 만나서 베이징의 계약 취소는 국제 비즈니스에서 중국의 평판에 좋지 않은 영향을 미칠 수 있다고 경고했다. 일본으로 돌아온 오키타는 정계와 재계 지도자들에게 문화대혁명 동안 중국의 수많은 노련한 관리들이 밀려났다가 제때 복귀하지 않아 사업에 대한 실사를 하지 못하는 바람에 중국이 공장 설비 수입 계획에 대한 적절한 관리 감독을 하지 못했다고 설명했다.

중국에 있는 동안 오키타는 계약된 프로젝트들을 재개하기 위해서 중국과 일본이 무엇을 할 수 있는지 파악하려고 노력했다. 그는 중국의 외환 부족 문제를 완화하기 위해서 일본의 원조 프로그램을 제안했고, 도쿄로 돌아간 뒤에 이 프로그램에 대한 지원을 얻고자 정치 지도자들과 관료들을 차례로 방문했다. 1979년 11월, 일본의 외무장관이 된 오키타는 중국을 위한 일본의 해외개발원조 프로그램의 공식 출범을 위해서 그다음 달에 오히라 총리와 함께 다시 베이징을 방문했다.

1979년부터 1999년까지 20년 동안 중국이 받은 양국 간 모든 원조의 약 56퍼센트를 일본이 제공했다. 원조는 주로 보건, 교육, 그외의 사회 기반시설을 위한 무상 원조, 기술 원조, 주로 기반시설의 개발을 위한 엔화 차관의 세 가지 유형으로 이루어졌다. 중국이 기술 원조를 요청하면 일본무역진흥기구(JETRO)가 일본의 기술자들 중에서 적임자를 찾았다. 일본은 중국에 모두 4,158명의 기술자들을 파견했고 중국은 9,712여 명의 기술자들을 일본으로 보내서 훈련 프로그램들에 참여하도록 했다. 1979년부터 2001년까지 일본은 총 159억 달러어치의 원조를 중국에 제공했다.[4]

일본이 중국에만 직접 원조를 제공한 것은 아니었다. 일본은 오스트레일리아에도 자금을 공여하여 석탄과 철광석 채굴을 지원함으로써 중국에 저가로 공급되도록 했다. 일본의 자금이 들어간 단일 프로젝트로는 단연 최대

규모인 바오산 철강 프로젝트가 빨리 재개될 수 있도록 하기 위함이었다.

구무는 일본의 경제 개발을 이끈 경험을 소개할 수 있는 고위급 일본인 자문단을 구성하기 위해서 오키타 사부로를 초대했다. 1979년 일본이 신속한 산업화를 이루던 바로 그 시기에 중국은 대약진 운동과 문화대혁명으로 참담한 실수들을 저질렀다는 것이 분명해졌다. 1978년 초에 구무는 경제 개발을 이끄는 다양한 접근방식들을 배우기 위해서 고위급 연구 사절단을 이끌고 5주일 일정으로 유럽으로 떠났다. 유럽 국가들과 미국의 정부는 주로 공정한 시장 운영을 보장하기 위한 규제를 제시하여 경제를 이끌었지만, 일본 정부는 조정과 지침을 제공하고 주요 분야들의 개발을 위한 가용 자금을 보장함으로써 경제 개발을 촉진했다. 구무와 참모들은 서구 국가들보다 일본의 경험이 중국에 더 적합하다고 생각했다. 오키타 자신이 일본의 경제 안정위원회의 연구부장을 지내며 제2차 세계대전 직후 물자가 부족한 시절, 특히 인플레이션 억제를 걱정하던 때에 일본의 경제활동을 이끈 장본인이었다. 또한 그는 1955년에 경제 발전을 위한 광범위한 조정 활동을 수행할 경제기획청이 설치되었을 때에 기획국 국장을 지냈다. 이렇게 오키타는 안정화와 성장계획 두 분야 모두에 경험이 있었다.

초기 논의를 거친 뒤에 중일 경제지식교류회라는 자문집단이 구성되어 1981년 5월 하코네에서 첫 회의를 열었다. 구무는 후일 시장경제 도입을 감독하는 주된 책임을 맡은 저명한 경제학자 마훙을 중국 측 대표로 회의에 참석시켰다. 오키타는 1955년 이후 일본의 경제 개발을 이끄는 데에 중요한 역할을 해온 창의적인 고위 관료들을 참석시켰다. 시모코베 아쓰시는 각 지역들을 정확하게 파악하고 지역 성장에 필요한 다양한 구성요소들을 계획, 조율하는 방법을 개념화하는 데에 중요한 역할을 한 인물이었다. 미야자키 이사무는 경제계획의 책임을 맡은 선도적인 학자이자 관료였다. 또 유력한 국회의원의 아들이자 고등교육 분야의 학계 전문가로는 유일하게 문부성 장관을 지낸 나가이 미치오가 고등교육과 관련된 논의를 위해서 참여했다.

　중일 실무단은 센카쿠 열도/댜오위다오 분쟁으로 양국 관계에 특히 긴장이 높아졌던 2013년과 2014년을 제외하고는 참석자들을 적절하게 교체하며 해마다 만남을 계속했다. 실무단은 수년간 양국의 거시경제 정책, 중일 관계, 중국의 경제개혁, 세계적 변화 같은 문제들을 다루었다. 일본 측 참여자들은 군사 문제보다 민간 경제에 중점을 두었던 점, 고급 노동력을 강조한 점, 정부와 민간 분야 간의 협력의 성격, 외국 기업들이 아이디어와 기술을 들여오도록 하는 것의 중요성, 신속하게 수익을 낼 수 있는 분야들에 우선 투자하는 것이 바람직하다는 점 등 일본이 과거에 겪은 경험들을 이야기했다. 자문단은 비공식 단체로 남아 있었고 논의 결과를 발표하지 않았지만, 시장 개방과 세계 경제와의 연계를 시작하고 있던 중국 측 참석자들은 자문단의 솔직한 토론과 조언에 감사를 표했다. 세계은행 역시 중국에 시장경제뿐 아니라 사회주의 경제 국가들로부터 경제 자문들을 데려옴으로써 중요한 역할을 했다. 사회주의 국가의 경제 자문들은 정부가 직접 자원을 공급하는 경제를 이끌었다. 서구의 경제학자들은 정부가 경제의 현대화를 이끄는 것이 아니라 규제를 정하는 역할을 하는 국가들에서 일했다. 하지만 일본의 경제기획가들과 일하면서 중국인들은 세계은행을 거칠 필요가 없었고, 일본인 개척자들과 직접 일할 수 있었다.

　모든 합동 프로젝트들 중에서 최대 규모인 바오산 철강의 2단계 건설을 포함하여 그동안 연기되었던 중국의 많은 프로젝트들이 일본으로부터 대출을 받아 1982년에 공사를 재개했다. 원래 계획에 따르면 1983년에 강철 생산이 시작되어야 했다. 중국과 일본의 관리자들 및 노동자들의 엄청난 노력에 힘입어 마침내 1985년에 강철 생산이 시작되었다. 바오산 철강의 완공으로 중국은 기계 생산과 건설을 가속화할 수 있었고, 바오산은 중국의 다른 현대식 철강 공장들의 모델이 되었다. 2015년에 바오산을 모델로 한 철강 공장들이 세워지면서 중국은 매년 거의 8억 톤에 이르는 철강을 생산했다. 이는 1977년 중국 철강 생산량의 거의 40배, 세계 총 철강 생산량의 절반이 넘는 수치였다. 바오산에서 함께 일한 일본과 중국의 관리자들과 기술자들 사이에는 돈독한 관계가 형성되었다. 기술 이전에 참여했던 중국과 일본의 관료들은 심지어 몇 년 후에도 공동 협력의 성공을 축하하기 위한 모임을 열어 중국인들이 프로젝트를 도와준 일본인들에게 감사를 표하는 자리를 마련했다.

중일경제협회는 중국이 1978년부터 1984년까지 해외 국가들과 약 117억 달러의 공장 전체 설비 및 기술 도입 계약을 맺었고, 일본이 그중 60억 이상의 계약을 따냈다고 추정했다.[5] 중국에서 일본인들은 철강과 석유화학뿐 아니라 합성섬유와 화학비료 분야도 주도하면서 직물을 생산하고 농업 생산량을 증가시키는 한편, 농지가 목화 생산에 할당되지 않도록 하는 데에 중요한 역할을 했다. 1984년에 중국은 일본으로부터 텔레비전, 냉장고, 세탁기, 자동차(대부분 관용) 등의 소비재를 수입하기 시작했다. 하지만 1986년에 중국의 관리들이 인플레이션과 국제수지 악화를 염려하여 일본으로부터의 수입을 대폭 줄이면서 다시 한번 주문 취소 사태로 이어졌다.

요컨대, 일본인들은 산업 현대화를 이루고자 했던 미숙하지만 야심은 강한 중국인들과 함께 일하면서 여러 번의 좌절을 겪었다. 하지만 중국에 자문을 해주다가 1960년에 본국으로 불려간 러시아의 과학자, 기술자들과는 달리 중국과 일본의 많은 사업가들은 협력을 계속할 방법들을 찾았다.

1980년대의 문화 교류

덩샤오핑은 중일 간의 왕성한 경제 교류를 유지하기 위해서는 양국 간에 근원적인 문화적 유대를 강화하는 것이 중요하다고 생각했다. 1978년에 평화우호조약이 체결된 뒤에는 불교협회들과 서예, 장기, 음악, 시 같은 예술과 문화 전문 단체를 포함한 일본의 많은 종교 및 문화 단체들이 대표단을 보내서 중국 측과 교류했다. 또 수백 개에 이르는 일본의 현, 도시, 소도시들이 중국 측 상대와 자매결연을 맺었다. 일본의 단체들이 중국에서 사업 기회를 얻기를 바라고, 또 중국의 일부 지방들이 일본의 투자를 구하면서 때로는 이 문화 단체들이 경제적 영향을 미치기도 했다.

일본의 많은 서적들도 중국어로 번역되었다. 1980년대에는 중국인과 일본인 남녀 사이의 사랑 이야기를 포함한 일본 영화들이 제작되어 중국에서 널리 상영되었다. 중국에는 텔레비전이 이제 막 보급되기 시작했고, 아직 자체적인 드라마나 역사극을 많이 제작하지는 못했기 때문에 일본의 텔레비전 프로그램들을 번역한 방송이 중국인들로부터 인기를 얻었다. 야마가타 현의 근면하고 검소한 시골 가족의 모습을 그린 가족 연속극 「오싱」(중국어로는 「아신[阿信]」)은 중국 텔레비전에서 방송된 가장 인기 높은 일본 연속극이었다. 이 드라마의 주인공인 오싱은 가난하지만 강한 정신력을 가진 어머니로, 열심히 일하여 돈을 모으고 자식들이 삶을 순조롭게 시작할 수 있도록 돕기 위해서 전적으로 헌신한다. 오싱은 중국의 지도자들이 국민들에게 심어주고 싶은 도덕성을 갖춘 인물이었다. 1980년대에 성장한 중국의 많은 젊은이들은 일본의 소설과 노래, 영화, 텔레비전 시리즈에 대해서 좋은 기억을 가지고 있다.

1984년 10월, 중국과 일본의 젊은이들이 미래를 위한 우정을 쌓도록 돕기 위해서 후야오방 총서기와 나카소네 야스히로 총리가 3,000여 명의 일본 젊은이들이 중국을 방문하도록 독려했고, 후진타오가 이끄는 공산주의 청년단이 이 프로그램을 주관했다. 1987년 1월에 후야오방이 비판을 받고 해임되었을 때에 제기된 주된 비판들 중의 하나가 일본 젊은이들을 대접하기 위해서 중국의 자원을 너무 후하게 제공했다는 것이다. 하지만 이러한 교류를 통해서 형성된 관계는 이 프로그램에 참여한 양국 젊은이들 중에서 일부가 후일 고위직에 올라 중일 문제를 다룰 때에 예전에 맺은 연고에 의지하면서 도움이 되었다.

1984년, 일본과 중국은 나카소네 야스히로 총리와 후야오방 총서기의 지휘 아래 중일우호 21세기 위원회를 설치했다. 중국과 일본의 저명인사들로 구성된 이 위원회는 양국 사이의 긴장감이 높아진 1992년 이후에도 계속해서 포럼을 열었다.

1980년대의 정치적 마찰

1992년 이후 확대된 중일 간의 정치적 대립들에 비하면, 1978년부터 1992년까지는 정치적 협력, 문화 교류, 경제관계 확대, 인적 교류의 황금기였다. 하지만 이 황금기에도 1990년대에 더 심각해질 문제들의 전조가 되는 정치적 마찰들이 발생했다.

제2차 세계대전 이후 일본의 교원노조는 일본의 전쟁 행위와 기시 노부스케, 사토 에이사쿠 같은 보수파 정치인들에게 비판적인 좌파 지식인들이 주도했다. 반면 일본 문부성은 일본의 젊은이들에게 애국심을 가르치려는 보수적인 교육자들이 주도했고 각 학년, 각 과목의 교과서가 다루어야 하는 내용에 대한 지침을 발표했다. 1982년 6월 26일, 일본의 신문들은 문부성이 제2차 세계대전으로 이어진 일본의 군국주의에 대한 비판을 완화하기 위해서 교과서에서 "침략"이라는 단어 대신 일본군의 "진출"이라는 표현을 사용하라고 제안하여 근대사 과정에 관한 지침 변경을 시도한 것에 대해서 비판했다(실제로는 신문 보도들이 부정확했음이 나중에 밝혀졌다). 신문 보도가 나간 이후 거의 한 달 동안 중국의 언론은 이 문제에 별로 관심을 기울이지 않았다.

그러나 1982년 7월 20일, 중국의 매체들이 일본의 이런 움직임이 제2차 세계대전 동안 일본군 병사들이 저지른 끔찍한 행위를 축소하려는 움직임이라며 전면적인 공격을 시작했다. 중국인 포로들의 목을 자르는 일본 병사들과 중국인들의 시신이 무더기로 쌓여 있는 사진이 중국 언론에 실렸다.

또 난징 대학살을 다룬 기사들은 36만 명의 중국인들이 살해당했다고 보도했고, 이와 함께 사지가 절단된 중국인들의 시신 사진이 신문에 실렸다. 전시에 일본이 살아 있는 사람들에게 실시한 세균전 실험에 관한 내용도 특집기사와 사진으로 다루어졌다. 중국인 유격대가 일본 병사들을 죽인 지역에서 시행된 "삼광" 정책(모두 죽이고, 모두 태우고, 모두 약탈한다)도 다루어졌다. 언론 캠페인은 일본의 항복 37주년인 8월 15일에 절정에 달했다. 이 캠페인의 기사는 중국의 청년 잡지들을 통해서 특히 널리 유포되었다. 후야오방 총서기가 1982년 9월 중반에 열린 중국공산당 제12차 전국대표대회에서 제시한 정치 보고서에는 일본 군국주의의 부활에 대한 경고가 실려 있었다. 그는 나중에 중일 젊은이들 간의 호의를 증진하는 데에 중요한 역할을 했다. 중국의 언론 캠페인이 벌어진 시기는 중국인들이 중일전쟁에서 일본인들이 저지른 행위에 대한 자기비판을 완화하기 시작했다고 믿게 되었을 때부터였다. 이 캠페인은 일본의 잔혹 행위에 대한 깊은 분노를 나타냈지만, 한편으로는 군국주의로 되돌아가지 말라고 일본에게 보내는 경고이기도 했다.

1985년 8월 15일, 나카소네 야스히로 총리가 나라를 위해서 목숨을 바친 240만 명의 일본인들에게 참배하기 위해서 야스쿠니 신사를 공식 방문했다. 나카소네는 현직 각료 신분으로 이 같은 방문을 한 최초의 일본 총리였다. A급 전범 12명이 합사된 장소를 방문한 나카소네에게 격분한 중국인들이 그에게 신랄한 비판을 쏟아내자 나카소네 총리는 당황했다. 나카소네는 종전 40주년을 기념하여 나라에 목숨을 바치고 신사에 모셔진 사람들을 기리기 위해서 그리고 그곳에 합사되어 있는 자신의 동생도 추모하기 위해서 신사를 방문한 것이라고 해명했다. 하지만 다음 해에 그는 중국인, 한국인 그리고 그외의 여러 나라 국민들의 견해를 이유로 들어 다시는 야스쿠니 신사를 방문하지 않을 것이고, 나라를 위해서 목숨을 바친 사람들을 추모할 다른 방법을 찾겠노라고 발표했다.

1985년 여름에 방영된 중국의 28부작 텔레비전 드라마 「사세동당(四世同堂)」은 일본 점령기 동안에 고통을 당한 한 중국인을 묘사했다. 일본의 만주 점령 54주년인 1985년 9월 18일에는 베이징과 그외의 전국 주요 도시들에서 대학생들이 반일 시위를 벌였다. 이 시위들의 주제는 이전 세대의 중국 학생들이 반일 시위에서 했던 항의를 반복했다. 이들은 일본의 군국주의에 반대하고 일본 제품 불매를 지지했다. 또한 일부 학생들은 일본 기업가들의 환심을 사려는 중국 지도자들을 강하게 비판했다. 어떤 사람들은 센카쿠 열도/댜오위다오를 중국에 반환하라고 주장하는 연설을 했다.

　　중국 당국은 이 같은 격렬한 반일 분위기를 가라앉히기 위해서 노력했다. 「중국 청년보(中國靑年報)」, 「인민일보(人民日報)」를 포함한 공식 매체들은 중국인들이 일본인들로 인하여 고통을 겪은 것은 인정하지만, 새로운 시대에는 중국과 다른 국가들 간의 관계가 동등하고 그 관계는 상호 존중과 호혜를 기반으로 해야 한다는 내용의 사설을 실었다. 중일우호 21세기 위원회 회의에서 후야오방은 일본의 군국주의의 부활은 막아야 하지만 중국인들이 전범자들과 평범한 일본인들을 구분해야 한다고 말했다.

　　1987년에는 교토 대학교 기숙사 사용을 둘러싼 의견 충돌로 중국인 학생들의 대규모 반일 시위가 벌어졌다. 해당 기숙사(광화료)는 제2차 세계대전 전에 지어졌고, 1950년 타이완이 교토 대학교에서 공부하는 유학생들이 사용하도록 이 건물을 구입했다. 이후 1972년에 중일 관계가 정상화되면서 이 건물의 소유자가 타이완과 본토 중에서 어디인지를 놓고 논란이 벌어졌다. 이 문제는 1977년 교토 지방법원으로 넘겨졌고, 일본이 타이완 정부와 관계를 단절하고 본토와 관계를 수립한 1978년에 법원은 중화인민공화국이 이 기숙사 건물의 소유권을 획득했다고 판결했다. 하지만 1982년에 교토 지방법원보다 더 상위인 오사카의 법원이 해당 기숙사가 타이완 소유라는 항소심 판결을 내렸다. 마침내 1987년 2월 26일, 오사카 고등법원이 이 문제를 검토했고 이번에도 타이완에 유리한 판결이 내려졌다. 기숙사 소유권 문제가 중국의 언론에서 몇 달간 계속 다루어졌고 이 문제는 일본과 타이완과의 관계, 일본의 군국주의 부활 문제와 연결되었다. 일본어가 유창하고 교토 대학교를 다녔던 타이완의 지방 정치인 리덩후이가 1984년에 타이완의 부총통이 되었다. 1987년에 장징궈가 세상을 떠나자, 일부 본토인들이 리덩후이의 총통 취임을 막으려고 애썼지만, 그는 충분한 지지를 얻어 1988년에 총통 자리에 올랐다. 리덩후이가 권력을 쥐자 본토의 중국인들은 일본이 타이완과의 관계를 강화할까봐 우려했다.

기숙사 소유권 문제는 또 한편으로는 일본이 더 군국주의적이고 오만해지고 있다는 생각과도 연결되었다. 1989년에 일본의 경제 버블이 붕괴되기 전인 1980년대 말에 미 달러화 대비 엔화의 가치가 상승했다. 일본 경제는 여전히 빠르게 성장하고 있었고, 일본 기업들은 미국뿐 아니라 그외 지역들의 가치 있는 자산들을 사들이고 있었다. 일본의 제조업은 직물산업을 포함하여 미국인들이 자국의 강점이라고 생각한 전자제품과 자동차 산업에서도 강세를 보였다. 1980년대 말에 해외에서 쓸 돈이 넘쳐날 정도로 많은 돈을 벌어들인 일본 기업가들은 중국인들뿐 아니라 서구인들 사이에서도 거만하다는 평판을 얻었다. 일부 중국인들은 당시의 일본 기업가들을 보면 중일전쟁 당시의 일본군 병사들의 행동이 떠오른다고 느꼈다.

미키 총리가 집권하던 1970년대 중반 이후, 일본의 정치 지도자들 사이에는 GNP의 1퍼센트 이하를 방위비로 쓴다는 합의가 있었다. 1980년대에 일본이 급속한 성장을 이루면서 1퍼센트 상한선은 일본에게 방위비 지출을 늘려도 될 만큼 충분한 자금을 공급했다. 그러다가 1987년에 나카소네 총리가 방위비 지출의 1퍼센트 상한선을 없애고 1퍼센트를 약간 넘는 액수를 허용했다. 중국 언론은 일본의 본질적인 정신이 사무라이 정신이고 오만한 일본의 군국주의가 돌아오고 있다고 우려를 표했다.

그러나 1980년대 내내 중국은 다른 어떤 나라보다 일본과 더 가까웠다. 1986년에 중국에서 일한 1만 명의 외국인 전문가들 중 약 40퍼센트가 일본인이었다. 일본의 기업가들과 외교관들은 다른 어떤 나라의 대표들보다 중국인들과 수월하게 접촉했다. 일본은 중국에 기술과 관리 기법을 전수하는 데에서 중요한 역할을 했고, 관련된 일본인들과 중국인들은 개인적으로도 종종 돈독한 관계를 발전시켰다.

톈안먼 사건 이후 일본의 신속한 제재 철회

1989년 6월 4일, 톈안먼 광장에서 비극적인 사건이 일어나자 서구인들과 마찬가지로 일본 시민들도 베이징 거리에서 무고한 시위자들이 죽임을 당한 데에 크게 분노했다. 1988년의 설문조사에서는 69퍼센트의 일본인이 중국과 가깝다고 느낀다고 답했지만, 다음 해 톈안먼 광장에서 폭력적인 진압이 일어난 뒤에는 같은 대답을 한 사람이 52퍼센트에 불과했다.[6]

일본 정부는 서구의 정부들과 함께 중국 시위자들에 대한 공격을 이유로 들어 중국에게 제재를 가했다. 그러나 중일전쟁 동안 일본이 중국인들에게 입힌 피해와 고통을 의식한 일본의 지도자들은 일본이 중국 시민들을 죽인 사람들을 비난할 만큼 윤리적으로 썩 좋은 입장이 아님을 알고 있었다. 이들은 중국을 고립시키기 위한 제재 조치가 강경 진압에 책임이 있는 사람들뿐만 아니라 죄 없는 다른 중국 국민에게도 피해를 주는 데에 더해, 외국의 간섭을 싫어하는 중국 내 강경파에게 오히려 힘을 실어주는 결과를 낳을 것이라고 생각했다. 또 이 같은 제재가 중국과의 무역, 그리고 결과적으로 중일 관계의 미래를 해칠 것임을 알고 있었다.

서구 정부들이 중국에 가한 심각한 제재들에 비하면 일본 정부의 제재는 비교적 약했다. 톈안먼의 비극이 일어나고 불과 몇 주일 뒤인 1989년 7월 중순에 열린 G7 경제정상회담에서 일본은 다른 열강들에 가담하여 중국을 비판하면서도 한편으로는 다른 국가들에게 대중국 제재를 강화하지 않도록 촉구했다. 1년 뒤인 1990년 7월에 열린 G7 경제정상회담에서는 가이후 도시키 총리가 1989년 6월 4일 이후 보류되어온 중국에 대한 차관을 재개하겠다고 발표했다. 1991년, 일본은 중국에 제3차 차관 제공을 시작했다. 어떤 서구 국가도 일본처럼 빨리 제재를 풀지 않았다.

1991년 8월에 가이후 총리는 톈안먼 사건 이후 주요 해외 국가의 지도자로는 처음으로 중국을 방문했다. 핵폭탄 공격을 받은 유일한 국가인 일본은 당시 국제 핵확산 방지 촉진에 앞장서고 있었다. 가이후가 베이징에 있는 동안 중국 관료들은 톈안먼 사건 이후 일본이 제재 해제에 앞장선 것에 감사하며 핵확산금지조약에 서명했다. 또 가이후와 중국의 지도자들은 국교 정상화 20주년에 맞추어 1992년에 양국 관계를 더욱 강화할 방법을 논의했다. 이때 논의된 가장 대담한 아이디어가 일본 천황의 중국 방문이었다.

제11장

중일 관계의 악화, 1992-2018년

중국과 일본이 접촉한 2,000년이라는 긴 세월 동안 중국의 황제나 일본의 천황이 상대국을 방문한 것은 단 한 번뿐이었다. 중국이 일본 침략자의 최고 상징인 히로히토 천황을 환영한다는 것은 상상할 수도 없는 일이었다. 1989년 1월에 히로히토 천황이 세상을 떠난 뒤에 일본의 정치 지도자들은 전쟁에 대한 천황의 책임을 축소시키려고 노력했지만, 도쿄에서 열린 천황의 장례식에 중국 대표로 참석한 외교부장 첸치천은 일본의 이런 태도를 힐책하며 역사를 공부하라고 말했다. 중국의 대변인들뿐 아니라 서구와 심지어 일본의 많은 지도자와 저술가들도 히로히토 천황이 전쟁 계획을 논의하는 회의들에 참석했다는 것을 인정했다.

제2차 세계대전 종전 당시 열한 살이던 아키히토가 1989년에 새로운 천황으로 즉위하면서 평화로운 양국 관계의 새 시대를 밝힐 기회가 열렸다. 또한 1989년 6월에 톈안먼 광장에서 시위자들을 강경 진압하여 서구 국가들의 제재를 받아온 중국도 국제 외교 무대로 복귀할 기회를 얻게 되었다.

아키히토 천황의 중국 방문

총서기 장쩌민은 1992년 4월 6일부터 10일까지 아키히토 천황의 중국 방문을 위한 기반을 조성하기 위해서 일본을 방문했다. 도쿄에서 장쩌민은 아키히토 천황과 일본의 고위 관료들, 그외 각계각층의 사람들을 만났다. 일본 관료들은 중국인들이 아키히토 천황의 방문을 전쟁 동안 일본인이 저지른 만행을 알리는 기회로 이용하지 않을 것임을 확실히 하기를 원했고, 중국은 그 점을 보장했다.

장쩌민이 도쿄에 있는 동안 천황의 방문과 관련된 세부적인 사항들이 해결되지 않았기 때문에 천황의 방중 계획은 아직 공식 발표되지 않았다. 방문과 관련된 논의와 일본 측의 계획 수립은 중국에 호의적이라고 알려진 학식 높은 범세계주의적 관료 미야자와 기이치 총리와 중국어에 능통하고 외무성에서 외교관으로 일한 적이 있는 유력한 중의원 가토 고이치 관방장관의 지휘하에 진행되었다.[1]

중국의 제14차 전국대표대회가 끝나고 나흘밖에 지나지 않은 1992년 10월 23일에 아키히토 천황과 미치코 황후가 닷새 일정으로 중국에 도착했다. 일본 천황은 톈안먼 광장에서 21발의 축포로 환영을 받았고, 중국의 악단이 일본 국가를 연주했다. 중국 경찰들이 시위를 벌일 가능성이 있는 사람들을 거리에서 쫓아냈으므로 어떤 사고도 일어나지 않았다. 천황은 장쩌민 총서기와 양상쿤 주석의 따뜻한 환대를 받았으며, 두 사람 모두 일본에 대한 비판을 자제했다. 만리장성까지 아키히토 천황을 수행한 베이징 시장 첸시퉁은 천황이 "중국에 매우 우호적"이라고 보고하고 "우리는 그를 매우 환영했다"라고 덧붙였다. 중국의 텔레비전 방송은 아키히토 천황의 방문을 일본이 현재 수행하고 있는 평화를 사랑하는 국가라는 역할을 상징하는 사건이라고 설명했다.

당시 외교부 대변인이던 우젠민은 "중국 방문 동안 천황이 하는 발언에 대한 결정은 일본 측에 맡긴다"라고 발표했다. 베이징에서 열린 환영연회에서 아키히토 천황은 "양국 관계의 오랜 역사 가운데 일본이 중국 국민에게 끔찍한 고통을 준 짧은 시기가 있었고, 여기에 관해서 깊은 유감을 느낀다"라고 말하며 제2차 세계대전 동안 일본이 중국에 가한 침략과 고통을 인정했다. 중국에서 아키히토 천황은 일본 문명의 형성에 중요한 역할을 했던 당나라의 수도 시안을 방문했다. 시안의 산시 성 역사박물관에서 천황과 황후는 "평성(平成)"이라는 글자가 새겨진 석판을 보았다(중국어로 이 글자들은 "평화를 유지한다"라는 뜻의 핑청으로 읽히지만, 일본에서는 아키히토 천황이 연호로 선택한 헤이세이를 가리킨다). 이것은 양국 간의 깊은 문화적 연결을 보여주는 증거였다. 일본 천황의 전체 방중 기간 동안에 불미스러운 사건은 일어나지 않았으며, 이번 방문은 양국 관계의 역사에서 정점을 찍었다.

그러나 1992년에 중일 관계에 영향을 미칠 또다른 문제들이 발생했다. 그해에 중국은 센카쿠 열도/댜오위다오가 중국 영토에 속한다는 주장에 최초의 법적 근거를 제공하는 국내법을 통과시켰다. 1996년, 중국은 그 부근에서 석유 탐사를 진행했고 센카쿠 열도/댜오위다오 문제에 대한 압력을 강화하기 시작했다. 열도를 둘러싼 긴장이 높아지면서 양국 여론이 바뀌기 시작했다. 2006년 설문조사에서 중국에 대해서 긍정적으로 생각한다고 답한 일본인은 27퍼센트에 불과했고, 일본인에 대해서 긍정적인 태도를 표현한 중국인은 21퍼센트뿐이었다. 양국 관계는 2015년까지 계속 악화되었다.

1992년 이후 긴장의 원인들

중일 관계가 악화된 데에는 몇 가지 이유가 있었다. 그중 하나가 양국 정부에서 핵심 "가교" 역할을 하며 관계 정상화를 위해서 노력했던 고위 관료들이 사라졌다는 것이다.

덩샤오핑, 다나카, 그외 인물들의 퇴장
아키히토 천황이 중국을 방문하기 며칠 전, 덩샤오핑이 제14차 전국대표대회에서 장쩌민에게 당 지도자 자리를 물려주는 장면의 사진이 찍혔다. 덩샤오핑은 일본과의 관계 개선 의지가 확고한 사람이었다. 공산당에서 견고한 업적을 쌓은 데다가 7년간 일본군과 싸웠던 덩샤오핑은 일본에 관대하다는 비난에도 끄떡하지 않았다. 반면 장쩌민은 중일전쟁에서 싸우기에는 너무 어렸고, 그의 아버지가 다른 중국인 기업가들과 마찬가지로 제2차 세계대전 동안 일본의 점령 관료들과 어느 정도 접촉이 있었기 때문에 일본에 대한 그의 태도가 관대하다고 판단될 경우 더 비난받기 쉬웠다. 장쩌민이 한 일본 관리의 개에게 다리를 물려 흉터가 생겼다는 이야기도 있었다. 이유가 무엇이건 간에 장쩌민은 일본 지도자들과의 가까운 관계를 즐기지 않았고, 덩샤오핑과 달리 중국이 일본과 좋은 관계를 유지해야 한다고 공개적으로 촉구하지도 않았다.

1983년에 랴오청즈가 세상을 떠나자 중국에는 그에 필적할 만큼 일본을 잘 알고 깊은 친분을 가진 지도자가 없었다. 국교 정상화를 협의하는 과정에서 다나카 가쿠에이, 오히라 마사요시, 소노다 스나오가 중국 측 지도자들과 개인적인 관계를 발전시켰지만 1992년에는 이들이 없었다. 다나카는 1976년에 체포되었고 오히라는 1980년, 소노다는 1984년에 세상을 떠났기 때문이다. 이후에 일부 후임자들이 중국과 협력을 계속하기 위해서 노력했지만, 1972년의 국교 정상화와 1978년의 평화우호조약 협상에서 양국 간 가교 역할을 했던 사람들에 비하면 중국 지도자들과의 개인적 관계가 약했고 관계를 유지하겠다는 투지도 부족했다.

소련의 붕괴

중국과 소련의 국경 분쟁이 일어난 뒤, 1969년부터 소련이 해체된 1991년까지 중국, 일본, 미국은 소련에 맞선 협력에서 전략적인 이해관계를 공유했다. 그러다가 1991년에 소련이 붕괴되면서 그 공동의 이해관계가 사라졌다. 이후 세 국가들이 이전 동맹국들의 협력에 의지하지 못하게 되면서 불확실성이 발생했고, 중국과 일본이 군사 역량을 확대하고 양국 사이에 있는 섬들에 대한 소유권을 주장하기 시작하면서 이 같은 불확실성은 더욱 커졌다.

일본이 제공하는 지원의 중요성 감소

1980년대 초에 일본이 중국에 제공했던 재정적, 기술적 지원은 중국이 산업화에 착수하는 데에 대단히 중요한 역할을 했다. 1978년에 1,495억 달러이던 중국의 GDP가 중국의 급격한 성장에 힘입어 1993년에는 4,447억 달러로 뛰어올랐다. 1991년에는 일본의 지원으로 건설된 바오산 강철의 두 번째 고로(高爐)가 가동을 시작했다. 1989년부터 1992년까지 일본은 중국과의 사업 및 무역에 관한 국제 제재를 타개하는 데에 중요한 역할을 했지만, 1992년에는 제재들이 크게 완화되었다. 그뿐만 아니라 1993년이 되자 일본 경제는 1989년의 버블 붕괴 이후 급속한 성장을 회복하지 못할 것이 분명해졌다. 이제 일본은 더 이상 중국에게 매력적인 모델이 아니었다.

리덩후이 총통, 그리고 타이완 지역주의와 일본의 연계

1992년에 "본성인"이 "본토인"으로부터 타이완 정부의 지휘권을 물려받자, 베이징의 지도자들은 본토와의 재통일에 대한 지역의 저항이 커질 것과 일본이 그러한 저항을 지원할 것을 우려했다. 1975년, 아버지 장제스가 사망하자 뒤를 이어 타이완의 총통이 된 장징궈는 타이완의 장기적인 안정을 위해서는 본성인들에게 통치에 관한 더 큰 역할을 주어야 한다고 생각했다. 그리하여 그는 본성인인 리덩후이를 부총통으로 선택했고, 1992년에 장징궈가 병으로 세상을 떠나자 일부 국민당 관리들의 저지 노력에도 불구하고 리덩후이가 새로운 총통이 되었다. 리덩후이가 총통으로 취임하기 전까지 타이완에서는 마치 타이완이 중국 전체를 대표하고 국민당이 본토를 다시 차지할 가능성이 있는 것처럼 선거가 실시되었다. 여러 다른 성의 대표들이 입법의원들을 선출했는데, 이 대표들은 거의 모두가 내전에서 국민당이 패한 후에 타이완으로 도주한 본토인들이었다. 리덩후이는 취임 이후 입법의원 직선제를 도입했다. 이에 따라 1992년에 첫 번째 선거가 실시되었고, 이후 타이완 인구의 약 3분의 2를 차지하는 본성인들이 타이완 정치를 주도했다.

베이징의 지도자들은 일본이 예전에 두 개의 중국 정책을 지지했고, 리덩후이와 그외의 본성인들이 일본과 밀접한 관계임을 알고 있었다. 리덩후이는 어린 시절 만다린어를 배우기도 전에 일본어부터 배웠다. 또한 그는 1944년과 1945년에 일본군으로 복무했고, 그의 형 역시 일본군으로 싸우다가 전사했다. 리덩후이는 타이완에서 일본 학교에 다녔고, 잠시 공부했던 교토 제국대학에서는 장학금을 받았다. 총통으로 재직할 당시 그는 일본의 지도자들과 밀접한 관계를 유지했는데, 그 지도자들 중에서 일부는 1945년 이전에 타이완에서 일했던 사람들이다. 중국의 정부 관료들은 일본이 본토로부터 독립을 유지하려는 리덩후이의 노력을 지지할 것을 몹시 우려했다.

베이징의 관료들은 타이완이 본토의 통치를 받아들이도록 압박을 지속하기 위해서 타이완 관료들이 국제적으로 활동할 수 있는 영역을 제한하려고 노력했다. 중국은 국교 정상화의 조건으로 일본과 미국에 그들의 고위 관료들이 타이완을 방문하지 않고, 타이완 고위 관료들의 일본과 미국 방문을 허용하지 않는 데에 동의할 것을 요구했다. 리덩후이는 본토로부터의 이런 제약을 돌파하기 위해서 애썼다. 1994년, 그는 타이완과 공식 외교 관계를 유지하고 있던 남아메리카의 여러 국가들을 순방하면서 미국의 관료들에게 자신이 귀국하는 길에 급유를 위해서 하와이에 기착할 수 있도록 허가를 요청했다. 미국의 관료들은 타이완과 관련한 베이징과의 합의와 하와이에 들르도록 해달라는 리덩후이의 요청 사이에서 균형을 맞추려고 노력했다. 결국 그들은 리덩후이의 요청을 허가했지만, 군사 기지 내에만 머물도록 제한을 두었다.

리덩후이는 하와이에서 자신이 군사 기지를 벗어나지 못했던 일을 널리 알렸고, 이 사건은 많은 미국인들을 각성시키는 계기가 되었다. 미국인들은 냉전 기간 동안 미국이 독재자들을 돌봐주었다고 불평하면서 지금은 민주주의의 원칙을 지지해야 할 때라고 말했다. 또한 중국은 톈안먼 광장에서 시위하던 학생들에게 총을 쏜 데다가 민주국가인 타이완 지도자—게다가 미국에서 수년간 생활하며 코넬 대학교에서 박사학위까지 받은 지도자—의 방문을 허락하지 않는 나라인데, 왜 미국이 중국이 원하는 대로 따라야 하는지에 대해서도 물었다. 다음 해인 1995년, 코넬 대학교는 동창회 행사에서 연설을 해달라며 리덩후이를 초청했다. 미국 하원은 398표 대 0표, 상원은 97표 대 1표로 리덩후이가 코넬 대학교에서 연설할 수 있도록 미국 방문을 허가해야 한다는 데에 손을 들어주었다. 이런 대중적인 지지를 고려하여 빌 클린턴 대통령은 타이완 고위급 관료들의 미국 방문을 허가하지 않는다는 본토와의 합의를 유예할 수밖에 없다고 느꼈다. 결국 리덩후이는 입국 허가를 받았고, 그해 6월 미국 방문의 기회를 충분히 활용하여 많은 청중을 모으고 긍정적인 국제 여론을 얻어냈다. 코넬 대학교는 그를 자유의 투사이자 영웅으로 대우했다.

중국 본토의 관리들은 리덩후이에게 비자를 발급한 미국과 캐나다 그리고 이 방문에 동조적인 태도를 보인 일본에 크게 분노했다. 리덩후이가 코넬 대학교를 방문한 직후인 7월에 중국은 미사일 시험을 실시하여 독립을 추구하는 타이완에게 "경고"의 메시지를 보냈다. 미사일은 류큐 제도의 남쪽 끝에 위치한 일본령의 작은 섬인 요나구니 섬의 지척에 떨어졌다. 8월에는 타이완에서 북쪽으로 130-160킬로미터 떨어진 동중국해에서 2차로 일련의 미사일 시험을 감행했다. 게다가 중국은 타이완 해협을 사이에 두고 타이완과 마주보는 푸젠 성에서도 군사훈련을 시작했다. 그해 11월에는 상륙 강습 훈련을 실시했고, 다음 해인 1996년 3월에는 타이완 남서쪽 해안의 항구인 지룽과 가오슝으로부터 약 40-56킬로미터 떨어진 곳에 미사일을 발사하여 주변의 항공과 해상 교통에 지장을 주었다. 미국은 타이완과 본토의 재통일에 반대하지 않았지만, 중국이 그 목적을 달성하기 위해서 무력을 사용하는 데에는 반대하는 입장이었다. 미국의 관료들은 중국이 타이완을 침략할 준비를 하고 있는 것은 아닌지 우려했다. 3월에 중국이 미사일을 발사한 뒤에 미국 관료들은 타이완 부근에 두 개의 항모전대를 파견했다. 이것은 베트남 전쟁 이후 아시아에서 미국의 군사력을 최대로 보여준 조치였다. 그 직후 중국은 더 많은 상륙 강습 훈련들을 실시했고, 러시아로부터 추가로 군사장비들을 사들였다. 이때 많은 사람들이 두 나라 간의 군사적 대립을 우려했다. 1978년 덩샤오핑이 군사 현대화에 막대한 투자를 하는 대신에 경제 개발을 촉진하겠다고 결정한 뒤, 중국의 군사력이 얼마나 약해졌는지를 절실히 느끼던 장쩌민은 군사비 지출을 늘리기로 결정했다. 반면 덩샤오핑은 도광양회(韜光養晦, "세상의 이목을 피하고 절대 앞장서지 않는다") 정책을 지지했다.

1980년대에 타이완 주민들은 본토와 더욱 긴밀한 관계를 발전시키기 시작했지만, 21세기 초에 타이완에 대한 본토의 영향력과 압력에 억눌리는 느낌을 받은 많은 타이완인들이 자신을 중국인이 아닌 타이완인이라고 인식하기 시작했다. 1949년 이후 10년간 본토인의 자녀와 본성인의 자녀가 함께 자라며 학교에 다니게 되면서 두 집단 사이의 적대감이 서서히 완화되기는 했지만 완전히 사라진 것은 아니었다. 또한 시간이 지나면서 타이완과 일본의 관계가 약해졌지만 그 역시 완전히 사라지지는 않았다. 중국 관리들은 본토로부터 독립을 유지하기를 원하는 타이완 주민들과 가까이 지내는 일본인들에 대해서 계속 우려했다.

걸프전 이후 일본의 군사적 부활에 대한 중국의 불안 증가

1945년에 일본이 제2차 세계대전에서 패망한 뒤, 중국의 지도자들은 일본 군국주의의 부활을 우려했다. 중국인들의 일본인들에 대한 시각은 명나라 시대로 거슬러올라가며 일본인들의 진정한 본성이 피에 굶주린 일본 해적들의 행위에서 전부 드러났다고 보았다. 16세기 말에는 도요토미 히데요시가 이끌던 난폭한 일본 병사들이 한국을 거쳐 중국으로 진격했다. 1894-1895년에도 호전적인 일본군이 한국과 중국을 침략했다. 게다가 중국의 많은 성인들은 1937년부터 1945년까지 이루어졌던 일본의 잔혹한 군사 점령을 여전히 기억했고, 직접 겪지 않은 사람들도 전해들은 이야기를 통해서 알고 있었다. 제2차 세계대전이 끝나고 일본인들이 중국을 떠난 뒤에 중국의 대중은 일본인들과의 접촉이 없었고, 따라서 대다수의 일본인들이 얼마나 확고하게 군국주의에 등을 돌렸는지 알 기회가 없었다.

미국의 리처드 닉슨 대통령이 1969년 괌에서 열린 기자회견에서 미국이 돕기는 하겠지만 각국이 자국 안보에 책임을 져야 한다는 발표를 하자, 중국은 독립적인 일본군의 부활을 걱정하기 시작했다. 중국은 1980년대 중반에는 나카소네 총리가 일본군을 부활시키고 있다고 우려했고, 그의 야스쿠니 신사 참배를 일본의 군국주의를 찬미하는 뜻으로 받아들였다. 1980년대 말에 일본의 경제가 급속하게 성장하고 미일 간의 긴장이 고조되자, 중국의 지도자들은 일본이 미국으로부터 자립하기 위해서 군국주의를 더욱 밀어붙일 수도 있다고 걱정했다. 만약 그렇게 되면 일본이 미일 동맹을 통해서 획득한 군사기술을 자국의 군사력 강화에 사용하지 않을까? 또 1991년에 소련이 붕괴한 뒤에 중국의 지도자들은 일본의 군국주의를 억제하는 코르크 마개 역할을 하던 미일 동맹이 지속될 수 있을지에 대해서도 의심했다.

1991년에 걸프전이 끝난 뒤, 미국은 중동으로부터 많은 석유를 수입하는 일본이 이 전쟁에 더 많은 기여를 하지 않은 것을 강력히 비판했다. 미국은 세계에 분쟁이 발생했을 때, "군을 파병하여" 세계의 평화 유지에 더 많은 기여를 하라며 일본을 압박했다. 이런 압박은 중국인들에게 코르크 마개가 병에서 뽑혀나갈 위험을 더 높이는 것이었다.

다음 몇 년 동안 일본의 관료들은 일본 내 미군 기지들의 주둔 경비를 부담하고 더 많은 군사기술을 공유하고 국제 평화 유지 활동을 위해서 더욱 큰 역할을 하여 추가적인 국제적, 재정적 책임을 맡는 데에 동의했다. 1996년에는 일본 부근에서 만일의 사태가 벌어질 경우 군수 지원을 제공하는 데에도 동의했다.

1990년대에 일본의 매체들은 온통 북한의 핵개발과 일본 시민의 납치에 관한 기사들로 가득 찼다. 1993년에는 북한이 일본에서 멀지 않은 곳으로 로켓을 발사하자 일본의 불안은 더 커졌고, 자체적인 군사력 강화를 요구하는 일본인들의 목소리가 거세졌다. 지미 카터 대통령은 취임 전에 주한 미군의 철수를 제안했다. 연합국 점령 때부터 미국이 일본의 안보 정책들을 주도하던 시기가 이제 끝나고 있는 것일까? 일부 일본인들은 북한에 맞서기 위해서 미국의 도움에 의지할 수 있는지, 만약 그럴 수 없다면 왜 일본이 자국의 군을 확대하지 않는지에 대해서 의문을 품었다. 요약하자면, 냉전이 종식되면서 앞으로 미일 동맹은 지속되지 않을 것이고 미국이 더 이상 "코르크 마개로 병"을 막지 못할 것이라는 중국의 우려는 당연했다.

중국의 군사력에 대한 일본의 우려 증가

1989년의 톈안먼 광장 사건 이후 중국의 정치체제의 본질에 대한 일본의 우려가 더 높아졌고, 일본의 매체들은 중국에 비판적인 기사들로 가득했다. 일본은 또 중국의 경제력과 군사력이 발달하면서 반일 발언을 하는 중국인들이 어떤 행동을 할지 의심스러워했다.

중국의 경제는 아직 일본과 비교가 되지 않는 수준이었지만, 중국은 언젠가 동아시아에서의 주도권을 놓고 일본에 도전할 수 있는 신흥강국이었다. 톈안먼 광장에서 정부가 시위자들과 충돌한 이후 중국에 대한 국제 제재로 중국의 경제 성장은 잠시 둔화되었지만, 1992년에 덩샤오핑이 남부 지방을 시찰하고 국제 제재가 완화되자 1993년에는 중국의 경제 성장률이 14퍼센트로 급상승했고, 이후로도 계속해서 증가세를 보였다. 덩샤오핑은

1980년대에 경제 성장에 집중하기 위해서 군사비 지출을 줄였지만, 1990년 대에는 중국의 경제 기반이 그가 권력을 쥐었던 1978년보다 훨씬 더 단단 해졌다. 덩샤오핑의 후임들은 국가 예산에서 군비에 투입되는 비율을 더 늘렸다. 타이완의 총통 리덩후이가 1995년에 코넬 대학교를 방문한 이후 긴장이 고조된 가운데 중국이 타이완에 미사일을 발사하자, 미국은 두 개의 항모전대를 파견했다. 이후 중국에서는 매년 거의 평균 10퍼센트의 성장을 계속하는 경제보다 군비 지출이 더 빠른 속도로 증가했다.

1990년대 중반에 심화되기 시작한 센카쿠 열도/댜오위다오를 둘러싼 마 찰은 중국의 의도에 대한 일본의 높아지는 우려를 반영했다. 이전 수백 년 동안 일본의 국방 관료들은 두 개의 전선, 즉 북부 전선―소련―과 서부 전선―한반도―의 위협을 우려했다. 이제 이들은 남서부의 세 번째 전선 을 상대해야 했다. 바로 타이완과 센카쿠 열도/댜오위다오를 둘러싼 중국 의 위협이었다.

미일 동맹의 약화에 대한 중국의 우려

1993년부터 1994년까지 국방부 차관보를 지낸 미국의 외교관 채스 프리먼 은 소련의 붕괴 이후 미국의 군사 기획가들이 소위 "적 결핍 증후군"을 겪 었다고 평했다. 미국의 국방 관리들은 대규모 국방 예산 책정에 대한 의회 의 지지를 얻으려고 노력하는 방위 산업체들의 뒷받침을 받아 소련에서 중 국으로 관심사를 옮겨갔고, 미국은 계속해서 자국의 군사기술을 발전시켰 다. 이에 따라 중국은 미국의 군사 무기 발전이 일본에게 전해질 것을 우려 했을 뿐만 아니라 일본이 그런 새로운 역량을 습득한 후에 독자적으로 행동 하기 시작할 것에 대해서도 염려했다.

걸프전이 끝나고 소련이 붕괴된 뒤, 1991년부터 1996년까지 미일 동맹의 전망이 불확실해지면서 일본이 미국으로부터 독립하여 군사력을 갖출지도 모른다는 중국의 우려는 더욱 높아졌다. 그러나 1996년 4월 17일에 클린턴 대통령과 하시모토 류타로 총리가 도쿄에서 만나 21세기를 향한 미일 안보 동맹 공동선언을 체결하자, 중국은 적어도 가까운 미래에는 일본이 미국으로부터 군사적으로 독립하지는 않을 것이라는 확신을 가지게 되었다. 이 공동선언은 미국과 일본 모두 "중국과의 협력을 발전시키는 데"에 관심이 있다고 명시했다. 그러나 중국의 부상에 대한 서구의 우려를 알고 있던 중국의 관료들은 이 선언의 본질적인 목적이 중국을 억지하기 위함은 아닌지 의심했다. 다음 해에 미국과 일본은 "일본 주변 지역들"에 대한 일본의 방위협력을 포함하도록 미일 방위협력의 지침을 수정했다. 이를 계기로 센카쿠 열도/댜오위다오와 타이완 문제를 둘러싼 일본의 행동에 대한 중국의 우려는 한층 더 고조되었다.

중국의 애국주의 교육운동

중국의 지도자들이 톈안먼 광장 시위를 강경 진압한 이후 자신들에 대한 중국 젊은이들의 지지를 유지할 수 있을지 걱정한 것은 당연했다. 2년 뒤인 1991년에 소련의 붕괴와 동유럽 공산주의의 종말을 지켜본 중국의 지도자들은 중국도 그들과 비슷한 운명을 맞는 것은 아닐지 의심하지 않을 수 없었다. 중국의 지도자들은 이 같은 우려에 대해서 어떻게 대응했을까? 덩샤오핑은 특히 젊은이들 사이에서 국가에 대한 충성심을 강화하기 위한 애국주의 교육운동을 시작하는 것이 답이라고 결정했다.

국공내전 기간에 마오쩌둥은 국민당에 대항하기 위한 대중의 지지를 얻으려고 계급투쟁을 촉구하여 지주와 자본가를 향한 농민과 노동자들의 적개심을 부추겼다. 가까이는 1966-1976년의 문화대혁명 기간에도 "반혁명분자", 즉 지주와 부르주아를 공격하기 위해서 홍위병이 동원되었다. 그러나 1978년의 개혁, 개방과 함께 중국의 지도자들은 자영업을 장려하고 자본주의 국가들과의 협력을 모색했다. 또 그들이 세운 현대화 계획을 진행시키기 위해서 반혁명 분자를 포함한 가장 뛰어나고 똑똑한 중국 젊은이들의 지지뿐 아니라 장제스의 추종자들을 포함한 타이완 기업가들의 지원도 구했다.

중국의 매체들이 계급투쟁의 종말에 대한 주의를 환기시키지는 않았지만, 1987년 제13차 전국대표대회에서는 계급투쟁에 대한 선전이 사라졌고 반혁명 분자에 대한 공격도 없어졌다. 자본주의자와 지주를 지원하여 비판을 받았던 장제스가 국가에 공헌을 했다며 찬사를 받았다. 고대 도자기를 전시하는 박물관들은 전시품에 억압으로 고통받던 노동자 계급이 만든 공예품이라는 표지를 더 이상 붙이지 않았다. 도자기들은 중국의 장인들이 만든 것들이었다.

1992년에 정부와 중국공산당에 대한 광범위한 지지를 얻는 방법은 모든 계급과 소수집단으로 하여금 중국을 침략했던 외국 제국주의자들에 맞선 모든 중국인의 투쟁을 상기시키고 찬양함으로써 애국심을 높이는 것이었다. 아편전쟁부터 일본에 의한 침략전쟁까지의 시기, 그리고 일본이 전쟁 중에 잔혹 행위를 저지른 시기까지를 중국은 "굴욕의 세기"라고 부른다. 중국의 매체들은 이 시기 동안 중국인들을 억압한 제국주의자들을 맹렬하게 비난했다.

애국심에 대한 호소는 더 광범위한 대중의 지지를 얻으려고 애쓴 20세기의 중국 정치 지도자들 사이에 깊이 뿌리를 내렸다. 1992년에 처음 도입된 애국주의 교육운동은 인쇄 매체뿐 아니라 1980년대에 널리 보급된 새로운 매체인 텔레비전도 활용했다. 이 운동은 1991년 8월, 3년 내에 중국의 모든 학교에 잘 개발된 애국주의 교육과정을 도입시켜야 한다는 발표와 지시로 시작되었다. 1992년에 중학교와 고등학교용 새 교과서들이 등장하기 시작했다. 1993년 9월, 베이징이 2000년 하계 올림픽 유치 경쟁에서 시드니에 패하자, 전국의 학생들이 동원되어 시위를 벌였다. 1989년에 정부 관료의 행동을 맹렬히 비난했던 학생들이 이제 2000년 하계 올림픽을 주최하려는 베이징의 노력을 방해한 해외 국가들의 편견에 항의하는 정부 관리들을 응원한 것이다. 애국주의 교육운동이 효과를 발휘하고 있었다.

애국주의 교육운동은 1994년 8월에 공산당 중앙위원회가 이 운동을 실행하기 위한 지시를 내리면서 본격적으로 시작되었다. 발표된 목표들 중에는 결집력과 국민적 자부심 향상도 포함되어 있었다. 1994년 이후 모든 중학생과 고등학생들은 애국심에 관한 교육과정을 수강해야 했고, 대학에 지원하는 모든 학생들은 애국주의 교육과정의 내용을 시험하는 입학시험을 치러야 했다.

일본이 과거에 저지른 잔혹 행위들과 충분한 사과를 하지 않은 데에 대한 논의가 애국주의 교육운동의 중심 요소였다. 일본과의 관계 개선을 위한 문화적 기반을 구축하려는 덩샤오핑의 노력에 따라 1980년대에 중국에서는 일본의 여러 측면들을 보여주는 영화들이 상영되었지만, 1992년 이후에 중국의 매체들은 난징 대학살, 일본의 생화학전, "모두 죽이고, 모두 태우고, 모두 약탈한다"라는 초토화 전술을 실행한 일본군 병사들이 저지른 잔혹 행위, 그리고 그들의 성욕을 채워주기 위해서 동원된 일본군 "위안부" 여성 착취와 같은 주제들에 더 많은 관심을 기울였다.

1993년 11월, 중국공산당 선전부가 영화와 텔레비전 시리즈를 통해서 애국심을 고취시키라는 회람을 발행했다. 그 무렵 중국에는 이미 약 2억3,000만 대의 텔레비전이 보급되었다. 중일전쟁을 다룬 애국적인 텔레비전 시리즈와 영화들은 보통 만행을 저지르는 일본군 병사들과 이들에 대항하여 영웅적으로 싸우는 중국 병사들, 공산당 유격대 전사들, 중국 젊은이들을 묘사했다. 애국심을 자극하는 모든 주제들 가운데 일본군 병사들이 자행한 끔찍한 행위들을 보여주는 제2차 세계대전 배경의 영화가 가장 큰 인기를 끌었다. 어린 관객들을 겨냥한 일부 영화는 일본군과의 전투를 돕는 용감한 중국 아이들의 모습을 보여주었다. 2000년에는 「귀신이 온다」라는 영화가 중국인 주민들을 너무 친절하게 대하는 일본 병사가 등장한다는 이유로 상영이 금지되었다. 중국에서는 이와 같은 주제를 다룬 많은 상업영화들이 높은 인기를 누리고 수익을 거두었다. 난징 대학살 동안에 중국 여성들을 강간하고 중국인들의 시신을 칼로 절단하는 일본군을 묘사한 2011년도 영화「진링의 13소녀」는 그해에 최고의 수익을 올린 영화였다. 하지만 일부 상업영화들은 비현실적인 과장으로 중국의 지식인들로부터 조롱을 받기도 했는데, 예를 들면 한 영화에서는 중국인 소년이 수류탄을 던져 일본 전투기를 격파하는 장면이 나오기도 했다. 1993년 이후 중국의 영화 관객들과 텔레비전 시청자들은 끔찍한 일본인들에게 맞서는 영웅적인 중국인들을 묘사한 영화를 볼 기회가 엄청나게 많아졌다.

일본이 만주를 침략한 날인 1931년 9월 18일과 중국이 21개조 요구에 굴복해야 했던 국치일인 1915년 5월 9일은 해마다 중국인들로 하여금 반일 감정을 한층 더 부추기는 기회가 되었다. 제2차 세계대전 종전 60주년인 2005년 8월 15일에 중국에서는 대규모의 반일 시위가 벌어졌다. 중국인들은 일본의 고위급 정치 지도자들이 나라를 위해서 목숨을 바친 250만 명과 함께 A급 전범들이 합사되어 있는 야스쿠니 신사를 방문할 때마다 들끓는 분노를 표현했다.

1994년에 중국의 지방정부들은 중국인들의 반일 투쟁을 기리는 기념비와 박물관을 세우라는 지시를 받았다. 박물관들은 일본 군인들에 대항하여 싸우는 중국인들의 영웅적인 모습을 보여주는 전시물을 설치했다. 또한 전투들에 관하여 기록한 기념비를 세우고 일본과의 전투에서 싸운 중국인 영웅들의 묘지에서 기념식을 열었다. 1995년에는 애국주의 교육을 촉진하기 위해서 해외 국가들도 포함된 40곳의 국가 유적지를 선정했는데, 그중 절반이 일본인과 관련되어 있었다. 중국에는 1931년에 일본이 침략한 이후의 끔찍한 삶을 기억하는 사람들이 많았으므로, 이들로부터 쉽게 도움을 얻어 중국 청소년들을 교육시킬 수 있었다. 2006년에 퓨 연구센터가 수집한 데이터에 따르면, 일본인에 대해서 긍정적으로 생각하는 중국인은 21퍼센트

에 불과했고, 2016년에는 그 수치가 14퍼센트로 더 떨어졌다.[2]

고등교육을 받은 사람들의 애국심을 강화하는 가장 효과적인 방법들 중의 하나는 외국 언론의 기사들을 중국어로 번역하여 게재하는 「참고소식(参考消息)」을 발간하는 것이었다. 이 신문은 예전에는 당원들만 볼 수 있었지만, 1980년대부터 거리에서 판매되었고 해외 매체에 실린 기사들을 직접 번역한 글들이 실렸기 때문에 학생들을 포함한 교육받은 대중이 선호하는 정보원이 되었다. 선전을 담당하는 중국 관리들은 게재된 기사들뿐 아니라 표제도 선택함으로써 그들이 중국 대중에게 전하고 싶은 메시지를 형성할 수 있었다. 그들은 일본이 중국에 자행한 역사적 사건들을 부정한 극우파 일본인들이 쓴 기사들을 선택했다. 실제로 일본 현지에서는 그 우익들이 일본 대중에게 별로 유명하지 않고 우스꽝스럽게 여겨지고 있음에도 중국 내 「참고소식」의 독자들은 이 사람들이 쓴 기사의 내용이 일본의 일반적인 분위기를 나타낸다고 생각했다. 그리하여 중국의 대중은 많은 일본인들이 특정 역사적 사건들을 부인하고 있다고 과신하게 되었다. 1990년 이후 일본의 군비 지출이 크게 증가하지 않았는데도 「참고소식」에 게재하기 위해서 선택된 기사들은 일본의 군국주의 강화가 심각한 문제라는 인상을 주었다.

1990년대 중반 이후 반일 감정을 가장 강하게 표출한 사람들 중에서 일부는 일본의 점령을 경험한 윗세대가 아니라 애국주의 교육을 받은 젊은이들이었다. 1998년에 중국의 어린이들은 영웅적인 중국인 캐릭터들이 일본인 침략자와 맞서 싸우는 인기 있는 온라인 비디오게임을 즐겼다. 애국주의 교육운동은 젊은이들의 반일 태도를 고취시키는 데에 매우 효과적이었다.

중국의 애국주의 교육운동은 전쟁 동안 일본인들에게 고통받은 다른 국가들, 특히 한국과 동남 아시아 국가들에서도 반일 여론이 강화되는 데에 기여했다. 또한 이 운동은 서구 국가들에서도 반향을 불러일으켰는데, 제2차 세계대전 동안 일본이 자행한 만행들에 대해서 충분히 사과하지 않았다는 중국의 비판 내용은 전시에 자국이 저지른 잔혹 행위에 대해서 자기비판한 독일의 태도와 대비되었다.

일본에서는 문부성이 학교 교과서들을 검정했고, 일본 교과서들은 현대사에 거의 지면을 할애하지 않았다. 그리하여 애국주의 교육을 받은 중국의 젊은이들이 일본 젊은이들을 만나면, 대부분의 일본 학생들이 일본의 중국 침략이 잘못이고 일본이 사과해야 한다는 것은 알지만 과거 일본의 침략에 대한 지식이 거의 없고 자국의 역사를 충분히 직면하지 못했다는 결론을 내렸다.

중국을 방문한 일본인들은 반일 영화가 상영되고 있는 것을 목격했다. 또 일본에서는 텔레비전을 통해서 중국인들이 경찰의 제지도 받지 않은 채 일본 상점들이나 베이징의 일본 대사관저에 돌을 던지는 극적인 장면들과 센카쿠 열도/댜오위다오에서 중국의 비행기와 선박이 일본의 비행기와 선박을 스칠 듯이 아슬아슬하게 지나가는 모습이 나오면서 일본인들은 중국을 두려워하게 되었다. 일본에서 평화주의와 반군국주의에 대한 강한 의지가 사라진 것은 아니지만, 중국으로부터 들려오는 소식들은 일본에서 특히 소수의 비주류 우익 사이에서 민족주의적 감정을 강화시켰다. 많은 일본인들이 중국의 위협을 두려워했고, 현재를 살고 있는 일본인들이야말로 누명을 쓴 피해자라고 느꼈다.

1990년대 중반에 중국을 찾는 일본인 관광객 수가 급감하기 시작했다. 2006년 퓨 연구센터가 실시한 설문조사에 따르면, 중국에 대해서 긍정적인 감정을 표현한 일본인의 수가 27퍼센트로 떨어졌다. 2016년에는 이 수치가 11퍼센트로 더 낮아졌고, 2017년과 2018년에는 이 수준이 유지되었다. 한편, 일본에 긍정적인 감정을 가지고 있다고 보고한 중국인 응답자는 10퍼센트까지 내려갔다가 2017년, 2018년에 거의 40퍼센트까지 상승했다. 중국을 방문하는 일본인의 수는 증가하지 않았다.

1992년 이후 중국과 일본 간의 갈등이 고조된 시기는 중국의 경제 규모가 곧 일본을 넘어설 것이고 군대와 무기 보유 규모도 머지않아 일본을 능가할 것이라는 중국의 자신감이 높아지면서 그에 따라 일본이 두려움을 느낀 시기와도 일치했다.

아시아에서 주도적 위치를 차지한 중국

1993년에 중국의 GNP는 여전히 4,430억 달러에 불과했던 반면, 인구가 중국의 10분의 1밖에 되지 않던 일본의 GNP는 거의 그 10배 규모인 4조4,000억 달러에 이르렀다. 하지만 같은 해에 중국의 경제가 14퍼센트 성장했고 매년 10퍼센트 이상의 성장을 계속할 것으로 예상된 반면, 일본의 경제는 1989년의 버블 붕괴 이후 침체된 상태였다. 일본이 아시아 금융 위기로 어려움을 겪고 중국은 타격을 입지 않았던 1997년 이후, 중국의 관료들은 자국의 경제 및 정치 체계가 일본보다 훨씬 효과를 발휘하고 있다고 자신했다. 2001년에 중국이 세계무역기구(WTO)에 가입하면서 중국의 자신감은 더욱 높아졌다.

중국은 1965년에 핵무기를 얻었고, 일본은 핵무기를 개발하지 않기로 결정했다. 1993년에는 일본의 군대가 규모는 작지만 기술과 훈련 면에서 중국보다 우위였다. 그러나 1996년부터 중국의 군비가 경제 성장 속도보다 훨씬 더 빨리 증가하기 시작한 반면, 일본의 군비 지출은 침체된 경제의 1퍼센트 이하로 머물렀다. 중국인들은 곧 자국이 일본보다 더 많은 전함과 전투기를 보유할 것이라는 자신감을 얻었다. 2015년에 일본의 군사 전문가들은 자국의 군사훈련과 기술이 여전히 중국보다 앞선다고 믿었지만, 중국 해군의 톤수는 일본의 3.2배였고 중국이 보유한 항공기 수도 일본보다 2.7배 더 많았다. 또 중국은 260기의 탄도 미사일을 보유한 반면, 일본은 단 한 기도 없었다.[3]

일본과 서구를 뒤흔든 2008년 세계 금융 위기에 중국은 거의 영향을 받지 않았다. 이 해는 중국의 자신감 증대에서 중요한 이정표가 되었다. 2008

년에 일본의 주가지수는 1989년에 기록한 사상 최고치의 5분의 1 이하로 추락했다. 중국과 일본의 지도자들은 중국의 경제 수준이 곧 일본을 넘어설 것임을 이미 예상하고 있었고, 서구의 경제 위기는 자국의 경제체제가 서구의 것만큼 우수하다는 중국인들의 믿음을 더욱 강화시켰다. 1964년의 도쿄 올림픽이 현대 산업국가로서의 일본의 첫 등장을 상징하고, 1988년의 서울 올림픽이 한국의 국제 무대 데뷔를 알린 것처럼, 이전의 어떤 올림픽보다 웅장하게 펼쳐진 2008년 베이징 올림픽은 중국이 일본을 능가하고 미국에 도전할 태세를 갖춘 세계 주요 강국으로서 첫선을 보이는 역할을 했다. 2년 뒤인 2010년 8월, 도쿄는 세계은행의 자료에 따라 2010년 2분기에 중국의 GNP가 1조3,800억 달러, 일본의 GNP가 1조2,800억 달러라고 발표했다.

2010년에 이후에도 중국은 전국적인 근대화 완료, 아직 중산층의 생활수준에 도달하지 못한 주민들에 대한 지원, 전 인구에 대한 사회복지 네트워크 마련, 소비자 중심의 서비스 경제로의 이행, 세계 정상급의 첨단 기술 부문 구축에서 여전히 많은 문제들에 직면했다. 그러나 굴욕의 세기는 끝났고 중국은 더 이상 서구의 성취에 기죽지 않았다.

중국과 일본의 관계 변화를 관리하는 것은 1994년부터 2012년까지 일본의 정치 지도부가 안정되지 못하면서 더욱 어려워졌다. 이 시기 동안 중국의 지도부는 비교적 안정적이었다. 장쩌민이 1992년부터 2002년까지 중국 공산당 총서기로 공식 선출되어 두 번의 임기를 보냈고, 후진타오가 2002년부터 2012년까지 총서기를 지냈다. 한편 일본은 1955년부터 1980년대 말까지 자민당 출신의 지도자들이 안정된 정부를 이끌었다. 그러다가 1994년에 선거제 개편이 이루어졌다. 이번 개편은 각 선거구에서 여러 명의 의원을 뽑던 방식에서 180개의 소선거구에서 각 1명씩만 선출하는 형태로 바꾸고 비례대표로 11명의 의원을 더 선출함으로써 다양한 파벌들을 약화시킬 강력한 양당 체제를 구축하기 위해서 설계되었다. 새로 정해진 선거구에서 1명의 의원만 선출될 수 있게 되면서 여러 명을 뽑던 선거구 출신의 의원들이 밀려나는 바람에 장기적인 관점을 제시하던 많은 노련한 원로 의원들이 1994년 이후 정부에서 사라졌다. 그뿐만 아니라 1994년부터 아베 신조가 총리로 선출된 2012년까지 18년 동안 총 13명이 총리 자리를 거쳐갔다. 그 중 일부 총리들은 중국과의 관계를 개선하려고 노력했지만 지도부가 자주 바뀌면서—특히 2009년부터 2012년까지 미숙한 민주당이 집권하면서—중국과 일본의 지도자들이 장기적인 이해를 발전시키고 유지하기가 어려워졌다.

1993년부터 2010년까지의 과도기 동안에 중국과 일본 사이에서 가장 큰 긴장의 초점이 된 문제는 동중국해의 센카쿠 열도/댜오위다오를 둘러싼 분쟁이었다.

센카쿠 열도/댜오위다오를 둘러싼 분쟁

문제가 된 8개의 작은 섬들은 일본에서는 센카쿠 열도로, 중국에서는 댜오위다오로 불리며 타이완에서 북동쪽으로 약 170킬로미터, 이시가키(류큐 제도 내)에서 북서쪽으로 170킬로미터, 그리고 중국 본토에서 약 330킬로미터 떨어진 곳에 위치한다. 이 섬들에는 제2차 세계대전 이후부터 사람이 살지 않았다. 1971년에 미국이 일본에 오키나와를 반환하고 센카쿠 열도/댜오위다오의 행정관할권을 일본에 넘겨주면서 타이완과 중국 본토에서는 일본이 다시 군사 강국으로 세력을 확장하기 시작했다는 우려가 나타났다. 타이완 정부와 홍콩, 타이완의 중국인 활동가들은 이 섬들이 중국 영토라는 본토의 주장을 지지했다. 자국 해안 가까이에 있는 자원들이 고갈된 중국과 일본의 어부들이 더 먼 바다에서 조업을 하면서 이 열도 부근에서 자주 충돌하자, 센카쿠 열도/댜오위다오는 어업권 분쟁의 초점으로 떠올랐다. 1970년대에는 이 열도 근방의 해저에 상당한 석유 자원이 매장되어 있을 가능성이 대두되면서 이 지역의 관할에 대한 관심이 더 높아졌다. 그러나 문제를 악화시킨 것은 섬들의 전략적 위치와 군사 경쟁이었다.

1973년에 세계 국가들이 유엔 해양법 협약의 틀 안에서 바다의 이용에 대한 권리를 논의하기 시작했다. 유엔 해양법 협약은 영유권을 정하는 방법에 대한 규칙들은 확립하지 않았지만 배타적 경제수역, 간출지 그리고 해저에서 발견되는 석유를 포함한 해양 자원들에 대한 권리와 관련된 규칙을 세웠다. 각국은 분쟁 지역인 센카쿠 열도/댜오위다오에 대한 권리뿐 아니라 서태평양의 섬들에 대한 권리를 서둘러 주장하기 시작했다. 1982년에 합의된 해양법 협약에 따르면, 연안국들은 썰물일 때에 영토에서 12해리(1해리는 1,852킬로미터) 이내의 수역에 대해서 영유권을 가진다. 이 협약은 또 한 국가의 연안으로부터 200해리까지 배타적 경제수역을 설치할 수 있도록 했다. 일본과 중국 대륙 간의 거리는 360해리이고, 따라서 해저에 대한 일본과 중국의 권리에 관해서는 명확한 합의가 없었다. 일본과 중국을 포함한 세계 대부분의 국가들이 유엔 해양법 협약에 서명했다. 미국은 협약에 서명하고 준수하기로 했지만 비준은 하지 않았다.

센카쿠 열도/댜오위다오에 대한 관심이 집중되자 중국과 일본 모두 이 섬들에 대한 자국의 권리를 강화하기 위해서 역사 기록들을 꺼내들었다. 중국은 1534년에 중국의 배들이 처음으로 이 섬들을 기록했다고 보고하는 문서들을 제시했다. 또 1945년 포츠담 협정에 따라 타이완과 부속 섬들을 중국에 반환해야 한다고 주장했다. 일본은 포츠담 협정에는 중국에 반환되어야 하는 타이완 부근 섬들에 센카쿠 열도/댜오위다오가 속한다는 구체적인 언급이 없다고 지적했다. 일본은 이 섬들이 예부터 지역의 모든 항해사들에게 표지물로 이용되어왔으며 어느 한 나라에 속하지 않았다고 주장했다. 그리고 1880년대에 일본이 이 섬들을 조사하여 무인도라는 것을 알아냈고, 그리하여 청일전쟁이 끝나기 전인 1895년 1월에 내각의 결정에 따라서 이 열도에 대한 영유권을 선언했다고 밝혔다. 또 1971년에 미국이 오키나와를 일본에 반환할 때에 이 섬들도 그 일부로 되돌려주었다고 덧붙였다. 중국은 청일전쟁이 끝났을 때에 체결한 1895년의 시모노세키 조약에 따라서 열도가 일본에 양도되었고, 1945년에 일본이 항복하면서 열도에 대한 영유권이 중국으로 반환되었다고 주장했다.

일본은 이 열도의 영유권에 대한 분쟁이 존재한다는 것 자체를 인정하지 않는다. 미국은 영유권 문제가 해결되지 않았지만 일본이 이 열도에 대한 행정관할권을 가진다는 입장을 취해왔다. 따라서 미국 관료들은 중국의 배와 비행기들이 이 열도 근처에서 작전을 실시하자, 일본이 이 열도에서 혹은 그 근처에서 공격을 당할 경우 미일 안보조약 제5조에 따라서 일본을 방어할 것이라고 밝혔다.

평화우호조약이 체결되기 직전인 1978년 4월, 거의 100척에 이르는 중국의 작은 어선들이 이 열도가 중국의 영토라고 주장하는 현수막을 내걸고 이 지역 안으로 들어갔다. 그러나 1978년 10월에 일본을 방문한 덩샤오핑은 기자회견에서 중국과 일본이 "섬들의 경제적 이익을 공유하는 데에 협력할 수 있고, 영유권 문제는 미래 세대의 현명한 지도자들이 해결할 수 있다"라고 발표했다.

그러다가 1990년대에 일본이 일본 근해의 방위를 강화하기 시작하고, 중국이 지리적으로 더 광범위한 지역에 대해서 군사력을 확장하기 시작하면서 분쟁이 악화되었다. 본토와 타이완의 재통일을 원하는 중국과 그 목표를 달성하기 위해서 무력을 행사할 수 있는 가능성이 센카쿠 열도/댜오위다오 지역에 대한 더 많은 관심을 불러일으켰다. 타이완을 둘러싸고 분쟁이 발생할 경우, 이 열도가 전략적으로 중요해질 것이기 때문이다.

1994년에 중국은 해저 탐사를 위해서 영해 부근으로 과학 연구선들을 보내기 시작했다. 1995년 타이완 해협에서 긴장이 발생한 뒤, 중국은 타이완 부근에서 충돌이 일어날 가능성에 더욱 효과적으로 대비하기 위해서 해양 자원들에 대한 투자를 크게 늘렸다. 1996년 7월에 일본의 한 우익 젊은이가 작은 섬들 중 한 곳에 등대를 설치했고, 8월에는 센카쿠 열도/댜오위다오의 한 섬인 이시가키 섬에 전쟁 기념비가 세워졌다. 그 뒤에 홍콩과 타이완의 활동가들이 중국의 주장을 지지하면서 이 섬으로의 상륙을 시도했고, 타이완의 어선 10척이 부근에 나타났다. 일본은 유엔 해양법 협약에서 정한 대로 중국 어선들의 일본 영해 진입을 막기 위해서 선박들을 보냈다. 센카쿠 열도/댜오위다오를 둘러싼 감정 대립이 절정에 달한 것은 정확히 중국이 일본을 밀어내고 아시아의 최대 경제국이 될 무렵이었다.

중국 패권으로의 전환, 1993-2012년

중국이 일본을 뛰어넘어 아시아의 최대 경제국이 되는 등 우여곡절이 거듭되는 동안 양국 간의 높은 긴장감은 여전했지만 양측 모두 분쟁이 통제할 수 없는 상황으로까지 치닫는 것을 막으려고 노력했다.

무라야마 담화, 1995년

중일전쟁이 끝나고 50년 뒤인 1995년, 일본의 무라야마 도미이치 총리는 양국 간의 관계 악화를 막기 위해서 노력했다. 중국이 핵실험을 중단하라는 일본의 요구를 무시하면서 긴장이 극에 달한 직후인 1995년 5월, 무라야마 총리가 관계 개선을 위한 노력으로 중국을 방문했다. 1994년 6월 30일부터 1996년 1월 11일까지 일본의 총리를 지낸 무라야마는 1955년 이후 자민당 지도자가 아닌 인물로는 처음으로 총리 자리에 올랐다. 연립정부를 이끈 사회주의자 무라야마는 규슈 북동부 해안의 벳푸 시에서 어부의 아들로 태어났으며 겸손하고 인기 있는 지도자였다. 그는 일본이 제2차 세계대전 때에 저지른 잔혹 행위들을 인정해야 한다고 오랫동안 믿어왔다. 중국을 방문하는 동안 무라야마는 일본이 많은 것을 배웠던 고대의 수도에 경의를 표하기 위해서 시안을 찾았다. 또한 전쟁 동안 중국인들이 겪었던 고통에 대한 공감을 보여주고 일본의 침략을 사과하기 위해서 1937년에 전쟁이 일어났던 마르코폴로 다리도 방문했다.

8월 15일에 무라야마 총리는 제2차 세계대전 종전 50주년 기념 연설에서 21세기에 중국과 일본의 긴밀한 협력에 대한 희망을 표현했다. 이 연설의 초안은 전 주중 대사인 다니노 사쿠타로가 작성했다. 무라야마는 "일본은 잘못된 국가 정책을 따르고 전쟁을 향한 길로 나아가……식민지배와 침략으로 많은 나라들에……다대한 손해와 고통을 주었습니다……다시 한번 통절한 반성의 뜻을 표하며 진심으로 사죄의 마음을 표명합니다……일본 국민들이 일본이 절대 군사강국이 되지 않겠다고 굳게 결심하고 있음을 재차 단언하고 싶습니다"라고 선언했다. 무라야마의 연설은 일본의 최고 지도자가 제2차 세계대전 동안 일본의 침략에 관해서 내놓은 가장 본격적인 사과였다. 이후 다른 일본 총리들도 이 연설의 일부를 반복했다. 중국에서 무라야마 총리는 장쩌민 주석과 리펑 총리의 따뜻한 환영을 받았다.

1997년 9월, 무라야마의 후임인 하시모토 류타로 총리는 긴장을 더 완화하기 위해서 국교 정상화 25주년을 기념하여 베이징을 방문했다. 하시모토 총리는 미일 안보조약이 중국을 겨냥한 것이 아님을 재확인했으며, 일본이 타이완의 독립을 지지하지 않는다고 확인해주었다.

장쩌민의 일본 방문, 1998년

평화우호조약 체결과 1978년 덩샤오핑의 방일 20주년인 1998년에 장쩌민이 중국 지도자로서는 양국 역사상 처음으로 일본을 공식 방문했다. 1978년 10월 덩샤오핑이 일본을 방문했을 당시에 그는 공식적으로 중국의 최고 지도자가 아니었으므로 공식 국빈 방문의 의전을 받지 않았다. 장쩌민은 주석이 되기 전인 1992년에 일본 천황의 중국 방문 준비를 돕기 위해서 일본을 잠깐 찾은 적이 있었다. 11월 25일부터 30일까지 엿새 일정의 이번 국빈 방문 기간 동안에 장쩌민은 오부치 게이조 총리의 영접을 받고 공식 만찬을 대접받았으며 아키히토 천황의 환영을 받았다. 또 정계 및 재계 지도자들의 초대를 받고 오부치 총리와 동반하여 센다이와 홋카이도를 방문했다. 이번 방문은 양국 간의 우호 관계를 강화하기 위해서 계획되었지만, 결과적으로 긴장 고조로 이어졌다.

장쩌민의 국빈 방문은 원래 한국의 김대중 대통령이 일본을 방문하기 전으로 예정되어 있었지만, 중국에서 갑작스러운 심각한 홍수가 발생하는 바람에 김 대통령의 방문 이후로 방일 일정을 연기해야 했다. 김대중 대통령의 일본 방문은 매우 성공적이었고, 그에 비해서 장쩌민의 방문은 덜 성공적이었다는 평가를 받았다. 25년 전, 도쿄에서 한국의 정적들에게 납치되어 한국으로 향하는 작은 배 안에서 죽음의 문턱까지 갔던 김대중 대통령은 10월 8일 일본 의회 연설에서 자신의 목숨을 구하는 데에 도움을 준 일본인들에게 감사를 표했다. 그는 일본이 제국주의의 길을 좇을 때에 한국과 다른 국가들의 국민들에게 큰 고통을 안겨주었다고 말했다. 하지만 그는 일본어로 제2차 세계대전 이후에 일본이 달라졌다고 인정했고, 미래의 협력을 기대한다고 말했다. 김대중 대통령의 메시지로 한국과 일본 사이의 호의는 정점을 찍었다. 오부치 총리와 일본의 대중은 이 같은 김대중 대통령의 메시지에 감동을 받았다. 양국 지도자들은 한일 공동선언에 서명했고 오부치는 일본이 한국을 점령했던 당시에 자행했던 행위에 대해서 깊은 반성을 표명했다.

1993년에 다시 시작된 중국의 급속한 성장이 5년째로 접어들 무렵에 일본을 방문한 장쩌민은 더욱 자신감이 높아진 중국, 1997년의 아시아 금융위기 때에 일본보다 훨씬 적은 피해를 입으며 위기를 막 헤쳐나온 중국을 대표했다. 또 중국 입장에서는 미국이 중국에 반대하고 일본 편을 들 가능성에 대한 걱정이 줄었다. 그해 6월에 클린턴 대통령이 중미 관계 강화를 위해서 열흘간 중국을 방문한 데다가 일본 관료들의 촉구에도 불구하고 귀국길에 일본에 들르지 않았기 때문이다.

장쩌민의 방문 전에 그가 도쿄에 머무는 동안 양측이 서명할 성명의 내용을 협상한 중국과 일본의 관료들은 일본이 장황한 사과를 하는 대신에 반성을 표현할 수 있는 선언문에 거의 합의를 보았다. 하지만 일본이 김대중 대통령과의 긴 서면 사과에 서명하자, 중국 정부는 비슷한 사과를 중국과의 성명에도 포함하여 서명할 것을 요구했다.

장쩌민과 압도적 대다수의 중국 국민들은 일본이 과거사에 대해서 충분히 사과하지 않았다고 생각했다. 오부치 총리는 장쩌민이 방일한 동안 "일본 측은 과거의 특정 시기 동안에 일본이 중국을 침략하여 중국 국민들에게 일으킨 중대한 고통과 피해에 대한 책임을 통감하고 이에 대해서 깊은 반성을 표명한다"라고 말했지만, 장쩌민은 이 정도로는 충분하지 않다고 생각했다. 그때 장쩌민이 미처 깨닫지 못한 것은 일본의 분위기가 바뀌고 있었다는 점이다. 일본인들은 자국의 잔혹 행위에 대한 중국의 계속되는 훈계와 끝없는 사과 요구, 지금까지 일본이 했던 사과들을 인정하지 않는 점, 핵실험을 자제해달라는 일본의 요구에 주의를 기울이지 않는 태도에 점점 지쳐가고 있었다. 일부 일본인들은 장쩌민이 일본에 머무는 동안 일본이 과거 중국에 제공했던 도움에 감사의 표현을 했는데, 이것이 중국 언론에는 보도되지 않은 데에 분노했다.

이번 국빈 방문 동안 장쩌민이 아키히토 천황과 저녁 만찬을 같이 하는 모습의 일부가 텔레비전으로 방송되었다. 장쩌민은 만찬에서 짧은 연설을 하면서 일본이 역사를 어떻게 보아야 하는지에 대한 자신의 의견을 밝혔다. 장쩌민의 발언은 중국인들이 보기에는 적절했지만 일본인들에게는 의례행사인 만찬에서 하는 발언으로는 대단히 부적절하다고 여겨졌다. 마치 선생님이 제자에게 무엇을 어떻게 해야 한다고 훈계하는 것처럼 보였기 때문이다. 장쩌민의 방문을 다룬 일본 언론의 기사들은 이에 대한 높아지는 불쾌감을 반영하여 중국인들이 점점 오만해지고 있다는 인식을 높였다.

장쩌민은 오부치 총리에게 김대중 대통령과 했던 것과 같은 명문화된 선언에 서명할 것을 압박하면서 일본이 과거처럼 자신의 요구에 따를 것이라고 생각했다. 하지만 오부치 총리는 구두 사과만 하고 서면 사과는 하지 않기로 결정했다. 총리가 서면 사과를 거절한 것은 일본 대중이 중국의 훈계에 지쳤다는 그의 정치적 판단을 반영했고, 그 판단은 옳았던 것으로 나타났다. 중국인들에게 이와 같은 결정은 일본인들이 역사를 부인하고 중국의 지도자를 적절하게 존중하지 않는다는 표시였다.

이러한 긴장에도 불구하고 장쩌민의 방문 동안 일본과 중국의 관료들은 양국의 협력 방안들을 논의했다. 이들은 관리들 사이의 교류, 경제와 과학 분야의 협업, 문화 교류, 환경 프로젝트를 포함하여 33개 분야에서 협력하기 위한 공동선언에 서명했다. 이 선언은 후일 많은 협조와 협력이 시행되는 길을 닦았다. 1971년에 중국 본토가 유엔으로부터 (이전에 타이완이 차지했던 의석을 빼앗아) 중국 대표권을 얻은 이후 일본은 유엔 활동들과 동아시아 지역 문제들에 대한 중국의 참여를 대체로 지지했다. 중국은 일본의 유엔 안보리 상임이사국 진출에 반대했지만, 막 발족되고 있던 동남아시아 국가연합(ASEAN) + 3에서 일본과의 회의를 지지했다.[4] 장쩌민이 방일한 이후 중국에 대한 일본의 무역과 투자가 계속 증가했다. 1999년에 일본과 중국 간의 무역 총액은 1990년의 4배인 총 660억 달러에 이르렀다.

오부치 총리의 중국 방문, 1999년 11월

장쩌민 주석이 일본을 방문하고 1년 뒤, 관계 개선을 꾀하는 또다른 노력의 일환으로 오부치 총리가 중화인민공화국 수립 50주년을 축하하기 위해서 베이징을 방문했다. 역사 문제에 대한 장쩌민의 압력에 일본이 보였던 부정적인 반응을 알고 있던 중국의 외교관들은 일본에 대한 사과 요구를 좀더 자제했다. 오부치 총리는 장쩌민을 만났고, 장쩌민은 도쿄에서 그에게 보여준 환대에 감사를 표했다. 주룽지 총리와의 회담에서 오부치 총리는 중국의 WTO 가입 지지 의사를 내비쳤다. 그는 장쩌민의 방일 기간 동안에 정해진 33개 협력 분야를 계속 촉진했고 몇몇 프로그램들, 특히 그가 개인적인 관심을 표현한 내몽골 프로그램들에 대한 일본의 지원을 제안했다. 이번 방문은 양국 간의 관계 악화를 다소 누그러뜨리는 데에 도움이 되었다.

주룽지 총리의 일본 방문, 2000년

다음 해, 중국과 일본 양국에서 많은 존경을 받던 정치인 주룽지가 관계 개선과 중국의 WTO 가입에 대한 일본의 지지를 확고히 하기 위해서 일본으로 파견되었다. 일본에서 주룽지 총리는 일본인들 또한 중국인들과 마찬가지로 제2차 세계대전으로 고통을 겪었으므로 자신은 더 이상의 어떤 사과도 요구하지 않는다고 말했다. 일본의 재계 및 정계 지도자 몇 명과 주룽지의 대담이 텔레비전을 통해서 방송된 이후 주룽지가 만난 지도자들뿐 아니라 일본 시청자들도 그의 지식과 솔직함, 좋은 실무적인 관계를 발전시키고자 하는 의지에 매우 깊은 인상을 받았다고 말했다. 어떤 사람들은 심지어 일본도 그런 정치인이 나라를 이끌었으면 좋겠다고 말하기도 했다. 양국 관리들은 이번 방문이 관계 개선에 도움이 되었다는 것을 인정했다. 주룽지의 방문 직후 실시된 대중 여론조사에서는 중국에 대한 일본인들의 전체적인 태도가 약간 개선되었다. 중국에 대해서 부정적인 의견을 내놓은 응답자보다 긍정적인 의견을 가진 사람이 조금 더 많은 것으로 나타난 것이다.

고이즈미 준이치로 총리와 야스쿠니 신사 문제, 2001-2006년

고이즈미 총리는 2001년에 취임한 직후 중국의 압력에 대한 저항과 제2차 세계대전에서 일본이 수행한 역할에 대한 사과 사이의 균형을 잡으려고 애썼다. 그의 정치적 동지인 가토 고이치가 중국의 관료들에게 조언을 구했는데, 그들은 고이즈미가 공식 종전 기념일인 2001년 8월 15일이 아닌 8월 13일에 야스쿠니 신사를 방문하면 중국 측의 반발이 덜 거셀 것이라고 조언했다. 그러나 고이즈미가 8월 13일에 야스쿠니 신사를 방문하자 중국 언론은 이에 대해서 격렬하게 비판했고, 고이즈미에게 다시는 신사를 방문하지 말 것을 요구했다. 그럼에도 불구하고 중국은 고이즈미가 신사를 찾은 직후에 중국을 방문하는 것을 허용했다. 방중 기간 동안 고이즈미는 마르코폴로 다리를 방문하여 일본이 전쟁을 일으킨 데에 대한 잘못을 인정하고 중국인들에게 사과했다. 이후에 고이즈미는 매년 야스쿠니 신사를 방문했다.

2006년, 중국에서 일본인과 일본의 자산에 대한 공격이 일어난 뒤에 고이즈미는 야스쿠니 신사를 마지막으로 방문했다. 그는 몇 년 내에 중국의 경제 규모가 일본보다 커질 것을 알고 있었지만 중국에 자세를 낮추지 않았다. 그는 종전 기념일인 8월 15일에 야스쿠니 신사를 마지막으로 방문했는데, 이 방문 날짜가 특히 중국인들의 심기를 건드렸다. 고이즈미는 "나는 과거의 전쟁을 정당화하거나 군국주의를 찬양하기 위해서 야스쿠니 신사에 간 것이 아니다. 우리가 다시는 전쟁을 벌이지 말아야 하고 전쟁에 나가 목숨을 잃은 분들의 희생을 잊지 말아야 한다는 마음으로 그곳에 간 것이다. A급 전범들을 추도하러 가는 것이 아니다"라고 해명했다. 중국 외교부는 고이즈미의 신사 방문이 "중국 국민들의 감정을 상하게 하고", "중국과 일본의 유대를 위한 정치적 기반을 손상시켰다"는 입장을 밝혔다.[5]

일본인들에게 그들의 총리가 야스쿠니 신사를 방문해야 하는지의 문제 뒤에 숨은 쟁점은 일본이 제2차 세계대전 동안 범죄를 저질렀는지에 관한 여부가 아니었다. 일본 대중은 이미 그 문제를 인정했기 때문이다. 그보다는 고이즈미가 제럴드 커티스 교수에게 말한 것처럼 일본인이건, 외국인이건 그 누구도 고이즈미에게 나라를 위해서 목숨을 희생한 일본 군인들을 참배해서는 안 된다고 말할 수 없다는 것이 쟁점이었다. 야스쿠니 신사를 방문하겠다는 그의 고집은 일본 대중으로부터 지지를 얻었다. 하지만 중국인들에게 고이즈미의 야스쿠니 신사 방문은 특히 중국이 발전 상승세에 있고, 중국의 경제가 일본을 넘어서기 시작하는 시기에 일본인들이 보이는 군국주의에 대한 경의, 과거사를 직면하지 않으려는 태도, 중국의 요구를 존중하지 않겠다는 용납할 수 없는 거부를 상징했다. 일본의 일부 관료들과 신문들은 고이즈미가 야스쿠니 신사 방문을 고집하여 중국인, 한국인들로부터 긴장을 불러일으켰다고 비판했지만, 그는 여전히 일본 내에서 인기가 높았다. 고이즈미가 총리로 재직한 2001년부터 2006년까지 중일 관계는 전후 최악의 수준이었다.

관계 개선을 위한 후진타오 주석의 노력, 2003년

중국에서는 2003년에 주석이 된 후진타오가 일본과의 관계 개선을 위해서 노력했다. 1980년대에 그는 3,000명의 일본 청년 대표단을 환영한 중국 젊은이들 중의 한 명이었고, 그때 만난 일본인들 가운데 일부와 친분을 맺고 연락을 유지해왔다. 후진타오는 중국이 일본과의 관계를 개선해야 한다고 공개적으로 말하지는 않았지만, 중국에 만연한 분위기에 비해서 일본에 호의적인 책의 발간과 신문 기사 게재를 허용했다.

후진타오가 취임하기 전인 2002년 4월에 중국 신문출판총서는 페이후아의 『변화하는 중일 관계 속의 덩샤오핑(中日外交风云中的邓小平)』의 출간을 허가했다. 이 책은 1978년 10월의 덩샤오핑의 일본 방문에 관해서 정확하게 기술하여 그를 환영한 일본인들에게 호의적인 입장을 보였다.

또한 2002년에는 「중국 청년보」에서 일한 적 있는 「인민일보」의 선임 필자 마리청이 일본에서 관찰한 것들에 대한 보고서를 작성하는 임무를 맡아 한 달 넘게 일본에 파견되었다. 그가 쓴 "일본과의 관계에 관한 새로운 생각"이라는 기사가 그해 말 「전략과 관리(戰略与管理)」에 실렸다. 고위급의 후원을 받던 「전략과 관리」는 전략적인 쟁점들에 대한 신선한 사고로 유명한 간행물이었다. 마리청은 각계각층의 일본인들과 대화를 해보니 중국인들의 통념과는 달리 모두들 군국주의에 반대하며 평화를 추구하기를 원했다고 보고했다. 그는 또 1980년에는 78퍼센트의 일본인이 중국에 호감이었지만, 2000년에는 이 비율이 49퍼센트로 떨어진 점에 대해서도 언급했다. 그럼에도 불구하고 모든 분야의 일본인들이 여전히 중국과의 우호적인 관계를 원했다.

「전략과 관리」는 2003년에 군 출신의 전략가이자 중국인민대학 교수인 스인홍의 글을 게재했다. 이 글에서 스인홍은 중일 관계의 개선이 중국에 이득이 되므로 중국은 유엔 안보리 상임이사국이 되기 위한 일본의 노력을 지원해야 한다고 주장했다. 이 글이 발표된 이후 몇 달 동안 중일 관계가 개선될 수 있을 것처럼 보였다.

중국은 또한 2003년에 강대국들의 흥망을 다룬 텔레비전 시리즈 제작에 착수했다. 이것은 중국이 강대국을 향해 나아가는 시기에 대중에게 길잡이를 제공하기 위해서 제작된, 사려 깊고 제대로 조사가 이루어진 노력의 결과물이었다. 이 시리즈는 2006년 중국의 텔레비전에서 방영되었고, 일본을 포함한 다른 국가들에 대해서도 균형 있고 정중하게 다루었다. 일본에 관한 부분에서는 제2차 세계대전과 일본의 침략을 다루기는 했지만, 일본의 산업화가 중국의 국민들에게 어떻게 더 나은 생활환경을 제공했는가에 대해서도 논의했다.

마리청과 스인홍이 발표한 일본에 대한 시각은 몇 년 동안 중국의 매체에서 볼 수 있었지만 결코 주류가 되지는 못했다. 2003년 이후에는 그들의 글에 대한 관심이 줄었고, 2004년 중국과 일본 사이의 감정이 다시 격렬해졌을 때에는 심지어 그들을 배신자라고 부르는 사람도 있었다. 마리청은 자신의 관점을 포기하지 않았지만 본토에서 일하기가 힘들어지자 나중에 홍콩으로 이주했다. 일본을 칭찬하는 데에 마리청보다는 덜 과감했던 스인홍은 인민대학교 교수로 계속 재직했다.

일본의 축구 승리에 대한 중국의 반응, 2004년

유엔이 안보리 상임이사국 가입 확대를 논의하기 시작하던 때, 일본의 국가대표 축구팀이 2004년 8월 베이징에서 열릴 예정인 2004 아시아 축구 연맹(AFC) 아시안컵을 앞두고 중국의 여러 도시들을 방문하여 1차전을 벌였다.

일본팀이 각 도시에서 승리를 거두면서 일본인들을 향한 격렬한 시위가 벌어졌다. 베이징에서 열린 아시안컵 결승전에서 일본팀이 중국팀에 3 대 1로 승리하자 일본인과 일본 제품에 대한 난폭한 공격이 벌어졌다. 중국 경찰이 일본팀을 안전한 곳으로 호위했지만 성난 군중은 일본 외교관의 차를 떠밀고 창문을 깨면서 시위를 계속했다. 여러 도시들에서 비슷한 시위가 일어났고 화난 중국 군중의 모습이 일본의 텔레비전을 통해서 반복해서 보도되었다. 이후 양국 모두에서 적대감과 내셔널리즘의 감정적 표출이 최고조에 달했다. 이러한 감정이 잦아들기도 전에 유엔에서 일본의 지위 문제가 첨예화되었다.

일본의 유엔 안보리 진출을 막은 중국, 2005년

2005년 3월, 유엔 안보리의 상임이사국 가입에 관해서 곧 있을 결정을 논의하던 도중 코피 아난 사무총장이 자신은 일본의 가입을 지지한다고 발언했다. 이로써 일본이 상임이사국 가입에 필요한 유엔 회원국 3분의 2 이상의 지지를 받는 데에는 별문제가 없을 것처럼 보였다. 상임이사국이 되려면 또한 안보리의 기존 상임이사국들 전원의 지지도 필요했다. 따라서 제2차 세계대전 직후 유엔이 처음 창설되었을 당시 상임이사국이 된 중국은 일본의 상임이사국 진출을 막을 힘이 있었다. 그러나 신진 강국으로서 국제적 지위 향상을 위해서 애쓰고 있던 시기에 중국이 혼자 일본에 반대표를 던지면 전 세계에 과거사 문제로 보복을 자행하는 나라로 보일 것이 분명했다. 그리하여 중국의 외교관들은 전쟁 중에 일본의 침략으로 고통을 겪은 동남아시아 국가들의 관료들에게 일본의 상임이사국 가입에 반대할 것을 권유했다. 4월 12일에는 중국의 원자바오 총리가 일본의 유엔 안보리 상임이사국 진출에 반대 의사를 표명하면서 역사를 존중하는 국가만이 국제 사회에서 책임자 역할을 맡을 수 있다고 말했다. 역사를 잘 아는 애국심 강한 중국인들에게 이 사안은 1920년 일본이 국제연맹의 상임이사국이 되고 중국은 비상임이사국으로 선출되려고 경쟁해야 했던 일과, 1971년에 일본이 미국을 지지하며 타이완 대신 본토가 유엔의 중국 대표석을 차지하는 것을 막았던 일이 멋지게 역전된 것이었다.

2005년 봄과 여름에 중국에서 벌어진 반일 시위들의 목적은 일본이 역사를 적절하게 직시하지 못했기 때문에 안보리 상임이사국이 될 자격이 없음을 세계에 알리는 것이었다. 2005년 4월, 중국은 일본의 상임이사국 진입에 반대하는 사람들의 서명을 모으는 전국적인 온라인 활동을 벌였다. 서구의 학자 제시카 웨이스는 중국의 38개 도시에서 반일 시위가 벌어진 증거를 발견했다. 많은 시위에서 일본인의 자산이 피해를 입었다. 정부는 시위에 참석할 수 있도록 1만 명이 넘는 학생들을 버스에 태워서 베이징 중심부로 데려다주며 도왔다. 시위자들은 일본인 식당과 일본 제품을 판매하는 상점들의 창을 깨뜨리고 일본산 차들을 박살을 냈다. 일본 제품을 광고하는 표지판들도 때려 부수었다. 4월 9일에는 일본 대사관저에 돌과 타일을 던지고 창문을 깨뜨려 아나미 고레시게 대사와 그의 아내 기니를 겁에 질리게 했다. 경찰은 시위자들이 울타리를 올라가 대사관저로 들어가는 것은 막았지만 돌을 던지는 것은 몇 시간 동안 방치했다. 최악의 폭력 사태는 상하이에서 일어났다. 수만 명이 시위에 참석한 상하이에서는 많은 일본인 상점의 창이 깨지고 일본 영사관이 공격을 받았다. 중국의 관리들은 시위가 벌어지는 동안 중국 학생들의 애국심에 존경을 표현했지만, 이후 학생들에게 불법 행위를 저지르지 않도록 경고함으로써 시위의 기세를 약화시키려고 노력했다. 일본이 유엔 안보리 상임이사국으로 받아들여지지 않을 것이 분명해지자 시위가 차츰 잦아들었다.

한편, 일본의 외교관들은 중국에게 배신감을 느꼈다. 일본은 중국이 WTO와 그외의 국제기구들에 가입하는 것을 지원했는데, 중국의 관료들은 세계 2위의 경제대국에다 유엔에 두 번째로 많은 분담금을 내는 일본의 안보리 상임이사국 진출을 막기 위해서 중국의 대중과 동남 아시아에 반일 감정을 부추겼기 때문이다. 중국에서 시위가 벌어진 뒤인 2005년 12월에 요미우리가 실시한 여론조사에서 일본인 응답자의 72퍼센트가 중국을 믿지 않는 것으로 나타났다. 중국에 대한 일본의 여론은 중국인들이 일본의 유엔 안보리 상임이사국 진출에 반대하고 공격을 벌이기 전에 표현되었던 긍정적인 감정의 수준을 회복하지 못했다.

긴장 완화와 올림픽 외교, 2006-2008년

2005년 중국에서 반일 시위와 그에 따른 일본 자산의 파괴가 벌어진 뒤, 양국 지도자들은 긴장을 완화시키기 위해서 노력했다. 고이즈미의 뒤를 이은 여러 명의 일본 총리들 중에서 누구도 재직 중에 야스쿠니 신사를 방문하지 않았고, 중국의 관리들은 반일 시위자들에게 자제하는 모습을 보일 것을 촉구했다. 축구팀에 대한 공격에도 불구하고 2005년에 일본은 중국의 최대 무역 상대국이 되었고, 이후에도 계속 3대 무역 상대국들 중의 하나였다. 주로 제조업 부문에 속하던 중국의 일본인 소유 기업들은 2005년에 약 1,000만 명의 중국인 근로자들을 고용했다.

야스쿠니 신사 방문 문제를 둘러싸고 고이즈미 총리와 갈등을 겪었던 중국의 지도자들은 고이즈미의 후임인 아베 신조 총리(2006년 9월부터 2007년 9월까지 1차 집권했다)가 재직 중에 야스쿠니 신사를 방문하지 않겠다는 약속을 내놓지 않았는데도 그와의 관계 개선을 위해서 노력했다. 새로 취임한 일본 총리의 첫 해외 방문지는 대개 미국이었지만, 아베는 총리가된 지 불과 2주일 뒤인 2006년 10월 8일에 정상회담을 위해서 베이징을 방문해 환영을 받았다. 회담에서 아베는 중일전쟁 동안 일본이 중국에 가한 막대한 피해와 고통에 대해서 중국인들에게 사과했다. 일본 지도자들의 야스쿠니 신사 방문에 반대하는 중국의 압박이 양국 관계의 교착상태로 이어졌다는 것을 알고 있던 후진타오 주석은 이 문제에 대해서 아베를 공개적으로 압박하는 것을 피했고, 아베 역시 신사를 방문하지 않기로 결정했다. 후진타오와 아베는 역사 문제에 대한 공동 연구에 착수하기 위해서 양국 대표들로 구성된 전문가 위원회 결성에 동의했고 부평, 기타오카 신이치가 이 프로젝트를 이끌었다.

2008년 베이징 올림픽이 다가오자 중국의 지도자들은 일본을 포함한 모든 나라의 충분한 협조를 확보하고자 애썼다. 아베의 뒤를 이어 총리가 된 후쿠다 야스오는 1978년에 방일한 덩샤오핑을 맞았던 후쿠다 다케오 총리의 아들로, 그 역시 중국과 좋은 관계를 유지하기를 원했다. 베이징 올림픽이 열리기 두 달 전인 2008년 5월에 후쿠다가 도쿄를 찾은 후진타오 주석을 맞았다. 1998년 장쩌민의 방일 이후 중국의 주석이 일본을 방문한 것은 이번이 처음이었다. 장쩌민과 마찬가지로 후진타오도 일본 천황을 만났다. 후진타오의 방문 기간 동안 양측은 동중국해의 공동 천연가스 개발을 위한 프로젝트의 계획을 세웠다.

2008년에 후쿠다와 후진타오가 관계 개선을 위해서 노력하고 있는 동안, 중국에 대한 일본 대중의 시각에 부정적인 영향을 미친 사건이 발생했다. 일본 언론이 수백 명의 일본 소비자가 일본에 판매된 중국의 만두를 먹고 식중독에 걸려 심한 구역질을 겪었다고 보도한 것이다. 조사 결과, 허베이의 톈양 식품에서 제조한 만두에 살충제가 섞여 있었던 것으로 밝혀졌다. 일본인들이 항의하자 처음에 중국은 만두를 먹고 죽은 사람은 없으니 아무 문제 없다고 말하며 사건을 축소하려고 했다. 이처럼 책임을 지지 않으려는 중국 관리들의 태도에 일본 사회가 술렁였고, 일본 관리들은 보건 안전상의 조치라고 설명하면서 여러 중국 식품들의 시장 판매를 중단시켰다. 몇 달 뒤에 올림픽이 열리기 직전, 결국 중국의 관리들은 책임을 인정했고 만두 생산을 중지하는 동시에 모든 만두 수출품에 대하여 전량 회수 조치를 내렸다.

2008년 5월 12일에 쓰촨 성의 원촨을 강타한 지진으로 약 6만9,000명이 목숨을 잃었다. 올림픽 준비에 대한 각국의 협조를 간절히 바라던 중국은 파괴적인 지진에 대응하기 위한 일본의 구호팀 파견을 허가했다. 일본은 서둘러 61명의 구조대원을 보내서 도움을 주었고, 많은 기부금을 냈다. 일본의 발 빠른 원조는 중국으로부터 큰 환영을 받았다. 구호활동이 마무리되었을 때 중국이 일본인들을 공개적으로 인정하지는 않았지만, 지진 생존자 구호에 대한 일본인들의 공헌을 대외에 긍정적으로 알렸다. 지원단의 수장이던 니카이 도시히로 의원은 방중한 다른 대표단들이 올림픽 준비에 참여하도록 하는 데에 중요한 역할을 했다.

후쿠다 총리가 올림픽 개막식에 일본을 대표해서 직접 참석했고, 2008년 8월 8일부터 24일까지 열린 베이징 올림픽에 일본 대표팀의 참가도 순조롭게 진행되었다. 나중에 중국판 다보스 포럼인 보아오 포럼의 의장으로 선정된 후쿠다는 그 이후 일본의 어떤 고위급 관료보다도 중국의 고위급 지도자들과 더 많은 회의를 가졌다.

최악으로 치달은 중일 관계, 2010-2014년

2009년 9월, 일본 총리가 된 민주당의 하토야마 유키오는 미국에 의존하는 자민당의 정책에서 벗어나 아시아를 정책의 중심으로 삼고 중국과 더 나은 관계를 발전시키고 싶다고 발표했다. 아베와 마찬가지로 하토야마도 취임 직후 미국보다 중국을 먼저 방문했고, 방중 기간 동안에 일본이 전시에 저지른 행동에 대해서 직접 진심 어린 사과를 했다. 그는 나중에 총리에서 물러난 이후 난징 대학살 기념관을 방문하여 일본 군인들이 저지른 잔혹 행위에 비통함을 표현했다. 일본 정부는 센카쿠 열도/댜오위다오의 일본 영유권과 관련해서 그 어떤 분쟁도 없다고 주장해왔지만, 하토야마 유키오는 분쟁이 실제로 존재하며 중국보다는 일본에 의해서 분쟁이 발생한 것이라고 말했다. 하토야마는 취임한 지 9개월도 되지 않아 민주당의 간 나오토에게 총리 자리를 내주었다. 간 나오토 역시 중국과 우호 관계를 증진하고

자 노력했다. 그는 친교를 나누기 위해서 수년간 일본의 중국 학생들을 자신의 집에 초대했다. 하지만 중국과 우호 관계를 유지하고 일부 중요한 분쟁에서 중국의 편에 서겠다는 민주당의 공인된 의지에도 불구하고, 민주당이 집권한 2010년과 2012년에 양국 관계는 최악의 상태로 추락했다.

센카쿠 열도/댜오위다오 근처 바다에서의 충돌, 2010년

세계은행이 중국의 경제 규모가 일본을 넘어섰다고 발표하고 몇 주일 지나지 않아, 양국 간의 충돌로 이어진 사건이 발생했다. 우발적으로 일어난 이 사건은 현장의 관리들에 의해서 원만한 해결을 보지 못하고, 정부 고위급의 의지를 시험하는 외교 문제로 비화되었다. 양측 모두 상대에게 굴복을 강요함에 따라서 중국과 일본 모두에서 흥분한 대중의 정제되지 않은 감정들이 들끓기 시작했다. 중국은 이런 문제를 해결하던 통상적인 틀을 넘어 압박의 수준을 높였고, 결국 일본이 굴복했다. 양국 간의 대치 상황은 3주일 만에 마무리되었지만, 이 사태로 촉발된 격렬한 감정들로 양국 관계는 사상 최악으로 치달았다.

2010년 9월 7일, 일본 해상보안청의 순시선이 분쟁 지역인 센카쿠 열도/댜오위다오 북동쪽으로 12킬로미터 떨어진 지점인 일본의 관할 해역으로 들어온 중국의 트롤어선, 민진위 5179호를 발견했다. 일본이 1972년에 이 열도의 행정관할권을 넘겨받으면서 분쟁 발생을 피하기 위해서 중국 선박이 열도 근처의 일본 영해에 들어가지 않기로 양국 간에 양해가 이루어졌다. 중국 선박이 의도치 않게 일본 영해에 들어갔다가 일본의 순시선으로부터 퇴거를 요구받으면 즉시 떠나기로 합의한 것이다. 그런데 이번에는 일본 순시선이 중국의 트롤어선에 일본 영해에서의 퇴거를 요구했음에도 트롤어선은 그곳을 떠나지 않았다. 이에 일본 해상보안청 선박이 일본 관리를 중국의 트롤어선으로 올려보내서 조사를 하겠다고 알렸다. 그제야 트롤어선은 달아나려고 했지만 훨씬 크고 속도가 빠른 일본의 순시선 몇 척이 트롤어선을 둘러싸고 퇴로를 차단했다. 트롤어선의 선장 잔치슝은 순시선 한 척의 측면을 들이받은 후에 도주를 시도하던 중에 또다른 순시선의 측면에 부딪혔다. 그런 후에 일본 해상보안청 관리들이 중국의 어선에 올라가서 선장과 선원들을 체포했다. 트롤어선이 중국 관리들의 승인 없이 그 지역에 들어갔고, 선장이 술에 취해 있었다는 사실이 나중에 밝혀졌다.

드문 일이기는 했지만, 일본 해상보안청 관리들이 센카쿠 열도/댜오위다오 근방에서 중국의 선원들을 체포했을 때에는 그들을 곧 중국으로 돌려보냈다. 하지만 이번에는 중국의 어선이 일본의 선박에 피해를 입혔기 때문에 일본인들은 선장을 일본의 법정에서 재판해야 한다고 설명했다. 이 소식이 곧 베이징에 전해졌고, 중국의 관리들은 주중 일본 대사 니와 우이치로를 새벽 3시에 소환하여 중국 선원들과 트롤어선을 즉각 중국으로 넘기라고 요구했다. 그러나 일본이 요구에 따르지 않자, 사건 다음 날 중국인들은 베이징의 일본 대사관, 상하이의 일본 영사관, 그리고 일부 일본 기업들 앞에서 시위를 벌였다.

중국의 관리들은 일본에 즉각 선장과 선원을 되돌려보낼 것을 계속 요구했다. 사건이 일어나고 5일 후인 9월 12일에 국무위원 다이빙궈가 니와 일본 대사를 다시 불러들여 "현명한 정치적 결정을 내려 어부들과 트롤어선을 즉시 석방하라"고 요구했다. 다음 날, 사태가 더 악화되는 것을 우려한 일본은 선원들을 돌려보내고 트롤어선을 반환했지만, 선장만은 일본의 자산을 손상시켰기 때문에 일본 법원에서 재판하기 위해서 억류했다.

9월 20일, 제2차 세계대전 당시 일본군이 설치한 화학무기들을 제거하기 위해서 중국으로 파견된 일본 건설회사 직원 4명이 군사 관할구역을 촬영했다는 이유로 체포되었다. 곧 중국의 여러 도시들에서 반일 시위가 벌어졌고, 중국에서 살고 있는 많은 일본인들이 생명의 위협을 느끼고 있다는 보도가 전해졌다. 세계 희토류 공급의 97퍼센트를 차지하던 중국은 일본으로의 희토류 수출 또한 제한했다. 일본의 전자회사들은 곧 중국 이외의 다른 국가들과 희토류의 채굴과 생산을 확대하기 위한 논의를 시작했다. 중국 정부는 일본 여행을 계획 중이던 시민들에게 여행을 취소하라고 독려했다. 9월 19일에 중국은 일본과의 고위급 교류가 모두 중단될 것이라고 발표했다. 9월 22일에는 유엔 회의 참석차 뉴욕에 머무르던 원자바오 총리가 "일본이 잔치슝 선장을 무조건 즉각 석방할 것을 강력히 촉구한다"고 발표했다. 그는 중국은 추가 조치를 취할 준비가 되어 있고, 일본이 "결과에 대한 모든 책임"을 져야 할 것이라고 언명했다.

일본의 지도자들은 중국의 대응이 과하다고 생각했지만 사태를 더 악화시키는 것을 원하지 않았다. 이틀 뒤, 일본의 관료들은 이 같은 긴장 상황이 중일 관계를 해친다는 것을 인정하면서 잔치슝에게 재판 출석을 더 이상 요구하지 않고 중국으로 돌려보냈다. 사건 발생 이후 몇 주일 동안 중국과 일본의 매체들은 이 사건과 결과에 대한 보도로 가득 채워졌다. 이번 대립은 중국과 일본의 관리들뿐 아니라 양국의 일반 대중 사이에도 상대국에 대한 적대적 감정을 증대시켰다.

트롤어선 사건은 때마침 오자와 이치로가 일본의 신임 총리 간 나오토의 민주당 대표 취임에 이의를 제기한 시점에 일어났다. 그래서 중국과의 분쟁 해결에 시간을 써야 할 일본의 정치 지도자들은 국내 문제에 몰두하고 있었다. 과거 자민당이 집권한 몇십 년 동안에는 중일 간에 긴장이 발생하면 외무성 내의 노련한 원로 중국 전문가들이 자민당의 정치인들과 협력하고 중국 측과의 기존 소통 경로를 통해서 대개 그런 사건들을 통제할 수 있었다. 하지만 이번에는 중국과 일본 외교관들의 소통이 실패했다.

잔치슝을 중국으로 돌려보낸 뒤, 자민당 지지자들은 이번 일을 기회로 삼아 미숙한 민주당이 사건을 제대로 처리하지 못했다며 비난했다. 이들은 민주당이 처음에는 그토록 강경하게 중국 선원들을 억류하고 선장을 재판에 넘기겠다고 고집하다가, 이후 중국의 요구에 완전히 굴복했다며 비난했다. 중국으로 돌아간 잔치슝은 처음에는 영웅 대접을 받았다. 그가 사건 당시 술에 취해 있었다고 공개적으로 인정하지는 않았지만, 중국으로 돌아가고 몇 주일 뒤에 그는 서둘러 시골로 보내졌다.

트롤어선 사건이 일어난 이후 중국의 언론매체는 평소보다 더 공격적인 반일 내용으로 가득 찼다. 중국 정부는 댜오위다오/센카쿠 열도 근처의 해역에 대한 순찰을 강화했고, 일본 정부는 센카쿠 열도/댜오위다오에 대한 수비 활동을 확대했다. 미국은 일본이 관할하는 영토에 대한 공격이 있을 경우 일본을 도와 적을 방어하겠다는 의지를 재확인했다.

트롤어선 사건으로 대립하기 전인 2008년 9월부터 2012년 8월까지 중국은 센카쿠 열도/댜오위다오로부터 12해리의 영해 내로 여러 척의 배를 보냈고, 2012년 9월부터는 매달 12척 이상을 보냈다. 2013년 8월에는 이 해역에 보내는 배의 수를 줄이기 시작했지만, 여전히 매달 배들을 보냈다.[6]

양국 간의 긴장은 2011년 3월 11일에 동일본 대지진이 일어난 이후 약간 완화되었다. 2008년 쓰촨 성에서 지진이 일어났을 당시 일본이 원조를 보낸 것처럼, 동일본 대지진이 발생하자 중국 역시 즉각 일본에 원조를 보냈다. 2011년 9월에 총리로 취임한 노다 요시히코는 곧 이틀간의 베이징 방문을 준비했다. 중국에서 노다 총리는 동일본 대지진 당시 중국이 준 도움에 감사를 표현했다. 하지만 중일 관계는 트롤어선 사건 이전에 비하면 여전히 더 긴장된 상태가 유지되었다.

댜오위다오/센카쿠 열도를 "국유화한" 일본, 2012년

2012년, 일본 내에서 중일 관계의 악화에 불을 지른 사람은 이시하로 신타로였다. 작가에서 정치인으로 전향한 마초 성향의 이시하로는 일본에서 인기가 높았다. 그는 1956년에 작가 겸 각본가로서 참여한 유명한 영화에서 남동생 유지로와 함께 새롭고 적극적인 젊은 세대의 상징으로 떠오르며 숭배의 대상이 되었다. 이렇게 엄청난 추종자들을 거느리고 있었던 이시하라는 정치에 입문하여 도쿄 지사로 선출된 뒤에도 다른 정치인들보다 항상 많은 관심을 받았다. 이시하라의 높은 인기를 알고 있던 다른 정치인들은 그를 공개적으로 비판하기를 주저했다. 미국이 권력의 최절정에 있을 때에도 이시하라는 일본이 미국에게 "NO"라고 말할 수 있다고 선언했다. 또 2010년에 중국의 경제 규모가 일본을 넘어섰을 때에는 일본이 중국에게도 "NO"라고 말할 수 있다고 선언했다. 이시하라가 트롤어선 선장을 석방하라는 중국의 압력에 무력하게 대응했다며 민주당 지도자들을 맹공격하자, 그의 이 같은 견해가 일본 대중 사이에서 공감을 불러일으켰다. 제2차 세계대전 이후 센카쿠 열도/댜오위다오에는 사람이 살지 않았고, 그중 3개의 섬은 공식적으로 구리하라 히로유키의 소유였다. 구리하라의 친척들이 말린 가다랑어포 가공업을 하면서 한때 이 섬들을 이용했다. 이시하라는 2012년 4월에 워싱턴 DC의 해리티지 재단에서 한 강연을 통해서 기금을 모아 구리하라의 섬 3개를 사들여 건축물을 짓겠다는 의사를 밝혔다.

민주당의 노다 요시히코 총리는 이시하라의 섬 매입이 중국인들의 격분을 불러일으킬 것을 예상하고 이시하라가 섬 소유권을 어떻게 이용할지 우려했다. 그는 3개의 섬이 이시하라의 손에 들어가서 중국과 문제가 발생할 위험을 무릅쓰는 것보다는 차라리 일본 정부가 섬들을 매입하는 편이 낫겠다고 결정했다. 노다 총리는 민주당의 두 전임자 하토야마 유키오, 간 나오토 총리보다 훨씬 더 현실적이었지만 중국의 요구에 직면해 약한 모습을 보이기를 원하지 않았다. 그는 중국이 지역의 주도 세력이라고 주장하려는 중국의 결의를 크게 과소평가했다.

2012년 7월 7일, 노다 총리는 다른 일본 지도자들과 충분한 상의를 거치지 않고, 정부가 구리하라 가족으로부터 2,500만 달러에 섬들을 매입하겠다고 결정했다. 그는 이 계획을 일본 내에서 비밀로 유지하고 중국과 논의를 하여 긴장 고조를 회피하기를 원했다. 그러나 다음 날 「아사히 신문」이 "국유화"라는 제목 아래 그의 계획을 전국에 알렸다. 일본 외무성의 예상대로 중국은 격분했고, 이 섬들에 대한 일본의 "국유화"를 강력히 반대했다.

이 문제는 중국의 지도자들이 중국이 동아시아의 주도적 국가라는 자신감을 얻은 시점에 그들의 정치적 의지를 시험받는 장이 되었다. 중국의 많은 도시들에서 거리 시위가 일어났고, 일본인 소유의 상점과 공장들이 공격을 받아 일본 측 추정으로 약 1억 달러의 피해를 입었다. 이 시점까지 중국은 열도 부근 해역에 해경 선박만 보냈지만, 일본 정부가 3개 섬을 매입하고 사흘 뒤인 9월 14일에 분쟁 지역인 열도 근처로 정부 순시선을 보내기 시작했고, 그중 일부는 일본이 관할하는 12해리 해역 이내까지 진입했다. 이런 조치들을 통해서 중국 정부는 자국이 아시아의 주도적 세력임을 보여주기 위해서 무엇이든 할 각오가 되어 있다는 것과 만약 일본이 중국의 요구를 따르지 않는다면 곤란에 처하리라는 것을 일본에 분명하게 밝혔다.

1년 뒤인 2013년 10월이 되어서야 이 지역과 관련한 중일 관계가 안정화되기 시작했다. 그때까지 중국은 열도의 영해로 일주일에 4개의 순찰대를 보냈지만, 그 이후에는 몇 주일마다 한 번씩만 보냄으로써 분쟁이 발생할 가능성은 낮아졌다. 일본 역시 섬에 건축물을 짓지 않음으로써 분쟁의 악화를 피하기 위해서 노력했다.

일본인들에게는 3개 섬의 매입에 대한 중국의 반응이 과도하게 느껴졌지만, 2012년에 이미 중국의 군사력과 경제력이 일본을 넘어섰고 현실을 받아들일 수밖에 없다는 점은 일본 지도자들에게 분명하게 다가왔다. 그러나 이전 세기들에도 그랬던 것처럼 일본은 굽히고 들어가지 않기로 결심했다.

1895년 이후 일본이 더 강하고 근대화된 국가라는 것을 마지못해 인정했던 많은 중국인들은 지금에야 중국이 세계 및 일본과의 관계에서 제자리를 찾았다고 생각했다. 이제 위대한 고대 문명뿐만 아니라 더 강한 군대와 대규모 경제를 갖춘 중국은 일본을 다시 얕볼 수 있었다. 그러나 중국의 지도자들에게는 미국이 1945년부터 2008년까지 의문의 여지없는 세계의 맹주로서 누렸던 느긋한 자신감이 아직 없었다. 일본이 역사를 인정해야 한다는 중국 지도자들의 요구는 과거의 잔혹 행위뿐 아니라 중국이 일본을 넘어 아시아의 선도국가가 된 것도 인정하라는 의미였다. 한편 많은 일본인들은 607년에 스이코 천황이 그랬던 것처럼 일본이 중국의 위대함을 인정하는 한편, 중국도 일본을 존중해야 한다는 단호한 입장을 고수했다.

시진핑, 아베 신조 그리고 관계의 안정화

1994년부터 2012년까지 일본의 총리들이 빠르게 교체되다가 2012년에 재선된 아베 신조 총리와 중국의 시진핑 주석(2012년부터 최소 2022년까지 임기) 사이에 장기적인 안정된 관계가 형성되면서 두 지도자들이 각자의 정치 기반을 확고히 다진 뒤에 중일 간의 관계 안정화를 향해 서서히 꾸준하게 움직일 수 있었다.

2006년부터 2007년까지 아베 총리의 제1차 집권기 동안 양국의 지도자들은 고이즈미 시대부터 이어지던 냉담한 관계를 개선하기를 원했고, 후진타오가 집권하던 중국과 아베의 관계는 비교적 순조로웠다. 하지만 아베는 보수적인 정치 기반을 보유했고, 제2차 세계대전 동안 경제를 주도하여 A급 전범으로 기소된 그의 외조부 기시 노부스케와 좋은 관계였다. 아베는 일본이 ("자위대"만 두는 대신) 정규군을 보유한 보통 국가로 탈바꿈할 수 있도록 일본 헌법 제9조를 수정하기를 원했다. 재집권한 지 1년 뒤인 2013년 12월, 아베는 야스쿠니 신사를 방문하여 그의 보수적인 성향을 서서히 드러냈다. 중국인뿐만 아니라 한국인과 서구인들도 이 같은 행적을 두고 그를 비난했다. 아베는 자부심과 애국심이 강한 사람이지만 야스쿠니 신사를 방문해서 정치적 선언을 한 뒤에는 실용적인 노선을 선택했다. 총리로 재직하는 동안 그는 야스쿠니 신사를 다시 방문하지 않았다.

1994년부터 2012년까지 정치적으로 불안정한 시대를 지나면서 일본 대중은 꾸준한 리더십을 발휘할 수 있는 총리를 간절히 원했다. 아베는 2012년에 총리로 복귀한 뒤 1년 동안 "아베노믹스"라는 경제 정책을 도입하여 단기적인 경제 부양책들을 제공하고 자신의 인기를 끌어올렸다. 아베 내각의 관방장관 스가 요시히데는 다른 정치 지도자들과 협력해서 아베의 안건들을 능숙하게 관리했다. 아베는 미국과의 방어 동맹을 계속 지지했지만 중국을 도발하는 것은 피했다. 그는 지지를 유지하여 3선에 성공했고, 따라서 도쿄 올림픽 다음 해인 2021년까지 총리직을 맡는다(아베는 2020년 9월 건강 악화를 이유로 총리직을 사퇴했다/역주).

아베가 총리로 취임한 것은 2012년에 일본이 센카쿠 열도/댜오위다오의 3개의 섬을 매입한 문제를 둘러싼 대립이 벌어지고 몇 달이 지나지 않아서였다. 중국의 선박과 항공기들이 이 지역에서 계속 일본에 압박을 가했다. 일본은 이미 방공식별구역(ADIZ)을 설정했는데, 이에 따라 이 열도 위를 비행하는 어떤 항공기라도 사전에 일본에 통지해야 했다. 2013년에 중국 또한 이 열도에 자체적인 ADIZ를 선포했다. 처음에는 4개의 일본 항공사들이 자사 항공기들에게 이 규정을 지키게 했지만, 나중에는 일본 정부의 지시에 따라 중국에 통지를 중단했다.

지속적 경제관계

청나라와 도쿠가와 막부 사이에는 정치적 관계가 존재하지 않았지만 양국의 무역은 계속되었던 것처럼, 정치적 문제들에도 불구하고 1992년 이후 양국의 무역은 계속 이루어졌다. 사실 중일 관계에 긴장이 높던 2004년에도 중국의 대일 무역 규모가 미국과의 무역 규모보다 컸다.

일본인들은 중국의 경제 규모가 일본을 넘어서는 것을 걱정했지만, 지리적으로 세계 최대 인구 대국의 옆에 위치한다는 점은 일본으로서 많은 면에서 행운이었다. 특히 이제 중국의 1인당 소득이 중산층 수준으로 높아졌기 때문에 더욱 그러했다. 중국 시장에 접근하는 것은 150년 동안 일본 기업가들의 꿈이었다. 19세기 말에는 중국이 너무 가난해서 당시 일본이 제공했던 비단, 면직물, 김(해초), 말린 오징어 등의 상품들을 구입할 수 있는 중국인들이 얼마 없었다. 현재 중국의 인구는 일본의 10배로, 이것은 일본 기업들에게 점점 더 취향이 세련되어지고 상당한 가처분 소득을 보유한 14억 명의 소비자 시장을 의미한다.

많은 일본 기업들이 국내보다는 국외에서 더 큰 매출과 영업 이익을 올린다. 일본은 해외 투자 수익의 연간 본국 송금액이 2000년 이후 5배 늘어났고, 2014년에는 연간 약 2,000억 달러에 이르렀다고 발표했다. 최근 몇십 년 동안 일본의 국내총생산 증가율은 1퍼센트 이하였지만, 해외 영업은 연간 5퍼센트 이상 성장했다. 일본의 대중국 무역수지는 대체로 흑자여서 미국의 대중국 무역수지와 뚜렷한 대조를 이룬다.

1990년대 중반에 중국의 경제 성장이 가속화되면서 중국에 대한 일본의 투자가 증가하기 시작했고, 이는 2001년에 중국이 WTO에 가입한 뒤에 다시 늘어났다. 2010년 이후에는 신규 투자가 약간 줄었지만 2014년에 교역이 다시 증가하기 시작했다. 중국에서 사업을 하는 해외 기업들 중에서 일본 기업의 수가 다른 어느 나라의 기업보다 많았다. 예를 들면 2016년 10월에 약 3만2,300개에 이르는 일본 기업들이 중국에서 영업을 하고 있었고, 미국 기업이 8,400개로 그 뒤를 이었다.

일본 기업들이 생산하는 제품은 중국의 변화에 맞추어 기술 수준이 낮은 경공업 제품에서 중공업 제품과 첨단 기술 제품으로 이동했다. 21세기로 접어들면서 중국의 가구 소득이 상승함에 따라 중국에서 일본의 소비재 판매가 늘어났고, 일본은 서비스 부문에 대한 투자를 확대했다. 예를 들면 2006년부터 2014년 사이에 중국에 대한 일본의 투자에서 서비스 부문이 차지하는 비율은 24퍼센트에서 39퍼센트로 증가했다.

1980년대에 중국에 투자한 일본 기업들은 대개 장기적인 관점을 취했다. 중국의 경제가 성장하면서 중국인들은 외국 기업들에게 중국에 공장을 짓고 최신 기술을 전수하도록 요구하기 위해서 자국의 거대한 시장이 지닌 가능성을 이용하는 데에 능숙해졌다. 하지만 단기적인 이익을 얻기 위해서 자국의 최신 기술을 전수한 많은 서구 기업들과 달리, 일본 기업들은 중국의 공장들과 최신 기술을 공유하는 데에 더 신중했다. 이들은 중국인들이 외국 기업에서 일하면서 그 기업이 지닌 기술과 관리를 익힌 다음 자기 회사를 차리려고 퇴직할 때에 전 고용주로부터 얻은 기술 지식도 함께 가지고 나간다는 것을 알고 있었다. 그래서 일본 기업들은 중국인 직원들에게 장기적인 우대책을 제공하는 경우가 많았다. 장기간 근무하면 최종적으로는 회사가 자택을 마련해주기도 했다. 또한 중국 기업과 합병하여 중국에 공장을 설립하더라도 첨단 기술 부품들은 일본에서 수입하게 하여 중국 기업들이 일본 측 파트너들과의 관계를 쉽게 끊지 못하도록 했다.

정치적인 긴장에도 불구하고 일본의 가장 큰 무역회사들은 중국 전역에 지사를 두었는데, 이 지사들은 미국의 지사들만큼 혹은 그보다 더 커졌다. 중국 시장에서 활동하는 일본 무역회사들 중에서 가장 큰 기업인 이토추는 총 14개 도시에 지사를 두었다. 그외에 중국에서 활동하는 주요 무역회사들—미쓰비시, 미쓰이, 스미모토—은 중국의 모든 주요 도시들에 지사를 설치하고 중국어, 어떤 경우에는 심지어 중국의 지방 방언까지 배운 일본 임원들 아래에 현지 직원들을 두었다. 이들은 지방의 정치와 시장에 대해서 배웠고, 중국 현지에서 사업하는 법을 익히기 위해서 지방 관리들과 인맥을 쌓았다. 작은 일본 기업들은 중국 내 대규모 일본 무역회사들과 연계하여 중국 시장에 관한 정보를 얻고 사업에 필요한 지역 인맥을 만들 수 있었다.

일본 기업들은 중국 내 반일 감정의 분출을 피하기 위해서 중국에서 전반적으로 저자세를 유지했으며, 반일 감정을 상쇄할 수 있도록 중국인 직원들에게 중국이나 서구의 기업들보다 약간 더 높은 급여를 주는 경향이 있었다. 이들은 계속해서 일본 제품들이 얻은 좋은 평판의 혜택을 받았다. 중국의 시위자들이 일본 기업들에 대한 불매 운동을 전개하고 일본인의 자산을 파괴하는 반일 시위가 벌어지는 동안에도 마찬가지였다. 일본 기업들의 이모든 노력은 정치적 긴장이 고조된 시기에도 그들이 중국에 남는 데에 도움이 되었다. 일본과 중국 기업들 사이의 효과적인 협력 또한 관계를 안정시켜주었다.

그런 동시에 많은 일본 기업들이 다른 아시아 국가들과 일하기 위해서 투자를 다변화함으로써 중국에서의 생산에만 전적으로 의지하는 위험을 줄이는 방법을 모색했다. 2005년에 일본 제품에 대한 공격이 일어난 이후 중국에 투자한 일본 기업가들 사이에서 유행했던 표현이 "차이나 플러스 원"이었다. 중국에 공장을 지은 일본 기업은 다른 곳에도 공장을 세운다는 것이었다. 중국인들의 민족주의 분출로 인해서 중국 공장에서 생산에 차질이 생기면, 생산 목표를 맞춰야 하므로 신속하게 다른 지역의 공장에서 조업을 확대하기 위해서였다. 2010년 이후 몇 년간 일본은 중국에 대한 새로운 투자보다 동남 아시아와 인도의 산업 공장들에 대한 신규 투자를 늘렸다. 불매 운동과 일본 자산에 대한 공격이 우려될 뿐만 아니라 중국의 인건비가 상승했기 때문이기도 했다. 하지만 일본은 중국 시장에서 활발한 활동을 유지하면서 위험에 대처하는 방법들도 모색했다.

일본 본사의 경영자들은 베이징과 지방에서 중국의 관리들과 좋은 협력 관계를 유지하는 것 또한 자신들이 맡은 책임의 중요한 부분이라고 생각했다. 예를 들면 전 경제 관료이자 관방장관을 지낸 니카이 도시히로 의원은 베이징을 방문할 때에 종종 중국에서의 사업에 관심이 있는 수백 명의 사람들과 함께 갔다. 2018년 10월에 아베 총리가 중국을 방문할 때에도 중국에 관심이 있는 500명 이상의 일본 기업가들이 동행했다. 지금은 도쿄나 오사카에서 중국의 몇몇 대도시들로 운항하는 직항 항공편이 있기 때문에 일본의 기업가들이 아침에 중국으로 날아갔다가 한두 차례 회의를 한 뒤에 같은 날 저녁에 일본으로 돌아오는 것이 가능해졌다.

정부 간의 긴장에도 불구하고 1983년에 덩샤오핑과 나카소네 야스히로가 시작했던 프로그램, 즉 중국의 지방정부들이 은퇴한 일본 기술자(60세 이상)가 그 지역에서 일할 수 있도록 요청하는 프로그램은 중단 없이 계속되었다. 그리하여 2018년에 약 4,700명의 은퇴한 일본 기술자들이 중국의 지방정부에 고용되었고, 이들은 중국에 신기술을 소개하여 많은 감사를 받았다.

2014년 이후 긴장의 완화

2008년에 총리직에서 물러난 뒤에 중국 보아오 포럼의 의장을 지낸 후쿠다 야스오가 2014년 6월에 베이징을 방문하여 시진핑 주석과 중국의 대표적 외교관인 양제츠, 왕이를 만났다. 이번 방문 동안 후쿠다와 그를 맞은 중국 측 인사들은 센카쿠 열도/댜오위다오 근방에서 일어난 사건이 더 광범위한 분쟁으로 이어질 가능성을 낮추기 위한 4개 항목으로 이루어진 장치를 마련했다. 또 후쿠다와 시진핑은 2014년 11월에 아베와 시진핑 간의 회담이 성사되기 위한 토대를 마련했다. 후쿠다의 방중 이후 양국 관계는 매우 느리지만 꾸준한 개선이 이루어졌다.

2012년에 아베가 총리로 복귀한 뒤 2년 동안 중국은 아베와 시진핑의 정상회담을 촉구하는 일본의 요청을 거절했지만, 아베가 2014년 11월에 베이징에서 열리는 APEC 회의에 참석했을 때에는 두 사람이 만나지 않는 것이 오히려 어색할 수밖에 없는 상황이었다. 결국 아베와 시진핑은 APEC 회의에서 만났고, 30분간 대화한 뒤에 사진을 찍기 위해서 포즈를 취했다. 두 지도자들은 자신들의 모습을 지켜볼 양국의 국민들에게 상대국에 너무 유하지 않다는 것을 보여주기 위해서 뚱한 표정을 지었다. 그러나 양측의 보좌관들은 두 지도자가 짧은 만남을 가지는 동안 실제로는 꽤 화기애애한 분위기였다고 보도했다. 시진핑은 푸젠 성에서 17년 동안 일하면서 종종 일본인 방문자들을 만났고, 그와 이야기를 나누어본 일본인들은 시진핑이 실무적인 사람이고 개인적으로는 반일 성향을 가지고 있지 않다고 보고했다.

2015년 4월, 저우언라이가 중요한 역할을 했던 비동맹국들의 반둥 회의 60주년을 기념하기 위해서 아베와 시진핑은 30분간 만나서 긴장 완화를 위한 양국의 협력 방안을 다시 논의했다. 두 사람은 관계의 진전을 반영하듯 대중에게 화기애애한 미소를 보여주며 포즈를 취했지만, 실제로는 좌파 중국인들과 우파 일본인들을 불안하게 만들 정도의 많은 진전을 이끌어내지는 못했다. 중국은 주일 대사로 대개 탕자쉬안이나 왕이처럼 일본어에 매우 능숙한 전문가들을 임명했지만, 외교적 임무와는 별개로 이들은 일본에서 생활한 적이 없었다. 이들의 일본 측 상대들은 중국의 외교관들이 때때로 틀에 박힌 말로 일본을 신랄하게 비판했고, 이런 행동 때문에 그들과 친교를 유지하기가 힘들어 보인다고 보고했다. 그러나 2010년에 주일 중국 대사로 임명된 청융화는 1975년에 일본으로 건너가 소카 대학교(불교 종파인 창가학회가 설립했다)에 다니면서 일본인들과 개인적인 친분을 유지할 만한 기회가 있었고, 그 뒤 1977년에 중국 외교부에 들어갔다. 이전 세기에 그랬던 것처럼 불교도들이 양국 간의 실무 관계를 뒷받침해주는 신뢰의 기반을 제공했다. 도쿄 대학교에서 박사학위를 받은 청융화의 아내 역시 외교 채널 외에 개인적으로도 일본인 지인들이 있었다. 청융화는 일본인들과 좋은 협력 관계를 유지했고, 베이징의 지도자들은 그를 일반적인 임기보다 훨씬 더 오랫동안 주일 대사 자리를 지키게 했다.

2012년, 일본은 중국과 미국 전문 외교관인 니시미야 신이치를 니와 우이치로를 대신하여 주중 대사로 임명했다. 니와 우이치로는 중국 전문가가 아니라 중국에서 가장 큰 성공을 거둔 일본 무역회사인 이토추의 전 사장이었다. 그런데 니시미야가 부임을 앞두고 갑자기 세상을 떠났고, 일본은 중일 관계의 불안정한 상태를 감안해서 프랑스 전문가인 고위 외교관 기테라 마사토를 베이징 대사로 보내기로 했다. 기테라는 주중 대사로 지낸 3년

일본을 방문한 중국인의 수

연도	방문자 수
2012	1,425,100
2013	2,210,821
2014	2,409,158
2015	4,993,689
2016	6,372,948
2017	7,350,000
2018	8,380,000

반 동안 외교부장 왕이를 단 한번 만났는데, 2013년에 이루어진 그 만남에서 왕이는 아베의 야스쿠니 신사 방문에 항의했다.[7] 또한 그가 만난 중국의 다른 관리들은 일본의 행동에 대해서 조심스러운 비판을 제기했다. 일본의 관리들은 중국과 더 빈번하고 생산적인 교류를 할 준비가 되어 있었지만, 중국은 그러한 접촉을 제한했다.

2016년 3월에 아베는 노련한 중국 전문가 요코이 유타카를 베이징 대사로 임명했다. 요코이는 외무성 중국과장, 베이징 주재 일본 대사관 정치부장, 상하이 총영사, 터키 대사를 지낸 인물이었다. 그와 베이징의 중국 외교부의 접촉은 느리지만 꾸준히 진전되었다.

2010년의 긴장 이후 중국을 방문한 일본인의 수는 변동이 없었지만, 일본을 방문한 중국인의 수는 2013년 이후 빠른 속도로 증가했다. 2013년에 중국의 생활수준이 상승하고 엔화 가치가 떨어지면서 더 많은 중국인들이 해외여행을 할 수 있었다. 일본 정부가 발표한 수치에 따르면, 위의 표에서 볼 수 있듯이 중국 여행객들에게 발급한 일본의 비자 수가 눈에 띄게 증가했다.

일본 제품들이 중국에서 좋은 평판을 얻었기 때문에 중국 여행객들은 일본을 방문하면 주로 전자제품, 가전제품, 최신식 변기, 분유, 그외의 일본 제품들을 구입했다. 일본의 주요 관광도시들의 호텔과 상점들은 중국인 고객들의 요구를 충족시키기 위해서 일본에서 공부한 중국인들을 고용했다. 큰 쇼핑몰들도 중국인 관광객들의 구미에 맞추어 중국어 안내판을 설치했다. 심지어 영어보다 중국어 안내판이 더 많은 곳들도 있었다.

일본인에 대한 중국 내의 매우 부정적인 평판을 감안하면 일본을 처음 방문한 많은 관광객들은 자신들이 일본을 매우 즐기고 있다는 데에 놀랐다. 처음에 중국 관광객들이 대거 일본을 찾기 시작했을 때에는 보통 단체관광의 형태였지만, 서서히 가족 단위로 자유여행을 하는 관광객들이 증가했다. 중국 관광객들은 처음에는 보통 도쿄, 교토, 나라, 오사카의 유명한 관광지들을 찾았다. 하지만 이후의 여행에서는 일부 관광객들이 홋카이도, 규슈, 시코쿠 등의 다양한 장소들과 그외의 경치 좋은 곳들을 방문하기 시작했다. 1950년대에 유럽과 아시아 일부 지역에서 천박한 행동을 한 일부 관광객들로 인해서 미국인 관광객들이 "추한 미국인"으로 알려지고, 마찬가지로 1970년대에 동남 아시아를 찾은 일본인 관광객들이 종종 "추한 일본인"으로 불렸던 것처럼 초반에 해외여행을 떠난 중국의 졸부 관광객 무리는 몹시 시끄러운 데다가 호텔 객실의 비품들을 함부로 하고 주변 사람들에게 무례하여 이들에게 "추한 중국인"이라는 별명이 붙었다. 그러나 경험이 풍부한 미국과 일본 여행객들과 마찬가지로 중국인 관광객들도 다른 나라들에서 필요한 에티켓을 배우기 위해서 안내서를 읽기 시작했고, 이후 이들에 대한 일본인들의 불평은 줄어들었다.

일본으로 여행을 떠난 중국의 교육받은 중산층 관광객들은 그들이 직접 보고 만난 일본인들이 예의바른 사람들이고 제2차 세계대전을 다룬 영화에서 묘사된 잔인한 군인들과는 아주 다르다는 것을 알게 되었다. 일본에 다녀온 중국인 관광객들의 대부분은 일본이 질서 있고 환경오염이 거의 없는 깨끗한 나라라고 생각했다. 여행한 국가들을 재방문할 의사가 있는지 묻는 설문지에서 중국인 관광객들 중에서 높은 비율이 다른 어느 해외 국가보다 일본을 다시 방문하고 싶다고 답했다. 중국인 지도자들은 아베 행정부의 실용적인 자세와 중국을 자극하는 발언을 자제하기 위해서 주의하는 태도를 환영했다. 이후 중국에서 일본을 공격하는 선전활동이 줄어들기 시작했다. 2012년에는 설문에 응한 중국인들 중에서 일본에 긍정적인 인상을 가진 사람이 10퍼센트도 되지 않았지만, 2017년도 조사에서는 그 비율이 40퍼센트에 이르렀다.

한편, 중국에 대한 일본인들의 인상은 그보다 훨씬 더 천천히 바뀌었다. 2010년과 2012년에 중국이 일본에 가한 압박, 중국 내 일본 상점들을 때려 부수는 시위자 무리의 모습을 담은 텔레비전 영상, 센카쿠 열도/댜오위다오 지역에서 일본 선박들에 가한 위협, 일본군 적병과 싸우는 영웅적인 중국 군인들이 등장하는 제2차 세계대전을 다룬 수많은 영화들 등과 같이 전반적인 중국의 반일 영화들과 선전들에 대한 기억이 너무 강하고, 이것들 모두가 비교적 최근에 있었던 일이었으므로 일본인들은 강대국 중국이 일본에 어떻게 행동할지 안심하기가 어려웠다.

2017년에 중국인들은 제2차 세계대전을 다룬 텔레비전용 영화 제작과 센카쿠 열도/댜오위다오 가까이에서 운항하는 비행기와 선박의 수를 줄이기 시작했다. 또 고위급 관료들의 교류에서도 일본과 협력하기 시작했다.

중국과 일본이 1978년에 체결한 평화우호조약을 준비하기 시작한 지 40년이 지난 2018년 5월, 리커창 총리가 일본을 방문하여 아키히토 천황을 만나고 양국의 관계 개선을 위한 방안에 관해서 아베 총리와 회담을 가졌다. 중국 내 일본 기업들에 대한 중국의 수용적인 태도를 상징하는 차원에서 리커창 총리는 중국에 있는 도요타 공장들에 부품을 제작하여 보내는 홋카이도의 도요타 공장을 방문했다. 양국은 소통을 향상시키기 위한 추가적인 장치들에 합의했다. 중국은 일대일로(一帶一路) 전략 구상의 프로젝트들에 대한 일본의 협조 의사를 환영한다는 점을 분명히 했다. 일대일로란 기반시설 개발, 투자, 유라시아 대륙의 국가들과의 무역을 위한 국제적 협력 강화와 관계 확대를 위한 중국의 구상이다. 리커창의 방문은 또한 일본과 중국이 도널드 트럼프 대통령의 통상 압력에 대응하는 데에 이해를 같이 한다는 그의 인식을 반영했다.

양국 관계가 훨씬 더 높은 긴장 상태를 유지하던 2011년 이후 일본 총리로는 처음으로 2018년 10월, 아베 총리가 중국을 방문했다. 아베 총리와 시진핑 주석은 양국 간 소통과 다른 국가들에서의 프로젝트들에 대한 협력 가능성을 향상시킬 조치들을 논의했다. 아베 총리가 베이징에 머무는 10월 25일부터 27일까지 중국과 일본은 양국 통화의 안정성 촉진을 위해서 300억 달러의 통화 스와프 체결을 발표했다. 아베는 이제 양국이 경쟁에서 협력관계로 나아갈 수 있다고 말했다. 아베가 중국을 방문할 무렵, 중국이 주도적인 경제 및 군사 강국이라는 것은 충분히 분명해졌다. 아베가 일본으로 돌아간 뒤에 양국 외교관들은 시진핑의 2019년도 일본 방문 계획을 계속 추진했다. 계획이 성사되면 시진핑이 2012년에 중국의 최고 지도자가 된 이후 첫 일본 방문이 될 것이다. 회담이 열려도 양측 모두 권리를 포기하려고 하지 않는 센카쿠 열도/댜오위다오를 둘러싼 교착 상태가 끝날 것으로 기대되지는 않았지만, 적어도 상황을 안정화시키고 분쟁의 위험을 더 줄일 수는 있었다. 이전 세기들, 특히 19세기 후반과 마찬가지로 한국을 둘러싼 일본과 중국의 경쟁은 다시 심화되었다. 북한의 위협에 맞서서 한국과 미국의 협조를 필요로 하는 일본의 고고도 미사일 방어체계(사드, THAAD) 개발 노력은 한국을 일본 쪽으로 끌어당겼지만, 일본이 역사를 직면하지 않는다는 중국의 선전은 한국과 일본 사이에 여전히 존재하는 강한 균열을 더욱 악화시켰다.

고조되는 중미 간의 긴장 속의 일본, 2017년

1993년 중국의 경제 규모가 일본을 넘어서면서 중국은 아시아의 주도 세력의 길을 걷기 시작했다. 2017년에는 중국 경제가 전체 규모에서 이제 미국의 경제까지 넘어설 것처럼 보였다. 그리고 앞서서 중국이 아시아의 주도 세력으로 이행하는 동안 중국과 일본 사이에 긴장감이 고조되었던 것처럼 중국의 첨단 기술, 군사력, 국제적 영향력이 이 영역들에서 미국의 주도권에 도전할 태세를 보이자, 중국과 미국의 관계에서도 긴장감이 고조되었다.

일본은 중국이 주도적인 위치로 이행하는 데에 대비해서 미국보다 많은 면에서 제대로 된 준비를 갖추었다. 일본인들은 중국의 관료들이 아시아를 주도하는 자신감 넘치는 문명을 이끌 때에 일본을 어떻게 대했는지에 대한 역사적인 기억을 가지고 있었다. 또 일본인들은 수 세기 동안 중국과 더 깊은 문화적 접촉을 해온 데다가 문자언어가 겹치기 때문에 미국인들에 비해서 중국과 더 광범위하고 깊은 소통이 가능했다. 일본인들은 1870년대에 한국에서 대치한 이후 중국과 줄곧 긴장 상태를 유지하며 이 같은 상황에 오랫동안 익숙해져 있었다. 그뿐만 아니라 1972년 닉슨 대통령의 방중 이후 일부 미국인들이 중국에 보여준 순진한 낙관주의를 가지기에는 중국과 너무 많은 어려움을 겪은 바 있었다.

또한 일본인들은 중국이 더욱 현대화된 산업국가들을 따라잡으려고 애쓰다가 겪은 경제적 민족주의를 잘 이해하고 있었다. 분명 일본과 중국은 자국의 경제적 이익을 추구하는 방식이 달랐다. 제2차 세계대전 이후 이미 탄탄한 산업 기반을 갖추고 있던 일본은 군사기술을 상업화하고 초창기 산업들을 국제시장에서의 경쟁을 위해서 준비시키는 한편, 외국 기업들이 일본에 산업 공장들을 세우는 데에 제한을 두는 비관세 장벽을 설치했다. 1978년 중국이 갑자기 개방을 시작했을 당시, 중국의 산업은 국제 기준에 훨씬 못 미치는 상태였으므로 이 거대한 시장에 접근하려는 외국 기업들이 그들의 기술을 전수해주면 중국에 공장을 세울 수 있도록 허가했다. 중국은 외국에 비해 뒤떨어져 있는 자국의 산업들을 발전시키면 중국 기업들이 외국 기업들을 대체할 수 있을 것이라고 예상했다. 이윽고 낙후되어 있던 중국의 산업들이 발전을 거듭하면서 중국이 자국에서 외국 기업들의 존재감을 줄이려고 노력할 때, 일본인들은 미국과 그외의 국가들에 비해서 크게 놀라지 않았다. 중국의 지역 사회에 더 깊이 뿌리를 내리고 더 광범위한 시각을 가지고 있던 일본의 기업들은 단기적인 이익에 큰 관심을 보이지 않았고, 자국의 가장 핵심적인 기술을 공유하는 데에 신중했을 뿐만 아니라, 중국인들과의 장기적인 관계에 더 많은 투자를 했기 때문에 대비가 더 잘 되어 있었다.

일본은 양국 간에 높은 수준의 군사적 협력은 기대할 수 없었지만, 분쟁의 위험을 줄이고 자연재해에 대한 대응과 평화유지 프로젝트 수행과 관련된 협력을 확장하기 위한 논의를 확대할 수 있었다. 일본인들은 이미 모든 분야에서 중국인들과 풍부한 관계망을 형성했고, 이 관계망은 앞으로 수십 년간 더욱 확대될 것으로 보인다.

그러나 막강해진 중국을 직면한 일본이 제2차 세계대전 이후 70년 동안 더 공고해지고 깊어진 미국과의 관계를 유지하는 것은 당연하다. 일본은 모든 영역—군, 정치, 경제, 문화—에서 미국과 밀접한 관계를 맺고 있다. 미국인들과 일본인들 사이에는 높은 수준의 안락함이 형성되어 있고, 아이디어와 의견을 공개적으로 교환한다. 일부 중국인들이 일본과의 관계 확장에 관심이 있지만 미일 군사동맹에서 일본을 떼어놓는 것은 중국에게 유리하지 않다. 그럴 경우 일본이 자국의 방어를 위해서 더 강력한 군대를 육성하고 심지어 핵무기를 개발할 수도 있기 때문이다. 중국인들은 일본인들이 군국주의적이고 침략적인 국민이라는 이미지를 지우지 않았고, 미일 동맹이 여전히 코르크 마개로 병을 막는 데에 도움이 될 수 있다고 생각한다. 일본의 전략가들은 중국 경제가 곧 자국보다 몇 배 커질 것이고, 중국이 일본과는 비교할 수 없을 정도로 훨씬 더 많은 자원을 군에 투입하고 있으며, 병력 면에서도 인구가 10배나 많은 중국과 비교가 되지 않는다는 것을 알고 있다. 따라서 일본인들은 미군와의 협력에 확고하게 총력을 기울인다. 일본은 중국과의 협력을 확장할 준비가 되어 있기는 하지만, 1945년 이후 미군 및 미국 정부와 맺어온 관계는 일본인들로 하여금 자국에 대해서 그토록 많은 적의를 표현해온 권위주의적인 중국 정부보다 미국인들과 일할 때에 훨씬 더 안정감을 느끼게 했다.

그러나 세계 질서의 유지에서 미국의 역할 감소, 그밖의 세계 문제들과 관련한 중국의 역할 증대, 중국과 미국과의 관계 안정화는 지역 및 세계 문제들에 대한 증대되는 중일 간의 협력의 새로운 기반이 되었다. 중국인들과 일본인들은 이미 메콩 강 삼각주에서의 협력을 논의하기 시작했고, 일대일로 구상의 건설 프로젝트들에 대한 협력도 시작했다. 일본은 아시아 인프라 투자은행(AIIB)에 가입하지 말라는 미국의 압박에 응하기는 했지만, 아시아의 다양한 프로젝트들에 대한 자금 마련을 위해서 AIIB와 협력을 시작했다. AIIB의 총재 진리췬과 일본과의 관계 때문에 중국과 일본은 AIIB와 협력할 좋은 채널을 보유한 셈이다. 범세계적인 국제주의자 진리췬은 일본이 이끄는 아시아개발은행의 전 부총재였고, 일본뿐 아니라 미국과 그외 국가들의 관료들과 수년간 좋은 관계를 맺고 있었다. 중국인들과 일본인들 사이의 관계의 연결점들은 이미 탄탄한 상태이며, 앞으로 수십 년 동안 확대될 것으로 예상된다. 하지만 두 국가 간에는 1870년대 이후 양국 모두에게 너무 힘들었던 역사가 존재하기 때문에, 일본과 중국과의 관계가 1945년 이후 발달한 일본인들과 미국인들 사이의 깊은 긍정적인 결속을 와해시키기는 힘들다.

제12장

새로운 시대를 맞이하며

중일 관계에서 중국이 주도적인 위치를 차지한 현재, 양국이 직면한 새로운 시대의 성격은 어떠할까? 새로운 시대에 두 국가가 양국 모두와 나머지 세계를 위해서 어떻게 협력할 수 있을까?

2014년 이후의 중일 관계

서구의 탐험가, 상인, 선교사들이 도착하기 전까지 중국과 일본은 중국 문명이 주도하는 느슨한 지역적 질서 속에 연결되어 있었다. 하지만 이제 두 국가는 세계 질서에 속해 있다. 세계 질서는 매우 불완전하기는 하지만, 서구 국가들이 수립한 훨씬 더 복잡한 규칙과 절차 구조에 따라서 움직인다. 중국은 미국을 제치고 세계 제일의 경제국이 되었지만, 여전히 서구인들이 만든 이러한 세계 구조에 속해 있다. 전 세계적으로 영향력을 얻음에 따라 중국은 기존 조직들 내에서 더 큰 역할을 맡기 시작하고 있다. 또 새로운 지역적, 세계적 기관들의 결성에 앞장서고 있고, 이 기관들은 중국이 설립했음에도 불구하고 중국이 외부세계를 다루던 전통적 방식보다 미국과 그 외 서구 국가들의 지휘 아래에 설립된 기관들과 더 비슷한 방식으로 운영된다. 연합국 점령 시절부터 미국에 종속되어온 일본은 여전히 세계의 주요 경제 강국이며, 미일 안보동맹의 틀 내에서 협력을 계속할 것이다. 하지만 지역 및 세계적 기관들과 유대를 완화하고 있는 도널드 트럼프 정부 이후, 일본은 더 많은 독립성을 확보하고 세계 정치에서의 역할과 중국과의 관계에서 서서히 더 많은 주도권을 쥐기 시작하고 있다.

이제 중국과 일본 국민들은 역사상 그 어느 때보다 많은 접촉을 한다. 중국은 1978년에 개혁과 개방이 시작된 이후 초기 몇십 년 동안 산업 생산과 교통이 발달한 덕분에 양국 간의 상품 거래 및 인적 교류의 규모가 1972년에 비해서 100배 이상 성장했다. 청나라(1644-1912)와 도쿠가와 시대 (1603-1868)의 수세기 동안보다 현재 하루 동안 양국을 오가는 사람과 거래되는 상품의 수가 더 많다. 제2차 세계대전부터 1972년까지 양국의 교역이 연간 10억 달러를 달성한 적이 없었지만, 2017년에는 연간 3,000억 달러의 상품들이 거래되고 있다.[1] 국교 정상화 이전에 중국을 찾은 일본인의 수가 가장 많았던 1965년에도 광저우 무역박람회 방문객을 제외하면 한 해 동안 중국에 간 일본인은 5,000명이 채 되지 않았다.[2] 그러나 2018년에는 일본을 방문하는 중국 여행객들에게 800만 건이 넘는 비자가 발급되었고, 중국을 방문하는 일본인에게는 400만 건 이상의 비자가 발급되었다. 2018년에는 매일 평균 2만 명이 넘는 중국인들이 일본에 도착했고 여행객 수는 계속해서 늘어나고 있다.

현재 중국에는 다른 어느 나라의 기업보다 훨씬 더 많은 3만 개 이상의 일본 기업들이 영업을 하고 있다. 지역의 경제관계를 담당하는 실용적인 중국 관리들은 대중의 반일 감정 표출에도 불구하고 일본과 기꺼이 협력하려고 해왔다. 일본 기업들은 또한 전자상거래를 통해서도 중국의 소비자들에게 상품을 공급하는 데에 한몫을 하고 있다.

그러나 일본과 중국의 정치 지도자들 사이의 신뢰 및 공감 수준과 솔직한 논의의 횟수는 다른 주요 국가들의 지도자들과의 관계에 비해서 여전히 낮은 편이다. 그리고 이들 사이의 교류의 성격은 더 공식적인 경향을 띤다.

양국의 어떤 고위급 정치 지도자도 친밀한 우정을 맺거나 상대국 사람들에 대해서 깊이 알지 못한다. 양국의 최고 지도자들은 지역기구나 세계기구의 모임들을 통해서 가끔 따로 짧게 만나지만, 긴 논의는 5년 이상마다 한 번 정도만 이루어진다. 외국 손님들을 맞는 중국의 기준에 의해서 일본의 관료들은 대개 귀빈 대접을 받지 못하거나 때로는 전혀 접견을 받지 못한다.

1895년에 청일전쟁이 일어나기 전까지 동부 해안의 주요 도시들 외의 지역에서 사는 중국인들 대부분은 일본의 존재를 거의 몰랐다. 1937년부터 1945년까지 중일전쟁이 벌어지는 동안에도, 대도시나 일본군 진영 근처에 사는 사람들과 달리 라디오 방송을 듣지 못하는 시골에 거주하는 중국 인구의 80퍼센트는 일본군 병사들이 중국에서 벌인 행위들에 관해서 거의 알지 못했다. 지금은 중국과 일본의 거의 모든 사람들이 상대국가에 대한 뉴스나 기사를 내보내는 매체들에 매일 접속한다. 중국에서는 국가의 매체 담당 관리들이 대중에게 전달되는 정보의 내용을 감독하며, 1992년부터 2014년까지 대부분의 중국인들은 일본인을 침략자의 이미지로 접했다. 일본은 제2차 세계대전 때처럼 조직화된 선전부를 두지는 않았지만, 일본 매체들의 중국 관련 보도에는 일본 상점들에 돌을 던지는 중국인 시위자들과 센카쿠 열도/댜오위다오 근방에서 일본 선박들을 괴롭히는 중국 선박과 항공기들의 모습을 담은 영상들이 포함되었다. 양국에서 이 같은 방식으로 매체 보도를 한 결과, 상대국에 대한 대중의 적대감이 널리 확산되었고 이런 적의는 2010년부터 2014년에 절정을 이루었다. 그러나 중국의 소득이 증가하기 시작하면서 중국인들은 일본의 제품들을 높이 평가했다.

이렇게 중국과 일본 간의 폭넓은 개인적 접촉과 경제관계는 대중의 광범위한 적의와 상대 측에 대한 신뢰가 부족하고 쉽게 바뀌는 정치 지도자들에 의해서 위협받는 연약한 토대 위에 있다. 중일 관계에서 발생하는 격렬한 분노의 대부분은 역사 인식에 깊이 뿌리를 두고 있기 때문에 양국이 역사에서 기인한 불안정한 감정들을 처리하지 않는 한 좀더 견고하고 안정적인 기반 위에 관계를 확립하기는 힘들 것으로 예상된다.

중국 지도자들의 우려와 역사 이용

중국의 지도자들이 일본에 대해서 느끼는 우려는 이들이 역사에 관해서 제
기하는 쟁점들에 반영되어 있다. 중국의 지도자들이 제기하는 가장 흔한
쟁점 세 가지는 일본의 정치 지도자들의 야스쿠니 신사 방문, 일본이 난징
대학살의 참상을 인정하지 않는 점, 일본의 교과서들이 중일전쟁을 정확하
게 설명하지 않는 점이다. 중국이 이 문제들에 초점을 맞출 때에 그 기저를
이루는 우려는 무엇일까?

야스쿠니 신사

지난 125년간 일본의 많은 지도자들이 중국에 대해서 호의를 표현해왔지
만, 결과적으로 중국은 1937년부터 1945년까지뿐 아니라 1894-1895년의
청일전쟁, 1928년의 지난 사건, 1931년의 만주 사변, 1932년의 상하이 사변
때에도 일본군 병사들의 공격으로 커다란 고통을 겪었다. 중국의 지도자들
은 조선을 거쳐 베이징을 점령하기 위해서 진격하려던 도요토미 히데요시
를 기억한다. 이들은 일본인들에게서 사무라이의 정신과 나라를 위해서 기
꺼이 목숨을 바치겠다는 의지를 본다. 이들은 일본이 다시 침략적인 군국주
의 국가가 될 것을 우려하고, 평화적 의도를 담은 일본의 선언들이 일본의
행동에 대한 신뢰성 있는 전조라고 생각하지 않는다. 따라서 이들은 일본에
서 다시 군국주의가 힘을 얻을 수 있는 어떤 징후에도 경계를 게을리하지
않는다. 또한 이들은 군비 지출 증가 논의, 국제 분쟁의 해결 수단으로 전쟁
의 이용을 금지하는 일본 헌법 제9조를 제고하자는 제안, 우익 활동가들의
행동과 선언들에 민감하다.

　　제2차 세계대전의 종전 이후 A급 전범으로 재판을 받은 군 인사들을 야

스쿠니 신사에 합사한 일은 중국인들이 보기에는 일본이 중국 공격에 참여한 사람들을 여전히 존경한다는 의미였다. 또한 나라를 위해서 목숨을 바친 다른 사람들을 모신 곳에서 전범들을 분리하지 않은 것은 일본이 다시금 나라를 위해서 희생하겠다는 일본 젊은이들의 의지를 강화하는 것으로 여겨진다. 박식한 중국인들은 야스쿠니 신사 내에 있는 박물관인 유슈칸이 일본의 군사적 업적을 미화한다는 것도 알고 있다.

일본의 군사적 침략으로 고통을 겪은 중국의 지도자들은 일본이 군국주의를 강화하는 듯한 어떤 징조에도 신경을 곤두세운다. 일본인 전범들의 혼령을 야스쿠니 신사에 합사한 것, 그리고 이후 일본의 정치 지도자들이 이 신사를 방문한 것은 이들로 하여금 군국주의 정신이 부활하고 있다는 우려를 불러일으킨다. 중국인의 시각에서 보면 일본의 지도자들의 행동—일본의 전범들이 모셔진 장소를 방문하는 것—은 평화에 관한 이들의 "공허한" 말보다 일본의 진짜 의도를 더 많이 말해준다.

난징 대학살

중국인들에게 난징 대학살은 일본군 병사들의 악한 본성을 보여주는 대표적인 사건이다. 많은 중국인들에게 일본인의 잔혹성에 관한 이야기들은 매우 익숙하다. 난징에서 일본군 병사들이 저지른 짓에 대한 보고들은 칼을 휘두르는 사무라이와 살기등등한 일본 해적들에 관해서 중국인들이 오랫동안 들어온 이야기들과 공명한다.

중국인들은 난징 대학살 동안에 중국의 주장만큼 많은 사람들이 살해당하지 않았다는 일본 학자들의 주장을 들으면 이들이 당시 일본군 병사들이 중국에서 저지른 범죄의 심각성을 축소하는 것으로 해석한다. 자국 병사들이 저지른 끔찍한 잔혹 행위를 약화시키려는 일본인들은 이들이 이전 세대들의 행위에서 정말로 등을 돌린 것이 맞는지 의심을 불러일으킨다.

교과서 문제

중국인들은 일본의 다음 세대가 과거의 군국주의를 비난하도록 교육받는 것이 아니라 이전 세대들과 마찬가지로 쉽게 침략자가 될 것을 걱정한다. 중국인들은 일본인들이 정말로 과거의 군국주의로부터 등을 돌렸다면, 왜 일본 학생들로 하여금 역사의 교훈들을 배우게 하지 않고 그들에게 가르치는 내용에서 왜 과거의 행동을 부인하고 있는지 묻는다. 일본의 교과서는 중국인들에게 일본 학생들이 어떻게 교육받고 있는지를 평가하기 위한 가시적이고 구체적인 상징이 되었다. 박식한 중국인들은 일본의 고등학교 사회과정에서 사용되는 교과서들이 중국과 일본 간에 벌어진 두 번의 전쟁에 관해서 거의 배경 설명을 하지 않는다는 것을 알고 있다. 중국인들이 보기에 오늘날 일본의 젊은이들은 일본군 병사들이 저지른 만행들을 충분히 알지 못하고, 따라서 전쟁을 일으키는 것을 철저하게 거부하지는 않는다. 중국인들은 만약 일본 젊은이들이 자국의 지도자들에 의해서 군에 징집된다면, 그들의 조부와 증조부들과 똑같이 잔혹한 행위를 저지를 수도 있지 않을지 묻는다.

중국 지도자들과 일본의 제한된 접촉

제2차 세계대전 이후 중국의 지도자들은 일본에서 공부한 중국 학생들과 달리 일본인들과 거의 접촉이 없었고, 따라서 일본인들의 평화에 대한 의지가 얼마나 깊은지 목격할 기회가 없었다. 이들의 시각은 전반적인 중국 대중과 마찬가지로 제2차 세계대전 동안 일본인들이 저지른 잔혹 행위에 대한 기억들에 더 깊이 영향을 받았다.

중국 지도자들의 역사 이용

중국의 지도자들은 일본에 대한 중국의 영향력을 증대시키기 위해서 자국 국민들의 역사적 기억들에 의지했다. 중국인들은 일본의 지도자들이 군국주의 부활의 징조를 보일 때에 이에 대해서 강하게 항의하고 경고하면 결국 일본이 군사적인 길을 추구하는 것을 억제시킬 수 있으리라고 생각했다. 이들은 일본에서 과거와 같이 군국주의로 가고 있다는 징후를 느끼면 그 즉시 이에 대한 중국 국민들의 분노를 전하며 일본에 경고했다. 예를 들면 중국의 지도자들은 미국에 대한 일본의 항복 40주년인 1985년 8월 15일에 나카소네 야스히로 총리가 야스쿠니 신사를 방문한 것에 항의하기 위해서 여론을 결집시켰다. 또 2010년에 일본이 센카쿠 열도/댜오위다오 부근에서 2척의 일본 선박들을 들이박은 중국 어선의 선장을 일본 법정에서 재판하려고 했을 때에는 반일 캠페인을 일으켰다. 게다가 2012년에 일본이 열도를 "국유화할" 계획을 발표하자 또다른 반일 선전 캠페인을 조직화했다.

중국의 지도자들은 구체적인 목표들을 추진할 때에 종종 일본의 침략적 역사에 대한 주의를 환기시켰다. 예를 들면 1980년대에 일본이 중국에 대한 원조를 확대하기 위한 프로그램들을 재개하기를 망설이자, 일본이 역사를 대하는 방식에 대한 중국인들의 불만이 더욱 확연히 불거졌다가 일본이 원조 재개를 결정한 뒤에야 불만이 잦아들었다. 일본인이나 일본 기업이 위법 행위를 저질러 중국의 개인과 기업이 대금을 지급받지 못하는 경우에도 중국은 일본의 과거 침략행위를 들어 일본을 비난했다.

유엔이 일본의 유엔 안보리 상임이사국 선출을 고려하고 있을 때, 중국 정부는 일본의 과거 침략 행위 때문에 이를 용인할 수 없다며 반대했다. 중국의 지도자들은 청원서에 서명하도록 시민들을 동원했고, 반일 대중 시위에도 참여했다.

1989년에 톈안먼 광장에서 학생 시위가 일어나고, 1991년에 소련에서 국내 시위들이 벌어진 뒤에 소련이 붕괴하자, 중국의 지도자들은 차세대 젊은이들의 애국심을 고취시키기 위한 애국주의 교육운동을 도입했다. 국가에 대한 충성심 함양을 돕기 위해서 중국의 매체들에는 중국에 대한 일본의 대우를 비판하는 많은 기사들이 실렸다. 정부는 또한 일본인들의 야만적 행위를 보여주어 중국 젊은이들 사이에서 적으로부터 나라를 지키려고 애 쓰는 지도자들에 대한 지지를 구축하기 위해서 새로운 형식—영화, 비디오 게임, 그외의 디지털 매체—을 이용하기 시작했다. 예를 들면 2012년에 중국 정부는 69편의 반일 텔레비전 시리즈와 100편의 반일 영화의 제작을 승인했다. 중국이 일본의 21개조 요구에 반대한 1915년 이후 줄곧 중국의 지도자들은 반일 선전활동이 중국 정부와 지도부에 대한 국민의 충성심을 기르는 데에 유용한 도구라는 것을 알게 되었다.

일본의 역사 문제

일본의 역사 문제의 본질은 일본인들이 평화의 길을 추구하기를 강력하게 바라면서도 자국 조상들에 대한 이들의 공경과 중국에 굽히고 들어가지 않 겠다는 결의가 중국인들의 요구를 만족시키지 못하고 있다는 것이다. 일본 인들은 군사적 추구를 거부해왔지만 나라를 위해서 희생한 동포들, 특히 자신의 친지들을 존경하기를 원한다. 일본인들은 만약 조상들이 나쁜 짓을 했다면 그들이 선천적으로 나쁜 사람이어서가 아니라, 선택권이 거의 없는 힘든 상황에 직면했기 때문이라고 생각한다.

일본의 일부 우익 집단들에 소속된 사람들을 제외하면, 대다수의 일본인 들은 일본의 중국 침략은 잘못된 것이라고 굳게 믿으며, 자신의 나라가 이 웃 나라에 그토록 많은 고통을 초래한 것을 매우 유감스럽게 생각한다. 하 지만 일본의 도시들에 가해진 대규모 공습, 두 번에 걸친 원자폭탄 투하, 7년 동안의 연합국 점령으로 자신들 또한 그에 상응하는 엄청난 대가를 치 렀다고도 느낀다. 일본 대중 사이의 지배적 견해는 일본이 중국에 안겨주었 던 고통을 해소하는 가장 좋은 방법은 중국의 현대화를 지원하는 것이었다. 이들은 일본이 평화를 추구하고 다른 나라들에 원조를 제공하여 중국과 한 국을 제외한 전 세계의 긍정적인 평판을 얻은 것에 흡족해한다. 일본인들은 자국이 중국에 많은 기여를 했음에도 불구하고 그 기여가 충분한 인정을 받지 못했다고 느끼는 것이다.

일본인들은 군사적으로나 경제적으로나 중국이 더 강해지고 있다는 것을 인정한다. 그들은 중국과의 관계에서 중국의 요구를 따르라고 강요받는 것이 아니라, 서로 존중하는 동등한 관계가 되기를 원한다. 또한 일본인들은 중국인들이 자국 내의 결속을 유지하고 일본으로부터 조력을 끌어내기 위한 방법으로 반일 문구들을 이용한다고 생각하며, 따라서 분노한 중국 지도자들이 그들에게 무엇을 하라고 요구할 때에 부정적으로 대응한다.

일본인들은 중국이 일본에는 득이 되지 않는 목표들을 성취하기 위해서 역사 문제를 이용한다고 믿는다. 실제로 중국인들은 일본으로부터 더 많은 도움과 보답을 요구하기 위해서 역사 문제를 이용해왔다. 또한 일본의 침략으로 고통을 겪었던 또다른 국가들의 협조를 얻었으며, 그들을 중국에는 더 가깝게 끌어들이면서 일본으로부터는 멀어지게 했다. 특히 한국에 대해서 이런 태도를 취해왔고, 동남 아시아와 미국에도 그러했다. 일본인들은 중국인들이 제2차 세계대전 때에 미국과 중국이 공동의 적인 일본에 맞서서 협력했던 일을 환기시킨다는 것을 알고 있었다. 또 일본이 유엔에 두 번째로 많은 분담금을 내고 1945년 이후 평화의 길을 추구해왔는데도 중국이 일본의 유엔 안보리 상임이사국 진출을 막기 위해서 역사 문제를 이용한 것에 크게 실망했다.

일본의 입장에서는 과거의 침략에 대한 비난에 대응할 효과적인 방법을 찾기란 어렵다. 일본은 과거 일본인들이 저질렀다는 행동들 중에서 많은 것들이 과장되었다고 말하는 것으로 대응해왔다. 또한 그들은 미국인들이 인디언들에게 했던 행동이나 벨기에인들이 벨기에령 콩고에서 했던 행동, 영국이나 그외의 식민국들이 식민지를 착취하며 했던 행동들은 국제 사회로부터 더 이상 비난을 받지 않는데, 일본은 여전히 비난의 초점이 되는 것이 극도로 불공평하다고 느낀다. 일본의 젊은 세대는 왜 자신들이 태어나기 훨씬 전에 일어난, 70년도 더 넘은 일들에 대해서 중국인들에게 계속 사과해야 하는지 묻는다. 퓨 연구센터의 2016년도 여론조사에 응답한 일본인의 53퍼센트가 일본은 충분히 사과했다고 말한 반면, 여기에 동의한 중국인들은 10퍼센트에 불과했다.

미래를 내다보며 역사를 직면하기

현재 역사에 관한 중국과 일본의 대화는 관계의 불운한 측면에 초점을 맞춰왔다. 대규모 문화적 차용이 이루어졌던 시절, 특히 일본이 중국의 문물을 대거 수입했던 600년부터 838년까지와 중국이 일본으로부터 많은 것을 들여온 1905년부터 1937년까지, 그리고 1978년부터 1990년대까지 양국 간의 좋은 관계는 상대적으로 관심을 덜 받았다. 양국의 문화는 역사 전반에 거쳐 변화해왔지만 양국이 공유하는 문자언어, 문학, 불교, 유교, 미술, 건축, 음악에는 광범위한 공통된 기반이 남아 있으며 그중 일부는 대중문화에까지 통합되었다. 이런 공통된 기반은 국가 정책이 허락할 경우, 미래에도 지속적인 협력관계의 토대를 형성할 수 있다.

양국은 상대국가에 대한 자국의 기여와 상대국가가 가한 고통을 더 강조해왔다. 이런 이미지들은 국가와 국가 지도자들에 대한 충성심을 강화하기 위해서 계속 유지되어왔다.

중국인들은 특히 중일전쟁을 다룬 인기 영화들을 통해서 유사 이래 중일관계의 부정적인 측면들을 강조했다. 많은 중국인들은 일본인들이 천성적으로 침략적인 사람들이라고 확신한다. 중국의 애국 서사에서 1937–1945년의 중일전쟁은 일본인이 본모습을 드러낸 가장 최근의 장일 뿐이다. 이런 견해에 따르면, 일본인들은 겉으로 보기에만 예의바르다. 예를 들면 1920년대에 일본인들은 협력을 이야기하고서는 결국 여러 사변들을 일으키고 중국과 미국에 기습 공격을 가했다.

중국인들은 일본과의 관계에서 긍정적인 측면, 즉 1895년 이후의 "일본으로부터 배우기" 프로그램들과 1978년 이후의 "개발 원조"를 통해서 그들이 일본으로부터 얼마나 많은 이득을 얻었는지는 거의 인식하지 않는다. 1980년대와 1990년대에 일본이 제공한 관용적인 원조 프로그램들은 잘 알지 못하며, 일본이 과거의 행동에 대해서 얼마나 사과했는지, 일본인들이 얼마나 철저하게 군국주의를 비난하고 평화를 추구하는지도 모른다.

역사 내내 일본인들은 중국인들을 다른 민족의 복종을 요구하는 자부심 강하고 오만한 사람들이라고 생각해왔다. 그리하여 607년 이후 줄곧 일본인들은 중국인들에게 고개 숙이기를 거부하고 정치적으로 동등한 지위로 대우받겠다는 결심을 유지해왔다. 일본인들이 보기에, 굽실거리며 사과하라는 중국인들의 요구는 중국의 우월성을 주장하기 위한 시도의 최신 버전이다. 일본인들은 사과할 용의는 있지만, 중국인들이 요구하는 방식으로 고개를 숙이고 사과할 준비는 되어 있지 않다.

일본인들은 만주와 타이완의 현대화로 일본이 중국에 긍정적인 기여를 한 것과 1895년과 1978년 이후에 중국에 준 도움을 인식하고 있다. 하지만 역사에 대한 일본인들의 집단적인 기억은 중국인들이 끊임없이 강조하는 문제인 일본이 중국에 입힌 피해와 고통에는 관심을 덜 기울인다. 일본 정부는 자국의 중국 침략에 대해서 비판적인 내용이 담긴 교과서들이 학교에서 사용되는 것을 때때로 허가하지 않으며, 일본의 많은 간행물과 공공 토론은 일본이 중국에서 저지른 잔혹 행위들을 얼버무리고 넘어간다.

일본과 중국이 역사를 직면하기 위해서 할 수 있는 일

양국은 자국의 국민들에게 역사를 충분하고 정확하게 설명하고 현재의 관계를 더욱 균형 잡힌 시각으로 제시하여 역사로 인해서 발생하는 문제들의 악화를 피할 수 있다. 또 상대국으로부터 얼마나 많은 것을 배웠는지 인정하고, 협력으로 얻은 긍정적인 경험들을 반영하는 방식으로 오랫동안 얽혀

온 양국의 역사를 국민들이 더 잘 이해하도록 도울 수 있다.

일본의 총리를 비롯한 고위 관료들은 재직 중에 야스쿠니 신사를 방문하지 않기로 협의하고 결정할 수 있다. 또한 일본인들은 고등학교 필수 역사 과목의 교과과정 지침에 중일전쟁에 대한 더욱 충분한 설명을 제공할 수 있고, 특히 "침략"이라는 단어를 교과서에 포함시킬 수 있다. 일본인들은 자국이 중국을 침략한 역사를 이해하기 위해서, 또한 중국 사회와 중국인들의 태도에 대한 이해를 높이기 위해서 개인적으로도 더 많은 노력을 기울일 수 있다.

중국인들은 중국이 1978년 이후뿐 아니라 1905년부터 1937년까지 일본에서 배운 것들에 관해서 학생들에게 더욱 자세히 가르칠 수 있다. 1945년 이후 일본이 평화의 길로 돌아선 것, 1978년 이후 일본이 중국에 했던 기여, 이미 일본 관료들이 했던 사과를 대중에게 더 자세히 설명할 수 있다. 또 중국에서 제2차 세계대전을 다룬 반일 영화의 제작 및 상영을 줄일 수 있고 박물관, 교실, 매체를 통해서 일본에 대한 더 균형 잡힌 설명을 제시할 수 있다.

또한 중국인들은 한 국가가 부유해지고 강해짐에 따라 군비 확장에 대한 지지가 강해지면서 지도자들이 결국에는 재앙으로 이어질 광신적인 애국심을 억제할 수 없게 되었을 때에 일어날 수 있는 일에 대한 경고로 20세기 전반의 일본 역사를 전례로 삼을 수 있다.

새로운 비전 : 따뜻한 정치, 뜨거운 경제학

중국인들과 일본인들은 양국 관계를 "차가운 정치, 뜨거운 경제학"으로 묘사하는 것이 관례였다. 정치적 관계가 열악함에도 불구하고 양국은 광범위한 사업 관계를 보유하고 있다. 이제 문제는 양국이 과연 이러한 사업 관계를 기반으로 하여 정치적 관계 또한 발전시킬 수 있는가이다.

2010년 이후, 양국의 관계 개선을 위한 가장 중요한 지렛대는 중국의 손에 쥐어져 있었다. 중국이 일본보다 더 많은 고통을 겪었고, 현재 경제 규모와 세계적인 영향력이 더 크기 때문이다. 물론 중국의 지도자들은 지역적, 세계적 문제들에서 일본과의 협력이 얼마나 자국에 이익이 될지 검토할 것이다. 근본적인 문제는 중국의 지도자들이 국민들의 충성심을 얼마나 확신해야 대중의 민족주의를 강화하기 위해서 반일 프로그램들을 이용하지 않을까이다. 1990년대에는 일본군 적병들을 묘사하는 전쟁 영화가 애국심 강화에 효과적인 도구였지만, 중국 지도자들이 대중의 애국심에 더 자신감을 느끼면서 이런 영화의 제작과 이용이 감소할 수 있었다.

양국 간의 깊은 역사적 앙금을 감안하면, 중국과 일본이 신속하게 신뢰를 발달시키고 가까운 친구가 되는 것은 비현실적인 일이다. 이것은 앞으로 몇십 년 동안의 목표가 될 수 있다. 그렇다면 다음 10년에 합당한 목표는 양국이 신뢰할 수 있는 파트너가 될 수 있도록 명쾌하고 솔직하고 실무적으로 관계를 관리하는 것이다. 다음 10년 동안 중국과 일본이 "뜨거운 정치"를 즐길 것이라고 기대하는 것 또한 비현실적이다. 하지만 양국이 일대일로 같은 사업들, 환경문제 해결을 위한 공동 프로젝트 개발, 다국적 조직에서의 협력을 계속 확장할 수 있다면 "따뜻한 정치" 정도는 성취할 수도 있다.

중국과 일본 간의 더 밀접한 실무적 관계가 미국에게 문제가 되지는 않을 것이다. 일부 미국인들은 불안을 느끼며 반응할 수도 있지만, 그런 불안은 기우이다. 중국과 일본 간의 긴장 완화, 서태평양 지역의 안전 증대, 세계의 질서 유지에 대한 양국의 기여는 다른 국가들뿐만 아니라 미국의 이익에도 부합하는 결과들이다.

중일 협력을 위한 의제

2006년부터 2008년까지 중국과 일본의 지도자들과 대표들은 상호이익을 위한 양국의 협력 방안을 논의하는 일련의 회의들을 열었고, 그 목표를 성취하기 위한 의제를 내놓았다.

2007년 4월, 중국의 원자바오 총리가 일본을 방문하여 중요한 연설을 했다. 중국어로 진행된 이 연설은 일본인들에게는 통역으로, 중국에서는 중국어 원문으로 중계되었다. 원자바오는 일본의 지도자들이 중국 지도자가 해주기를 오랫동안 고대했던 말을 공개적으로 언급했다. 그는 일본의 지도자들이 수차례 깊은 반성과 사과를 표현했음을 인정했고, 일본의 평화로운 발전에 감사를 표명했다. 원자바오 총리는 중일 관계를 새로운 국면으로 이끌기 위한 네 가지 원칙을 제안했다. 상호 신뢰, 거시적 시각, 평등과 호혜를 바탕으로 한 공동 발전, 미래지향적인 교류의 강화가 그것이다.

이후 중국과 일본의 관료들이 추진하기로 동의한 의제들에는 다음의 목표들이 포함된다.

지도자들, 각료들, 고위급 관료들 사이의 교류와 대화 확대
젊은이들 간의 교류
중국 인민해방군 해군과 일본 해상 자위대의 상호 방문
북한 관련 문제들에 대한 협력
에너지 협력(에너지 보존과 환경 보호에 관한 협력 포함)
에너지 문제에 관한 각료급 대화 수립
농업, 지적재산권, 의약품, 중소기업, 정보 및 통신 기술, 금융, 형사사법
  제도 등과 관련된 분야에서의 협력 확대

2007년에 협의된 이 의제들은 중국과 일본뿐 아니라 세계 평화와 질서를 위한 출발점으로도 커다란 가능성을 가지고 있다.

주요 인물 전기

다나카 가쿠에이, 1918-1993년

제2차 세계대전 이후 일본 정치를 주도한 고학력의 엘리트 관료들과 달리, 1972년 7월부터 1974년 12월까지 총리를 지낸 다나카 가쿠에이는 니가타 현 시골 출신에 거친 성격의 평민으로 정식 교육을 거의 받지 못한 인물이었다. 그러나 그는 일본 역사에서 가장 뛰어나고 유능한 정치 협상가 혹은 "해결사" 중의 한 명으로 꼽힌다. 방대한 정보를 기억하는 능력과 추진력 덕분에 "컴퓨터가 붙어 있는 불도저"라는 별명으로 불리던 다나카는 1972년에 총리로 취임한 지 석 달도 되지 않았을 때에 벌써 베이징으로 날아가 중일 관계를 정상화했다. 이때 제2차 세계대전 이후 처음으로 베이징에 일본 국기가 펄럭였다. 다나카와 저우언라이는 서양의 펜이 아니라 아시아에서 사용하는 붓으로 협정에 서명했다.

다나카는 린든 존슨이 케네디 대통령을 위해서 했던 것처럼, 엘리트 코스를 밟은 일본 총리들의 정책 관리를 도왔다. 신중하고 체계적이며 다소 고고하던 이전의 관료들과 달리, 다나카는 대담하고 불손했으며 매력적이게 직설적이었다. 또 문제 해결을 위해서 많은 돈을 쓰는 것을 주저하지 않았는데, 이런 접근방식으로 많은 아군이 생겼지만 나중에 뇌물 수수가 폭로되어 사임과 가택연금으로까지 이어졌다.

다나카는 가난한 "설국(雪國)" 니가타 현의 한 작은 마을에서 자랐다. 그의 아버지는 근면한 아내와 대부분의 일본 농부들과는 달리 육체노동을 하지 않으려고 갖은 꾀를 부렸다. 근검절약하던 많은 일본 농민과는 다르게 다나카의 아버지는 가족의 얼마 되지 않는 저축 자금을 네덜란드 젖소 구입에 쓰거나 말을 매매하거나 경마에 돈을 걸거나 큰 연못을 만드는 데에 투자했다. 그의 아버지는 성공할 때보다 실패할 때가 많았고, 가쿠에이도 아버지처럼 대담하게 새로운 사업들을 시도했다. 외아들이던 가쿠에이는 6명의 딸들과 달리 모든 집안일에서 면제되었다. 전 세계적인 불황으로 일본역시 어려움을 겪던 1934년, 열다섯 살의 가쿠에이는 학교를 그만두고 도쿄로 떠났다. 그리고 친구의 친척과 함께 살면서 공사장 인부, 신문 배달부, 잡역부 등 다양한 허드렛일들을 마다하지 않았다. 그러다가 한 건설회사에서 일자리를 구했고 밤에는 학교에 나가 건축 수업을 들었다. 그리고 열아홉 살에 독립하여 동업자도, 직원도 없는 자기만의 건설 회사를 차렸다.

1939년 3월, 군에 징집된 다나카는 기병대와 함께 만주로 파견되어 사무직에 배정되었지만 1년 뒤에 심각한 폐렴과 흉막염에 걸려 도쿄로 돌아가야 했다. 그는 한동안 상태가 위독해서 군에서 제대했다. 건강 문제로 군에서 복무할 수 없었던 그는 첨단 과학 기술을 활용하기 위해서 설립된 산업그룹인 리켄의 건설 부문에서 일자리를 구했다. 전시에 물자 부족이 심각해지자 다나카는 머리를 써서 필요한 물자들을 구해 일을 완수했고, 한동안 꽤 많은 돈을 벌었다. 스물네 살이 되던 해에 다나카는 몇 달 전에 세상을 떠난 성공한 건설 사업가의 딸인 서른한 살의 여성과 결혼하여 장인의 사업을 물려받아 확장시켰다. 폭격으로 도쿄의 많은 지역이 파괴되자 그는 리켄 공장의 일부를 한국 남부로 옮겼다. 리켄이 한국에서 확고하게 자리를 잡기도 전에 전쟁이 끝났지만, 다나카는 공장 이전을 관리하여 이미 큰 이익을 손에 넣었다. 전쟁의 직접적인 여파 속에서 많은 사람들이 정계 입문을 검토하고 있을 무렵, 다나카의 친구들 중의 한 명이 당시 자금력이 넉넉하던 그에게 정치운동에 자금을 기부할 것을 청했다. 또 직접 정계에 입문해보는 것이 어떠냐는 권유를 받고 다나카는 한번 시도해보기로 했다. 그는 개인 자금 가운데 일부를 선거운동에 사용하고, 그가 운영하던 건설회사 근로자들의 지원에 힘입어 곧 중의원에 당선되었다.

다나카는 산을 뚫어 터널과 도로를 건설하여 눈의 고장과 서부를 연결하는 프로젝트를 포함하여 그의 지역구에 건설 사업들을 제안했다. 다나카는 건설공사가 그의 선거구에 변화를 불러올 것을 알고 있었고, 이를 신속하게 실행에 옮길 수 있었다. 그는 세련된 외교관은 아니었지만 외국인들을 대할 때면 단순명쾌한 성격과 창의성으로 문제들을 해결해 나갔다. 1971년에 다나카는 사토 총리가 닉슨 대통령을 격분시켰던 문제인 직물 수출 제한 약속을 처리할 수 있도록 도왔다. 그는 수출 제한으로 피해를 볼 일본의 직물회사들에게 보상을 해주는 방법으로 석 달도 되지 않아 해결책을 찾았다.

자민당 내부에서 이전의 엘리트 관료들은 자금을 모으고 의원 선거에 출마할 지역 후보자 선택을 관리하는 데에 다나카가 큰 도움이 될 인물임을 알게 되었다. 다나카의 비상한 기억력은 각 선거구의 현황을 파악해서 매력적인 후보자와 적절한 메시지를 선택하는 데에 도움이 되었다. 다나카는 엘리트들과 협력했지만 그들의 일원인 척하지는 않았다. 지방민들은 가쿠에이를 부를 때는 가쿠상이라는 별명으로 친근하게 부른 반면, 엘리트 관료들은 더 공식적인 이름으로 지칭했다. 그는 사연과 유머, 향수(鄕愁), 청중의 마음을 움직이는 반권위주의적인 모습으로 사람들의 호감을 끌었다. 일반인들에게 다나카는 그들과 같은 사람들 중 한 명이었다. 그리하여 1972년, 그는 제2차 세계대전 이후 최연소 총리이자 대학 졸업장이 없는 유일한 총리가 되었다.

다나카가 총리에 취임한 것은 미국이 일본보다 먼저 중국과의 접촉을 서두르면서 일본의 지도자들을 당황하게 만든 직후였다. 다나카는 몇 달 내에 일본이 중국과의 접촉을 확대하기 위한 통로를 열었을 뿐만 아니라 미국보다 앞서서 중국과의 관계를 정상화했다. 중국의 지도자들은 이런 돌파구를 마련한 그에게 칭송을 보냈다.

일본 본토의 서쪽, "후면"에 위치한 니가타는 제2차 세계대전 이후 미국과의 교역이 증가하면서 번성했던 동부 해안에 비해서 상대적으로 방치된 지역이었다. 지역구를 돌보는 의원으로서 다나카는 건설회사에서 쌓은 경험을 토대로 낙후된 지역구 개발을 돕기 위한 건설 사업들—도로, 터널, 고개, 발전소, 철로, 기차역—에 대한 국가적 지원을 확보했다.

나중에 다나카가 총리로서 대내적으로 주된 노력을 기울인 부분은 일본의 산업화가 확장되고 있음에도 불구하고 여전히 혜택을 받지 못한 지역들에 경제성 있는 건설 사업을 확대하는 계획인 일본 열도 개조론이었다. 일본 열도 개조론은 당시 일본에 아주 적합한 계획이었다. 20년 뒤에 중국의 성장이 시작된 출발점과 마찬가지로, 일본에서는 동부 해안의 대도시 지역들, 도쿄와 오사카 근방, 그리고 그 사이의 지점들에서 성장이 시작되었다. 반면 나머지 지역들은 그보다 한참 뒤떨어져 있었다. 새로운 건설 사업에 대한 아이디어는 다나카에게 항상 중요한 문제였고, 낙후된 지역들로까지 현대화를 확산시킴으로써 국민의 지지를 얻고자 한 그의 노력은 그가 고향에서 수행하려고 했던 일들의 연장이었다. 낙후된 지역들에 대한 다나카의 계획은 처음에는 얼마간의 성공을 거두었지만 시간이 지나면서 수익 체감 지점에 이르렀다. 혼슈와 더 작은 섬인 시코쿠를 잇는 첫 번째 다리는 큰 경제적 이익을 불러왔지만, 세 번째 다리는 미미한 성과를 거두는 데에 그쳤다. 몇 년 지나지 않아 일부 사람들은 환경과 삶의 질을 생각하지 않은 채 건설에 돈을 낭비했다며 다나카를 비난했다.

다나카는 1973-1974년에 미국과 유럽을 찾아 환영을 받았지만, 1974년에 인도네시아와 말레이시아를 방문했을 때에는 제2차 세계대전 당시 일본의 침략에 대해서 분노를 품은 현지인들이 폭동을 일으켰다. 다나카와 일본의 다른 지도자들은 곧 그들의 메시지를 알아차렸다. 나중에 오시라 마사요시와 후쿠다 다카오가 원조 약속을 들고 동남 아시아를 방문하자 반응은 훨씬 더 우호적이었다.

다나카는 부패 혐의에 취약했다. 그는 또다른 거물인 오사노 겐지와 일하며 버스 회사와 많은 부동산을 취득했다. 1974년에 대중잡지『문예춘추』는 다나카의 친구 몇 명이 한 지역의 공공개발 사업이 발표되기 직전에 부동산 매수를 허가받아 부동산 가격 급등에 따른 폭리를 챙겼다고 폭로했다. 또한 이 잡지는 다나카의 여자 친구들도 이런 식으로 이익을 보았다는 사실도 까발렸다. 다나카는 이에 대해서 증언을 하는 대신, 1974년 의회에서 사임했다.

1976년, 미국의 항공기 제조업체인 록히드 사의 부사장이 회사의 자금 내역을 조사하는 법정에서 1972년에 일본 항공사인 전일본공수가 록히드의 항공기 21대를 구매하도록 주선한 것에 대한 대가를 다나카 가쿠에이에게 주었다고 증언했다. 다나카는 체포되었고, 1977년부터 1983년까지 7년 동안 매주 도쿄 지방법원에 소환되었다. 200만 달러의 뇌물 수수 사실이 드러났고, 이로써 그는 4년형을 선고받았다. 뇌물 수수 혐의에도 불구하고 다나카의 인기는 계속 높아졌다. 1976년 록히드 사건이 터지기 전에 그의 파벌에 속한 사람은 80명이 되지 않았지만, 1981년에는 그 수가 150명 이상으로 늘어났다. 법원의 판결이 발표된 직후 치러진 1983년의 선거에서는 다나카가 전국의 후보들 가운데 가장 많은 표를 얻었다. 그는 1985년까지 계속 정치적 영향력을 발휘하다가 뇌졸중으로 정계에서 물러났고, 1993년에 세상을 떠났다. 일본 전역에는 다나카의 추종자들뿐 아니라 비판자들도 있지만 니가타에서만큼은 그는 존경과 사랑을 받는 영웅이다.

더 자세한 내용은 Jacob M. Schlesinger, *Shadow Shoguns : The Rise and Fall of Japan's Postwar Political Machine* (New York : Simon & Schuster, 1997) 참조.

다카사키 다쓰노스케, 1885-1964년

사업가였던 다카사키는 1942년부터 1945년까지 만주의 모든 공장이 속한 그룹인 만주중공업 개발주식회사의 사장을 지냈다. 이 자리에 있는 동안 그는 산업 효율성을 촉진시키기 위해서 노력하는 동시에 사업에 관해서 잘 모르는 일본군 사령관들을 상대했다. 1944~1945년에는 미국의 공습으로 인해서 공장이 입은 피해도 처리해야 했다. 제2차 세계대전이 끝난 뒤에는 1945년부터 1948년까지 만주에 남은 일본인 협회의 회장을 맡아 만주 내 일본인들의 생계와 본국 송환 문제, 그리고 아직 가동 중인 공장들이 생산을 유지할 수 있도록 러시아, 국민당, 공산당과 돌아가며 협상을 진행했다. 일본으로 귀국한 뒤에는 중국과의 무역을 장려했고, 1962년에 일본 대표로 랴오청즈와 협상하여 양국 간의 교역을 증대시킨 랴오청즈-다카사키 협정을 이루었다.

교토와 오사카 사이에 있는 한 마을의 농가에서 자란 다카사키는 모험을 좋아하는 개구쟁이로 유명했다. 그는 학교에 다닐 때 일본은 경지 면적이 작기 때문에 필요한 모든 식량을 재배할 수 없다는 한 교사의 말에 영향을 받았다. 그 교사는 일본 부근 해역에서 잡은 어류는 통조림으로 만들어 다른 나라에 수출해야 하며, 그렇게 해서 번 돈으로 지역 인구를 먹여 살릴 곡물을 구매할 수 있다고 설명했다. 당시 일본에서 어업을 배울 수 있는 곳은 1889년에 농상무성이 설립한 도쿄의 3년제 기술고등학교인 수산강습소(水産講習所)뿐이었다. 다카사키는 중학교를 졸업한 뒤 1902년 9월 수산강습소에 입학하여 가공을 전공했다. 그가 이 학교에 다니는 동안 러일전쟁이 발발하면서 일본군 병사들에게 공급될 통조림 생선에 대한 수요가 급증하자 이 학교 학생들은 일손을 돕기 위해서 해안 지역의 통조림 공장들로 보내졌다. 이렇게 해서 다카사키는 일찍부터 가공과 관련된 실무 경험을 쌓았다. 학교를 졸업한 뒤 일본의 동양수산에서 몇 년간 생선 통조림 제조 부분에서 일하던 그는 일본 통조림 생선의 더 나은 해외 판로 구축에 이바지하고자 미국으로 건너가 샌디에이고의 작은 통조림 공장에서 일자리를 구했다. 그는 캘리포니아와 멕시코 해안의 미국 어류 통조림 업체들과 다양한 사업을 한 뒤에 캘리포니아의 참치 통조림 제조 공정의 개선을 도왔다.

캘리포니아에 있는 동안 다카사키는 중국 탕산의 광산 개발에 관심이 있는 광산 기술자 허버트 후버를 만났다. 후버는 나중에 미국 대통령이 된 인물이다. 평생 친구가 된 후버와 마찬가지로, 다카사키도 사업의 궁극적인 목표가 인류에게 행복을 가져다주고 사회복지를 제공하며 직원들이 주주가 되게 하는 것이라고 생각했다.

북아메리카에서 몇 년을 보내고 일본으로 돌아온 다카사키는 1915년에 수산업용 캔을 제조하는 동양제관이라는 회사를 세웠다. 그는 미국의 캔 제조 기술자 두 명을 채용했고, 당시 일본의 경쟁사들이 사용하던 것보다 훨씬 우수한 미국의 캔 제조 기계를 들여왔다. 또한 상품들을 표준화하고 다른 제품들에도 사용될 수 있도록 캔의 생산을 확대하여 동양제관을 몇 년 만에 일본 최대의 캔 제조업체로 성장시켰다.

일본의 중국 침략을 우려한 미국이 일본에 대한 강철과 주석 판매를 제한하기 시작하자, 다카사키는 새로운 공급처를 찾아 여러 차례 만주를 방문했다. 만주의 닛산 사장이던 아유카와 기스케가 다카사키에게 깊은 인상을 받아 만주에 있는 그의 회사에 들어올 것을 제안했다. 다카사키는 몇 년 동안 이 제안을 거절하다가 1941년 2월에 마침내 만주중공업 개발의 부사장 자리를 수락했다. 다카사키와 야유카와 모두 일본과 독일, 이탈리아의 협정과 미국에 대한 선전포고에 반대했지만, 고국의 산업 역량 개선을 위해서 노력해야 한다는 책임은 받아들였다.

만주의 일본 공장들은 원래 군이 설립한 것들이었다. 군은 근로자들을 강제노동자로 취급했고, 능률보다는 생산량에만 관심이 있었다. 아유카와와 다카사키는 군과 일하는 것이 힘들다고 생각했지만 능률과 근로 환경 개선을 위해서 계속 애썼다. 1942년에 만주에서의 임기가 끝난 아유카와는 일본으로 돌아갔고, 다카사키가 만주중공업 개발의 사장이 되었다. 다카사키는 여전히 군의 압력을 받았지만 공장들을 깨끗이 청소하고, 생산 능률을 높였으며, 대부분 일본인이던 산업 근로자들뿐 아니라 중국인 정비 인력들과도 더 나은 관계를 발전시키기 위해서 노력했다. 1944년 7월 이후 미군이 사이판을 점령하면서 B-29 폭격기의 공습이 만주까지 도달할 수 있게 되자 만주에 있는 공장들이 자주 폭격을 당했다. 피해를 입은 공장의 수리를 감독하고 생산을 유지하는 것이 바로 다카사키의 책임이었다.

다카사키의 가족은 전쟁이 끝나기 전에 일본으로 돌아갔지만 그는 만주에 남았다. 종전 직후 귀국을 시작한 일본군 병사들과 달리 많은 민간인들은 만주에 남게 되었다. 만주의 몇몇 지도자격 일본 민간인들이 그곳에 발이 묶인 동포들에게 식량과 주거지를 제공했고 최종적으로 본국 송환을 돕기 위한 조직을 만들기 시작했는데, 그들은 다카사키에게 협회의 회장이 되어달라고 청했다. 1946년 3월, 창춘에 발이 묶여 있던 약 2만5,000명의 일본인이 목숨을 잃었다. 만주의 산업 분야의 수장이던 다카사키는 생산이 계속되기를 바라는 소련과 이후 중국인들에게 필요한 사람이었다. 그래서 다카사키는 일본인들을 위해서 식량과 주거지를 구하는 협회를 도와 소련과의 협상자로서 영향력을 발휘했다. 1946년 4월, 내전이 끝나자 공산당이 창춘을 점령했다. 다카사키는 공산당이 기강이 잘 잡힌 집단이라고 생각했고, 공산당은 다카사키를 함께 일하기에 합당한 인물이라고 생각했다.

1946년 5월에 국민당이 창춘을 재탈환하자 다카사키는 그들과 함께 일했다. 국민당은 그곳의 공장들이 생산을 재개하기를 원했고, 다카사키는 공장 관리를 위해서 그들에게 필요한 사람이었다. 다카사키는 자신이 그토록 열심히 노력해서 구축했던 산업을 복구하기를 원했고, 또한 중국인들에게도 도움이 되기를 바랐다. 1946년 7월, 국민당은 만주의 일본인들을 위한 사무소들을 개편했지만, 중국에 발이 묶인 일본인 민간인들을 보호하는 협회의 회장 자리에 다카사키를 계속 앉혀두었다. 대부분의 일본인들이 본국으로의 송환을 원했지만 귀국하기 전까지는 만주의 공장들에서 일하고 싶어했다. 1946년 5월부터 10월까지 100만 명이 넘는 만주의 일본인들이 본국으로 돌아갔다. 그러나 1946년 12월에는 국민당 정부에 고용된 9,000명이 넘는 일본인 기술자들과 그들의 가족 2만1,000명 이상이 아직 만주에 남아 있었다. 그러다 제조에 필요한 자원들이 감소되면서 일본인 기술자의 필요성도 낮아져서 1947년 9월 공장에 남은 일본인 기술자는 1,400명도 되지 않았고 그들의 가족도 5,000명 이하였다. 아직은 어느 정도의 일본인이 남아 있어야 한다는 것을 알고 있던 다카사키는 귀국을 원하는 모든 일본인이 돌아갈 때까지 자신이 그곳에 남기로 결정했다. 1947년 10월에 국민당은 다카사키를 일본으로 보내서 일본의 강철 공장들과 전쟁 배상을 위한 협상을 하도록 했다. 그는 일본이 배상금을 지급해야 한다고 점령군을 설득하려고 애썼지만, 곧 연합국 점령군 관리들은 일본에게 배상금 지급을 강요하지 않기로 결정했다. 1947년 11월, 다카사키는 전시에 일본의 활동들에 협력했다는 이유로 점령군에 의해서 추방당했지만, 1951년 8월에 추방이 해제되었다.

다카사키는 1952년에 요시다 총리에 의해서 J-파워(전원개발주식회사)의 사장으로 임명되어 일본 전력 사업의 재건을 도왔다. 1955년에는 경제 심의청 장관으로 임명되어 정부 각료가 되었고, 신설된 경제기획청의 청장으로도 임명되었다.

다카사키에게는 중국의 산업 재건을 돕고 양국 관계를 개선하고자 하는 마음이 계속 남아 있었다. 1955년에 그는 중국이 다른 나라들과의 관계 확대를 위해서 이용했던 자카르타의 반둥 회의에 참석했다. 이 회의에서 저우언라이가, 통역을 맡은 랴오청즈를 통해서 다카사키에게 만주의 공장들을 방문해달라고 청했다. 저우언라이는 소련이 설비들을 많이 가져갔지만 중국인들이 공장들을 복구했다고 설명했다. 다카사키는 개인적으로는 일본과 무역 확대에 관한 대화를 시작하기 위한 저우언라이의 초대를 받아들일 준비가 되어 있었지만, 이를 진행하기 위한 정부의 허가를 받지 못했다. 그러나 1955년의 만남은 후일 랴오청즈-다카사키 협정이라고도 불리는 각서를 통해서 공식적인 중일 무역관계를 수립하는 길을 닦았다. 1960년 봄에 미국을 방문한 다카사키는 미국의 한 상원의원에게 "일본은 침략 행위를 속죄하기 위한 노력의 일환으로 중국을 도와야 한다"고 말했다. 당시 다카사키는 일본의 우익 집단들로부터 협박 편지를 받고 있었고, 실제로 1960년 10월에 두 명의 젊은이가 그를 암살하기 위해서 파견되었지만 성공하지 못했다. 다카사키는 중국과의 관계 개선이 일본에 이익이 된다고 생각했고, 따라서 중국과의 관계를 재구축하고 무역을 확장하기 위한 노력을 계속했다. 그리고 1962년에 랴오청즈와 다카사키 다쓰노스케가 장기 종합무역 각서를 체결하여 양국 간의 무역 확대를 위한 반공식적인 합의를 이루었다. 랴오청즈–다카사키 협정은 다카사키가 죽기 직전인 1964년에 갱신되었다. 1978년에 오사카를 방문한 덩샤오핑은 다카사키의 딸과의 만남을 청하여 중일 관계에 대한 다카사키의 공헌에 감사를 표했다.

더 자세한 내용은 Mayumi Itoh, *Pioneers of Sino-Japanese Relations* : *Liao and Takasaki* (New York : Palgrave Macmillan, 2012) 참조.

덩샤오핑, 1904-1997년

1978년 12월부터 1992년 10월까지 중국의 최고 지도자였던 덩샤오핑은 개혁과 개방 정책을 도입했다. 이 정책들은 중국을 완전히 변화시켜서 낙후되고 침체되었던 경제를 40년도 되지 않아 구매력 평가 기준으로 세계 최대의 경제대국으로 발전시켰다. 1978년에 중국의 1인당 소득은 200달러 수준에도 미치지 못했지만, 2018년에는 8,000달러를 넘어섰다.

덩샤오핑은 1937년부터 1945년까지 중국의 고위급 정치위원을 지냈고, 중일전쟁 동안에는 일본과의 전투에 참전했다. 그러나 1973년부터 1976년까지는 중국을 대표하여 방중한 일본의 지도자들을 환영했다. 탁월한 정치 전략가이던 그는 1978년에 일본을 시찰하면서 재계와 기술 분야의 유명한 지도자들을 자기편으로 끌어들였다. 이들은 1980년대에 중국의 산업화 착수에 중요한 역할을 했다.

1978년 12월, 사실상 중국의 최고 지도자가 되었을 무렵 덩샤오핑은 놀라울 정도로 광범위한 경험을 두루 갖춘 준비된 통치자였다. 그는 1920년부터 1925년까지 5년간 프랑스에서 지내며 현대 서구 국가의 운영을 관찰하는 한편, 공장 노동자로 일하면서 마르크스-레닌주의와 러시아 혁명을 공부하는 모임에 참여했다. 프랑스에 있는 동안 그는 공산당에 가입하여 당사에서 일했다. 그 뒤에는 소련이 국제 공산주의 운동을 이끌고, 중국인 지도자들을 훈련시키기 위해서 설립한 학교의 1기생이 되었다. 중국으로 돌아온 뒤에는 광시 좡족 자치구에서 일어난 공산당 봉기를 이끄는 데에 힘을 보탰고, 저우언라이 아래의 상하이 공산당 지하조직에 참여했다. 광시 좡족 자치구에서는 마오쩌둥 밑에서 일했고, 대장정에 참가했으며 옌안에서의 정치 활동에도 참여했다. 그는 12년간 중국 공산당군에서 선도적인 정치위원을 지내며 중국의 가장 유능한 장군들 중의 한 명인 류보청과 책임을 공유했다. 공산당이 중국을 크게 6개의 행정구역으로 나눈 뒤에는 1949년부터 1952년까지 인구가 1억 명이 넘던 서남 지방의 당 서기로 임명되었고, 공산당의 통치를 확립하는 책임을 맡았다. 1952년에는 베이징으로 소환되어 정무원의 부총리로 일했다. 1953년부터 1954년까지 재무부장을 지냈고, 1956년부터 1966년까지는 중앙서기처 총서기로 전국적인 정당의 활동을 관리하는 책임을 맡았다. 이와 같이 그는 대약진 운동의 문제들과 그 여파를 관찰할 수 있는 요직에 있었다.

1950년대에 덩샤오핑은 마오쩌둥이 선택한 유력한 후계자 후보들 중 한 명으로 여겨졌지만, 1966년에 문화대혁명이 시작되자 류사오치에 이어 마오쩌둥의 두 번째 표적이 되었다. 1969년 10월부터 1973년 2월까지 3년 넘게 장시 성으로 "낙향해" 있는 동안 그는 당이 저지른 실수들을 되짚어보고 어떤 정책이 바뀌어야 하는지, 만약 베이징의 고위직으로 복귀할 기회가 주어진다면 어떻게 나라를 분열시키지 않고 마오쩌둥의 정책들을 종식시킬 수 있을지에 대해서 충분히 생각하는 시간을 가졌다. 1973년 마오쩌둥이 덩샤오핑의 복귀를 허가했을 때, 저우언라이는 암을 앓고 있었고, 덩샤오핑은 그를 대신해서 외교 정책을 수행하고 외국의 지도자들을 만났다.

일본은 1972년에 중국과의 관계를 정상화했고, 덩샤오핑은 1973년부터 1976년까지 외교 정책을 책임진 지도자로서 그 어느 나라보다도 많은 40개가 넘는 일본 대표단들을 접견했다. 그는 양국이 평화롭고 좋은 관계를 발전시켜야 한다고 확신했다. 50년 넘게 쌓인 중일 간의 적대감에도 불구하고 일본이 중국의 현대화 노력을 위해서 도울 수 있다고 생각했기 때문이다. 그는 중일전쟁 동안 일본군과 싸운 사람이었으므로 애국자들로부터 일본에 너무 유화적인 자세를 취한다는 비판을 받지 않고 이 새로운 정책을 옹호할 수 있었다.

1975년에 마오쩌둥은 화궈펑 부총리를 자신의 후계자로 선택했다. 덩샤오핑은 또다시 비난을 받고 직위를 박탈당했지만, 1977년 여름에 복귀하여 화궈펑의 밑에서 일하도록 허락받았다. 그는 화궈펑의 정치권력을 위협하지 않는 교육과 문화 분야의 책임을 맡겠다고 자원했다. 1977년 8월에는 지도적인 교육자들과 회의를 열고 이들의 지원을 받아 10년 만에 대학 입학시험을 부활시키기로 결정했다. 덩샤오핑은 중국에 새로운 지도자들을 훈련시키기 위한 양질의 교육이 필요하다고 생각했고, 똑똑한 중국인들이 학교를 졸업하고 해외로 나가 선진기술들을 습득해서 돌아올 기회를 얻을 수 있도록 도왔다.

1978년 여름에는 평화우호조약이 제3국(예를 들면 소련)을 겨냥한 것이 아니라고 언급하는 조항을 넣는 데에 동의하여 일본과의 평화우호조약 체결에 방해가 되는 요소들을 극복했다. 덩샤오핑은 1978년 10월에 이 조약의 서명을 위해서 일본으로 떠났고, 그곳에서 매우 좋은 반응을 얻었다. 덩샤오핑의 방문은 1980년대에 일본이 중국에 중요한 지원을 제공하는 하나의 계기가 되었다.

덩샤오핑이 당 정책의 극적인 변화를 관리할 만한 권위와 신망, 지혜를 갖추었다고 판단한 공산당의 고위 지도자들은 1978년 12월, 제11기 중앙위원회 제3차 전체회의에서 그를 당의 최고 지도자로 선택했다. 덩샤오핑은 "실사구시(實事求是)"라는 마오쩌둥의 말을 인용하여 마오쩌둥에 대한 존경심을 보여주는 동시에, 막심한 피해를 불러와 나라를 혼란에 빠뜨린 정책들 가운데 일부를 끝낼 수 있었다. 그는 이제 막 시골에서 돌아온 실직 상태의 도시 젊은이들의 사회적 불안감을 해소하기 위해서 이들이 자기 사업을 시작하도록 허가해주었다. 지난 수년간 이런 창업 활동은 자본주의의 길을 좇는 것이라며 비난받았지만, 이제 보수주의자들도 이런 시장 개방 방법을 받아들였다. 덩샤오핑은 안후이 성의 당 서기 완리에게 성의 기아 문제를 끝낼 방법을 찾으라는 지시를 내렸다. 이 무렵 일부 마을에서 지역의 생산대가 가족 단위로 노동 계약을 맺도록 허용하자, 이것이 생산 증가로 이어져서 기아 문제가 해결되었다. 이 사실을 알게 된 덩샤오핑은 완리와 다른 사람들에게 이런 성공을 널리 알리게 했다. 다른 지역들에서도 이 방법이 효과가 있는 것으로 나타나자, 덩샤오핑은 지역의 상황이 적절하고 마을 주민들이 잘 따르는 지역에서는 중국의 생산 문제들을 해결하기 위해서 정부가 가구 단위로 이루어지는 계약을 반대하지 않겠다고 말했다. 결국 보수주의자들도 새로운 정책에 반대하기가 어렵다고 판단했고, 얼마 지나지 않아 대부분의 지역들이 마오가 촉진했던 인민공사를 폐지하고 가족 농사를 허용했다.

덩샤오핑은 대중의 표현의 자유를 크게 확대했지만, 1986년 12월에 일어난 학생운동이 안정을 위협하자 이에 대한 통제를 강화했다. 1989년 5월 20일, 학생들과 지역 민간인들이 일으킨 대규모 시위가 베이징의 교통을 방해하자 덩샤오핑은 질서 회복을 위해서 비무장 병력을 투입했다. 하지만 조직화된 시위 집단들이 도시를 뚫고 지나가면서 병력을 막자, 병사들은 교외로 물러나고 시위자들이 톈안먼 광장을 계속 차지했다. 6월 3일에 덩샤오핑은 라디오와 텔레비전 방송들로 하여금 모든 사람들이 거리에서 나가야 한다고 발표할 것을 지시했고, 그날 밤 병사들에게 어떤 방법을 사용해서든 시위를 끝낼 것을 명령했다. 이것은 시위자들에게 무기를 사용해도 된다는 의미였다. 6월 3일 밤과 6월 4일 이른 아침, 거리에서 목숨을 잃은 사람들의 수는 수백 명에서 3,000명 정도로 추정된다. 중국의 많은 지도자들이 질서를 회복하기 위해서는 다른 방도가 없다고 느꼈지만, 덩샤오핑은 국내외 모두에서 맹렬한 비난을 받았다.

덩샤오핑은 1989년에 정부의 모든 공식적인 지위에서 물러났지만, 보수적인 지도자들이 중국의 발전을 저해한다고 느끼고 1992년 1월과 2월에 "가족 휴가", 즉 "남순강화(南巡講話)"에 나서 국가의 개혁 및 개방 정책들을 계속 이어가기 위한 불을 재점화시켰다. 그는 1992년 10월에 열린 제14차 전국대표대회 이후 완전히 은퇴하여 1997년에 세상을 떠날 때까지 정치와는 동떨어져 지냈다.

더 자세한 내용은 Ezra F. Vogel, *Den Xiaoping and the Transformation of China* (Cambridge, Mass. : Belknap Press of Harvard University Press, 2011) 참조.

랴오청즈, 1908-1983년

중국의 정치인 랴오청즈는 일본인들과 깊고 따뜻한 개인적인 관계를 맺고 있던 유일한 정치국 위원이었다. 광저우 동쪽의 현청 소재지인 후이저우 출신의 하카족이던 그의 조부는 샌프란시스코의 홍콩상하이은행 대표였다. 랴오청즈의 아버지 랴오중카이는 샌프란시스코에서 태어났다.

랴오중카이는 1893년에 홍콩으로 돌아왔지만 1902년에 일본으로 유학을 떠나 와세다 대학교와 주오 대학교에서 공부했다. 일본에 있는 동안 랴오중카이는 같은 광둥 출신인 쑨원을 만나 그가 조직한 혁명동맹회의 창립회원이 되었다. 이후 랴오중카이는 쑨원의 측근으로 쑨원의 사상을 널리 알리는 데에 중요한 역할을 했을 뿐만 아니라, 쑨원의 출장을 자주 수행했다. 중국으로 돌아온 랴오중카이는 광둥성 성장과 국민당 집행위원을 지냈다.

랴오중카이의 아들 랴오청즈는 1908년 일본에서 태어났다. 이후 가족과 함께 홍콩에서 몇 년간 살다가 1915년에 일본으로 돌아왔고 일본어, 영어, 프랑스어로 학생들을 가르치는 가톨릭계 엘리트 학교인 교세이 소학교 2학년에 들어갔다. 교세이에서 랴오청즈는 30명의 같은 반 학생들 중에서 유일하게 일본인이 아니었다. 하지만 그는 일본 아이들과 함께 어울리며 많은 친구들을 사귀었다. 그의 일본인 친구들은 다른 반 학생들이 랴오청즈가 중국인이라는 이유로 놀리면 그를 보호해주었다. 랴오청즈의 집안은 형편이 넉넉했기 때문에 일본에서 중산층 동네에 거주했고 랴오청즈를 돌볼 유모들을 고용할 수 있었다.

쑨원이 죽은 직후 랴오중카이는 왕징웨이, 후한민과 함께 쑨원의 후계자로 유력한 3인 중의 한 사람으로 손꼽혔다. 하지만 랴오중카이는 1925년에 국민당 우파의 일원이던 후한민이 고용한 것으로 추정되는 암살범의 총을 맞았다. 랴오청즈의 형제자매는 다섯 살 많은 누나 랴오멍싱(신시아 랴오)뿐이었다. 역시 일본에서 공부했던 랴오멍싱은 쑨원의 미망인의 개인 비서가 되었다.

부친이 우파 당원에게 암살당한 이후 랴오청즈는 확고하게 좌파로 돌아섰고, 1927년에 장제스가 국민당 내 공산주의자들을 처형하기 시작하자 일본으로 도피하여 1927년부터 1928년까지 와세다 대학교에 다녔다. 그가 중국공산당에 가입한 것은 바로 이때였다. 랴오청즈는 1928년 5월 3일에 지난 사건이 일어난 뒤에 일본 정부를 비판하는 활동들에 참여했다. 그는 일본인들과의 우정은 유지했지만 결국 일본에서 추방당했고, 중국 공식 대표단의 일원으로 일본을 찾은 1954년까지 일본 땅을 밟지 않았다.

1928년에 랴오청즈는 잠깐 중국으로 돌아갔지만 그 뒤 독일을 거쳐 모스크바로 간 다음 중산 대학교에 다녔다. 이 학교의 동급생 중에는 장제스의 아들 장징궈도 있었는데, 두 사람은 각자의 아버지가 쑨원 밑에서 일할 때부터 알던 사이였다. 이후 랴오청즈는 중국으로 돌아가 상하이 지하조직에 가담했다가 도시가 위험해지자 쓰촨 성의 시골지역으로 옮겨갔다. 그리고 대장정 행렬이 쓰촨 성을 지날 때에 이들에게 합류하여 옌안으로 향했다.

제2차 세계대전 당시 랴오청즈는 그의 고향인 후이저우에서 멀지 않은 홍콩으로 파견되어 공산당 지하활동에 참여했다. 그러다 1942년에 국민당에게 체포되어 구금되었다가 1946년에 구출되었다. 중국 내전 동안에는 선전활동에 가담했고, 한동안 신화통신사의 책임자로 일하며 해외 국가들과의 연락을 담당했다.

1952년에 저우언라이가 랴오청즈를 대일 관계 책임자로 임명했다. 두 사람이 처음 알게 된 것은 저우언라이가 황푸 군사학교의 정치위원을 지내던 1924년 광저우에서였다. 랴오청즈는 1952년부터 30년 동안 일본인 내빈들을 만나는 책임을 맡은 중국의 정부 요인이었다. 또 해외에 있는 중국인과 아프리카인, 러시아인들과의 통일전선을 관리하는 책임도 맡았다. 일본의 고위급 관료들이 마오쩌둥을 만날 때에는 대개 랴오청즈가 통역을 맡았다. 중국을 방문한 일본인들은 랴오청즈를 상징적인 인물이자 일본의 친구로 생각했고, 그를 만나 함께 사진을 찍기를 열렬하게 바랐다. 랴오청즈가 명성이 높은 인물인 데다가 일본어를 현지인처럼 구사하고 일본에서 일어난 사건들에 관해서 내부자처럼 농담을 주고받을 수 있는 사람이었기 때문이다. 또 일본인들은 그를 중국공산당 서열에서 영향력이 높은 사람이라고 생각했다. 랴오청즈가 만난 일본인 방문객에는 사회당, 공산당 당원들과 주류 정치인들도 포함되어 있었다. 특히 1954년의 대표단에는 나중에 일본의 총리가 되는 나카소네 야스히로와 후일 외무장관으로서 중일 관계 정상화에서 핵심적인 역할을 하는 소노다 스나오가 참여했다.

랴오청즈는 1928년에 추방된 이후 1954년에 처음으로 일본을 방문했다. 이때는 적십자 대표단의 일원으로 일본을 찾은 것이었지만, 그는 이번 방문을 다양한 중일 우호협회들에 관여한 일본인 친구들과 다시 연락하는 기회로 삼았다.

랴오청즈는 일본, 독일, 소련, 중국에서 12번 체포되었고, 1942년부터 1946년까지 국민당에 의해서 투옥되었다. 하지만 그는 따뜻하고 감정 표현에 솔직하며 유머 감각이 뛰어난 자신감 넘치는 사람이었고, 일본과의 관계 유지를 위해서도 중요한 역할을 했다. 국교 정상화 전에는 중일 간의 무역 확장을 위해서 다카사키 다쓰노스케와 함께 일했고, 평화우호조약이 체결된 뒤인 1978년 10월에 덩샤오핑이 중국의 새로운 개혁과 개방 정책에 대한 도움을 구하기 위해서 일본을 방문했을 때에는 랴오청즈가 측근으로 함께 갔다. 랴오청즈는 1983년에 세상을 떠났다.

더 자세한 내용은 Mayumi Itoh, *Pioneers of Sino-Japanese Relations* : *Liao and Takasaki* (New York : Palgrave Macmillan, 2012) ; Donald W. Klein and Anne B. Clark, "Liao Ch'eng-chih", in *Biographic Dictionary of Chinese Communism*, 1921-1965, 2 vols. (Cambridge, Mass. : Harvard University Press, 1971) 참조.

쑨원(손중산, 손문), 1866-1925년

영어를 사용하는 광둥인이던 쑨원은 해외를 돌며 청왕조의 전복을 위한 지지를 모으는 데에 중요한 역할을 했다. 1911년 혁명이 일어난 뒤에는 중화민국의 초대 임시 대총통으로 추대되어 오늘날 중화민국의 국부로 추앙받는다. 하지만 쑨원은 대총통이 되고 불과 6주일 만에 위안스카이 장군에게 그 자리를 넘겨주었다. 위안스카이는 쑨원에게 부족한 부분인 군사력을 갖추고 있었다. 1912년부터 1920년까지 쑨원은 중국 정부에서 그다지 중요한 역할을 하지 않았지만, 1920년에 군벌들이 베이징에서 권력을 쥐자 그가 1911년 혁명 직후에 조직했던 국민당을 이용해서 광저우에 근거지를 마련했다. 이곳에서 그는 중국 통일을 위한 국민혁명군의 구축에 주도적인 역할을 할 수 있는 군 장교들을 훈련시키기 위해서 소련의 도움을 받아 황푸 군사학교를 세우고 장제스를 교장에 앉혔다. 쑨원은 저우언라이, 마오쩌둥, 그외의 진보적인 여러 젊은 지도자들을 광저우로 끌어들였다. 저우언라이는 이 학교의 정치위원이 되었고 마오쩌둥은 광저우에 농민운동 강습소를 세웠다. 쑨원은 국민당 내에 공산당원들을 어렵사리 유지했지만 그가 죽고 2년 뒤인 1927년, 공산당원들을 환영했던 국민당원들이 그들을 공격하면서 두 당은 영영 결별했다.

쑨원은 일본과 매우 친밀한 관계였고 실제로 일본에서 오래 살았다. 1905년 중국에서 혁명을 선동하여 목숨이 위험해졌을 때에는 일본으로 피신하여 나카야마(중국어로 중산)라는 일본식 이름으로 위장했다. 혁명이 끝난 이후 위안스카이와 결별한 쑨원은 다시 한번 일본으로 몸을 피했다. 그는 미야자키 도라조(미야자키 도텐이라고도 불린다)를 포함해서 일본에 많은 지지자들이 있었다. 미야자키는 쑨원의 생애 마지막 20년 동안 그의 헌신적인 오른팔 역할을 했다.

쑨원은 후일 그의 이름을 따서 중산이라는 이름이 붙은 지역에 있는 췌이헝이라는 마을의 하카족 가정에서 태어났다. 주 강 삼각주 서쪽, 마카오 바로 북쪽에 위치한 마을이었다. 그는 지역 학교를 다닌 뒤 열세 살이던 1878년에 하와이로 떠나 형과 함께 살면서 학교에 다니다가 1883년에 중국으로 돌아왔다. 그후 3년 동안 홍콩의 학교들에서 공부했고, 이 시기에 기독교 세례를 받았다. 그리고 1886년부터 홍콩에서 서양 의학을 공부한 뒤에 1892년에 졸업했다. 그는 중국의 과학이 서구에 비해 뒤떨어져 있고, 따라서 중국이 대대적인 변화에 착수해야 한다고 생각했다. 1894년에 쑨원과 친구들은 흥중회(興中會)를 조직했다. 중국의 현대화 실패에 분개하고 1895년에 일본과의 전쟁에서 패한 데에 실망한 흥중회는 양광 총독부를 공격하겠다는 계획을 세웠지만 계획이 외부로 새어나가는 바람에 그들의 공격은 완전히 진압되었다. 고전 유학을 공부한 베이징의 지도자급 관리들은 쑨원을 제대로 교육받지 못한 사람으로 얕잡아 보았고, 1895년에 그가 가한 공격을 심각한 위협으로 생각하지 않았다.

1895년 이후, 쑨원은 일본으로 몸을 피했다가 미국과 유럽을 여행했다. 그러던 중 1896년에 런던에서 중국 공사에게 체포되었는데, 공사관은 그를 처형할 계획이었다. 그러나 영국의 지인들이 쑨원을 석방시키기 위해서 이 사건을 널리 알린 덕분에 그는 12일 후에 풀려날 수 있었다. 이 사건이 영국에서 언론의 높은 관심을 받아 쑨원은 전 세계의 중국인 공동체들 사이에서 유명인사가 되었다. 마리-클레르 베르제르가 쓴 것처럼, 쑨원은 자신의 정치적 목표를 달성하기 위해서 청중이 듣고 싶어하는 말을 하는 데에 능숙한 유능한 선전가였다. 그가 하는 연설의 내용은 나라마다 달랐지만, 중국을 강한 현대 국가로 만드는 데에 도움이 된다고 생각하는 일을 한다는 점은 일관적이었다.

1900년에 쑨원은 광저우 동쪽에 있는 현청 소재지인 후이저우의 봉기 준비를 도왔다. 그러나 이 봉기 역시 실패로 끝났다. 1905년에 그가 다시 일본으로 돌아갔을 때, 대부분의 중국인 학생들은 같은 성 출신끼리 어울리고 있었다. 그는 후난 성, 후베이 성, 상하이, 광둥 성, 그외의 지역들에서 온 학생들로 구성된 범중국적인 조직을 만들기 위해서 사람들과 함께 혁명동맹회를 결성했다. 이후 그는 자금을 모으기 위해서 계속 해외를 돌아다녔다. 1911년 혁명 소식을 들었을 때에 그는 콜로라도 주에서 기금 모금을 하고 있었다.

쑨원이 아직 해외에 있던 1911년 11월 29일, 혁명을 지원했던 다양한 지역의 여러 대표들이 난징에 모여 쑨원을 새로운 중화민국의 지도자로 선출했다. 그는 1912년 1월 1일에 임시 대총통으로 공식 취임했다. 쑨원은 유능한 선전가이자 기금 모금자였고, 전 세계의 많은 지역을 여행했기 때문에 해외의 중국 공동체들 사이에서 유명한 인물이었다. 1905년에 공식적으로 발표한 쑨원의 삼민주의― 민족주의, 민주주의, 민생주의―는 잘 다듬어진 이념은 아니어서 수년에 걸쳐 내용이 수정되었지만, 해외에 거주하는 중국인들로부터 혁명에 대한 지지를 모으는 데에는 효과적인 기치가 되었다.

마리-클레르 베르제르가 명확히 지적한 것처럼, 현실적인 정치 조직자로서 쑨원의 수완은 선전가로서의 능력에는 미치지 못했다. 1912년 2월 12일에 위안스카이와 그의 병력이 정부를 장악하자 쑨원은 일본으로 피신했다. 당시에 그는 유망한 혁명가나 중국의 대총통이 될 가능성이 있는 사람이 아니라 미래가 불투명한 망명자에 불과했다. 게다가 일본의 옛 동지들은 새로 권력을 쥔 위안스카이와 일할 길을 찾고 있었다. 쑨원은 부유한 사업가 쑹자수의 딸로 자신보다 한 세대나 어린 쑹칭링에게 비밀리에 구애했다. 1915년, 쑹칭링은 결국 아버지의 명을 거역하고 집을 나와 도쿄로 가서 쑨원과 결혼했다(그녀는 세 자매 중 둘째 딸이었다. 막내인 쑹메이링은 나중에 장제스와 결혼했는데, 쑹메이링 역시 일본에서 장제스의 청혼을 받아들였다). 쑹칭링이 쑨원과 결혼하려고 가출을 하게 되면서 쑨원은 쑹칭링의 아버지와 효를 중시하는 다른 중국인들, 그리고 전처와 먼저 이혼하지 않고 행해진 쑨원의 결혼을 반대한 국내외 기독교인들로부터 지지를 잃었다. 1918년부터 1920년까지 쑨원과 그의 새 아내는 상하이의 프랑스 조계지에서 살았고, 공적 활동에는 거의 참여하지 않았다.

1920년에 쑨원은 국가적 정치권력을 되찾고 중국 전체를 다스리는 지도자가 되기 위한 노력의 일환으로 광저우에 근거지를 마련하려고 시도했다. 그러나 광둥 성에서 튼튼한 자신의 근거지를 유지하기를 원하고 중국을 다시 차지하려는 시도에 자원을 낭비하고 싶지 않았던 지역 군벌 천중밍과 반목했다. 1923년 초, 광저우에서의 지반이 불안정했던 쑨원은 소련에 의지했고 결국 소련의 도움으로 용병들을 이용해서 천중밍을 물리칠 수 있었다.

쑨원은 소련의 도움을 받아 일부 정치 인재들을 광둥 성으로 데려왔는데, 그중에는 1921년에 중국공산당의 핵심 창립자가 된 좌파도 다수 포함되어 있었다. 1924년 1월, 쑨원은 나라를 통일시킬 국군 장교들을 훈련시키기 위한 황푸 군사학교의 설립을 결정하고, 그 기획 책임자로 장제스를 임명했다. 1924년 5월에 500명의 사관후보생이 첫 수업을 받기 위해서 군사학교에 도착했다. 정치 훈련은 랴오청즈의 아버지 랴오중카이와 정치부에 소속된 저우언라이의 주도 아래 실시되었다. 1923년에 쑨원은 마오쩌둥으로 하여금 광저우에 농민운동 강습소를 세우고 이후 시골에 가서 공산주의의 대의를 위해서 농민들을 동원할 간부들을 훈련시키도록 했다.

1924년 11월 1일에 쑨원은 군벌 펑위샹으로부터 베이징에서 열릴 국가 통일을 위한 회의에 참석해달라는 공식 초대를 받았고, 자신이 중요한 역할을 할 수 있다고 판단한 쑨원은 그 초대를 받아들였다. 11월 13일에 그는 홍콩에서 배를 타고 상하이로 갔다가 고베를 거쳐 톈진으로 향했다. 11월 24일부터 30일까지 고베에 있는 동안 쑨원은 "대아시아주의"라는 제목의 연설을 하여 서구 문명의 지배에서 벗어난 일본을 칭찬하고 불평등 조약 철폐를 위해서 동아시아 국가들이 힘을 합쳐야 한다고 주장했다. 톈진에 도착했을 때 병세가 악화된 쑨원은 다음 날 병원에 입원했다. 국민당 관리들이 당의 미래를 논의하기 위해서 그가 입원한 병원으로 모여들었고, 쑨원은 왕징웨이가 대필한 유서에 동의했다. 결국 쑨원은 그곳에서 퇴원하지 못하고 1925년 3월 12일에 세상을 떠났다.

쑨원을 연구한 서구의 학자들은 선전가로서 그의 역할과 그 역사적 중요성은 인정하지만, 뛰어난 리더십 능력이나 이론적 통찰력의 소유자로 여겨지는 않는다. 하지만 그는 중국의 공식 문서들에서 위대한 위치로 승격되어 왔다. 국민당과 공산당은 그가 죽고 2년 뒤에 갈라섰지만 각 당은 저마다 자신들이 쑨원의 적법한 후계자라고 주장한다. 공산당도, 국민당도 쑨원에 관한 글들을 통해서 그를 신해혁명의 아버지이자 나라의 통일을 위해서 용감하고 현명하게 노력한 위대하고 애국적인 지도자라고 칭송한다. 장제스는 쑨원의 사명을 수행하는 데에 전념하는 영원히 충성스러운 추종자가 될 것임을 자처했다. 1929년에, 장제스는 쑨원의 관을 난징의 쯔진 산으로 옮겨, 긴 계단을 올라야 갈 수 있는 대형 묘에 안치했다. 제2차 세계대전 동안 국민당도 공산당도 쑨원의 이력에 관한 글에서 그와 일본과의 밀접한 관계를 논하지 않았다.

더 자세한 내용은 Marie-Claire Bergère, *Sun Yat-sen* (Stanford, Calif. : Stanford University Press, 1998) ; Marius B. Jansen, *The Japanese and Sun Yat-sen* (Stanford, Calif. : Stanford University Press, 1970) 참조.

왕징웨이, 1883-1944년

왕징웨이는 1903년부터 1905년까지 일본에서 공부하는 동안 같은 광둥 성 학생인 쑨원을 만났다. 쑨원과 마찬가지로 왕징웨이도 만주족 지도자들이 중국의 문제들을 해결할 수 없다고 전적으로 확신했다. 그는 쑨원의 혁명동맹회에 가담했고, 쑨원의 여생 동안 측근으로 그를 보좌했다. 1925년에 쑨원이 죽은 뒤에 왕징웨이는 유력한 후계자 후보로 꼽혔지만, 1년도 되지 않아 장제스가 쑨원의 후계자로 등극했다. 하지만 왕징웨이는 장제스를 쑨원의 적법한 후계자로 인정하지 않았다. 왕징웨이는 일본에서 뛰어난 학생이었고 장제스보다 일본어를 훨씬 잘했다. 일본이 중국을 침략하자 왕징웨이는 충칭에서 장제스와 잠깐 연합하기도 했지만, 두 사람은 수년간 서로에게 정적으로 남았다. 1940년 3월, 중국 점령을 주도한 일본인들은 정부를 운영할 중국인 꼭두각시를 원했다. 일본어에 유창한 고위급 지도자이던 왕징웨이가 이에 적절한 선택지였고, 일본인들은 그에게 정부의 주석 자리를 제안했다. 긴 협상 끝에 일본인들은 왕징웨이가 받아들일 만큼 매력적인 직위를 만들었다. 왕징웨이는 주석을 지내는 동안 애국심을 지켰고, 자신의 직위를 이용해서 중국인들을 도우려고 노력했다고 주장했다. 하지만 일본인들이 그의 발언과 행동을 엄격하게 통제했기 때문에 그에게는 운신의 여지가 거의 없었다.

왕징웨이는 광저우의 북서쪽 외곽에 위치한 싼수이 현에서 태어났다. 1903년에 그는 광둥 성 장학생으로 뽑혀 일본으로 유학을 떠났고, 1905년에 호세이 대학교를 졸업했다. 중국으로 돌아온 그는 법 이론과 서양 철학에 관해서 폭넓은 독서를 계속했다. 중국에 황제가 필요하다고 믿은 량치차오와 달리, 왕징웨이는 중국에는 일반의지를 표현하는 더 많은 법이 필요하다고 생각했다. 1910년, 왕징웨이는 순친왕 암살 음모에 가담했다는 이유로 체포되어 1911년 혁명이 일어날 때까지 복역했다. 석방 직후 그는 혁명 대의의 영웅이라는 이름을 얻었다. 명쾌한 웅변가이던 그는 인기 높은 대중 연설가가 되어 많은 청중을 끌어들였다. 또 저술가와 시인으로도 인정을 받았다.

제1차 세계대전 동안 그는 프랑스로 가서 프랑스 문학을 공부했다. 그리고 1917년에 중국으로 돌아와 쑨원의 개인 비서로 일하며 쑨원의 이름으로 발표된 많은 문서들을 작성했고, 쑨원의 출장길에도 동행했다. 또 황푸 군 사학교에서 국민당의 역사를 가르쳤고, 1925년에는 국민당 중앙집행위원회의 위원이 되었다. 그는 1925년 3월 12일에 쑨원의 임종을 지켰고, 그의 정치 유언장을 작성한 주요 인물이었다.

쑨원이 죽은 뒤 왕징웨이는 중앙상무위원회의 의장으로 선출되었다. 당시 장제스는 위원회의 일원이 아니었고, 아직 쑨원의 후계자 후보로 거론되지 않은 상태였다. 하지만 장제스는 국민당군의 군단장들로부터 존경을 받았고, 1925년 6월 5일에 북벌을 준비하는 동안 국민혁명군의 총사령관으로 임명되었다. 그리고 한 달 뒤에 장제스는 최고사령관이 되었다. 1925년 8월 20일에 또다른 후계자 후보이던 랴오중카이가 총격을 당했고 장제스는 중앙상무위원회의 위원이 되었다. 러시아인 자문 미하일 보로딘과 광시 좡족 자치구의 군사 지도자 리쭝런은 왕징웨이를 야심이 강해 예측할 수 없고 신뢰할 수 없는 사람이라고 생각했다. 왕징웨이는 군이 장제스에 대한 지지를 선언하자 매우 당황했다. 군인인 위안스카이가 정치인인 쑨원 대신 총통이 된 것처럼, 정치를 잘 모르는 군인 장제스가 왕징웨이 대신 총통이 되었다. 왕징웨이는 자신이 적임자라고 믿었던 쑨원의 후계자 자리를 도둑맞은 것처럼 느꼈다. 이후 목숨의 위협을 느낀 왕징웨이는 상하이로 몸을 피했다가 프랑스로 떠났다.

1927년, 장제스가 난징에 국민정부를 수립하자 왕징웨이는 국민정부의 본거지가 되기를 희망하며 우한에 국민당 정권을 세웠지만 거의 지지를 받지 못하고 곧 물러났다. 그리고 1930년에 군벌 옌시산, 펑위샹과 함께 장제스에 대항하는 정부를 세웠다.

1935년에 국민당 중앙집행위원회가 단체사진을 찍기 위해서 포즈를 취하고 있을 때, 갑자기 사진사가 총을 꺼내 왕징웨이를 향해 몇 발을 쏘았고 그중 한 발은 그에게 치명적인 중상을 입혔다. 단체사진을 찍는 사람들 가운데 장제스가 없었기 때문에 일부 사람들은 장제스가 암살을 지시했다고 추측했다. 왕징웨이는 치료를 위해서 아내와 함께 유럽으로 떠나 몇 달간 요양을 했고, 이때 공부도 병행했다. 그리고 일본이 중국을 침략하고 장제스가 충칭으로 물러난 뒤, 왕징웨이는 그를 따라 충칭으로 가서 잠시 동안 국방위원회 의장을 지냈다.

1937년 11월, 일본은 주중 독일 대사인 오스카 트라우트만을 장제스와의 협상자로 위임했다. 회담이 열렸지만 종전 합의를 이루는 데에는 실패했다. 전쟁을 중단하고 더 이상의 사상자가 발생하지 않기를 바라던 왕징웨이는 심지어 충칭을 떠나 하노이로 간 뒤에도 계속 일본의 주요 관리들을 만나 합의를 이루려고 시도했다. 때때로 합의에 도달할 것 같은 희망이 약간 비치기도 했지만, 결국 장제스는 전쟁을 계속하기로 결정했고 왕징웨이의 노력은 비애국적인 "평화 모의"로 불렸다. 하노이에서 왕징웨이는 국민당이 보낸 것으로 추정되는 암살범에 의해서 두 번째로 부상을 당했다.

1940년 3월, 일본인들이 왕징웨이에게 중화민국의 주석 자리를 제안했다. 왕징웨이는 몇 주일 동안 망설였지만 공산주의 및 서구 제국주의와 싸우기 위해서 일본과 일하겠다고 발표하면서 마침내 제안을 수락했다. 그러자 일본은 난징에 괴뢰정부를 세우고 진정한 국민당 정부가 귀환했다고 선전했다. 왕징웨이에게는 군대가 없었기 때문에 일본에 저항하기에 불리한 처지였다. 그는 일본인들에게 덜 강압적이 되도록 설득하는 데에 거의 성공을 얻지 못해 의기소침해졌다고 한다. 1944년에 왕징웨이는 병에 걸려 나고야의 일본 병원으로 보내졌고, 그후 얼마 지나지 않아 세상을 떠났다.

왕징웨이를 반역자로 생각하는 사람들은 그가 일본의 대동아공영권을 지지하는 연설을 하고, 1940년 11월에 중일 기본관계 조약에 서명한 일을 그 근거로 꼽는다. 그들은 이 조약에 서명한 것은 21개조 요구를 받아들인 것과 비슷한 의미라고 주장한다. 왕징웨이의 사후에 국민당과 공산당 모두 그를 부역자라고 비난했고, 그를 반역자로 공격하는 대규모 공공 캠페인을 벌였다. 장제스의 병사들은 난징에 있던 그의 무덤을 폭파하기도 했다. 오늘날 국민당과 공산당의 역사서들은 왕징웨이를 중국사에서 가장 악명 높은 반역자들 중의 한 명으로 공격하며 그와 쑨원의 관계를 축소한다.

더 자세한 내용은 Gerald Bunker, *The Peace Conspiracy* : *Wang Ching-wei and the China War, 1937-1941* (Cambridge, Mass. : Harvard University Press, 1972) 참조.

요시다 시게루, 1878-1967년

연합국 점령기 동안과 점령이 끝난 직후인 1946년부터 1952년까지 일본의 탁월한 지도자였던 요시다 시게루는 제2차 세계대전 이후 일본의 새로운 정치 진로를 설정했다. 엘리트 코스를 밟은 외교관 출신인 요시다는 1946년부터 1954년까지 대부분의 기간 동안 총리로 재직하며 연합국 점령군의 관리들에게 일본의 국익을 대변하고자 노력했다. 그러나 한편으로는 최종 권한이 점령군 관리들에게 있음을 알고 있었기 때문에 요시다는 그들의 정책 대부분을 기꺼이 받아들여 시행했다. 새로운 민주적 선거제도를 통해서 당선된 많은 정치 지도자들이 현명한 통치를 위한 지식이나 시각을 갖추지 못했을 수도 있음을 우려한 요시다는 정무를 잘 아는 전 고위급 관료들을 설득하여 그들이 정계에 입문하도록 도왔다. "요시다 학교"의 졸업생으로 알려진 이들 전 관료들은 일본과 미국의 동맹을 유지하기 위해서 노력했다. 이들은 정부가 주도하는 시장경제를 통한 경제 성장방식을 지지했고, 종전 이후 20년 내에 대다수의 일본 시민들이 중산층이 될 만큼 충분히 성공적으로 정무를 관리했다. 이케다 하야토, 사토 에이사쿠, 후쿠다 다케오, 오히라 마사요시, 미야자와 기이치 등 전후 40년 동안 대부분의 일본 총리들이 요시다 학교의 일원이었다.

요코하마에서 태어난 요시다는 어려서, 자식이 없는 부유한 상인이었던 요시다 겐조에게 입양되었다. 그는 특혜 받은 귀족적 삶을 살았고 엘리트 학교들을 거쳐 도쿄 제국대학에서 공부했다. 그리고 메이지 시대의 첫 10년 동안 지도적인 위치에 있었던 정치인 오쿠보 도시미치가 입양한 아들인 마키노 노부아키 백작의 딸과 결혼하여 관료 집단 내에서도 매우 높은 지위를 얻었다.

외무성 관리로 재직하던 시절, 영미파로 간주되었던 요시다는 영국의 정치제도를 매우 높이 평가했다. 하지만 그는 영어권 국가보다 중국에서 더 오래 근무했다. 그의 첫 번째 해외 부임지는 1907년부터 1908년까지 근무한 선양의 중국 영사관이었다. 1912년부터 1915년까지는 한국과의 국경 지역에 위치한 단둥(당시에는 안둥이라고 불렸다)에서 영사로 근무한 뒤, 1918년 산둥 성의 지난에 배정되었다. 그리고 1922년부터 1925년까지 항구 도시 톈진, 1925년부터 1928년까지는 선양의 총영사를 지냈다.

단둥에서 첫 근무를 하는 동안 그는 1915년에 일본이 중국에 제시한 21개조 요구에 반대하는 보고서를 썼다. 보고서를 통해서 그는 중국과 하루빨리 신뢰와 협력의 관계를 구축해야 하며, 당시 중국에서 음모와 간첩 행위에 관여하던 "대륙 낭인들"이 일본과 중국과의 우호적인 통상 관계 발전에 방해가 된다고 지적했다. 이렇게 21개조 요구에 대한 반대 의사를 표현한 요시다는 이후 외무성 내부로부터 비판을 받고 워싱턴에서 요직 대신 기록 업무를 맡게 되었다. 요시다는 1919년 베르사유에서 열린 강화회의에 참석 했고 이곳에서 국력이 이상주의보다 영향력이 더욱 크다고 생각하게 되었 다. 그는 또한 캘리포니아 주에 사는 일본인들이 많은 차별을 당하던 때에 미국이 이상주의를 표방하는 것에 냉소적이 되었다.

1920년대에 요시다는 어떤 중국인 지도자도 나라를 통일하지 못할뿐더 러 효과적인 리더십을 발휘하지 못할 것이라고 생각하며 급속히 비관적이 되었다. 또 1920년대 말에 그는 장쭤린이 일을 잘 처리하지 못하고, 하는 말도 믿을 수 없다며 불만을 표했다. 중국의 지도자들은 무력이 뒷받침되지 않으면 우호의 표현에 대응하지 않는다는 결론을 내린 그는 중국에 대한 강경 정책을 선호했다.

요시다는 1936년부터 1938년까지 영국 주재 일본 대사를 지내면서 영국 과 좋은 관계를 회복하기 위한 방법을 꾸준히 모색했다. 하지만 1937년 7월 7일에 일본군이 중국 화북 지방을 침략하자 이런 노력이 성공을 거둘 가능 성이 사라졌다. 요시다는 1938년에 도쿄로 돌아왔다.

1942년에 요시다는 일본이 전쟁에서 이길 수 없다는 결론을 내리고 다른 사람들과 협력하여 협상으로 해결하기 위한 노력을 시작했다. 이들은 일본 경찰에게 요한센[吉田反戰]이라고 불렸다. 요시다는 1940-1941년에 잠깐 총리를 지낸 고노에 후미마로와 함께 "고노에 상주문"을 준비했다. 고노에 는 천황에게 항복을 촉구하는 이 상주문을 1945년 2월 14일이 되어서야 마 침내 천황에게 올려도 된다는 허락을 받았다. 그러나 천황은 종전에 동의하 지 않았고, 1945년 4월 15일에 요시다는 일본의 항복을 유도하려는 고노에 의 시도를 지지한 혐의로 체포되었다.

1946년 4월 10일, 전후에 치러진 첫 총선에서 하토야마 이치로가 이끄는 자유당이 승리하여 제1당이 되었고, 하토야마가 전후의 첫 총리가 될 것으로 예상되었다. 그러나 점령군 관리들이 1930년대에 히틀러와 무솔리니를 찬양했던 하토야마를 추방할 것을 이미 문서화한 상태였다. 추방 명령을 받은 하토야마는 전부터 잘 알고 지내던 요시다에게 새로운 내각을 조직해 줄 것을 요청했다. 그리고 1946년 5월, 요시다가 총리가 되었다. 연합국 점령군의 수장이던 더글러스 맥아더 장군과 요시다는 그들이 서로 좋은 협력 관계를 맺을 수 있다는 것을 알게 되었다. 요시다는 선거에 패하여 물러난 1947년 4월부터 1948년 11월까지를 제외하고 1946년부터 1954년까지 총리를 지냈다.

1946년 당시 연합국 점령군 관리들이 보기에 요시다는 총리로서 최상의 선택지였다. 그는 영어를 자유자재로 구사했을 뿐만 아니라 친영미파로 간주되는 인물이었다. 전쟁을 끝내기 위해서 노력하다가 군국주의자들에 의해서 투옥된 적도 있었고, 1932년부터 1941년까지 주일 미국 대사를 지내는 동안 대중으로부터 존경받았던 조지프 그루와도 대단히 좋은 관계를 유지했다. 그루의 아내 또한 요시다의 아내와 친했고, 요시다의 아내가 불치병에 걸려 죽기 전 마지막 몇 달 동안 그루 부부가 이들에게 큰 도움을 주었다. 진주만 공습이 벌어진 뒤, 그루 대사가 본국으로 송환되기 전에 일본에 발이 묶여 있을 때에는 요시다 역시 개인적인 위험을 무릅쓰고 식량과 그외의 물건들을 보내주었다. 이런 배경을 지닌 요시다는 소통이 가능하고 믿을 수 있는 총리를 찾고 있던 미국인들에게 당연한 선택지가 되었다.

1945년 9월 20일, 요시다는 외무장관으로서 맥아더와 첫 회의를 가졌다. 키가 150센티미터가 될까 말까 하여 맥아더보다 머리 하나는 더 작은 요시다였지만, 그는 귀족 가문 출신 실력자의 자연스러운 침착성과 품위를 보여주었다. 첫 회의에서 미국의 장군이 방 안을 서성거리며 일본인들이 "설교"라고 부르던 이야기들을 요시다에게 늘어놓자, 요시다가 살짝 웃음을 지었다. 맥아더가 요시다에게 그 이유를 묻자 요시다는 사자 굴 속에서 강의를 듣고 있는 다니엘(하느님께 기도를 올린 데에 대한 벌로 사자 굴에 던져졌으나 살아남은 이스라엘의 예언자)이 된 기분이라고 대답했다. 맥아더는 처음에는 노려보더니 곧 웃음을 터뜨렸다고 한다.

회의에서 요시다는 향후 다양한 방식으로 여러 차례 되풀이할 자신의 주장을 밝혔다. 즉, 민주주의를 갖추기 위해서는 먼저 경제 상황을 개선해야 한다는 것이었다. 미국의 대일 정책이 경제 성장을 강조하기 시작한 것은 1947년이 되어서였다. 또 이 회의에서 요시다는 맥아더에게 천황을 만날 것을 제안했고, 일주일 뒤에 실제로 맥아더와 천황과의 만남이 이루어졌다.

거침없이 말하는 성격의 귀족 요시다는 대중영합주의자가 아니었고, 낮은 계층 출신의 선출 의원들에게는 인기가 없었다. 1953년 3월에는 한 사회당 의원에게 "멍청이야!"라고 외친 뒤 선거에서 패하기도 했다. 하지만 요시다는 일본이 약자의 입장일 때에도 점령군 당국에 솔직하고 위엄 있게 이야기하여 많은 일본 대중의 존경을 받았다.

점령 통치 기간 동안에 총리를 지내면서 요시다는 해외 및 국내 정책이 연합군에 의해서 결정된다는 현실을 받아들였지만, 일본이 주도적으로 경제를 재건해야 한다는 주장은 굽히지 않았다. 그는 중국과의 교역 증가에 찬성하고 많은 "전범들"에 대한 처벌에 반대했으며 경제 성장의 둔화를 우려하여 일본 기업들의 해체에 반대론을 펼쳤지만 거의 대부분은 성공을 거두지 못했다. 그러나 "요시다 독트린"으로 불리는 그의 노선은 미국이 일본에 군사 안보를 제공할 수 있도록 하여 일본이 군비를 줄이고 경제 회복에 집중하는 데에 도움이 되었다. 요시다는 대규모 병력을 기르겠다는 약속을 하지 않고 미국의 점령 통치를 종식시킨 영리하고 끈기 있는 협상자였다.

경력 초기에 요시다는 1922년까지 지속된 영일 동맹의 확고한 신봉자였다. 이 동맹은 러시아 혁명이 일어나기 훨씬 전부터 영국과 일본이 러시아에 대해서 품었던 공통된 두려움을 바탕으로 했다. 요시다는 미일 동맹 역시 타당하다고 생각했다. 이제 제정 러시아가 아니라 소비에트 러시아가 되었지만, 그는 여전히 일본에 가장 위협적인 나라는 러시아라고 생각했다.

요시다는 일본이 중국과의 교역을 증진하면 중국을 소련으로부터 벗어나게 하는 데에 도움이 될 것이라고 주장했지만 미국의 관리들은 응하지 않았다. 요시다는 중국에 관한 깊은 관심을 유지했고 평화로운 관계를 발달시키기를 원했다. 그는 중국과 일본 간의 교역 증가가 양국 모두에 이익이 될 것이라고 믿었다. 그리고 공산당 통치가 확립되고 몇 달 지나지 않은 1950년 1월에 중국과 외교관계를 수립하기로 결정한 영국을 현명하다고 생각했으며, 그렇게 하지 않는 미국은 같은 맥락에서 어리석다고 보았다. 요시다에게는 미국이 주도하는 점령군으로 하여금 일본의 대중국 교역 확대를 허용하도록 강요할 힘이 없었지만, 그는 미국이 허가하는 만큼의 교역을 유지하여 미래에 더 활발한 교역이 가능해질 때를 위한 길을 닦기를 원했다. 그리고 그동안에는 일본이 타이완을 점령한 반세기 동안에 구축한 관계를 이용하여 타이완과 교역을 계속하고자 했다.

1952년 4월 28일 연합국의 점령 통치가 끝난 이후, 요시다는 2년 반 동안 더 총리 자리를 지켰다. 그 기간 동안에 그는 1951년 12월에 미국 국무장관 존 포스터 덜레스에게 쓴 편지에서 타이완과의 관계를 유지하고 중국 본토와 더 가까워지지 않겠다고 했던 약속을 지켰다.

예전에 창설되었던 "경찰예비대"를 1954년 15만2,115명의 공인된 병력을 갖춘 새로운 자위대로 전환한 것을 제외하면 점령 통치가 끝난 뒤에 요시다가 총리로 재직하는 동안 중요한 정책 변화는 없었다. 은퇴 이후 요시다는 정치가로서의 비공식적 역할을 유지하여 정치인들과 외국에서 온 방문객들을 집으로 맞아들였다. 1964년 4월, 여든여섯 살의 요시다는 미국에서 열린 맥아더의 장례식에 참석하여 두 사람과 양국 간의 친밀한 관계가 지속되고 있음을 보여주었다. 요시다는 3년 후에 사망했다.

더 자세한 내용은 John Dower, *Empire and Aftermath : Yoshida Shigeru and the Japanese Experience, 1878-1954* (Cambridge, Mass. : Council on East Asian Studies, Harvard University, 1979) ; Richard B. Finn, *Winners in Peace* : *MacArthur*, *Yoshida*, *and Postwar Japan* (Berkeley : University of California Press, 1992) 참조.

이시바시 단잔, 1884 - 1973년

우수하고 영향력 있는 정치 및 경제 문제 평론가였던 이시바시 단잔은 일본의 식민지배에 대한 야심과 1920년대와 1930년대의 중국 침략에 반대했다. 그에 대한 결과를 예측할 수 있었기 때문이다. 하지만 일본의 침략적인 군사 지도자와 그에 부응한 정치 지도자들이 1931년의 만주 침략과 1937년의 중국 침략을 강행하면서 그의 경고는 무시당했다. 제2차 세계대전이 끝난 뒤에 이시바시 단잔은 1946년 요시다 총리의 1차 내각에서 재무대신, 1953년 하토야마 이치로 총리 아래에서 통상산업대신, 그리고 1956년 12월부터 1957년 2월까지 잠시 동안 총리를 역임했다. 당시 총리 자리를 놓고 경쟁하던 인물은 그와 매우 다른 정책들을 지지하던 기시 노부스케였다. 기시는 냉전 기간 동안 미국과 동맹하겠다는 공약을 내걸었던 반면, 이시바시는 중립과 중국과의 관계 재정립을 지지한다는 공약을 내걸었다. 이시바시는 학생들, 평화주의자들, 자민당의 좌익들에게 특히 인기가 높았다.

이시바시의 아버지는 불교 니치렌 종파의 승려였는데, 이시바시는 열 살에 야마나시 현의 한 절에서 수련생으로 지내며 불교를 공부했고 윌리엄 클라크의 제자들이 운영하는 학교에 다녔다. 윌리엄 클라크는 "소년들이여, 야망을 가져라"라는 문구로 일본의 젊은 세대를 고무시켰던, 미국의 유명한 교육자이다. 1907년에 이시바시는 일본의 독립적 진보 사상의 중심지인 와세다 대학교에서 철학 학위를 받고 졸업했다.

1911년, 이시바시는 「동양경제신보」를 포함하여 경제와 사업에 초점을 맞춘 여러 간행물들을 발간하는 동양경제신보사에 입사했다. 처음에 정치 및 사회 논평을 전문으로 하는 잡지인 「동양시론」에 배치되었고, 이곳에서 그는 자신의 철학 훈련을 적용하여 앞으로 쓸 글들의 틀이 될 일련의 기본 원칙들을 채택했다. 그중 한 가지 원칙이 "절대적 개인주의"였는데, 이 개념은 경제, 정치, 사회 체계가 개인의 안녕을 위해서 존재하는 것이지, 그 반대가 아니라는 의미였다. 그는 절대적 개인주의 개념에 맞추어 양성 평등과 산아 제한을 열렬히 지지했다.

이시바시는 중국인과 한국인들에 대한 일본인들의 편견뿐 아니라 일본 예외주의를 지지하는 선언들을 계속해서 비판했다. 그는 메이지 천황을 깊이 존경했지만, 그런 존경과 별개로 그가 "제국주의 체제의 신비한 마법"이라고 부른 개념에 대해서는 끊임없이 비판했다.

특정 이상과 원칙에 몰두하기는 했지만 이시바시는 기업가, 은행가, 관료, 정치인들을 주요 독자로 둔 박식한 현실주의자였다. 일본의 팽창주의적인 식민지 정책에 대한 그의 반대론은 식민지들은 결국 식민지 개척 국가의 경제를 고갈시킬 것이고, 기본적인 민족자결권을 박탈당한 식민지 주민들이 식민지 개척자들에게 필연적으로 분노하게 되어 일본에 해결하기 어려운 문제들을 불러일으킬 것이라는 계산이 바탕이 되었다.

이시바시는 일본의 중국 침략을 격렬하게 반대했다. 그는 일본의 군부가 중국인들의 저항 능력을 과소평가한다고 생각했고, 중국 침략이라는 모험은 일본이 무의미한 수렁에 빠지는 것으로 끝날 것이라고 예상했다. 그는 대다수의 일본 국민들과 특히 군인들이 일본의 매체들에 의해서 영향을 받아 중국인들을 전혀 존중하지 않으므로, 따라서 나중에 중국인들 역시 반일 입장이 될 것이라고 생각했다.

1920년에 일본의 시베리아 개입을 비판해서 군의 경고를 받은 이시바시는 용감하게도 이 경고를 글자 그대로 발표하고 군의 작전을 계속 비판했다. 전쟁이 끝난 뒤에 이시바시는 1947년 연합국 점령군에 의해서 공직에서 추방되었고, 그는 앞에서 그랬던 것처럼 「동양경제신보」에 추방 공지를 있는 그대로 실었다.

1940년대에 이시바시는 250명의 직원을 둔 동양경제신보사의 편집자이자 사장을 지냈다. 정부는 「동양경제신보」의 다양한 기사들을 검열했고, 이 신문이 널리 퍼지지 않도록 잉크와 종이의 할당량을 제한했다. 이에 이 시바시는 신문을 폐간하고 남은 현금을 직원들과 나눌지, 아니면 정부의 검열을 따를지를 결정해야 했다. 그는 중도를 택했다. 많은 일본인들과 마찬가지로 그는 일본이 중국과 태평양에서 벌어진 전쟁에서 패배를 눈앞에 두고 있으므로 패배 후의 계획을 세우는 것이 중요하다고 느꼈다. 그와 직원들은 정부의 지시를 주의 깊게 따름으로써 정부의 검열을 피하는 한편, 게재하는 기사들의 의미를 계속 명확하게 한다는 편집 방침을 세웠다. 예를 들면 이들은 한국과 타이완에서의 정책을 언급하면서 "식민지"라는 용어의 사용을 중단하고 그 지역들을 "일본의 경제 지역"으로 지칭했다.

유럽에서 독일이 연합국에 항복했을 때, 「동양경제신보」의 헤드라인은 "우리는 현재의 전투에서 더 이상 기적을 기대할 수 없다"였다. 1945년 8월 15일에 천황이 마침내 항복했을 때에 이시바시가 쓴 사설의 첫 문장은 "우리는 이제 일본의 재탄생으로 가는 문턱에 서 있다. 실제로 잠재력은 무한하다"였다. 이때 이시바시는 분명 패배에 환호하고 싶은 유혹을 느꼈겠지만 이는 독자들을 모욕하는 것과 다름없었다. 많은 독자들이 전쟁 중에 사랑하는 사람들을 잃었기 때문이다. 실제로 이시바시 역시 아들을 잃었다. 그래서 그는 일본의 패배를 곱씹기보다 일본의 미래를 위한 계획을 세우기 시작했다.

요시다 내각에서 재무대신을 지내던 당시, 그는 주택, 직원, 호텔 숙박 같은 사치, 골프 코스, 기사 딸린 차량 등 점령군 관리들에게 들어가는 경비의 상당 부분을 일본이 부담할 것을 요구하는 연합국 점령 사령부의 정책과 맞서 싸웠다. 여기에 드는 부담금이 정부 예산 총액의 3분의 1에 달했으므로 폐허가 된 공공 기반시설의 재건을 위한 비용 마련이 어려워졌다.

이시바시는 총리로 지낸 두 달 동안 중국과 더 나은 관계를 촉진하려고 노력했다. 그는 관계 정상화를 위한 첫걸음으로 중국을 방문할 생각이었지만, 이 계획을 실현하기도 전에 병에 걸렸다. 총리직에서 물러난 뒤 병에서 회복한 그는 결국 1959년과 1961년에 중국을 방문하여 저우언라이를 만났다. 1972년, 다나카 가쿠에이는 역사적인 중국 방문을 앞두고 당시 죽음을 목전에 두고 있던 이시바시를 찾아가 중일 관계 정상화라는 그의 꿈을 대신 이루겠다고 맹세했다. 이시바시는 살아생전 일본이 식민지 제국이 되기를 거부하는 모습을 보았고, 죽기 직전에는 중국과의 관계 정상화를 위해서 첫발을 내딛는 일본을 보며 위안을 얻었다.

더 자세한 내용은 Sharon H. Nolte, *Liberalism in Modern Japan*: *Ishibashi Tanzan and his Teachers, 1905-1960* (Berkeley: University of California Press, 1987); 松尾尊允 ed., 『石橋湛山評論集』(Tokyo: Iwanami Shoten, 1984); Shumpei Okamoto, "Ishibashi Tanzan and the Twenty-One Demands", in *The Chinese and the Japanese*: *Essays in Political and Cultural Interactions*, ed. Akira Iriye, 148-198 (Princeton, N.J.: Princeton University Press, 1980) 참조.

이시와라 간지, 1889-1949년

니치렌 종의 광신도인 이시와라 간지는 1931년에 상부 군 당국을 거역하고 만주 사변으로 이어진 음모를 주도한 뛰어난 군사 분석가이자 전략가였다. 그러나 1936년에는 일본 정부의 지도자들이 2월 26일의 실패한 쿠데타 참여자들을 진압하는 데에 중요한 역할을 했고, 1937년에는 중국과의 전쟁에 반대했다.

이시와라는 1889년 1월 18일에 경찰의 아들로 태어났다. 그의 선조들은 일본 본토 서북 지역의 가난한 농경 지대인 야마가타 현의 소나이 평야에서 살던 하급 사무라이였다. 소나이 평야는 도쿠가와 막부의 직접적인 지배를 받았으므로, 이 지역에 사는 사람들은 도쿠가와 막부의 편이 되어 메이지 유신에 저항했다. 이 지역 출신인 이시와라와 오카와 슈메이는 광적인 애국자가 되어 메이지 정부의 지도자들에게 그들이 더 이상 도쿠가와 가문에 대한 충성심이 남아 있지 않다는 것을 보여주었다. 이시와라는 애국심에 불탔고 의지가 강했으며 독립적이고 솔직했다.

　이시와라는 열세 살에 육군중앙 유년학교에 들어갔고 열여덟 살에는 육군 사관학교에 입학했다. 소위 시절이던 1910년에는 한일병합 직후 한국으로 파견되었고, 1915년에는 치열한 경쟁을 뚫고 육군대학에 합격하여 1918년에 차석으로 졸업했다. 중국 근무를 지원한 이시와라는 1920년에 우한의 중국 중부 수비대에 1년간 배속되었다. 중국에 있는 동안 그는 중국이라는 나라를 파악하기 위해서 시골로 자주 여행을 갔다. 그는 일부 일본인 방문자들이 중국인들을 무례하게 대하는 데에 혐오감을 느꼈다. 예를 들면 어떤 일본인들은 중국인이 끄는 인력거를 타고 돈을 낼 때에 동전을 땅에 던졌다. 이시와라는 중국과 일본이 아시아의 형제 국가로서 서구에 맞서서 연합할 수 있기를 바랐다. 중국을 여행하는 동안 그는 널리 퍼진 무질서와 빈곤을 보고 몹시 실망했다. 그는 중국이 혼자 힘으로는 현대 국가를 건설할 수 없고, 지도부의 목표를 달성하려면 일본의 도움이 필요할 것이라는 결론을 내렸다.

　또한 이시와라는 일본에서 목격한 행동들, 특히 이기적인 자본주의에도 깊은 혐오감을 느꼈다. 그는 처음에 신도에 관심을 가졌지만, 이 신앙이 충분한 활력을 주지 않는다는 결론을 내렸다. 그런 뒤 공격적인 애국자 니치렌이 13세기에 창시한 니치렌 종에 의지했고, 1919년 당시 서른 살이던 그는 열렬한 니치렌 종 신봉자가 되어 전례 없이 혼란스러운 마지막 전쟁이 끝나면 세계는 평화와 조화의 영원한 황금시대를 맞을 것임을 전 세계 다른 지역에 전해야 하는 임무가 일본에 있다고 굳게 믿었다. 그는 날마다 니치렌 종 경전을 읽고 일상의식을 지켰다.

　1922년, 이시와라는 3년간 독일에 파견되어 독일어를 공부한 뒤에 군사역사를 공부했다. 그는 제1차 세계대전에서 처음 사용된 무기들—탱크, 기관총, 항공기— 에 관해서 배웠는데, 신기술을 이용한 이 무기들은 일본이 중국과 러시아와의 전쟁에서 사용했던 것보다 훨씬 더 발전된 것들이었다. 이시와라는 이전의 전쟁에서는 군사 전문가들이 싸웠던 반면, 민족적 열정과 민주주의 이념의 자극을 받은 이후에 벌어진 제1차 세계대전은 직업군인뿐 아니라 모든 신체 건강한 남성과 민간인들까지 포함하는 전면전이 되었다고 결론을 내렸다. 그는 앞으로는 신기술들, 특히 항공기가 중요한 역할을 할 것이며 모든 도시가 한꺼번에 완전히 파괴될 수도 있다는 것을 깨달았다. 장기적인 전면전은 군사적 요인뿐 아니라 경제적, 사회적 요인들에 의해서도 결판이 날 것이다. 일본은 그런 전면전에서 승리할 자원과 경제력이 부족하기 때문에 이시와라는 일단 교전이 시작되면 일본이 신속하고 결정적이며 압도적인 타격(결전적 전쟁)을 가하여 승리를 거둘 수 있는 단기전을 벌여야 한다고 생각했다. 그의 분석은 놀라울 정도로 선견지명이 있었다.

1925년에 이시와라는 독일을 떠나 시베리아 횡단열차를 타고 하얼빈으로 향했다. 일본으로 귀국한 뒤에는 3년 동안 육군대학에서 군사 역사를 강의했다. 그는 폭넓은 전략적 분석과 니치렌 종에 대한 몰두가 반영된 깊은 확신으로 일본의 선도적인 젊은 장교 세대에서 가장 영향력 있는 전략가로 부상했다.

1928년 10월 20일, 이시와라는 관동군의 작전장교로 배치되어 만주에 도착했다. 그가 만주의 일본군에 미친 강력한 영향력은 그의 지위가 아니라 일본의 선두적인 전략가라는 명성에서 나왔다.

1930년에 이시와라는 일본과 미국은 이해관계와 세력권, 이념이 상충하기 때문에 필연적으로 대적할 수밖에 없는 운명이라는 결론을 내렸다. 이시와라는 만약 결전이 벌어지면 미국이 일본을 봉쇄하려고 할 것이고, 따라서 일본은 그에 대비한 강한 해군을 육성해야 한다고 생각했다. 미국과의 전쟁은 장기전이 될 것으로 예상되었고, 일본에게는 그러한 군사 활동을 뒷받침할 광범위한 경제적 기반을 위해서 만주가 필요했다. 이시와라는 만주에 탄탄한 산업기지를 구축하면 일본이 미국과의 전면전에서 승리할 수 있다고 믿었는데, 이는 심각한 결과를 불러온 잘못된 판단이었다.

이시와라는 만철의 연구원들의 도움을 받아 만주의 군사적, 경제적 상황과 관련된 정보를 수집했다. 그는 만주가 원래 중국이 아닌 현지의 부족들에게 속한 곳이므로, 일본 또한 중국만큼 만주에 대한 권리가 있다고 생각했다. 만주 지역 사람들을 억압했던 중국의 군벌들과 달리, 이시와라와 그의 일본인 동료들은 그들에게 도움이 되고자 일할 생각이었다.

1931년 9월 18일, 이시와라와 그의 동료 이타가키 세이시로의 주도 아래 일본군 병사들이 설치한 폭탄이 선양 근처의 철로에서 폭발했다. 이들은 처음에는 중국인들이 폭탄을 설치했다고 주장했지만, 몇 주일 지나지 않아 일본인들의 짓이라는 사실이 분명해졌다. 다음 2주일 동안 일본군은 만주 근처 지역들에서 중국군을 제압했다. 도쿄의 중앙군 사령부는 이시와라와 이타가키에게 철도를 중국에 반환하라고 지시했다. 하지만 그 무렵 이시와라와 이타가키는 민간인들을 혼란에 빠뜨리는 데에 성공했고, 만주의 일본인들을 보호하려면 군사작전이 필요하다고 주장했다. 일본군은 근처 도시들을 장악하기 위해서 빠르게 움직이기 위한 구실로 철로 폭발사건을 이용했다. 이들은 1932년 1월에 만주와 화북 지방 사이에 있는 고개인 산하이관을 점령했고, 봄에는 하얼빈을 장악했다. 이런 작전들에 앞서서 도쿄가 만주의 일본군으로부터 관련된 통보를 받았다는 기록은 없다.

이시와라와 그외의 관동군은 1911년의 신해혁명 당시 폐위된 어린 만주족 황제인 푸이를 꼭두각시로 내세워 만주국을 수립할 계획을 세웠다. 일본군이 만주를 점령하고 6개월 뒤에 푸이가 공식적으로 즉위할 때, 일본은 민족 화합을 촉진하기 위한 독립적인 만주국 수립을 발표했다. 이 왕국은 실제로는 관동군이 통치했고 일본이 방위, 외교 관계, 운송, 통신에 대한 통제권을 보유했다. 일본인이 아닌 사람들은 행정에 아무 권한이 없었을 뿐만 아니라 심지어 만주에 거주하는 일본인들도 거의 권력이 없었다. 게다가 도쿄의 일본 정부도 관동군이 주도하던 정부에 거의 영향력을 미치지 못했다.

중국인들이 가하는 개인적인 공격으로 신변의 안전을 걱정하던 만주의 일본 민간인들은 이시와라의 대담한 작전 덕분에 더 안전함을 느꼈다. 일본 상인들도 중국인들의 일본 상품 불매를 저지하기 위한 일본군의 강력한 작전에 박수를 보냈다. 우수하고 헌신적인 사람이라고 인정받던 이시와라는 만주의 젊은 장교들로부터 대대적인 지지를 받았다.

1932년 초에 이시와라는 만주를 만주족, 한족, 몽골족, 한국인, 일본인을 포함하여 중국의 모든 민족들 간의 조화로운 협력을 위한 장소로 구상하기 시작했다. 그 전해에 그는 만주의 정부에서 중국인들이 주도적인 역할을 할 수도 있으므로, 일본 정부가 만주의 활동들을 통제할 필요가 없다고 생각했다. 관동군이 평화 유지를 도울 것이지만 관동군 역시 정부에서 아무 역할도 하지 못할 것이다. 만주의 일본인들은 어떤 특혜도 받지 못할 것이고, 일본인 관리들의 급여는 유사한 직무의 만주와 중국 관리들의 급여와 비슷한 수준으로 삭감될 것이다. 만주는 모든 민족 집단 간의 화합을 촉진하는 만주국협화회(滿洲國協和會)가 통솔할 것이다.

서구인들과 중국인들은 사실상 일본인들이 통치하는 조화로운 만주 정부를 수립하려는 이시와라의 노력을 지지하지 않았다. 일본인들은 서구로부터는 비판을, 중국인들에게는 미움을 받았다. 도쿄의 고위급 군사 지도자들과 정치 지도자들은 자신들의 말을 들으려고 하지 않는 이시와라에게 불만을 품었다. 냉엄한 현실은, 만주의 일본군이 정부를 주무르고 만주의 미래 역할에 대한 이시와라의 비전이 미국과의 긴장을 고조시켜서 결국 제2차 세계대전의 빌미가 되었다는 것이다.

1932년 8월에 이시와라는 일본으로 돌아가면서 만주를 일본의 일부로 만드는 데에 성공한 것에 만족했다. 육군 일반참모가 된 그는 일본 북동부 지방에 배치되었다. 일반참모로서 그는 만주 문제에 대한 국제연맹의 회의에 참석했다. 또 닛산 콘체른의 창립자 아이카와 요시스케를 설득하여 만주의 경제 개발에 중요한 역할을 했다. 향후의 전쟁에서 항공기의 중요성을 확신한 그는 특히 비행기 생산에 초점을 맞추었다.

1936년 2월 26일의 쿠데타 시도에서 일본군의 급진파들이 각료 몇 명을 살해했다는 통보를 받은 이시와라는 그 즉시 헌병대 본부로 달려가 정부의 대응을 준비하고 반란을 진압하기 위한 군대 동원에서 중요한 역할을 했다. 본부에서 열린 회의에서 많은 관리들이 반란 진압을 위해서 병력을 보내기를 주저하자, 이시와라는 "군은 2월 28일 정오까지 기다릴 것이다. 그런 뒤 반란을 진압하기 위한 공격을 시작할 것이다"라고 말했다. 그는 반란을 진압하기 위해서 무엇을 해야 하는지에 대한 구체적인 명령을 내렸고, 이 명령이 즉각 실행되도록 한 힘은 그의 직위가 아니라 성격에서 나온 것이었다. 그러나 쿠데타 시도에 가담한 사람들 중에는 그의 추종자들도 많이 포함되어 있었다.

이시와라는 1931년의 만주 사변에서 중심적인 역할을 했지만, 1937년에 만주 남부의 전쟁을 중국으로 확대하는 데에는 강력하게 반대했다. 그는 소련이나 미국과 벌어질 수 있는 전쟁에 대비해서 일본이 경제 발전에 초점을 맞추어야 한다고 생각했다. 1937년에, 중국의 민족주의가 1931년보다 훨씬 더 강해졌다고 느낀 이시와라는 장제스와 협력할 준비를 했다.

중일전쟁을 촉발한 1937년 7월 7일 마르코폴로 다리 사건 이후, 당시 이치가야의 군 사령부에 배치되어 있던 이시와라는 자제를 촉구했다. 8월에 장제스가 상하이에 자신의 병력을 보내자 이시와라는 중국과의 전면적인 충돌을 피하기 위해서 일본이 병력과 민간인을 철수시켜야 한다고 판단했다.

이시와라는 중국과의 심각한 대치 상황에 휘말리지 않기 위해서 고노에 후미마로 일본 총리가 중국으로 가서 장제스와 협상해야 한다고 주장했으나, 얼마간의 검토 뒤에 고노에는 이시와라의 뜻에 따르지 않기로 결정했다. 하지만 이시와라는 계속 중일전쟁에 대한 반대의사를 분명히 밝혔다. 그러나 그는 이미 전 동료들로부터의 지지를 잃어버린 상태였고, 그는 그들의 도덕적 부패를 공개적으로 비판했다. 1937년 9월, 이시와라는 일반참모에서 해임되었고, 그해 가을 관동군 참모차장이 되어 만주로 돌아갔다. 관동군 관리들이 즐기던 특혜에 비판적이던 그는 민족 평등을 촉구했다. 그러나 1938년 말, 신랄한 성격과 동료들에 대한 직설적인 비판 때문에 만주의 다른 지도자들로부터 소외된 그는 일본으로 돌아갈 준비를 했다.

1938년에 도쿄로 돌아온 이시와라는 평등한 아시아 국가들의 연합체 결성을 지지했다. 1941년 3월 1일에 공식 퇴역한 뒤에는 리쓰메이칸 대학의 교수로 일했다. 그는 태평양 전쟁을 가리켜 피해가 막심한 실수였다고 주장했고, 전쟁 확대를 막기 위해서 더 열심히 노력하지 않은 자신을 비판하기도 했다. 또한 진주만 공격도 남몰래 비판했으며, 일본이 미국의 상대가 될 만큼의 경제 기반을 강화하지 않았기 때문에 전쟁에서 패할 것이라고 예측했다. 군을 떠난 뒤에 그는 일본이 추구하는 길에 대해서 심각한 의문을 품었지만, 그의 말에 항상 일관성이 있지는 않았다. 그는 예전의 자신감을 잃고 의기소침해졌다. 1942년 9월에 리쓰메이칸 대학에서 은퇴한 뒤에는 고향인 야마가타 현으로 돌아갔다. 전쟁이 끝난 뒤 그는 국제군사재판에 소환되었는데 병을 앓고 있었으므로 야마가타 현에서 재판을 받도록 허가받았으며, 재판 결과 공직에서는 추방되었지만 처벌은 받지 않았다. 이시와라는 1949년 8월 15일에 세상을 떠났다.

더 자세한 내용은 Mark R. Peattie, *Ishiwara Kanji and Japan's Confrontation with the West* (Princeton, N.J. : Princeton University Press, 1975) 참조.

이토 히로부미, 1841-1909년

1888-1889년에 제정된 일본 헌법의 초안을 작성한 추밀원의 의장, 새 헌법

하의 초대 총리, 그리고 메이지 천황의 최고 자문을 지낸 이토 히로부미는 메이지 개혁의 가장 중요한 설계자였다. 그는 일본의 정치 구조의 틀을 잡는 데에 기여했을 뿐만 아니라 1885년부터 1888년까지, 1892년부터 1896년까지, 1898년에 6개월 동안, 그리고 1900년부터 1901년까지 총 네 차례 총리를 지냈다. 메이지 유신 전부터 이미 영어를 유창하게 구사할 줄 알았던 그는 메이지 시대에 서구, 중국, 한국, 러시아 대표들과의 협상에서 중요한 역할을 했다. 이토 히로부미는 일본에서는 장기적인 국익을 위해서 현명한 전략적 판단을 내리고 외교 정책에 대한 온건한 견해를 지닌 인물로 알려졌던 반면, 중국에서는 청일전쟁이 끝났을 때에 일본이 중국에 가한 가혹한 조치들의 상징으로 여겨졌다. 또한 한국에서는 일본의 지배를 강요한 증오의 대상이어서 1909년 중국 하얼빈에서 이토를 저격하여 암살한 안중근은 위대한 국가 영웅으로 추앙받는다.

이토의 아버지는 농가에서 태어났으나 사무라이 가정에 입양되었다. 메이지 시대에 중요한 역할을 했던 조슈 번의 다른 사무라이들과 마찬가지로 이토는 헌신적인 스승 요시다 쇼인의 사숙(私淑)을 다녔다. 요시다 쇼인은 일본에 대한 모든 군사적 위협에 집착했고 군사 문제들에 관해서 더 많은 것을 알아낼 수 있다면 어디든 가겠다는 각오가 되어 있던 인물이었다.

메이지 유신이 일어나기도 전인 1863년에 이토는 일본의 유망한 젊은이로 선발되어 영국으로 떠나 영어와 해군학을 공부했다. 1870년에는 통화 체계를 공부하기 위해서 미국으로 파견되었고, 귀국한 뒤에는 일본 정부의 조세두(租稅頭)를 지냈다. 그리고 1871년부터 1873년까지 이와쿠라 사절단에 참여한 뒤에 공부대보(工部大輔)로 임명되었다. 1881년에는 일본 헌법 제정의 대표적 지지자가 되었으며, 헌법을 준비하기 위해서 18개월 동안 독일에 머물며 유수의 헌법학자들 밑에서 공부했다. 그는 새 헌법 제정 작업을 하는 한편, 황실에 토지와 자금을 제공하여 정부로부터 경제적인 독립을 유지할 수 있도록 하는 황실전범의 초안도 작성했다. 이토는 1885

년 중앙정부에 근대식 내각 체제가 도입되었을 때에 일본의 초대 총리가 되었다. 1889년에 일본 헌법이 발효되었고, 이듬해에 일본은 첫 의회의 의원들을 선출했다.

1893년, 아시아 최초의 의회인 일본 의회에서 일본이 가장 중요하게 생각하던 문제인 불평등 조약 폐지에 대한 토의가 시작되었다. 1894년, 이토는 총리로서 외무상 무쓰 무네미쓰와 함께 영국이 일본의 치외 법권을 철폐하도록 설득하는 데에 성공했다. 이토는 청일전쟁이 끝났을 무렵에 체결된 1895년의 시모노세키 조약을 포함하여 중일 문제에 대해서 중국의 이홍장과 여러 차례 핵심 협상자로 나섰다.

이토는 많은 정당 정치인들이 사사로운 이익에만 이끌려 국가가 전반적으로 필요로 하는 것들을 객관적으로 다루지 못한다고 생각했다. 그는 정치인들이 서로 다른 견해를 표현하도록 허용하는 의회 제도에 대한 믿음이 있었지만, 그들에게 결정을 내릴 권한을 주는 것은 원하지 않았다. 그는 관료들을 더 존중했으며 이들이 정치인들보다 전체적인 국익에 더 헌신적이라고 생각했다. 그러나 다양한 의견을 표현하는 하나의 방법으로 정당이 필요하다는 생각에는 변함이 없었으므로, 1900년부터 1903년까지 정부를 지원하기 위한 자신의 정당을 설립하려고 시도했다. 하지만 장기적으로 국익에 도움이 된다고 생각하는 문제들에 치중하고자 곧 정당 설립을 포기했다.

1901년에 이토는 러시아를 방문하여 만주의 정책들을 주도할 수 있는 권리를 줄 테니 그 대신 러시아는 일본에게 한국의 정책에 대한 주도권을 달라고 제안했다. 러시아는 이 제안에 동의하지 않았고, 3년 뒤에 러일전쟁이 일어났다. 일본은 이 전쟁에서 승리를 거두어 이토가 원하던 한국의 외교 정책에 대한 통제권을 얻었다.

이토는 1906년부터 1909년까지 한국에서 통감을 지내며 일본의 보호국으로서 한국의 지위에 대한 세부사항을 협상했다. 일본에서 이토는 중국,

한국의 호의를 유지하기 위해서 협상을 희망하는 온건파로 여겨졌다. 하지만 실제로 그는 정부의 대변인으로서 일본의 커져가는 야심을 대표하는 인물이었다. 1909년 하얼빈에서 그가 암살당하자 한국인들뿐 아니라 중국인들도 환호했지만, 일본에서는 그의 암살이 1910년에 한국이 합병된 뒤에 한국에 대한 엄격한 통치를 강화하는 하나의 계기가 되었다.

더 자세한 내용은 Albert M. Craig, *Choshu in the Meiji Restoration* (Cambridge, Mass. : Harvard University Press, 1961) ; Okazaki Hisahiko, *From Uraga to San Francisco : A Century of Japanese Diplomacy, 1853–1952 Prime Minister and Father of the Meiji Constitution*, trans. Takechi Manabu (Abingdon, U.K. : Routledge, 2014) 참조.

이홍장, 1823-1901년

비범한 재능을 갖춘 관리로서 눈부신 성공을 거둔 이홍장은 학자이자 장군, 정치 지도자, 외교 관계 관리자였다. 180센티미터가 넘는 장신에 늘 자신감이 넘치던 이홍장은 중국이 얼마나 낙후되어 있는지를 인식한 폭넓은 시각의 소유자였으며, 정부 고위급 관료들로부터 지지도 얻었기 때문에 중국의 산업화와 군사 발전을 촉진하기 위한 양무운동을 도입할 수 있었다. 중국의 많은 고위 지도자들이 외교 정책을 어떻게 이끌어나가야 할지에 대한 명확한 비전이 없을 때, 이홍장은 외교 정책을 계속 공부했고 1870년부터 반역자 낙인이 찍힌 1895년까지 외교 정책 결정을 주도했다.

이홍장은 최고 과거시험인 진사에 4,000명의 응시생들 중에서 3등으로 합격했다. 이는 스물네 살이라는 젊은 나이에 매우 이례적인 일이었다. 그는 잘 훈련받은 유학자이자 능숙한 서예가, 시인으로 학자들에게 환영받았지만, 진사를 통과할 무렵 그는 현실 세계에서 무엇인가를 성취하고 싶다는 욕구를 느끼고 학자의 길을 포기하기로 결심했다.

이홍장은 시험을 끝마치기도 전에 당시 가장 존경받는 정치 및 군사 지도자이자 태평천국을 진압한 업적으로 유명한 증국번의 제자가 되었다. 증국번은 이홍장의 아버지와 같은 해에 과거시험을 통과한 사람이었다. 증국번은 이홍장에게 고향인 안휘 성으로 돌아가 태평천국과 싸울 지역 의용군을 조직하여 이끄는 임무를 맡겼다. 이후 이홍장이 거둔 성공을 보고받고 감탄한 증국번은 이홍장에게 자신의 개인참모로 일해줄 것을 청했다. 이홍장은 1859년부터 3년 넘게 증국번이 베이징에 보내는 문서와 서한의 초안을 작성하는 책임을 맡았다. 그런 뒤 태평천국과 싸울 지방 의용군을 확장하라는 임무를 받아 안휘 성으로 돌아가서 중국에서 가장 근대적이고 성공한 군대들 중의 하나로 여겨지는 회군을 조직했다.

이홍장은 한때 가르친 적이 있던 공친왕과 태후에게 계속 충성했지만, 만주족 지도자들을 섬기는 한족으로서 공손하고 신중하게 행동해야 한다는 것을 알고 있었다. 이홍장이 성과를 거두자 증국번은 황실의 허가를 받아 당시 서른아홉 살이던 이홍장을 장쑤 성 순무사로 임명했다. 상하이에서 증국번은 근대식 무기들을 갖춘 외국의 군대들이 그의 "상승군(常勝軍)"보다 훨씬 우세한 것을 목격하고 서구의 도전을 절실하게 인식하게 되었다. 이홍장 역시 중국이 병사들을 훈련시켜야 하지만, 그보다 먼저 최신식 무기들의 제조기술을 익혀야 하고 이를 위해서는 자금이 필요하다고 생각했다.

이 시대에 중국에는 외교부가 없었다. 1870년 이후 25년 동안 이홍장은 직례총독(현재의 허베이, 베이징, 톈진을 포함한 지역을 다스린, 중국에서 가장 중요한 총독직), 북양통상대신(톈진에 사무소가 있어서 외국 방문객들이 베이징에 가기 전에 이홍장이 그들을 맞을 수 있었다), 북양함대(중국 북부 함대)의 수장 등 여러 요직을 역임하며 중국 외교 정책의 주도자가 되었다. 하지만 이홍장이 주요 외교 정책 문제들을 맡았던 이유는 그가 외교 문제들을 잘 파악했을 뿐만 아니라 명령 계통이 불명확한 분야들에서 책임을 맡을 만한 자신감이 있었고, 또한 황실이 자신을 어디까지 지지할지 잘 알고 있었기 때문이다.

이홍장은 중국이 그저 외국의 선박과 군사장비를 구입하거나 외세를 동맹으로 의지하기만 해서는 결코 강해질 수 없다는 것을 알고 있었다. 그래서 그는 군의 창설과 군을 지지할 산업기반의 구축을 꾀한 양무운동(1861-1895)의 촉진에 앞장섰다. 그는 중국이 라이플총 같은 무기뿐 아니라 더 근대화된 선박들을 건조할 수 있도록 강남제조총국과 톈진 기기국의 설립을 주도했다. 1872-1873년에는 중국 상인들이 외국 증기선 업체들과 경쟁할 수 있도록 돕기 위해서 윤선초상국을 세웠는데, 이 회사는 1870년대 말에 규모 면에서 영국의 무역회사들을 넘어섰다. 이홍장은 중국인들을 해외로 보내서 외국어를 배우게 해야 하는 이유가 단지 통역을 위해서가 아니라 해외의 발전상을 공부하기 위해서라는 것을 알고 있었다. 그뿐만 아니라 그는 중국인들에게 근대 공학을 교육시킬 기관들을 세웠고, 외국의 자원들을 구입하느라 재정이 고갈되는 상황을 피하기 위해서 철과 석탄 채굴을 확대하려고 애썼다. 중국의 모든 것이 다른 나라보다 우월하다고 지나치게 자신하던 많은 동료들과 달리, 이홍장은 서구의 강대국들과 일본과 비교하여 중국의 조직적 약점들을 날카롭게 인지하고 있었고, 중국의 힘이 아직 미약한 동안에는 다른 나라들과의 충돌을 피하려고 노력했다.

1863년 상하이에서 근무하면서 이미 서구의 강대국뿐 아니라 일본의 힘이 어떤 수준인지도 알게 된 이홍장은 군비 및 기술 훈련에서 이룬 발전과 군의 자강을 위한 모델로서 일본에 감탄을 표했다. 1871년에 그는 일본과 청나라 간의 관세를 정하는 양국 간의 최초의 조약을 지지하는 중국 측 협상자로 나섰다. 그러나 일본이 조선에서 주도권을 잡은 것과 류큐의 어부 문제를 처리하는 방식을 지켜본 이홍장은 일본인들이 겉으로는 예의바르지만 교묘하게 그들의 야욕을 채우고 있음을 확신했다. 그는 일본의 의도를 계속 경계하면서도 일본과의 안정적이고 평화로운 관계를 유지하기 위한 방법을 찾는 데에도 전력을 기울였다.

이홍장은 재능과 문제 분석력이 뛰어나기는 했지만, 그의 일본 측 주요 상대이던 이토 히로부미가 해외 생활과 일본의 관료집단이 체계적으로 수집하고 분석한 해외 정보를 통해서 얻은 것과 같은 심도 깊은 해외 교육과 외국 지도자들과의 인맥, 혹은 외국의 전략에 대한 깊은 이해는 없었다. 이홍장은 그의 시절에 가능했던 범위 내에서 움직이며 중국의 과거제, 행정구조, 교육제도를 받아들였다. 그리하여 군사와 기술에 주로 초점을 맞추었던 그의 양무운동의 성과는 일본이 제도적 변화를 통해서 얻었던 성과보다 훨씬 범위가 좁았다.

1885년에 공친왕이 권력을 잃으면서, 그리고 1894-1895년에 중국이 청일전쟁에 휘말리면서 양무운동이 힘을 잃은 것은 중국에게 커다란 비극이었다. 전쟁이 끝난 뒤에 이홍장은 전후 처리를 협상하는 책임을 받아들였다. 그는 중국이 양보를 거부할 수 있는 입장이 아님에도 불구하고, 보수주의자들이 일본에 너무 많은 양보를 했다고 그를 비판할 것임을 잘 알고 있었다. 협상을 위해서 일본에 머무는 동안 이홍장은 일본의 한 급진파 암살미수범의 총에 맞았다. 그는 눈 아래에 박힌 총알을 제거하지 않기로 결정했고, 며칠이 지나자 어느 정도 몸이 회복되었다. 중국 역사에서 이홍장은 일본이 중국이 가진 약점들 때문에 강요할 수 있었던 굴욕적인 조약을 체결한 배반자로 기억된다. 그런데 그 약점들은 이홍장이 국내의 강한 반대에 부딪히면서도 바로잡기 위해서 그 자신을 바쳤던 문제들이었다.

더 자세한 내용은 Samuel C. Chu and Kwang-Ching Liu, eds., *Li Hung-chang and China's Early Modernization* (Armonk, N.Y. : M. E. Sharpe, 1994) 참조.

장바이리, 1882-1938년

중국의 군사전략가이자 교육자, 저술가인 장바이리는 일본에 대한 식견이 높은 인물이었다. 일본에 유학한 최초의 중국인 학생들 중의 한 명인 그는 1906년에 일본 육군 사관학교를 수석으로 졸업했다. 그리고 독일에서 학업

을 계속하고 중국으로 돌아와 위안스카이가 총통이던 시절에 바오딩 군사
학교의 교장이 되었다. 장바이리는 1923년에 이미 앞으로 일어날 중국과
일본의 분쟁을 예측했고, 일본이 침략할 경우 중국이 승리할 수 있는 방법
이라고 생각한 "지구전" 전략을 제안했다.

장바이리는 저장 성 황저우 근방에 위치한 한 마을의 부유한 지주이자
학자 집안에서 태어났다. 그의 부친은 형제가 18명이었으나, 기형으로 태
어나 가족으로부터 떨어져 지역의 한 절에서 자랐다. 장바이리의 어머니는
독학을 한 고아 출신으로 조숙한 아들의 교육에 일생을 바쳤다. 장바이리는
네 살에 유교 경전을 읽었고, 특히 『수호지』나 『삼국지』 같은 영웅고전을
즐겨 읽었다. 그는 대가족 내에서 음악과 시, 서예, 전통예술을 즐기며 문화
생활을 했다.

청일전쟁이 일어났을 당시 열두 살이던 장바이리는 이미 시사 문제에 관
심을 가지기 시작했다. 그와 친구들은 구할 수 있는 신문들을 전부 읽었지
만 그가 살던 마을에는 신문이 한두 달 늦게 들어왔다. 후일 항저우 대학교
가 된 학교에 다닌 장바이리는 1901년에 최초로 일본에 유학한 중국인 학
생들 중의 한 명이 되었다. 일본에 도착하고 몇 달 뒤에 량치차오를 만난
그는 량치차오가 운영하는 잡지사들 중 한 곳에서 시간제 편집자로 일했다.

량치차오를 비롯한 많은 중국인 학생들과 마찬가지로 장바이리는 후쿠
자와 유키치 같은 일본 작가들의 책을 읽었다. 다작하던 그는 유럽과 일본
의 민족주의의 진화에 관해서 많은 글을 썼다. 장바이리가 생각하기에 일본
은 아시아에서 유일하게 민족주의가 뿌리를 내린 나라였다. 하지만 또한
그는 후쿠자와와 그외의 일본 저술가들이 묘사한 민족주의가 적자생존에
관해서 쓴 허버트 스펜서의 영향을 받았으며, 약한 나라들을 겨냥한 국가팽
창주의를 지지하기 쉽다는 점에 주목했다.

일본 육군 사관학교에 다니던 장바이리의 동급생들 중에는 중국 화북 지
방에 대한 일본의 전략을 지휘한 인물로 유명한 도이하라 겐지, 1945년에

일본이 항복할 당시 지나 파견군의 총사령관이던 오카무라 야스지, 1931년에 이시와라 간지와 함께 만주 사변을 계획한 이타가키 세이시로, 장바이리보다 1년 전에 사관학교를 수석으로 졸업한 나가타 데쓰잔 등 나중에 일본군의 고위급 장교가 된 사람이 많았다. 1920년대와 1930년대에 장바이리는 일본을 자주 오갔고, 그곳에서 주로 전 동급생들을 만났다. 장바이리는 존경받던 친구인 나가타 데쓰잔 소장의 암살에 관해서 쓴 1935년도의 글에서 일본의 하급 장교들의 불복종이 너무 심해져서 일본은 더 이상 일관성 있는 군사전략을 개발할 수 없다고 일본인 동료들에게 경고했다.

위안스카이 아래에서 바오딩 군사학교의 교장을 지내던 시절, 장바이리는 특히 군 장교의 임명과 학생 선발 과정에서의 부패 확산과 학교에 대한 양질의 지원 부족에 극도로 좌절감을 느끼고 사관 후보생들이 모인 앞에서 자살을 시도했다. 다행히 그가 자신에게 쏜 총알은 심장을 빗겨갔고, 베이징 근처의 한 일본 병원에서 건강을 회복했다. 이때 장바이리를 돌보던 일본인 간호사 사토 야토는 그에게 참을성을 배워야 한다고 충고했다. 그렇게 인연을 맺은 두 사람은 사랑에 빠져 결혼했고, 서로에게 헌신적인 부부가 되었다.

일본에서 공부한 많은 중국인 학생들과 마찬가지로 장바이리 역시 일본이라는 나라에 감탄했지만, 그러면서도 언젠가는 일본과 중국이 서로 충돌할 것이라고 느꼈다. 량치차오와 함께 유럽으로 가서 제1차 세계대전 동안 벌어진 독일과 프랑스의 전투들을 분석한 그는 중국으로 돌아온 뒤에 일본의 군사력을 분석하고 중일 간에 전쟁이 발발했을 경우의 전략을 개발하는데에 집중했다. 1929년에 장제스가 장바이리의 옛 제자들 중에서 한 명이 자신에게 반역을 저질렀다며 장바이리를 체포했다. 장바이리는 목숨을 건질 수 있을지조차 확신하지 못한 채 2년 동안 복역했다. 그의 아내와 딸들이 매일 면회를 왔고, 감옥에서 그는 베토벤과 바그너의 음반을 듣거나 불교 경전을 필사하거나 딸들에게 중국 고전을 읽어주며 시간을 보냈다. 그러다가 1931년에 석방된 그는 일본이 만주를 침략하기 전에 때맞춰 일본으로 향했다.

일본이 중국을 침략한 뒤인 1937년 말에 장바이리는 일본의 강점과 약점을 설명한 『일본인 : 일개외국인적연구』라는 책을 썼다. 이 책에서 그는 중국인들이 어떻게 끈질긴 장기적 저항을 펼쳐 일본을 물리칠 수 있을지에 관한 자신의 견해를 자세히 설명했다. 이 책은 베스트셀러가 되었고 지금도 중국어판을 구할 수 있다. 장바이리는 여러 단체로부터 일본에 대한 그의 저항 전략을 설명하는 강연을 요청받았고, 1938년 11월에 강연 여행을 다니던 중에 심장마비로 세상을 떠났다.

더 자세한 내용은 Lu Yan, *Re-understanding Japan : Chinese Perspectives*, 1895-1945 (Honolulu : Association for Asian Studies and University of Hawai'i Press, 2004) 참조.

장제스, 1887-1975년

1926년, 그때까지는 보통 정도의 능력에 진정한 애국심을 가진 군 장교이던 장제스가 쑨원의 뒤를 이어 국민당의 최고 군사 및 정치 지도자인 "총사령관" 자리에 올랐다. 그리고 그는 1928년부터 세상을 떠날 때까지 처음에는 본토에서, 1949년 이후에는 타이완에서 중화민국의 총통을 지냈다. 그러나 장제스는 40년 동안 경쟁자이던 공산당의 마오쩌둥이 가진 정치적 수완과 카리스마, 성공을 얻은 적이 없었다. 1930년대에 중국 통일에 실패하고, 중국에서 일본을 몰아내지 못하고(1937-1945), 국공내전(1946-1949)에서 승리를 거두지 못했음에도 그는 극기심을 잃지 않았다. 전시에 그는 지방 장교들에게 직접 지시를 내리며 세세한 부분까지 신경 쓰는 유형이었다. 그러나 난징(1927-1937)과 타이완(1949-1975)에서는 초연하고 위엄 있는 태도로 통치하면서 질서와 경제적 발전을 불러왔다. 그는 우익 권위주의자라는 비난을 받았지만, 타이완에서는 본토에서 그의 지지 기반이 반대하던 토지 개혁을 실시했다.

장제스는 일본과 복잡한 관계를 맺고 있었다. 그는 3년 동안 일본에서 군사학교를 다녔고, 일본 병사들의 군인정신과 나라를 위해서 목숨을 바치려는 일본인들의 각오를 높이 샀다. 1920년대 초에는 신변의 안전을 위해서 몇 달간 일본으로 도피한 적도 있었다. 일본의 병력이 더 우세하다는 것을 파악하고 일본군과 싸우지 않겠다는 결정을 내렸을 때에는 애국자들의 조롱을 감내해야 했다. 중일전쟁 동안에는 상하이와 우한에서 일본군에 맞서서 대규모 전투를 벌였고, 때때로 일본군의 잔혹함에 깊은 증오를 표현했다. 하지만 그는 제2차 세계대전이 끝난 뒤에 일본에게 중국에 배상금을 지불할 것을 요구하지 않았다. 타이완에서 그는 타이완의 경제 성장에 많은 도움을 준 일본 기업가들을 환영했다.

장제스는 상하이에서 남쪽으로 240킬로미터 떨어진 닝보 근방의 저장 성 펑화 현에서 상인의 아들로 태어났다. 그의 가족은 장제스가 유생들 밑에서 공부하고 1903년부터 1906년까지 닝보의 유교 학당을 다니도록 뒷바라지했다. 일본이 1895년에 중국을 물리친 것처럼 러시아도 패배시켰다는 소식을 들은 지 1년도 되지 않았을 때, 장제스는 변발을 잘라 만주족의 지배에 대한 반대 의사를 표현했다. 군사적 성공의 비밀을 배우기 위해서 일본으로 떠난 그는 중국의 통일과 중국 문명의 부활을 돕기 위해서 군인이 될 계획이었다. 장제스는 일본에서 몇 달간 어학 공부를 한 뒤에 귀국했고, 바오딩의 육군 군사학교 입학시험에 합격하여 1년간 군사훈련을 받았다. 그런 뒤 중국 학생들이 일본의 군사학교 입학을 준비하는 학교인 진무학교 입학시험 또한 통과했다. 그러나 실력이 뛰어난 학생은 아니었던 장제스는 진무학교에서 같은 학급의 62명 가운데 54등이라는 성적을 받았다. 1909년 11월에 진무학교를 졸업한 그는 실무 훈련을 위해서 일본 제19 야전연대에 배정되었다. 그는 내성적이었지만 진지하고 정직하며 충실하고 조국에 헌신적이라는 평판을 얻었다.

스물한 살이 된 1908년, 일본에 있던 장제스는 쑨원의 중국동맹회에 가입했다. 그리고 1911년 우한에서 혁명이 일어났다는 소식을 듣고 일본에 있던 120명의 중국인 사관후보생들과 함께 곧바로 중국으로 돌아갔다. 이들은 나가사키에서 일본 화물선을 타고 출발하여 상하이의 일본인 구역 부두에 내렸다. 일본에서 거의 3년을 지냈던 장제스는 일본어를 꽤 유창하게 말하고 읽었지만 가깝게 지내는 일본인 친구가 없었다. 그는 일본 군인들의 헌신이 청일전쟁과 러일전쟁에서 일본이 거둔 군사적 승리에 결정적인 역할을 했다고 생각했다. 또한 일본이 그들의 효율성과 현대식 군사력을 뒷받침하는 현대 산업 기반 및 운송 체계를 구축한 것에 깊은 인상을 받아 중국도 이와 비슷한 산업 기반과 헌신적인 군대를 구축하기를 원했다.

　1913년, 당시 중간급 군 장교이던 장제스를 처음 만난 쑨원은 그의 헌신적 태도에 깊은 인상을 받았다. 1915년에 일본이 21개조 요구를 발표했을 때, 여전히 일본의 지원을 원했던 쑨원은 일본의 입장을 옹호하는 글을 썼다. 그 결과, 많은 추종자들이 쑨원이 일본에 너무 관대하다며 떠나갔지만 장제스는 변함없이 쑨원에게 충성했다. 1916년, 상하이에 돌아와 있던 장제스는 일본의 재정적 도움을 받아 군사기지를 세워 북부의 군벌 장악을 시도했다. 그는 쑨원에게 군사전략에 관해서 제안하는 편지를 쓰기 시작했다. 장제스는 뛰어난 군사적 실적 때문이 아니라 그의 충성심, 국가에 대한 헌신, 군사적 지식을 높이 평가한 쑨원과의 개인적인 관계 덕분에 높은 지위로 올라갔다.

　1924년에 쑨원은 광저우 근방의 황푸에 육군군사학교를 설립하고 당시 서른아홉 살이던 장제스를 교장으로 임명했다. 군사학교의 자금이 소련에서 나왔고 군대 역시 소련군을 본떠서 만들었지만 장제스는 일본에 머무는 동안 알게 된 무사도 정신—명예와 자기희생 규정—을 군에 주입시키려고 했다. 쑨원과 장제스 모두 중국의 통일을 위해서 군대 내에서 힘을 합쳐 노력할 수 있는 헌신적인 군 장교들을 훈련시키기를 원했다. 장제스는 공산당을 공동 전선에 포함시키려는 쑨원의 전략에는 회의적이었지만, 나중에 그가 중국의 통일을 위해서 주도한 북벌에 참여할 뛰어난 장교들을 훈련시키는 데에 성공했다.

1925년 3월 12일에 쑨원이 세상을 떠나자 장제스와 왕징웨이 사이에서 후계자 다툼이 벌어졌다. 왕징웨이는 장제스보다 일본과의 인연이 더 깊었다. 처음에는 왕징웨이가 정치적으로 유리했지만 군사적으로는 장제스가 우위에 있었고, 1년 뒤에 장제스가 쑨원의 후계자로 등장한 반면 왕징웨이는 쑨원이 만든 정치위원회의 주석으로 선출되었다.

1922년에, 장제스는 부유한 사업가 쑹자수의 딸 쑹메이링에게 청혼했지만 거절당했다. 1927년 10월에 쑹메이링이 언니인 쑹아이링과 어머니와 함께 일본에 있을 때 장제스는 일본으로 그녀를 찾아가 자신의 이혼을 증빙하는 서류들을 보여주었고, 성경 읽기와 기독교를 공부하는 데에도 동의했다. 쑹메이링은 그제야 장제스의 청혼을 받아들였다. 당시 쑹메이링은 스물아홉 살, 장제스는 마흔 살이었다. 쑹메이링의 집안은 장제스의 든든한 배경이 되어 그는 재계의 거물들을 어렵지 않게 접했다. 또한 장제스는 미국 웰즐리 칼리지를 다녔던 쑹메이링을 통해서 중국과 서구의 기독교도들과도 연을 맺을 수 있었다. 제2차 세계대전 당시 쑹메이링은 미국에서 강연 여행을 다니며 중국에 대한 미국의 지지를 얻는 데에 엄청난 성공을 거두었다.

1925년에 세상을 떠나기 전 몇 년 동안 쑨원은 국민당 내에 공산당원들과 국민당원들의 공동 전선을 어렵사리 유지했다. 하지만 1927년에 국민당 당수가 된 장제스는 쿠데타에 대한 두려움으로 공산당을 분리시켰고, 모든 공산당 지도자들을 죽이려고 했다. 이전의 동맹관계에도 불구하고 양당은 자신의 당원들 가운데 많은 사람들이 사실은 상대 당의 스파이라고 의심했다. 1930년대 초, 장제스는 장시 성에 공산당의 근거지가 늘어나는 문제에 집착했다. 일본인은 외부로부터의 위협이지만 공산당은 내부로부터의 직접적인 위협, 즉 중국의 심장과 영혼에 대한 위협이라고 생각했던 그는 공산당군에 맞서는 일련의 "초공작전"을 이끌었다. 그러나 1934년에 공산당은 장제스의 제5차 초공작전을 돌파하여 중국 북서부로 대장정을 시작했고 옌안에 근거지를 수립했다.

1927년부터 1936년까지 장제스는 각자 자체 군대를 보유한 지역 지도자들의 저항을 극복하고 중국을 통일하는 데에 전체적으로 초점을 맞추었다. 1927년에는 황푸 군사학교에서 그의 지도 아래에 훈련을 받았던 핵심 장교들에게 의지하여 중국의 통일에 전념했다. 장제스는 황푸 출신의 장교들, 일부 군벌들과 연합하여 다른 군벌들의 저항을 이겨내기 위한 북벌을 이끌었고, 난징에 세운 새 수도에서 동지들과 함께 중국 북부와 중부를 통치하는 중앙정부를 수립했다. 하지만 여전히 여러 지역에서 군벌들이 권력을 유지했고, 장제스는 중국의 통일을 위해서 더 강력한 군벌들과 연합하려고 애썼지만 목표를 이루지 못했다. 그러나 1927년부터 1937년에 중일전쟁이 발발할 때까지의 "난징 10년" 동안 장제스는 유능한 관료들을 수도로 영입하고 경제 개선, 교육 확대, 난징 부근 성들의 안정화에 어느 정도 진전을 이루어 소규모 중앙정부의 외관을 유지했다.

1927년에, 진안에서 일본군과 무력 충돌이 벌어지는 동안 일본인들이 한 중국 장교를 붙잡아 혀를 자르고 눈알을 도려낸 뒤에 그와 10명이 넘는 부하들에게 총을 쏜 사건이 일어났다. 그날 밤 일기에 장제스는 중국인들이 일본인들을 부르는 오랜 멸칭인 "왜구"라는 단어를 처음으로 썼다. 그는 자신에게 일본군에 저항할 군사력이 충분하지 않다는 것을 알고 있었지만, 일본인들을 죽일 또다른 방법을 매일매일 써내려가겠다고 일기에 기록했다. 장제스는 일본과 비교해서 자신이 보유한 군사력의 약세를 현실적으로 평가했고, 그 때문에 공산당뿐 아니라 다른 애국자들로부터 일본 적병들을 공격하지 않는다는 비난을 받았다. 그는 충돌을 피하기 위해서 일본과 몇 차례 논의를 하려고 시도했고, 1949년 이후에는 타이완의 경제를 현대화하고 안정을 불러오기 위해서 일본인들과 협력했다.

장제스는 일본과의 전체적인 상황을 놀라울 정도로 정확하게 평가했던 것으로 입증되었다. 1934년에 그가 고위급 정치 지도자들에게 1,100일 안에 일본과의 전쟁이 일어날 것이라고 말했는데, 실제로 1,057일 후에 전쟁이 시작되었다. 장바이리(장바이리 전기 참조)와 마찬가지로 장제스는 일본이 침략할 경우 남서쪽으로 피한 뒤에 저항전을 벌일 계획이었다. 그는 일본군이 10년 내에 진압될 것이라고 예상했다. 당시로서는 그가 소련군의 참전이 미칠 영향, 1945년 미국이 일본의 도시들에 가한 폭격, 최종적으로 원자폭탄의 투하를 예상할 길이 없었다. 하지만 그는 선견지명이 있었다. 전쟁은 실제로 8년간 지속되었다.

제2차 세계대전이 발발하고 처음 몇 달 동안 장제스는 잘 훈련된 그의 병력에 의지해서 우한과 상하이에서 일본군과 적극적으로 싸웠다. 하지만 그후 병력을 이끌고 쓰촨 성 충칭으로 후퇴하여 장기적인 저항을 위해서 전열을 가다듬었다. 중국 정부의 공식적인 대표로서 장제스는 일본의 점령을 저지하기 위해서 더 노력을 기울이지 않는다는 애국주의자들의 지탄을 받았다. 충칭에 있는 동안 장제스는 대규모 관료 집단과 그가 나중에 활용하기 위해서 보전하려고 애쓴 군의 규율과 사기 유지에 어려움을 겪었다. 또한 미국의 관료들과 기자들로부터 고질적 부패를 통제하기 위해서 더 노력하지 않는다는 비판을 들었다. 신랄한 비판가인 미국의 조지프 스틸웰 장군은 장제스를 "땅콩"이라는 경멸적인 별명으로 부르기도 했다. 그러나 2005년에 장제스의 일기가 공개된 이후 학자들은 전쟁이 끝난 뒤에 공산당과 싸우기 위해서 국민당의 힘을 보전하려고 한 그의 노력을 전보다는 긍정적으로 평가하게 되었다.

1945년 일본이 항복한 이후 일본이 공산당의 편이 되는 것을 원하지 않았던 장제스는 일본에게 전쟁 배상금을 지급할 것을 요구하지 않았다. 공산당과의 내전(1946-1949) 동안 장제스는 공산당의 토지 개혁 정책에서 이득을 보기를 기대하는 가난한 농민들을 끌어들이는 공산당의 호소력에 대적하는 동시에, 일본에 더 강력한 조치들을 취할 것을 주장하는 광신적인 애국자들을 만족시킬 만한 프로그램을 개발하지 못했다. 군의 최고 사령관이면서 사소한 일까지 챙기는 유형이던 장제스는 지역의 군사 지도자들에게 늘 조언을 해주려고 노력했다. 그러나 현명한 결정을 내리기에는 전장의 상황을 충분히 잘 알지 못했다.

장제스는 내전에서 패하고 타이완으로 도피한 뒤에 토지 개혁 같은 일부 진보적인 조치들에 착수했지만, 한편으로는 국민당군을 이용해서 본성인들에 대한 엄격한 통제를 유지하여 주민들로 하여금 군사 독재자로 여겨졌다. 그는 본토 탈환이라는 공표된 목표를 끈질기게 추구했고, 처음에는 미국의 지지를 받았으나 그 목표를 이룰 가능성은 점차 낮아졌다. 1971년에 중국 본토가 유엔에서 타이완의 자리를 차지한 이후에는 완전히 불가능해졌다.

더 자세한 내용은 Jay Taylor, *The Generalissimo : Chiang Kai-shek and the Struggle for Modern China* (Cambridge, Mass. : Belknap Press of Harvard University Press, 2009) 참조.

저우언라이, 1898-1976년

헨리 키신저는 중국의 전설적인 총리이자 외교부장인 저우언라이를 자신이 만난 "가장 인상적인 두세 사람들 중의 한 명"이며 "한없는 인내심, 탁월한 지성, 섬세함"을 가진 사람이라고 묘사했다. 저우언라이는 중국인들 사이에서 민족주의가 자라나던 시기인 1917년부터 1919년까지 19개월 동안 일본에서 공부했다. 1920년부터 1924년까지는 프랑스에 체류했는데, 당시 프랑스는 제1차 세계대전의 여파에서 회복 중이었고, 러시아 혁명의 의의를 평가하고 있었다. 저우언라이는 중국공산당이 창설된 1921년에 입당했다. 1949년에 중화인민공화국이 수립된 이후 저우언라이는 1949년부터 1976년 세상을 떠날 때까지 총리로 재직했고 외교 문제의 책임을 맡았다. 그는 뛰어난 기억력과 세부 관리 능력을 발휘하며 국가의 전략을 세우고 다른 국가들과 협력할 방법을 모색했다.

저우언라이는 교양 있는 중산층 가정에서 네 형제와 함께 자랐다. 그의 부모는 결핵으로 죽어가던 저우언라이의 작은아버지가 후사를 이을 수 있도록 그를 양자로 입양 보냈다. 양모인 진씨는 저우언라이를 애지중지 키우며 훌륭한 유교 교육을 시켜주었고, 그는 유교 공부에서 두각을 드러냈다. 하지만 진씨는 저우언라이가 열 살 때에 세상을 떠났다. 그의 생모는 그 전해에 죽었다. 저우언라이의 친아버지는 다른 지역으로 떠났지만, 역시 자식이 없던 그의 아버지의 다른 형제(큰아버지)가 저우언라이의 교육에 관심을 가져 그를 선양으로 데려왔다. 저우언라이는 선양에서 가장 좋은 소학교에 다녔다. 그 뒤 큰아버지는 저우언라이를 데리고 톈진으로 갔고, 그는 난카이 학교—미국의 필립스 아카데미를 본뜬 중국의 최고 명문 중학교들 중의 하나—의 입학시험에 합격해 열다섯 살부터 열아홉 살 때까지 이곳에서 공부했다. 난카이 학교는 매우 체계적인 기숙학교였다. 학생들은 기숙사 생활을 했는데, 아침 일찍 일어나서 현대식 교과들을 수강하고 식사도 함께하면서 강한 동료애를 발달시켰다. 저우언라이는 성적이 우수했고 학교 신문에 글을 기고했으며 연극에서도 주연을 맡았다. 그는 또한 졸업생 공동 대표로 뽑혔으며 뛰어난 중국어 수필로 졸업식에서 상도 받았다. 그는 교사들과 학우들로부터 많은 사랑과 높은 평가를 받는 학생이었다.

저우언라이는 1917년에 일본으로 건너가기 전부터 이미 일본인들의 생활방식에 익숙했다. 그가 학교를 다녔던 선양에 약 20만 명의 일본인들이 살고 있었기 때문이다. 도쿄에 머물던 저우언라이는 중국인 여관에서 더 조용한 일본인 여관으로 옮겼다가 다시 중국 학생들을 위한 기숙사로 옮겨 갔다. 이 기숙사에서는 학생들이 직접 밥을 지어서 먹을 수 있었다. 저우언라이는 일본 정규 학교 입학을 준비하기 위해서 1,000명 정도의 중국인 학생들이 다니던 동아고등 예비학교의 일본어 과정에 들어갔다. 도쿄에서 그가 주로 만난 친구들은 같은 중학교를 졸업한 30명의 동기생들이었다. 큰아버지가 약간의 돈을 보내주었지만 저우언라이는 항상 돈이 부족했고, 이를 알게 된 난카이 중학교 동기생 몇 명이 조금씩 돈을 모아서 그에게 경제적으로 도움을 주었다.

저우언라이는 몇 달간 일본어와 영어를 공부한 뒤 도쿄 사범학교의 입학시험을 보았지만 낙방했다. 그후 제1고등학교에도 응시했으나 역시 탈락했다. 그는 일기에서 이 같은 실패를 자책했고, 가족의 죽음과 돌보는 이 없는 생모와 양모의 묘, 자신을 도와주던 큰아버지의 죽음, 가족에게 보탬이 되지 않는 자신의 무능함에 대한 슬픔을 기록했다. 친구들은 일본에 있는 동안 저우언라이가 의기소침해졌다고 기록했다. 그에게 입학시험 실패는 끔찍하게 당혹스러운 상황이었다. 그는 난카이 중학교에서 뛰어난 학생이었던 데다가 그의 옛 동급생들 중에서 많은 학생들이 일본 학교의 입학시험에 통과했고, 일본에서 그가 친구들에게 경제적으로 도움을 받아야 했기 때문이다.

저우언라이에게는 친한 일본인 친구는 없었지만 몇 명의 우호적인 지인들은 있었다. 그는 예비학교 교장이자 예전에 가노 지고로의 홍문학원 교사를 지낸 마쓰모토 가메지로에게 감사를 표했다(1979년 4월에 일본을 방문한 저우언라이의 미망인 덩잉차오는 마쓰모토의 손주들을 인사차 방문했다). 그와 같은 하숙집에 살던 미술학도 야스다 류몬은 저우언라이의 초상화를 그렸고, 2000년에 이 화가의 아들이 톈진에 있는 저우언라이와 덩잉차오 기념관에 이 초상화를 기증했다. 후일 저우언라이는 그의 저술들을 통해서 중국에 제국주의적 야심을 품은 일본의 정치인들과 군국주의자들을 비판했으며, 일본인 친구를 둔 중국인을 "배반자"라고 부르는 중국인들도 비판했다. 그는 후일 반일 시위에 참여하기는 했지만 일본 국민에 대한 반감은 표현하지 않았다. 경력 후반기에 그는 일본인 방문객들과의 만남에 상당히 편안함을 느꼈고 일본에서 지낸 시간, 특히 도쿄 간다의 서점들과 교토를 방문했던 일을 애정을 담아 회상했다.

저우언라이는 그의 일기에 일본인들이 얼마나 조직적이고 규율이 잘 잡혀 있는지에 대해서 썼다. 그리고 그에 비하면 중국인들은 너무도 비체계적인 데다가 현대화를 향해 신속한 진전을 이루지 않고 있다고 한탄했다. 그는 러시아 혁명에 관한 신문 기사들과 마르크스주의를 다룬 일본어 책들을 읽었다. 그가 가장 흥미를 느낀 일본인 저자는 가와카미 하지메였다. 가와카미가 쓴『가난 이야기(貧乏物語)』는 가난의 원인과 분포 그리고 국가들이 이 문제를 처리하기 위해서 할 수 있는 일들을 분석했다. 저우언라이는 부유한 나라들에도 가난한 국민이 있다는 것을 알게 되었다. 가와카미와 마찬가지로 넉넉한 가정에서 태어난 저우언라이는 가난한 사람들을 도와야 할 필요성을 포함하여 도덕적 문제에도 관심을 가지게 되었다. 저우언라이는 가와카미로부터 가르침을 받기 위해서 교토 대학교에 들어가려고 노력했지만 뜻을 이루지 못했다. 가와카미처럼 저우언라이는 아직 마르크스주의자가 아니었다. 하지만 그 역시 가와카미와 마찬가지로 이러한 관심이 나중에 마르크스주의에 몰두하는 토대가 되었다.

1918년 여름에 저우언라이는 일본의 쌀 폭동으로 어려움을 겪었다. 한 무리의 농가 주부들이 도시의 시장에서 판매할 쌀을 마을에서 반출하지 못하도록 막았다. 당시에는 인플레이션이 극심했고 쌀 상인들은 엄청난 돈을 벌어들였지만 농민들은 농작물들을 헐값에 팔아야 했다. 인플레이션으로 비용이 급증한 데에 화가 난 일부 도시 주민들을 포함하여 약 70만 명에 이르는 사람들이 폭동에 참여했다. 저우언라이에게 이번 봉기는 상인들에게만 이익을 가져다주는 자본주의 체제에 착취당하고 있는 가난한 농민들을 위한 정의에 대해서 의문을 불러일으켰다. 난카이 중학교를 다닐 때 그는 일본의 경제 발전을 칭찬하는 글을 썼지만, 쌀 폭동을 경험한 그는 중국이 과연 일본의 경제체제를 모방해야 하는지, 그리고 만약 모방한다면 어떻게 일본의 정책들을 수정해야 하는지에 대해서 의문을 제기했다. 또한 그는

1918년 12월, 한국의 독립운동이 성장하고 있을 무렵 간다의 한국 YMCA에서 한국 학생들이 벌인 시위도 지켜보았다. 저우언라이는 1921년 공산당에 가입했다.

친구들에게 경제적으로 의지해온 저우언라이는 두 번째 시험에 실패한 뒤인 1919년 3월에 중국인 친구들에게 계속 부담을 주느니 고향으로 돌아가는 것이 낫겠다고 결정했다. 귀국하기 전에 그는 난카이 중학교의 친구와 함께 교토에 한 달간 머무르며 정원들을 마지막으로 구경하고 그 아름다움에 관해서 시를 지었다. "여린 분홍빛에 부드럽고 달콤한 벚꽃, 온통 영혼을 사로잡는다. 인공의 손이 닿지 않은 자연의 아름다움."

그해 4월 말, 저우언라이는 고베에서 부산으로 가는 배를 탔고 부산에서 다시 베이징으로 향했다. 그는 마침 5월 4일 직전에 고향 땅을 밟았고, 곧바로 국민 각성을 위한 시위에 투신했다. 그는 국민의식 향상을 돕기 위한 비밀 조직인 각오사(覺悟社)를 결성했는데, 여기에는 일본에서 만난 친구들과 나중에 공산당원이 된 사람들이 일부 포함되었다. 빈곤, 자본주의, 제국주의 문제와 씨름했던 2년간의 일본 생활은 저우언라이가 5-4 운동의 여파 속에서 지적인 지도자로서의 역할을 준비하는 데에 도움이 되었다.

1920년 1월에 저우언라이는 각오사의 회원 몇 명과 시위에 참여했다가 톈진에서 체포되었다. 6개월 뒤에 풀려난 저우언라이는 공부를 더 하기 위해서 다른 사람들과 함께 프랑스로 떠났다. 프랑스에서 이들은 유럽의 사회적 상황을 더 깊이 이해하고 중국에서 수행해야 할 일들에 대해서 더 명확한 그림을 그리려고 했다. 당시 프랑스에 있던 젊은 중국인 학생들 대부분은 노동과 학업을 병행하는 프로그램을 밟았지만, 저우언라이는 톈진의 한 신문사에 글을 쓰고 지원을 받은 덕분에 저술과 조직화에 모든 시간을 쏟아부을 수 있었다. 근로학생 프로그램으로 프랑스 유학생에 선발된 중국의 젊은이들은 가장 재능 있는 엘리트 학생들이었지만, 당시 프랑스가 불경기를 겪고 있었기 때문에 학생들은 주로 공장에서 일할 수밖에 없었고, 따라서 그들이 수업료를 낼 만큼의 돈을 벌기가 불가능했다. 그래서 그들은 강의실 안이 아니라 밖에서 관찰과 독서를 통해서, 그리고 토론 그룹에서 새로운 개념들을 면밀히 살펴보면서 공부를 했다. 저우언라이는 중국의 친구들과 계속 연락을 유지했고, 중국공산당이 결성되고 불과 몇 달 뒤인 1921년에 저우언라이와 다른 사람들이 프랑스의 공산당 지부를 조직했다. 저우언라이는 상근하는 당 조직자였으며 유럽의 중국인 학생들 사이에 중국공산당 이념을 확산시키기 위해서 영국과 벨기에, 독일을 여행했다. 한편, 1923년에는 국민당에도 가입했다. 자신이 이미 옥살이를 겪은 데다가 체포의 두려움 속에서 살고 있는 다수의 친구들을 둔 덕분에 저우언라이는 이즈음 많은 단련이 되어 있었다.

1924년 가을에 중국으로 돌아온 저우언라이는 황푸 군사학교에서 정치위원으로 일하라는 당의 임명을 받아 통일전선의 일환으로 장제스 밑에서 일했다. 다음 해에 그는 톈진에서 조직한 각오사의 회원이던 덩잉차오와 결혼했는데, 저우언라이의 일생 동안 덩잉차오는 결혼생활과 공산당의 대의를 위해서 평생 그의 동반자로 남았다.

1926년에 저우언라이는 황푸 군사학교를 떠나 상하이에서 조직화 활동을 펼쳤다. 그리고 1927년 4월, 공산당과 국민당이 결별한 뒤 저우언라이와 다른 공산당원들은 국민당과의 목숨을 건 전투에 가담했다. 저우언라이가 맡은 책임은 국민당으로부터 정보를 입수하는 것이었다. 1934년에 그는 공산당이 국민당의 포위망을 돌파하여 대장정을 시작하는 데에 도움이 될 비밀 정보를 얻었다. 1936년 12월에 공산당과 국민당이 통일전선을 회복한 뒤에도 양측은 서로를 의심했고, 항일 전쟁이 끝난 후에는 상대가 무슨 짓을 할지 의심스러워했다. 저우언라이는 국민당과 협상을 하는 한편, 국민당의 기밀을 알려줄 정보원을 물색했다. 항일 전쟁 동안 그는 국민당의 근거지인 충칭에서 얼마간 지내면서 국민당과 협상을 하고 서구인들을 만났다. 또 옌안에서 마오쩌둥을 포함한 다른 공산당 지도자들과 함께 얼마간 지냈다. 내전을 막기 위해서 1946-1947년에 미국 육군 장군 조지 마셜이 이끄는 마셜 특사가 파견되었을 때, 저우언라이는 마오쩌둥과 함께 협상에 참여했다.

1949년에 공산당이 권력을 쥐었을 때부터 1976년에 세상을 떠날 때까지 저우언라이는 폭넓은 전략적 시각, 뛰어난 세부 관리 능력, 믿을 수 없을 정도로 긴 근무 시간, 주요 공산당 지도자들과의 좋은 관계로 중국의 모든 국내외 정책과 주요 협상의 중심축 역할을 했다. 한국전쟁 참전, 소련과의 동맹, 후일 소련과의 결별, 서구에 대한 개방 등 모든 중요한 결정을 내릴 권한은 마오쩌둥에게 있었다. 하지만 저우언라이는 세부적인 협상을 수행했다. 1950년에 소련과의 우호조약을 협상했고, 한국전쟁을 둘러싼 협상을 관리했다. 1955년에는 중국의 외교 무대를 확장하고 일본, 서구 국가들과의 관계 개선을 위해서 마오쩌둥의 허락을 얻어 제네바 회의에 참석했다. 중미 간의 외교관계 재개를 놓고 1971년부터 저우언라이와 헨리 키신저가 각자의 나라를 대표하여 벌인 협상은 지금도 전설로 남아 있다.

마오쩌둥은 특히 1942-1943년, 1957-1959년, 그리고 1966-1967년에 당의 많은 주요 관리들을 추방했다. 마오쩌둥은 종종 저우언라이를 폄하했고, 많은 관리들이 때때로 그보다 저우언라이를 더 존경하는 것 같다고 느낄 때면 심한 불쾌감을 표현했다. 하지만 저우언라이는 자신을 내세우지 않고 늘 마오쩌둥의 의견을 따랐으며 마오쩌둥의 기분을 현명하게 예상했다. 마오쩌둥 역시 외교 문제에 대한 지식과 외국 지도자들 사이의 높은 평판에서 저우언라이와 비견될 인물이 없다는 것을 알고 있었다.

일본이 1950년대에 경제 성장을 계획하기 시작하자 저우언라이는 일본이 새로운 경제력을 이용해서 군국주의로 되돌아갈 수도 있음을 크게 우려했다. 그러나 1949년 이후 저우언라이는 "중국의 친구"인 일본인들을 베이징으로 맞아들였고, 1972년 이후에는 다양한 정치 영역의 주류 일본인 방문객들을 환영했다. 이들은 모두 저우언라이를 상징적인 인물로 보았다.

1975년 말, 죽음이 임박한 저우언라이가 병원에 있는 몇 주일 동안 마오쩌둥은 단 한번도 병문안을 가지 않았다. 1976년 1월 8일에 저우언라이가 세상을 떠난 뒤에도 그는 장례식에 참석하지 않기로 결정했을 뿐만 아니라 해외 국가들이 조문단을 보내는 것 또한 금지했다. 청명절을 이틀 앞둔 4월 3일, 베이징의 관리들은 저우언라이가 제대로 된 장례식을 치르지 못한 것을 불만스러워하는 사람이 많다는 것을 알고는 대규모 군중이 이 기회를 이용해서 저우언라이를 추모할 수 있다고 예상하여 마오쩌둥의 명령을 발표했다. 톈안먼 광장에 화환을 바치지 말라는 명령이었다. 그럼에도 불구하고 1976년 4월 5일, 약 200만 명의 사람들이 그를 추모하고자 톈안먼 광장으로 향했다. 그들은 저우언라이가 50년 넘게 중국에 했던 기여, 특히 대약진 운동과 문화대혁명의 과격화를 억제하기 위해서 기울인 지칠 줄 모르는 노력에 감동을 받았다. 마오쩌둥은 병상에 있었지만 저우언라이의 인기가 자신을 넘어섰음을 잘 알고 있었다. 마오쩌둥은 다섯 달 뒤에 세상을 떠났다.

더 자세한 내용은 Gao Wenqian, *Zhou Enlai : The Last Perfect Revolutionary : A Biography* (New York : Public Affairs, 2007) ; Mayumi Itoh, *The Origins of Contemporary Sino-Japanese Relations : Zhou Enlai and Japan* (New York : Palgrave Macmillan, 2016) ; Henry Kissinger, *White House Years* (Boston : Little, Brown, 1979) 참조.

감사의 말

이 프로젝트에는 두 명의 공동 연구자가 있다. 폴라 해럴과 리처드 딕이다. 폴라는 그녀의 연구를 바탕으로 쓴 제5장의 주요 저자로, 초기 초안 형태의 모든 장을 읽고 상세하고 박식한 의견을 제시했다. 원고가 거의 완성되었을 때에는 모든 장을 다시 읽고 내용과 구성에 관해서 현명한 조언들을 주었다. 딕은 그의 연구를 바탕으로 쓴 제7장의 주요 저자이며 이 책에 수록된 장바이리의 전기를 썼다. 그는 사업가로 일하는 중에도 놀라울 정도로 많은 양의 원고를 읽고 다른 장들에 대해서도 유익한 제안을 많이 해주었다. 폴라와 딕 두 사람 모두 나에게 깊은 영감을 준 사람들이며, 나는 이들과 함께 일하는 것이 즐거웠다.

구체적인 장에 대해서 도움을 주신 분들에게 드리는 감사는 "주"에서 각 장의 두주를 보기를 바란다.

원고 전체를 읽고 수정할 부분에 관해서 조언을 준 조슈아 포겔에게 특별한 감사를 보낸다. 중일 간 역사에 관한 세계 유수의 전문가인 포겔은 40년 동안 현장에서 뛰면서 일본과 중국의 자료들을 읽고 연구, 저서, 번역, 편집을 통해서 우리의 이해 수준을 높여주었다. 저명한 중국 역사학자인 폴 코언은 원고 전체에 대해서 상세한 의견을 제시해서 많은 오류를 바로잡는 데에 도움이 되었다. 뛰어난 일본 연구자인 앤드루 고든은 원고에서 관련 부분을 기꺼이 읽고 나의 시야를 넓혀주었다. 현대 일본 정치에 관한 서구의 탁월한 전문가인 제럴드 커티스는 전후의 시기를 다룬 장들을 읽고 조언을 주었다.

폴 에번스, 충옌린, 가토 요시카즈, 조지프 시멜자이스는 마지막 장들에 대한 나의 시야를 확장하는 데에 도움을 준 고마운 분들이다. 하버드 페어뱅크 센터, 라이샤워 연구소, 아시아 센터, 미일 관계 프로그램의 동료들은 연구를 수행하기에 좋은 멋진 지적 분위기를 마련해주었고, 직원들은 번거로움을 무릅쓰고 기꺼이 도움을 주었다. 빌 오버홀트, 빌 샤오, 홀리 에인절, 호르헤 에스파다, 신주 후지하라에게도 특별한 감사를 보낸다.

내가 중국에 관해서 연구한 30년 넘는 세월 동안 친구이자 조교이자 스승이 되어주었던 더우신위안은 1980년대에 광둥 성에서 나의 가이드로 일했을 때부터 시작해서 중국인들의 시각에 대한 나의 이해를 향상시키는 데에 엄청난 도움을 주었다. 그는 이 책이 완성되기 몇 달 전에 갑자기 세상을 떠났다. 또한 나는 책의 내용에 관해서 상세한 조언을 해주고 나의 연구를 확장해줄 사람들과 자료들을 찾도록 도와준 중국사회과학원 일본 연구센터의 우화이중 박사, 칭화 대학교와 주오 대학교의 리팅지앙 교수, 규슈 대학교의 마스오 치사코 교수의 지식과 조언으로부터 많은 도움을 받았다. 그리고 오사와 하지메, 이와타니 오부, 예 민레이, 그리고 홍콩의 중문대학 출판사 직원들과 익명의 독자들이 나의 실수를 바로잡을 수 있도록 기꺼이 도움의 손길을 내밀었다. 경우에 따라 내가 내린 결론이 조언자들의 결론과 다른 것도 있다. 그러나 그들 중 누구도 나의 결론에 대해서 책임을 질 필요가 없다. 하버드 펑 도서관 페어뱅크 컬렉션의 뛰어난 사서 낸시 허스트는 나의 조언자인 동시에 자료 찾기를 도와준 연구 조교이자 교정자, 교열자였다.

나의 아내 샬럿 이켈스는 이 책을 완성하기까지 오랜 시간 동안 일 중독자인 내게 인내심을 발휘하느라 많은 노력을 기울였다. 아내는 내가 다양한 시기들에 대한 윤곽을 잡기 시작할 때에 훌륭한 자문 역할을 해주었다. 또 원고 전체를 읽고 전문적인 부분뿐 아니라 편집과 관련된 조언도 해주었다.

주

제1장 일본 문명에 대한 중국의 기여, 600-838년

나는 이 시기에 관한 연구, 특히 건축 관련 부분에서 유키오 리핏과 로버트 보르겐으로부터 많은 도움을 받았다. 이 시기의 전체 역사에 대해서는 『케임브리지 일본사(*The Cambridge History of Japan*)』의 첫 두 권과 페어뱅크, 라이샤워, 크레이그의 『동아시아 : 전통과 변화(*East Asia: Tradition and Transformation*)』에 특히 의지했고, 씨족과 성씨 체계의 사용에 관한 설명은 리처드 밀러의 연구에 기댔다. 한국의 영향을 이해하는 데에는 바잉턴에게 도움을 받았다. 또한 일본어의 발달에 관한 정보는 데이비드 루리의 연구에, 일본의 군사에 관해서는 특히 윌리엄 웨인 패리스에게 의존했다. 또한 리처드 딕, 앤드루 고든, 리팅지앙, 벤저민 응, 왕용의 조언도 도움이 되었다.

1 편의를 위해서 당시의 정치 단위들을 표현하는 데에 '중국', '일본', '한국'이라는 국명을 사용했다. 하지만 당시에 이들은 현대 국민국가의 잘 발달된 정치적 구조를 가지고 있지 않았고, 오늘날만큼 넓은 지리적 지역에 해당되지도 않았다.

2 나는 '씨족'을 일본의 うじ라는 단어를 나타내기 위해서 사용했다. うじ는 기본적으로 부계 혈연집단이지만, 결혼해서 들어오거나 그 외 다른 이유로 유입된 사람들까지 포함할 수 있었다. 기본적인 혈연 집단에 누가 유입되었는지에 대한 정확한 기록은 현재 충분히 남아 있지 않다.

3 쇼토쿠 태자가 역사적으로 실존한 인물인지에 대해서는 전문가들 사이에 의견이 갈린다. 그는 생전에는 쇼토쿠 태자라는 호칭으로 불리지 않았다. 일부 불교도들은 그가 중국 승려의 환생이라고 믿었다. 사후에 발전된 쇼토쿠 태자의 전설은 Michael I. Como, *Shotoku : Ethinicity, Ritual, and Violence in the Japanese Buddhist Tradition*(Oxford : Oxford University Press, 2008)에 기술되어 있다. 이 책에 등장하는 쇼토쿠 태자에 대한 언급은 대부분의 역사학자들의 견해에 따른다.

4 Gina L. Barnes, *Archaeology of East Asia: The Rise of Civilization in China, Korea and Japan* (Philadelphia: Oxbow Books, 2015), 270-271.

5 일부 학자들은 왜인(倭人)의 왜라는 용어가 일본인들이 난쟁이라는 뜻이었다고 가정하지만, 최근의 연구는 이런 추측에 의구심을 던진다.

6 Inoue Mitsusada, with Delmer M. Brown, "The Century of Reform," in *The Cambridge History of Japan: Volume 1, Ancient Japan*, ed. Delmer Brown (Cambridge: Cambridge University Press, 1993), 182.

7 William Wayne Farris, *Heavenly Warriors: Evolution of Japan's Military, 500-1300* (Cambridge, Mass.: Council on East Asian Studies, Harvard University Press, 1992), 38-39.

제2장 혁신적인 배움을 동반하지 않은 교역, 838-1862년

나는 제2장의 모든 부분과 관련하여 폴라 해럴과 로버트 이네스의 상세한 조언에서 도움을 받았다. 또 송나라 시대에 관해서는 로버트 보르겐, 리처드 폰 글란, 피터 볼, 명나라 시대에 대해서는 마이클 스조니, 중일 간 교역에 관해서는 로널드 토비가 해준 조언이 도움이 되었다. 승려들의 역할에 대해서는 조공 사절단이 없던 600년 동안 승려들의 역할을 추적한 리 이웬의 논문이 특히 도움이 되었다. 서광계의 견해에 대한 서술은 Timothy Brook, in Fogel, ed., *Sagacious Monks and Bloodthirsty Warriors*를 참고했고, 일본 해적의 오랜 이미지 부분은 같은 책에 수록된 왕용의 글을 따랐다. 또 이전 세기들에 대해서도 왕용의 연구로부터 큰 도움을 받았다.

1 1970년대에 중국의 상품들이 가득 실린 두 척의 중국 난파선이 발견되면서 중일 간 교역에 관해서 더 많은 것들이 밝혀졌다. 1976년에는 닝보에서 하카타로 향하던 침몰선(지금은 신안선이라고 불린다)이 한국 연안에서 발견되었는데, 중국 상인들이 만들고 소유했던 이 배에서 많은 기록을 찾을 수 있었다. 1323년에 중국을 출항해서 일본으로 가던 신안선이 침몰했을 당시 배에는 약 2만8,000톤의 구리 동전들과 2만 점의 중국 도자기들이 실려 있었다. 상품들에는 주인을 나타내는 350개가 넘는 목재 화물표가 붙어 있었다. 신안선에 탔던 사람들은 대부분 일본인이었던 것으로 보이며, 상품들은 모두 하카타의 조텐지와 관련되어 있었다. 1974년에 취안저우(푸젠 성) 연안의 만에서 또다른 침몰선이 발견되었는데, 이 배에 실린 상품들 중에서 대다수가 일본의 도후쿠지 소유였다. 또한 1970년대에 하카타에 지하철이 건설될 때에 수천 개의 중국 동전과 도자기 조각들이 발견되었다.

　수십 년간 일본의 불교도들은 다음 부처가 오실 때까지 세상의 타락을 막기 위해서는 누군가가 죽을 때마다 무덤에 경전을 묻어야 한다고 믿었다. 이에 따라 11세기와 19세기 사이에 그런 무덤들이 수천 기가 만들어져 20세기에 일본 전역에서 발견되었다. 대부분이 규슈와 교토 근방 지역에서 발견되었지만, 시코쿠와 규슈에서 교토 근방 지역까지 중국의 상품들이 이동한 내해 항로에서도 다수가 발견되었다. 일본의 이런 무덤들에서는 수천 개의 중국 상품들, 특히 불경이 담긴 통들이 발견되었지만 중국에서는 그런 무덤이 발견되지 않았다. 11세기부터 13세기에 걸쳐 만들어진 것으로 보이는 무덤들에서 불경과 함께 동전과 칼, 불상도 출토되었다. 이 무덤들에 중국에서 온 상품들이 많이 묻혔던 것은 당시 일본에서 중국 상품의 명성이 높았음을 반영한다.

2 9세기에는 약 50척, 10세기에는 약 100척, 11세기에는 100척, 12세기에는 120척, 13세기에는 약 50척, 그리고 16세기에는 거의 100척에 달하는 중국 배들이 일본을 방문한 것으로 추정되며, 14세기와 15세기에는 일본을 방문한 중국의 배가 거의 없었던 것으로 보인다. 10세기부터 12세기에 해외로 나간 일본의 배는 거의 없었지만, 13세기에는 200척의

일본 배가 중국으로 항해했다고 추정된다. 14세기가 되면서 해외로 항해하는 배의 수는 줄었지만 일본은 명의 발달한 조선술을 배운 뒤에 더 나은 배들을 만들었고, 15세기와 16세기에 매년 1,000척 이상의 배를 중국으로 보냈다.

3 "The Ningbo-Hakata Merchant Network"에서 폰 글란이 보고함.

4 Jurgis Elisonas [George Elison], "The Inseparable Trinity: Japan's Relations with China and Korea," in *The Cambridge History of Japan: Volume 4, Early Modern Japan*, ed. John Whitney Hall and James L. McClain (Cambridge: Cambridge University Press, 1991), 235-300. 당시 일본에 있던 예수회 선교사 프로이스의 기록을 인용한 p.278 참조.

5 Xing Hang, "The Shogun's Chinese Partners: The Alliance between Tokugawa Japan and the Zheng Family in Seventeenth-Century Maritime East Asia," *Journal of Asian Studies* 75, no. 1 (2016): 111-136.

6 Marius B. Jansen, *China in the Tokugawa World* (Cambridge, Mass.: Harvard University Press, 1992), 13.

7 Ibid., 29.

제3장 서구의 도전에 대한 대응과 관계 재개, 1839-1882년

1. Masao Miyoshi, *As We Saw Them: The First Japanese Embassy to the United States* (Philadelphia: Paul Dry Books, 2005), 2.

2. Foo Ah Fong, "The Seven Lamps of a Sustainable City," in *Sustainable Cities of the 21st Century*, ed. A. F. Foo and Belinda Yuen, 118 (Singapore: National University of Singapore Press and World Scientific, 1999).

제4장 조선을 둘러싼 대립과 청일전쟁, 1882-1895년

이 장을 읽고 조언해준 카터 애커트, 실라 예거, 알렉스 더든, 자신의 연구를 공유해준 제니 황푸 데이에게 감사의 빚을 졌다. 전시 이전 조선의 상황과 조선에서 일본의 역할에 대해서는 콘로이, 도이힐러, 더든, 애커트, 포겔, 칼랜더, 라슨, 오카자키, 팔레, 레이놀즈의 연구에 의지했다. 프레더릭 푸 치엔은 젊은 학자 시절 예일에서 박사 논문을 썼지만, 나중에 타이완의 대표적 외교관이 되어 워싱턴 D.C.를 방문한 타이완 사절단을 이끌었다. 청일전쟁의 직접적 배경, 전쟁 자체, 그리고 전쟁의 영향에 대해서는 엘먼, 페인, 에번스, 피티의 연구에 특히 의지했다. 두스, 이리에, 잰슨, 슈미트는 전쟁의 영향을 추적했다. 부핑, 기타오카 신이치가 편집하고 양국 역사에 대한 공통된 관점을 얻기 위해서 두 나라가 기울인 노력에 근거한 중국어(일본어로도 볼 수 있다) 저서에는 중국과 일본 학자들의 견해가 요약되어 있다.

1 Ki-Baik Lee, *A New History of Korea* (Cambridge, Mass.: Published for the Harvard-Yenching Institute by Harvard University Press, 1984), 282.

2 Bruce A. Elleman, *Modern Chinese Warfare, 1795-1989* (London: Routledge, 2001), 101.

제5장 중국의 근대화에 일본이 준 교훈, 1895-1937년

이 장은 폴라 S. 해럴이 『아시아인을 위한 아시아 : 메이지 시대 일본인 5인의 삶에서의 중국(*Asia for the Asians: China in the Lives of Five Meiji Japanese*)』과 『변화의 씨를 뿌리다 : 중국인 학생, 일본인 교사, 1895-1905(*Sowing the Seeds of Change: Chinese Students, Japanese Teachers, 1895-1905*)』에서 수행한 연구와 분석, 특히 여기에서 인용한 다음 자료들로부터 도움을 받았다. 아이다 츠토무와 가와시마 나니와의 『가와시마 나니와 옹(川島浪速翁)』; 방조영의 「청나라 말기―공화국 초기의 해외 유학생 예비 목록」; 아리가 나가오가 1898-1920년에 「외교시보(外交時報)」에 쓴 기사들, 핫토리 우노키치의 『북경농성일기(北京籠城日記)』, 고노에 아쓰마로의 『고노에 아쓰마로 일기(近衛篤麿日記)』; 1898-1906년에 일본을 공식 방문한 중국인들의 여행 보고서는 히비야 도서관에 소장된 『사네토 문고 목록(実藤文庫目録)』; 『중국인 일본 유학사 증보(中国人日本留学史増補)』를 포함한 사네토 게이슈의 모든 기념비적인 저서들.

또한 기록 보관소도 참고했는데, 1902-1915년에 중국에서 활동한 일본인 자문들과 관련된 문서들은 도쿄의 외무성 외교 사료관을 찾아보았다. 또 「후베이 성 학생계(湖北學生界)」, 「장쑤(江蘇)」, 「절강조(浙江潮)」, 그 외에 타이베이의 중국국민당 당사사료 편찬위원회가 재발간한 중국의 학생 잡지들도 참조했다.

더글러스 R. 레이놀즈의 『중국, 1898-1912(*China, 1898-1912*)』는 동아동문서원에 관한 그의 연구만큼 뛰어나고 권위 있는 자료이다. Peter Duus, Ramon H. Myers, and Mark R. Peattie, eds., *The Japanese Informal Empire in China, 1895-1937* (Princeton, N.J.: Princeton University Press, 1989)에 수록된 "동아동문서원과 그 선구자들, 1886-1945" 참조. Paul A. Cohen, *History in Three Keys*와 Marius B. Jansen의 타의 추종을 불허하는 저서 *The Japanese and Sun Yat-sen*, Luke S. K. Kwong, *A Mosaic of the Hundred Days*, Edward J. M. Rhoads, *Manchus and Han*도 참조. 시모다 우타코와 가노 지고로에 관한 논의는 Joshua A. Fogel, ed., *Late Qing China and Meiji Japan*에 수록된 Paula Harrell, "The Meiji 'New Woman' and China 참조. 또한 나가토미 히라야마의 조언에도 감사드린다.

1 Quoted in Paula S. Harrell, *Asia for the Asians: China in the Lives of Five Meiji Japanese* (Portland, Maine: MerwinAsia, 2012), 43.

2 Ibid., 21.

3 Ibid., 51.

4 Ibid., 59.

5 Paula Harrell, *Sowing the Seeds of Change: Chinese Students, Japanese Teachers, 1895-1905* (Stanford, Calif.: Stanford University Press, 1992), 66.

6 Quoted in ibid., 45.

7 Ibid., 46.

8 Ibid., 50.

9 Ibid., 53

10 Quoted in Harrell, *Asia for the Asians*, 111.

11 Ibid., 331.

12 Quoted in Harrell, *Sowing the Seeds*, 34.

제6장 타이완과 만주의 식민지화, 1895-1945년

1 Thomas R. Gottschang and Diana Lary, *Swallows and Settlers: The Great Migration from North China to Manchuria* (Ann Arbor: Center for Chinese Studies, University of Michigan, 2000), 2.

제7장 정치적 혼란과 전쟁으로 가는 길, 1911-1937년

1 Lu Yan, *Re-understanding Japan: Chinese Perspectives, 1895-1945* (Honolulu: Association for Asian Studies and University of Hawai'i Press, 2004), 204-205.

제8장 중일전쟁, 1937-1945년

이 장에서 나는 여러 해에 걸쳐 하버드, 하와이의 마우이 섬, 일본 하코네, 중국 충칭에서 열린 중일전쟁에 관한 일련의 학회들에 참석한 학자들의 연구에 크게 도움을 받았다. 나는 양티엔시, 야마다 다쓰오, 스티븐 매키넌, 다이애나 래리, 마크 피티, 케니치 히라노, 한스 반 드 벤과 협력하여 첫 번째 학회를 주최했다. 두 번째 학회를 준비하는 동안에는 피티, 세 번째 학회는 야마다와 히라노, 네 번째 학회는 양티엔시가 중요한 역할을 했다. 한스 반 드 벤은 학회 이후에 연구를 이어가는 데에 주도적 역할을 했다. 이 학회들은 전쟁에 대한 포괄적인 그림을 그린다는 목표하에 중국과 일본, 서구의 학자들을 한데 모았다. 군사 작전에 대한 분석에서는 피티, 드레이, 반 드 벤이 편집한 책에 특히 많이 의존했다. 이 책은 이 세 사람을 비롯해서 서구, 중국, 일본의 학자들이 우리의 두 번째 학회를 위해서 준비한 논문들을 바탕으로 했다. 난징 사건에 대한 진술은 라베의 일기, 티머시 브룩이 수집한 문서들, 양다칭의 저서, 조슈아 포겔이 편집한 책에 많이 의존했다.

1 "서문"에서 언급한 것처럼, 나는 여기에서 베이징이 아니라 베이핑이라는 명칭을 사용했다. 당시에는 이 도시가 수도가 아니었기 때문이다. 일본의 많은 사학자들을 포함하여 다수의 사학자가 일본이 만주를 점령한 1931년을 중일전쟁이 시작된 때로 언급한다(중국인들은 보통 이 분쟁을 중국 항일전쟁이라고 부른다). 나는 서구의 학자들이 흔히 사용하는 대로 '중일전쟁'이라는 용어를 쓰고 1937년을 전쟁이 시작된 해로 본다.

2 Mark R. Peattie, Edward J. Drea, and Hans J. van de Ven, eds., *The Battle for China: Essays on the Military History of the Sino-Japanese War of 1937-1945* (Stanford, Calif.: Stanford University Press, 2011), 115.

3 David Askew, "Part of the Numbers Issue: Demography and Civilian Victims," in *The*

Nanking Atrocity, 1937-1938: Complicating the Picture, ed. Bob Tadashi Wakabayashi, 86-114 (New York: Berghahn Books, 2007).

4 Ibid.

5 Frederic E. Wakeman Jr., *Spymaster: Dai Li and the Chinese Secret Service* (Berkeley: University of California Press, 2003).

6 Lyman Van Slyke, "The Chinese Communist Movement during the Sino-Japanese War 1937-1945," in *The Cambridge History of China*, vol. 13: *Republican China 1912-1949, Part 2*, ed. John K. Fairbank and Albert Feuerworker (Cambridge: Cambridge University Press, 1986), 629.

7 Ibid., 620-621.

8 Parks M. Coble, *Chinese Capitalists in Japan's New Order: The Occupied Lower Yangzi, 1937-1945* (Berkeley: University of California Press, 2003), 1. 신뢰할 수 있는 수치는 존재하지 않으며, 다른 추정치를 이것보다 높은 것도 있고 낮은 것도 있다.

제9장 일본제국의 붕괴와 냉전, 1945-1972년

이 장에서 다룬 시기의 연대기와 사건들에 대한 요약을 보려면 고쿠분, 소에야, 다카하라, 가와시마의 연구를 참조하기 바란다. 히로히토 천황의 역할은 허버트 빅스의 책에 자세히 설명되어 있다. 중일 우호협회에 관한 설명은 프란치스카 세라핌의 연구를, 전쟁 범죄와 그 관리의 광범위한 맥락에 대한 연구는 버락 쿠시너를 참조하라. 일본인들의 본국 송환에 관해서는 와트의 연구에 의지했고, 한국전쟁에 관해서는 첸, 커밍스, 예거, 오버도퍼, 추이의 저서들이 특히 도움이 되었다. 나는 1958년에 타이완을 처음 방문하여 린충이를 포함한 타이완 지인들로부터 그들이 일본의 지배하에 살던 때와 일본인들이 떠난 이후 재적응할 때에 했던 경험에 관해서 들었다. 또 1958년부터 1960년까지 일본 가정들에 대한 현장 연구를 했고, 본국으로 송환된 일본인 친구들로부터도 이야기를 들었다. 나는 역사의 한몫을 담당했던 나카소네 야스히로, 오키타 사부로 같은 일본인 친구들이 있으며, 이 주제들에 대해서 연구한 일본, 중국, 서구의 많은 학자들과 이야기를 나눌 기회가 있었다.

1 Franziska Seraphim, *War Memory and Social Politics in Japan, 1945-2005* (Cambridge, Mass.: Harvard University Asia Center, 2006), 124-125.

2 Lori Watt, *When Empire Comes Home: Repatriation and Reintegration in Postwar Japan* (Cambridge, Mass.: Harvard University Asia Center, 2009), 1-2.

3 Amy King, *China-Japan Relations after World War II: Empire, Industry and War, 1949-1971* (Cambridge: Cambridge University Press, 2016), 61-63.

4 James P. Harrison, *The Long March to Power: A History of the Chinese Communist Party, 1921-1972* (New York: Praeger, 1972).

5 Tsukasa Takamine, *Japan's Development Aid to China: The Long-Running Foreign Policy of Engagement* (London: Routledge, 2006), 27.

6 Barak Kushner, *Men to Devils, Devils to Men: Japanese War Crimes and Chinese Justice* (Cambridge, Mass.: Harvard University Press, 2015), 8.

7 Chak Wing David Tsui, *China's Military Intervention in Korea: Its Origin and Objectives* (Bloomington, Ind.: Trafford Publishing, 2015).

8 Don Oberdorfer, *Two Koreas: A Contemporary History* (Reading, Mass.: Addison-Wesley, 1997), 9.

9 John W. Dower, *Empire and Aftermath: Yoshida Shigeru and the Japanese Experience, 1878-1954* (Cambridge, Mass.: Council on East Asian Studies, Harvard University, 1979), 407.

10 Ibid., 403.

11 Chae-Jin Lee, *Japan Faces China: Political and Economic Relations in the Postwar Era* (Baltimore: Johns Hopkins University Press, 1976), 79.

12 Mayumi Itoh, *Pioneers of Sino-Japanese Relations: Liao and Takasaki* (New York: Palgrave Macmillan, 2012), 101-103.

제10장 협력, 1972-1992년

1 Pei Hua 裴华, *ZhongRi waijiao fengyunzhong de Deng Xiaoping* 中日外交风云中的邓小平 (Deng Xiaoping in the whirlwind of Sino-Japanese relations) (Beijing: Zhongyang wenxian chubanshe, 2002), 125.

2 Chae-Jin Lee, *China and Japan: New Economic Diplomacy* (Stanford, Calif.: Hoover Institution Press, 1984), 19.

3 Ibid., 140-141.

4 Tsukasa Takamine, *Japan's Development Aid to China: The Long-Running Foreign Policy of Engagement* (London: Routledge, 2006), 5-6.

5 Ryosei Kokubun, "The Politics of Foreign Economic Policy-Making in China: The Case of Plant Cancellations with Japan," *China Quarterly*, no. 105 (March 1986): 19-44; here, 34.

6 다카하라 아키코가 보고한 일본 정부의 여론조사. Ezra F. Vogel, Yuan Ming, and Akihiko Tanaka, eds., *The Age of Uncertainty: The U.S.-China-Japan Triangle from Tiananmen* (1989) *to 9/11* (2001) (Cambridge, Mass.: Harvard University Asia Center, 2004), 256.

제11장 중일 관계의 악화, 1992-2018년

나는 1972년 이후 중일 관계의 역사에 관해서 다루면서 톰 버거, 리처드 부시, 준 드라이어, 피터 더틴, 테일러 프레이블, 이리에 아키라, 람 펭 얼, 리처드 맥그레거, 줄리오 푸리에세와 아우렐리오 인사, 제임스 레일리, 캐롤라인 로즈, 프란치스카 세라핌, 실라 스미스, 제시카 와이스, 양다칭 그리고 학술회의들과 옌밍, 다나카 아키히코, 내가 편집한 책들에 도움을 준 많은 학자들에게 신세를 졌다. 또 이 문제들에 대해서 이야기를 나눈 많은 사람들로부터 도움을 받았다. 일본인들 중에서는 고(故) 가토 고이치, 고(故) 에토 신기치, 아키모토 사노히로, 아나미 기니, 아나미 고레시게, 후쿠다 야스오, 히라노 겐이치로, 이오키베 마코토, 이소베 고이치, 가타야마 가즈유키, 가토 요시카즈, 가와시마 신, 기타오카 신이치, 고지마 가즈코, 고쿠분 료세이, 미치이 로쿠이치로, 미네마루 겐지, 미야모토 유지, 모리 가즈코, 니와 우이치로, 오우치 히로시, 세구치 기요유키, 소에야 요시히데, 스즈키 미치히코, 다카하라 아키오, 다니노 사쿠타로, 도고 가즈히코, 야마다 다쓰오, 요코이 유타카가 도움을 주었다. 또 내게 조언을 주고 일본에서 내가 수행한 연구의 모든 측면을 안내하며 계속적인 도움을 준 마스오 치사코에게 감사드린다.

나는 주오 대학교의 리팅지안 교수와 많은 대화를 나눴고, 또한 그는 내게 일본, 중국의 학자들과의 많은 인터뷰도 주선해주었다. 중국 사회과학원 일본 연구센터의 우화이중은 내가 중국인들의 관점을 이해하도록 몇 달 동안 애썼다. 내가 이 문제들을 잘 이해하도록 도와준 중국인들로는 청용화, 청중위안, 밥 칭, 청옌린, 추이톈카이, 고허팡, 리루이, 리웨이, 마리청, 런이, 왕지스, 왕이, 우신보, 옌밍, 장바이지아, 장투어성, 주지아무 등이 있다. 나의 오랜 연구 조교 더우신위안은 2018년 말에 갑자기 세상을 떠나기 전까지 나의 연구에 엄청난 도움을 주었다. 중일 관계에 관해서 이야기를 나눈 미국인으로는 토머스 버거, 리처드 부시, 제럴드 커티스, 앤드루 고든, 로버트 호핀스, 마이크 모치즈키, 그레그 노블, 윌리엄 오버홀트, 더글러스 팔, 수전 팔, 리처드 새뮤얼스, 조지프 시멜자이스, 프란치스카 세라핌, 마이클 스웨인, 양다칭 등이 있다. 또 이번 장과 제12장에 관해서 토드 홀이 해준 조언에도 감사드린다.

1 나는 가토 고이치가 하버드 대학교에서 공부할 때 그의 석사논문에 관해서 조언을 주었고 그가 중의원이 된 뒤에도 가끔 만나는 영광을 가졌다.

2 Bruce Stokes, "Hostile Neighbors: China vs. Japan," *Pew Research Center: Global Attitudes and Trends*, September 13, 2016, www.pewglobal.org/2016/09/13/hostile-neighbors-china-vs-japan/.

3 Yukio Okamoto, "Journey through U.S.-Japan Relations," unpublished manuscript, 2018.

4 ASEAN+3에 추가 초청된 국가는 한국, 중국, 일본이다.

5 Justin McCurry, "Koizumi's Final Shrine Trip Draws Protests," *Guardian*, August 15, 2006, www.theguardian.com/world/2006/aug/15/japan.justinmccurry.

6. Sheila A. Smith, *Intimate Rivals: Japanese Domestic Politics and a Rising China* (New York: Columbia University Press, 2014), 229.

7. Tanino Sakutaro 谷野作太郎, *Chukoku Gaiko Hiwa: Aru China Hando no kaisou* 中国外交秘話: 實藤惠秀回想 (The secrets of China policy: Recollections of a China hand) (Tokyo: Toyo Keizai Shinbunsha, 2017), 315.

제12장 새로운 시대를 맞이하며

1. Chae-Jin Lee, *Japan Faces China: Political and Economic Relations in the Postwar Era* (Baltimore: Johns Hopkins University Press, 1976), 144.
2. Ibid., 79.

출처 및 더 읽을 만한 책들

제1장 일본 문명에 대한 중국의 기여, 600-838년

Asakawa, Kan'ichi. *The Early Institutional Life of Japan: A Study in the Reform of 645 A.D.* 2nd ed. New York: Paragon Book Reprint, 1963.

Barnes, Gina L. *Archaeology of East Asia: The Rise of Civilization in China, Korea and Japan.* Philadelphia: Oxbow Books, 2015.

Batten, Bruce L. *Gateway to Japan: Hakata in War and Peace, 500-1300.* Honolulu: University of Hawai'i Press, 2006.

Best, Jonathan W. "The Transition and Transformation of Early Buddhist Culture in Korea and Japan." In *Transmitting the Forms of Divinity: Early Buddhist Art from Korea and Japan,* by Washizuka Hiromitsu, Park Youngbok, and Kang Woo-bang. Edited by Naomi Noble Richard, 18-45. New York: Japan Society, 2003.

Borgen, Robert. *Sugawara no Michizane and the Early Heian Court.* Cambridge, Mass.: Council on East Asian Studies, Harvard University, 1986.

Brown, Delmar M., ed. *The Cambridge History of Japan: Volume 1, Ancient Japan.* Cambridge: Cambridge University Press, 1993.

Como, Michael I. *Shotoku: Ethnicity, Ritual, and Violence in the Japanese Buddhist Tradition.* Oxford: Oxford University Press, 2008.

Deal, William E., and Brian Rupert. *A Cultural History of Japanese Buddhism.* Chichester, West Sussex: Wiley Blackwell, 2015.

Duthie, Torquil. *Man'yoshū and the Imperial Imagination in Early Japan.* Leiden: Brill, 2014.

Fairbank, John K., Edwin O. Reischauer, and Albert M. Craig. *East Asia: Tradition and Transformation.* Rev. ed. Boston: Houghton Mifflin, 1989.

Farris, William Wayne. *Heavenly Warriors: Evolution of Japan's Military, 500-1300.* Cambridge, Mass.: Council on East Asian Studies, Harvard University Press, 1992.

Hall, John W., and Jeffrey P. Maas, eds. *Medieval Japan: Essays in Institutional History.* New Haven, Conn.: Yale University Press, 1974.

Hardacre, Helen. *Shinto: A History.* Oxford: Oxford University Press, 2016.

Holcombe, Charles. *The Genesis of East Asia, 221 b.c.-a. d. 907.* Honolulu: Association for Asian Studies and University of Hawai'i Press, 2001.

Liu, Lydia H. *Translingual Practice: Literature, National Culture, and Translated Modernity— China, 1900-1937.* Stanford, Calif.: Stanford University Press, 1995.

Lurie, David B. *Realms of Literacy: Early Japan and the History of Writing*. Cambridge, Mass.: Harvard University Asia Center, 2011.

Miller, Richard J. *Ancient Japanese Nobility: The Kabane Ranking System*. Berkeley: University of California Press, 1974.

Mitsusada, Inoue, with Delmer M. Brown. "The Century of Reform." In *The Cambridge History of Japan: Volume 1, Ancient Japan*, edited by Delmer M. Brown, 163–220. Cambridge: Cambridge University Press, 1993.

Piggott, Joan R. *The Emergence of Japanese Kingship*. Stanford, Calif.: Stanford University Press, 1997.

Reischauer, Edwin O., trans. *Ennin's Diary: The Record of a Pilgrimage to China in Search of the Law*. New York: Ronald Press, 1955.

———. *Ennin's Travels in T'ang China*. New York: Ronald Press, 1955.

Rosenfeld, John M. *Portraits of Chogen: The Transformation of Buddhist Art in Early Medieval Japan*. Leiden: Brill, 2011.

Rossabi, Morris, ed. *China among Equals: The Middle Kingdom and Its Neighbors, 10th–14th Centuries*. Berkeley: University of California Press, 1983.

Saeki, Arikiyo. *Treatise on the People of Wa in the Chronicle of the Kingdom of Wei: The World's Earliest Written Text on Japan*. Translated by Joshua A. Fogel. Portland, Maine: MerwinAsia, 2018.

Sansom, George. *A History of Japan to 1334*. 3 vols. Stanford, Calif.: Stanford University Press, 1958–1963.

Shively, Donald H., and William H. McCullough. *The Cambridge History of Japan: Volume 2, Heian Japan*. Cambridge: Cambridge University Press, 1999.

Tsunoda, Ryūsaku, and L. Carrington Goodrich. *Japan in the Chinese Dynastic Histories: Later Han through Ming Dynasties*. South Pasadena, Calif.: P. D. and Ione Perkins, 1951.

Twitchett, Denis C., ed. *The Cambridge History of China: Volume 3, Sui and T'ang China, 589–906 ad, Part 1*. Cambridge: Cambridge University Press, 1979.

Verschuer, Charlotte von. *Across the Perilous Sea: Japanese Trade with China and Korea from the Seventh to the Sixteenth Centuries*. Translated by Kristen Lee Hunter. Ithaca, N.Y.: East Asia Program, Cornell University, 2006.

王勇, ch. ed. 历代正史日本传考注: 第二卷, 隋唐卷. Shanghai: Shanghai jiaotong daxue chubanshe, 2016.

Wang Zhenping. *Ambassadors from the Islands of Immortals: China-Japan Relations in the Han-Tang Period*. Honolulu: University of Hawai'i Press, 2005.

제2장 혁신적인 배움을 동반하지 않은 교역, 838-1862년

Batten, Bruce L. *To the Ends of Japan: Premodern Frontiers, Boundaries, and Interactions*.

Honolulu: University of Hawai'i Press, 2003.

Berry, Mary Elizabeth. *Hideyoshi.* Cambridge, Mass.: Council on East Asian Studies, Harvard University, 1989.

Borgen, Robert. *Sugawara Michizane and the Early Heian Court.* Cambridge, Mass.: Council on East Asian Studies, Harvard University, 1986.

Dore, R. P. *Education in Tokugawa Japan.* Berkeley: University of California Press, 1965.

Eikenberry, Karl W. "The Imjin War." *Military Review* 68, no. 2 (February 1988): 74–82.

Elisonas, Jurgis [George Elison]. "The Inseparable Trinity: Japan's Relations with China and Korea." In *The Cambridge History of Japan: Volume 4, Early Modern Japan,* edited by John Whitney Hall and James L. McClain, 235–300. Cambridge: Cambridge University Press, 1991.

Fairbank, John King, ed. *The Chinese World Order: Traditional China's Foreign Relations.* Cambridge, Mass.: Harvard University Press, 1968.

Fogel, Joshua A., ed. *Crossing the Yellow Sea: Sino-Japanese Cultural Contacts, 1600–1950.* Norwalk, Conn.: Eastbridge, 2007.

———. *The Literature of Travel in the Japanese Rediscovery of China, 1862–1945.* Stanford, Calif.: Stanford University Press, 1996.

———. *Sagacious Monks and Bloodthirsty Warriors: Chinese Views of Japan in the Ming-Qing Period.* Norwalk, Conn.: Eastbridge, 2002.

Hang, Xing. "The Shogun's Chinese Partners: The Alliance between Tokugawa Japan and the Zheng Family in Seventeenth Century Maritime East Asia." *Journal of Asian Studies* 75, no. 1 (February 2016): 111–136.

Hansen, Valerie. *The Open Empire: A History of China to 1800.* 2nd ed. New York: Norton, 2015.

Ikegami, Eiko. *The Taming of the Samurai: Honorific Individualism and the Making of Modern Japan.* Cambridge, Mass.: Harvard University Press, 1995.

Innes, Robert LeRoy. "The Door Ajar: Japan's Foreign Trade in the Seventeenth Century." Ph.D. diss., University of Michigan, 1980.

Jansen, Marius B. *China in the Tokugawa World.* Cambridge, Mass.: Harvard University Press, 1992.

Kang, David C. *East Asia before the West: Five Centuries of Trade and Tribute.* New York: Columbia University Press, 2010.

Ledyard, Gari. "Confucianism and War: The Korean Security Crisis of 1598." *Journal of Korean Studies* 6 (1988–1989): 81–119.

Li, Yiwen. "Networks of Profit and Faith: Spanning the Sea of Japan and the East China Sea, 838–1403." Ph.D. diss., Yale University, 2017.

Nakai, Kate Wildman. "Naturalization of Confucianism in Tokugawa Japan: The Problem of Sinocentrism." *Harvard Journal of Asiatic Studies* 40, no. 1 (June 1980): 157–199.

Ōba, Osamu. *Books and Boats: Sino-Japanese Relations in the Seventeenth and Eighteenth Centuries.*

Translated by Joshua A. Fogel. Portland, Maine: MerwinAsia, 2012.

Rawski, Evelyn S. *Early Modern China and Northeast Asia: Cross-Border Perspectives.* Cambridge: Cambridge University Press, 2015.

Reischauer, Edwin O., and John King Fairbank. *East Asia: The Great Tradition.* Boston: Houghton Mifflin, 1960.

Rossabi, Morris, ed. *China among Equals: The Middle Kingdom and Its Neighbors, 10th-14th Centuries.* Berkeley: University of California Press, 1983.

佐藤三郎. 『近代日中交渉史研究』. Tokyo: Yoshikawa Kōbunkan, 1984.

Segal, Ethan Isaac. *Coins, Trade, and the State: Economic Growth in Early Medieval Japan.* Cambridge, Mass.: Harvard University Asia Center, 2111.

Swope, Kenneth. "Crouching Tigers, Secret Weapons: Military Technology Employed during the Sino-Japanese-Korean War, 1592-1598." *Journal of Military History 69*, no. 1 (January 2005): 11-41.

Szonyi, Michael. *The Art of Being Governed: Everyday Politics in Late Imperial China.* Princeton, N.J.: Princeton University Press, 2017.

Toby, Ronald P. *State and Diplomacy in Early Modern Japan: Asia in the Development of the Tokugawa Bakufu.* Princeton, N.J.: Princeton University Press, 1984.

Turnbull, Stephen. *Samurai Invasion: Japan's Korea War, 1592-98.* London: Cassell & Co., 2002.

Verschuer, Charlotte von. *Across the Perilous Sea: Japanese Trade with China and Korea from the Seventh to the Sixteenth Centuries.* Translated by Kristen Lee Hunter. Ithaca, N.Y.: East Asia Program, Cornell University, 2006.

Von Glahn, Richard. *The Economic History of China: From Antiquity to the Nineteenth Century.* Cambridge: Cambridge University Press, 2016.

———. "The Ningbo-Hakata Merchant Network and the Reorientation of East Asian Maritime Trade, 1150-1350." *Harvard Journal of Asiatic Studies 74*, no. 2 (2014): 249-279.

Wu, Jiang. *Leaving for the Rising Sun: Zen Master Yinyuan and the Authenticity Crisis in Early Modern East Asia.* Oxford: Oxford University Press, 2014.

제3장 서구의 도전에 대한 대응과 관계 재개, 1839-1882년

步平, 北冈伸一, eds. 『中日共同历史研究报告』. Beijing: Shehui kexue wenxian chubanshe, 2014.

Chen, Frederick Foo. *The Opening of Korea, 1876-1885.* N.p.: Kaun Tang International Publications, 2008.

Chu, Samuel C., and Kwang-Ching Liu, eds. *Li Hung-chang and China's Early Modernization.* Armonk, N.Y.: M. E. Sharpe, 1994.

Conroy, Hilary. *The Japanese Seizure of Korea, 1868-1910: A Study of Realism and Idealism* in *International Relations*. Philadelphia: University of Pennsylvania Press, 1960.

Day, Jenny Huangfu. *Qing Travelers to the Far West: Diplomacy and Information Order in Late Imperial China*. Cambridge: Cambridge University Press, 2018.

Fairbank, John K., ed. *The Cambridge History of China: Volume 10, Late Ch'ing, 1800–1911, Part 1*. Cambridge: Cambridge University Press, 1978.

Fogel, Joshua A. *Between China and Japan: The Writings of Joshua Fogel*. Leiden: Brill, 2015.

———. *The Cultural Dimension of Sino-Japanese Relations: Essays on the Nineteenth and Twentieth Centuries*. Armonk, N.Y.: M. E. Sharpe, 1995.

———, ed. *Late Qing China and Meiji Japan: Political and Cultural Aspects*. Norwalk, Conn.: Eastbridge, 2004.

———. *The Literature of Travel in the Japanese Rediscovery of China, 1862–1945*. Stanford, Calif.: Stanford University Press, 1996.

———. *Maiden Voyage: The Senzaimaru and the Creation of Modern Sino-Japanese Relations*. Berkeley: University of California Press, 2014.

———. *Politics and Sinology: The Case of Naito Konan, 1866–1934*. Cambridge, Mass.: Harvard University Press, 1984.

Iriye, Akira, ed. *The Chinese and the Japanese: Essays in Political and Cultural Interactions*. Princeton, N.J.: Princeton University Press, 1980.

Jansen, Marius B. *China in the Tokugawa World*. Cambridge, Mass.: Harvard University Press, 1992.

———. *Japan and China: From War to Peace, 1894–1972*. Chicago: Rand McNally College Publishing, 1975.

———. *The Japanese and Sun Yat-sen*. Stanford, Calif.: Stanford University Press, 1970.

Kamachi, Noriko. *Reform in China: Huang Tsun-hsien and the Japanese Model*. Cambridge, Mass.: Council on East Asian Studies, Harvard University, 1981.

Keene, Donald. *Emperor of Japan: Meiji and His World, 1852–1912*. New York: Columbia University Press, 2002.

『近代日中関係史年表: 1799–1949』. Edited by the Editorial Committee for the Chronology on the History of Modern Sino-Japanese Relations. Tokyo: Iwanami Shoten, 2006.

Kume, Kunitake. *Japan Rising: The Iwakura Embassy to the USA and Europe, 1871–1873*. Cambridge: Cambridge University Press, 2009.

Kuo Ting-yee, comp., and James W. Morley, ed. *Sino-Japanese Relations, 1862–1927: A Checklist of the Chinese Foreign Ministry Archives*. New York: East Asian Institute, Columbia University, 1965.

Larsen, Kirk W. *Tradition, Treaties, and Trade: Qing Imperialism and Choson Korea, 1850–1910*. Cambridge, Mass.: Harvard University Asia Center, 2008.

Miyoshi, Masao. *As We Saw Them: The First Japanese Embassy to the United States (1860)*. Berkeley: University of California Press, 1979.

Morley, James William, ed. *Japan's Foreign Policy, 1868–1941: A Research Guide*. New York:

Columbia University Press, 1974. [특히 제5장의 다음 문헌을 참조. Eto Shinkichi, "Japan's Policies toward China."]

Okazaki, Hisahiko. *From Uraga to San Francisco: A Century of Japanese Diplomacy, 1853–1952*. Tokyo: Japan Echo, 2007.

Reynolds, Douglas, with Carol T. Reynolds. *East Meets East: Chinese Discover the Modern World in Japan, 1854–1898: A Window on the Intellectual and Social Transformation of Modern China*. Ann Arbor, Mich.: Association for Asian Studies, 2014.

Rudolph, Jennifer. *Negotiated Power in Late Imperial China: The Zongli Yamen and the Politics of Reform*. Ithaca, N.Y.: East Asia Program, Cornell University, 2008.

Van de Ven, Hans J. *Breaking with the Past: The Maritime Customs Service and the Global Origins of Modernity in China*. New York: Columbia University Press, 2014.

Wright, Mary C. *The Last Stand of Chinese Conservatism: The T'ung Chih Restoration, 1862–1874*. Stanford, Calif.: Stanford University Press, 1957.

Yang, Daqing et al., eds. *Toward a History beyond Borders: Contentious Issues in Sino-Japanese Relations*. Cambridge, Mass.: Harvard University Asia Center, 2012.

제4장 조선을 둘러싼 대립과 청일전쟁, 1882–1895년

步平, 北冈伸一, eds. 『中日共同历史研究报告』. Beijing: Shehui kexue wenxian chubanshe, 2014.

Chandra, Vipan. *Imperialism, Resistance, and Reform in Late Nineteenth-Century Korea: Enlightenment and the Independence Club*. Berkeley: Institute of East Asian Studies, University of California, 1988.

Chien, Frederick Foo. *The Opening of Korea: A Study of Chinese Diplomacy, 1876–1885*. N.p.: Kaun Tang International Publications, 2008.

Ch'oe, Yŏng-ho. "The Kapsin Coup of 1884: A Reassessment." *Korean Studies* 6 (1982): 105–124.

Chu, Samuel C., and Kwang-Ching Liu. *Li Hung-chang and China's Early Modernization*. Armonk, N.Y.: M. E. Sharpe, 1994.

Conroy, Hilary. *The Japanese Seizure of Korea, 1868–1910: A Study of Realism and Idealism in International Relations*. Philadelphia: University of Pennsylvania Press, 1960.

Cumings, Bruce. *Korea's Place in the Sun: A Modern History*. New York: W. W. Norton, 1997.

Day, Jenny Huangfu. *Qing Travelers to the Far West: Diplomacy and Information Order in Late Imperial China*. Cambridge: Cambridge University Press, 2018.

Deuchler, Martina. *Confucian Gentlemen and Barbarian Envoys: The Opening of Korea, 1875–1885*. Seattle: University of Washington Press, 1977.

Dudden, Alexis. *Japan's Colonization of Korea: Discourse and Power*. Honolulu: University of Hawai'i Press, 2005.

Duus, Peter. *The Abacus and the Sword: The Japanese Penetration of Korea, 1895–1910.* Berkeley: University of California Press, 1995.

Duus, Peter, Ramon H. Myers, and Mark R. Peattie, eds. *The Japanese Informal Empire in China, 1895–1937.* Princeton, N.J.: Princeton University Press, 1989.

Eckert, Carter J., et al. *Korea Old and New: A History.* Cambridge, Mass.: Korea Institute, Harvard University, 1990.

Elleman, Bruce A. *Modern Chinese Warfare, 1795–1989.* London: Routledge, 2001.

Evans, David C., and Mark R. Peattie. *Kaigun: Strategy, Tactics, and Technology in the Imperial Japanese Navy, 1887–1941.* Annapolis, Md.: Naval Institute Press, 1997.

Fogel, Joshua A. *The Literature of Travel in the Japanese Rediscovery of China, 1862–1945.* Stanford, Calif.: Stanford University Press, 1996.

Fukuzawa, Yukichi. *The Autobiography of Fukuzawa Yukichi.* New York: Columbia University Press, 2007.

Hackett, Roger F. *Yamagata Aritomo in the Rise of Modern Japan, 1838–1922.* Cambridge, Mass.: Harvard University Press, 1971.

Iriye, Akira. *China and Japan in the Global Setting.* Cambridge, Mass.: Harvard University Press, 1992.

———, ed. *The Chinese and the Japanese: Essays in Political and Cultural Interactions.* Princeton, N.J.: Princeton University Press, 1980.

Jansen, Marius B., ed. *The Cambridge History of Japan: Volume 5, The Nineteenth Century.* Cambridge: Cambridge University Press, 1989.

———. *Japan and China: From War to Peace, 1894–1972.* Chicago: Rand McNally College Publishing, 1975.

Jaundrill, D. Colin. *Samurai to Soldier: Remaking Military Service in Nineteenth-Century Japan.* Ithaca, N.Y.: Cornell University Press, 2016.

Kallander, George L. *Salvation through Dissent: Tonghak Heterodoxy and Early Modern Korea.* Honolulu: University of Hawai'i Press, 2013.

Kim, Key-Hiuk. *The Last Phase of the East Asian World Order: Korea, Japan, and the Chinese Empire, 1860–1882.* Berkeley: University of California Press, 1980.

Larsen, Kirk W. *Tradition, Treaties, and Trade: Qing Imperialism and Choson Korea, 1850–1910.* Cambridge, Mass.: Harvard University Asia Center, 2008.

Mutsu, Munemitsu. *Kenkenroku: A Diplomatic Record of the Sino-Japanese War, 1894–95.* Edited and translated by Gordon Mark Berger. Princeton, N.J.: Princeton University Press, 1982.

Nakae, Chomin. *Discourse by Three Drunkards on Government.* New York: Weatherhill, 1984.

Okazaki, Hisahiko. *From Uraga to San Francisco: A Century of Japanese Diplomacy, 1853–1952.* Tokyo: Japan Echo, 2007.

Paine, S. C. M. *The Sino-Japanese War of 1894–1895: Perceptions, Power, and Primacy.* Cambridge: Cambridge University Press, 2003.

Palais, James B. *Politics and Policy in Traditional Korea*. Cambridge, Mass.: Harvard University Press, 1975.

Reynolds, Douglas R., with Carol T. Reynolds. *East Meets East: Chinese Discover the Modern World in Japan, 1854-1898: A Window on the Intellectual and Social Transformation of Modern China*. Ann Arbor, Mich.: Association for Asian Studies, 2014.

Samuels, Richard J. *"Rich Nation, Strong Army": National Security and the Technological Transformation of Japan*. Ithaca, N.Y.: Cornell University Press, 1994.

Schmid, Andre. *Korea between Empires, 1895-1919*. New York: Columbia University Press, 2002.

Stephan, John J. *The Russian Far East: A History*. Stanford, Calif.: Stanford University Press, 1994.

제5장 중국의 근대화에 일본이 준 교훈, 1895-1937년

會田勉, 川島浪速. 『川島浪速翁』. Tokyo: Bunsuikaku, 1936.

Akimoto, Satohiro. "The Development Corporation in Japan's Early Modernization," Ph.D. thesis, Harvard University, 1994.

Cohen, Paul A. *History in Three Keys: The Boxers as Event, Experience, and Myth*. New York: Columbia University Press, 1997.

房兆楹. 『清末民初洋學學生題名錄初輯』. Taipei: Academia Sinica, 1962.

「外交時報」. Tokyo: Gaikōjihōsha, 1898-1986. [1898-1906년 부정기적으로 발행; 1912-1944.3 격월로 발행.]

Harrell, Paula S. *Asia for the Asians: China in the Lives of Five Meiji Japanese*. Portland, Maine: MerwinAsia, 2012.

———. "The Meiji 'New Woman' and China." In *Late Qing China and Meiji Japan: Political and Cultural Aspects*, edited by Joshua A. Fogel. Norwalk, Conn.: Eastbridge, 2004.

———. *Sowing the Seeds of Change: Chinese Students, Japanese Teachers, 1895-1905*. Stanford, Calif.: Stanford University Press, 1992.

服部宇之吉. 『北京籠城日記』. Tokyo: Heibonsha, 1965.

Jansen, Marius B. *The Japanese and Sun Yat-sen*. Stanford, Calif.: Stanford University Press, 1970.

近衛篤麿. 『近衛篤麿日記』. 5 vols. plus supplement. Tokyo: Kajima kenkyujo shuppankai, 1968.

Kwong, Luke S. K. *A Mosaic of the Hundred Days: Personalities, Politics, and Ideas of 1898*. Cambridge, Mass.: Council on East Asian Studies, Harvard University, 1984.

Reynolds, Douglas R. *China, 1898-1912: The Xinzheng Revolution and Japan*. Cambridge, Mass.: Council on East Asian Studies, Harvard University, 1993.

Rhoads, Edward J. M. *Manchus and Han: Ethnic Relations and Political Power in Late*

Qing and Early Republican China, 1861–1928. Seattle: University of Washington Press, 2000.

『実藤文庫目録』[in Chinese], Hibiya Library. Tokyo: Hibiya Library, 1966.

實藤惠秀. 『中國人日本留学史』. Tokyo: Kuroshio shuppan, 1960.

제6장 타이완과 만주의 식민지화, 1895-1945년

Coble, Parks M. *Facing Japan: Chinese Politics and Japanese Imperialism, 1931–1937*. Cambridge, Mass.: Council on East Asian Studies, Harvard University, 1991.

Croizier, Ralph C. *Koxinga and Chinese Nationalism: History, Myth, and the Hero*. Cambridge, Mass.: East Asian Research Center, Harvard University, 1977.

Culver, Annika A. *Glorify the Empire: Japanese Avant-Garde Propaganda in Manchuria*. Vancouver: University of British Columbia Press, 2013.

Duara, Prasenjit. *Sovereignty and Authenticity: Manchukuo and the East Asian Modern*. Lanham, Md.: Rowman & Littlefield, 2003.

Duus, Peter, Ramon Hawley Myers, and Mark R. Peattie, eds. *The Japanese Informal Empire in China, 1895–1937*. Princeton, N.J.: Princeton University Press, 1989.

————. *The Japanese Wartime Empire, 1931–1945*. Princeton, N.J.: Princeton University Press, 1996.

Fairbank, John K., and Kwang-Ching Liu, eds. *The Cambridge History of China: Volume 11, Late Ch'ing, 1800–1911, Part 2*. Cambridge: Cambridge University Press, 1980.

Gottschang, Thomas R., and Diana Lary. *Swallows and Settlers: The Great Migration from North China to Manchuria*. Ann Arbor: Center for Chinese Studies, University of Michigan, 2000.

Iguchi, Haruo. *Unfinished Business: Ayukawa Yoshisuke and U.S.-Japan Relations, 1937–1953*. Cambridge, Mass.: Harvard University Asia Center, 2003.

Ito, Takeo. *Life along the South Manchurian Railway: The Memoirs of Ito Takeo*. Translated by Joshua A. Fogel. Armonk, N.Y.: M. E. Sharpe, 1988.

蒋耀挥. 『大连开埠建市』. Dalian: Dalian chubanshe, 2013.

Jukes, Geoffrey. The Russo-Japanese War, 1904–1905. Oxford: Osprey Publishing, 2002.

Lin, Tsung-Yi. *An Introduction to 2-28 Tragedy in Taiwan: For World Citizens*. Taipei: Taiwan Renaissance Foundation Press, 1998.

Matsusaka, Yoshihisa Tak. *The Making of Japanese Manchuria, 1904–1932*. Cambridge, Mass.: Harvard University Asia Center, 2001.

Mitter, Rana. *The Manchurian Myth: Nationalism, Resistance, and Collaboration in Modern China*. Berkeley: University of California Press, 2000.

Myers, Ramon Hawley, and Mark R. Peattie, eds. *The Japanese Colonial Empire, 1895–1945*. Princeton, N.J.: Princeton University Press, 1984.

O'Dwyer, Emer. *Significant Soil: Settler Colonialism and Japan's Urban Empire in Manchuria*. Cambridge, Mass.: Harvard University Asia Center, 2015.

Ogata, Sadako N. *Defiance in Manchuria: The Making of Japanese Foreign Policy, 1931‒32.* Berkeley: University of California Press, 1964.

Roberts, John G. *Mitsui: Three Centuries of Japanese Business.* New York: Weatherhill, 1973.

Smith, Norman. *Intoxicating Manchuria: Alcohol, Opium, and Culture in China's Northeast.* Vancouver: University of British Columbia Press, 2012.

Tsurumi, E. Patricia. *Japanese Colonial Education in Taiwan, 1895‒1945.* Cambridge, Mass.: Harvard University Press, 1977.

Watt, Lori. *When Empire Comes Home: Repatriation and Reintegration in Postwar Japan.* Cambridge, Mass.: Harvard University Asia Center, 2009.

Wu, Bohao. "Beyond Thanotourism and Lieu de Memoire: A Critical Review of the Commemoration of Japanese Immigrants at Different Memorial Sites." Unpublished paper, 2018.

Yang, Daqing. *Technology of Empire: Telecommunications and Japanese Expansion in Asia, 1883‒1945.* Cambridge, Mass.: Harvard University Asia Center, 2010.

Young, Louise. *Japan's Total Empire: Manchuria and the Culture of Wartime Imperialism.* Berkeley: University of California Press, 1998.

제7장 정치적 혼란과 전쟁으로 가는 길, 1911-1937년

Akita, George. *Foundations of Constitutional Government in Modern Japan, 1868‒1900.* Cambridge, Mass.: Harvard University Press, 1967.

Asada, Sadao. *From Mahan to Pearl Harbor: The Imperial Japanese Navy and the United States.* Annapolis, Md.: Naval Institute Press, 2006.

Bamba, Nobuya. *Japanese Diplomacy in a Dilemma: New Light on Japan's China Policy, 1924‒1929.* Vancouver: University of British Columbia Press, 1971.

Benedict, Ruth. *The Chrysanthemum and the Sword: Patterns of Japanese Culture.* With a foreword by Ezra F. Vogel. Boston: Houghton Mifflin, 1989.

Coble, Parks M. *Facing Japan: Chinese Politics and Japanese Imperialism, 1931‒1937.* Cambridge, Mass.: Council on East Asian Studies, Harvard University, 1991.

Crowley, James. *Japan's Thrust for Autonomy.* Princeton, N.J.: Princeton University Press, 1966.

Drea, Edward J. *Japan's Imperial Army: Its Rise and Fall, 1853‒1945.* Lawrence: University Press of Kansas, 2009.

Duus, Peter. *Party Rivalry and Political Change in Taishō Japan.* Cambridge, Mass.: Harvard University Press, 1968.

Embree, John. *Suye Mura: A Japanese Village.* Chicago: University of Chicago Press, 1939.

Fairbank, John K., ed. *The Cambridge History of China: Volume 12, Republican China, 1912‒1949.* Cambridge: Cambridge University Press, 1983.

Fogel, Joshua A. "'Shanghai-Japan': The Japanese Residents' Association of Shanghai." *Journal of Asian Studies 59*, no. 4 (November 2000): 927‒950.

Gifford, Sydney. *Japan among the Powers, 1890–1990*. New Haven, Conn.: Yale University Press, 1994.

Gluck, Carol. *Japan's Modern Myths: Ideology in the Late Meiji Period*. Princeton, N.J.: Princeton University Press, 1985.

Goto-Shibata, Harumi. *Japan and Britain in Shanghai, 1925–31*. New York: St. Martin's Press, 1995.

Havens, Thomas R. H. *Farm and Nation in Modern Japan: Agrarian Nationalism, 1870–1940*. Princeton, N.J.: Princeton University Press, 1940.

Humphreys, Leonard. *The Way of the Heavenly Sword: The Japanese Army in the 1920's*. Stanford, Calif.: Stanford University Press, 1995.

Hunsberger, Warren S., ed. *Japan's Quest: The Search for International Role, Recognition, and Respect*. Armonk, N.Y.: M. E. Sharpe, 1997.

Iriye, Akira. *After Imperialism: The Search for a New Order in the Far East, 1921–1931*. Cambridge, Mass.: Harvard University Press, 1965.

——, ed. *The Chinese and the Japanese: Essays in Political and Cultural Interactions*. Princeton, N.J.: Princeton University Press, 1980.

Jansen, Marius B. *Japan and China: From War to Peace, 1894–1972*. Chicago: Rand McNally College Publishing, 1975.

——. *The Japanese and Sun Yat-sen*. Stanford, Calif.: Stanford University Press, 1970.

Jordan, Donald A. *China's Trial by Fire: The Shanghai War of 1932*. Ann Arbor: University of Michigan Press, 2001.

——. *Chinese Boycotts versus Japanese Bombs: The Failure of China's "Revolutionary Diplomacy," 1931–32*. Ann Arbor: University of Michigan Press, 1991.

Keene, Donald. *Emperor of Japan: Meiji and His World, 1852–1912*. New York: Columbia University Press, 2002.

Lary, Diana. *Warlord Soldiers: Chinese Common Soldiers, 1911–1937*. Cambridge: Cambridge University Press, 2010.

Maruyama, Masao. *Thought and Behaviour in Modern Japanese Politics*. London: Oxford University Press, 1963.

Morris, Ivan. *The Nobility of Failure: Tragic Heroes in the History of Japan*. New York: Holt, Rinehart and Winston, 1975.

Najita, Tetsuo. *Hara Kei in the Politics of Compromise: 1905–1915*. Cambridge, Mass.: Harvard University Press, 1967.

Orbach, Danny. *Curse on This Country: The Rebellious Army of Imperial Japan*. Ithaca, N.Y.: Cornell University Press, 2017.

Pollard, Robert T. *China's Foreign Relations, 1917–1931*. New York: Macmillan, 1933.

Scalapino, Robert. *Democracy and the Party Movement in Prewar Japan*. Berkeley: University of California Press, 1953.

Sheridan, James E. *China in Disintegration: The Republican Era in Chinese History, 1912-1949*. New York: Free Press, 1975.

Smethurst, Richard J. *A Social Basis for Prewar Japanese Militarism: The Army and the Rural Community*. Berkeley: University of California Press, 1974.

Takii, Kazuhiro. *The Meiji Constitution: The Japanese Experience of the West and the Shaping of the Modern State*. Tokyo: International House of Japan, 2007.

Tawney, R. H. *A Memorandum on Agriculture and Industry in China*. Honolulu: Institute of Pacific Relations, 1931. [Report commissioned by the Institute of Pacific Relations for the Shanghai Conference in 1931.]

Taylor, Jay. *The Generalissimo: Chiang Kai-shek and the Struggle for Modern China*. Cambridge, Mass.: Belknap Press of Harvard University Press, 2009.

内海愛子. 『日本軍の捕虜政策』. Tokyo: Aoki Shoten, 2005.

王元. 『中華民国の権力構造における帰国留学生の位置づけ』. Tokyo: Hakuteisha, 2010.

White, James W., Michio Umegaki, and Thomas R. H. Havens, eds. *The Ambivalence of Nationalism: Modern Japan between East and West*. Lanham, Md.: University Press of America, 1990.

Wray, William D. *Mitsubishi and the N.Y.K., 1870-1914*. Cambridge, Mass.: Council on East Asian Studies, Harvard University, 1984.

山口一郎. 『近代中国対日観の研究、アジア経済研究所』. Tokyo: Ajia Keizai Kenkyūjo shuppanbutsu, 1970.

Young, Earnest. "Politics in the Aftermath of Revolution: The Era of Yuan Shih-k'ai, 1912-16." In *The Cambridge History of China: Volume 12, Republican China, 1912-1949, Part 1*, edited by John K. Fairbank, 208-255. Cambridge: Cambridge University Press, 1983.

제8장 중일전쟁, 1937-1945년

Benton, Gregor. *New Fourth Army: Communist Resistance along the Yangtze and the Huai, 1938-1841*. Berkeley: University of California Press, 1999.

Bianco, Lucien. *Origins of the Chinese Revolution, 1915-1949*. Stanford, Calif.: Stanford University Press, 1971.

Brook, Timothy. *Collaboration: Japanese Agents and Local Elites in Wartime China*. Cambridge, Mass.: Harvard University Press, 2005.

──────. *Documents on the Rape of Nanking*. Ann Arbor: University of Michigan Press, 1999.

Coble, Parks M. *Chinese Capitalists in Japan's New Order: The Occupied Lower Yangzi, 1937-1945*. Berkeley: University of California Press, 2003.

Dower, John W. *War without Mercy: Race and Power in the Pacific War*. New York: Pantheon Books, 1986.

Embree, John F. *The Japanese Nation: A Social Survey*. New York: Farrar & Rinehart, 1945.

──────. *Suye Mura: A Japanese Village*. Chicago: University of Chicago Press, 1939.

Fairbank, John K., and Albert Feuerworker, eds. *The Cambridge History of China: Volume 13, Republican China 1912-1949, Part 2*. Cambridge: Cambridge University Press, 1986. [특히 제10-12장 참조]

Feng Chongyi, and David S. G. Goodman, eds. *North China at War: The Social Ecology of Revolution, 1937-1945*. Lanham, Md.: Rowman & Littlefield, 2000.

Fogel, Joshua A. *Nakae Ushikichi in China: The Mourning of Spirit*. Cambridge, Mass.: Council on East Asian Studies, Harvard University, 1989.

————, ed. *The Nanjing Massacre in History and Historiography*. Berkeley: University of California Press, 2000.

秦郁彦 著. 『南京事件』. Tokyo: Chuo Koron, 1986.

Henriot, Christian, and Wen-Hsin Yeh, eds. *In the Shadow of the Rising Sun: Shanghai under Japanese Occupation*. Cambridge: Cambridge University Press, 2004.

Honda, Katsuichi. *The Nanjing Massacre: A Japanese Journalist Confronts Japan's National Shame*. Translated by Karen Sandness. Armonk, N.Y.: M. E. Sharpe, 1999.

Hotta, Eri. *Pan-Asianism and Japan's War, 1931-1945*. New York: Palgrave Macmillan, 2005.

Iriye, Akira. *Power and Culture: The Japanese-American War, 1941-1945*. Cambridge, Mass.: Harvard University Press, 1981.

Lary, Diana, and Stephen MacKinnon, eds. *Scars of War: The Impact of Warfare on Modern China*. Vancouver: University of British Columbia Press, 2001.

McKinnon, Stephen R., Diana Lary, and Ezra F. Vogel, eds. *China at War: Regions of China, 1937-45*. Stanford, Calif.: Stanford University Press, 2007.

Mitter, Rana. *Forgotten Ally: China's World War II, 1937-1945*. Boston: Houghton Mifflin, 2013.

Morley, James W., ed. *The China Quagmire: Japan's Expansion on the Asian Continent, 1933-1941: Selected Translations*. New York: East Asian Institute, Columbia University, 1983.

Okita, Saburo. *Japan's Challenging Years: Reflections on My Lifetime*. Canberra: Australia-Japan Research Centre, Australian National University, 1983.

Peattie, Mark R., Edward J. Drea, and Hans J. van de Ven, eds. *The Battle for China: Essays on the Military History of the Sino-Japanese War of 1937-1945*. Stanford, Calif.: Stanford University Press, 2011.

Pomfret, John. *The Beautiful Country and the Middle Kingdom: America and China, 1776 to the Present*. New York: Henry Holt, 2016.

Qiu, Peipei. *Chinese Comfort Women: Testimonies from Imperial Japan's Sex Slaves*. Vancouver: University of British Columbia Press, 2013.

Rabe, John. *The Good Man of Nanking: The Diaries of John Rabe*. Edited by Erwin Wickert. New York: Knopf, 1998.

Taylor, Jay. *The Generalissimo: Chiang Kai-shek and the Struggle for Modern China*. Cambridge, Mass.: Belknap Press of Harvard University Press, 2009.

Van de Ven, Hans J., Diana Lary, and Stephen R. MacKinnon, eds. *Negotiating China's Destiny in World War II*. Stanford, Calif.: Stanford University Press, 2015.

Wakabayashi, Bob Tadashi, ed. *The Nanking Atrocity, 1937–38: Complicating the Picture*. New York: Berghahn Books, 2007.

Wakeman, Frederic E., Jr. *Spymaster: Dai Li and the Chinese Secret Service*. Berkeley: University of California Press, 2003.

제9장 일본제국의 붕괴와 냉전, 1945-1972년

Barnett, A. Doak. *China and the Major Powers in East Asia*. Washington, D.C.: Brookings Institution, 1977. [특히 part 2, "China and Japan" 참조]

Bix, Herbert P. *Hirohito and the Making of Modern Japan*. New York: HarperCollins, 2000.

Braddock, C. W. *Japan and the Sino-Soviet Alliance, 1950–1964: In the Shadow of the Monolith*. New York: Palgrave Macmillan, 2004.

Chen, Jian. *China's Road to the Korean War: The Making of the Sino-American Confrontation*. New York: Columbia University Press, 1994.

Cumings, Bruce. *Korea's Place in the Sun: A Modern History*. New York: W. W. Norton, 1997.

Curtis, Gerald L. *The Japanese Way of Politics*. New York: Columbia University Press, 1988.

———. *The Logic of Japanese Politics: Leaders, Institutions, and the Limits of Change*. New York: Columbia University Press, 1999.

Dower, John W. *Empire and Aftermath: Yoshida Shigeru and the Japanese Experience, 1878–1954*. Cambridge, Mass.: Council on East Asian Studies, Harvard University, 1979.

Dreyer, June Teufel. *Middle Kingdom and Empire of the Rising Sun: Sino-Japanese Relations, Past and Present*. Oxford: Oxford University Press, 2016.

Finn, Richard B. *Winners in Peace: MacArthur, Yoshida, and Postwar Japan*. Berkeley: University of California Press, 1992.

Fogel, Joshua A. *Nakae Ushikichi in China: The Mourning of Spirit*. Cambridge, Mass.: Council on East Asian Studies, Harvard University, 1989.

Fuess, Harald, ed. *The Japanese Empire in East Asia and Its Postwar Legacy*. Munich: Iudicium, 1998.

Fukui, Haruhiko. *Party in Power: The Japanese Liberal-Democrats and Policy-Making*. Berkeley: University of California Press, 1970.

Harrison, James P. *The Long March to Power: A History of the Chinese Communist Party, 1921–72*. New York: Praeger, 1972.

Heer, Paul J. *Mr. X and the Pacific: George F. Kennan and American Policy in East Asia*. Ithaca, N.Y.: Cornell University Press, 2018.

Hoppens, Robert. *The China Problem in Postwar Japan: Japanese National Identity and*

Sino-Japanese Relations. London: Bloomsbury Academic, 2015.

Itoh, Mayumi. *Pioneers of Sino-Japanese Relations: Liao and Takasaki*. New York: Palgrave Macmillan, 2012.

Jager, Sheila Miyoshi. *Brothers at War: The Unending Conflict in Korea*. New York: W. W. Norton, 2013.

Kawai, Kazuo. *Japan's American Interlude*. Chicago: University of Chicago Press, 1960.

King, Amy. *China-Japan Relations after World War Two: Empire, Industry and War, 1949-1971*. Cambridge: Cambridge University Press, 2016.

Kokubun, Ryosei, Soeya Yoshihide, Takahara Akio, and Kawashima Shin. *Japan-China Relations in the Modern Era*. Edited by Keith Krulak. London: Routledge, 2017.

Kushner, Barak. *Men to Devils, Devils to Men: Japanese War Crimes and Chinese Justice*. Cambridge, Mass.: Harvard University Press, 2015.

Lee, Chae-Jin. *China and Japan: New Economic Diplomacy*. Stanford, Calif.: Hoover Institution Press, 1984.

———. *Japan Faces China: Political and Economic Relations in the Postwar Era*. Baltimore: Johns Hopkins University Press, 1976.

Levine, Steven I. *Anvil of Victory: The Communist Revolution in Manchuria, 1945-1948*. New York: Columbia University Press, 1987.

Minear, Richard. *Victor's Justice: The Tokyo War Crimes Trial*. Princeton, N.J.: Princeton University Press, 1971.

Oberdorfer, Don. *Senator Mansfield: The Extraordinary Life of a Great American Statesman and Diplomat*. Washington, D.C.: Smithsonian Books, 2003.

———. *Two Koreas: A Contemporary History*. Reading, Mass.: Addison-Wesley, 1997.

Ogata, Sadako. "The Business Community and Japanese Foreign Policy: Normalization of Relations with the People's Republic of China." In *The Foreign Policy of Modern Japan*, edited by Robert A. Scalapino. Berkeley: University of California Press, 1977.

Okita, Saburo. *Japan's Challenging Years: Reflections on My Lifetime*. Canberra: Australia-Japan Research Centre, Australian National University, 1983.

Pomfret, John. *The Beautiful Country and the Middle Kingdom: America and China, 1776 to the Present*. New York: Henry Holt, 2016.

Pyle, Kenneth B. *Japan in the American Century*. Cambridge, Mass.: Belknap Press of Harvard University Press, 2018.

Samuels, Richard J. *"Rich Nation, Strong Army": National Security and the Technological Transformation of Japan*. Ithaca, N.Y.: Cornell University Press, 1994.

Schaller, Michael. *The American Occupation of Japan: The Origins of the Cold War in Asia*. Oxford: Oxford University Press, 1985.

Seraphim, Franziska. *War Memory and Social Politics in Japan, 1945-2005*. Cambridge, Mass.: Harvard University Asia Center, 2006.

Shiroyama, Saburo. *War Criminal: The Life and Death of Hirota Koki*. Tokyo: Kodansha, 1974.

Soeya, Yoshihide. *Japan's Economic Diplomacy with China, 1945–1978*. Oxford: Clarendon Press, 1998.

Takamine, Tsukasa. *Japan's Development Aid to China: The Long-Running Foreign Policy of Engagement*. London: Routledge, 2006.

Thayer, Nathaniel B. *How the Conservatives Rule Japan*. Princeton, N.J.: Princeton University Press, 1969.

Togo, Kazuhiko. *Japan's Foreign Policy, 1954–2003: The Quest for a Proactive Policy*. Leiden: Brill, 2005.

Tsui, Chak Wing David. *China's Military Intervention in Korea: Its Origin and Objectives*. Bloomington, Ind.: Trafford Publishing, 2015.

Wakabayashi, Bob Tadashi, ed. *The Nanking Atrocity, 1937–38: Complicating the Picture*. New York: Berghahn Books, 2007.

Walder, Andrew G. *China under Mao: A Revolution Derailed*. Cambridge, Mass.: Harvard University Press, 2015.

Watt, Lori. *When Empire Comes Home: Repatriation and Reintegration in Postwar Japan*. Cambridge, Mass.: Harvard University Asia Center, 2009.

Whiting, Allen S. *China Eyes Japan*. Berkeley: University of California Press, 1989.

제10장 협력, 1972-1992년

Armstrong, Shiro Patrick. "The Japan-China Relationship: Distance, Institutions, and Politics." Ph.D. diss., Australian National University, 2009.

Barnett, A. Doak. *China and the Major Powers in East Asia*. Washington, D.C.: Brookings Institution, 1977.

Berger, Thomas U. *Cultures of Antimilitarism: National Security in Germany and Japan*. Baltimore: Johns Hopkins University Press, 1998.

————. *War, Guilt, and World Politics after World War II*. Cambridge: Cambridge University Press, 2012.

Destler, I. M., Haruhiko Fukui, and Hideo Sato. *The Textile Wrangle: Conflict in Japanese-American Relations, 1969–1979*. Ithaca, N.Y.: Cornell University Press, 1979.

Finger, Thomas, ed. *Uneasy Partnerships: China's Engagement with Japan, the Koreas, and Russia in the Era of Reform*. Stanford, Calif.: Stanford University Press, 2017.

Fuess, Harald, ed. *The Japanese Empire in East Asia and Its Postwar Legacy*. Munich: Iudicium, 1998.

Funabashi, Yoichi, ed. *Reconciliation in the Asia-Pacific*. Washington, D.C.: United States Institute of Peace Press, 2003.

Hoppens, Robert. *The China Problem in Postwar Japan: Japanese National Identity and*

Sino-Japanese Relations. London: Bloomsbury Academic, 2015.

Kokubun, Ryosei. "The Politics of Foreign Economic Policy-Making in China: The Case of Plant Cancellations with Japan." *China Quarterly*, no. 105 (March 1986): 19-44.

Lee, Chae-Jin. *China and Japan: New Economic Diplomacy*. Stanford, Calif.: Hoover Institution Press, 1984.

————. *Japan Faces China: Political and Economic Relations in the Postwar Era*. Baltimore: Johns Hopkins University Press, 1976.

裴华. 『中日外交风云中的邓小平』. Beijing: Zhongyang wenxian chubanshe, 2002.

Okita, Saburo. *A Life in Economic Diplomacy*. Canberra: Australia-Japan Research Centre, Australian National University, 1993.

Qian Qichen. *Ten Episodes in China's Diplomacy*. With a foreword by Ezra F. Vogel. New York: HarperCollins, 2005.

Rose, Caroline. *Interpreting History in Sino-Japanese Relations: A Case Study in Political Decision-Making*. London: Routledge, 1998.

Sato, Seizaburo, Ken'ichi Koyama, and Shumpei Kumon. *Postwar Politician: The Life of Former Prime Minister Masayoshi Ohira*. Translated by William R. Carter. Tokyo: Kodansha, 1990.

Schaller, Michael. *Altered States: The United States and Japan since the Occupation*. Oxford: Oxford University Press, 1997.

Soeya, Yoshihide. *Japan's Economic Diplomacy with China, 1945-1978*. Oxford: Clarendon Press, 1998.

杉本信行. 『大地の咆哮: 元上海総領事が見た中国』. Tokyo: PHP Kenkyujyo, 2006.

Takamine, Tsukasa. *Japan's Development Aid to China: The Long-Running Foreign Policy of Engagement*. London: Routledge, 2006.

Vogel, Ezra F. *Deng Xiaoping and the Transformation of China*. Cambridge, Mass.: Belknap Press of Harvard University Press, 2011.

Vogel, Ezra F., Yuan Ming, and Tanaka Akihiko, eds. *The Age of Uncertainty: The U.S.-China-Japan Triangle from Tiananmen (1989) to 9/11 (2001)*. Harvard East Asian monographs online. Cambridge, Mass.: Harvard University Asia Center, 2004.

————. *The Golden Age of the U.S.-China-Japan Triangle, 1972-1989*. Cambridge, Mass.: Harvard University Asia Center, 2002.

Whiting, Allen. *China Eyes Japan*. Berkeley: University of California Press, 1989.

Zhao, Quansheng. *Japanese Policymaking: The Politics behind Politics: Informal Mechanisms and the Making of China Policy*. Westport, Conn.: Praeger, 1993.

제11장 중일 관계의 악화, 1992-2018년

Berger, Thomas U. *War, Guilt, and World Politics after World War II*. Cambridge: Cambridge University Press, 2012.

Bush, Richard C. *The Perils of Proximity: China-Japan Security Relations.* Washington, D.C.: Brookings Institution Press, 2010.

Curtis, Gerald, Ryosei Kokubun, and Wang Jisi, eds. *Getting the Triangle Straight: Managing China-Japan-US Relations.* Tokyo: Japan Center for International Exchange, 2010.

Dreyer, June Teufel. *Middle Kingdom and Empire of the Rising Sun: Sino-Japanese Relations, Past and Present.* Oxford: Oxford University Press, 2016.

Drysdale, Peter, and Dong Zhang, eds. *Japan and China: Rivalry or Cooperation in East Asia?* Canberra: Asia-Pacific Press of Australian National University, 2000.

Emmott, Bill. *Rivals: How the Power Struggle between China, India, and Japan Will Shape Our Next Decade.* Orlando, Fla.: Harcourt, 2008.

Fogel, Joshua A., ed. *The Nanjing Massacre in History and Historiography.* Berkeley: University of California Press, 2000.

Fravel, M. Taylor. *Active Defense: China's Military Strategy since 1949.* Princeton, N.J.: Princeton University Press, 2019.

————. "Explaining China's Escalation over the Senkaku (Diaoyu) Islands." *Global Summitry* 2, no. 1 (June 2016): 24–37.

————. *Strong Borders, Secure Nation: Cooperation and Conflict in China's Territorial Disputes.* Princeton, N.J.: Princeton University Press, 2008.

French, Howard W. *Everything under the Heavens: How the Past Helps Shape China's Push for Global Power.* New York: Knopf, 2017.

Green, Michael J., and Patrick M. Cronin, eds. *The U.S.-Japan Alliance: Past, Present, and Future.* New York: Council on Foreign Relations Press, 1999.

Gries, Peter Hays. *China's New Nationalism: Pride, Politics, and Diplomacy.* Berkeley: University of California Press, 2004.

Hayton, Bill. *The South China Sea: The Struggle for Power in Asia.* New Haven, Conn.: Yale University Press, 2014.

He, Yinan. *The Search for Reconciliation: Sino-Japanese and German-Polish Relations since World War II.* Cambridge: Cambridge University Press, 2009.

Jager, Sheila Miyoshi, and Rana Mitter, eds. *Ruptured Histories: War, Memory, and the Post-Cold War in Asia.* Cambridge, Mass.: Harvard University Press, 2007.

King, Ambrose Yeo-chi. *China's Great Transformation: Selected Essays on Confucianism, Modernization, and Democracy.* Hong Kong: Chinese University Press, 2018.

Kokubun, Ryosei, Yoshihide Soeya, Akio Takahara, and Shin Kawashima. *Japan-China Relations in the Modern Era.* Translated by Keith Krulak. London: Routledge, 2017.

Lam, Peng Er. *China-Japan Relations in the 21st Century: Antagonism Despite Interdependency.* London: Palgrave Macmillan, 2017.

马立诚. 『仇恨没有未来: 中日关系新思维』. Hong Kong: Zhonghe chuban youxian gongsi, 2013.

Okamoto, Yukio. "Journey through U.S.-Japan Relations." Unpublished manuscript, 2018.

Pugliese, Giulio, and Aurelio Insasa. *Sino-Japanese Power Politics: Might, Money and Minds*. London: Palgrave Macmillan, 2017.

Reilly, James. *Strong Society, Smart State: The Rise of Public Opinion in China's Japan Policy*. New York: Columbia University Press, 2012.

Rose, Caroline. *Interpreting History in Sino-Japanese Relations: A Case Study in Political Decision-Making*. London: Routledge, 1998.

Seraphim, Franziska. *War Memory and Social Politics in Japan, 1945–2005*. Cambridge, Mass.: Harvard University Asia Center, 2006.

Shambaugh, David, ed. *Power Shift: China and Asia's New Dynamics*. Berkeley: University of California Press, 2006.

Smith, Sheila A. *Intimate Rivals: Japanese Domestic Politics and a Rising China*. New York: Columbia University Press, 2014.

Soeya, Yoshihide. *Japan's Economic Diplomacy with China, 1945–1978*. Oxford: Clarendon Press, 1998.

Suganuma, Unryu. *Sovereign Rights and Territorial Space in Sino-Japanese Relations: Irredentism and the Diaoyu / Senkaku Islands*. Honolulu: University of Hawai'i Press, 2000.

Takamine, Tsukasa. *Japan's Development Aid to China: The Long-Running Foreign Policy of Engagement*. London: Routledge, 2006.

Tam, King-fai, Timothy Y. Tsu, and Sandra Wilson, eds. *Chinese and Japanese Films on the Second World War*. London: Routledge, 2014.

Tanaka, Yuki. *Hidden Horrors: Japanese War Crimes in World War II*. Boulder, Colo.: Westview Press, 1996.

Togo, Kazuhiko. *Japan's Foreign Policy, 1945–2003*. 3rd ed. Boston: Brill, 2010.

Vogel, Ezra F., Yuan Ming, and Tanaka Akihiko, eds. *The Age of Uncertainty: The U.S.-China-Japan Triangle from Tiananmen (1989) to 9/11 (2001)*. Harvard East Asian monographs online. Cambridge, Mass.: Harvard University Asia Center, 2004.

Wan, Ming. *Sino-Japanese Relations: Interaction, Logic, and Transformation*. Washington, D.C.: Woodrow Wilson Center Press; Stanford, Calif.: Stanford University Press, 2006.

Wang, Gungwu. *Ideas Won't Keep: The Struggle for China's Future*. Singapore: Eastern Universities Press, 2003.

Wang, Zheng. "National Humiliation, History Education, and the Politics of Historical Memory: Patriotic Education Campaign in China." *International Studies Quarterly 52*, no. 4 (December 2008): 783–806.

Weiss, Jessica Chen. *Powerful Patriots: National Protest in China's Foreign Relations*. Oxford: Oxford University Press, 2014.

Yang, Daqing, et al., eds. *Toward a History beyond Borders: Contentious Issues in Sino-Japanese Relations*. Cambridge, Mass.: Harvard University Asia Center, 2012.

인명 색인

464